Ullstein

DAS BUCH

»Der Lauf des Flusses« folgt dem Leben von Francis Tregian, einem englischen Edelmann, der zur Zeit der Königin Elisabeth von England und Heinrichs IV. von Frankreich lebte. Er erzählt von seinem Streben nach Ausgleich zwischen den beiden Mächten, die die damalige Welt auseinanderrissen, dem katholischen Glauben und der Reformation, und von seiner Liebe zur Musik. Sein Weg führte ihn durch ganz Europa, vom Musikunterricht des Komponisten Morley in London nach Mantua zu Monteverde, aus dem Rom der Gegenreformation nach Amsterdam zu Beginn des Goldenen Zeitalters, von Rubens in Antwerpen, der am Anfang seiner Laufbahn steht, zu Shakespeare, der am Globe Theater den »Hamlet« niederschreibt, von Paris und London in die Dörfer des Waadtlands – ein Roman, der uns durch einen Kontinent und eine Zeit führt.

DIE AUTORIN

Anne Cuneo, in Paris geboren, verbrachte ihre Kindheit in Norditalien, bevor sie nach Lausanne zog. Sie lebt heute als Autorin und Fernsehjournalistin in Zürich. Weitere Werke: »Eine Messerspitze Blau«, »Hotel Venus«, »Station Viktoria«, »Portrait der Autorin als gewöhnliche Frau: Vor Tau und Tag«, »Portrait der Autorin als gewöhnliche Frau: Die Zeit der weißen Wölfe«.

Anne Cuneo

Der Lauf des Flusses

Das Leben und die Abenteuer
des Francis Tregian, Gentleman und Musiker

Roman

Aus dem Französischen
von Peter Sidler

Ullstein

Ullstein Buchverlage GmbH & Co. KG,
Berlin
Taschenbuchnummer: 24429

Ungekürzte Ausgabe
September 1998

Umschlaggestaltung:
Theodor Bayer-Eynck
unter Verwendung des Gemäldes »Musizierende Gesellschaft«
von Pozzoserrato / Archiv für Kunst und Geschichte, Berlin

Taschenbuchausgabe mit freundlicher
Genehmigung des Limmat Verlags, Zürich

Printed in Germany 1998
Gesamtherstellung:
Elsnerdruck

ISBN 3 548 24429 7

Gedruckt auf alterungsbeständigem Papier
mit chlorfrei gebleichtem Zellstoff

Warum sich seit kurzem die falsche Schreibweise *Monteverdi* durchgesetzt hat, ist schwer zu erklären. Der große Musiker hieß *Claudio Monte Verde* oder *Monteverde*. Er hat immer mit *Monteverde* unterzeichnet, und auch bei Francis Tregian erscheint er stets unter diesem Namen.
Ich halte mich an diese Schreibweise.
Gentleman ist der Ehrentitel für Angehörige der Oberschicht, die dem niederen Landadel entstammen.
Alle Epigraphe sind Lieder, die in den Manuskripten von Francis Tregian zu finden sind; sie wurden von Gerda Bean aus dem Englischen übersetzt.
Für die anderen Texte wurden die klassischen Übersetzungen verwendet (A. W. von Schlegel / L. Tieck, Johann Daniel Tietz) und wo nötig sprachlich angepaßt.

Die Deutsche Bibliothek – CIP-Einheitsaufnahme

Cuneo, Anne:
Der Lauf des Flusses : das Leben und die Abenteuer des Francis Tregian, Gentleman und Musiker ; Roman / Anne Cuneo. Aus dem Franz. von Peter Sidler. – Ungekürzte Ausg. – Berlin : Ullstein, 1998
(Ullstein-Buch ; Nr. 24429)
ISBN 3-548-24429-7

Das Wahrscheinlichste, was uns unsere Vernunft rät, ist in der Regel, daß jeder den Gesetzen seines Landes gehorchen soll ... Und was will die Vernunft hiermit anderes sagen, als daß unsere Pflicht keine andere als eine zufällige Regel hat? ... Was rät uns also in dieser Not die Philosophie? Daß wir den Gesetzen unseres Landes folgen sollen; das heißt diesem wogenden Meer der Meinungen eines Volkes oder eines Regenten, welche mir die Gerechtigkeit in so vielen Farben malen und ihr so viele Gesichter geben werden, wie ihre Laune sich verändert? Mein Urteil kann nicht so biegsam sein. Was für eine Güte ist das, die ich gestern in Ansehen stehen sah und morgen nicht mehr, und die aus dem Lauf eines Flusses ein Verbrechen macht?

Michel de Montaigne
Essais
II. Buch, XII. Kapitel

Erstes Buch

Der Weg von Walsingham

As ye came from the Holy Land
of Walsingham
Met you not with my true love
by the way as you came?
How should I know your true love
that have met many a one.
As I came from the Holy Land,
that have come, that have gone.

»Walsingham«
Volkstümliche Ballade

Als du kamst aus dem Heiligen Land
von Walsingham,
bist du da nicht unterwegs
meiner Liebsten begegnet?
Wie sollte ich deine Liebste kennen,
ich bin so vielen begegnet
auf dem Rückweg vom Heiligen Land,
die da kamen und gingen.

I

Cantai un tempo, e
Se fu dolce il canto,
Questo mi tacerò
Ch'altri il sentiva.

PIETRO BEMBO/MONTEVERDE
»Secondo Libro dei Madrigali«

Es gab eine Zeit, da ich sang,
Und der Gesang war süß,
Diesen aber verschweige ich,
Damit kein anderer ihn hört.

Sonderbarerweise habe ich gerade heute morgen an England gedacht.

Der Tag bricht früh an in dieser Jahreszeit, und das Wetter ist wunderschön. Ich wurde von einer ungewohnten Aufregung im Hühnerstall geweckt. Vielleicht ein Fuchs? Ich lief hinunter, so schnell die Beine mich trugen. Weder die Magd noch Madeleine Dallinges waren aufgestanden, und die Glut im Kamin war nur noch ein glimmendes Pünktchen.

Kein Fuchs weit und breit.

Als ich wieder zu Bett gehen wollte, bemerkte ich den Himmel. Ein durchsichtiges Blau, das man in dieser Gegend nur selten sieht, gesprenkelt von vereinzelten milchigen Wolken, wie jene, die sich gegen Ende der Nacht in meinem Land entlang der Küste bilden. Bei schönem Wetter verschwinden sie im Lauf des Tages, aufgesogen von der Hitze oder von den Winden zerstreut.

Die Erde roch nach Tau, eine Nachtigall sang, und die Morgenröte hinter der Jurakette kündete erneut einen strahlenden Tag an.

Einen Augenblick lang wurde ich in die Landschaft meiner Kindheit zurückversetzt, die Gegend um den Landsitz von Wolvedon. Fast hätte ich die Gischt im Gesicht gespürt und das Klatschen der Wellen gehört.

Die Schritte von Jacquotte, der Magd, brachten mich wieder in die Gegenwart zurück. Sie betrat die Küche und machte sich rund ums Feuer zu schaffen. Auch Madame Dallinges kam herunter. Wie gewohnt bot ich ihr an, Wasser schöpfen zu gehen, und wie immer lehnte sie ab.

Darauf dachte ich nicht wieder an Wolvedon, nur ein leises Gefühl blieb zurück, angenehm und verschwommen. Ich hielt es keineswegs für eine Vorahnung.

Nach der Mette machte ich mich an meine Arbeit, die mich wie stets ganz in Anspruch nahm bis zum mittäglichen Angelusläuten.

Seit bald einem Vierteljahrhundert lebe ich hier, und um diese Zeit pflege ich mit einem Stück Brot und manchmal einem Buch in der Tasche bis zur Wegkreuzung zu spazieren. Ich setze mich unter der großen Linde auf eine Bank, die ich selbst gezimmert habe. Hier verweile ich manchmal stundenlang, und besonders zu dieser Jahreszeit lasse ich mir die Gelegenheit nicht entgehen. Wenn man mich fragt, was ich an der Kreuzung tue, sage ich manchmal, ich gehe dorthin, um zu beten. Und tatsächlich steht unweit von der Linde ein Kreuz am Weg. Aber in Wirklichkeit begnüge ich mich damit, meine Gedanken schweifen zu lassen, und wenn ich mich gelegentlich an Gott wende, dann rede ich freundschaftlich mit ihm, gewissermaßen von Mann zu Mann. Um an den See zu gelangen, nehmen die Leute lieber den Weg der Bauern, der schneller hinabgeht und breiter ist. Aber auf dem Heimweg ist die Steigung auf dieser Seite geringer. Man muß einen Umweg über Morges machen, aber das lohnt sich, vor allem wenn man schwer beladen ist. Von Zeit zu Zeit sehe ich Reiter, Wagen oder Leute zu Fuß vorbeiziehen. Sie kommen aus den Dörfern der Umgebung, aus Lausanne oder Genf; sie kehren nach Echallens zurück, gehen nach Yverdon oder Payerne, sogar nach Bern. Nur selten reisen sie in umgekehrter Richtung. Es hat manchmal fremde Gesichter darunter, aber die meisten sind mir vertraut.

Die Wanderer an diesem Morgen habe ich schon von weitem gehört. Sie kamen von Yverdon, sie waren zu zweit, führten ein lebhaftes Gespräch und schritten tüchtig aus. Zuerst habe ich ihre Worte nicht verstanden. Aber plötzlich traf es mich wie ein Pfeil mitten ins Herz: Sie sprachen Englisch.

Im ersten Moment geriet ich – nach so vielen Jahren! – in Panik. Hatten sie mich gesehen? Wo konnte ich mich verstecken? Dann nahm ich wieder Vernunft an: Nach all der Zeit kannte mich niemand mehr. Es konnte auch sein, daß die beiden Männer, die schnell näherkamen, so daß ich bereits ihre runden Gesichter und die glitzernden Augen sah, nach meinem ... meinem ... sagen wir: nach meinem Verschwinden zur Welt gekommen waren.

Und wer sollte übrigens hinter meinem Bart und den groben Kleidern den Francis von einst wiedererkennen?

Bevor sie auf meiner Höhe angelangt waren, hatte ich mich wieder gefaßt. Zu meinem Schutz gab es nur eine Lösung, so schwer es mich auch ankam: Ich durfte sie nicht merken lassen, daß ich des Englischen mächtig bin.

In Echallens sind alle davon überzeugt, daß ich an jenem fernen Tag, an dem Benoît Dallinges mich in seinem Karren hergebracht hat, ins Land heimkehrte, nachdem ich meine ganze Familie in einer Pestepidemie verloren hatte. Hier war er der einzige, der wußte, woher ich wirklich kam und aus welchem Grund.

Die beiden Reisenden heißen John und Thomas. Thomas (wie viele Erinnerungen sind mit diesem Namen verbunden!) ist ein Seemann aus Cornwall, das erkenne ich am Akzent und an seiner Haltung. Drei englische Worte von mir würden wahrscheinlich genügen, daß er mich als seinen Landsmann erkennt. Sein Begleiter und er gehen nach Genua. Ich habe nicht recht verstanden, aus welchem Grund sie die Reise zu Fuß machen – sie sprechen nur ein paar Brocken Französisch, die sie zweifellos unterwegs aufgeschnappt haben. Ich versuchte ihnen Fragen zu stellen, ohne mich zu verraten, und sie versuchten sie mit ihrem beschränkten Wortschatz zu beantworten. Bald setzten sie ihr Gespräch fort, ohne mich zu beachten.

Und da erfuhr ich – meine Feder sträubt sich, es niederzuschreiben, so unglaublich ist die Sache –, daß England die Monarchie abgeschafft hat und Charles – der *König* Charles! – festgenommen worden war.

John ist Anglikaner, Thomas Puritaner. Trotzdem sind sie Freunde. Nach Genua sind sie im Auftrag eines englischen Schiffseigners unterwegs. Von Vallorbe sind sie der Salzstraße gefolgt, sie gehen nach Lausanne, dann Richtung Piemont. Ihre Ansichten über die Ursachen des Bürgerkriegs gehen auseinander, aber was die Ereignisse betrifft, stimmen sie überein: Der König regiert nicht mehr, England ist eine Art Republik geworden, genannt Commonwealth, die Macht liegt in den Händen des Unterhauses, die Lords haben keinen Einfluß, man spricht gar davon, sie abzuschaffen. Die anglikanische Kirche wird von den Puritanern verfolgt oder umgekehrt; es war mir unmöglich, das Gesagte in allen Einzelheiten zu verstehen, all die Namen mit einer Etikette zu versehen. Das Staatsoberhaupt ist ein gewisser Oliver Cromwell – sicher ein Nachfahre jenes anderen, der ein guter Freund meines Großvaters John war. Ich glaubte zu verstehen, daß Cromwell die Gesetze gegen die »Verweigerer« (so werden jene unter uns genannt, die Katholiken geblieben sind) widerrufen habe. Aber vielleicht habe ich falsch verstanden und meine Wünsche für Wirklichkeit gehalten.

Gern würde ich diese Landsleute wiedersehen, sie zum Reden bringen. Ich fragte sie – natürlich nicht direkt –, ob sie für eine Weile in der Gegend zu bleiben gedachten. Sie hatten nicht die Absicht.

Es brauchte eine übermenschliche Anstrengung, um sie nicht mit Fragen zu bedrängen: Wie funktioniert dieses Commonwealth? Was geschieht in der Armee, in der Flotte, in der Kirche?

Als ich nach ihrem Aufbruch heimkehrte, fragte mich Madeleine Dallinges, ob ich krank sei.

»Nur eine leichte Unpäßlichkeit, nicht der Rede wert«, antwortete ich, um in Ruhe gelassen zu werden.

Ich ging hinauf, und da sitze ich nun an meinem Tisch.

Als er mich am Straßenrand auflas, mehr tot als lebendig und von Fieber geschüttelt, hörte mich Dallinges im Delirium englisch reden.

»Wo kommst du her?« fragte er mich, als ich wieder zu sprechen imstande war.

»Von ... von Venezien.«

»Wie heißt du?«

»Pietro Ricordi.«

Er enthielt sich eines Kommentars. Aber er hatte sicher bemerkt, daß ich nicht die Wahrheit sagte. Ich war nie ein besonders guter Lügner.

»Bist du Katholik oder Protestant?«

Ich zögerte mit der Antwort. Wenn nun dieser Unbekannte ein Fanatiker aus dem anderen Lager war? Aber er hatte vertrauenerweckende Rundungen und ruhige, graue

Augen. Mein Gefühl sagte mir, daß er ein besonnener Mann sei.

»Katholik«, brachte ich hervor.

»Gut, in diesem Fall nehme ich dich zu mir mit. Wir sind auch Katholiken. Bei uns auf dem Lande ist es nicht wie in Genf. Wenn du dich damit begnügst, zur Messe zu gehen und ruhig zu beten, belästigt dich niemand. Ich will nicht sagen, daß es keine Eiferer gibt. Es gibt sie, und vor zwei, drei Jahren wäre fast ein offener Krieg zwischen Bern und Freiburg ausgebrochen, aber dem Allmächtigen sei Lob und Dank, die Lage hat sich wieder beruhigt. Man drückt ein Auge zu. Ich finde es widersinnig, daß man sich um des Glaubens willen gegenseitig umbringt. Wir sind doch alle gute Christen, fromm und gläubig. Diese endlosen Streitereien, ob der Altar aus Stein oder Holz sein muß, ob er hier oder dort stehen soll ... Der Priester aus Echallens, der mitten in einer protestantischen Beerdigung der Trauergemeinde erklärt, alle Reformierten seien der Verdammnis preisgegeben ... Und der Pfarrer, der nach Bern eilt, um sich wegen einer Nichtigkeit zu beschweren ... Manchmal kommen sie einem vor wie unmündige Kinder. Wären wir Gottlose, könnte ich es ja noch verstehen ...«

Er warf mir einen Blick zu, als ob er plötzlich fürchtete, der Unbekannte, dem er seine geheimsten Gedanken verraten hatte, könnte ein Spitzel sein. Aber ich sah wohl ebensowenig wie ein Spitzel aus, wie er den Eindruck eines Fanatikers erweckte.

»Wenn du Protestant gewesen wärst«, fügte er hinzu, »hätte ich dich einem meiner Vettern anvertraut, der reformiert ist. Von Zeit zu Zeit diskutieren wir zwei über Glaubensfragen, aber wir streiten uns nicht. Wir besuchen einander, wir begegnen uns in der Kirche ...«

»Wie kommt es, daß ihr euch in der Kirche begegnet?«

»Nun, siehst du, in den Dörfern des Amtsbezirks Echallens gibt es nur eine. Am Sonntag gehen zuerst die Katholiken zur Messe, anschließend besuchen die Protestanten die Predigt.«

Als ich diese sanfte Stimme von einer einzigen Kirche für Katholiken und Protestanten sprechen hörte, als wäre es eine Selbstverständlichkeit, schien mir, ich sei im sicheren Hafen gelandet. Ich entspanne mich und versinke in einen tiefen Schlaf. Ich bin in Sicherheit.

Wir reisen lange, bis er mir eine weitere Frage stellt:

»Was bist du von Beruf?«

»Ich war am Hofe, ich war Händler, ich war im Krieg. Und ich habe musiziert.«

»Welche Art von Musik?«

»Ich spiele Orgel und Virginal.«

»Vom Virginal habe ich noch nie gehört.«

»So nennt man in England die Tasteninstrumente, das Spinett, das Muselaar, das Cembalo. Diese Instrumente sind sehr verbreitet. Ich habe sie auch zu bauen gelernt.«

»Könntest du eine Orgel instand setzen?«

»Ich glaube schon.«

»Du kannst wohl auch lesen und schreiben?«

»Ja.«

»Nun, das ist Grund genug, dich nach Echallens mitzunehmen. Ich stelle dich an, um unsere Orgel zu reparieren. Das wird die Protestanten ärgern, ha, ha … Kannst du auch Noten abschreiben?«

Einen Moment lang habe ich das Gefühl, daß er in meiner Vergangenheit lesen kann.

»Mit Leichtigkeit«, gab ich schließlich zu. »Ich habe stets meine Lieblingspartituren kopiert.«

»Dann gibt es in Echallens Arbeit für dich. Doch bevor ich dich zu mir nach Hause bringe, um dich brüderlich unter dem Dach zu empfangen, wo meine Frau und meine Kinder leben, möchte ich wissen, wovor du Angst hast, wovor du fliehst. Und ich will die Wahrheit hören. Du heißt nicht Pietro Ricordi, du bist kein Italiener.«

Er bemerkt mein Zögern.

»Ich schwöre dir bei Gott, daß ich keinem Menschen davon erzähle. Nicht einmal meiner Familie.«

Dieser Mann hat mich aufgelesen, mir sein Vertrauen geschenkt, er kümmert sich um mich, ohne zu wissen, wer ich bin – aus reinem Großmut. Ich zögerte nicht mehr länger.

»Ich heiße Francis Tregian. Ich bin Engländer. Ich bin aus dem Gefängnis geflohen. Ich bin kein Verbrecher, ich habe weder getötet noch gestohlen. Im Gegenteil, der Bestohlene bin ich. Mein einziges Unrecht bestand darin, Sohn meines Vaters und Katholik zu sein. Man hält mich für tot, und wenn jene, denen ich zu entkommen trachtete, wüßten, daß ich noch lebe, würden sie mich vielleicht zu töten versuchen. Aber ich möchte leben. In Frieden, fern von Kriegen und Streit.«

Ich erzählte ihm alles.

Abgesehen von einem gelegentlichen Schnalzen mit der Zunge in den spannendsten Momenten enthielt er sich jeden Kommentars.

»Du sprichst perfekt Französisch«, stellte er abschließend fest.

»Ja. Es ist eine Gabe, glaube ich. Das musikalische Gehör. In den Niederlanden merkt niemand, daß ich kein Niederländer bin, die Leute in Reims halten mich ebenso für einen Einheimischen wie die Italiener.«

»Ausgezeichnet. Wir sprechen nicht mehr über England, und wenn es darum geht, bist du des Englischen nicht mächtig. Nimm einen hiesigen Namen an und behalte deinen Vornamen. Ich kenne Leute namens Tréhan in Rances. Du könntest dich François Tréhan nennen.«

»Nein, das ähnelt zu sehr meinem wirklichen Namen.«

»Das stimmt. Aber du könntest François Cousin sein, ein entfernter Verwandter, der in Italien gelebt hat. Meine Frau ist eine Cousin.«

»Cousins gibt es auch in England.«

»Sieh an! Jedenfalls findet man hierzulande sicher mehr Cousins als Leute namens Dallinges. Ein Grund mehr, daß du diesen Namen trägst. Einverstanden?«

Vorläufig bleibt mir keine andere Wahl.

Es ging ganz von allein. Die Leute gewöhnten sich daran, mich in der Kirche an der Arbeit zu sehen, im Obstgarten, sie begegneten mir bei den Dallinges, sie kamen zum Kreuzweg, vertrauten sich mir an, baten mich um Rat, ließen sich vertrauliche Briefe schreiben oder lesen und vergaßen, daß es eine Zeit gab, da ich nicht zu ihnen gehört hatte. Die Kinder Dallinges nannten mich vom ersten Tag an Onkel François, und jetzt sagen ihre Kinder Großvater zu mir. Ich habe ein großes Zimmer unter dem Dach der Küferei Dallinges. Dort habe ich mein Schreibzeug und eine Werkbank, um Instrumente zu reparieren, die mir die Leute von weit her bringen, oder neue zu bauen.

Dallinges schenkte mir drei kleine dicke Bändchen, die er in Lausanne gefunden hatte, wohin ihn seine Geschäfte gelegentlich führten: die *Essais* von Michel de Montaigne. Es war wie das Wiedersehen mit einem alten Freund. Schon bald sprach ich Französisch mit regionalem Akzent. Ich lernte den Dialekt. Für die ganze Gegend bin ich François Cousin, Instrumentenbauer und Schreiber, Bürger von Grandson. So haben mich diese Herren von Bern und Freiburg in ihre Register eingetragen. Und unter diesem Namen hat mich Dallinges dem Priester, dem Pfarrer und den Mitgliedern der Kirchgemeinde vorgestellt.

Er hat nie mehr mit mir über meine Vergangenheit gesprochen, aber hie und da nahm er einen neuen Anlauf:

»François, du solltest deine Geschichte aufschreiben. Wenige Leute haben so ein Leben gehabt wie du.«

»Für wen soll ich denn schreiben?«

»Für die Nachwelt. Für mich. Für dich selbst.«

Ich zuckte die Schultern.

»Das interessiert niemanden. Außerdem kann ich nicht schreiben.«

Er insistierte nicht, aber eines Tages, als er in Lausanne zu tun hatte, kam er mit einem Ries Papier zurück.

»Für dich, für deine Memoiren«, sagte er.

Das ist Jahre her.

Ich habe dieses Papier immer behalten. Bis zum heutigen Morgen habe ich nie wirklich daran gedacht, es zu benutzen.

Aber diese beiden Engländer ... Und der durchsichtige Himmel von Cornwall ...

Ich war bereit, sicher hatte die Geschichte in mir von dem Tag an zu reifen begonnen, als Dallinges mir vorschlug, sie aufzuschreiben.

Ich habe zwei Schwierigkeiten. Zuerst einmal konnte ich mich nie in eigenen Worten ausdrücken: Um mich zu charakterisieren, war ich immer auf die Worte, die Musik anderer angewiesen. Zudem weiß ich nicht, in welcher Sprache ich schreiben soll. Seit einem guten Vierteljahrhundert habe ich nicht mehr englisch gesprochen, und sogar wenn ich mich an Gott wende, geschieht es auf Italienisch oder Französisch.

Aber ich sage mir, daß die Schar meiner verschwundenen Freunde mich umgibt und mir über die Schulter schaut. Ich schreibe für uns. Und welche Rolle spielt es für uns, ob auf Französisch, Lateinisch, Italienisch, Niederländisch oder Englisch?

II

In Peascod time when hound to horn
Gives ear till buck be killed
And little lads with pipes of corn
Sit keeping beasts afield.

»Peascod Time«
Volkstümliche Ballade

Zur Erbsenzeit, wenn das Horn erklingt,
Spitzt die Hundemeute das Ohr, bis der Bock erlegt;
Und kleine Burschen mit Weizenpfeifen
Sitzen im Gras und halten die wilden Tiere fern.

Der Wind zerzaust meine Haare, die Sonne blendet mich, ich beiße in eine liegengelassene Ähre und denke dabei, daß die Erinnerung in die Zeit zwischen der Getreideernte und der Mahd fällt, also gegen Ende August oder Anfang September.

»Komm, Francis, komm!«

Es ist die Stimme meiner Amme Jane. Jane hat rostrotes Haar und tiefblaue Augen wie zwei Seelein. Sie redet mit mir. Ich höre sie wohl, kann sie aber nicht sehen.

»Steh auf, Faulpelz, komm zu mir!«

Ich wälze mich in den Stoppeln, die mir in den Rücken und dann in Knie und Hände stechen. Ich will gehen. Ein weißer Fleck in meinem Gedächtnis, und dann stolpere ich über die Furchen, während der Wind mein Gesicht liebkost. Ich zupfe am Rock von Jane, die mit strahlendem Lächeln und ausgebreiteten Armen vor mir steht:

»Wunderbar, Francis, weiter so. Nein, bleib nicht stehen, komm schon, komm …«

Ich bin überrascht. Ich gehe. Ich komme aus eigenen Kräften voran. Ich hebe einen Fuß, dann den andern, und ich stehe noch immer.

»Los, mein Kleiner, noch einen Schritt, und noch einen …«

Ich lande in Janes Armen wie ein Schiff im Hafen. Sie duftet nach frischgebackenem Brot, nach Honig, nach warmer Erde und nach ihrer Milch, mit der sie mich stillt.

Sie überhäuft mich mit Küssen:

»Bravo, Master Francis, das hast du gut gemacht!«

In der Ferne zeichnen sich die Dächer von Golden Mill – eine Mühle gibt es dort allerdings schon lange nicht mehr – am Himmel ab. Golden, so nennen alle Leute den Landsitz von Wolvedon – alle, außer meinem Vater. Ich weiß, daß dort meine Mutter und meine Schwester Mary leben. Mein Vater ist meist abwesend, in London oder in Lanherne, diese mir damals unbekannten Orte, die für mich nur »weit weg« bedeuten.

Keine meiner Erinnerungen reicht weiter zurück als dieses Bild vom Getreidefeld.

Ich wurde, wie man mir erzählt hat, im fünfzehnten Jahr der Herrschaft von Elisabeth geboren. Wenn das stimmt, kam ich wohl im Winter, allenfalls zu Beginn des Frühlings auf die Welt, denn Gehen lernt man frühestens mit achtzehn Monaten, soviel ich weiß.

Um Weihnachten jenes Jahres begann ich zu sprechen, und ich hatte einen neuen Bruder, Adrian. Ich war an der Taufzeremonie dabei. In prunkvollem Zug gingen wir zur Kirche von Probus. Meine Erinnerungen an diesen Tag sind verschwommen. Mein Vater ist in London, meine Mutter lädt zur Feier und einem anschließenden Empfang mit Musik und Tanz ein. Ich erhalte eine erste Ohrfeige, weil ich meine in Lanherne lebende Großmutter Anne, die ich noch nie gesehen habe, nicht erkenne, und eine zweite, weil ich in der Gegenwart dieser vornehmen Dame zu weinen beginne. Viele Leute sind anwesend. Die Erwachsenen begeben sich zum Festschmaus, und wir Kinder entfernen uns mit unseren Ammen. Zu meiner großen Erleichterung hat man Adrian einer anderen Amme in Obhut gegeben.

Meine Mutter war knapp zwanzig Jahre alt. Sie war klein, hatte eine weiße Haut, schwarzes Haar und große, haselnußbraune Augen. Die Leitung des Hauses und der Güter lag in ihren Händen. Sie überwachte die Schafschur, das Spinnen, Weben und Nähen, kümmerte sich um die Kranken, entband die Bäuerinnen, ging aus und empfing Besuch – all das taten auch die Damen der Ländereien rundum. Sie war nervös, ungeduldig, abweisend, und man durfte keinesfalls grundlos ihre Aufmerksamkeit erwekken. Sie war ständig in Sorge – bereits zogen sich die Wolken am Horizont zusammen.

Mein Vater war ein Mann von siebenundzwanzig oder achtundzwanzig Jahren. Ich habe bloß bruchstückhafte Erinnerungen an ihn. Er nennt mich Master Francis, lächelt selten und hält mir lange Reden über den wahren Glauben und über meine Pflichten. Damit ich seine Lektionen behalte, schlägt er mich mit der Rute oder läßt mich schlagen.

Soweit ich mich zurückerinnern kann, ist es sein Blick, der mich am tiefsten beeindruckt. Er hat sehr blaue, tiefliegende Augen, die ständig von Kummer erfüllt scheinen. Aber sie sind so lebhaft, daß sie einem sofort auffallen. Seine Locken sind leuchtend rot, ebenso sein spitzer Kinnbart und sein Schnurrbart. Aus meiner kindlichen Sicht ist er sehr schön, und später sollte ich erfahren, daß er leidenschaftliche Gefühle zu wecken vermochte.

Das Gut von Wolvedon war als Mitgift von meiner Urgroßmutter Jane Wolvedon eingebracht worden, als sie sich unter der Herrschaft von Heinrich VIII. mit John Tregian verheiratete. Ich habe mir sagen lassen, unser Familienname bedeute »Land der Riesen«. Heute glaube ich, daß er sich prosaischer mit »Johns Ländereien« übersetzen läßt, aber in meiner Kindheit hielt man sich an die andere Bedeutung. Vielleicht liegt es an unserer Körpergröße. Bei den Tregians sind die Männer alle größer als sechs Fuß, die Frauen überragen den Durchschnitt, und die Schulterbreite des alten John muß so eindrücklich gewesen sein, daß man noch ein halbes Jahrhundert nach seinem Tod darüber sprach.

Die Bilder, die mir von Wolvedon aus der damaligen Zeit geblieben sind, vermischen sich. Anthrazitgraue Himmel, an denen Wolken vorbeiziehen, die von einem wütenden Wind gejagt werden. Aufhellungen und plötzlich strahlender Sonnenschein. Bauern auf dem Feld und Bergarbeiter, die in der Dämmerung heimkehren – die jungen singend, die älteren lachend. Ich sehe eine Rückkehr in tiefer Nacht, unter ihrem Umschlagtuch drückt Jane mich fest an sich, sie ist in großer Eile und ganz außer Atem. Woher kamen wir? Ich weiß es nicht mehr. Ich sehe mich durchnäßt bis auf die Knochen, Jane hat mich vor das Küchenfeuer gesetzt und ist eilig trockene Kleider holen gegangen.

Ich weiß nicht, wie das Gefühl ständiger Bedrohung in mir gewachsen ist. Vielleicht deshalb, weil im Haus meines Vaters häufig geflüstert wurde.

Cuthbert, der Mann, durch den die Gefahr Gestalt annehmen sollte, hat in meiner Erinnerung nichts Beunruhigendes. Ein sanfter, leutseliger Mensch, immer in Bewegung; er amtete als Gutsverwalter, wie man mir erklärt hatte. Oft ging er weg, um sich um irgendwelche fernen Besitztümer zu kümmern. Auch er hielt mir große Reden über den wahren Glauben und segnete mich vor seinen Abreisen.

Ich könnte nicht sagen, ob ich bis zu meinem dritten Lebensjahr je eine Messe besucht habe. Gewiß, sagt der Verstand. Aber ich kann mich nicht daran erinnern, höchstens an gewisse Gebärden und das Gemurmel von Cuthbert.

Meine Wißbegier regte sich früh. Mehr als einmal hat mir Jane das Wunder erzählt – plötzlich konnte ich lesen. Es ist wohl diese Fähigkeit, an die ich mich am besten erinnere. Ich bin fasziniert von Leuten, die schreiben oder lesen. Dazu zählen Cuthbert, mein Vater, sein Diener Phillips, Jane, die häufig in ihrem Gebetbuch blättert, oder meine Großmutter Catherine Tregian, die Witwe meines Großvaters John, an den ich mich nur schwach erinnern kann, weil er in meiner frühesten Kindheit starb. Sie lebt im neuen Gebäude des Landsitzes, und sie erklärt mir einen ganzen Tag lang geduldig die Buchstaben mit Hilfe einer Silbentabelle, die ihrem Sohn, meinem Vater, gehört hat. Ich habe den Raum mit seinen kostbaren Wandbehängen deutlich vor Augen. Sicher sind wir im Privatsalon von Madam Catherine, wie wir sie alle nennen. Sie ist eine Arundell, ihre Familie ist die reichste und mächtigste der ganzen Gegend. Ich sehe mich wieder auf ihren Knien. Die Silbentabelle ist ein dünnes Blatt von vier auf sechs oder fünf auf sieben Inches in einem soliden Rahmen mit Stiel, ähnlich einem Handspiegel. Zuoberst steht das Alphabet, darunter stehen verschiedene Buchstabenkombinationen und in der unteren Hälfte das *Pater*.

»Und dieser hier, Madam, was ist das?«

»Ein *p,* Francis. Ich bin müde, geh nun.«

»Ja, Madam. Nur noch dieses Zeichen da.«

»Es ist ein *t,* mein Kleiner, und jetzt reicht es. Geh hinunter.«

»Ja, Madam, aber wenigstens noch dieser Buchstabe.«

»Das Kind ist ebenso starrköpfig wie sein Vater. Diesen Buchstaben habe ich dir schon genannt, du solltest ihn kennen.«

»Ein … *a*?«

»Ja, ein *a*. Und nun steig von meinen Knien hinunter und laß mich in Ruhe, Francis.«

Ich klettere hinunter, denn der drohende Ton in ihrer Stimme ist nicht mehr zu überhören. Ich gehe bis zur Tür. Aber das Verlangen ist stärker als die Angst. Ich kehre um.

»Mylady?«

»Was gibt es denn noch?«

»Könnten Sie mir nicht beibringen, wie man meinen Namen schreibt?«

»Master Francis, ich habe nein gesagt, und dabei bleibt es. Schau, du kannst noch kaum gehen, und du solltest erst richtig reden lernen, bevor du schreiben willst.«

»Ja, Großmutter. Aber es geht ja nur ums Probieren.«

Sie gibt nach. Am Ende gibt sie immer nach. Sie kann nicht oft genug zur Strenge raten und sagen: ›Wer sein Kind liebhat, der züchtigt es.‹ Aber sie selbst tut nichts dergleichen – aus einem Grund, den ich erst später entdekken werde: ich erheitere sie.

*

Für einen kleinen Jungen wie mich war der Landsitz von Golden ein unendlich großer Ort. Ich hatte Angst vor den Schatten, die sich in den zu jeder Tageszeit düsteren Zimmern breitmachten. Ich ging lieber über den Hof zur Küche des alten Gebäudes, wo immer jemand anzutreffen war.

Golden besteht aus zwei Landsitzen. Der neue Sitz, in dem meine Eltern, Großmutter Catherine und ihre Dienstboten lebten, war von meinem Urgroßvater erbaut worden. Er liegt südlich vom Weg, der von Golden Mill nach Probus führt; auf drei Seiten bilden Gebäudeflügel einen Hof, der zur Allee hin offen ist. Der alte Landsitz, vor drei oder vier Jahrhunderten errichtet, wie ich glaube, schmiegt sich nördlich des Weges an eine Erhebung, die von den Bauern das Römische Feld genannt wird. In der Gegend behauptet man, der alte Landsitz sei früher ein Kloster gewesen. Das hohe, unfreundliche Gebäude mit wenig Fenstern überragt eine Reihe von Zweckbauten, die im Viereck um einen geschlossenen Hof angeordnet sind, ein Überrest aus einer Zeit, in der man sich gegen wilde Tiere, Piraten und Räuber verteidigen mußte, weshalb die Herren ihre Wohnsitze befestigten. Heute ist der alte Landsitz von Golden ein Bauernhof und Lager, in dem auch die zahlreichen Bediensteten untergebracht sind. Der ehemalige große Saal ist zur Küche geworden.

Es herrscht ein ständiges Kommen und Gehen von Dienern, Mägden, Bauern, Pagen und Kammerzofen. Mir scheint, daß diese Leute in heillosem Durcheinander alle gleichzeitig reden, schreien und in alle Richtungen eilen.

Der einzige, der die Ruhe bewahrt, ist *Old Thomas,* der alte Thomas. Sein zahnloser Mund lächelt, die weißen Haare sind schütter, er kann sich nur langsam am Stock fortbewegen. Man munkelt, er sei achtzig Jahre alt, sei der Verwalter meiner Urgroßmutter Jane gewesen und habe schon zum Haus gehört, als Jane Wolvedon es als Mitgift in die Ehe mit John Tregian einbrachte, noch vor der Errichtung des neuen Landsitzes. Hinter seinem Rücken erzählt man auch, er sei leidenschaftlich in Jane Wolvedon verliebt gewesen. Der Klatsch läßt nichts darüber verlauten, ob Jane Wolvedon seine Gefühle erwiderte.

In meiner Kindheit verbrachte er die meiste Zeit an der Feuerstelle; ich war überzeugt, daß er sogar dort schlief. Er kannte die Ländereien bis in alle Ecken, und wenn Schwierigkeiten auftraten, die unlösbar schienen, holte man seinen Rat ein. Sogar mein Vater ließ sich hie und da herab, ihn um seine Meinung zu fragen.

*

An Old Thomas war alles alt außer der Stimme. Er besaß eine tiefe, sichere Stimme. Er war mit den guten und den bösen Geistern vertraut, die durch die Gegend streiften. Und in der Landschaft von Cornwall wimmelt es weiß Gott von Geistern aller Art und Größe. In seinem vom keltischen Akzent gefärbten Tonfall – Keltisch war seine Muttersprache, und er hat mir einige Brocken beigebracht – erzählte er mir von Trebegean.

»Seine Arme waren so lang, daß er sie nur auszustrecken brauchte, um die Männer aus den vorbeifahrenden Schiffen zu pflücken. Und er nährte sich jeden Tag von frischem Fleisch. Ah! Unzählige Kinder hat er verschlungen, mit Haut und Haar. Man weiß nicht, wie er schließlich gestorben ist. Jedenfalls hat man vor nicht allzu langer Zeit sein Skelett gefunden.«

Einmal beim Thema der Ungeheuer angelangt, war Old Thomas nicht zu bremsen. Er erzählte mir von John of Gaunt, der auf dem Hügel von Carn Brea in der Nähe von Redruth seine Spuren hinterlassen hatte: Die Felsen, die man dort sieht, heißen der Sarg, das Rad, der Kopf, die Hand und sogar die Wiege des Riesen. Glaubt man Thomas, wimmelt es in Cornwall von Riesen. Selbst der Name unseres Landes hat mit ihnen zu tun.

»Man sagt, daß Cornwall von Corineus kommt, der unser Land von Brutus von Troynovant, so hieß London zu jener Zeit, nach einem harten Kampf Mann gegen Mann auf den Höhen von Plymouth als Belohnung für den Sieg über den Riesen Gogmarol erhalten hatte. Ah! diese Rauferei hätten Sie sehen müssen«, rief er, als hätte das Ereignis am letzten Jahrmarkt stattgefunden.

Zufrieden schaut er mich an. Ich nutze die Gelegenheit, um ihn auf eines meiner Lieblingsthemen zu bringen.

»Thomas, erzählen Sie mir von Cormoran.«

»Cormoran? Er hat St. Michael's Mount erbaut. Bei uns heißt der Berg *carreg-luz-en-kuz,* was auf Keltisch ›der weiße Stein im Wald‹ bedeutet. Und auf halbem Weg zwischen dem Herrensitz und dem Festland steht ein großer Fels, man nennt ihn den Kapellenfels, aber die Kapelle ist nicht mehr dort, sie wurde unter dem Felsen begraben, den Cormorans Frau hatte fallenlassen. Ihr Mann hatte ihr befohlen, einen Herrensitz aus weißen Steinen zu bauen, doch weitherum gab es keine weißen Steine, und da hat sie sich gedacht, unser grünlicher Fels würde es auch tun. Cormoran freilich sah das anders, und als er die List entdeckte, versetzte er seiner Frau einen gewaltigen Fußtritt in den Hintern, ha! ha! ... dabei geriet sie ins Stolpern, der Riemen ihrer Lederschürze riß, und sie ließ den Felsen fallen.«

»Aber Cormoran wurde schließlich besiegt, nicht wahr? Getötet?«

»Ja, Master Francis. Von Jack, einem wackeren Burschen wie Sie. Jack lebte in der Nähe von Lands' End. Zu jener Zeit war Cormoran außer Rand und Band. Er stahl den Bauern das Vieh. Die Kühe befestigte er an seinem Gürtel, die fetten Ochsen lud er sich auf die Schultern. Dann kehrte er auf sein Schloß von St. Michael's Mount zurück und verspeiste sie alle. Da setzte König Arthur eine Belohnung aus für jenen, der Cormoran töten würde. Jack dachte darüber nach und kam auf eine Idee. Genau gegenüber dem St. Michael's Mount grub er auf dem Festland ein großes Loch. Er bedeckte es mit Ästen und Stroh. Dann blies er in sein Horn, und der Riese, der es nicht ertragen konnte, daß einer in die Nähe seines Schlosses kam, stürzte hinaus, um ihn zu töten. Aber in der Hast übersah er die Falle und stürzte kopfvoran hinein. Da versetzte ihm Jack einen mächtigen Beilhieb und füllte dann das Loch in aller Eile auf, für den Fall, daß der Riese nicht ganz tot wäre oder durch Zauberkräfte wieder zum Leben erweckt würde.«

»Hat er seine Belohnung erhalten?«

»Selbstverständlich. Ein wunderschönes Schwert und einen mit goldenen Buchstaben bestickten Gürtel:

Dies ist der tapfere Mann aus Cornwall
Der den Riesen Cormoran getötet hat.

Seit jener Zeit nennt man ihn nur noch Jack den Riesentöter. Ein einfacher Bursche von Lands' End! Sein Ruhm hat sich über alle Meere verbreitet.«

Diese Geschichten gingen mir ein wie Milch und Honig. Ich träumte davon, eines Tages ebenso heldenhaft zu sein wie Jack. Francis der Riesentöter – was für ein glorreicher Titel!

*

Fast ohne es zu merken, habe ich das Alphabet gelernt, und noch leichter ging es beim Rechnen. Daß ich mir das in meiner Umgebung gesprochene Latein und Griechisch aneignete, war für mich ebenso selbstverständlich, wie ich Thomas' keltische Legenden aufsog.

Als ich nicht mehr in der Obhut der Amme war, machte ich eine neue Erfahrung, die mich erschütterte: Ich wurde geschlagen. Jeder glaubte sich im Recht, mich zu züchtigen. Vielleicht wußten meine Eltern nichts davon, wahrscheinlicher ist, daß sie dagegen nichts einzuwenden hatten. Doch eines Tages, als eine der Kammerzofen mir eine Ohrfeige versetzen wollte, entdeckte ich ein Mittel, um den Blitz abzulenken: Ich schaute sie ganz einfach an. Sie wich zurück, bekreuzigte sich und murmelte:

»Die Augen des Teufels.«

Sie war nicht die einzige, die so dachte, und es fehlte wenig, daß man mich für einen Abgesandten des Beelzebuben oder von Cormoran gehalten hätte.

Old Thomas hatte natürlich eine Erklärung dafür. Für ihn war es klar, daß ich meine Augen in direkter Linie von Jane Wolvedon geerbt hatte.

»Jane war die Rothaarige. Die Tregians hatten schwarze Haare. Sie hatten blaue Augen, aber nicht wie Jane. Als ich Sie zum erstenmal sah, war ich ganz durcheinander, ich schwör's Ihnen. Ich glaubte nicht mehr daran, daß ich diesen Blick je wieder sehen würde. Ich dachte, er sei verschwunden. Aber nein, Sie haben die Augen von Jane Wolvedon.«

»Und meine Schwester Mary?«

»Nein, weder Mary noch Ihr kleiner Bruder. Einzig Sie.«

»Wie war Jane? War sie hübsch?«

»Sie war so schön, wie man es sich nur denken kann. Das Haar wie Kupfer, eine makellos weiße Haut, zierlich gebaut – vier Kinder hat sie scheinbar mühelos zur Welt gebracht, alle wohlgestaltet, und dabei war sie winzig klein. Das fünfte allerdings hat sie umgebracht. Ihre Augen fielen einem als erstes auf. Einige Dummköpfe behaupteten, es seien die Augen einer Hexe, wie man heute wieder sagt, Sie hätten die Augen des Teufels. Aber sie war so gütig, so fröhlich, so hilfsbereit gegenüber den Armen, daß sich das Mißtrauen schließlich legte. Alle liebten sie.«

Zum erstenmal, seit ich ihm zuhöre, stelle ich ein Zittern in seiner Stimme fest.

»Sie liebten sie wohl sehr, Thomas?« wage ich zögernd zu fragen.

»Mehr als das.« Er spricht zu sich selbst. »Ich habe mein Schicksal verflucht, weil ich nicht reich geboren wurde wie John Tregian. Ich war ein gutaussehender junger Mann. Ich habe etwas Vermögen, mein Vater war Händler. Aber Janes Vater war ein Gentleman, und ein Gentleman gibt seine Tochter nur einem andern Gentleman zur Gemahlin. Statt ihr Mann zu werden, bin ich ihr Verwalter geworden.«

»Und Jane?«

Langes Schweigen. Ich habe wohl die Grenzen überschritten.

»Werden Sie es auch niemandem erzählen?«

Seine Stimme ist belegt. Ich sehe ihn fest an, denn ich habe gemerkt, daß mein Blick auch eine beruhigende Wirkung hat.

»Nein, ich schwöre es bei der Heiligen Jungfrau.«

»Wir haben nie jemandem etwas gesagt, es hätte nichts genützt. Schon in der Wiege war sie John Tregian versprochen worden, und sie wurden verheiratet, als sie noch ein kleines Mädchen war. Sie wollte, daß wir nach London fliehen oder nach Frankreich. Damals hatten wir noch alle die gleiche Religion. Ich hätte das Wagnis auf mich genommen. Doch Jane war eine Ehrendame; ihr Vater, der Verlobte, die Soldaten des Königs und die ganze Gegend wären uns auf den Fersen gewesen. Ich liebte sie zu sehr, um sie den Wechselfällen eines Lebens in Armut auszusetzen. Aber ich gehörte ihr mit Leib und Seele, ich habe nie geheiratet. Das wäre mir als Sünde vorgekommen. Seit sie gestorben ist, bin ich Witwer.«

Nach langem Schweigen verzieht sich Thomas' Mund zu einem strahlenden Lächeln.

»Immerhin, ich kenne das Geheimnis Ihres Blickes. Sie haben ihn von den *Piskies.*«

»Den Piskies?«

»Die Piskies sind die Geister einer ausgestorbenen Gattung, die, wie man annimmt, vor undenklichen Zeiten im äußersten Westen von Cornwall lebte, an jenem Ort, den man lange für das Ende der Welt gehalten hat. Deshalb nannte man ihn Lands' End, das Ende der Länder. Sie sind klein und fast immer wohltätig. Man sagt, wenn ein Neugeborenes stirbt, wird es zum Pisky, bevor es sich in ein *Muryan* verwandelt.«

Muryans nennt man auf Keltisch große Ameisen, die man im Sommer antrifft.

»Und was hatte es mit den Augen von Jane Wolvedon auf sich?«

»Sie wissen, daß die Piskies Zauberwässerchen herstellen. Wenn man sich den Körper damit einreibt, verleihen sie einem magische Kräfte. Fällt einem ein Tröpfchen ins Auge, sieht man das Land der Feen. Eines Abends hörte Jane Wolvedons Mutter Cecilia ein Klopfen an der Tür. Sie öffnete sie und sah einen winzig kleinen Mann, der auf einem großen Pferd saß. ›Meine Frau kommt nieder, sie braucht Hilfe‹, sagte er. Deine Ahne sah wohl, daß er ein Pisky war, aber sie sagte nichts, saß hinter dem Reiter auf, und sie brachen auf. Die Reise war lang und schnell zugleich, sie führte in tiefster Nacht über unbekannte Wege. Als sie ankamen, leistete Cecilia Geburtshilfe und rettete den Säugling, ein Mädchen. Darauf wusch sie es mit einer Zauberseife, die man ihr gegeben hatte. Ein wenig Schaum spritzte ihr in die Augen, und so enthüllte sich ihr das Land der Feen. Sie waren nicht in der Strohhütte, die sie beim Betreten zu sehen geglaubt hatte, sondern in einem wundervollen Schloß. Als er sie holen kam, merkte der Pisky, daß sie die unsichtbaren Dinge sah. Und wissen Sie: Wenn man zufällig das Land der Piskies entdeckt und sie es merken, stechen sie einem die Augen aus.«

»Das heißt, die Mutter Eurer Jane …«

»Nein, Janes Mutter geschah nichts. Sie sagte: ›Ich schwöre Ihnen, daß ich niemandem ein Sterbenswörtchen verraten werde, aber lassen Sie mir meine Augen. Ich erwarte mein erstes Kind und möchte es gerne sehen.‹ Vater Pisky war Janes Mutter zutiefst dankbar für die Rettung seines Neugeborenen. ›Für dich will ich eine Ausnahme machen, doch nur unter einer Bedingung: Nie wieder darfst du das Land der Feen suchen.‹ – ›Ich verspreche es.‹ – ›Aber ich möchte dir doch noch ein Geschenk machen‹, sagte Vater Pisky. ›Auch du wirst ein Mädchen zur Welt bringen. Nenne es Jane wie unsere Tochter. Du wirst sehen, daß sie den magischen Blick hat, Augen, die überzeugen, beruhigen und retten können.

Lehre sie, diese Macht nicht zu mißbrauchen.‹ Und er brachte sie auf seinem großen Pferd zurück. Als sie vor ihrer Tür stand, sagte er ihr noch: ›Wenn deine Jane eine tugendhafte Frau ist wie du, wird auch sie ein Geschenk erhalten: Sie kann ihren magischen Blick weitergeben, und zwar in jeder dritten Generation einmal.‹ Darum also hatte meine Jane diese außergewöhnlichen Augen. Ich weiß nicht, warum sie ausgerechnet Sie ausgewählt hat, um Sie damit zu beschenken. Man soll diese Dinge nicht zu ergründen suchen. Tragen Sie Sorge dazu und machen Sie einen guten Gebrauch davon. Wenn die Feen einen mit dem Finger berühren, verleihen sie einem eine Kraft, die man für sich und die anderen nutzbringend verwenden soll. Es ist die einzige Möglichkeit, ihnen dafür danke zu sagen.«

III

The hunt ys up, the hunt ys up,
Loe! it is allmost daye;
For Christ our Kyng is gone a huntyng,
And browght his deare to baye …

»The Hunt's up«
Volkstümliche Ballade

Die Jagd hebt an, die Jagd hebt an,
Seht! der Morgen dämmert schon;
Bei Gott, unser König ist auf der Pirsch
und hat seinen Hirsch gestellt …

Wenn ich mir einrede, ich schreibe für niemanden oder höchstens für schattenhafte Gestalten, belüge ich mich. Denn beim Spitzen der Feder taucht ein ganz reales Gesicht auf, immer dasselbe: David.

Ich bin kein Tischlergeselle. Aber weil niemand in der Gegend Instrumente zu bauen versteht, duldet man mich, solange ich nicht mit dem Herstellen von Tischen, Stühlen, Schränken oder Betten beginne. David hat seine Schreinerlehre in Oron begonnen, wo er drei oder vier Jahre gearbeitet hat. Dann brannte die Werkstatt nieder, und sein Tischlermeister kam in den Flammen ums Leben.

Die Dallinges bestanden darauf, daß ich seine Ausbildung zu Ende führe.

»Er will zu niemandem sonst. Er hat Möbel zu schreinern gelernt. Doch sein eigentlicher Wunsch ist es, Instrumente zu bauen. Nur davon träumt er, und das liegt auch ein wenig an Ihnen. Bringen Sie es ihm bei.«

Also habe ich ihn vor einigen Jahren bei mir aufgenommen. Gegenwärtig ist er Orgelbauer und Organist in Basel. Ich habe ihn schon lange nicht mehr gesehen, und er fehlt mir.

Die Leute, die ich in meinem Leben innig und beständig geliebt habe, lassen sich an einer Hand abzählen. David gehört zu ihnen.

Eines Morgens habe ich ihn vor dem Tor des Bauernhofes gefunden, eingewickelt in einen Lumpen. Er mußte während der Nacht zur Welt gekommen sein. Wie gewöhnlich war ich als erster auf den Beinen. Er schaute mich mit seinen blauen, blinden Augen an, umklammerte krampfhaft meinen Daumen und führte ihn an seinen kleinen Mund, als wäre er eine Brust. Ich war sogleich in ihn vernarrt. Vor dem Feuer wartete ich, bis Madeleine Dallinges aufstand.

»Ach Herr Jesus, was ist denn das?«

»Sie sehen es. Ein Kind. Ich möchte Sie um einen großen Gefallen bitten: Ziehen Sie es mit Ihren eigenen Kindern auf.«

Ihr Letztgeborenes war damals kaum ein Jahr alt, sie stillte es noch.

Unterdessen war Benoît Dallinges gekommen.

»Nun, Vetter, haben Sie uns ein kleines Balg gemacht?« sagte er lauthals lachend.

»Im Lauf der Jahre habe ich vielleicht mehr als eins gezeugt. Ich habe soeben beschlossen, daß dieses hier für alle andern stehen soll. Es ist mein Sohn David. Aber wenn Sie nicht wollen, daß er hier lebt ...«

»Madeleine, kommt es auf eins mehr oder weniger an?« fragte Benoît mit einem Lächeln.

Sie zog die Schultern hoch:

»Wenn es für sechs reicht, reicht es auch für sieben.

Je mehr Verrückte wir sind, desto lustiger geht es zu ...«

Bis anhin hatte der Säugling keinen Ton vernehmen lassen. Jetzt begann er zu schreien.

»Los, geben Sie mir das Kind, es braucht die Brust und will gewaschen sein. Und getauft. Sie könnten den Priester benachrichtigen, während ich mich um Ihren David kümmere. Um *unseren* David.«

Wir haben ihm nie etwas gesagt, seine Geburt ist ein Geheimnis geblieben. Weder der Priester noch der Pfarrer wußten von einem schwangeren Mädchen; beide hatten in der Gegend Erkundigungen eingezogen.

»Nehmt ihn an Kindes Statt bei euch auf«, riet der Priester den Dallinges. »Das ist für alle das Einfachste. Und Sie, Vetter, werden der Pate sein.«

So geschah es, und David wurde ein Dallinges wie die andern, abgesehen von der Musik. Gott hat ihm diese Gabe geschenkt, wie er mir Jane Wolvedons Augen geschenkt hat: einfach so und mit vollen Händen. Außer Claudio Monteverde, William Byrd und vielleicht noch Thomas Morley habe ich niemanden von solcher Musikalität gekannt.

*

Old Thomas verdanke ich die Geschichte meiner Familie. Niemand beachtete Thomas. Man verlangte Auskünfte von ihm, wie man in einem Register nachschaut – einfach weil er da war. Es verstand sich von selbst, daß er auf alles eine Antwort wußte, aber das trug ihm weder Dankbarkeit noch Respekt ein. Er hatte ein Haus und Dienstboten. Ich wußte es nicht und hätte es mir damals auch kaum vorstellen können, sah ich ihn doch, wie er Erbsen enthülste, Steinchen aus den Getreidekörnern las und Geflügel rupfte.

Bei Old Thomas mußte man die Ohren spitzen, um im Redefluß die Nuancen wahrzunehmen. Gestern zum Beispiel habe ich mich den ganzen Tag lang gefragt, ob er ein Papist oder ein Reformierter gewesen sei. Ich habe ihn nie danach gefragt; zu jener Zeit konnte mein kleiner Kopf die Unterschiede zwischen den Religionen nicht erfassen – konformistisch, ketzerisch, papistisch, reformiert, puritanisch waren Begriffe, die ständig gebraucht wurden wie Beschwörungsformeln, doch in meiner Anwesenheit ließ man dieses Thema fallen.

Es brauchte einige Zeit, bis ich merkte, daß Thomas meinen Vater nicht besonders schätzte. Als wir Golden verließen, war ich sogar fest davon überzeugt, daß er den Lauf, den die Dinge genommen hatten, ausdrücklich mißbilligte.

Ein Anzeichen dafür war seine heftige Abneigung gegenüber Cuthbert, den mein Vater verehrte und ganz besonders umhegte.

»Ihr Vater, der regelmäßig bei Hofe ist und im Land herumkommt, sollte besser wissen als ich, daß er mit dem Feuer spielt. Die Zukunft von uns allen steht auf dem Spiel. Abgesehen davon: Während Cuthbert den Missionar spielt, ist niemand da, der sich um die Güter kümmert. Ein Herr, der um sein Seelenheil besorgt ist, sollte einen um so geschäftstüchtigeren Verwalter haben.«

»Was sollte mein Vater wissen?«

»Ihr Vater hat England in einer Zeit verlassen, als jedermann nach Gutdünken zur Kirche ging. Damals konnte man sich stets irgendwie arrangieren. Ehrlich gesagt, habe ich selbst die Unterschiede nie ganz begriffen. Eines Tages haben sie in London beschlossen, daß nicht mehr auf lateinisch gebetet würde. Zuerst empörte sich das ganze Land, aber schließlich haben sich die Leute darein geschickt. Kaum hatte man sich unter König Eduard ans Englische gewöhnt, kehrte man unter Königin Maria zum Latein zurück. Und Elisabeth hatte gerade erst den Thron bestiegen, da wurde wieder auf englisch gebetet. So war es auch mit der Palmsonntagsfeier vor Ostern, mit den Bildern der Jungfrau Maria und so weiter. Keiner konnte daraus schlau werden. Doch letztlich hatte die ganze Verwirrung auch ihre guten Seiten: Mit etwas Fingerspitzengefühl fand jedermann etwas nach seinem Geschmack. Dann mischte sich der neue Papst ein. Er glaubte, alle hätten bloß auf ihn gewartet, um wieder katholisch zu werden, und daß es dazu nur eine Proklamation brauche.«

»Was für eine Proklamation?«

»Er hat die Königin exkommuniziert und den Katholiken untersagt, ihr zu gehorchen und die anglikanische Kirche zu besuchen. Er hat sich eingebildet, das ganze Land würde sich auf der Stelle erheben. Ich weiß nicht, wer ihm diesen Rat gegeben hat. Denn im Gegenteil: Viele Gläubige wurden mißtrauisch, verlangte man doch von ihnen, einer Königin den Gehorsam zu verweigern, die ein von Gott verliehenes Recht ausübt. Aber Ihr Vater hat diese Entwicklung nicht recht mitbekommen; als es geschah, war er auf Reisen.«

»Wo das?«

»Wie die Dinge nun einmal liegen, wäre es mir lieber, ich hätte nie davon erfahren.«

»Aber Sie wissen es?«

»Nicht offiziell.«

»Sagen Sie es mir doch, Master Thomas! Ich werde es niemandem erzählen.«

»Er war in Douai, bei den Papisten. Aber wenn Sie es ausplaudern, könnte Ihrem Vater zusätzliche Gefahr drohen.«

»Welche Gefahr sollte er denn laufen?«

»Wenn man Ihnen eine Ohrfeige gibt, was tun Sie dann?«

Ohrfeigen werden mir zur Genüge verabreicht, und ich habe nur ein Recht: zu schweigen. Aber schließlich hat man bereits begonnen, mir die Pflichten eines Edelmannes einzutrichtern. Ich kenne die Antwort, die von mir erwartet wird:

»Ich gebe sie zurück.«

»Und warum sollte ausgerechnet unsere Elisabeth anders handeln? Sie wurde exkommuniziert, von den Katholiken geächtet und zum Feind erklärt; nun geht sie zum Gegenangriff über. Die englischen Katholiken werden *ihre* Feinde. Ahnungslos hat dieser Papst seine Schäfchen in die Enge getrieben: Ihnen bleibt nur noch die Wahl zwischen Verfolgung und Exkommunikation. Viele haben das sofort begriffen und, ›besser ein Spatz in der Hand als die Taube auf dem Dach‹, die anglikanische Kirche gewählt. Hauptsache, man ist ein Christ und betet, haben sie sich gesagt. Andere sind katholisch geblieben, aber ohne alles Aufsehen. Doch Ihr Vater hat die Überheblichkeit seines Großvaters Arundell geerbt, der es sich allerdings leisten konnte, überheblich zu sein.«

»Thomas ...?«

»Was ist?«

»Sie sagen mir nichts über die Gefahr, die meinem Vater droht.«

»Die Gefahr trägt einen Namen: Cuthbert.«

»Aber *weshalb*?«

»Schwören Sie, daß Sie darüber Stillschweigen bewahren!«

»Ich schwöre es bei meiner Seele.«

»Cuthbert Mayne ist ein papsttreuer Priester aus Flandern, wo es von englischen Katholiken wimmelt, die zusammen mit Spanien gegen Elisabeth komplottieren.«

»Ich sehe immer noch nicht, wieso das meinen Vater in Gefahr bringt.«

»Es ist verboten, illegal ins Königreich eingereiste Priester zu beherbergen. Es ist verboten, ihnen die Arbeit zu erleichtern.«

»Welche Arbeit?«

»Die Wiederbekehrung der Engländer zum Katholizismus, die Wiederherstellung der päpstlichen Macht. Ah! Sie sollten die schönen Reden des armen Cuthbert hören. Ich glaube nicht, daß er die Rolle durchschaut, die man ihn spielen läßt. Er fühlt sich als Gesandter Gottes, er reist kreuz und quer durchs Land, um die Messe zu lesen, die Sakramente auszuteilen und die Leute zu bekehren. Das ist Leichtsinn. Vor allem seit der neue Sheriff der Grafschaft Richard Grenville heißt, der Ihren Vater nicht ins Herz geschlossen hat. Ausgeschlossen, daß er nicht früher oder später davon Wind bekommt.«

»Und mein Vater?«

»Ihr Vater ist der Ansicht, seine Aufgabe als Katholik komme vor seinen Verpflichtungen gegenüber der Königin, seiner Familie und seinen Ländereien. Elisabeth hat verfügt, daß Leute, die heimlich eingereiste Priester beherbergen, als Verräter zu betrachten sind, und Verräter unterliegen den Bestimmungen des *Praemunire*. Hat man Ihnen schon gesagt, was das heißt?«

»Nein.«

»Das bedeutet, daß Ihr ganzer Besitz eingezogen wird und Sie mit Gefängnis auf Lebzeiten bestraft oder verbannt werden. Oder gehängt.«

Die Angst steigt in mir hoch.

»Und es ist mein Vater, der sich dieser Gefahr aussetzt?«

»Ja, Ihr Vater. Und das Traurigste ist, daß der frühere Gutsverwalter der Familie es weiß«, sagt er und schlägt sich dabei auf die Brust, »während der Hauptverantwortliche so tut, als gehe ihn das nichts an.«

Ich rede viel von Thomas, aber man soll daraus nicht schließen, daß ich meine Tage mit ihm verbringe. Im Gegenteil. Thomas ist zwar meine einzige Nachrichtenquelle, aber wenn ich ihn aufsuchen will, muß ich zu allerhand Listen greifen. Ich sollte mit den Pagen im neuen Landsitz bleiben, und einer von ihnen, Robert, hat den Auftrag, sich besonders um mich zu kümmern.

Diese Pagen und Jungfern sind keine Bediensteten; es sind Söhne und Töchter von Familien aus der Gegend, die zu gleichgestellten Familien geschickt werden, damit sie dort, außerhalb des Vaterhauses, in den Genuß einer ausgezeichneten Erziehung kommen. Robert ist aus dem Geschlecht der Courtenays, die wie wir mit den Arundells verwandt sind. Er lernt Fechten, Lateinisch und Griechisch, Anstandsregeln, Philosophie und Musik. Mir bringt er bei, wie man sich zu benehmen hat, er leitet mich zum Beten an und liest mir vor. Er ist ein wundervoller Lautenspieler, und beim Zuhören erfüllt mich ein überwältigendes Glücksgefühl. Er hat mich gern.

»Um Francis braucht man sich keine Sorgen zu machen. Er kann schon fast lesen und schreiben, man muß ihm nie etwas zweimal sagen, und er macht keine Dummheiten.«

In der freien Zeit, die ihm dank meiner Artigkeit zur Verfügung steht, frönt er seiner Leidenschaft: dem Würfelspiel. Das ist streng verboten. Würde mein Vater davon erfahren, ließe er ihn auspeitschen. Ich sage nichts. Auf diese Weise gelingt es mir, mich täglich für etwa eine Stunde zu Thomas zu schleichen. Robert weiß es, aber auch er sagt nichts. Wir erpressen uns gegenseitig, ohne ein Wort darüber zu verlieren; unter Gentlemen gehört sich so etwas nicht.

Dieser gewohnte Gang der Dinge sollte jäh von den Ereignissen unterbrochen werden, die mein Leben unwiderruflich verändert haben.

Mein Vater war in London, am Hof. In Golden munkelte man, er stehe auf sehr gutem Fuß mit der Königin. Nach dem, was ich von Thomas gehört hatte, hielt ich das für ein gutes Zeichen. Vielleicht würde die Königin bei seinem Anblick merken, daß er, obwohl streng katholisch, doch zu ihren Freunden zählte.

Man sagte, er kehre nicht vor dem Sommer zurück. Doch es war noch mitten im Winter, als mich eines Nachts ein lauter Lärm weckte. Der Hausherr kam aus London zurück. In der allgemeinen Aufregung verließ ich mein Zimmer und nahm einen meiner bevorzugten Beobachtungsposten ein: das Kämmerchen, das im Kamin des großen Saals eingerichtet worden war. Man kann es durch eine Geheimtür im benachbarten Zimmer betreten. Über dieses Kämmerchen wurde nie gesprochen, aber jeder in der Familie kannte seine Existenz. Meine Schwester Mary, die etwa sieben Jahre alt war, kam ebenfalls auf den Fußspitzen hereingeschlichen, einen Finger auf den Lippen.

Zuerst wurde meinem Vater das Nachtmahl aufgetischt. Dann schickte meine Mutter alle hinaus, schloß die Türen und setzte sich. Ich sah sie durch eine kleine, in der Kaminkonsole angebrachte Öffnung, die außen von einer Skulptur verdeckt war. Meinen Vater sah ich nicht, aber ich verstand jedes Wort.

»Nun?« fragte meine Mutter ziemlich unfreundlich.

»Madam, reden Sie nicht in diesem Ton mit mir.«

»Mein Herr, schreiben Sie mir bitte nicht vor, in welchem Ton ich zu sprechen habe. Was ist passiert? Hat die Königin Sie weggejagt?«

»Nein. Ich bin abgereist.«

Meine Mutter ist aschgrau im Gesicht.

»Wie, abgereist?«

»Es kam zu einem Zwischenfall … Unerwartet, so daß …«

»Das muß ja schrecklich sein, daß es Ihnen die Sprache verschlägt, mein Herr! Sie sind doch sonst so beredt. Nun, ich höre.«

»Ich zeigte mich bei Hofe wie alle andern …«

»Sie wollten die Königin bekehren!«

»Madam!«

»Nun gut, ich höre, aber kommen Sie bitte zur Sache. Sie zeigten sich also bei Hofe ...«

»Ich tat, was alle andern taten. Ich ging nach Greys Inn, wenn es sein mußte; morgens spielte ich Schach, nachmittags Karten, ich focht, spielte Tennis, ich ging sogar ins Theater. Ich besuchte einen literarischen Zirkel. Mit einem Wort: Ich tat mich in keiner Weise hervor und habe nicht den kleinsten Versuch unternommen, die Königin zu bekehren. Meine religiösen Pflichten erfüllte ich in den ärmsten Quartieren, und ich versichere Ihnen, daß Ihre Majestät davon nicht die geringste Ahnung hatte.«

»Aber was war denn?«

»Madam, hat man Ihnen schon erzählt, wie die Königin die Edelmänner behandelt, die ihr gefallen?«

»Man sagt, sie überhäufe sie mit Gunstbeweisen und nehme sie in ihre Dienste. Und das in allen Ehren.«

»Ja, so sagt man. Und man sagt auch, daß Ihre Majestät sich zufriedengibt mit geistigen Beziehungen, aber das sind Gerüchte, die ich persönlich nicht beurteilen kann.«

»Und weiter?«

»Nun, die Königin hat ein Auge auf mich geworfen, und ich habe ihr gefallen.«

»Allmächtiger!«

»Sie ließ mich in ihre Gemächer kommen, außer ihr waren nur drei oder vier Ehrendamen da, und sie machte den Vorschlag, mir den Titel eines Vicomte zu verleihen. Damit wäre ich Sheriff der Grafschaft geworden und hätte einträgliche Geschäfte machen können.«

»Und Sie haben abgelehnt?!«

»Meine liebe Mary ...« Seine Stimme versagt. »Sie wollte mich zum Vicomte machen, um mich in ihrer Nähe zu behalten. Ich wäre einer ihrer Günstlinge geworden.

Wie hätten Sie die Nachricht aufgenommen, daß Ihr Mann, ein glühender Katholik, ein enger Vertrauter der Tochter von Anne Boleyn sei?«

Wenn Blicke töten könnten, wäre mein Vater tot umgefallen. Doch sie sagte nichts, und mein Vater fuhr mit leicht gereizter Stimme fort:

»Ich sagte ihr, ich wüßte die Ehre zu schätzen, aber das Gewicht des Adelstitels sei zu schwer für meine Schultern. Ich könne ihn nicht annehmen, weil ich es nicht verdiene und weil man es als Günstlingswirtschaft ansähe.«

Ein langes Schweigen folgt, und man hört, wie sich mein Vater etwas eingießt. Meine Mutter ist auf ihrem Stuhl zur Statue erstarrt. Sie nimmt weder Speise noch Trank zu sich.

»Ich dachte, Ihre Majestät würde mir die Ablehnung übelnehmen, aber keineswegs. ›Überlegen wir einmal‹, hat sie gesagt. ›Was kann es Ihnen ausmachen, wenn man Ihren Titel der Günstlingswirtschaft zuschreibt? Die Hauptsache ist doch, daß Sie Vicomte sind.‹ – ›Majestät, ich bin dieser hohen Ehre nicht würdig.‹ – ›Aber was suchen Sie denn am Hof, wenn es nicht um Ihre Angelegenheiten geht?‹ – ›Ich kümmere mich durchaus um meine Angelegenheiten, aber nicht um solche irdischer Natur.‹ – ›Ah ja? Welcher Natur sind sie denn?‹ – ›Sie sind geistiger Natur, Majestät.‹ – ›Sieh an! Das müssen Sie mir erklären.‹ – ›Majestät, ich bin katholisch …‹«

Diesmal springt meine Mutter vom Stuhl auf.

»Was? Sie haben es gewagt, so mit ihr zu sprechen?«

»Aber Madam, es ist doch wahr!«

»Es ist wahr, es ist wahr … Natürlich ist es wahr. Aber warum müssen wir es in alle Welt ausposaunen, als wollten wir das Unglück auf uns ziehen? Dafür ist jetzt nicht der richtige Augenblick …«

»Madam, für Gott ist es immer der richtige Augenblick. Und außerdem habe ich nicht in aller Öffentlichkeit geredet, sondern in den Gemächern der Königin von England.«

»Aber Francis, Sie wissen doch, was der Papst uns aufgetragen hat, von ihr zu denken! Daß sie ein Bastard ist, eine Usurpatorin, die Tochter einer Hexe! Und Sie lehnen es ab, sich von ihr in den Adelsstand erheben zu lassen, mit der Begründung, Sie seien katholisch? Sie haben sie tödlich beleidigt!«

»Keineswegs, Madam. Sie war bezaubernd. Sie hat mich gefragt, was ich von ihr erwarte, und ich habe ihr geantwortet: ›Daß Sie uns die freie Ausübung unserer Religion gestatten, Majestät.‹ Sie hat mir gesagt, sie würde darüber nachdenken, und hat mich mit einem freundschaftlichen Klaps auf die Wange lächelnd entlassen.«

»Und Sie haben sich auf den Heimweg gemacht.«

»Aber nein. Die Episode, die ich Ihnen schildere, hat sich im vergangenen Monat abgespielt.«

»Was geschah dann?«

»Vor ein paar Tagen hat sich etwas anderes ereignet. Es war spät abends. Ich lag schon im Bett, als an meine Türe geklopft wurde. Phillips hat geöffnet, und auf der Schwelle stand eine Ehrendame mit einer Botschaft der Königin: Ich solle mich stehenden Fußes zu Ihrer Majestät begeben, die mich in einer dringenden Angelegenheit zu sprechen wünsche. Und um ihrer Mitteilung Nachdruck zu verleihen, fügte sie hinzu, ich hätte Elisabeth erobert und es gelte das Eisen zu schmieden, solange es warm sei. Das waren ihre eigenen Worte. Zu dieser späten Stunde konnte ich die Königin unmöglich aufsuchen, und zwar aus Gründen, an die ich lieber nicht denke. Schließlich bin ich Ihr Mann, und ich hatte nicht die geringste Absicht, mich mit einer anderen zu verbinden, und sei es meine Herrscherin.«

»Dafür bin ich Ihnen zutiefst dankbar.«

Der sarkastische Tonfall meiner Mutter ist selbst für das

Ohr eines Kindes wahrnehmbar. Vater fährt fort, als hätte sie nichts gesagt.

»Ich habe die Ehrendame gebeten, mich bei Ihrer Majestät zu entschuldigen, ich sei krank. Sie ist gegangen, und ich versuchte zu schlafen. Aber kurz darauf ist die Königin persönlich an mein Bett getreten, um sich nach meinem Befinden zu erkundigen. Doch statt mich zu fragen, wie es mir gehe, hat sie mich inständig gebeten, den Titel eines Vicomte anzunehmen. Ich mußte alle meine Argumente wiederholen. Ich fiel ihr zu Füßen, ich gab meiner großen Dankbarkeit Ausdruck und wiederholte, daß ich der Ehre nicht würdig sei und daß alles, was ich besitze, ihr gehöre – mit Ausnahme meines Gewissens.«

Diesmal ist Mutters Gesicht rot vor Zorn. Sie macht eine Bewegung, doch mein Vater ist so vertieft in seinen Bericht, daß er fast ohne Unterbrechung in leicht verändertem Tonfall fortfährt.

»Ich muß sagen, diesmal ist sie wütend geworden. Sie hat mich einen Dummkopf, einen Feigling, einen Verräter genannt. Für wen ich mich eigentlich halte, schließlich sei sie meine Königin, und so weiter. Sie hat ein letztes Mal von mir verlangt, den Titel eines Vicomte anzunehmen, aber ich konnte es nicht. Damit hätte ich meinen Glauben verraten. Und sie ist weggegangen. Ich habe keine Zeit verloren. Ich bin aufgestanden und habe die nötigen Anweisungen für den sofortigen Aufbruch erteilt. Sie ist so launisch, daß sie mich auf der Stelle hätte verhaften lassen können. In gestrecktem Galopp sind wir losgeritten, und hier bin ich nun.«

»Ich erinnere mich an unsere Kindheit, Francis. An den Pagen, der Ihnen sagte: ›Francis, wenn du mich nicht vorbeiläßt, verpasse ich dir eine Ohrfeige, daß du an der Wand klebst.‹ Und Sie rührten sich nicht. Und er gab Ihnen die Ohrfeige, die Sie zu Boden warf. Sie standen wieder auf und stellten sich wieder an die genau gleiche

Stelle. Und er gab Ihnen eine zweite. Man mußte dazwischentreten, damit er Sie nicht vor Wut umbrachte. Aber zu jener Zeit war es ein Spiel. Heute gibt es niemand mehr, der zwischen Ihre Herrscherin und Sie treten kann. Und *uns*.«

»Es gibt Gott. Und ich habe mein eigenes Gewissen.«

Sie hebt eine Schulter und wirft ihm einen mitleidigen Blick zu.

»Gehen wir schlafen«, sagt sie schließlich.

»Ich habe noch einige Vorkehrungen zu treffen«, sagt mein Vater.

Man vernimmt das Geräusch seines Stuhls, dann jenes der Türe. Meine arme Mutter fällt auf die Knie und beginnt zu beten. Wir verschwinden ebenso geräuschlos, wie wir gekommen sind.

»Was denkst du, was wird jetzt wohl passieren?« habe ich gefragt.

»Sicher etwas Schreckliches. Ich habe gehört, wie die Kammerzofen sagten, Cuthbert könnte verhaftet werden. Wenn unser Vater bei der Königin in Ungnade gefallen ist, wird man ihn vielleicht auch verhaften.«

Meine Schwester Mary, die ich nur selten sah, hat mich immer verblüfft mit ihrer Scharfsichtigkeit. Sie konnte Situationen auf einen Blick einschätzen. Wäre sie ein Mann gewesen, hätte aus ihr ein großer Diplomat werden können. Was sie vorausgesehen hat, ist eingetroffen.

Nicht auf der Stelle. Es dauerte noch bis zum Sommer.

*

An einem Sonntagnachmittag im Juni hörte man ein lautes Poltern an der Türe. Es war so laut, daß alle ans Fenster stürzten.

Zwischen den beiden Landsitzen befand sich eine bewaffnete Truppe, an ihrer Spitze einige Männer in Roben:

die Friedensrichter. Der Leiter dieser Expedition war Sir Richard Grenville, der neue Sheriff von Cornwall, ein großer Kerl mit soldatischem Gebaren, derselbe, von dem Thomas sagte, daß er meinen Vater nicht besonders liebe. Meine Knie begannen zu zittern.

»Im Namen der Königin, macht auf!« schrie Grenville.

Mein Vater trat vor die Türe und ging ihm entgegen.

»Guten Abend, Sir Richard. Was hat dieser erzwungene Besuch zu bedeuten?«

»Wir suchen einen Flüchtling namens John Bourne, und uns wurde gesagt, er habe bei Ihnen Zuflucht gefunden.«

»Sie befinden sich im Irrtum, wir kennen keinen Bourne, niemand dieses Namens ist im Haus.«

»Ich will mich mit eigenen Augen davon überzeugen.«

»Sie werden sich doch wohl zu dieser späten Stunde nicht gewaltsam Zutritt verschaffen. Mein Wort muß Ihnen genügen.«

»Ihr Wort! Daß ich nicht lache!«

»Sir Richard! Sie haben kein Recht dazu.«

»Ich habe einen Haussuchungsbefehl, und die Anwesenheit der Richter beweist die Rechtmäßigkeit unseres Vorgehens. Genug der Worte«, sagte Grenville.

Er gab seinem Pferd die Sporen, winkte seiner Truppe, und sie drangen ein.

Von Bourne keine Spur, der Mann war anderswo, hatte England wahrscheinlich bereits verlassen, und ich habe Grenville, der die Seele eines Piraten hatte und die Tregians und die Arundells nicht ausstehen konnte, in Verdacht, daß er das ganz genau wußte. Die Soldaten verteilten sich im ganzen Haus. Uns hatte man befohlen, so zu tun, als sei nichts geschehen, aber ich konnte nicht anders als zusehen. Sie durchsuchten jeden Winkel unter dem Protest meines Vaters und unter Grenvilles anfeuernden Worten.

»Das ist eine Beleidigung«, sagte mein Vater.

»Wenn Sie sich nichts vorzuwerfen haben, haben Sie auch nichts zu befürchten, und die Friedensrichter sind da, um darüber zu wachen, daß alles mit rechten Dingen zugeht.«

Schließlich gelangten sie zur Türe des kleinen Gartens. Dieses Gärtchen lag ein wenig abgeschieden an der nördlichen Hausecke und hatte immer etwas Geheimnisvolles gehabt.

Sie klopften. Die Türe ging auf, und Cuthbert erschien. Er errötete und öffnete den Mund, aber bevor er ein Wort sagen konnte, wurde er am Kragen gepackt.

»Was bist du denn für einer?«

»Ich bin ein Mensch.«

Bis dahin war alles eher förmlich verlaufen. Aber plötzlich wurde mir klar: Sir Richard hatte auf den Augenblick gewartet, da er Cuthbert finden würde, und er wußte, er würde ihn finden.

»Ein Mensch! Was trägst du denn unter deinem Wams? Ein Kettenhemd?«

Grob öffnete er ihm das Warns, und im Ausschnitt wurde ein Anhänger sichtbar.

»Ein Agnus Dei!« rief einer der Soldaten.

Das Agnus Dei ist ein vom Papst oder einem katholischen Bischof gesegnetes Medaillon, das zu tragen in England streng verboten ist, weil man es als eine Reliquie des Aberglaubens betrachtet, den man mit der römisch-katholischen Religion ausmerzen wollte.

Darauf hatten sie begonnen, das Zimmer, den Garten und Cuthberts Häuschen zu durchsuchen, wobei sie seine Priestergewänder, seine Heiligenbilder und als Gipfel des Abscheulichen eine päpstliche Bulle fanden – der Besitz einer Bulle hatte seit 1571 die Todesstrafe zur Folge.

Das Durcheinander erreichte seinen Höhepunkt. Bedienstete und Pächter, die anwesend waren, versuchten dazwischenzutreten. Aber Sir Richard befahl seinen Soldaten anzugreifen, falls jemand sie in ihrer Arbeit behindern sollte. Schließlich verhafteten sie mehrere unserer Diener und zwei der Pächter, sie verhafteten Cuthbert, sie verhafteten meinen Vater. Sie banden ihnen die Hände auf dem Rücken zusammen und nahmen sie mit. Als die letzte Staubwolke an der Kehre von Ridgeway, der Straße über die Hügelkette nach Launceston, verschwunden war, war es noch nicht Nacht. Wir waren wie betäubt. Im Sommerabend sang ein Rotkehlchen, ein anderes antwortete ihm. Ich stahl mich zu meiner Mutter. Sie sah aus, als hätte sie einen tödlichen Streich empfangen. Ich hätte am liebsten ihre Hand genommen, aber ich traute mich nicht.

»Mit den besten Empfehlungen Ihrer Majestät«, murmelte sie schließlich mit rauher Stimme.

Das brachte uns wieder in die Wirklichkeit zurück.

»John! Peter!« rief Madam Catherine.

»Ja, Madam?«

»Spannt die Pferde an, ich gehe nach Lanherne.«

Niemand fragt, was sie dort zu tun gedenkt: Dort leben ihr Bruder und ihre Familie, dort ist sie selbst aufgezogen worden; wahrscheinlich wird sie versuchen, ihre Beziehungen spielen zu lassen, um wenigstens meinen Vater zu befreien.

Ich schleiche in die Küche.

Thomas sitzt ganz aufrecht da, die Augen geschlossen.

»Sind sie weg?« fragt er, ohne sich zu rühren.

»Ja.«

Er öffnet seine schwarzen, lebhaften Augen.

Ich bin wohl sehr bleich. Meine Knie wanken. Ich hätte hundert Fragen zu stellen, aber keine kommt mir über die Lippen. Er streckt mir seine Hand entgegen. Ich mache einen Schritt und falle auf ihn, den Kopf auf seinen Knien. Vergeblich versuche ich, die Tränen zurückzuhalten. Er fährt mir sanft übers Haar.

Außer uns beiden ist die Küche leer, das ist außergewöhnlich.

»Weine«, sagt Thomas, »spüle deinen Kummer heraus.«

Und nach langem Schweigen bemerkt er:

»Dein Vater glaubte Gott zu dienen, aber er hat nur den Teufel versucht.«

IV

Very lusty I was, and pleasant withall,
To sing, dance, and play at the ball ...
And beside all this, I could then finely play
On the harp much better than now far away.

»Kind Hart's Dream«
Volkstümliche Ballade

Sehr lustig war ich, und freundlich mit allen
Beim Singen, Tanzen und Spielen zum Ball ...
Und obendrein spielte ich damals die Harfe
Viel besser als heute, nach all der Zeit.

Ich schäme mich fast, es zu schreiben: Die beiden folgenden Jahre waren im Leben meines Vaters die schlimmsten – in meinem eigenen zählen sie zu den besten.

Nicht daß mir sein Schicksal gleichgültig gewesen wäre. Im Gegenteil: Ich dachte ständig an ihn, und wir sprachen oft über ihn – ich glaube auch, daß im ganzen Herzogtum über ihn gesprochen wurde.

Aber unbekümmert, wie die Jugend ist, gab es Umstände, da ich ihn vergaß. Im Haus drehte sich so vieles um ihn, daß man sich kaum um mich sorgte. Das Geld war knapper geworden: Damit mein Vater im Juni aus dem Gefängnis entlassen wurde, mußte eine Kaution von zweitausend Pfund bezahlt werden – eine riesige Summe, von der hundert Leute während langer Zeit gut hätten leben können. Außerdem wurde er nur vorübergehend auf freien Fuß gesetzt, für etwas mehr als zwei Monate, während der ich ihn fast nie zu Gesicht bekommen habe. Entweder betete er, oder er empfing Leute oder bereiste die Gegend auf der Suche nach Unterstützung, nehme ich an.

Er war finster und abwesend. Im September reiste er zur Verhandlung des Schwurgerichts nach Launceston. Trotzdem erhielt die Familie die zweitausend Pfund nicht zurück. Und auch die Freiheit erlangte er nicht wieder.

Ich habe nichts von dem gesehen, was sich am Gericht abgespielt hat, aber ich habe zur Genüge davon gehört: Alle Leute aus dem Kreis um Cuthbert sind verurteilt worden. Bußen, Freiheitsentzug, Beschlagnahme der Güter (das berühmte *Praemunire),* Unterschiede wurden keine gemacht. Mein Vater und der jüngste Bruder meiner Großmutter Catherine, John Arundell (dieser Großonkel war nicht viel älter als mein Vater, acht bis zehn Jahre vielleicht, und hatte in zweiter Ehe Anne Stourton, meine andere Großmutter, geheiratet), wurden nach London transportiert, wo sie vor Gericht erscheinen mußten. John Arundell wurde zu einer hohen Buße verurteilt und freigelassen, allerdings durfte er nicht nach Lanherne zurückkehren. Aber um noch etwas in der Hand zu haben, hat man seinen Neffen und Schwiegersohn behalten, meinen Vater. So jedenfalls sagte man sich in Golden.

In London wurde mein Vater auf unbestimmte Zeit in Einzelhaft ins Gefängnis von Marshalsea eingesperrt. Und zur gleichen Zeit setzte die Gefolgschaft der Königin alles daran, die Hand auf unsere Besitztümer zu legen: Die Königin versprach ihren Getreuen deren Nutznießung, um Druck auf die Tregians, die Arundells und alle anderen Katholiken auszuüben, die es noch im Herzogtum gab.

Wir waren immer noch in Golden, aber für wie lange, wußten wir nicht. Unser Lebensstil war bescheidener geworden. Es gab keine Pagen mehr, die mit unserer Erziehung beauftragten Hauslehrer waren mit ihnen abgereist, und der Lehrer, der mir die ersten Kenntnisse hätte beibringen sollen, saß im Gefängnis.

Während einiger Monate hat sich niemand wirklich um mich gekümmert. Meine Großmutter Catherine tauchte gelegentlich auf, aber meistens war sie bei irgendwelchen Verwandten, und meine Mutter war mit der Verwaltung der Ländereien beschäftigt oder abwesend. Vom September an war sie häufiger in Launceston oder London als in Golden. Sie wollte in der Nähe meines Vaters sein. Meine Mutter, eine Stourton, war eine der Enkelinnen des Grafen von Derby. Man sagte, sie überhäufe alle Welt, selbst die Königin, mit Eingaben und Bittschriften.

Und so, mir selbst überlassen, ging ich auf Entdekkungsreisen.

Ich lebe in verschiedenen, voneinander getrennten Welten.

In einer dieser Welten gibt es die Traurigkeit der meist verlassenen Gemächer im neuen Landsitz. Inmitten dieser Traurigkeit steht ein Leuchtturm: Vaters Bibliothek. Seit er nicht mehr da ist, sucht sie niemand mehr auf, und ich hole mir regelmäßig Bücher, die mich oft überfordern. Trotzdem vertiefe ich mich in sie. Ich lese gern.

Das Reich der Küche ist eine andere Welt. Old Thomas ist mehr denn je meine Nachrichtenquelle, denn niemand im Haus außer ihm hätte sich die Mühe genommen, mir nur die kleinste Erklärung zu geben.

Ein gutmütiger alter Mann unterweist mich in Latein, Geometrie, Rhetorik und Religion. Er wohnt unten am Hang in Golden Mill, wo ich ihn aufsuche, wenn ihn der Rheumatismus an seinen Stuhl fesselt und es ihm verunmöglicht, zu uns hinaufzukommen. Ein Priester, nehme ich an. Er hat in meiner Erinnerung kaum eine Spur hinterlassen, so daß ich seinen Namen vergessen habe. Und daneben gibt es eine Außenwelt, die ich nach und nach entdecke.

Eines Tages nehmen mich Bergarbeiter in eine nahegelegene Zinnmine mit und erklären mir in allen Einzelheiten, wie sie das Metall fördern. Sie erzählen mir, daß man vor nicht allzu langer Zeit das Zinn noch in Wasserläufen gefunden habe und sich nur zu bücken brauchte. Aber jetzt müsse man es tief in der Erde holen.

»Aus unserem Zinn«, sagten sie, »werden Becher gemacht, die bis ans Ende der Welt reisen.«

Golden ist zwei Meilen von Tregony entfernt. Sucht man Tregony auf der Karte, hat man den Eindruck, es sei ein Ort auf dem Land. Nichts falscher als das. Es ist ein Hafen ganz zuhinterst an der Bucht von Truro, am Ufer des Flusses Fal, der so breit und tief ist, daß die Meerschiffe, sogar jene von Übersee, ihre Ladung im Landesinneren löschen können.

Jenseits der Brücke von Tregony befand sich zur Zeit meiner Kindheit eine flachere Bucht, wo kleinere Boote bis nach Golden Mill, also praktisch bis vor unsere Haustür fahren konnten.

In Tregony gab es damals noch große Lagerhäuser als Zwischenlager für die von der Grafschaft importierten und exportierten Güter.

Auch in Golden Mill, auf unseren Ländereien, standen Lagerhäuser hufeisenförmig am Flußufer. Hierher brachte man das Zinn aus der Umgebung, das in alle Welt transportiert wurde, und hier holte man ab, was aus London, Southampton oder vielleicht gar aus Amerika zu uns gelangte.

Mit Leichtigkeit bewältigte man an einem Tag auf dem Wasserweg die Strecke von Golden nach Tregony und zurück. Ich habe die Reise mehr als einmal gemacht. Dabei kam es zu meiner ersten Begegnung mit der Musik. Bei uns wurde zwar musiziert, gesungen, sogar getanzt. Aber diese Vergnügungen waren den Erwachsenen vorbehalten, und wenn sie stattfanden, hielt man uns davon fern, damit wir die Gäste nicht störten.

Es war kalt. Der Herbst hatte die Bäume entlaubt. Ich kam vom Lehrer und hielt mich dabei auf, ein unbekanntes Boot aus der Nähe anzuschauen. Es war keines der Schiffe, die hin und her pendeln, sondern ein Dreimaster, der mit Amerika Handel betrieb, der *Jesus*.

Ein großer junger Mann mit roten Haaren sprang ans Land. Ganz ungewöhnlich für einen Seemann war er glattrasiert und hatte nicht einmal einen Schnurrbart. Am Kai schlossen wir miteinander Bekanntschaft.

»Guten Tag! Nach deinen Augen zu schließen, bist du sicher ein Tregian«, sagte er.

»Ja, ich bin Francis.«

»Ich bin William Courtenay. Wir sind entfernte Verwandte. Ist deine Mutter zu Hause?«

»Nein. Aber meine Großmutter Catherine ist gestern heimgekehrt.«

»Auch gut. Ich habe sie schon lange nicht mehr gesehen. Begleitest du mich?«

Er blieb während Stunden mit ihr hinter verschlossener Tür, und es gab keine Möglichkeit, sie zu belauschen. Als er wieder herauskam, sah er sorgenvoll aus; trotzdem fragte ich ihn, ob ich sein Schiff sehen dürfe.

»Aber mein Boot liegt flußabwärts bei Tregony.«

»Ich bin oft nach Tregony gegangen. Bitte, Madam Catherine, erlauben Sie mir, ihn zu begleiten. Ich möchte so gern ein Boot besteigen, das auf dem Ozean fährt.«

»Aber ...«

»Ich bitte Sie, Madam! Ich habe meine Fabel von Äsop auf lateinisch gelernt, ich werde sie Ihnen vortragen. Und wenn ich einen Fehler mache, können Sie mir die Reise verbieten.«

Madam Catherine begann zu lachen und sagte zu William Courtenay:

»Dieses Kind ist ein kleines Monstrum! Er konnte schon lesen, als er zur Welt kam.«

»Das ist nicht wahr! Sie selbst haben mir ...«

»Master Francis, ich habe Ihnen schon gesagt, daß man die großen Leute nicht unterbricht. Er konnte auch zählen und lateinisch sprechen.«

»Ich muß morgen vor der Dämmerung einen Mann in diese Gegend schicken«, sagte William. »Er kann Francis auf dem Rückweg mitnehmen.«

Und so bin ich mit dem kleinen Boot abgereist, und ich konnte auf den Dreimaster steigen, der bis zur Flußmündung hinunterfuhr.

»Wenn Sie Madam Catherine gesagt hätten, daß Sie nicht in Tregony bleiben, hätte sie mir niemals erlaubt ...«

»Mein lieber Francis, merken Sie sich eines: Es ist verwerflich zu lügen, aber wenn man etwas will, ist es manchmal unnütz, die ganze Wahrheit zu sagen. Hauptsache ist, daß man nie eine unbequeme Wahrheit durch eine Lüge ersetzt. Aber man muß auch schlau sein können wie ein Fuchs. Sie wollten doch auf die *Jesus* kommen, nicht wahr?«

»O ja!«

»Ich habe gesagt, was nötig war, um das Vergnügen zu haben, Sie zu empfangen.«

»Danke, Master William.«

»Sagen Sie mir, können Sie diesen lateinischen Text wirklich?«

Ich stellte mich auf, die Hände hinter dem Rücken, und legte los:

»Der Löwe und die Maus, oder: Man sollte nie vergessen, daß man oft jemanden braucht, der kleiner ist als man selbst.

Frigida sopito blanditur silva leoni;
Cursitat hinc murum ludere prompta cohors.
Pressus mure leo, murem rapit: ille precatur,
Iste preces librat: supplicat ira preci.
Haec tamen ante movet animo: Quid mure perempto
Laudis emes? summum vincere parva pudet …«

Und so weiter. Als ich fertig bin, lacht er laut auf.

»Nun, Master Francis, Sie sind wirklich eine besondere Erscheinung.«

Zum erstenmal in meinem Leben darf ich ein Nachtmahl an der Gästetafel einnehmen. Man bedient mich, und William unterhält sich mit mir wie mit seinesgleichen.

»Hat man Ihnen schon gesagt, Francis, daß Golden eine ruhmreiche Vergangenheit hat?«

»Ja, man hat mir erzählt, daß mein Großvater, mein Urgroßvater …«

»Nein, ich rede nicht von ihnen, sondern von Leuten, die lange Zeit vor ihnen gelebt haben. Man sagt, Wolvedon sei vielleicht das römische Voliba.«

»Voliba?«

»Sie kennen doch den Graben entlang der Straße zwischen dem Landsitz und Golden Mill?«

»Ja, den Warren, das Wildkaninchengehege.«

»Es ist der Graben der römischen Festung, die vor sehr langer Zeit dort gestanden hat.«

»Deshalb heißt also das Feld das Römische Feld?«

»Ja, es ist Voliba, das man auf den Karten von Ptolemäus findet und von dem er in seiner Geographie spricht. *Post quos maxime ad occasum Domnonii inquibus oppida Voliba …«*

»Müßte ich wissen, wer Ptolemäus ist?«

Er lacht über meine vorsichtige Frage.

»Ich werde niemandem sagen, daß Sie mich nach ihm gefragt haben. Ptolemäus ist der größte Gelehrte des Altertums. Er hat das System der Welt entdeckt. Aber zur Zeit, als Ptolemäus seine Theorien des Universums formuliert hat, glaubte man, die Erde sei flach und die Gestirne bewegten sich um sie. Ich persönlich«, fährt er mit gedämpfter Stimme fort, »und mit mir viele Navigatoren, glaube eher, daß es die Erde ist, die sich dreht in einem Universum, das sich nur ganz langsam bewegt. Aber der Mann, der das geschrieben hat, auch er ein großer Gelehrter, verärgert Rom, wo man weiterhin mit Ptolemäus daran festhält, daß sich das Universum um die Erde dreht.«

»Und warum glauben Sie, daß die Erde sich dreht?«

»Nun, wenn man weit und lange reist, ist es offensichtlich, sogar für einen guten Katholiken wie mich. Bedauerlicherweise wird diese Lehre von der römischen Kirche mit dem Bann belegt; wer sie vertritt, landet in Spanien oder Italien geradewegs auf dem Scheiterhaufen.«

»Können Sie mir erklären ...«

»Nein, nicht heute abend. Und ich rate Ihnen davon ab, zu Hause solche Fragen zu stellen. Meine Auffassungen sind verpönt, es ist besser, sie für sich zu behalten.«

»Aber weshalb?«

»Weil die Lehren von Kopernikus für Rom ebenso unbequem sind wie für die Reformation. Sehen Sie, wenn jemand kommt und Ihnen erzählt, Sie seien nicht der Mittelpunkt der Welt, sondern bloß ein keineswegs zentraler Punkt im Universum ...«

»Ich verstehe. Es ist, wie wenn man Verstecken spielt und die Kleinen glauben, es genüge, die Augen zu schließen, damit man sie nicht sieht.«

Er muß so lachen, daß er nach Luft ringt.

»Haar-ge-nau!« sagt er schließlich.

Und dann fragt er übergangslos:

»Können Sie Laute spielen?«

»Nein. Als wir bei uns noch Pagen hatten, waren meine Hände zu klein.«

»Und Virginal?«

Er deutet auf die Klaviatur auf einem Tisch. Im Zimmer meines Vaters befindet sich das gleiche Instrument. Manchmal spielte er darauf, aber er ließ mich nie in dessen Nähe.

»Nein, darauf kann ich auch nicht spielen, aber ich möchte es gerne lernen.«

»Kommen Sie.«

Er setzt sich ans Instrument und läßt mich unter dem Tisch sitzen, damit ich es besser höre.

Ich weiß nicht, ob ich mich an unsere Diskussion über die Gestalt des Universums erinnern würde, wenn er mir nicht Jahre später seine Ansichten wiederholt hätte. Aber ich erinnere mich ganz deutlich an den Augenblick, als er zu spielen beginnt.

Ut be ut re mi ut be, la sol ut be ut re mi ut fa ...

Ich höre die Melodie von *The Short Measure of my Lady Wynkfylds Rownde,* als wäre ich dabei. Die Musik rieselt buchstäblich auf mich herab, hüllt mich ein, redet zu mir – es ist, als fände ich Janes Wärme wieder, den Duft von Brot und Milch.

»Nun, Francis, sind Sie eingeschlafen?«

Ich hob die Augen, und er sah wohl an meinem Blick, wie ergriffen ich war.

»Möchten Sie dieses Rondo lernen?«

Ich nicke mit dem Kopf, weil es mir die Sprache verschlagen hat.

Er streckt mir die Hand entgegen: »Kommen Sie, setzen Sie sich neben mich, ich werde es Ihnen zeigen.«

Mir scheint, wir haben die ganze Nacht an diesem Virginal verbracht. Seit jenem Tag habe ich das Rondo der geheimnisvollen Lady Wynkfyld tausendmal gespielt. Immer aus dem Gedächtnis. Und immer tauchen diese Kabine, das sanfte Schaukeln des Dreimasters, Williams Stimme und der Geruch des Ozeans, vermischt mit den Gerüchen getrockneten Fisches und feuchten Holzes, wieder auf und erfüllen mich mit diesem Glücksgefühl, das ich an jenem Tag zum erstenmal erlebt habe.

*

Cuthberts Verurteilung wurde bestätigt. Er sollte in Launceston öffentlich hingerichtet werden, und das Datum war festgelegt: Sankt Andreas, ein Markttag. Es ging um das abschreckende Beispiel. Mein Vater, der immer noch in London eingekerkert war, wurde nicht mit ihm zum Tod verurteilt.

»In diesem Fall«, schätzt Old Thomas, »wird man ihn nicht hinrichten. Man hofft, daß er unter dem Druck nachgibt und sich bekehrt. Aber er wird sich nicht bekehren. Er ist starrköpfig wie ein Esel. Ich kenne ihn ganz genau. Als er klein war, hatte er einen Pagen …«

»Ich weiß. Der schlug meinen Vater, damit er aus dem Weg gehe, aber er pflanzte sich immer wieder vor ihm auf.«

»Sie haben John Arundell befreit. Zwar steht er in London unter Arrest, aber er ist nicht mehr im Gefängnis, weil er zu einflußreiche Freunde hat, und außerdem hat es die Königin nicht auf ihn abgesehen. Sie konzentrieren sich auf Ihren Vater. Auch er hat viele Anhänger, aber nun, da Sir George Carey auch von der Partie ist …«

Diesen Namen hatte ich noch nie gehört.

»Er ist ein Verwandter der Königin. Wenn Ihr Vater stur bleibt, werden sie all eure Ländereien beschlagnahmen, und die Nutznießung wird an Carey gehen. Es wäre vergeblich, Ihrem Vater zu sagen, daß er euch mit seiner Starrköpfigkeit beraubt, daß er eure Zukunft zunichte macht und die Arbeit und Mühe eurer Vorfahren in alle Winde zerstreut. Man hat mir erzählt, er hätte Cuthbert retten können, wenn er nur ein einziges Mal in die reformierte Kirche gegangen wäre, aber seine Antwort war: ›Ich will meine Seele nicht in Gefahr bringen und zur Hölle fahren, um diesen Mann daran zu hindern, ins Paradies einzugehen.‹«

Es war das erste Mal, daß ein Priester der Todesstrafe entgegensah, und seit das Datum von Cuthberts Hinrichtung feststand, sprach man von nichts anderem.

Zwei der Pächter machten sich auf den Weg, um ihn sterben zu sehen. Wenn die Straßen trocken sind, ist der Ritt nach Launceston eine Sache von drei bis vier Stunden.

»Ich habe nie besondere Sympathien für Cuthbert empfunden«, murmelte Thomas an diesem düsteren Novemberabend, als die beiden zurückkamen und von ihrem Abenteuer berichteten, »aber ich wünsche niemandem, so zu enden wie er. Er war ein rechtschaffener, ehrlicher Mann und außerdem der gutgläubigste, den ich je kennengelernt habe.«

Ich war von Trauer und unbestimmten Ängsten erfüllt. Ich ging hinaus und durchstreifte die Gegend bis zur Straße über die Hügelkuppen. In der Abenddämmerung sah ich zwei Männer in wildem Galopp herankommen. Der eine hatte einen Sack über die Kruppe des Pferdes gelegt, der andere trug ein schwarzes Banner.

An der Kreuzung hielten sie einen Augenblick inne, um sich zu beraten. Sie waren der Meinung, der Weg nach rechts führe nach Tregony, während er in Wirklichkeit nach Probus führt. Um ihnen die Richtung zu weisen, trat ich einen Schritt näher. In diesem Moment tauchte einer der Bauern auf, hob mich in die Luft und trug mich bis zum alten Landsitz. Wir waren in der Küche, bevor ich ein einziges Wort sagen konnte. Ich war außer mir.

»Was ist los? Was fällt Ihnen ein?«

»Wissen Sie, wer diese Männer waren, Master Francis?«

»Natürlich weiß ich es. Reiter, die sich verirrt haben.«

»Aber nicht irgendwelche Reiter. Sie sind die Gesandten

des Sheriffs, die Gehilfen des Henkers. Haben Sie den Sack des Größeren gesehen?«

»Ja.«

»Er enthält einen Viertel des Körpers von Cuthbert Mayne, den sie nach Tregony bringen und bei der Brücke auf einen Pfahl spießen, damit sein Tod uns eine Lehre sei.«

Ein unwillkürliches Zittern befiel mich. Dieser Sack ... Der Anblick war fast schlimmer, als wäre ich bei seiner Hinrichtung dabeigewesen. Und was über diesen Tod erzählt wurde ...

»Als sie begannen, ihn zu zerstückeln, lebte er noch. Man sah sein Herz zucken.«

»Und sein Blut spritzte in hohem Bogen. Ich war so nah, daß ich sogar einige Tropfen abbekommen habe. Da, sehen Sie ...«

In meinem kleinen Kopf sah ich Vater auf die nämliche Art sterben – und nach Vater wäre die Reihe an mir, auch ich war katholisch, auch ich ...

»Und sie haben seinen Kopf vom Rumpf getrennt und ihn am Schloßtor auf eine Eisenspitze gesteckt, damit ihn alle sehen, die vorbeikommen ...«

»Und er hatte ein ausgestochenes Auge.«

Ich schrie auf.

»Genug, ich will nichts mehr hören!«

Dieser aufgespießte Kopf ist mein eigener, es könnte jederzeit geschehen, vielleicht schon morgen.

Eine solche Behendigkeit hätte ich Old Thomas nie zugetraut. Ehe ich weglaufen kann, ist er neben mir und legt mir beruhigend die Hand auf die Schulter:

»Ihr zwei, geht eure Geschichten anderswo erzählen. Und Sie, Master Francis, kommen Sie zu mir.«

Ich hätte am liebsten geweint, aber diesmal fließen die Tränen nicht. Ich sehe Cuthbert vor mir, sein feingeschnittenes Gesicht, seine sanften grauen Augen – es ist so offenkundig, daß dieser Mensch niemandem etwas zuleide tut. Wo liegt die Grenze? Wenn die Königin meinem Vater böse ist, aber an seiner Stelle Cuthbert töten läßt, gibt es keinen Grund, weshalb nicht ich der nächste sein sollte, noch vor meinem armen Vater.

»Master Francis«, sagt Old Thomas mit sanfter Stimme, »gehen Sie um das Haus herum ohne zu laufen, atmen Sie tief und trinken Sie einen Becher Wasser. Dann kommen Sie wieder zu mir.«

Ich füge mich.

»Mein Kind«, beginnt er, als ich zurück bin, »es wird Sie sicher überraschen, wenn ich Ihnen sage, daß diese Geschichte nicht gegen Sie gerichtet ist, nicht einmal gegen Ihren Vater.«

»Aber ...«

»Sie suchten einen Sündenbock und haben ihn gefunden. Es brauchte jemanden, der überheblich, reich und nicht allzu hoch gestellt ist. Ihr Vater hat buchstäblich die Wange hingehalten. Er ist ein glühender und unerschütterlicher Katholik zur falschen Zeit, am falschen Ort und auf die falsche Art, möchte ich sogar sagen.«

»Aber es gibt doch nicht verschiedene Arten, katholisch zu sein ... ich dachte ...«

»Man kann seinen Glauben ständig und überall verkünden, oder man kann ihm mit Taktgefühl und Zurückhaltung treu sein. Was heute geschieht, wäre Ihrem Großvater nie passiert. Im Augenblick der Revolte von 1549 war er zwar auf der Seite der aufständischen Katholiken, aber er hat sich gehütet, sich allzusehr zu exponieren. Und Ihrem Urgroßvater wäre es noch viel weniger passiert. Sehen Sie Ihren Großonkel John Arundell. Er hat zwar Ärger, sicherlich, aber er ist bereits aus dem Gefängnis herausgekommen. Ihr Vater dagegen hat sich seinen Feinden schutzlos ans Messer geliefert. Zuerst hat er sie verärgert ...«

»Ich dachte, er habe nur die Königin verärgert.«

»Ihr Vater ist ein bewundernswerter Mann, Francis, Sie können stolz sein auf ihn. Er ist aus einem Guß. Er sagt, was er denkt, was immer auch geschieht. Und er denkt, wenn er das Recht auf seiner Seite hat, darf er das auch öffentlich sagen. Damit hat er viele Leute verärgert. Ohne große Zugeständnisse zu erreichen, was man will, indem man scheinbar nachgibt, aber nur in belanglosen Punkten – das ist die Kunst der Diplomatie, von der Ihr Vater nicht die leiseste Ahnung hat. Er ist immer so gewesen, schon in seiner zartesten Jugend: Es gibt mich, es gibt die Ewigkeit, ich bin nur meinem Gewissen und Gott Rechenschaft schuldig – nach mir die Sintflut. Und Cuthbert war genau gleich.«

Leise fährt er für sich fort:

»Es ist sehr schön, für seinen Glauben zu sterben, und ich bewundere Leute wie Cuthbert, die den Mut haben, bis zum Äußersten zu ihrer Meinung zu stehen. Aber ich kann nicht glauben, daß der Gott der Barmherzigkeit es will, daß man den Tod dem Leben vorzieht. Schließlich opfern sich diese Leute dafür auf, Sein Reich hier auf Erden zu verwirklichen. Sterben heißt fliehen.«

Er starrt in die Flammen, und wenn er spricht, ist es eher ein Murmeln.

»Hat man Ihnen von William Allen erzählt?«

»Ja, diesen Namen habe ich schon gehört, aber ich habe nie herausbekommen, wer er ist. Jemand von Bedeutung für Cuthbert und meinen Vater.«

»William Allen war Professor in Oxford. Er ist ein papsttreuer Priester. Er ist aus England geflohen und hat sich in Douai niedergelassen, das in Flandern liegt, auf spanischem Territorium. Die Universität von Douai wurde vor etwa zehn Jahren als Bollwerk des Katholizismus gegen die Reformation gegründet. Und Allen hat innerhalb der Universität ein englisches Kollegium eröffnet. All diese Auskünfte habe ich von Cuthbert selbst. Viele englische Katholiken gehen nach Douai. Nicht alle treten in einen Orden ein, es gibt auch eine weltliche Schule, aber dort werden Priester oder eher Missionare ausgebildet, die nach ihrer Weihe zurückkommen in der wahnwitzigen Hoffnung, einflußreiche Leute zum Katholizismus zu bekehren und sie wieder in den Schoß der Kirche zu führen.«

»Warum nur die einflußreichen? Was ist mit den anderen?«

»Die werden schon folgen, glauben sie. Die Hauptsache ist, den Boden vorzubereiten für einen katholischen König oder für eine Königin, Maria Stuart, die gegenwärtige Königin von Schottland. Die Königin Elisabeth ist nicht gegen die Katholiken, weil sie katholisch sind – warum hätte sie sich sonst um die Freundschaft Ihres Vaters bemüht, einmal angenommen, diese Geschichte ist wahr? Sicher nicht wegen seines unbestreitbaren Charmes, das wäre einer Elisabeth Tudor nicht genug, glauben Sie mir.«

»Warum ist sie ihnen denn böse?«

»Weil viele unter ihnen sich weigern, sie anzuerkennen und eine Verschwörung angezettelt haben, um sie zu beseitigen.«

*

Der Aufregung dieses Abends folgte ein Jahr ohne besondere Ereignisse. Für meinen Vater setzt sich das Drama fort, aber fern von Golden, in London zuerst, dann in Launceston. Anständige Leute, darunter sogar Reformierte, sagen, daß Francis Tregian das Opfer einer Verschwörung ist, daß man sich an ihn gehalten hat, weil wir, verglichen mit den vornehmen Familien der Gegend, Emporkömmlinge sind. Man spricht von Amtsvergehen des Sheriffs und der Richter. Man ist entrüstet darüber, daß mein Vater gegen den Willen des Gerichts verurteilt worden ist.

Thomas ist fast nie mehr am Feuer anzutreffen: Er hat seine Arbeit als Gutsverwalter wieder aufgenommen. Er hat zwei junge Männer angestellt, die für ihn die Ländereien beaufsichtigen. Das einstige Zimmer von Cuthbert ist sein Quartier, von hier aus regiert er – und alle gehorchen ihm aufs Wort, ohne daß er die Stimme zu heben braucht.

Mein Bruder Adrian ist nicht mehr bei der Amme. Doch er ist kränklich, und weil meine Mutter abwesend ist, hat ihn die Amme sogleich wieder in Obhut genommen. In der väterlichen Bibliothek habe ich ein Buch von Ptolemäus gefunden. Es handelt nicht von Geographie, sondern von Musik. Auch in einem Buch von Aristoteles, *Die Poetik,* scheint es mir um die Musik zu gehen. Leider verstehe ich nichts. Ich bitte meinen Lehrer um Erläuterungen, aber er lehnt ab.

»Sie sind zu jung, und ich verstehe zu wenig von der Materie.«

Der einzige wichtige Punkt, den ich noch nicht berührt habe, ist meine Beziehung zu Jane. Wenn ich an Jane zurückdenke, scheint mir, sie habe sich zwischen dem ersten und dem letzten Mal, da ich sie sah, kein bißchen verändert. Vielleicht haben mir die Piskies, denen ich meinen außergewöhnlichen Blick verdanke, auch die Fähigkeit verliehen, jene, die ich liebe, mit den Augen einer Fee zu sehen.

Heute bin ich mir bewußt, daß sie zur Zeit, da sie mich stillte, selbst noch fast ein Kind war. Ihre Mutter hatte sie mit elf Jahren einem Seemann zur Frau gegeben, der ihr sogleich ein Kind gemacht hatte und anschließend aufs Meer gefahren war. Sein Schiff wurde nie wieder gesehen. Das Kind ist bei der Geburt gestorben, und ich habe seine Milch getrunken und ihre mütterliche Zuneigung empfangen.

Mit der Zeit fiel mir auf, daß Jane meinem Vater glich. Ich sagte es Old Thomas.

»Solche Dinge geschehen eben«, antwortete er mir in vielsagendem Ton mit einem verschmitzten Lächeln.

»Was für Dinge?«

»Daß die Leute einander gleichen, ohne daß man weiß, weshalb.«

»Aber Sie wissen, warum Jane meinem Vater gleicht, ich sehe es Ihnen an.«

»Master Francis, Ihre Neugier wird Sie ins Verderben stürzen.«

»Die Neugier ist die Tugend der Gelehrten, das haben Sie mir selbst gesagt.«

»Durchaus. Aber ich glaube, Sie sind noch zu jung, um zu erfahren ...«

»Ich kann die ganze Messe auf lateinisch. Wollen Sie damit andeuten, Jane sei so etwas wie ... meine Schwester?«

»Mein lieber Francis! Ihr Vater ist erst achtundzwanzig Jahre alt, er wäre etwas jung gewesen ... Was bringt Sie auf solche Ideen?«

Ich nähere mich seinem Ohr:

»Dann ist sie also die Tochter meines Großvaters John Tregian?«

»Das weiß man nicht so genau.«

»Aber sie hat fast die Augen der Piskies. Und rote Haare.«

»Das stimmt. Und Ihr Großvater hat ihr eine Rente von zwanzig Pfund ausgesetzt. Aber wenn Madam Catherine uns hörte ... Sie hat stets so getan, als wüßte sie von nichts.«

»Mir ist es gleich, wessen Tochter sie ist. Ich liebe sie. Wenn ich groß bin, werde ich sie heiraten.«

Er brach in ein homerisches Gelächter aus.

»Ich rate Ihnen, ihr keinen Antrag dieser Art zu machen! Das könnte sie verdrießen.«

»Ich weiß. Ich werde warten, bis ich wirklich erwachsen bin.«

In jenem Winter habe ich Jane wieder besucht. Einmal, zweimal, dann so oft, wie es der Unterricht erlaubte, der fast jeden Tag von frühmorgens bis zum Einbruch der Nacht dauerte. Sie backte mir Kuchen, sie spazierte mit mir über die Felder und erklärte mir die Vögel und die Pflanzen. Sie hat mir beigebracht, die ersten Anzeichen eines Unwetters zu erkennen. Sie war von beispielhafter Frömmigkeit und blieb dem katholischen Ritus treu ergeben. Sie beherrschte die lateinische Sprache, die sie vom Bruder ihrer Mutter, einem Priester, gelernt hatte. Mehr als einmal habe ich ihr Bücher mitgebracht, die mir unverständlich waren, und sie hat sie mir erklärt.

Von ihr habe ich auch unzählige alte Lieder gelernt, deren Worte ich zumeist vergessen oder gar nie gewußt habe, aber die Melodien sind mir geblieben, und ich spiele sie manchmal auf meinem Virginal.

»Sie werden bald abreisen«, sagte sie mir eines Tages mit traurigem Blick. »Niemand mehr wird dasein, den ich gernhaben kann.«

»Sie könnten mit uns kommen.«

»Master Francis! Ich kann nicht mit Madam Catherine unter dem gleichen Dach wohnen. Eines Tages werde ich Ihnen den Grund dafür erklären. Sie war sehr verärgert darüber, daß ich Ihre Amme war, Ihr Gr... Ihr Vater hat darauf bestanden.«

»Ich weiß, warum. In Wahrheit sind Sie ein bißchen meine Tante.«

»Francis, ich verbiete Ihnen ... Ein Kavalier denkt so etwas nicht.«

»Gut. Ich werde nicht mehr darüber reden. Aber ich bleibe nicht ewig ein Kind, denken Sie daran.«

Das schönste Bild, das ich in Erinnerung habe, ist Jane, eingehüllt in ihren Mantel, auf dem höchsten Punkt des Romanischen Feldes (die ehrwürdige Festung von Ptolemäus ist nur noch ein rundes, leicht gewölbtes Feld, auf dem einige Mauerreste emporragen), die Hand schützend vor ihre Augen gelegt:

»Schnell, klettern Sie hinauf, Master Francis. Es kommt eine Sturmbö.«

Der Wind bläst ihren Rock auf und klatscht ihr die Haare ins Gesicht, ich klettere hinauf, sie packt mich am Arm, die Augen immer noch auf den Horizont gerichtet:

»Sehen Sie den Kampf der Riesen.«

Vor uns wirbeln große, graue Wolken wütend über den Booten, die sich im Hafen vor den Lagerhäusern von Golden Mill aneinanderdrängen.

»Master Francis, Sie werden Golden sicher verlassen. Es gibt kaum eine Hoffnung, daß euer Vater seine Ländereien für euch retten kann. Schauen Sie sich also Ihr Reich gut an. Prägen Sie es Ihrem Gedächtnis ein. Wenn Sie sich eines Tages in weiter Ferne als Wanderer wiederfinden, ohne Feuer und Obdach, arm und unglücklich, dann können Sie die Augen schließen und den Fluß und das Land wiedersehen, wie sie gestern waren, wie sie heute sind und wie sie morgen sein werden. Die Riesen kämpfen am Himmel, doch der Wind trägt sie fort. Das Land dagegen wird immer da sein. Ihr Land, wo immer Sie sind.«

Ich presse mich an ihren Schenkel, lehne den Kopf an ihre Hüfte, ihr Duft hüllt mich ein, und mit weit geöffneten Augen tue ich, was sie mir gesagt hat.

V

Go from my window, love, go;
Go from my window my dear
The wind and the rain
Will drive you back again:
You cannot be lodged here.

»Goe from my window«
Volkstümliche Ballade

Geh weg von meinem Fenster, Liebster, geh;
Verlasse mein Fenster, Geliebter,
Wind und Regen
Bringen dich zurück:
Aber hier kannst du nicht bleiben.

Das Verhängnis brach auf einen Schlag über uns herein. Wir hatten es so lange erwartet, daß manche Leute nicht mehr daran glaubten, dessen bin ich mir sicher. Mit der Zeit hatte man sich eingeredet, daß ein Wunder geschehen und das Urteil des *Praemunire* nicht vollstreckt würde. Alle unsere Bekannten und Verwandten, selbst wenn sie es nur am Rande waren, hatten ihr möglichstes getan. Sir Edmund Tremayne, ein Freund, der zum reformierten Glauben übergetreten war, hatte mit meinem Vater zu reden versucht.

So wie die Dinge lagen, hätte nur ein Wunder helfen können: daß Vater seinem Glauben abgeschworen hätte. Nach all den quälenden Demütigungen und angesichts seiner Unbeugsamkeit war das einfach undenkbar.

Es geschah eines Abends im April 1579.

Das Urteil des *Praemunire* war an jenem Morgen gefällt worden, und unsere gesamten Ländereien wurden George Carey, dem Friedensrichter von Cornwall und Vetter der Königin, zugesprochen.

Er verlor keine Zeit. Er machte sich von Launceston aus auf den Weg und kam bei Einbruch der Nacht mit einer Schar Soldaten in Golden an. Er gab uns eine Stunde für die Abreise.

Meine Mutter hatte nichts vorbereitet. Sie war schon seit einigen Wochen in Golden, aber wir hatten sie kaum je gesehen. Irgendwann im Vorjahr war meinem Vater erlaubt worden, aus dem Turm von Launceston, wo er seit einiger Zeit wieder einsaß, in eine Gefängniszelle umzuziehen. Er wurde noch immer von allem ferngehalten, aber Mutter hatte ihn besuchen dürfen, und sie hatten die Gelegenheit genutzt, um ein Kind zu zeugen.

Im Augenblick der Vollstreckung des *Praemunire* stand die Geburt so kurz bevor, daß für den Fall der Fälle in der Küche immer ein großer Wasserkessel am Sieden gehalten wurde.

An jenem Abend waren wir schon zu Bett gegangen. Einige Wochen zuvor war mein Bruder Adrian von der Amme zurückgekommen, und wir schliefen im selben Zimmer. Carey machte nicht viel Federlesens. Ich habe ihm nie übelgenommen, daß er uns alles wegnahm. Das war nun einmal so – man mußte sich ins Unvermeidliche fügen. Nie aber habe ich ihm verzeihen können, daß er am Ende des Winters eine arme, unmittelbar vor der Niederkunft stehende Frau und drei kleine Kinder mitten in der Nacht auf die schlammigen Straßen hinausjagte. Wir durften nur mitnehmen, was wir auf dem Rücken tragen konnten.

Seit Monaten hatte mich Thomas auf die voraussehbare Grausamkeit dieser Abreise vorbereitet.

»Wenn es soweit ist, wird es eine Überraschung sein,

selbst wenn euch der Tag und die Stunde bekannt sind«, versicherte er mir. »Von nun an müssen Sie sich sagen: Ich will zurückkommen, und ich werde zurückkommen. So wird es weniger weh tun, weil es kein endgültiger Abschied ist.«

»Und Sie, Thomas, was werden Sie tun?«

»Ich? Ich bleibe da. Ich werde hier sein oder in meinem eigenen Haus. Ich werde auf Ihre Rückkehr warten. Seit einigen Jahren sind Sie zu meinem Lebensinhalt geworden ...«

»Ich?«

»Ja, Sie. Mit Ihrem Vater habe ich keine fünfzig Worte gewechselt, als er ein Kind war, und das nicht nur deshalb, weil ich hart arbeitete und weniger Zeit hatte. Es ist eine Frage der Geistesverwandtschaft. Übrigens arbeite ich gegenwärtig fast so viel wie damals. Aber Sie sind anders, das ist mir sofort aufgefallen. Sie haben Jane Wolvedons Augen, ihren Verstand und ihren Mut. Darum möchte ich Sie bitten, mir noch auf Wiedersehen zu sagen, wenn der Moment Ihrer Abreise gekommen ist.«

Schon eingehüllt in meinen Überwurf, schleiche ich im allgemeinen Durcheinander zur Küche. Alle im Haus weinen, und auch in der Küche des alten Landsitzes ist es nicht anders, ausgenommen Thomas. Er schaut trockenen Auges zur Tür. Er erwartet mich.

»Sie weinen doch nicht, Master Francis?«

»N... nein.«

Um ehrlich zu sein: Meine Augen verschleiern sich ein wenig beim Gedanken, daß ich ihn und meine Welt verlasse.

»Sie erinnern sich an unsere Abmachung?«

»Ja. Ich zähle auf Sie, Thomas; werden Sie auf mich warten?«

»Ja, mit Gottes Hilfe. Bleiben Sie nicht zu lange weg. Höchstens zehn Jahre ...«

»Zehn Jahre!«

»O ja, man wird Sie sicher nach Douai schicken, und wenn Sie zurückkommen, werden Sie ein junger Mann sein.«

»Woher wissen Sie, daß man mich nach Douai schicken wird?«

»Man hat es gesagt.«

»Wie werde ich es bloß anstellen, daß ich ohne Sie auf dem laufenden bleibe?«

»Nun, Sie werden heranwachsen, und Sie haben ein feines Gehör. Mit etwas Schlauheit werden Sie bald nicht mehr auf mich angewiesen sein.«

»Thomas?«

»Ja, mein Kleiner?«

Die Tränen lassen sich nicht mehr zurückhalten, ich sehe ihn kaum, aber ich schaffe es, ihm ins Gesicht zu blicken.

»Auf ... Wiedersehen, Master T... Thomas.«

»So ist es, auf Wiedersehen, Master Francis. Ich warte auf Sie. Gott segne Sie!«

Er steht auf. Ich stürze mich in seine Arme, und so verharren wir eine Weile wortlos. Dann lockert er seine Umarmung, ich trete einen Schritt zurück. Im goldenen Licht des Herdes kreuzen sich unsere Blicke. Weitere Worte erübrigen sich. Ich mache kehrt und gehe hinaus.

In der Nacht ruft eine Frauenstimme meinen Namen.

»Da bin ich.«

Schonungslos werde ich am Arm gepackt.

»Wenn ich Zeit hätte«, sagt die Stimme im Dunkeln zwischen zwei Schluchzern, »würde ich Sie auspeitschen.«

Man hebt mich hoch und stellt mich in einen dieser Doppelkörbe auf der Kruppe eines Ponys, in denen sonst Steine transportiert werden. Im anderen Korb hält Mary den schlafenden Adrian in den Armen.

Jemand hält einen Lichtstumpf. Flüchtig sehe ich meine Schwester.

»Wir werden arm und unglücklich sein, Francis.«

»Zweifellos. Wissen Sie, wohin wir gehen?«

»Zu Großmutter Anne und Großonkel John Arundell.«

»Nach Lanherne?«

»Nein, nach London. Ich habe Mutter sagen gehört, daß wir in Cornwall in Gefahr wären, sogar wir Kinder. Vaters Verurteilung ist das Ergebnis einer Verschwörung. Und wenn er stürbe ...«

»Was würde dann geschehen?«

»Dann wären Sie der Erbe. Aber die Strafe des *Praemunire* vererbt sich nicht. Unsere Güter würden sofort wieder an Sie gehen – außer natürlich, wenn auch Sie sterben würden.«

»Aber da sind ja noch Adrian und Sie und das Ungeborene.«

Im flackernden Licht des Dochtes schaut sie mich an. Ich verstehe ihre stumme Botschaft: Man könnte uns alle töten.

Rund um uns wird gejammert, geschrien und gedroht. Ein feiner Sprühregen setzt ein. Für meine Mutter hat man einen Karren angespannt, für Madam Catherine ein Pferd gesattelt. Sie wartet unter dem Torbogen, eingehüllt in ihren Mantel. Ihr starrer Blick nimmt nichts wahr.

Von zwei Frauen gestützt, kommt Mutter heraus. Ihre Leibesfülle ist gewaltig. Ihr Gesicht ist blaß und angespannt, aber sie läßt sich ihre Gefühle nicht anmerken:

»Da wir nun einmal gehen müssen, laßt uns unverzüglich aufbrechen«, sagt sie in ihrem gewöhnlichen Tonfall. »Sind die Kinder reisefertig?«

»Ja, Madam.«

»Madam Catherine?«

»Ich bin bereit.«

Unser kläglicher Zug will sich gerade in Bewegung setzen, als sich eilende Schritte dem etwas abseits stehenden Pony nähern. Eine schattenhafte Gestalt taucht auf, legt mir den Arm um den Hals und küßt mich auf die Wange. Ich fühle, wie die andere Hand ein Paket zwischen meine angewinkelten Knie legt. Eine zitternde Stimme, die ich kenne – sie gehört einem der Küchenmädchen – flüstert mir ins Ohr:

»Master Thomas läßt Ihnen sagen, Sie sollen gut aufpassen auf das Geschirr und den Schmuck von Jane Wolvedon.« Ihre Kehle schnürt sich zusammen. »Gott segne Sie, Master Francis, wir werden Sie nicht vergessen.«

Sie verschwindet im Schatten der Hecke; wäre da nicht das Paket auf meinem Schoß gewesen, hätte ich ihr Erscheinen für einen Spuk gehalten. Später werde ich feststellen, daß das Paket eine Schale, einen Becher, einen Silberlöffel mit dem Wappen der Wolvedons, den drei Wolfsköpfen, eine Kette mit einem Medaillon der Heiligen Crida und einen Ring enthält, der mit einem hellblau leuchtenden Stein geschmückt ist, in den das Wappen der Tregians, drei goldene Eichelhäher auf silbernem Grund, fein eingraviert ist. In den Wechselfällen des Lebens habe ich schließlich alles verloren bis auf den Ring mit dem azurblauen Stein. Heute ist er die einzige greifbare Erinnerung an Cornwall und mein Leben als Gentleman.

*

Einmal auf dem Ridgeway, schon ziemlich weit von Golden, überlassen uns Careys Soldaten unserem Schicksal. Das Grüpplein besteht aus meiner Großmutter und ihrem Pferd, dem Karren, auf dem Mutter mit Bosgrave sitzt, einer jungen Base, die ihre Gesellschaftsdame ist, einem Gaul, den Phillips reitet, der Kammerdiener meines Vaters, der soeben nach zweijähriger Gefängnisstrafe entlassen worden ist, und unserem Pony, auf das Phillips aufpaßt.

Wir haben zwei Befürchtungen: daß wir im Morast

steckenbleiben und daß Mutter auf freiem Feld niederkommt.

»Wir machen einen Bogen um Launceston«, sagt Phillips, als ich ihn frage, wohin wir gehen.

Phillips ist ein junger, vierschrötiger, energischer Mann; seine schalkhaften Augen, seine dichte blonde Mähne und sein freundliches Gesicht erwecken den Eindruck, daß er stets guter Laune ist. Das beruhigt mich. Er redet mit mir wie mit einem Erwachsenen.

»Wir gehen besser keine unnötigen Risiken ein. Es könnte dort Leute geben, die einen Streit anzetteln wollen. Im Augenblick gehen wir nach St. Austell. Danach werden wir weitersehen.«

Bis St. Austell sind es knapp zehn Meilen, eine Sache von zwei Stunden zu Pferd, wenn die Straßen trocken sind. Aber in dieser Nacht hält uns alles auf: der Morast, der Zustand unserer Reittiere, Mutters Befinden und die Aufregung. Vorsichtshalber reisen wir durch einen Hohlweg, den nur die Leute aus der Gegend kennen. Unser Zug bewegt sich im Schrittempo vorwärts, und als der Morgen dämmert, ist hinter dem Regenschleier von St. Austell noch immer nichts zu sehen.

Ich bin starr vor Kälte, aber ich merke es nicht. Meine Nerven sind gespannt wie die Saiten einer Laute. Ich nicke ein, ohne je richtig einzuschlafen, krampfhaft halte ich das Paket – und wenn wir nun unversehens ermordet würden?

Ein lauter Lärm weckt mich aus meiner Erstarrung. In der trübseligen Morgendämmerung ist der Kirchturm von St. Austell zu sehen. Ein Reiter mit flatterndem Mantel kommt im gestreckten Galopp auf uns zu. Als er uns sieht, reißt er so heftig an den Zügeln, daß das Pferd sich aufbäumt, jedoch ohne ihn abzuwerfen, Phillips, Mary und ich stoßen gleichzeitig einen Schrei der Überraschung aus, als wir plötzlich Jane erkennen. Sie sitzt auf dem Sattel wie ein Mann, die Röcke hochgeschürzt, mit verstörter Miene und zerzaustem Haar. Hastig gleitet sie zu Boden und wirft sich vor Madam Catherine auf die Knie, die sie von ihrem Pferd herab anschaut.

»Sie müssen für einige Tage in St. Austell bleiben und sich verstecken«, sagt sie keuchend, »ich habe gehört, wie George Careys Männer sagten, sie hätten euch besser alle getötet. Ich habe ein Pferd gestohlen und mich auf die Suche nach euch gemacht. Ich glaubte schon, ich würde euch nicht finden oder zu spät kommen. Verzeihen Sie, Madam, ich ...«

Die Tränen ersticken ihre Stimme. Madam Catherine steigt aus dem Sattel, hebt sie auf und umarmt sie.

»Danke, Jane«, sagt sie, »das war sehr mutig von Ihnen.«

»Bitte, Madam, schicken Sie mich nicht weg. Bei meinem Aufbruch haben sie in Golden alles kurz und klein geschlagen, ich hätte Angst gehabt, im Haus zu bleiben. Von einer Stunde auf die andere wären sie auch zu mir gekommen, und außerdem habe ich ihnen ein Pferd entwendet ...«

»Phillips!«

»Ja, Madam?«

»Schicken Sie bitte das Pferd zurück, wir wollen uns keinen unnötigen Ärger aufhalsen. Und Sie, Jane, gehen zu den Kindern.«

Das Pferd läßt sich nicht lange bitten: Ein freundschaftlicher Klaps auf die Kruppe genügt, damit es eilends davontrabt. Jane eilt zu unserem Pony, sie preßt zuerst die Hände an sich, die ihr Mary und Adrian entgegenstrecken, dann faßt sie nach meinem Kopf und küßt mich. Ich strekke ihr meine freie Hand entgegen. Sie drückt sie und schaut mich dabei an. In ihrem Blick liegt so viel Liebe, daß ich darob Kälte und Hunger vergesse. Sie ist da. Sie hat der Gefahr getrotzt.

Wir warten einige Tage in St. Austell. Niemand ist uns

auf den Fersen. Die Geburt zögert sich hinaus. Angst und Bedrohung sind allgegenwärtig. Schließlich beschließt meine Mutter, die Reise fortzusetzen. Ein Versuch, London auf dem Seeweg zu erreichen, scheitert. Vergeblich warten wir eine ganze Nacht lang an der Bucht von Black Head. Ein Sturm wütet. Das Boot kommt nicht, oder wenn es kommt, kann es nicht anlegen. Wir ziehen auf der Straße weiter. Das Wetter hat aufgeklart, die Wege sind trocken. Mary und ich gehen manchmal zu Fuß, denn unsere Körbe sind unbequem. Jane kümmert sich um uns. Ich bin so glücklich über ihre Anwesenheit, daß die Mühsal der Reise unwichtig wird.

Wir verlassen Cornwall und kommen nach Devon. Hier sind wir auf belebten Straßen unterwegs. Wir bleiben weiterhin auf der Hut, aber ich glaube, wir alle spüren eine gewisse Erleichterung, daß wir nicht mehr auf Gedeih und Verderben den Soldaten der Herren Grenville und Carey ausgeliefert sind.

Das einzige Bild, das mir von diesem Teil der Reise in Erinnerung bleibt, sind die vielen Ginsterbüsche, die mit ihren goldenen Blüten die Landstraßen säumen.

Wir sind seit drei Tagen unterwegs und in der Gegend von Salisbury, als meine Mutter mit erstickter Stimme sagt:

»Ich glaube, es ist bald soweit.«

Phillips gibt seinem Pferd die Sporen und kommt nach einiger Zeit mit besorgter Miene zurück:

»Ich habe ein Haus gefunden, wo man Sie erwartet, aber es sind fast drei Meilen bis dorthin.«

»Gehen wir, die Niederkunft steht noch nicht unmittelbar bevor.«

Das Gesicht meiner armen Mutter ist bleich und aufgedunsen. Sie beißt die Zähne zusammen, und wir reiten voran, so schnell es geht. Jane wischt ihr auf dem Karren den Schweiß von der Stirn, während Bosgrave ihr die

Schultern massiert. Als wir endlich beim Haus anlangen, das Phillips gefunden hat – es ist ein großer Bauernhof –, stürzt man uns entgegen.

Mutters Gesicht ist schmerzverzerrt.

»Ich kann nicht mehr gehen«, murmelt sie.

Aus Decken macht man eine Trage, und eine Schar Frauen bringt sie ins Haus. Uns Kinder hat man vergessen, wir bleiben draußen. Wir gehen auf und ab, der kleine Adrian singt uns mit dünner Stimme ein altes Lied, das von Stürmen, Sinnestaumel, Leidenschaft und Mord handelt. Schließlich kommt Phillips heraus. Man muß mir die Anspannung anmerken, denn er legt mir die Hand auf die Schulter.

»Sie werden sehen, Master Francis, es wird alles gut gehen.«

Man kommt uns holen. Die Geburt ist sehr schnell verlaufen, und eine knappe Stunde nach unserer Ankunft hat Mutter ein Mädchen zur Welt gebracht: Margaret.

Kaum ist Mutter vom Wochenbett aufgestanden, brechen wir wieder auf. Der Säugling wird mir anvertraut, denn meine Mutter sagt:

»So seid ihr zwei in jedem Korb, das Gewicht ist dann besser verteilt.«

Ich fasse eine ganz besondere Zuneigung zu dieser kleinen Schwester. Wir werden einander stets verbunden bleiben, und ich denke, daß diese innige Beziehung im Korb entstanden ist.

Als wir in London ankommen, ist es Mai.

Wir gehen geradewegs zum Haus meines Großvaters Stourton in Clerkenwell: Dort treffen wir auf Sir John Arundell, seine Frau, meine Großmutter Anne und ihre Familie.

Ich habe diese Ankunft noch vor Augen. Ich strecke den Säugling Jane entgegen, dann klettere ich schweren Herzens zum letzten Mal aus dem Korb. Was wird aus uns werden? Ich hebe die Augen, und mein Blick begegnet dem des Hausherrn, dem großen Arundell. Zu Hause habe ich ihn einmal bei einem Fest gesehen, und damals hat er mich überhaupt nicht beachtet.

Jetzt schaut er mich aufmerksam an. Mit seinem tiefschwarzen Haar, seiner Adlernase, den grauen Augen und der Haltung eines Kondottiere sieht er noch genauso aus wie früher, als wäre nichts geschehen. Als unsere Blicke aufeinandertreffen, lächelt er, tritt einen Schritt vor und ruft:

»Nun, Master Francis, haben Sie uns Ihr Latein mitgebracht?« Dabei streckt er mir die Hand entgegen; eine Respektsbezeugung, die ich von Erwachsenen nicht kenne. Gemessen schüttle ich die seine und entgegne:

»Sir, ich hoffe, daß es auf der Reise nicht allzu arg zerknittert wurde.«

Er bricht in schallendes Gelächter aus.

»Kommen Sie sich erfrischen, wir werden das später prüfen.«

Leichten Schrittes trete ich in das große Haus ein: Vielleicht wird die Welt doch nicht einstürzen.

Nach wenigen Tagen habe ich Golden vergessen. Nur Thomas fehlt mir. Aber London ist ein wundervoller Ort.

Besonders entzückt bin ich von den Gegensätzen. In Golden wurde die Stille nur unterbrochen von menschlichen Stimmen, vom Muhen der Rinder, dem gelegentlichen Ächzen eines Karrens, dem Hammer des Schmiedes und der Axt des Holzfällers. Dazwischen tönte manchmal das Klatschen der Wellen an den Pier von Golden Mill oder der Gesang eines Seemanns zum Garten des Landsitzes herüber. Eine vorbeifliegende Biene war schon eine Unterhaltung. London dagegen ist ein unablässiger Lärm, dessen Echo noch in Clerkenwell zu hören ist, das immerhin weit vor den Toren der Stadt liegt.

Sir John schließt mich ins Herz. Als ich ihn noch nicht

kannte, dachte ich an ihn wie an einen Großvater, aber hier ist das ganz anders. Er ist ein wacher, lebhafter Mann im besten Alter. Für mich wird er zu einem zweiten Vater.

Er setzt mich hinter sich aufs Pferd und zeigt mir die große Stadt. Wir besichtigen reihum die großen Märkte. Cheapside ist der größte von London, und man muß früh dort sein, will man eine gute Auswahl haben. Er wird um sechs Uhr morgens mit Glockengeläute eröffnet. Am Markt von Leadenhall findet man zufolge Sir Johns Verwalter das beste Geflügel, das feinste Leder, die schönsten Stoffe und die solidesten und besten Küchengeräte. Eine halbe Meile weit riecht man die Fischmärkte in Fish Street Hill und Billingsgate am Flußufer, wo ein ständiges Kommen und Gehen der Fischer herrscht, die ihre Fänge anschleppen.

Es ist eine gewaltige Kakophonie, die Händler preisen schreiend ihre Ware an, einer lauter als der andere, ihre Donnerstimmen übertönen das Rasseln der vorbeifahrenden Wagen, das Muhen des Viehs und das Gezänk, Gelächter, Singen und Diskutieren des einfachen Volkes. Geschlossene und offene Wagen fahren ohne Rücksicht auf die Fußgänger in vollem Tempo vorbei; alles stiebt unter fröhlichem Gelächter und heftigen Verwünschungen auseinander. Unser kleines Trüpplein zu Pferd – Sir John, sein Diener, der Verwalter und ich – wird immer wieder genötigt, sich an die Hausfassaden zu pressen, und schließlich sind wir von Kopf bis Fuß mit Staub oder Dreckspritzern bedeckt.

Nicht selten wird eine Straße durch einen Zusammenstoß blockiert, und es braucht Stunden, um das zersplitterte Holz, die verwickelten Gespanne und den Schrott beiseite zu räumen, damit die Pferde befreit werden können. Und auch wenn es nicht zum Unfall kommt, wird man oft Zeuge, wie zwei Kutscher aneinandergeraten, während man geduldig wartet, bis der Weg frei ist. Aufrecht stehend, die Zügel in der Hand, überhäufen sie ihr Gegenüber mit Beschimpfungen, weil es die Frechheit besitzt, ihnen den Vortritt zu verweigern, auf den sie selbstverständlich Anrecht haben. Ihre Pferde beteiligen sich auf ihre Weise an der Auseinandersetzung: Sie stampfen, wiehern und schütteln schnaubend ihre Mähne.

Die Läden und Auslagen sind mit Waren vollgestopft; Lehrlinge und Verkäuferinnen nützen diese erzwungenen Halte, um auf die Straße zu stürzen und in die allgemeine Kakophonie einzustimmen:

»Nadeln, Strumpfbänder, spanische Handschuhe, Seidenbänder!«

»Schöne Krebse! Schauen Sie meine Krebse!«

»Hier machen Sie ein gutes Geschäft!«

»Kaufen Sie, mein Herr?«

»Saftige Birnen, kaufen Sie meine Birnen!«

»Schöne Schuhe!«

»Halskrausen, Manschetten, Reifröcke!«

»Überzeugen Sie sich von der Qualität, mein guter Herr!«

»Kohle, Steinkohle, Holzkohle!«

»Schreibtinte, meine Tinte ist flüssig!«

Eines Tages gehen wir auf den Vorplatz der Saint-Paul's-Kirche, wo die Buchhändler sind. Überraschenderweise ist hier nichts von der Andacht zu spüren, die man mit dem Lesen in Verbindung bringt.

Die Stände sind mit grellbunten Schildern geschmückt, die mich entzücken: Schiffe und Nixen, Negergesichter und Bischofsmützen, flammenspeiende Drachen und Sarazenenköpfe. Und die Stimmen der Buchhändler sind nicht weniger lautstark als in Cheapside oder Leadenhall. Man könnte meinen, man sei auf dem Gemüsemarkt, nur daß sich hier Englisch und Latein vermischen.

»Was wünschen Sie, gnädiger Herr?«

»*Der Magistratenspiegel!* Neue, illustrierte Ausgabe!«

»Erstveröffentlichung, frisch von der Druckerpresse!«

»Kaufen Sie meine Karte der Neuen Welt!«

»Chroniken und Predigten!«

»Sehen Sie sich mein Buch an! Wie man den Tücken und Gefahren des Meeres entgeht!«

»Lesen Sie den *Höfling*. Mit Gravuren. Alle Regeln über schickliches Benehmen.«

So geht es auch an der Royal Exchange zwischen Cornhill und der Threadneedle Street zu. Hier treffen sich die Händler aus aller Welt zu geschäftlichen Besprechungen. Im ersten Stock gibt es eine Reihe von Läden. Man findet hier Apotheker, Waffenschmiede, Buchhändler, Juweliere, Kurzwarenhändler, Stoffhändler – und jeder hat etwas anzupreisen: ein Kleid nach der neuesten Mode, einen Liebestrank, eine Haube oder ein Moschusparfum, eine Bartbürste oder Glöckchen, Degen aus Toledo, Futterstoffe, Geldbörsen und sonst noch weiß nicht was …

Der kurzweiligste Ort ist für mich die Umgebung der Exchange. Man begegnet dort einem bunten Mosaik aus Früchteverkäuferinnen, Kaminfegern, Hausierern, Lehrlingen, die den Dienstmädchen den Hof machen, Kaufleuten, die eiligen Schrittes kommen und gehen. Es herrscht ein gewaltiger Lärm, und die vorbeidonnernden Kutscher, deren Gesang das Getöse übertönt, die Schreie aus den Tavernengärten, das Hämmern der Hufschmiede und Zimmerleute, das Klingen der Ambosse, das Hundegekläff und das Gelächter all jener, die wie ich diese monumentale Symphonie in vollen Zügen genießen, vereinen sich zu einem gigantischen Choral.

Trotzdem finden wir immer wieder Zeit zu einem Gespräch.

»Mein Vater hat sich Ihres Großvaters angenommen, als dieser zum Waisenkind wurde«, sagt mir Sir John eines Tages. »Jetzt kümmere ich mich um Sie – nehmen wir an, es sei eine Tradition. Ihr Vater ist für uns alle im Gefängnis. Ich will mein Bestes tun, um ihn zu ersetzen, bis er wieder frei ist.«

Eines Abends höre ich zufällig, was er seiner Frau, meiner Großmutter Anne, auf ihren Vorwurf entgegnet, er verwöhne mich und sei zu wenig streng:

»Seit die Probleme der Tregians begonnen haben, ist der junge Francis zu sehr vernachlässigt worden. Er ist ein Gentleman. In seinen Adern fließt königliches Blut, und dem sollte er ebenso Ehre machen wie der bemerkenswerten Intelligenz, die er geerbt hat.«

Im Moment war ich sehr beeindruckt – ich wußte zwar um die Piskies, aber noch nie hatte mir jemand etwas von königlichem Blut erzählt. Doch es war schon zu spät, um aus mir einen königlichen Edelmann zu machen. Das blaue Blut in meinen Adern – ich bin der Vetter von zumindest zwei Prinzen, mein Stammbaum geht auf William den Eroberer zurück – war bei mir völlig verschwendet.

Verschwendet nicht mangels Erziehung.

In Golden hatte ich viel gelesen, ich sprach lateinisch, als wäre es ein Spiel, aber daneben hatte ich wenig gelernt. Meine musikalischen Kenntnisse hatten sich auf Lady Wynkfylds Rondo beschränkt. Ich konnte nicht mit dem Dolch umgehen, und obwohl ich ohne Mühe lange Distanzen zu Pferd zurücklegte, ohne Sattel und an die Mähne geklammert wie ein Bauernjunge, wußte ich nichts von der Reitkunst. Die Pferde und Ponys, die ich geritten hatte, waren Ackergäule und hatten nicht das geringste zu tun mit den edlen Tieren in den Stallungen von Clerkenwell. Bei uns waren die Rassepferde verschwunden, als Vater verhaftet wurde.

Sir John hat all dem abgeholfen. Nach wenigen Tagen hatte ich einen Musiklehrer, einen Reitlehrer, einen Fechtlehrer, einen Geometrielehrer und einen in Latein und Griechisch sehr bewanderten Lehrer, der mich den ganzen Tag lang im Schreiben und im Studium der Klassiker unterwies. Ich lernte die Rhetorik, die acht Teile der Rede: Subjekt, Prädikat, Attribut und so weiter. Bald sprach ich fast ausschließlich lateinisch. Selbst mit Sir John, Jane, Lady Anne und Madam Catherine wechselte ich nur noch selten ein Wort in der Umgangssprache. Mary und ich hatten das Alter erreicht, in dem einem Kind verboten wird, im Familienkreis englisch zu sprechen.

Sechs Tage in der Woche arbeitete ich von frühmorgens bis zum Einbruch der Nacht, alles interessierte mich. Ich gewöhnte mich bald an einen festgelegten Tagesablauf, innerhalb dessen ich mir wie in Golden meinen eigenen Freiraum schuf.

Jane bekam ich nur selten zu Gesicht, denn ein wahres Wunder war geschehen: Madam Catherine hatte sich in sie vernarrt. Außer mir erinnerte sich niemand mehr daran, daß sie eines Tages meine Amme gewesen war. Mit dem *Praemunire* hatte sie ihre Rente von zwanzig Pfund verloren. Madam Catherine, die mit allen Mitteln darum kämpfte, die Erträge der Ländereien, die sie den Tregians als Mitgift eingebracht hatte, wieder zu erlangen – nach ihrer Meinung hätten sie von der Beschlagnahme ausgeschlossen werden müssen –, versprach, ihr die Rente wieder auszuzahlen. Inzwischen hatte sie Jane in den Rang ihrer Gesellschaftsdame erhoben, und beide waren es zufrieden.

Ich hatte erwartet, daß wir in völliger Armut leben müßten, aber dem war nicht so. Natürlich mußten die Ausgaben eingeschränkt werden, aber nicht so weit, daß wir Entbehrungen auf uns nehmen mußten.

»Ihre Ländereien außerhalb von Cornwall wurden nicht beschlagnahmt«, hat mir eines Tages Madam Catherine erklärt. »Es sind nicht viele, und sie bringen nicht viel ein, aber sie erlauben es Ihnen zu leben und Ihren Vater zu beschützen, vielleicht gar zu befreien oder ihm wenigstens ein komfortableres Gefängnis zu verschaffen.«

Als wir in London ankamen, war mein Vater noch immer im Turm von Launceston eingekerkert, zusammen mit den gewöhnlichen Strafgefangenen, und Mutter wollte zu ihm zurück, sobald wir Kinder in Sicherheit waren. Aber die Geburt und die Reise hatten sie geschwächt, und Lady Anne hatte sie zum Bleiben gezwungen.

»Wir sollten unsere Kräfte besser dafür einsetzen, daß Ihr Mann aus diesem schrecklichen Turm nach London verlegt wird.«

So geschah es im August. Aber obwohl mein Vater nun bequemer untergebracht war, blieb er doch in Einzelhaft. Nur seine Frau durfte ihn besuchen, und das tat sie auch, wann immer es ihr möglich war. Vor Weihnachten war sie bereits wieder schwanger.

Aufgrund meiner Erfahrungen hatte ich zunächst mit dem ältesten Diener Bekanntschaft geschlossen. Aber schließlich war es Giuliano, der mein Freund wurde, ein Italiener von achtzehn oder neunzehn Jahren, äußerst lebhaft, überschwenglich und stets gutgelaunt, den Sir John einige Jahre zuvor in Lanherne aufgenommen hatte.

*

Als Zeichen seines guten Willens hatte Sir John angeboten, seine Hausgemeinschaft von Cornwall aufzulösen – denn bei allem glühenden Katholizismus war er doch ein entschiedener Anhänger von Elisabeth. Ich hatte so oft von meiner Mutter gehört, sie sei ein Bastard und eine Thronräuberin, daß mich diese Treue erstaunte. Während eines unserer Ausflüge ins Stadtzentrum sprach ich mit Sir John darüber – auf lateinisch selbstverständlich.

»Mein lieber Francis«, hat er gesagt, »wir sind katholisch, und darüber lassen wir nicht mit uns reden. Aber deswegen sind wir noch lange keine Dummköpfe. Was mich betrifft, bin ich patriotisch und vernünftig genug, um zu begreifen, was Elisabeth über die religiösen Verfolgungen hinaus anstrebt. Es ist mir nicht entgangen, daß wir Katholiken unter der Herrschaft der verstorbenen Königin Maria viele Rechte hatten und unsere persönlichen Angelegenheiten und jene des Papsttums vorantreiben konnten. Trotzdem habe ich immer gedacht, daß wir als Nation einen Irrtum begingen. Mit ihrem religiösen Eifer hat Königin Maria England zu einer drittrangigen Macht im Schlepptau von Spanien degradiert. In den paar Jahren, in denen König Philipp der Gemahl unserer Königin war, hat er gehofft, die Hand auf unser Land legen zu können. Doch wenn wir eine große Nation sein wollen, *müssen* wir uns von Spanien lösen. Unglücklicherweise verwechseln viele Katholiken das Heil ihrer Seele mit jenem des Landes.«

Einen Augenblick lang schaut er mich nachdenklich an und fährt in der Umgangssprache fort:

»Täuschen Sie sich nicht, Francis. Gegenwärtig will Elisabeth nichts von mir wissen, sie traut mir nicht. Aber das nehme ich ihr nicht übel. Sie ist von Haien umgeben, die die Gelegenheit nutzen, sich unsere Reichtümer anzueignen. Trotzdem würde ich nicht zögern, mein Leben für sie zu opfern, wenn sie es verlangte.«

Schwingt in dieser Absichtserklärung nicht ein Unterton mit? Ich erschrecke selbst über die Kühnheit meiner Frage:

»Ist mein Vater …?«

»Dein Vater ist ein bewundernswerter Mann, Francis. Er ist aus einem Guß. Wenn er eine Entscheidung getroffen hat, läßt er sich durch nichts davon abbringen; man kann auf ihn zählen. Du schuldest ihm größten Respekt.«

Sein Tonfall läßt keine Widerrede zu.

Zum ersten Mal frage ich mich, was Sir John wirklich von meinem Vater hält.

*

Der Tagesablauf im Haus von Clerkenwell bringt es mit sich, daß wir Jungen den Frauen nur selten begegnen. Ich wechsle einige Worte, ein paar lächelnde Blicke mit Jane. Sie muß etwa achtzehn oder neunzehn Jahre alt sein und ist von atemberaubender Schönheit. Von Giuliano weiß ich, daß sie Dutzende von Verehrern hat, die sie zu meiner großen Genugtuung alle abblitzen läßt.

Mary bestand darauf, dem Unterricht des Rhetoriklehrers beizuwohnen, und dank ihrer Hartnäckigkeit hat sie schließlich unter Gelächter und Schulterzucken die Zustimmung erhalten. Es macht ihr nicht die geringste Mühe, dem Unterricht zu folgen. Aber wir haben keine Zeit, miteinander zu sprechen, und sobald die Stunde beendet ist, kehrt sie zu ihren Gobelins zurück, während ich zum Fechten oder Reiten gehe.

Neu in mein Leben getreten ist mein Bruder Adrian. Er ist schmächtig, blaß, mit großen, hellgrauen Augen. Man neigt dazu, ihn zu übersehen, weil er nur wenig sagt, aber wenn er eine Bemerkung macht, überrascht er einen.

Er setzt sich neben mich, während ich meine Wörterverzeichnisse, meine Hefte mit lateinischen Redewendungen und meine Übungshefte nachführe. Ich halte ihm die tintenfeuchten Seiten hin, und mit großem Ernst streut er Sand darauf, den er anschließend zum Fenster hinausbläst. Nach einiger Zeit beginnt er Wörter für die zahllosen Lateinaufsätze nachzuschlagen, die ich verabscheue, aber die mir zu einer größeren Vertrautheit mit der Sprache verhelfen sollen. Und eines schönen Tages beginnt er lateinische Sätze zu bilden und in der Sprache Ciceros zu sprechen.

Von ihm geht eine solche Ruhe aus, daß ich ihn mit der Zeit vermisse, wenn er nicht da ist. Es scheint, als lebte er in einer Hülle, in der es keinen Platz hat für den Zweifel. Es ist keine hochnäsige Selbstsicherheit, sondern eine ruhige Zuversicht, die mich um so mehr anzieht, als ich von Zweifeln aller Art geplagt werde.

Dieses meist ruhige Leben hat ungefähr ein Jahr gedauert.

Im Rückblick fällt mir auf, daß ich nur selten von meiner Mutter rede und noch weniger von meinem Vater. Ich muß zugeben, daß sie in meiner Kindheit kaum mehr als Randfiguren waren. Mein Vater, über den ich viel Widersprüchliches höre, ist ein Unbekannter. Das letztemal habe ich ihn gesehen, als ich drei oder vier Jahre alt war. Meine Mutter ist ständig abwesend, sie kommt nur zum Gebären und reist wieder ab, da Vaters Situation sie unablässig zu neuen Vorstößen zwingt. Das war auch in diesem Jahr nicht anders. Sie blieb einige Wochen hinter verschlossener Tür und brachte meinen Bruder Charles zur Welt. Kaum vom Wochenbett aufgestanden, gab sie ihn zu einer Amme und verschwand wieder. Die meiste Zeit verbringt sie im Gefängnis der Fleet, wohin mein Vater neuerdings gebracht worden ist, zuerst zusammen mit gewöhnlichen Strafgefangenen, dann mit anderen Katholiken. Nun setzt sie sich dafür ein, daß er eine der Wohnungen erhält, die in der Fleet den katholischen Edelmännern vorbehalten sind. Sie handelt um so energischer, als mein Vater nach den Entbehrungen und der mangelnden Hygiene in Launceston erkrankt ist; schließlich wendet sie sich sogar an die Königin selbst. Man sagt, sie habe gute Aussichten auf Erfolg: Die Königin und ihr Premierminister William Cecil seien zur Überzeugung gelangt, daß Tregian durch nichts einzuschüchtern und umzustimmen sei.

Im fünfundzwanzigsten oder sechsundzwanzigsten Jahr ihrer Herrschaft – die Daten waren nie meine Stärke – kommt es zu jener Wende, die unser Leben grundlegend verändern sollte.

VI

Through the Royal Exchange as I walked
where galants in satin did shine:
At midst of the day they parted away
at several places to dine.
The gentry went to the King's Head,
the nobles went unto the Crown:
The knights unto the Golden Fleece
and the plowman to the Clown ...

»Die Ballade der Tavernen«
Volkstümliche Ballade

Ich ging durch die Royal Exchange,
wo Kavaliere in Satin glänzten:
Mitten am Tage gingen sie weg,
um verschiedenen Ortes zu speisen.
Die Landadligen gingen zum King's Head,
die Edelleute zur Crown,
die Ritter weiter zum Golden Fleece,
und der Pflüger ging zum Clown ...

In Clerkenwell lebten zwanzig bis dreißig Leute, die Dienstboten nicht eingerechnet: Erwachsene, Besucher, die Kinder der Stourtons, Arundells und Tregians. Sir Johns Hausgemeinschaft von Lanherne mochte in alle Winde zerstreut sein, aber er hatte sich nicht verändert, und seine Tür stand allen Katholiken in Not offen, selbst wenn sie nicht wie wir zur Familie gehörten. Clerkenwell wurde zum Zentrum, das Lanherne nicht mehr war. Und gerade deshalb konnte dies nicht von Dauer sein.

Im geeigneten Moment hatte die Königin bei den Katholiken die Zügel angezogen: Die Konfrontation mit Spanien war nur noch eine Frage der Zeit, ständig reisten Priester wie Cuthbert ein und ließen sich nicht daran hindern, Messe um Messe zu lesen. Erwischte man sie, wurden sie verurteilt und oft auch hingerichtet, aber das entmutigte sie nicht. Ich selbst bin einem Priester begegnet, der verhaftet und in Marshalsea eingesperrt worden war. Tatsächlich aber hielt er sich tagsüber in London auf, wo er Messen las und die Sakramente spendete. Ins Gefängnis ging er nur zum Schlafen, um dort die Messe zu lesen, die Beichte abzunehmen und den Gefangenen die Kommunion auszuteilen. Sobald der Morgen dämmerte, kehrte er wieder in die Stadt zurück. Ich weiß nicht, ob er diese Vergünstigung durch die Bestechung der Kerkermeister erreicht hatte oder ob er auf Gefängniswärter gestoßen war, die mit den Katholiken sympathisierten. Damals erfaßte ich diese feinen Unterschiede nicht, ich habe ihn auch nicht gefragt. Trotzdem wurde dieser Priester schließlich vor Gericht gestellt, verurteilt und im Tower von London eingekerkert, aus dem er nicht mehr herauskam.

Zu Hause ging ich jeden Tag zur Messe, andere sogar zweimal täglich.

Ich zweifle keinen Augenblick daran, daß die Schergen des Premierministers William Cecil Lord Burghley und jene seines obersten Spürhunds Lord Walsingham über alles Bescheid wußten, was in Clerkenwell getan und geredet wurde. Undenkbar, daß sich unter den Dienern kein Spitzel eingeschlichen hatte – dies kann ich aufgrund meiner späteren Erfahrungen fast sicher behaupten.

Aus Clerkenwell konnten die Spitzel berichten, daß Sir John den Priestern seine Tür nicht verschloß, daß aber

Lady Anne ihrerseits nicht gerade begeistert war über die grenzenlose christliche Nächstenliebe ihres Gemahls.

»Ich bin nicht dagegen«, sagte sie, »daß wir einen, notfalls auch zwei Priester aufnehmen, um die Messe zu hören. Aber ich sehe nicht ein, weshalb wir zum Sammelbekken aller Missionare werden sollen, die vom Kontinent kommen, um hier auf unsere Kosten zu leben.«

Ging man nicht in die anglikanische Kirche, mußte man eine gesalzene Buße bezahlen, was viele Katholiken trotz den Verboten aus Rom dazu brachte, die Staatskirche zu besuchen, auch wenn sie dem Glauben ihrer Vorfahren treu blieben. Durch Abwesenheit zu glänzen war ein Luxus, den man sich nicht leisten konnte: Sir John bezahlte zwanzig Pfund je Mond, das heißt zweihundertsechzig Pfund pro Jahr. Für einen Handwerker waren zwanzig Pfund ein fürstliches Jahresgehalt.

Die finanziellen Probleme, die sich daraus ergaben, und Sir Johns Persönlichkeit, so unnachgiebig in Fragen der Religion und gleichzeitig so offen für den Wandel, den England durchmachte, hatten für mich eine unerwartete und in gewissem Maß auch unerhörte Auswirkung.

Hätte ich in normalen Zeiten gelebt, wäre ich bis zum Alter von zwölf oder dreizehn Jahren bei mir zu Hause oder als Page in einer andern Familie unterrichtet worden, bevor ich nach Oxford geschickt worden wäre, um meine Bildung zu vervollkommnen und ein Doktorat zu erlangen. Dies war der Lauf der Dinge für einen jungen Gentleman aus gutem Hause. Doch seit der zweiten Hälfte des letzten Jahrhunderts galt die Herkunft von einer katholischen Familie als anstößig, ungeachtet ihres Stammbaums. Als Folge davon hat meine Erziehung als Gentleman auf verschlungenen Wegen stattgefunden. Heute beglückwünsche ich mich dazu, aber damals gab es Anlaß zu manchem Seufzen und Zähneknirschen bis ins Gefängnis meines Vaters, und eines Abends haben Adrian und ich, uneingeladen und unentdeckt, eine heftige Auseinandersetzung zwischen Sir John und meiner Mutter mitverfolgt. Das Lauschen an der Türe war für uns das einzige Mittel, gewisse Dinge zu erfahren.

»Es ist mir lieber, wenn die Knaben völlig ungebildet bleiben, als sie bei solchen Lehrern zu wissen«, schreit meine Mutter.

Wenn sie mit Sir John spricht, regt sie sich immer auf. Er ist der zweite Ehemann ihrer Mutter, der an die Stelle ihres eigenen Vaters getreten ist, Lord Charles Stourton, der zum Tode verurteilt und hingerichtet wurde, als sie noch ein Kind war. Dieser Großvater, den ich selbst nicht mehr gekannt habe, war offenbar ein robuster, umtriebiger und streitbarer Mann. Er war im Streit mit seinen Nachbarn wegen eines Landstücks, den er beendete, indem er sie mit der Hilfe von vier Getreuen umbrachte. Er wurde gehängt – mit den Ehren und an der Seidenschnur, die einem Edelmann gebühren. Wie die Diener erzählten, die Lady Anne und den sechs Kindern Stourton in die neue Ehe gefolgt waren, hatte meine Mutter ihren Vater aus tiefstem Herzen geliebt und verehrt.

Um auf die Auseinandersetzung zurückzukommen, die Adrian und ich, im Nachthemd und mit bloßen Füßen in einer Nische hinter dem Wandbehang versteckt, belauschen: Was meine Mutter – und vor allem meinen Vater, zu dessen Sprachrohr sie sich macht – in erster Linie beschäftigt, ist unser Seelenheil und nicht die Art und Weise unserer Ausbildung. Aber gegen Sir John kann sie sich schlecht zur Wehr setzen.

Im Gegensatz zum verstorbenen Sir Charles ist Sir John ein ruhiger, besonnener Mann von gesundem Menschenverstand. Es ist höchst unwahrscheinlich, daß er im Zorn einen Mann umbringen würde. Ich weiß, daß er eine gute Klinge führt, denn ich habe ihn im Fechtsaal gesehen, und er hat mir gefährliche Stöße beigebracht. Sollte er seinen

Degen jemals benutzt haben, dann sicher mit größter Gelassenheit und vollkommener Höflichkeit.

Er hat protestantische Freunde und mißt nicht alles mit der Elle der Religion. Das verletzt meine Mutter. Unausgesprochen empfindet sie seine Toleranz als Verrat. Es drückt sich bei ihr in einer Gereiztheit aus, die sich selbst in ihrer Stimme bemerkbar macht, die plötzlich schrill wird.

Bis dahin hatten wir von den Hauslehrern meiner Vettern und Onkel Edward und Charles Stourton junior profitiert. Aber jetzt steht Charles kurz vor der Abreise nach Reims, wohin das englische Kollegium von Douai infolge eines der Wechselfälle der Glaubenskriege verlegt worden ist.

Sir John hält die Gelegenheit für günstig, uns mit andern Kindern zur Schule zu schicken. Er hat sogar schon Schritte unternommen und eine Schule gefunden, die bereit ist, uns aufzunehmen: die Schule der Schneiderzunft. Um zu erreichen, daß man über unsere Herkunft hinwegsah, war Sir John zu einer großzügigen Gabe genötigt.

»Richard Mulcaster, der Direktor, ist ein außergewöhnlicher Mann, der beste Lehrer, den man in ganz London, ja vielleicht in ganz England finden kann. Seine geistige Offenheit ist ebenso groß wie sein Wissen.«

»Er ist ein Protestant, ein Verräter.«

»Er mag ein Protestant sein, aber er ist auch ein Mann von gesundem Menschenverstand. Wenn wir die Kinder zu ihm schicken, können wir sicher sein, daß sie eine hervorragende Erziehung erhalten. Es ist eine einmalige Gelegenheit für sie.«

»Er wird sie bekehren. Sie werden nicht mehr gute Katholiken sein.«

»Er nimmt viele jüdische Kinder auf, und nie hat er eines dazu gezwungen, sich zu bekehren. Und er wird es auch bei den unsrigen nicht tun, er hat mir sein Wort darauf gegeben.«

»Das Wort eines Protestanten …«

»Richard Mulcaster ist ein ehrlicher Mann, ich kenne ihn schon lange, und trotz unserer Meinungsverschiedenheiten und unzähliger Streitgespräche hat er es nie an Anstand mangeln lassen.«

In diesem Ton ging es noch einige Zeit weiter, bis Sir John schließlich der Kragen platzte:

»Meine liebe Mary, Sie reden, als wären Ihre Söhne Dummköpfe, die man nach Belieben an der Nase herumführen kann. Dabei sind sie außergewöhnliche Burschen …« – Adrian und ich wechselten im Halbdunkeln mit hochgezogenen Augenbrauen einen Blick gegenseitiger Hochachtung – »… mit überdurchschnittlicher Auffassungsgabe. Wir werden ihnen die Situation erklären, und sie werden das Beste daraus machen. Bis ein König oder eine Königin katholischen Glaubens den Thron besteigt, leben wir vorläufig hier und jetzt. Es nützt nichts, sie abzuschotten. Will man einen Feind wirkungsvoll bekämpfen, muß man ihn kennen. Wenn man eines Tages auf dem Kontinent eine katholische Schule für Kinder ihres Alters eröffnet, werden wir sie hinschicken. Inzwischen will ich dies Ihrem Gemahl selbst erklären.«

Und nach diesem Satz, der jede Widerrede ausschloß, zog er sich zurück, bald gefolgt von meiner Mutter, die mit einem Seufzer wegging.

Wir verließen unser Versteck und verneigten uns im flackernden Licht des Kerzenleuchters voreinander, indem wir einen imaginären Hut bis zum Boden schwenkten:

»Mein Herr, ich bin zutiefst geehrt, die Bekanntschaft eines so hellen Geistes zu machen.«

»Die Ehre ist ganz meinerseits, gnädiger Herr, ich bin entzückt, einem unbestechlichen Genie zu begegnen.«

Ohne weiteren Kommentar schlichen wir uns geräuschlos wieder in unsere Betten.

Sir John hat gewonnen. Und während mein armer Vater

in der Fleet verfaulte, erlebte ich die zwei weiteren unvergeßlichen Jahre meiner Jugend.

*

Die Grammatikschule der Schneiderzunft war in meiner Kinderzeit dank ihrem Direktor Richard Mulcaster zweifellos die berühmteste Schule Londons. Dieser außergewöhnliche Mann war damals um die Fünfzig und leitete die Schule seit ihrer Gründung rund zwanzig Jahre früher. Es war eine der vielen von den Zünften geschaffenen Einrichtungen, um die Kinder von der Straße zu holen, wo sie sich oft herumgetrieben hatten, des Lesens und Schreibens unkundig und auch sonst völlig unwissend, wie berichtet wird, bevor in einer Großtat im ganzen Land zahlreiche Schulen gleicher Art eröffnet wurden.

Wir gingen jeden Morgen um sechs Uhr zur Schule, meist in Begleitung von Giuliano. Um fünf Uhr nachmittags war die Schule aus. Bis elf Uhr wurden wir in den alten Sprachen unterrichtet. Dann aßen wir, und um ein Uhr begann der Unterricht wieder. Um fünf Uhr holte uns Giuliano ab. Während der kürzesten Tage des Jahres gingen wir erst um sieben Uhr und mit einer Kerze zur Schule, damit wir gegen Abend genug Licht für unsere Arbeiten hatten.

Wir waren etwa zweihundertfünfzig Schüler, alle zu Hause lebend, und das Schulstatut sah ausdrücklich vor, daß Kinder aus allen Kreisen unterrichtet werden sollten. Bedingung für die Aufnahme war, daß man lesen und schreiben konnte und den Katechismus auf Englisch und Lateinisch beherrschte. Die Schule war nicht unentgeltlich, und so gering das Schulgeld auch war, genügte es doch, um Kinder aus den untersten Schichten auszuschließen. Man versprach, daß wir bis zum Schulabschluß perfekt Lateinisch, Griechisch und Hebräisch sprechen und uns in Literatur und Anstandsregeln auskennen würden.

Am Anfang finde ich mich nicht zurecht. Zum Glück ist Adrian bei mir. Auf den ersten Blick scheint er viel jünger zu sein, denn er ist ebenso klein und schmächtig, wie ich groß und kräftig gebaut bin. Aber der Altersunterschied beträgt nicht mehr als zwei Jahre. Beim Schuleintritt haben wir schon etliche Zeit des gemeinsamen Unterrichts in denselben Stoffen hinter uns. Wir sind unzertrennlich geworden.

Es ist Sommerende, und wir treffen vor dem Läuten der Schulglocke ein. Später werde ich mich an den Weg gewöhnen, und er wird mir schließlich kurz vorkommen, aber an diesem Tag ist es eine unendliche Reise – mir scheint, wir durchqueren halb London. Die Schule ist im Herrensitz »Zur Rose« untergebracht, der dem Herzog von Buckingham gehört hat, ein massiger, hoher Turm im Stil einer normannischen Festung. Zahlreich sind die Familien, die an diesem ersten Tag rechtzeitig erscheinen wollen. Es wimmelt von Eltern und Kindern, die im großen Gedränge fern von zu Hause ebenso verängstigt sind wie wir. Die Luft ist erfüllt von Gemurmel und einzelnen Schluchzern, während im Hintergrund die Ladeninhaber der nahen Candlewick Street den Kunden bereits ihre Waren anzupreisen beginnen. Ihre Stimmen bilden eine Art Kontrapunkt zum wirren Lärm im Hof.

Als die Glocke der nahegelegenen Kirche von Saint Lawrence Poultney läutet, kommt Richard Mulcaster durch die große Tür heraus, umringt von den anderen Lehrern. Er klatscht in die Hände, und sofort herrscht Ruhe, nur der Glockenklang ist noch zu hören.

Aus dem folgenden Jahr weiß ich, daß er in einer Ansprache die alten und die sechzig neuen Schüler willkommen heißt, doch im Augenblick höre und behalte ich nichts.

Die Lehrer gehen umher und teilen uns auf.

»Die Neuen hierher!«

»Die zweite Klasse zu mir!«

»Die Fortgeschrittenen bitte!«

Wir werden in mehreren Reihen aufgestellt. Da man uns nach der Größe geordnet hat, bin ich ganz zuhinterst und Adrian zuvorderst. Auch er ist wie betäubt; die Vorstellung, ich sei nicht da, um ihn zu schützen, entsetzt ihn.

Nachdem die Eltern und Begleiter weggegangen sind, läßt man uns schweigsam eintreten.

Das Schulzimmer ist riesig. Man hatte uns erzählt, in den Schulzimmern stehe ein Katheder für den Professor, und die Bänke seien hintereinander aufgereiht. Hier gibt es kein Katheder, und die in einem Viereck aufgestellten Bänke lassen in der Mitte viel Platz.

Jeder von uns hat eine Schachtel mit Papier, Gänsekielen, einem Federmesser, einem Bleistift, einer Schiefertafel, einem Sandstreuer und einer Kerze. Um Unglücken vorzubeugen, werden Tinte und Leim von der Schule geliefert.

Wir haben zwei Lehrer. Da ist Robert Wyddosox, der uns gleich über unsere Lateinkenntnisse ausfragt. Ihm werden wir die perfekte Beherrschung dieser Sprache zu verdanken haben, denn er spricht sie gewandt. Das wird auch für unser Englisch zutreffen, das bis dahin auf Kosten des Lateins arg vernachlässigt wurde.

Der große Richard Mulcaster, unser anderer Lehrer, hat immer die Ansicht vertreten, die Muttersprache sei ebenso wichtig wie das Latein. Er unterrichtet uns in Griechisch und Hebräisch. Doch von Zeit zu Zeit prüft er unser Englisch, und wehe, wenn es unserem Stil an Eleganz mangelt.

An diesem ersten Schultag geht Mulcaster von Klasse zu Klasse, um jeder Schülergruppe eine kleine Rede zu halten. Wir sind die Neuen, uns hat er besonders viel zu sagen.

Auch in der Klasse sind wir nach der Körpergröße eingereiht. Aber diesmal befinde ich mich wieder neben meinem Bruder, denn er ist der kleinste, ich der größte, und die Bänke sind im Viereck aufgestellt.

»Die Extreme berühren sich«, hat Adrian augenzwinkernd gemurmelt.

Die Tür geht auf, und Mulcaster kommt herein.

»Aufgestanden, meine Herren!« befiehlt Wyddosox.

Wir erheben uns.

Mulcaster kommt in die Mitte und macht langsam die Runde. Er bleibt vor jedem einzelnen stehen und schaut ihn mit einem langen, bohrenden Blick an; ich habe den Eindruck, daß er uns unauslöschlich in seinem Gedächtnis einprägt. Er enthält sich jeder Bemerkung über uns. Übrigens wird niemand in der Schule je eine Bemerkung über uns oder gar die katholische Religion machen.

»Meine Herren«, sagt er, nachdem er diese erste Inspektionstour beendet hat, »Sie haben bemerkt, daß in diesem Raum alle Sitzplätze auf gleicher Höhe sind, der Stuhl des Lehrers nicht ausgenommen. Das hat eine bestimmte Bedeutung, die ich Ihnen näher erläutern möchte. Zunächst zeichnet sich ein Mensch nicht dadurch aus, daß er zwei Fuß über dem Boden sitzt, sondern durch die Größe seines Geistes. Ihre Professoren sind gelehrt; ihr Wissen wird Ihnen bald den Eindruck ihrer Überlegenheit vermitteln. Und sollten Sie eines Tages auf ihrer Höhe sein, werden Sie sich darüber freuen. Wie Sie also sehen, hat es an diesem höheren Ort, wo Sie sich befinden, Raum für jeden. Daraus ergibt sich für Sie die Verpflichtung, dort Ihren eigenen Platz zu finden. Das Ziel jeder Erziehung ist es, der menschlichen Natur zu helfen, sich bis zur Vollkommenheit zu entwickeln, und diese Vollkommenheit ist nicht für jeden die gleiche. Der eine unter Ihnen wird sich in der lateinischen Sprache auszeichnen, der andere vielleicht in der Ausübung der Musik. Hauptsache ist, daß man seine Begabungen erkennt und daran arbeitet, bis sie ihren Gipfel erreichen. Darin liegt die Pflicht und Verantwortung eines jeden von Ihnen. In dieser Schule gibt es kein steifes Dozieren von oben herab. Der Unterricht wird bei uns peripatetisch erteilt. Wir gehen zwischen unseren Schülern auf und ab. Und unser Ziel ist es, daß sie eines Tages unter uns wandeln.«

Wie zur Untermauerung seiner Aussagen durchmißt er lange den Raum, ohne ein Wort zu verlieren.

»Ich bezweifle nicht«, sagt er schließlich, »daß Ihre jungen Köpfe vollgestopft sind mit Latein, Gebeten und Weisheiten. Der Gedanke liegt mir fern, das, was Sie gelernt haben, in Zweifel zu ziehen. Aber heute morgen rede ich in der Umgangssprache zu Ihnen, denn ich möchte Ihnen einige wichtige Grundsätze erklären, und ich will sicher sein, daß man mich versteht.«

Er atmet tief auf wie einer, der aus dem Schlaf aufwacht.

»Wer die Wissenschaft der Mathematik lehrt, muß mit einer exakten, logischen Beweisführung zu unwiderlegbaren Schlußfolgerungen gelangen, über die sich nicht oder jedenfalls nur schwerlich streiten läßt. Anders ist es bei den moralischen und politischen Wissenschaften. Hier haben wir es mit den Menschen in ihrer ganzen Vielschichtigkeit zu tun, und man muß unzählige Varianten von Eigenheiten in Betracht ziehen. Sind die Wahrheiten eines Mathematikers unanfechtbar, so müssen jene des Moralisten mit größter Vorsicht angegangen werden, ohne je die besonderen Umstände des Einzelfalls zu vergessen.«

Er umfaßt die reglos dasitzende Klasse mit einem einzigen Blick aus seinen schwarzen Augen und fährt mit lauterer Stimme fort, indem er jedes Wort hervorhebt:

»Es reicht nicht, daß Plato eine Sache lobt, daß Aristoteles sie für gut befindet, Cicero sie empfiehlt und Quintilian davon erfahren hat, damit wir sie uns zu eigen machen. Unser Land hält diese Männer in Ehren, aber es könnte sein, daß es von ihren Aussagen nicht Gebrauch machen kann, weil sie nicht den Umständen entsprechen. Was ist von jenen zu halten, die sich mit der Autorität dieser Schriftsteller brüsten, ohne den Zusammenhang zu berücksichtigen, in dem die Texte stehen? Harrington!«

Harrington steht auf.

»Was habe ich gesagt?«

Schweigen.

»Haben Sie verstanden, was ich gesagt habe, Harrington?«

Harrington schluckt und sagt schließlich:

»Ja, mein Herr.«

»Dann sagen Sie mir, was Sie verstanden haben. Ich verlange nicht, daß Sie mich Wort für Wort wiederholen.«

»Sie haben gesagt, daß ... daß ... daß wir die Umstände in Betracht ziehen müssen, wenn wir Wahrheiten ausdrücken, die nicht die Mathematik betreffen.«

»Was sagt Stowe dazu?«

Stowe erhebt sich.

»Ich sage, daß ich einverstanden bin und daß man den Zusammenhang berücksichtigen muß, wenn man einen Autor zitiert.«

»Und weshalb muß man den Zusammenhang berücksichtigen, Arundell?«

Ein kurzes Zögern, dann verstehen Adrian und ich Mulcasters List. Der Name Arundell ist auf beiden Seiten des Religionsgrabens anzutreffen, während die Tregians alle katholisch sind. Wir erheben uns gleichzeitig.

»Richtig«, sagt er mit leisem Lächeln, da er uns beide stehen sieht, »wir haben zwei Arundells. Von jetzt an werden wir Sie Adrian und Francis nennen. Herr Francis, setzen Sie sich.«

Indem er so das Problem unserer Herkunft auf elegante Weise gelöst hat – nach dem Buchstaben des Gesetzes hätte er nicht das Recht, uns zur Schule zuzulassen –, wendet er sich an meinen Bruder.

»Warum also muß man den Zusammenhang berücksichtigen, Herr Adrian?«

»Weil man sonst Gefahr läuft, dem Autor eine Aussage in den Mund zu legen, die er gar nicht machen wollte.«

»Und welche Lehre ziehen Sie daraus, meine Herren?«

Stowe und Adrian sehen sich gegenseitig an. Und schließlich ist es Adrian, der antwortet:

»Mein Herr, Sie haben uns zum selbständigen Denken aufgefordert.«

Und Stowe ergänzt:

»Plato hat nicht nur deshalb recht, weil er Plato ist.«

»Sehr gut, meine Herren! Sie können sich setzen. Und nun, öffnen Sie Ihre Pulte!«

Wir tun es.

»Nehmen Sie die Schreibtafel hervor, die Sie dort finden. Darin ist das Gebet eingraviert, das Sie jeden Morgen, Mittag und abends vor der Heimkehr aufsagen werden. Erinnern Sie sich daran, daß Sie vor Gott alle gleich sind, ungeachtet Ihres Ranges und Ihrer Herkunft, und daß Sie den Herrn ehren sollen, indem Sie mit Eifer arbeiten und Ihren Verstand schärfen. Wir wollen das Gebet zusammen sprechen. Ich möchte alle hören.«

Und zum erstenmal in ihrem Leben stimmen die Brüder Tregian das protestantische *Pater* an. Wir sind darauf vorbereitet. Man hat uns bis zum Überdruß beigebracht, geistige Distanz zu bewahren. Der Unterschied zwischen den Gebeten beider Religionen, stelle ich fest, ist nicht überwältigend.

*

Ein anderes eindrückliches Erlebnis vermittelt der Musikunterricht. Die Schule der Schneiderzunft unterrichtet als einzige in ganz London ihre Schüler täglich in der Kunst der Musik. Außerdem ermöglicht sie uns den Besuch von

Privatstunden. Man gibt uns den Dienstagnachmittag frei, unter der Bedingung, daß wir fleißig üben, und es ist uns gestattet, in jeder Mittagspause zu musizieren. Die Schule empfiehlt uns einen in der Nähe wohnenden Privatlehrer. Wir sind einige, die in Begleitung zu ihm gehen. Er heißt Thomas Morley, und ich glaube, nach ein paar Tagen Unterricht bei ihm hätten wir uns ohne Zögern bekleidet in die Themse gestürzt, wenn er uns dazu aufgefordert hätte.

In einem kleinen Saal befinden sich eine Laute, ein Virginal und einige Gamben. Morley gibt uns Gesangsunterricht und bringt uns auf diese Weise die Musiktheorie bei. Er macht ständig Wortspiele, und wenn uns das Lachen zuvorderst steht, schaut er uns so streng an, daß wir Angst haben, ihn zu verstimmen. Aber schließlich merken wir, daß auch dieser strenge Blick ein Scherz ist. Keinen Spaß versteht Morley, wenn wir falsch singen oder die diatonische Tonleiter mit der chromatischen verwechseln, nachdem er sie uns des langen und breiten erklärt hat. Dann kann er sogar richtig böse werden.

»Eines schönen Tages«, sagt er in sarkastischem Ton auf lateinisch, »werden Sie mir noch *chromatica* und *grammatica* verwechseln.«

Auch seine erste Stunde habe ich noch im Ohr, als wäre es gestern gewesen.

»Der Notenschlüssel steht am Anfang eines Liniensystems; er dient dazu, die Höhe jeder Note auf einer Linie oder in den Zwischenräumen zu bezeichnen, und wenn man nicht auf jede Linie und in jeden Zwischenraum einen Schlüssel setzt, so deshalb, um Ihnen das Leben nicht noch schwerer zu machen, als es ohnehin schon ist, nicht wahr, Herr Howe? Sie scheinen mir etwas verwirrt, oder täusche ich mich? Also, um die Dinge nicht unnötig zu komplizieren und auch um dem Kopisten die Arbeit zu erleichtern, geht man davon aus, daß mit der Angabe eines Schlüssels die anderen davon abgeleitet werden können. Haben Sie mich verstanden, Herr Francis?«

»Ja, mein Herr.«

»Sehr gut. Es gibt sieben Töne, A, B, C, D, E, F, G. Aber zum Singen verwendet man nur vier davon.«

Er demonstriert es uns mit der Stimme und auf der Laute. Schritt um Schritt weiht er uns in die Geheimnisse von Interpretation und Komposition ein.

Um unser Musikverständnis zu fördern, bringt er uns, ohne daß wir es merken, die Grundlagen der Mathematik bei.

»Was ist eine Proportion? In der Musik betrachten wir die Zahlen nicht als solche, sondern als Zeichen, die die Versetzung der Noten im Zeitablauf angeben. Wir können entweder eine gleiche oder eine ungleiche Proportion haben. Eine gleiche Proportion ist der Vergleich zweier gleicher Quantitäten. Haben Sie das alle verstanden, auch Sie, Herr Howe?«

»Durchaus, mein Herr.«

»Ich bin entzückt. Eine ungleiche Proportion, hören Sie gut zu, Herr Francis, und auch Sie, Herr Howe, und den Herren Adrian und Harrington würde ich raten, nicht Maulaffen feilzuhalten, sonst lasse ich sie eine Pavane tanzen, die ziemlich schmerzhaft sein könnte ... eine ungleiche Proportion also, sagte ich. Eine ungleiche Proportion liegt vor, wenn wir zwei Dinge verschiedener Quantität vergleichen; eine Ungleichheit kann größer oder kleiner sein. Größer ist sie dann, wenn die größere Zahl oben steht und mit einer kleineren Zahl verglichen wird. In der Musik bedeutet dies immer eine Diminution. Die umgekehrte Proportion ergibt sich, wenn die kleinere Zahl oben steht und mit einer größeren verglichen wird, und in der Musik bedeutet das ... Herr Adrian ...«

»Eine Augmentation?«

»Eine Augmentation, das ist eine ausgezeichnete Ableitung. Natürlich könnte man in der Musik eine unendliche Zahl von Proportionen haben, aber für den häufigsten Gebrauch hat man sich auf fünf beschränkt: die *Dupla*, die *Tripla*, die *Quadrupla*, die *Sesquialtera* und die *Sesquitertia*.«

Nach solchen theoretischen Erklärungen, denen wir gewöhnlich nicht ganz zu folgen vermochten, gab er uns so klare Beispiele, daß wir am nächsten Tag bei der Repetition der vorangegangenen Lektion erstaunt waren, daß sie uns je Schwierigkeiten bereitet hatte.

Den Dienstagnachmittag verbrachten Adrian und ich mit dem Erlernen der Laute und des Virginals. Unser Lehrer war William Byrd, einer der Musiker der königlichen Hofkapelle und ein großer Freund von Sir John.

Der Ruf von William Byrd ist noch nicht bis zum Amtsbezirk von Echallens vorgedrungen. Ich spiele oft Kompositionen von ihm, aber da man mich nicht für einen Engländer halten soll, habe ich seinen Namen nie erwähnt, und bei der großen Vorliebe der Waadtländer für Pfeifen und Pauken haben die Tasteninstrumente nur einen bescheidenen Stellenwert. Das hat sicher damit zu tun, daß in der Reformation fast alle großen Orgeln zerstört wurden. Die von mir hergestellten Instrumente sind klein und transportabel, und die Leute, die eines bei mir bestellen, tun es heimlich. Die meisten von ihnen sind Katholiken. Das Virginal, von meinen Kunden Spinett genannt, ist etwas verbreiteter, bleibt aber auch einer Minderheit vorbehalten. Weder in Echallens noch in Lausanne würde man ein Spinett beim Barbier antreffen wie in London oder St. Austell.

Von William Byrd kann ich nur mit größter Hochachtung sprechen. Neben Claudio Monteverde ist er der bedeutendste Musiker, dem ich begegnen durfte. Seine Musik widerspiegelt die Vollkommenheit des Universums. John Bull spielte die Orgel und das Virginal mit atemberaubender Virtuosität, was bei Byrd nicht der Fall war. Aber niemand bemerkte es, weil er so viel Raffinesse in seine Kompositionen und sein Spiel legte, daß man darob alles übrige vergaß. Byrd war Katholik und hat das auch nie verheimlicht. Aber seine Musik hat ihn beschützt, und Elisabeth, eine Virtuosin, spielte seine Werke leidenschaftlich gern. Sie hat nie zugelassen, daß er behelligt wurde.

Zu uns war er die Güte selbst.

»Sie beide haben Organistenhände«, sagte er uns am ersten Dienstag dieses denkwürdigen Septembers, in dem wir so viele wundervolle Dinge entdeckten. »Zeigen Sie mir, was Sie können.«

Wir setzten uns ans Virginal und spielten einer nach dem andern mit Vergnügen das Rondo von Lady Wynkfyld. Byrd kannte Thomas Morley gut, denn er war sein Schüler gewesen.

»Dieser Bursche ist eine Quelle des Wissens; die Theorie ist sein Gebiet. Er ist ein hervorragender Komponist und wird es noch weit bringen.«

Adrian und ich wußten kaum, wo uns der Kopf stand. Wir fanden das alles so aufregend, daß wir wie besessen arbeiteten. Wenn wir uns körperlich ertüchtigten, so nur, weil Madam Catherine und Lady Anne uns mit Sir Johns Unterstützung dazu nötigten. Sir John hatte auch ein wachsames Auge darauf, daß wir dem Unterricht im Fechten und Ringen, den Giuliano uns erteilte, mit Eifer folgten.

*

Im Laufe dieser zwei Jahre habe ich Giles Farnabys Bekanntschaft gemacht.

Seine Familie hatte lange in Truro gelebt, und sein Großvater hatte in den Diensten der Arundells und der

Tregians gestanden, bevor er nach London gezogen war, wo die Farnabys Tischler waren. Die alten Bande blieben bestehen, und wenn Sir John in Clerkenwell einen Tischler brauchte, ließ er die Farnabys kommen. Der Vater von Giles, Thomas, kam für diese Arbeiten in Begleitung seines Sohnes. Ein Bild ist mir geblieben: Thomas Farnaby hobelt ein Brett in einem Zimmer, wo Adrian und ich über unseren Musikunterricht sprechen, und plötzlich beteiligt sich Giles am Gespräch. Ist es das erstemal, daß wir uns sehen? Ist es bevor wir zu dritt vor der Familie spielen, oder ist es nachher? Ist es vor oder nach unserem Gesangsauftritt bei der Heirat einer Base? Bevor oder nachdem er mir anvertraut:

»Aus Gehorsam gegenüber meinem Vater werde ich eine Tischlerlehre machen müssen, aber ich will nur eins: Ich will Musiker sein. Sobald ich die Lehre beendet habe, werde ich die Tischlerei aufgeben.«

»Als Tischler werden Sie Instrumente bauen können. Sie haben wirklich Glück!«

Wie angenagelt blieb er stehen, wie vom Blitz getroffen, und sah mich ziemlich einfältig an.

»Ich frage mich, warum ich nicht selbst auf diese glänzende Idee gekommen bin«, sagte er schließlich.

Wir haben uns feierlich die Hand geschüttelt: Unsere Freundschaft war besiegelt. Giles war zwar einige Jahre älter als ich, aber das spielte keine Rolle.

Unsere Musik war sicher nicht vollendet, aber wir bildeten schließlich ein Ensemble (ein *Consort,* wie man in England sagt), das anläßlich von Feiern und zur Unterhaltung der Familie auftrat. Zu Beginn sang meine Schwester Mary mit uns. Später wurde sie als Ehrenjungfer nach Lancashire geschickt, und unser Grüpplein beklagte den Verlust ihrer schönen Stimme. Jane versuchte sie zu ersetzen, aber bei all ihren Begabungen, das Musikgehör war nicht ihre Stärke: Sie sang fürchterlich falsch. Unter großem Gelächter haben wir schließlich darauf verzichtet, aus ihr eine Musikerin zu machen. Und meine Schwester Margaret war noch zu klein.

Meine Mutter lebte fast ausschließlich im Gefängnis. Ein einziges Mal kam sie für ein paar Wochen zu uns zurück, um ein Mädchen zu gebären.

Wir durften unseren Vater nicht besuchen, und er war für mich zu einem Fremden geworden.

Man sagte, ich sähe ihm erstaunlich ähnlich.

»Es ist mir, als sähe ich meinen Sohn wieder«, pflegte Madam Catherine zu sagen. Und ihre Tochter, meine Tante Elisabeth, war bei einem Besuch fast in Ohnmacht gefallen.

»Was für eine außergewöhnliche Ähnlichkeit!« rief sie, nachdem sie sich von ihrer Überraschung erholt hatte.

Alle stimmten überein, daß die Ähnlichkeit sich auf das Äußere beschränkte. Mein Vater war ein äußerst lebhafter Knabe gewesen, der zu heftigen Zornausbrüchen neigte; man hatte ihn zum Lernen zwingen und mit Züchtigungen bändigen müssen, sagte Madam Catherine. Im Alter von zehn Jahren hatte er sich mit der gleichen Tatkraft, Hartnäckigkeit und Inbrunst, die er für alles andere aufgebracht hatte, der Religion zugewandt.

Ich war anders. Ich verbarg meine Leidenschaften fast gewohnheitsmäßig – das Studium, die Musik, meine Zuneigung für Jane, für Giles, für Adrian. Mir schien, wenn ich meine Gefühle zu sehr zeigte, würde ich verwundbar.

Die Lust, mich körperlich zu züchtigen, war allen vergangen, außer Master Richard Mulcaster. Er war der einzige Mensch, bei dem meine Augen keine Wirkung zeigten. Ein nachdrücklicher Blick genügte sogar, um meine Mutter zu entmutigen. Übrigens gab ich kaum Anlaß zu Bestrafungen. Ich betete vorschriftsgemäß, ich war wohlerzogen und höflich, ich lernte eifrig. Ich sprach zu Hause

Latein, und ich hatte sogar, ohne daß es von mir verlangt wurde, den jungen, schwachen Bruder unter meine Fittiche genommen.

VII

The leaves be green, the nuts be browne
They hang so high they will not come down.
Browning Madame, Browning Madame,
So merrily we sing Browning Madame.
The fairest flower in a garden greene
Is in my love's breast full comely seene
And with all others compare she can
Therefore now let us sing Browning Madame.

»The Leaves be green«
Volkstümliche Ballade

Grün sind die Blätter, die Nüsse braun.
Sie hängen so hoch, noch fallen sie nicht.
Browning Madame, Browning Madame.
So singen wir fröhlich Browning Madame,
Die schönste Blume in des Gartens Grün
Ist an der Brust meiner Liebsten zu sehn.
Mit jeder sie sich vergleichen kann.
Drum lasset uns singen: Browning Madame.

Die Rückschau auf diese zwei erfüllten Jahre berührt mich schmerzlich. Doch nun, da die Schleusen der Erinnerung geöffnet sind, sprudeln die Bilder nur so hervor.

Die Wegstrecke zwischen Clerkenwell und der Candlewick (man sagt *Canning)* Street …

Im Sommer stehen wir gegen vier Uhr auf, waschen uns und gehen zur Messe. Kurz nach fünf Uhr verlassen wir das Haus. Um sechs Uhr sitzen wir in der Schule, um unsere Aufgaben zu machen. Der Unterricht beginnt um sieben Uhr. Giuliano bringt unsere Pferde zu einem Stall in der Nähe, und um fünf Uhr abends – ausgenommen am Dienstag – holt er uns wieder ab. Im Winter brechen wir etwas später auf und kehren manchmal etwas früher heim.

Auf dem Weg zur Schule kommen wir an Quellen und Brunnen vorbei: *Clerkenwell* bedeutet »der Brunnen der Kleriker«, und es gibt noch weitere Brunnen in der Gegend. Man sagt, das Wasser aus diesen Quellen sei das reinste von London. Früher befanden sich hier mehrere Klöster für Mönche und Nonnen, bis König Heinrich sie aufhob. Vom Männerkloster blieb nur die anglikanisch gewordene Kapelle übrig, vom Frauenkloster nur eine Mauer, an die sich ein paar kleine, aus den Steinen der abgebrochenen Gebäude errichtete Häuser lehnten. Intakt geblieben ist die Pforte des Klosters des Heiligen Johannes von Jerusalem, eine imposante Befestigungsanlage. Sie wurde zum Sitz des Zeremonienmeisters der Königin. Geht man durch die Saint John's Street, wie wir es tun, sieht man die Ruinen noch gut. Zwanzig Jahre später werden sie so gut wie verschwunden sein, und heute existieren sie wohl nur noch in der Erinnerung alter Leute wie mir. Nur die Namen sind geblieben, Saint-John, Saint-James, Charter House – leere Hülsen.

Wenn wir durch die Saint John's Street gehen, kommen wir am Friedhof der Vergebung vorbei. Er wurde während einer großen Pestepidemie eröffnet; angeblich wurden fünfzigtausend Leichen dort bestattet. Adrian und ich bekommen immer Herzklopfen, wenn wir nach Sonnenuntergang daran vorbeigehen, und wenn wir spät heimkehren, nehmen wir lieber eine Parallelstraße, genannt Turnmill Street, die Windmühlen-Straße – die Mühle steht an ihrem Ende, und die Prozession der Maulesel, die Stimmen, Rufe und Gesänge und der Geruch des Mehles verleihen der Turnmill Street eine festliche Atmosphäre.

Smithfield durchqueren wir zuerst ohne besondere Gefühle. Aber eines Tages, als wir wegen eines unserer Pferde anhalten mußten, das ein Hufeisen verloren hatte, erzählte uns ein alter Mann, daß die katholische Königin Maria hier die meisten der dreihundert Ketzer (sprich »Anglikaner«) verbrennen ließ, die unter ihrer kurzen Regierungszeit hingerichtet wurden.

»Alte und Junge, Männer und Frauen, sogar Kinder waren darunter. Ich habe sie gesehen, wie sie auf den Scheiterhaufen mit lauter Stimme beteten, während die Flammen an ihren Händen und Gesichtern züngelten. Meist erstickten sie im Rauch und starben eines schnellen Todes. Manchmal löschte der Wind die Flammen, und da lagen sie in den letzten Zügen, doch sie beteten immer noch. Gott war mit ihnen.«

Abscheu und Trauer erfüllen mich, als ich zum erstenmal so unmißverständlich berichten höre, daß auch »unsere« Königin die Todesstrafe als Mittel für ihre Ziele gebrauchte. Seitdem denke ich jedesmal, wenn ich durch Smithfield komme, an diese Hingerichteten, und gleichzeitig denke ich an Cuthbert, wie ich ihn in Erinnerung behalten habe, mit seinem spitzen Gesicht und seinen grauen Augen. Warum müssen Leute sterben, nur weil sie auf eine andere Art an Gott glauben als ihre Nachbarn?

Wir biegen nach rechts in die Long Lane ein, bis wir an eine Kreuzung gelangen. Geradeaus führt The Barbican nach Cripplegate. Zu unserer Rechten liegt die Aldersgate Street, die direkt zur Stadtmauer von London führt. Die Straße ist von Läden aller Art gesäumt, und vor allem am Morgen herrscht hier lebhafter Verkehr, wenn die Wagen sich alle gleichzeitig in die Stadt drängen; zum Zeitpunkt, wenn wir vorbeikommen, sind einige Nachzügler eilig zu den Märkten unterwegs, die oft schon vor Sonnenaufgang öffnen. All diese Leute warten am Stadttor, das der Straße ihren Namen gegeben hat: Aldersgate.

Über die Herkunft des Namens Aldersgate – eines der ältesten Stadttore von London – gehen die Meinungen auseinander: Man hat uns gesagt, er komme von *elder,* einer der englischen Formen für »alt«. Aber man hat uns auch versichert, das Tor verdanke seinen Namen dem Holunder, der dort üppig gedeiht – und das englische Wort für Holunder ist *elder*.

Wenn man durch das Tor geht, stößt man rechterhand auf das große Gebäude eines Druckers. Einmal haben wir ihm einen Besuch abgestattet, und der Anblick der Pressen ließ uns fast die Zeit vergessen. Er hieß John Day. Seitdem habe ich viele Bücher gelesen, die in diesem großen, niedrigen Saal gedruckt wurden, wo es nach Leder, Tinte und Metall roch – ein Geruch, den man in abgeschwächter Form auch in unseren Schulzimmern antraf und der mich auch heute noch anrührt. Er versinnbildlicht eine Art Schlüssel zum Wissen.

Gegenüber der Druckerei, direkt an die Stadtmauer angebaut, steht die Sankt-Anna-Kirche. Wir betreten die Sankt-Martinsstraße, die Fortsetzung der Aldersgate Street, wo die Gerber und Schuster zu Hause sind. Anstelle von Ladenschildern wetteifern die prächtigsten Stiefel oder die zierlichsten Tanzschuhe um die Gunst der Käuferschaft. Ein Schuster knüpft ein Seidenband an einen extravaganten, vergoldeten Schuh mit hohem Absatz, den er über seiner Ladentür aufgehängt hat, damit alle ihn bewundern können. Als Reiter muß man sich bücken, will man nicht mitten ins Gesicht getroffen werden. Wir machen uns ein Vergnügen daraus, das Seidenband unbemerkt abzunehmen, und meine junge Schwester Margaret besitzt eine ganze Kollektion solcher Bänder, die wir heimlich erbeutet haben.

Wir biegen nochmals nach rechts ab und gelangen zur West Cheap, einer Straße, die nur so wimmelt von Leuten, Wagen, Reitern und Händlern. Wir beeilen uns, sie zu verlassen, weil wir nicht verspätet zur Schule kommen wollen. Wir nehmen eine Abkürzung durch schmale Sträßchen, die Budge Row oder die Knightrider Street, und gelangen zur Candlewick Street. *Candle* bedeutet Kerze, und *wick* ist der Docht. Man erzählt denn auch, daß ursprünglich die Kerzenhersteller wegen der Dochte die Baumwollfabrikanten in die Candlewick Street lockten. Den Baumwollfabrikanten folgten die Weber, den Webern die Tuchhändler, die einzigen, für deren Existenz ich mich verbürgen kann, denn ich habe oft zugesehen, wie sie ihre Ware auspackten und vor der Ladentür Kunden ansprachen, um sie von der Farbechtheit und der einzigartigen Qualität ihrer Stoffe zu überzeugen. Wir wenden uns nochmals nach rechts, in Richtung der Themse, deren Geruch bei Flut bis zu uns dringt, und betreten den Schulhof, der von der unmittelbar hinter der Schule stehenden Kirche von St. Lawrence Poultney überragt wird.

Manchmal führt uns der Weg durch ein anderes Stadttor, jenes von Newgate mit seinem Gefängnis, durch das man nach Snow Hill gelangt und weiter an den Flußlauf des Fleet, der früher einmal schiffbar gewesen sein soll. Heute ist er bloß noch ein Graben voller Müll, in dessen Tiefe ein trübes Rinnsal fließt. Hier befindet sich eine Schule, die fast so berühmt ist wie die unsere: Christ's Hospital. An ihr werden die ärmeren Kinder unterrichtet und auf eine Lehre vorbereitet.

Gelegentlich gehen wir die Straße von Old Bailey hinunter, nehmen die Saint George Lane und betreten klopfenden Herzens die Fleet Lane; auf diese Weise haben wir das Gefängnis der Fleet umrundet – es ist unsere Art, Vater einen Besuch abzustatten. Ich denke um so häufiger an ihn, je fremder er mir wird.

Anfangs war Giuliano unser treuer Begleiter auf dem Heimweg. Abgesehen von den Gefahren der Straße ist seine Fürsorge Ausdruck der Ängstlichkeit unserer Familie, die es – mit Ausnahme von Sir John – als eine Art Gotteslästerung betrachtet, daß wir die Schule der »Feinde« besuchen. Unsere Großmütter, unsere Mutter und sicher auch Vater befürchten, wir könnten »den Verlockungen des Bösen erliegen«, wie Madam Catherine es ausdrückt.

Aber sie haben bald gemerkt, daß wir ebenso fromm, gewissenhaft und brav bleiben wie zuvor. Die Unterschiede zwischen den beiden Katechismen sind klar, und ich habe wachsende Mühe zu verstehen, daß gute Christen wie wir davon soviel Aufhebens machen. Natürlich hüte ich mich davor, das zu sagen. Nur Adrian kennt meine Zweifel; er versteht sie – fast nichts entgeht seinem scharfen Verstand und seiner grenzenlosen Großzügigkeit –, teilt sie aber nicht. Für ihn ist es nicht unsere Sache, uns den Kopf über den Katholizismus und den Standpunkt unserer Familie zu zerbrechen. Er besucht denn auch den anglikanischen Religionsunterricht an der Schule mit stoischem Gleichmut.

Nach einiger Zeit legte sich die Aufregung in unserer Familie, und die vorbeugenden Maßnahmen für unser Seelenheil beschränkten sich auf die Predigten der in Clerkenwell lebenden Priester und Kaplane. Fast unmerklich wurde die Überwachung gelockert. Wenn auch selten, kam es doch vor, daß wir ohne Giuliano zur Schule gingen. Und schon häufiger geschah es, daß Giuliano uns nach Schulschluß nicht abholte. Wir gehen zu Fuß nach Hause und sagen nichts. Außerhalb der Ställe weiß niemand, daß wir zu Fuß gekommen sind.

Dank dieser überraschenden Streifzüge haben wir ganz neue Einblicke in die Stadt gewonnen.

Hin und wieder machen wir einen Umweg der Themse entlang; wir folgen ihr bis zum Kai von Billingsgate unterhalb der Brücke und betrachten gebannt den dichten Wald der Schiffsmasten auf dem Fluß, dem einzig die Blätter fehlen. Im Hintergrund fahren die Segelschiffe mit der

Flut flußaufwärts. Aus der Ferne gekommene Seeleute freuen sich darüber, wieder in London zu sein, und singen fröhlich bei der Arbeit:

There hath been great sale and utterance of Wine,
Besides Beere, and Ale, and Ipocras fine,
In every country, region and nation,
But chiefly in Billingsgate at the Salutation;
And at the Bore's Head near London Stone;
The Swan at Downgate, a tavern well knowne;
The Miter in Cheape, and then the Bull's Head;
And many like places that make noses red …

Viel verkauft und gepriesen wurde der Wein,
Auch Bier und Ale und Nektar so fein,
In jedem Land, jeder Gegend, jeder Nation,
Aber vor allem in Billingsgate in der Salutation.
Und im Bären nahe von London Stone,
Im Schwanen in Downgate, als Taverne bekannt,
In der Mitra in Cheape, im Ochsen ebenso
Und überall sonst, wo die Nasen sich röten …

Andere Male bleiben wir in Saint Paul bei den Buchhändlern stehen. Wir blättern in den Chroniken und überfliegen die Balladen des Tages, die wir auswendig lernen, dann holen wir die vertrödelte Zeit auf, indem wir nach Hause laufen, ohne innezuhalten. Gerade noch rechtzeitig, mit dem letzten Glockenschlag, kommen wir zum Abendgebet und geben uns alle Mühe, damit niemand merkt, wie sehr wir nach Atem ringen. Wie sollte ich jenen Dienstagnachmittag vergessen, als William Byrd nicht erschien? Wir warteten brav, bis wir schließlich einsahen, daß er nicht kommen würde. Wir gingen hinaus. »Gehen wir nach Southwark«, schlug Adrian vor.

»Nach Southwark!«

Es ist das verrufene Quartier südlich der Themse, der Ort der verbotenen Laster. Und der Vorschlag kommt von Adrian! »Ja. Jemand hat mir vom Bear Garden erzählt.«

»Adrian!«

Der Bear Garden ist eine Arena, wo eine der Lieblingssportarten der Londoner stattfindet: das *Bear Baiting,* der Kampf zwischen Bären und Hunden. Diese übelbeleumdete Vergnügung ist aus der Sicht der Salons von Clerkenwell ausschließlich einer niederen Volksschicht vorbehalten, mit der wir nichts gemein haben. Außerdem liegt die Arena in der Nähe des *Bank,* wo Frauen verkehren, die in einem so schlechten Ruf stehen, daß man nur halblaut von ihnen spricht. Das stört Adrian nicht im geringsten.

»Sei nicht onkelhaft, Francis. Scheinbar sieht man dort Bären tanzen und Ringer ringen; es finden Kämpfe zwischen Bären und Hunden und Hahnenkämpfe statt. Komm! Das Schlimmste, was uns passieren kann, ist eine Tracht Prügel, wenn wir nach Hause kommen.«

Und mit lammfrommer Miene begann er zu singen:

Through the Royal Exchange as I walked
where galants in satin did shine:
At midst of the day they parted away
at several places to dine.
The gentry went to the King's Head,
the nobles went unto the Crown:
The knights unto the Golden Fleece
and the plowman to the Clown …

Ich ging durch die Royal Exchange
wo Kavaliere in Satin glänzten:
Mitten am Tage gingen sie weg
um verschiedenen Ortes zu speisen.
Die Landadligen gingen zum King's Head,

die Edelleute zur Crown,
die Ritter weiter zum Golden Fleece
und der Pflüger ging zum Clown …

Wir gingen ans Ufer und forderten einen der zahllosen Fährmänner auf, uns über den Fluß zu setzen. Er musterte uns mit vorsichtigem Blick.

»Haben Sie Geld?«

»Aber natürlich«, antwortet Adrian zu meiner Verblüffung schlagfertig, »wären wir sonst etwa hier?«

»Nun, meine jungen Herren, ich stehe zu Ihrer Verfügung. Wo wollen Sie an Land gehen?«

»In Bermondsey, vor der Klosterkapelle«, antworten wir vorsichtig.

Das ist unterhalb der Brücke auf der gegenüberliegenden Seite von Bear Garden. Natürlich riecht er den Braten, aber als Fährmann hat er Leute über die Themse zu bringen und nicht über die Tugend von Kindern zu wachen.

Klopfenden Herzens gingen wir an Land und hatten stets ein Auge auf die Leute, denen wir begegneten, aus Furcht, von einem Bekannten oder einem Übeltäter überrascht zu werden. Aber ich war schon ebenso groß wie manche Erwachsene, und Giuliano hatte uns beigebracht, wie wir uns wirkungsvoll zur Wehr setzen konnten. Das verlieh uns eine Sicherheit, die auf allfällige Angreifer abschreckend wirkte.

Dem Ufer folgend, gelangten wir zum Bear Garden. Zum erstenmal sah ich London von der gegenüberliegenden Seite. Saint Paul beherrscht die Stadt mit seiner Masse; zwischen den Stroh- und Ziegeldächern ragten die Glockentürme empor wie die Stacheln eines Igels. Unterhalb der Brücke wimmelte es an den Kais von Masten und flatternden Segeln. Manchmal wichen sie beiseite wie Vorhänge, die geöffnet werden, und gaben den Blick frei auf Traitors' Gate und die Umgebung des London Towers, die Kapelle von Saint Thomas und die weiße Fassade von Saint Magnus. Oberhalb der Brücke konnte man die Paläste bewundern, die sich dem Ufer entlangzogen – Baynard Castle, Bridewell, Grey Friars, Somerset Place, Durham Place, York House, Westminster …

Dank der kleinen Münzen, die Adrian aus seiner offensichtlich wohlgefüllten Geldbörse zog, ließ man uns unbehelligt passieren.

Diese zwei Stunden sind mir unauslöschlich im Gedächtnis geblieben.

Der Bear Garden liegt in einem Schenkenquartier, das auf einem trockengelegten Sumpf erbaut wurde; wohl deshalb sind hier die Gärten besonders grün, die Bäume dicht belaubt, die Teiche und Bäche so zahlreich.

Ich schätze sie nicht besonders, diese Arenen, in denen die Hunde zähnefletschend über die Bären herfallen, die rasend vor Schmerzen mit ihren schweren Tatzen die Hunde zu zerquetschen versuchen. Aber die Londoner lieben diese Art Schauspiel ebenso heiß wie das Theater. Dabei muß ich eher in der Vergangenheit sprechen, denn aus Genf – wo die Maßnahme übrigens begrüßt wird – vernimmt man das Gerücht, die Puritaner hätten die Theater und Arenen geschlossen. Sollte es zutreffen, bin ich überzeugt, daß die Puritaner auf die Dauer keinen Erfolg haben werden. Solcherlei Freuden lassen sich die Engländer nicht für lange nehmen.

An jenem Nachmittag war ich fasziniert vom Reiz des Neuen. Wie hypnotisiert schaute ich in die blutunterlaufenen Augen des Bären, der beim Näherkommen des Feindes ein Brummen hören ließ und den Angriffen des Hundes, der die Oberhand zu gewinnen suchte, auswich. Die Gesichter der Zuschauer röteten sich vor Erregung. Die meisten der Männer hielten eine Tonpfeife zwischen den Zähnen, die ausgegangen war, so sehr waren sie vom Schauspiel gefesselt. Und als es dem Hund gelang, den Bären zu beißen und dieser zurückbiß, um sich zu befreien, vermischte sich das Kläffen, Brummen und Brüllen mit dem Gejohle, den Anfeuerungsrufen und Flüchen zu einem höllischen Tumult. Dazu roch es betäubend nach Schweiß und *Tabaka* – wie die Rückkehrer aus Amerika die Nikotinpflanze nannten –, nach Sägemehl und nassem Fell.

Als wir die Arena verließen, stießen wir in einem Garten auf ein Trüpplein Lautenspieler, die für eine andere kleine Gruppe zum Tanz aufspielten.

»Wollt ihr mit uns tanzen, junge Leute?«

»Gern«, antwortet Adrian ohne zu zögern, »wenn ihr uns eine Gigue spielt.«

Und sie hoben mit einer wilden Melodie an, zu der sie sangen und mit den Füßen stampften.

Tomorrow the fox will come to town
Keep! Keep! Keep!
Tomorrow the fox will come to town
Oh! Keep you all well there!

Morgen kommt der Fuchs in die Stadt –
Habt acht! Habt acht! Habt acht!
Morgen kommt der Fuchs in die Stadt –
Habt alle gut auf euch acht!

Wir traten in den Kreis und wären noch immer dort, hätte nicht die Glocke von Saint Paul fünf Uhr geschlagen.

Um rechtzeitig zu Hause zu sein, rannten wir davon, als gelte es unser Leben, und auf dem ganzen Weg lachten wir vor Glück.

An diesem Glück läßt sich unser Entzücken ermessen, als wir mit den Proben des Theaterstücks begannen, das die Schule jedes Jahr in Anwesenheit der Königin aufführte.

Eines Abends wurden Adrian und ich nach Schulschluß gebeten, die Gemächer des Schuldirektors aufzusuchen. Wenn man zu Richard Mulcaster zitiert wurde, ging es meist um eine Strafe. Was hatten wir bloß angestellt?

Mulcaster bedachte uns mit einem rabenschwarzen Blick.

»Wir werden uns an die Arbeit machen für die Theatervorstellung der Schule«, sagte er nach einem langen, drohenden Schweigen. »Meine Herren, Sie haben ein Anrecht auf die Hauptrollen in dem von mir verfaßten Stück.«

Erneutes Schweigen.

»Es wäre sogar ungerecht, wenn ich sie jemand anderem geben würde, Sie singen und rezitieren besser als irgendwer. Demzufolge werden Sie, Herr Adrian, ab nächstem Montag und für etwa zwei Wochen mit völlig heiserer Stimme zur Schule kommen. Und Sie, Herr Francis, werden sich um den Mittwoch herum den Fuß verstauchen. Bis Sie wieder geheilt sind, müssen wir leider einen Ersatz für Sie gefunden haben. Haben Sie mich verstanden?«

»Ja, mein Herr.«

»Es ist zwecklos, daß Sie sich öffentlich hervortun, begreifen Sie?«

»Ja, mein Herr.«

Und ich wage eine Frage:

»Müssen wir auf die Theatervorstellung verzichten?«

»Ihre sonst so scharfsinnige Logik läßt Sie im Stich, Francis. Wenn Sie fernbleiben würden, würde es auch auffallen. Sie werden in der hintersten Reihe singen. Sie, weil Sie großgewachsen sind, und Sie, Adrian, weil Sie wie eine Klette an Ihrem Bruder hängen. Sind wir uns einig?«

»Ja, mein Herr.«

»Und nun, damit niemand sich fragt, was Sie hier zu suchen hatten, werde ich Sie züchtigen.«

Er greift zu seinen Ruten. Ich schlucke leer. Es ist ebenso selten wie schmerzhaft, von Mulcaster bestraft zu werden.

»Herr Adrian, lassen Sie ein überzeugendes Wimmern hören.«

Und er beginnt auf ein Kissen zu schlagen, während Adrian dazu stöhnt, daß einem das Herz brechen könnte. Ich würde lachen, wäre Mulcaster nicht so todernst.

Er macht das gleiche Spiel mit mir, worauf wir hinausgehen und uns den Hintern reiben. Die Schule ist leer; Giuliano erwartet uns im Hof.

»Können Sie aufs Pferd steigen?« fragt er mit einer Prise Mitleid in der Stimme.

»Wir werden die Zähne zusammenbeißen«, antworten wir mit erstickter Stimme und halb geschlossenen Augen.

Wir befolgen Mulcasters Anweisung, und niemand merkt etwas. Wir proben jeden Tag um vier Uhr. Wyddosox dirigiert den Chor, und nach einigen sarkastischen Bemerkungen, wenn Adrian darauf besteht, neben mir in der letzten Reihe zu stehen (»Schlafen Sie selbst, wenn Sie zu Bett gehen, oder muß Ihr Bruder für Sie schlafen?«), hat er uns in Ruhe gelassen.

Wer eine Sprechrolle hat, bleibt bis sechs Uhr, und wir bleiben mit ihnen. Am Boden sitzend, den linken Fuß unübersehbar eingebunden, spiele ich den Souffleur.

»Manche Dichter mögen die Armut beachten
die Kunst und Natur vielleicht verachten …
Francis, zur Hilfe!«

»Wir haben uns gehütet …«

»Ah ja! *Wir haben uns gehütet, hier Dinge zu zeigen*
und Bräuche, die unsere Epoche leugnen.
Wir wollen nicht Ihre Gunst gewinnen
auf Kosten der Tugenden, die unsre Herzen schmücken …«

Mulcaster, dem man nachsagt, seine Theaterleidenschaft lasse ihn keine Aufführung verpassen und er sei ein persönlicher Freund von James Burbage, dem Besitzer des

Theaters »Der Vorhang«, hat die große Gabe, nach einer klassischen Textvorlage ein Stück auf Maß zu schreiben.

In jenem Jahr spielten wir eine Geschichte, die auf *Orlando Furioso* von Lodovico Ariosto und Anleihen bei verschiedensten Klassikern und Zeitgenossen beruhte: *Ariodante und Genoveva*.

In seinen Stücken räumt Mulcaster den Chören, Tänzen und der Musik überhaupt einen großen Platz ein, denn er ist stolz darauf, der einzige in London zu sein, der die Musik in seinen Unterrichtsplan aufgenommen hat.

Ich habe gehört, daß sich an den andern Schulen bei jeder Theateraufführung die Frage der Wahl zwischen dem Englischen und dem Lateinischen stellte. Bei uns gab es dieses Problem nicht.

»Ich ehre die lateinische Sprache, aber die englische verehre ich leidenschaftlich«, pflegt Mulcaster zu sagen. »Weshalb sollten wir nicht unsere Sprache benutzen, die vielschichtig und genau zugleich ist? Ich kenne keine andere, die sich besser dazu eignen würde, Gedankengänge in aller Klarheit auszudrücken.«

Und wie stets, wenn eines seiner beiden bevorzugten Themen zur Sprache kommt – das andere ist der Grundsatz, daß man mit Maßen und nie zweimal für denselben Fehler strafen soll –, blitzen seine Augen auf.

Wir proben im Dachgeschoß des Herrensitzes zur Rose, wo man das für die Handlung erforderliche Gerüst eines Hauses aufgestellt hat – das richtige wird in den Tagen vor der Aufführung in Whitehall gebaut werden. Dafür zuständig ist Meister Farnaby, assistiert von seinem Sohn Giles, der sich mit Begeisterung in seine Lehre gestürzt hat und zwei Tage in der Woche bei einem Orgel- und Virginalbauer verbringen darf, um den Instrumentenbau zu erlernen.

Während der langen Stunden, in denen ich zum Zuschauen verdammt bin, habe ich viel Zeit, ihn auszufragen – ich könnte nicht erklären, warum mich der Instrumentenbau so interessiert. Giles, für den er das A und O geworden ist, erklärt mir die Grundsätze Schritt für Schritt, wie er sie selbst lernt. Wir musizieren weiterhin zusammen und leihen einander Partituren aus, die jeder für seinen persönlichen Gebrauch abschreibt.

William Byrd hat mir ein Stück seines Lehrers Thomas Tallis beigebracht, eine sakrale Komposition, die sich aber – wie viele Orgelwerke – auch auf dem Virginal spielen läßt. Von Zeit zu Zeit beschäftigen wir uns mit Eigenkompositionen. Um uns beispielsweise das Prinzip der Variation zu erklären, bittet er mich eines Tages, ihm eine Melodie vorzusummen.

»Die erste, die Ihnen in den Sinn kommt, schnell, überlegen Sie nicht!«

Ich singe eine Melodie vor mich hin, die jemand in der Schule unablässig wiederholt und die mich verfolgt.

»Ah! *Hugh Ashton's Ground*, mal sehen, was sich daraus machen läßt«, sagt Byrd mit einem Lächeln.

Wir erarbeiten eine ganze Reihe von Variationen über das Thema. Byrd erklärt sein Vorgehen, während Adrian und ich uns das Ergebnis sorgfältig aufschreiben. Wir üben den *Ground* bis zur Perfektion.

»Wir sollten das Stück eher *Tregian's Ground* nennen«, sagt Byrd mit maliziösem Blick, »dank unserer guten Laune ist daraus fast eine Gaillarde geworden.«

Begeistert erkläre ich das alles Giles.

Eines Tages fragt mich Byrd über meine Kenntnisse auf dem Gebiet der Instrumente aus. Mit dem Eifer des Neulings erzähle ich ihm von den Stunden, die ich mit Giles verbringe, und zeige ihm einige Partituren aus seinem Album, die ich abgeschrieben habe. Schließlich sagt er:

»Bringen Sie mir diesen Giles Farnaby, ich möchte ihn kennenlernen.«

Er schreibt Farnabys Vater ein paar Zeilen, und weil es

eine Ehre ist, von einem königlichen Hofmusiker zu sich gebeten zu werden, ganz besonders von einem wie Byrd, kommt Giles am folgenden Dienstag mit Adrian und mir zu ihm.

Neben dem eigentlichen Theaterstück üben wir einen Tanz zu sechst ein, den wir *Divertimento der sechs Seeleute* nennen. Thomas Morley komponiert eine lebhafte Musik, zu der die andern tanzen. Was mich betrifft, so ist mein Knöchel »viel zu schwach«, um solche Übungen aushalten zu können. Aber an Lust fehlt es mir nicht, es juckt mich in den Beinen. Ich liebe den Tanz fast so sehr wie das Musizieren, und allein vom Zuschauen bei den Proben könnte ich das *Divertimento der sechs Seeleute* mit geschlossenen Augen tanzen.

Vom Michaelstag an, dem Herbstschulbeginn, steigt die Unruhe, und nach Sankt Niklaus bricht ein wahres Fieber aus. Während des Karnevalsfestes werden wir vor der Königin spielen. Adrian und ich sind gespannt auf den Auftritt am Hof – wer wäre es nicht? –, aber wir haben bloß eine Nebenrolle. Wir singen im Chor in der hintersten Reihe, halb verdeckt von einem Vorhang.

Die meiste Zeit verbringen wir damit, die andern zu beruhigen, die es sich langsam zur Gewohnheit gemacht haben, uns aufzusuchen.

»Adrian, was hältst du von diesen Beinkleidern?«

»Laß mich meinen Text aufsagen, Francis.«

»Würdest du an meiner Stelle eher sagen: Ihnen, *mein Herr, stelle ich die Frage,* oder *Ihnen,* mein Herr, *stelle ich die Frage?«*

»Hast du meine Maske gesehen?«

»Ich habe mein Schwert verloren. Adrian, würdest du …«

Wir werden schließlich zu richtigen Regisseuren, die über alles auf dem laufenden sind, bereit, jedes Problem zu lösen. Und als einer der sechs Seeleute sich weniger als einen Monat vor der ersten Vorstellung wirklich den Fuß verstaucht, wendet man sich an uns.

»Francis, du hast dich genug erholt, um mich zu ersetzen«, sagt der Verunfallte.

»Gewiß, Francis«, sagt der Tanzlehrer, »Sie sind doch wieder flink wie ein Hase, scheint mir.«

Ich setze zu ausführlichen Erklärungen über meine Muskelprobleme an, aber sie wollen nichts davon hören. Schließlich verlange ich vierundzwanzig Stunden Bedenkzeit und suche Mulcaster auf.

Stirnrunzelnd hört er mir zu.

»Mein lieber Francis, genaugenommen sollten Sie nicht einmal in die Vorführung kommen. Doch ich will nicht, daß irgendwelche Gerüchte aufkommen. Also werden Sie Ihren Kameraden ersetzen, aber unglücklicherweise wird Sie Ihr Knöchel in letzter Minute im Stich lassen, und wir werden auf dieses *Divertimento* verzichten, obwohl es angekündigt wurde.«

Sein Blick durchbohrt mich.

»Gott hat Ihnen die Gabe der Musikalität geschenkt, Francis, und ich hoffe, Sie werden Seine Güte zu nutzen wissen. Man sieht es sogar an Ihrem Körper; Ihre Bewegungen sind von jener Grazie, die den geborenen Interpreten auszeichnet. Sie würden sofort auffallen, selbst wenn Sie eine Maske trügen. Proben Sie das *Divertimento der sechs Seeleute,* sooft Sie wollen, ich nehme an, daß Sie Vergnügen daran finden. Aber am Vorabend der Vorstellung muß Ihr Fußknöchel nachgeben. Weder Sie noch ich können uns erlauben, daß Sie auffallen.«

»Gut, mein Herr.«

Als der Tag der Aufführung am Hof kommt, hat die allgemeine Erregung unerhörte Ausmaße angenommen. Adrian und ich sind sicher die einzigen, bei denen die Neugier auf den Anblick der Königin sich mit der Angst mischt, von ihr gesehen zu werden. Auch wenn ich keine

Beweise dafür habe, ist es undenkbar, daß ihre Geheimpolizei nicht in Erfahrung gebracht hat, daß wir die Schule der Schneiderzunft besuchen. Und wenn …

»Lassen wir die Spekulationen«, sagt Adrian, »das nützt uns nichts. Besser überlegen wir, wie wir es anstellen sollen, damit uns nichts zustoßen kann.«

Nach reiflicher Überlegung suchen wir Giuliano auf.

Giuliano ist Italiener. Auf den ersten Blick erweckt er den Eindruck eines einfachen Handlangers, der sich von den übrigen Dienern nur durch seine körperliche Gewandtheit auszeichnet, die in meinen Kinderaugen an ein Wunder grenzt. Er läßt sich aus dem ersten Stockwerk fallen, ohne sich zu verletzen. Er ficht wie ein Besessener, und im Kampf Mann gegen Mann ist er geschmeidig wie ein Aal. Einmal habe ich ihn überrascht, wie er mit den Händen ans Dachgesims geklammert um das ganze Haus hangelte.

»Warum haben Sie das getan?«

»Das ist gut für den Gleichgewichtssinn, für die Handgelenke und für die Konzentration«, gab er zur Antwort und lachte über meine weit aufgerissenen Augen, »ich werde es Ihnen auch beibringen, und Sie werden sehen, es ist gar nicht so schwer.«

In der Turnhalle stellt er drei Kletterstangen im Dreieck auf, an denen ich lange übe, bevor ich mich ans Dach wage. Der Versuch gelingt ohne Schwierigkeit, der einzige Zwischenfall besteht darin, daß meine Mutter mich entdeckt, wie ich zwischen Himmel und Erde hänge, und vor Schreck beinahe eine Frühgeburt erlitten hätte. Es braucht Giulianos ganze Überzeugungskraft, um mich vor einer Tracht Prügel zu bewahren.

Nach einiger Zeit merke ich, daß seine Vorzüge nicht bloß körperlicher Natur sind. Zunächst einmal spricht er geläufig englisch ohne den Hauch eines Akzents. Und bald entdecke ich, daß er sich in der Literatur auskennt und das Latein für ihn keineswegs ein Buch mit sieben Siegeln ist. Er fragt uns über den Stoff ab, den wir gerade behandeln, und korrigiert ohne das leiseste Zögern unsere Gedächtnislücken. Gleichzeitig bringt er uns die Grundlagen des Italienischen bei und gibt uns einen Text zu lesen, der ihn und uns gleichermaßen begeistert: *La Gerusalemme liberata* von Torquato Tasso.

Mit der Zeit ist er für uns so etwas wie ein großer Bruder geworden – als Vaterersatz ist er noch zu jung, er muß etwa fünfundzwanzig Jahre alt sein, als ich zehn bin.

»Ich werde über Ihr Problem nachdenken«, sagt er, als wir ihm unsere Sorgen mitteilen.

Und zwei Tage vor der Aufführung sagt er uns:

»Sie werden uns nicht sehen, jedenfalls kaum, aber wir werden dort sein, um Sie zu beschützen.«

Er legt eine Pause ein, die sein Zögern verrät. Schließlich fügt er bei:

»Das bedeutet, daß wir für Ihre Sicherheit nicht völlig garantieren können.«

»Wir verstehen.«

Dann kommt der Tag der Vorstellung. Am Vorabend hat mich mein Fußknöchel im Stich gelassen, und Mulcaster hat dem Zeremonienmeister mitteilen lassen, daß das *Divertimento für sechs Seeleute* ausfallen müsse.

Früh an diesem Tag gehen wir an den Hof, die einen im Wagen, der unsere Sachen transportiert, die andern zu Fuß.

Meister Farnaby ist vor uns eingetroffen, und für einen Augenblick sehe ich Giuliano unter den Zimmerleuten.

Ich habe Sir John und seine Freunde, den Grafen von Sussex, einen der Generäle der Königin, und den Dichter Sir Philip Sydney – trotz ihres katholischen Glaubens sind sie Günstlinge des Hofes –, immer für besonders elegant gehalten. Aber was ich in den Gängen von Whitehall sehe, stellt alles in den Schatten. Überall Rüschen und Falten,

Seide und Brokat, prunkvoller Schmuck, gebauschte Reifröcke und aufgetürmte Haartrachten. Inmitten dieser raschelnden Seidengewänder gibt es sicher wachsame Augen und griffbereite Waffen – in einigen Stunden wird die Königin erscheinen. Aber an diesem Morgen sehen wir nichts dergleichen.

Die Vorstellung war ein Erfolg. Stowe und Hutchinson in den Hauptrollen waren zweifellos hervorragend: Sie hatten Tag und Nacht daran gearbeitet – und das ist wörtlich zu verstehen. Außerdem sind sie begabt. Man bittet uns sogar, die Vorstellung einige Tage darauf zu wiederholen, am Abend des Karnevalsdienstags. Aber für mich wurde das alles verdrängt von einem vollkommen unerwarteten Ereignis.

Adrian und ich liefen und hinkten hierhin und dorthin, um den einen und den andern zu helfen. Sicher bin ich weggegangen, um etwas Bestimmtes zu suchen. Und ich habe mich in diesem großen, unbekannten Palast verirrt. Ich irrte von Gang zu Gang und hatte keine Ahnung, wo ich mich befand. Das schlimmste war, daß ich außer einer jungen Frau, die an mir vorübereilte und sich nicht aufhalten ließ, keinem Menschen begegnete. Es war wie in einem Alptraum.

Schließlich öffnete ich eher zufällig eine Tür, um zu sehen …

Ein Boudoir.

»Goddam!«

Wie festgenagelt blieb ich stehen, während aus dem dunkelsten Winkel ein langanhaltendes Lachen zu hören war. Im Dämmerlicht sah ich drei weibliche Silhouetten. Eine davon näherte sich.

»Nun, Gentleman, Sie fluchen in Anwesenheit einer Dame?«

Im Licht erblickte ich eine Frau, wie ich sie nicht einmal in meinen kühnsten Träumen je gesehen hatte. Alterslos, geschmückt mit glänzendem Geschmeide, ein Gesicht wie ein Gemälde.

Ich machte eine tiefe Verbeugung.

»Entschuldigen Sie, Madam, ich habe mich verirrt und hoffte hinter dieser Türe einen Gang zu finden.«

»Erheben Sie sich, junger Mann, und erzählen Sie mir, was Sie suchten.«

Ich richtete mich auf, schaute sie an und öffnete den Mund, um ihr zu antworten. In diesem Augenblick sah sie mein Gesicht und zuckte zusammen. Nun blieb sie wie festgenagelt stehen. Ihr Blick ist so durchdringend, daß ich am liebsten im Boden versinken würde. Doch ich kann meine Augen nicht von den ihren lösen.

»Meine Damen, warten Sie im Gang auf mich.«

Die beiden Frauen, die im Hintergrund geblieben waren, gehen unter Verbeugungen rückwärts hinaus.

»Was tun Sie hier?« fragt die Dame, als wir allein sind, in vertraulichem Tonfall, als würde sie mich kennen.

Ich möchte antworten, aber kein Wort kommt über meine Lippen.

Schließlich entspannt sie sich, und ich senke die Augen.

»Sie sind Francis Tregian.«

Das ist keine Frage, sondern eine Bestätigung. Jetzt verstehe ich: Sie hält mich für meinen Vater – das passiert mir nicht zum erstenmal.

Ich lasse alle Vorsicht fahren.

»Ja, Madam, ich bin Francis Tregian, aber nicht jener, für den Sie mich halten. Ich bin sein Sohn.«

Wieder folgt eine lange Pause.

Sie tritt näher, ergreift meine Hand und führt mich ans Fenster.

»Kaum zu fassen!« murmelt sie. »Wie alt sind Sie?«

»Zehn Jahre, Madam.«

»Sie sehen wie ein Fünfzehnjähriger aus. Ihre Größe … Ihr Gesicht … Wenn Sie nicht bartlos wären … Nun, da ich Sie von nahem sehe, fällt mir auf, daß Ihre Augen etwas haben, das in seinen nicht zu finden ist. Sie sind wohl mit Sussex für die Vorstellung gekommen?«

»Ja, ich ...«

»Sehen Sie Ihren Vater manchmal?«

»Nein, ich habe ihn nicht mehr gesehen, seit ... seit meiner frühen Kindheit.«

»Sicher verwünschst du deine Königin deswegen?«

Das grenzenlose Erstaunen, das sich in meinem Gesicht spiegelt, bringt sie zum Lachen. Ich erröte bis über die Ohren und stammle:

»Ich kann nicht jemanden verwünschen, den ich nicht kenne. Ich habe es versucht, aber es gelingt mir nicht.«

Sie lacht wieder auf.

»Das lernt man mit der Zeit, aber dafür sind Sie noch zu unerfahren.«

Ihr Blick verliert sich in der Ferne. Sie strahlt eine beruhigende Kraft und Gelassenheit aus. Ich beobachte sie. Ihre Augen heften sich wieder auf mich und lächeln mir zu.

»Was für Augen ... Ich brauche mich nicht zu rechtfertigen, aber diesen Augen schulde ich eine Erklärung. Eines Tages wirst du deinem Vater begegnen, Francis, und du wirst sie ihm weitergeben. Er wird nicht daran glauben, aber das schert mich nicht. Vielleicht glaubst du daran.«

Sie hindert mich daran, die Worte auszusprechen, die mir auf der Zunge liegen. Mit zwei Fingern nimmt sie mein Handgelenk in die Zange.

»Als dein Vater an den Hof kam, hat er sich die Feindschaft mächtiger Leute zugezogen, auf die selbst ich nur wenig Einfluß habe. Seine Mischung aus Stolz und Unschuld hat mich immer gerührt. Ich wollte ihn beschützen, weil ich im Grunde nichts gegen katholische Edelmänner wie Sussex habe, die mir treu ergeben sind.«

Es ist die Königin! Die Person, die mein Handgelenk

beinahe zerquetscht, die mir Erklärungen abgibt, ist niemand anderes als die Königin Elisabeth! Mir wird schwindlig, meine Knie werden weich.

»... Ich wollte ihn vor der Gefahr schützen, aber er wollte nicht verstehen. Er hatte sich von Anbeginn auf das Martyrium eingestellt und wollte gar nicht, daß man ihm einen Ausweg biete. Er spielte den Tugendhaften und lief davon wie ein gejagter Hase. Von da an konnte ich nichts mehr für ihn tun. Selbst wenn ich im ersten Augenblick nicht so wütend gewesen wäre, daß er alles mißverstand, hatte er seine einzige Chance vertan. Leute wie Sir Philip Sydney oder William Byrd haben sich nicht getäuscht. Ich bin ihre Freundin. Obwohl er vor meiner Nase zur Messe geht, werde ich William Byrd bis zu meinem letzten Atemzug beschützen.«

Ich befreite mich aus ihrem Griff und fiel auf die Knie.

»Majestät ...«

»Sie sollten nicht in den Gängen herumirren, Francis, Sie könnten sonst unliebsame Begegnungen machen. Ihr Gesicht würde Sie bei allen verraten, die ... Wohin wollen Sie gehen?«

Ich sage es ihr, und sie erklärt mir den Weg. Ich zittere wie Espenlaub und muß alle Kräfte aufbieten, um ihren Erläuterungen zu folgen.

»Vielen Dank, Madam ... Majestät«, murmle ich schließlich.

Sie lacht auf.

»Gehen Sie, mein Herr, und versprechen Sie mir, daß Sie bald mit Ihrem Vater reden.«

Plötzlich bin ich wieder geistesgegenwärtig.

»Nein, Madam, ich kann Ihnen nicht versprechen, bald mit ihm zu reden. Ich würde ihn nur erzürnen, er würde mich bestrafen und mir kein Wort glauben. Aber ich werde ihm Ihre Botschaft übermitteln, wenn ich erwachsen bin.«

Sie reicht mir die Hand, die ich inbrünstig küsse.

»Gehen Sie jetzt. Vielleicht sucht man nach Ihnen, und auch ich werde in wenigen Augenblicken abgeholt. Man darf uns nicht zusammen sehen. Auf Wiedersehen, Francis Tregian.«

»Auf Wiedersehen, Majestät.«

Ich folge ihren Angaben und finde in Kürze den großen Saal mit den andern.

»Wo kommst du denn her?« ruft man mir ungeduldig zu.

»Mein Knöchel ... Ich habe mich verirrt.«

»Du bist so bleich, als hättest du ein Gespenst gesehen«, bemerkt Giles Farnaby.

»So ähnlich war es.«

Ich lasse es dabei bewenden und erzähle niemandem von meiner Begegnung mit der Königin, nicht einmal Adrian. Ich kann ihm nicht gestehen, daß ich in Gegenwart von Elisabeth Tudor keineswegs von Abscheu erfüllt war und daß ich ihr sogar die Hand geküßt habe. Er ist zwar sehr verständnisvoll, aber das würde er vielleicht nicht verstehen.

VIII

Now, O now, I needs must part,
Parting though I absent mourn
Absence can no joy impart:
Joy once fled cannot return.

»The Frog Gaillard«
Volkstümlich/John Dowland

Jetzt, o jetzt muß ich Abschied nehmen,
Muß gehen, auch wenn es traurig ist.
Fern kenn' ich keine Freude:
Entflohene Freude kehrt nicht zurück.

Die Umwälzung geschah in kleinen Schritten, aber sie war tiefgreifend. Zweifellos begann alles mit dem Tod des Grafen von Sussex.

Ich habe nicht viel von Sussex erzählt, denn als wir noch Kinder waren, wußten wir nicht, daß wir es vor allem ihm zu verdanken hatten, daß man uns mehr oder weniger in Ruhe ließ. Hätte sich unsere Familie von ihm leiten lassen, wären die Tregians vielleicht nicht verfolgt worden.

Sussex war ein enger Freund von Sir John und zugleich dessen Schwager: Er hatte die Dichterin Mary Arundell, die ältere Schwester von Sir John und Madam Catherine, geheiratet. Er war Katholik. Die Königin Elisabeth schätzte den tapferen Soldaten und tüchtigen General außerordentlich. Als Oberstkämmerer war er Mitglied des Kronrats. Selbstsicher und seinen Grundsätzen treu, stand der unerschrockene Mann stets in Opposition zum Günstling, dem Grafen von Leicester. Die beiden Männer spalteten den Hof in zwei Lager. Der aufrichtige, ehrliche Sussex redete freiheraus und handelte gemäß seinen Worten. Leicester dagegen war ein lavierender Schmeichler und ein mit allen Wassern gewaschener Politiker. Unwirsch pflegte Sussex zu sagen:

»Dieser Intrigant hat keine Prinzipien. Wie soll man einem solchen Mann vertrauen?«

Das war sein unwiderrufliches Urteil.

Ihre Rivalität war allgemein bekannt. Sussex verachtete Leicester, weil dieser seinen eigenen Vorteil und nicht das Allgemeinwohl im Auge hatte. Leicester haßte Sussex, weil der immer wieder sein Ränkespiel aufdeckte. Sie waren einander spinnefeind, und selbst der Königin, die alle beide liebte, gelang es nie, sie zu versöhnen.

Solange Sussex lebte, stand die Familie der Arundells unter seinem Schutz und blieb fast unbehelligt. Ich glaube sogar sagen zu können, daß sich zu Sussex' Lebzeiten die Verfolgungen in Grenzen hielten – wenn außergewöhnliche Maßnahmen ergriffen wurden, so eher als Reaktion auf die Umtriebe der Katholiken aus dem Ausland und der Jesuiten denn aus eigenem Antrieb. Mehr als einmal habe ich gehört, daß Elisabeth, wenn die Staatsräson es erlaubt hätte, eine gemäßigte Katholikin gewesen wäre. Einzelheiten bestätigten dies. Sie wußte zum Beispiel, daß am Hof zahlreiche Messen abgehalten wurden, und verhinderte, daß dagegen eingeschritten wurde. Eine Bestätigung war auch, was sie mir bei unserer Begegnung gesagt hatte. Am Hof wimmelte es von Katholiken, die sie beschützte. Es hieß auch, Pater Campion, der bedeutendste unter den Missionaren – er wurde gefaßt, weil er es nicht gewohnt war, im Untergrund zu leben –, sei gegen ihren Willen hingerichtet worden, und sie habe sich nur ungern gefügt.

Nach Sussex' Tod konnte Leicester eine Weile nach Belieben schalten und walten und die Freunde seines Rivalen entfernen.

Unter anderem verlangte er, daß Sir John aus der Umgebung von London verbannt werde und er seine Hausgemeinschaft auflöse. Alle Ergebenheitserklärungen konnten daran nichts ändern. Die Beziehungen zu Spanien waren aufs äußerste gespannt, Clerkenwell schien den Feinden von Sir John zu nahe gelegen.

Er wurde zuerst im London Tower eingekerkert, aus dem er dank seinen Beziehungen und seinem Rang zu unserer großen Erleichterung bald wieder freikam. Aber er wurde nach Muswell verbannt, einem Dorf im Norden von London, wo er ein Gut besaß. Uns wurde verboten, bei ihm zu wohnen.

*

Es muß wohl im sechsundzwanzigsten Jahr der Herrschaft gewesen sein, als wir an einem warmen Septembertag auf den Kontinent aufbrachen.

Zwei Tage zuvor hatte ein Priester den Bund von Jane und Giuliano gesegnet. Es war eine Liebesheirat. Als ich davon hörte, brach ich in Tränen aus, wie wenn Jane mich verraten hätte. Doch dann sagte mir Sir John, Giuliano werde uns begleiten; und da Jane und er nun verheiratet waren, hieß das, daß sie auch mit uns kommen würde. Meine Tränen und meine Eifersucht lösten sich in Luft auf.

Am Vortag hatten wir unseren Vater im Gefängnis besucht. Endlich hatte er Privatgemächer erhalten, und sein Diener Phillips war sogleich zu ihm gezogen. Er hatte nun das Recht, Besuch zu empfangen. Wir waren vier Kinder: Adrian, Margaret, Charles und ich. Mary war in Lancashire, und zwei, vielleicht auch drei Mädchen waren bei einer Amme in Pflege – ich muß gestehen, daß ich die Geburten meiner verschiedenen Schwestern durcheinanderbringe. Ich sehe sie noch alle vor mir, aber mit Ausnahme von Margaret weiß ich nicht mehr, in welcher Reihenfolge sie auf die Welt gekommen sind. Durch den Eingang der Fleet betraten wir einen riesigen Hof, von dort aus stiegen wir hinter einer kleinen Türe eine schmale Treppe hoch zum oberen Stockwerk des Gefängnisses. Dort liegen die Privatgemächer für jene, die sie sich leisten können.

Dieses Wiedersehen nach so vielen Jahren hat wohl uns alle aus der Fassung gebracht.

»Meine Kleinen!« rief Vater mit solcher Verblüffung, daß ich daraus schloß, er habe erwartet, uns so wiederzusehen, wie er uns am Tag seiner Verhaftung verlassen hatte. Ich bin nicht einmal sicher, ob er Adrian je gesehen hatte.

Und wir fanden uns einem sehr großen, sehr hageren Mann gegenüber, dessen Haare zu ergrauen begannen und dessen Gesicht von Falten durchzogen war. In seinen Augen lag eine Mischung aus Müdigkeit und Entschlossenheit, die einschüchternd wirkte.

»Ihr seid junge Soldaten im Dienste Unseres Herrn. Wenn eure Erziehung abgeschlossen ist, werdet ihr unter jenen sein, die zurückkehren und dieses arme, unglückliche England zu seinem wahren Glauben zurückführen werden. Nicht wahr, meine Söhne?«

Ich war wie gelähmt. Versprechen sind etwas Heiliges.

Mein junger Bruder Charles, der um die vier Jahre alt war, lächelte und rief:

»O ja, Vater!«

»Und du, Francis«, fuhr er fort, als hätte ich ein Gelöbnis abgelegt, »trägst als der Älteste die Verantwortung für Wolvedon, das wir unseren Feinden wieder abnehmen müssen.«

Er führte uns durch seine noch leeren Gemächer; dazu gehörte auch ein kleiner Garten. Er steckte voller Pläne: Er wollte Fremdsprachen lernen, um am Tag seiner Freilassung aus diesem Gefängnis auf Reisen zu gehen, und dieser Tag konnte dank dem König von Spanien nicht mehr fern sein.

»Man hat mir berichtet, Francis, du seist ein begabter Musiker«, sagte er mir und wies auf das Virginal, das als einziger Gegenstand in einem der leeren Räume stand. »Möchtest du mir etwas vorspielen, bevor du abreist?«

Ich spielte alles, was William Byrd mir beigebracht hatte, und versuchte ausschließlich an die Musik zu denken, um mein schreckliches Unbehagen, meine Scham zu vergessen: Da sah ich nun meinen Vater zum erstenmal seit sieben Jahren, und statt mich darüber zu freuen, wäre ich am liebsten geflohen.

Wie oft sollte später die Musik meine einzige Rettung sein! An jenem Tag verbarg sie meine Zurückhaltung, mein Zögern. Vater küßte mich überschwenglich.

»Ich will dafür sorgen, daß du in Frankreich so oft wie möglich musizieren kannst.«

»Danke, Vater.«

Während der letzten Reisevorbereitungen – unsere Abreise mußte heimlich erfolgen, denn es war verboten, im Ausland zu studieren – teilte ich meine Stunden zwischen William Byrd, der an der Orgel von Whitehall an einer großen Komposition arbeitete, und Thomas Morley. Ich folgte Byrd auf Schritt und Tritt. Hin und wieder gab er mir eine Erläuterung, oder er nahm sich Zeit, mir am Virginal zuzuhören und mir Ratschläge zu geben oder mich in die Orgeltechnik einzuweihen. Und wenn ich nicht bei Byrd sein konnte, war ich bei Morley, der mir prompt den Übernamen »mein polyphoner Hase« gegeben hatte und mich mit Theorie und Übungen vollstopfte, bis mir der Kopf rauchte und die Handgelenke schmerzten.

»Gentleman hin oder her, Master Francis: Wenn Sie nicht Musiker werden, erschlage ich Sie eigenhändig. Und wenn ich tot bin, verfolge ich Sie aus dem Jenseits.«

All das machte mir den Kummer erträglicher. Ich hatte den Eindruck, als verlöre ich alle Stützen aufs Mal: die Schule der Schneiderzunft mit Wyddosox, Mulcaster und meinen Kameraden, Giles Farnaby, William Byrd, Thomas Morley, die Pferdeknechte von Clerkenwell, meine Großmutter Catherine, die nach Cornwall zurückgekehrt war, hartnäckig wie eh und je, um sich ihre Ländereien und ihr Vermögen zurückzuholen. Ich konnte mir nicht vorstellen, wie ich ohne Sir John leben sollte, dessen Ratschläge mir unentbehrlich geworden waren. Sogar die Vorstellung, meine Mutter nicht wiederzusehen, bedrückte mich. Zwar war sie für mich nur eine nebelhafte Erscheinung gewesen, und unsere gegenseitige Zuneigung hielt sich in Grenzen. Aber bald würde zwischen uns eine einwöchige Reise liegen, die Gefahren einer Überfahrt und eine Grenze – ein Hindernis für unsere Beziehungen, das mir im Gegensatz zu allen anderen endgültig schien.

Eines Nachts kurz vor der Abreise erschien mir im Traum Old Thomas. Er sah mich eindringlich an und sagte mit lauter Stimme: »Komm!« Beim Erwachen erzählte ich es Adrian.

»Ich frage mich, wo wir an Bord gehen für die Überfahrt zum Kontinent«, fügte ich bei.

»Man wird uns nicht nach unserer Meinung fragen.«

Seine Stimme klingt bitter. Fast schüchtern lächelt er.

»Es gibt Zeiten, wo ich mir wünsche, ein ganz gewöhnliches Leben zu führen«, sagt er entschuldigend. »Ich weiß, daß ein Missionar des wahren Glaubens so etwas nicht denkt, aber es wäre mir lieber, wenn ich mich selbst in diesen Schlamassel hineingeritten hätte.«

Fassungslos schaue ich ihn an. Ich habe immer angenommen, Adrian sei viel gläubiger als ich, viel überzeugter.

»Aber es hilft nichts zu jammern«, fährt er mit dem gesunden Menschenverstand fort, der ihn auszeichnet. »Versuchen wir vielmehr, Einfluß auf die Ereignisse zu nehmen. Du möchtest doch, daß wir von Cornwall aufbrechen, nicht wahr?«

»Ja.«

»Und daß wir durch Golden reisen?«

»Ja.«

»Versuchen wir es. Man soll nie zu früh aufgeben.«

Natürlich gelangen wir an Giuliano. Sir John hat andere Sorgen. Ihm wird vorgeworfen, er habe Priester beherbergt und Charles Stourton, den jüngeren Bruder meiner Mutter, nach Douai abreisen lassen, von wo er nach sechs Monaten nicht zurückgekehrt ist, wie das Gesetz es verlangt. Das sind zweifellos nur Vorwände, denn in Wirklichkeit nimmt man es ihm ganz einfach übel, daß er unnachgiebig bleibt.

Einem neuen Gesetz zufolge ist jeder, der einen Priester beherbergt, ein Verräter und als solcher zu bestrafen. Etliche der Priester, die sich in Clerkenwell aufgehalten hatten, sind schon auf dem Schafott geendet. Sir John und Lady Anne durchleben angstvolle Stunden; sie sind zu beschäftigt, um sich mit nebensächlichen Problemen abzugeben.

Giuliano ist immer ein unerschrockener Mann gewesen.

»Master Francis, Sie kennen mich ja«, sagte er, als ich mit unserer Bitte an ihn herantrat. »Sie verlangen von mir eine Verrücktheit, aber ich liebe Verrücktheiten. Reden Sie mit niemandem mehr darüber und lassen Sie mich machen.«

*

Die Küste von Cornwall ist lang, zerklüftet und voller Schlupfwinkel, die es einem ermöglichen, sich nach Holland, Frankreich oder Spanien einzuschiffen. Viele Missionare sind hier gelandet – die Fahrt ist länger, aber weniger gefährlich.

Unser Treffen ist an einem Septemberabend in Truro an der Mündung des Falls vereinbart. Giuliano schlägt vor, daß er und ich vorausreiten und Adrian mit Jane uns nachfolgen. Aber Jane protestiert. Und Adrian weigert sich – er will mit uns kommen. All meine Einwände und Witzeleien können ihn nicht davon abhalten. Nicht einmal meine Bemerkung im Tonfall von Wyddosox: »Brauchen Sie Ihren Bruder zum Schlafen, Adrian?« erheitert ihn.

»Du hast deine Erinnerungen an Golden, du hast sogar einen Freund zu besuchen. Ich dagegen habe nichts. Es ist, als wäre ich in Clerkenwell geboren. Ich will mein Vaterhaus sehen, und wäre es nur ein einziges Mal.«

Seine Bitte klingt so vernünftig, daß Giuliano nachgibt.

»Aber wir werden ein höllisches Tempo anschlagen«, sagt er noch.

»Stellen Sie mich auf die Probe. Ich bin zwar nicht so groß und stark wie Francis, aber ebenso zäh.«

So reiten wir schließlich zu viert los.

Wir gehen buchstäblich mit leeren Händen fort. Was mich betrifft, so habe ich auf alles verzichtet außer auf meine Partituren. Meine letzten Tage in England habe ich damit verbracht, fieberhaft alles abzuschreiben, was William Byrd und Thomas Morley mich kopieren ließen – ihre eigenen Kompositionen und die anderer Leute. Ich habe klein und dicht gedrängt geschrieben und das fest zusammengerollte Papier anstelle von Pistolen in die Satteltasche gesteckt.

Wir vermeiden die Straßen. Jane führt uns quer durch die Wälder, und ich fürchte mehr als einmal, daß wir uns verirren, aber es stellt sich heraus, daß sie die Gegend kennt wie ihre eigene Tasche.

»Der Mann meiner Mutter war fliegender Händler. Als Mädchen habe ich ihn oft in Knabengewändern begleitet.«

Ohne Zwischenfälle langen wir im Wald oberhalb von Tregony an. Es ist später Nachmittag; am folgenden Tag wollen wir uns bei steigender Flut unweit von hier einschiffen.

»Sie können unmöglich so mir nichts dir nichts das alte Landhaus betreten«, erklärt mir Jane kategorisch. »Sie sehen Ihrem Vater viel zu ähnlich, so wie ihn die Leute hier gekannt haben. Wir wissen nicht, wer sich dort in der Küche aufhält. Jemand könnte die Bogenschützen benachrichtigen.«

Schließlich reitet sie selbst im Trott das Tal hinunter bis nach Golden Mill und dann die Straße hinauf zu den Landhäusern. Nach einer kleinen Ewigkeit kommt sie zurück.

»Thomas ist nicht mehr in Golden. Er lebt in seinem eigenen Haus.«

Und sie fügt mit leisem Lachen und einem Zittern in der Stimme hinzu:

»Es ist erstaunlich, ich hätte die Hälfte von ihnen beim Vornamen nennen können, aber sie haben mich nicht erkannt.«

Sie hat kaum mehr Ähnlichkeiten mit dem halbwüchsigen Bauernmädchen vor fünf Jahren.

Sie führt uns nach Golden Mill hinunter, wir überqueren den Fluß und wenden uns in die Richtung von St. Ewe und Mevagissey.

Wir durchqueren die Siedlung, legen noch einige Meilen zurück und gelangen schließlich zu einem alten Haus mit einer kurzen Allee.

»Hier ist es.«

Bei Einbruch der Nacht klopfen wir an. Kein Licht ist zu sehen, kein Dienstbote kommt die Türe öffnen, niemand bittet uns herein. In der Ferne hört man die Hühner gakkern. Wir gehen ums Haus herum. Eine Türe. Ich stoße sie auf und gelange in einen großen Raum. Der Kamin ist kleiner als jener im alten Landhaus. Old Thomas sitzt vor der kümmerlichen Glut.

»Master Thomas?!«

»Treten Sie ein, Master Francis«, sagt er mit seiner vertrauten Stimme und so selbstverständlich, daß ich wie angewurzelt auf der Schwelle stehenbleibe. Adrian nähert sich als erster.

»Ich wette, Sie sind Master Adrian.«

Er steht auf. Er ist noch ebenso hager und gebeugt. Adrian reicht ihm die Hand. Er drückt sie würdevoll, dann zieht er ihn an seine Brust und küßt ihn.

»Master Francis!« ruft er darauf und heftet seine schwarzen Augen auf mich. »Sie sind ja schon ein Mann!«

Ich bin ebenso groß wie er. Ich umarme ihn innig, und er klopft mir auf den Rücken.

Nachdem sich der erste Gefühlssturm gelegt hat, berichtet er uns über Golden.

»*Sie* interessieren sich nicht für die Ländereien, um dort zu leben. Sie sind nie anwesend. Sie haben Verwalter, die sich auf ihre Kosten bereichern. Sie kümmern sich bloß um die Renten. Man sieht sie höchstens ein-, zweimal pro Jahr. Doch abgesehen davon wird das Gut anständig, wenn auch ohne Liebe, verwaltet.«

Jane bereitet eine Mahlzeit zu mit dem, was sie findet.

»Ich habe eine Gouvernante, einen Knecht und eine Pächterfamilie, aber heute abend sind sie alle in Probus. Sie treffen Vorbereitungen für den Jahrmarkt, der in zwei Tagen dort stattfindet.«

Jane staunt über das Haus, die Dienstboten.

»Hat man Ihnen die Rente nicht weggenommen wie mir?«

»Doch. Sie haben mir alles genommen, was von den Tregians kam. Aber dieses Haus gehörte meinem Vater. Ich bin Kaufmannssohn und habe etwas Vermögen. Nach John Tregians Tod bin ich im Einverständnis mit Madam

Catherine in Golden geblieben, nicht zuletzt weil ich dachte, ihr Sohn, dessen Charakter ich kannte, würde mich vielleicht brauchen. Er hat nicht auf mich gehört und mich durch den armen Cuthbert ersetzt, der keinerlei Erfahrung hatte. Ich bin geblieben, weil ich mir Sorgen machte, und dann ist Master Francis zur Welt gekommen, und ich habe seine Augen gesehen. Aber nach eurer Wegreise hielt mich nichts mehr dort. Einige Wochen mit Carey haben mir genügt. Welche Anmaßung, welche Herzlosigkeit!«

Von diesem Abend bleibt mir der Eindruck eines unendlichen Wohlbefindens in der Gegenwart von Jane und Thomas, zu dem Adrian und Giuliano noch beitragen. Wir unterhalten uns über unsere Schwestern, unseren kleinen Bruder, die Eltern und unsere Studien. Thomas hört uns gespannt zu. Als wir ihn bitten, von sich zu erzählen, wehrt er ab.

»Ich bin hierher zurückgekehrt. Das ist alles.«

Bevor wir gehen, gibt er uns einige Ratschläge.

»Lassen Sie sich nicht von Vorurteilen leiten«, beschwört er uns eindringlich. »Die Menschen töten sich gegenseitig im Namen des Herrn, aber ich bin überzeugt, daß das nicht Sein Wille ist. Der Herr dient oft als bequemer Vorwand. Denken Sie an Carey. Im Namen seines Glaubens hat er Sie um Ihren Besitz gebracht. Denken Sie an den König von Spanien. Er hat es nie verwinden können, daß er einst als Prinzgemahl der Königin von England beinahe selber der Herrscher war. Über kurz oder lang wird er mit Gewalt in unser Land eindringen. Das sagen alle hier. Die Katholiken freuen sich darauf, aber er wird weiterhin unbescholtene Leute auf den Scheiterhaufen schicken, wie er es als Gemahl von Maria getan hat. Mir ist zu Ohren gekommen, daß sie die Inquisition einführen wollen. Wir gewöhnlichen Leute sind mit unserem Gewissen allein. Aber für sie ist die Religion ein Machtinstrument. Darum habe ich beschlossen, daß jeder für sich denken muß. Daß jeder auf seine eigene Stimme hört. Außer Ihnen würde ich das niemandem sagen, nicht einmal meiner Gouvernante, denn ich würde Gefahr laufen, auf dem Marktplatz verbrannt zu werden wie ein Ketzer.«

Die Nacht rückt vor, wir müssen abreisen.

Er umarmt uns einen nach dem andern. Von mir verabschiedet er sich zuletzt:

»Ich habe in letzter Zeit oft an Sie gedacht, Master Francis. Es war mir eine Wohltat, dem Blick der Piskies wieder zu begegnen. Sicher werden wir uns nicht wiedersehen, aber vergessen Sie nicht: Lassen Sie sich von niemandem vorschreiben, wie Sie sich zu verhalten haben.«

Es tönt wie das Echo meiner ersten Stunde an der Schule der Schneiderzunft: *»Plato hat nicht nur deshalb recht, weil er Plato ist.«*

»Fangen Sie etwas an mit Ihren Gaben«, fährt Thomas fort, »das ist die beste Art, dem Herrn für seine Wohltaten zu danken. Wenn Sie für die Musik bestimmt sind, lassen Sie sich nicht zum Soldaten oder Priester machen. Sie haben Pflichten, aber Sie sind auch ein freier Mann. Die Kunst des Lebens besteht darin, diese beiden Pole miteinander zu versöhnen und nicht einen zugunsten des andern zu vernachlässigen. Wenn sich die Extreme nicht eines Tages berühren, ist der Untergang unausweichlich.«

Adrian ist hinzugetreten und hört aufmerksam zu.

»Versprechen Sie mir, daran zu denken, mein Sohn?«

Meine Augen stehen voll Tränen. Ich drücke ihn aus Leibeskräften an mich.

»Steigen wir zu Pferd«, sagt Giuliano mit bewegter Stimme.

Während des ganzen Abends hat er fast kein Wort gesprochen, sicherlich aus Respekt vor einer Welt, die nicht die seine war und von der uns wunderbarerweise ein Stücklein zurückgegeben wurde wie die letzten Funken einer Glut.

Unterwegs drehe ich mich einige Male nach der gebeugten Silhouette um, die sich im Türrahmen abzeichnet. Als das Haus hinter einer Wegbiegung verschwindet, weiß ich, daß ich den Schlußpunkt hinter meine Kindheit gesetzt habe.

*

In der Morgendämmerung gehen wir an Bord.

Adrian klammert sich an die Reling und verschlingt Cornwall mit den Augen. Von Golden hat er fast nichts gesehen. Wir hatten die Kühnheit, den Weg zwischen den beiden Landsitzen hindurch einzuschlagen, und sind über Golden Mill nach Tregony zurückgekehrt. Aber es war eine mondlose Nacht mit bedecktem Himmel, und im Schwarzen konnte man bloß eine unbestimmte, dunkle Masse wahrnehmen. Dennoch war ich gerührt; ich sah mich wieder als kleinen Knaben den Hang hinunterlaufen, um den Lehrer aufzusuchen. Das war Teil eines Lebens, in dem ich Herr meiner Ländereien gewesen wäre. Ich hätte vielleicht mit Erz- oder Wollhändlern Geschäfte getätigt, ich hätte meinen Platz im Adel von Cornwall gehabt. Dieses Leben werde ich nicht führen, und in diesem Augenblick liegt mir auch nichts daran.

An all das denke ich in der Morgenbrise. Eine bleiche Sonne beleuchtet dieses Land, von dem ich stamme und das sich unwiderruflich entfernt.

Auf einem kleinen Boot verbringen wir zwei Tage auf See. Die Reise nimmt uns so in Anspruch, daß wir den Abschiedsschmerz vergessen. Wir bemühen uns alle vier, hinter die Geheimnisse der Takelung und der Winde zu kommen – vielmehr alle drei, denn Giuliano scheint sich bestens auszukennen.

Adrian und ich sprechen von Reisen in ferne Länder.

»Es wäre schön«, sagt mein Bruder, »ans andere Ende

der Welt zu fahren und an einem Ort neu zu beginnen, wo unser einziger Ausweis aus dem bestünde, was wir sind und wozu wir fähig sind.«

»Wärst du bereit, nach Amerika zu gehen?«

»Böte sich die Gelegenheit, würde ich schon morgen abreisen.«

Als wir in einem kleinen Hafen der normannischen Küste an Land gehen, sind Janes erste Worte:

»Hier braucht ihr nicht zu verheimlichen, daß ihr Katholiken seid. Sie sind hier in der Mehrzahl.«

Das stimmt, aber nur beschränkt, denn innert zwei Stunden erfahren wir aus den Wirtshausgesprächen, die Giuliano uns übersetzt, daß die Partei der Religiösen, wie die Reformierten genannt werden, sich rührt, daß es zu handfesten Auseinandersetzungen gekommen ist, daß zwischen dem katholischen König Frankreichs und dem protestantischen König von Navarra, zwischen der Liga und den Hugenotten nicht alles zum besten steht. Wir besorgen uns Pferde und brechen auf. Bei strömendem Regen kommen wir in Reims an.

Man erklärt uns den Weg zum englischen Kollegium in der Nähe des Bischofssitzes, und wir begeben uns sogleich an Ort und Stelle.

Von diesem englischen Kollegium hatte ich bereits gehört. Es war der Universität von Douai angegliedert, die gegründet worden war, um die Ideen der Reform zu bekämpfen, und nahm englische Katholiken auf. Infolge der Eroberung von Douai durch den Prinzen von Oranien, einen Protestanten, war es nach Reims umgezogen – vorübergehend, wie man hoffte. In erster Linie diente es der Ausbildung von Priestern, aber auch jene, die nicht in einen Orden einzutreten gedachten, wurden in Latein und Griechisch unterrichtet. Dieser Unterricht war kostenpflichtig, im Gegensatz zum Theologieunterricht. Deshalb studierten alle mittellosen Engländer Theologie, ob sie nun Priester werden wollten oder nicht. In der Überzeugung, die »Missionare« bildeten die Vorhut des englischen Katholizismus, drängte das Kollegium die Studenten zur Priesterweihe. Es herrschte großer Priestermangel, weil immer wieder Priester gefangengenommen und hingerichtet wurden; bestenfalls wurden sie verjagt oder flohen.

Während vieler Jahre war das Kollegium von Doktor William Allen geleitet worden, einem bemerkenswerten Mann, der als Menschenführer und Organisator nicht seinesgleichen hatte. Ohne ihn, so sagte man, wäre der Katholizismus in England ausgerottet worden. Leider war er kurz vor unserer Ankunft in Reims nach Rom abgereist, und seine Stelle war de facto schon von Doktor Richard Barret besetzt. Dieser, ein Günstling der Jesuiten, hatte jahrelang mit Zurückhaltung und Sachkunde unter Allen gearbeitet, doch die Studenten behaupteten von ihm, er sei streng und willkürlich geworden, seit er für das Kollegium verantwortlich war.

Das Kollegium war überfüllt. Es gab mehr als zweihundert Studenten, hundert Pensionäre und keinen Platz für uns. Der gefürchtete Barret befand uns als zu jung für Reims und beschloß, daß wir nach Eu gehen sollten, wo sich dank der Freigebigkeit des streng katholischen Herzogs von Guise eine Schule für Knaben befand.

»In einem Jahr werden wir sehen, ob wir Platz für Sie haben und ob Ihr Wissensstand ausreichend ist, um zu uns zu gehören.«

Giuliano brachte uns weg mit der lakonischen Bemerkung:

»Ich werde Sir John Arundell darüber Bericht erstatten.«

Ich habe nicht die Absicht, von unserer Zeit in Eu zu erzählen. Wir waren wieder in einem Kollegium. Zu jener Zeit hatten wir noch nie etwas von Michel de Montaigne gehört, aber heute kommt er mir in den Sinn, um zu beschreiben, was wir dort erlebt haben:

Wir sehen, daß nichts so artig ist wie die kleinen Kinder in Frankreich; gewöhnlich aber täuschen solche die Hoffnung, die man sich von ihnen machte, und zeigen als erwachsene Menschen gar keine Vortrefflichkeit. Von verständigen Leuten habe ich sagen gehört, daß die Erziehungsanstalten, wohin man sie zu senden pflegt und deren es in Frankreich so viele gibt, sie so verdummen sollen.

Einzig der Tatsache, daß wir zu zweit waren, und unserer bretonischen Hartnäckigkeit haben wir es zu verdanken, daß wir nicht »so verdummt« wurden. Und auch dank Jane und Giuliano, die darauf bestanden, daß wir jeden Abend zu ihnen kamen. Wir waren unter englischen Kindern und sprachen Latein oder Englisch. Als Pensionäre hätten wir wahrscheinlich nie Französisch gelernt.

In seinen *Essais* hat Montaigne auch unsere Erzieher beschrieben, als hätte er sie persönlich gekannt:

Ich kenne einen, der, wenn ich ihn frage, was er weiß, ein Buch von mir verlangt, um es mir zu zeigen; und der sich nicht getrauen würde mir zu sagen, daß sein Hintern voller Krätze ist, wenn er nicht auf der Stelle in seinem Wörterbuch nachschlägt, was Krätze heißt und was der Hintern ... Dionysius hielt sich über die Sprachlehrer auf, welche sich um des Ulysses Unglücksfälle bekümmern, von ihren eigenen aber nichts wissen; über die Tonkünstler, welche ihre Flöten zum Stimmen bringen, aber nicht ihre Sitten; über die Redner, welche Recht sprechen, nicht aber Recht tun.

Wäre ich unbeirrbar fromm gewesen, hätte ich mich vielleicht mit dem albernen Unterricht abgefunden, den wir in der Normandie erhielten. Aber diese Ausgewanderten hatten alle eine Vision von England, die ich nicht teilen konnte: Für sie war die gesamte englische Bevölkerung im Begriff, dem Papst in die Arme zu fallen. Das bezweifelte ich, aber es wäre nutzlos und sogar gefährlich gewesen, es zu sagen.

In diesen Jahren habe ich gelernt, mit Leichtigkeit ein doppeltes Leben zu führen: jenes, das von mir erwartet wurde, und jenes, das wirklich das meine war.

Nötigenfalls war ich ein vorbildlicher Schüler, und bis zu meinem zwanzigsten Lebensjahr habe ich nie jemandem widersprochen. Gott hat mir ein gutes Gedächtnis gegeben, die Fähigkeit zu lernen, und ich bin Ihm dafür dankbar. Wäre es mir schwerer gefallen, jene zufriedenzustellen, die Macht über mich hatten, hätte ich wohl ein böses Ende genommen.

Dank Jane und Giuliano, die wir bald Jeanne und Julien nannten, wie ich mich François nannte und mein Bruder sich Adrien, haben wir uns schnell an die neue Umgebung gewöhnt. In Clerkenwell war Lateinisch gesprochen worden, hier wurde das Französische zur Umgangssprache. Jane beherrschte es nicht, und ich bin sicher, daß Giuliano einen fürchterlichen italienischen Akzent hatte. Aber er verbot uns das Englische.

»Ich verlange zwanzig neue Worte von Ihnen, wenn Sie abends heimkommen.«

Mit diesen jungen, fröhlichen und tatkräftigen Ersatzeltern änderte sich unser Leben gründlich. Wir besaßen nur einen bescheidenen Notgroschen und erhielten in unregelmäßigen Abständen etwas Geld aus England. Wir lebten ziemlich kärglich, doch das tat der guten Laune keinen Abbruch.

Unter großer Anteilnahme von uns allen brachte Jane einen Knaben zur Welt.

»Und wenn er nun stirbt wie der andere?« sagte sie manchmal.

Aber er ist nicht gestorben. Julien legte Wert auf den Namen Guillaume.

»Wie sein Großvater«, erklärte er.

»Wer ist er, dieser Großvater?«

»Mein lieber François, ich bin der Sohn eines Abbé, Sie werden sicher verstehen, daß ich seinen Namen nicht nenne.«

»Aber Ihr Familienname …?«

Er heißt Ardent.

»Den Familiennamen habe ich mir selbst gewählt, wenn auch in Anlehnung an jenen meines Erzeugers. Aber genug. Mehr verrate ich nicht.«

»Haben Sie ihn gekannt?«

»Ja. Leider war er kein Kind der Fröhlichkeit, und meine Mutter und ich waren der lebende Beweis seines Fehltritts. Nach ihrem Tod hatte er es eilig, mich beim ersten besten in Dienst zu geben.«

Mit italienischer Herzlichkeit bricht er in sein bekanntes Gelächter aus, das ich so gern höre.

»Ich habe schon früh gelernt, wie man mit Waffen umgeht, um sich zu verteidigen und um zu töten. So bin ich auf Umwegen, die ich lieber nicht schildere, nach Cornwall gelangt. Ich war erst fünfzehn Jahre alt. Durch Zufall konnte ich Sir John einen Dienst erweisen, und er hat mich adoptiert.«

Er dreht sich zu seiner Frau und sagt mit großer Gebärde:

»Das war zur Zeit, als du diesem großen Burschen die Brust gabst.«

Erneut bricht er in ein Gelächter aus.

»Wie kommt es denn, daß Sie so viele Sprachen beherrschen?« fragt Adrian.

»Das hat mit meinem Leben als Söldner zu tun. Ich habe Frankreich und Spanien durchstreift, ich habe auf Schiffen gelebt, die dem Turm zu Babel glichen. Zudem bin ich aus dem Holz eines Abbé geschnitzt – das Reden liegt mir einfach.«

Adrian und ich teilen uns ein Zimmer im ersten Stock

eines Hauses, das uns ein Händler vermietet hat; hier bewahren wir unsere Bücher auf, das Tasteninstrument, das wir uns beschafft haben – unser einziger Luxus, wir alle spielen darauf –, und die Laute meines Bruders. Über der Küche liegt das Zimmer von Giuliano und Jane. Hier schläft auch der Säugling, den Jane selber stillt.

»Ich weiß, daß eine Herzogin das im allgemeinen nicht zu tun pflegt, aber darüber sehe ich hinweg«, sagt sie fröhlich.

Ich bin von diesem jungen Vetter angetan und habe den Eindruck, im nachhinein die Zeit zu erleben, als ich an seiner Stelle war.

Dank Giulianos Vorgabe sprechen wir alle nach zwei Jahren in Eu perfekt Französisch. Sogar der kleine Guillaume plappert seine ersten Worte in dieser Sprache. Die Schule nimmt uns täglich zwölf bis fünfzehn Stunden in Anspruch, sechs Tage in der Woche, und Ferien sind rar. Es bleibt uns nicht viel Zeit zum Musizieren, uns zu sehen, durch Eu zu schlendern und die verborgenen Winkel zu entdecken – allerdings ist Eu so klein, daß man es bald kennengelernt hat.

Eines Tages habe ich gehört, daß der Organist der Kirchgemeinde im Schulquartier schwer erkrankt sei. Ich bot meine Dienste an. Die Schule hielt es für einen Ausdruck meiner Frömmigkeit und willigte trotz meines jugendlichen Alters sofort ein. Von da an konnte ich dem Unterricht fernbleiben, um zu üben, den Chor zu begleiten und so fort. Natürlich mußte ich bei den langen sonntäglichen Gottesdiensten dabei sein, aber solange ich dort spielen konnte, störte es mich nicht. Niemand hat meine mangelnden Orgelkenntnisse bemerkt. William Byrd hatte mir die Grundlagen beigebracht, aber ich war weit davon entfernt, das Instrument zu beherrschen. Die Schwierigkeiten habe ich durch hartnäckige Arbeit überwunden. Für die Musik war ich zu allem bereit.

Ich habe diese Stunden in bester Erinnerung, die ich – meist allein in der leeren Kirche – damit verbrachte, im Licht einer einzigen Kerze die aus England gesandten Messen und Motetten von William Byrd, John Bulls Partituren oder jene meines Vorgängers zu entziffern, der über wahre Schätze verfügte. Diesem Mann, dem ich niemals begegnet bin, verdanke ich Entdeckungen wie die *Missa Cunctipotens Genitor* oder die *Missa Kyrie fons.* Der Duft nach Weihrauch, die gemurmelten Gebete und die fromme Atmosphäre trugen das Ihre dazu bei, daß mir bei der Musik, die ich aus tiefster Seele spielte, die Tränen in die Augen traten.

IX

Fortune my foe, why dost thou frown on me?
And will thy favour never better be?
Wilt thou I say for ever breed my pain,
And wilt thou not restore my joyes again?

»Fortune my Foe«
Volkstümliche Ballade

Glück, mein Feind, warum bist du mir nicht gewogen?
Und bleibt deine Gunst mir ewig versagt?
Willst meine Qualen für immer nähren,
Und Freude mir nimmermehr bringen?

Die Nachricht erreichte uns an einem Septembertag. Wir kehrten von einer kurzen Reise nach Tréport zurück, einem wenige Pferdestunden entfernten Ort am Meer, wohin Adrian und ich während unserer Jahre in Eu Giuliano manchmal begleiteten. Was er dort zu tun hatte, wußten wir nicht. In dieser Beziehung verhielten wir uns wie die adligen Herren, die wir hätten sein können: Wir haben uns nie um Giulianos Geschäfte gekümmert – wir standen darüber.

Für diesen Ausflug ans Meer profitierten wir von der Ferienwoche um Sankt Michael. Einige Tage lang hatte ich die Last des Alltags vergessen.

Bei unserer Rückkehr wartete ein Bote aus Reims in der Küche.

Er überbrachte einen Brief von Sir John, worin er den Kollegiumsleiter von Reims aufforderte, mich als Student aufzunehmen, und eine entsprechende Botschaft für Giuliano, mich auf der Stelle nach Reims zu schikken.

»Doktor Barret wünscht, daß ich Sie mitnehme«, sagte der Bote, ein hochgeschossener, bleicher, ganz in Schwarz gekleideter Engländer.

Kalter Schweiß rann mir über den Rücken.

»Und ich?« fragte Adrian mit heller Stimme.

»Was Sie betrifft, mein Herr, habe ich keinerlei Anweisungen. Ich glaube vernommen zu haben, daß Sie noch zu jung sind und erst in einem oder zwei Jahren nach Reims kommen werden.«

Ich war schon beinahe so groß wie jetzt und schien älter als meine dreizehn Jahre, während Adrian einen Kopf kleiner war und noch wie ein Kind aussah.

»Wir brauchen zwei Tage für die Vorbereitungen; ich werde ihn selber hinbringen«, sagt Giuliano nach einem schnellen Blick auf mein Gesicht, das vor Erregung weiß sein muß. »Es wäre unverzeihlich, wenn wir Sie aufhalten würden, mein Herr. Sagen Sie Doktor Barret, daß wir zu Beginn der nächsten Woche in Reims eintreffen werden.«

Und mit einer Geste, die keinen Widerspruch duldet, zieht er schwungvoll den Hut und verneigt sich. Sein Tonfall ist so bestimmt, daß der andere sich fügt.

An jenem Abend habe ich geweint. Giuliano und Jane haben nicht einmal versucht zu sagen, ich sei ein großer Junge und das gehöre sich nicht mehr in meinem Alter.

»Ohne Adrian will ich nicht ans englische Kollegium gehen.«

»Es ist ja bloß eine Sache von ein, zwei Jahren«, sagt Jane, um mich zu trösten.

Aber in diesem Alter sind ein oder zwei Jahre eine Ewigkeit, und ich bin untröstlich. Die Trennung von Adrian zerreißt mir das Herz: Zum erstenmal seit unserer Abreise aus Cornwall sind wir für mehr als einen Tag voneinander getrennt.

*

Das ruhige Städtchen Eu ist den Guises und der Liga, der erzkatholischen Partei, treu ergeben. Der Herzog Heinrich von Guise hat unsere Schule für die katholischen Kinder in protestantischen Landen gegründet; sie hat ihn nicht lange überlebt. Einmal war der »Schmissige« höchst persönlich zu uns gekommen, und ich hatte während einer feierlichen Messe meines Amtes als Organist gewaltet. Er rühmte das meisterliche Orgelspiel, und als er erfuhr, daß ein englischer Jüngling am Instrument gesessen hatte, wollte er mich kennenlernen.

Er war ein eleganter, großgewachsener Herr, eine der seltenen Personen, denen ich als Erwachsener Auge in Auge gegenübergestanden hätte, wenn er noch gelebt hätte. Er war von außergewöhnlicher Eleganz. Die Narbe, die er im Gesicht trug, hatte ihm seinen Übernamen eingetragen; sie beeinträchtigte nicht im geringsten seinen stolzen Blick und seine natürliche Würde. Neben ihm, so sagten die Leute, sähen die anderen Prinzen wie gewöhnliches Fußvolk aus.

Er hatte mir mit einem unerwartet sanften Lächeln die Hand gedrückt, hatte die gewohnten Bemerkungen über mein Alter, meine musikalische Begabung und meinen Körperwuchs gemacht und mir geraten, trotzdem die Waffenübungen nicht zu vernachlässigen. Ich hatte es versprochen und einige der üblichen Sätze gesagt. Er hatte seinerseits versichert, er würde mich mit seinem Sohn bekannt machen, dem Grafen von Eu, den ich natürlich nie zu Gesicht bekommen habe.

Abgesehen von diesem Besuch war Eu von den Ereignissen in der weiten Welt ziemlich abgeschottet. Kaum verließ man diese Oase, brachen sie über einen herein. Je näher man dem Zentrum Frankreichs kam, desto offenkundiger war das Toben des Krieges. Glaubenskrieg zwischen Papisten und Hugenotten, zwischen dem König von Frankreich und dem König von Navarra; Bürgerkrieg zwischen den Mitgliedern der Liga, die den Herzog von Guise auf den Thron heben wollten, und den Anhängern der Valois und von Heinrich III., die das verhindern wollten; verdeckter Krieg zwischen Frankreich und Spanien, denn unter dem Vorwand der Religion strebte Philipp II. nach der Herrschaft über Europa, angefangen mit Frankreich und England. Armeen von Söldnern im Dienste der einen oder der andern zogen plündernd durch die Gegend und hinterließen in der schönen Landschaft, die wir durchquerten, häßliche Narben.

Schon zu jener Zeit hatte Giuliano mir beigebracht, eine gute Klinge zu führen. Er hatte mich auch schießen gelehrt, ich war sogar zu einem talentierten Pistolenschützen geworden, und der Kampf Mann gegen Mann barg für mich keinerlei Geheimnisse mehr – wenn ich noch niemanden getötet hatte, so nur deshalb, weil ich noch nie ernsthaft bedroht worden war.

Während wir uns von Eu entfernen, erklärt Giuliano:

»Ich wollte nicht, daß Sie den Degen allzu sichtbar tragen, denn ein Gentleman, der ohne große Eskorte unterwegs ist, reizt die Begehrlichkeit.«

In meinen beiden Stiefeln steckt je ein Dolch, ein dritter im Übergewand, den Degen trage ich griffbereit über die Schulter gehängt, kaum vom Mantel verhüllt, und unter meinem Sattel steckt eine geladene Pistole. Auf den ersten Blick fällt das nicht auf, ich sehe aus wie ein harmloser junger Theologiestudent. Ich bin schwarz gekleidet wie der Engländer, der Sir Johns Botschaft überbrachte.

Je näher wir unserem ersten Etappenziel kommen, um so mehr sage ich mir, daß Sir John und mein Vater die

Reichweite ihrer Entscheidung nicht ermessen konnten. Im Glauben, uns in Sicherheit zu bringen, haben sie uns geradewegs in die Löwengrube gestoßen. Krieg und Plünderungen haben überall Spuren hinterlassen – wir kommen durch Weiler, die dem Erdboden gleichgemacht wurden und durch deren Trümmer sich stöhnend bleiche Gestalten schleppen. In einem Graben entdecken wir einen Haufen entkleideter und entstellter Kadaver. Wir begegnen verhungernden Menschen und kleinen Gruppen Bewaffneter, deren Mienen nichts Gutes verheißen.

Zum erstenmal in meinem Leben bin ich von wirklicher Angst erfüllt. Ich sehe überall Angreifer.

Als wir in der ersten Herberge ankommen, seufze ich erleichtert auf, aber Giuliano ermahnt mich, wachsam zu bleiben, und in dieser Nacht schläft jeweils nur einer von uns.

Bei Tagesanbruch steigen wir wieder zu Pferd.

Wir haben noch keine drei Meilen zurückgelegt, als mehrere Männer aus einem Gebüsch über uns herfallen, und zwar im wörtlichen Sinn.

Diese Situation ist mir nicht unbekannt, wir haben sie so oft geübt, daß ich instinktiv reagiere. Die Angst verläßt mich schlagartig.

Der Mann stürzt sich auf mich und packt meinen rechten Arm. Aber Giuliano hat darauf geachtet, daß ich mich mit beiden Armen zu wehren weiß. Ich täusche vor, auf die linke Seite zu fallen, und greife zum Dolch im Stiefel. Bevor er sich auf dem Sattel festgesetzt hat, stoße ich dem Mann den Dolch in die Seite. Bereits stürzt sich ein zweiter Mann auf mich. Den Degen in der Linken, den Dolch in der Rechten stehe ich auf dem Boden. Ich sehe noch, wie er versucht, mich unter die Bäume zu treiben, während ich versuche, auf freiem Feld zu bleiben. Er springt auf mich zu, und ich weiche kurz zurück, aber ich merke bald, daß ich flinker bin als er. Das macht mir Mut, und ich gehe zum Angriff über. Er schlägt wild um sich, aber ich bedränge ihn pausenlos mit jugendlichem Ungestüm und durchbohre ihn schließlich, ohne genau zu wissen, wie es geschah. Einige Schritte von mir entfernt hat auch Giuliano einen Mann außer Gefecht gesetzt und kämpft mit zwei anderen. In einem Sprung bin ich neben ihm, und wir setzen den Kampf wortlos fort.

Am Schluß stehen wir Rücken an Rücken, ohne den geringsten Kratzer. Unsere fünf Angreifer liegen am Boden.

»Nun haben Sie Ihre Bluttaufe erlebt, mein kleiner Organist«, sagt Giuliano, der nicht einmal außer Atem ist. »Wahrlich, Sie haben sich wacker geschlagen, und ich beglückwünsche mich zu meinem gelehrigen Schüler.«

Aber ich bin nicht stolz. Ich zittere am ganzen Körper, im nachhinein hat mich plötzlich wieder die Angst gepackt. Mein Pferd ist tot, durchbohrt von einem Stoß, der zweifellos mir bestimmt war. Mit präzisen Handgriffen, zu denen ich nicht fähig wäre, löst Giuliano die Schlaufen meines Sattels und legt ihn einem der Pferde unserer Angreifer auf den Rücken.

»Wir sollten keine Zeit verlieren«, sagt er darauf, »vielleicht haben sie Komplizen in der Gegend.«

Bei Einbruch der Nacht kommen wir in Saint-Quentin an.

Ich habe Mühe einzuschlafen.

So ist also der Krieg. Er oder ich. In solchen Momenten hängt das Leben eines Mannes nur von seiner flinken Hand ab – Religion, Griechisch, Latein, Musik: das zählt alles nicht mehr.

Am folgenden Tag schließen wir uns einem Konvoi an und rasten in Laon, von wo aus man die ganze Ebene von Reims überblickt. Am übernächsten Tag galoppieren wir in scharfem Tempo quer durch Weinberge und Felder und erreichen unser Ziel vor der Abenddämmerung.

Wir schreiben den 29. September 1586 – eines der wenigen Daten, an die ich mich mit Bestimmtheit erinnere.

Reims ist rundum von Befestigungsanlagen umgeben und auf drei Seiten von einem Wassergraben. Auf der vierten, der südlichen Seite ersetzt der Fluß Vesle den Graben, und von dort her gelangt man über eine der drei Brücken in die Stadt.

»Wir gehen morgen zur Universität«, sagt Giuliano, »heute abend bringe ich Sie in eine Herberge.«

Mit einer Sicherheit, die mich vermuten läßt, daß er schon hier gewesen ist, steuert er geradewegs auf eine Unterkunft zu: *A la Belle-Etoile* heißt sie, wie das Schild verkündet. Der Wirt empfängt »Herrn Julien« wie einen Freund und tischt uns ein Mahl auf, wie ich es bislang noch nie genossen habe. An diesem Abend koste ich meinen ersten französischen Wein.

»Nach dem, was wir durchgemacht haben, sind Sie nun ein Mann«, erklärt Giuliano, »Sie haben sich das Recht erworben, wie ein Mann zu trinken.«

In Reims gibt es einige englische Familien katholischen Glaubens, deren Kinder am englischen Kollegium studieren. Das Kollegium ist noch ebenso voll, ich kann unmöglich dort unterkommen: Es beherbergt zweihundert Studenten und etwa hundert Pensionäre in Räumlichkeiten, die für die Hälfte dieser Zahl gedacht waren. Am nächsten Morgen bringt mich Giuliano zu den Mores. Ihr Sohn Christoph war mein Klassenkamerad in Eu.

Die Gesetze von 1580 gegen die Katholiken haben die Mores um zwei Drittel ihrer Einkünfte gebracht, und sie leben bescheiden. Christophs Vater steht im Dienste der Guises, und seine Mutter, eine charmante, kultivierte Frau, nimmt Pensionäre auf.

»Bis wir uns hier niederlassen, sind Sie bei den Mores besser aufgehoben als im Kollegium«, bemerkte Giuliano.

Ich fühlte mich hier um so wohler, als ich bereits am ersten Tag erklärt hatte, daß ich nicht Priester werden wollte. Sir John bezahlte mein Schulgeld, und so konnte man mich nicht dazu zwingen, obwohl mein Vater gewünscht hätte, daß ich als Ältester in einen Orden eintrete.

Bei meiner Ankunft herrschte am englischen Kollegium eine eigentümliche Situation. Es wurde aus Rom von seinem Gründer William Allen geleitet und an Ort und Stelle von Doktor Richard Barret.

Selten habe ich jemanden so gehaßt wie diesen Mann.

Kaum war Giuliano weggegangen, ließ er mich in sein Studierzimmer holen und fragte mich nach meinen Vorhaben für die Zukunft.

»Ich möchte Musiker werden, mein Herr.«

»Musiker? Und deshalb sind Sie nach Reims gekommen? Hier werden die Soldaten Christi ausgebildet, mein Herr, und nicht irgendwelche Jahrmarktskünstler.«

»Als Orgelspieler kann man ein ebenso guter Soldat Christi sein wie als Priester, mein Herr. Ich bin hier, weil meine Familie auf ihrem katholischen Glauben besteht und deshalb verfolgt wird.«

Meine Unverschämtheit trug mir eine Tracht Prügel ein, wie ich sie noch nie erlebt hatte. Trotz der Salben der mitfühlenden Frau More brauchte ich zwei Tage, bevor ich mich setzen konnte. Kaum war der Schmerz etwas abgeklungen, wurde ich erneut bei Barret vorgeladen. Diesmal traf ich Vorsichtsmaßnahmen und setzte Frau More von meiner Vorladung in Kenntnis. Sie ließ mich von ihrem Schwiegervater begleiten, einem trockenen, gutmütigen Alten. Als er uns zu zweit eintreten sah, verfärbte sich Barrets gerötetes Gesicht, als stünde er vor einem Schlaganfall.

»Was soll das bedeuten?«

»Mein Herr, Sie haben mich ausgepeitscht, weil ich eine Absicht geäußert habe. Da ich meine Meinung nicht geändert habe und deswegen nicht jedesmal verprügelt werden will, habe ich es vorgezogen, meine Vorhaben einem Mittelsmann zu erklären, der Sie davon in Kenntnis setzen wird. Ich bin der Ansicht, daß es für das Priesteramt eine Leidenschaft braucht, wie ich sie nur für die Musik empfinde. Ich bin ein gläubiger Katholik und durchaus willens, Theologie zu studieren, aber daneben möchte ich auch Musik, Philosophie und Mathematik betreiben. Mein Onkel Sir John Arundell hat mir immer gesagt, es gebe vielerlei Arten, Gott zu dienen.«

»Werter Doktor Barret«, sagte der Alte mit honigsüßer Stimme, »ich hoffe, daß die Peitsche nicht Ihr bevorzugtes Mittel ist, um Leute von ihrer Berufung zu überzeugen.«

Barret versuchte zu argumentieren und erklärte, am ohnehin überfüllten Kollegium sei kein Platz für »Amateure«.

Nach dieser Unterredung ging der Alte schnurstracks zu Doktor Bailey, einem der Theologieprofessoren, der seit langen Jahren Vizerektor und Verwalter des Kollegiums war und zu seinen Freunden zählte. Sie schrieben an Doktor Allen. Einige Zeit darauf traf ein Brief Allens ein mit der Empfehlung, ich solle soviel musizieren können, wie es für meine Virtuosität erforderlich sei. Barret ließ sich einigermaßen besänftigen, behielt aber seine schlechte Meinung von mir bis zuletzt.

Sogleich suchte ich reihum alle Organisten von Reims auf, und einmal mehr hatte ich Glück. Der Geistliche der Kirche von Saint-Jacques, Abbé de la Lobe, und sein Kaplan Simon Ogier, denen die Organisation der Kirchenmusik oblag, waren überlastet. Sie engagierten mich auf der Stelle für eine Messe.

»Gott hat Sie uns gesandt!« rief der Abbé.

Ich besaß eine Abschrift der *Missa Kyrie fons* und trug sie an jenem Sonntag vor. Sie fand solchen Gefallen, daß ich fünf Jahre lang als Lückenbüßer einspringen konnte. Ich spielte nicht jeden Sonntag, sondern auf Anfrage. Die Orgel war alt und in schlechtem Zustand. Dank einigen Kenntnissen über den Orgelbau, die mir Giles Farnaby vermittelt hatte, und mit Hilfe des Küsters Jehan Pussot, der Zimmermann war, setzte ich das Instrument instand, so gut es ging. Es gelang nicht perfekt, aber es kostete die Kirchgemeinde nichts, und der Klang wurde besser.

Im Laufe meiner sechs Jahre in Reims verbrachte ich viele Stunden im Pfarrhaus, wo ich mit den Geistlichen übte und über Musik diskutierte. Wenn auch selten, kam es doch vor, daß ich in anderen Kirchen spielte, so bei mehreren Gottesdiensten in Saint-Rémi und Saint-Nicaise, einmal sogar in der Kathedrale.

Neben meiner musikalischen Tätigkeit mache ich die gleichen Studien wie meine Kameraden, die sich nicht auf die Priesterlaufbahn vorbereiten: Ich besuche Vorlesungen in Philosophie und Rhetorik in französischer und lateinischer Sprache und den auf Englisch abgehaltenen Theologieunterricht. Ich arbeite von frühmorgens bis spätabends.

Ich will mich nicht länger beim Alltagstrott aufhalten, der sich im Lauf meiner Jahre in Reims kaum ändern sollte.

Auf diesem Hintergrund folgten sich die Ereignisse Schlag auf Schlag.

Das erste ist für mich zweifellos das dramatischste von allen.

Es geschah im Frühling nach meiner Ankunft.

Als ich eines Abends von Saint-Jacques heimkehrte, traf ich bei den Mores auf Giuliano. Er war bleich wie ein Gespenst.

Es war kein frohes Wiedersehen.

»Giuliano, was ist passiert? Jane …?«

»Jane geht es ausgezeichnet, danke. Sie hat einen Sohn geboren, den wir Francis nennen und dem Sie Pate sind.«

Ich habe keine Zeit, mich zu freuen.

»Was ist es dann …? Mein Vater? Sir John?«

»Nein, Francis, es ist Adrian. Er ist verschwunden.«

Zuerst will ich es nicht glauben.

»Verschwunden« – wenn Giuliano die Reise auf sich nimmt, um mir das mitzuteilen, dann muß das wohl heißen, daß er tot ist, und das kann nicht sein. Es ist, als würde man mir sagen, ich hätte einen Arm verloren, ohne daß ich es merkte.

»Verschwunden?« wiederhole ich und gebe mir Mühe, nicht zu zittern, »was meinen Sie damit?«

»Genau das, was ich sage. Er ist verschwunden, er hat sich in Luft aufgelöst. Wir haben ihn überall gesucht, bis nach Calais und Nantes.«

»Giuliano, sagen Sie es mir, wenn er tot ist.«

»Ich würde ihn lieber tot wissen als in dieser Ungewißheit zu leben. Jane hat ihr blühendes Aussehen verloren, und Guillaume weint Tag und Nacht und ruft auf lateinisch nach seinem Bruder …« Giulianos Stimme wird heiser. »… Er … Adrian hat es ihm auf spielerische Art beigebracht. ›Ich werde dein Mulcaster sein‹, sagte er. Und eines Tages …«

Er läßt sich auf einen Schemel fallen und reibt sich die Augen.

»Aber wie … unter welchen Umständen …?«

»Nach Ihrer Abreise hat er sich mit dem Apotheker in der Nachtwächter-Gasse befreundet, der sich nebenbei mit Alchimie und Astrologie befaßt. Sie verbrachten ganze Nächte mit der Lektüre von Paracelsus. Letzthin haben sie sich mit Farbmischungen für Stoffe befaßt, und dabei ist ihnen ein ganz außergewöhnliches Purpur gelungen. Sie färbten ihre Mäntel damit, und es war so prachtvoll, daß sie in ganz Eu Aufsehen erregten. ›Wir werden unsere Farbe den flämischen Webern verkaufen‹, sagte Adrian, ›und damit sehr zum Verdruß der Careys und der Königin von England ein Vermögen machen.‹ Damit will ich sagen, daß bis heute sein Mantel keinem andern gleicht. Am vergangenen Dienstag ging er wie gewöhnlich zur Schule. Seine Lehrer versichern mir, es habe sich nichts Besonderes ereignet, und Adrian sei gewesen wie immer. Das heißt natürlich nichts, wenn von Adrian Tregian die Rede ist. Er ist erst dreizehn Jahre alt, aber schon ein reifer Mann. Sollte er beschlossen haben, uns alle zu täuschen – und nicht einmal wir, die wir ihm nahestehen, haben Wind davon bekommen –, ist es kaum wahrscheinlich, daß seine Lehrer oder Kameraden irgend etwas gemerkt hätten. Am Dienstag ging er nach der Schule zum Apotheker. Sie haben im Laboratorium herumgepröbelt, auch hier nichts Außergewöhnliches. Bei Anbruch der Dämmerung haben sie sich getrennt, und Adrian hat den Weg nach Hause eingeschlagen. Der Apotheker hat ihm bis zur Straßenecke nachgeschaut. Sein Laden ist von unserem Haus bloß dreihundert Schritte entfernt. Zwei Straßen, und schon ist man da. Guillaume erwartete ihn am Fenster. Aber er ist nicht nach Hause gekommen, und niemand hat etwas gehört oder gesehen. Zwei Tage darauf, als ich mit einigen Freunden die Gegend bis zur Küste absuchte und fürchtete, jeden Augenblick seinen Leichnam in einem Graben zu finden, haben mir Fischer gesagt, sie hätten einen Mantel von merkwürdiger Farbe am Strand von Tréport gefunden: Es ist sein Mantel, daran gibt es keinen Zweifel.«

»Wurde er von der Flut ans Land gespült?«

»Ich glaube nicht. Er wurde eher liegengelassen. Er lag über der obersten Grenze der Flut auf dem Strand.«

Beim Reden öffnete er ein Paket, das er mit sich trug. Adrians Mantel ist von wunderbarstem Violett – heute ist es eine vertraute Farbe, aber damals kannte man sie nur von einigen Blumen.

Je mehr ich höre, desto sicherer bin ich, daß Adrian noch am Leben ist.

»Giuliano, Sie haben mir die Ereignisse in groben Zügen geschildert. Lassen Sie uns zu den Einzelheiten übergehen. Vielleicht finden wir hier irgend etwas Außergewöhnliches. Was hat er aus der Schule mitgenommen?«

»Nichts. Aber wenn er zum Apotheker ging, ließ er seine Tasche manchmal in der Schule.«

»Und beim Apotheker?«

»Er hat eine Phiole mit Purpur eingesteckt. Das ist nicht weiter von Belang, um so mehr, als sie am Vorabend ihre Experimente abgeschlossen hatten. Die Tönung war gelungen; sie hält auf dem Stoff und ist dauerhaft.«

»Hatte er schon früher einmal eine Phiole mitgenommen?«

Statt einer Antwort schaut er mich an, als wäre ich verrückt geworden. Ich bin so beschäftigt, den Gedankengängen meines Bruders zu folgen, daß ich keine Zeit für Erklärungen habe. Wenn Adrian freiwillig verschwunden ist, wenn ...

»Er hat doch einen Zettel hinterlassen, ein paar Worte ...«

Giulianos Pupillen erweitern sich. Ich klammere mich an ihn und schüttle ihn.

»Was ist, Giuliano, gibt es eine Botschaft? Ich flehe Sie an!«

»Ich bin ein Dummkopf«, erklärt Giuliano zögernd, »aber ich habe nicht wirklich in Betracht gezogen, daß Adrian freiwillig weggehen könnte.«

Er wühlt in seinem Wams, zieht ein gefaltetes Blatt hervor und streckt es mir hin.

»Es lag auf seinem Tisch, zuoberst auf seinen Papieren.«

Ich verstehe, warum es Giuliano nichts bedeutete. In der linken Ecke hat Adrian geschrieben: *Francis, mein Bruder,* und in der Mitte: *Die Extreme berühren sich.* Das ist alles. Mein Herz jubelt. Er lebt.

»Giuliano, er ist aus eigenem Willen weggegangen. Ich

kann Ihnen den Sinn dieser Botschaft nicht in zwei Worten erklären, aber sie ist vollkommen klar. Ich wette, daß Adrian nach Amerika gereist ist, um dort mit seiner Farbe ein Vermögen zu machen.«

»Du lieber Himmel, Francis! Ich bin für euch verantwortlich. Was soll ich Sir John und Ihren Eltern sagen?«

»Nichts.«

Ich bin ruhig. Nun, da ich weiß, ist meine Angst verflogen.

»Nichts?«

»Giuliano, erinnern Sie sich an den Tag, als Sie mir sagten, ich sei erwachsen genug, einen Mann zu töten, und erwachsen genug, als Mann behandelt zu werden? Damals ging es im Scherz um ein Glas Wein. Heute gilt es ernst. Mein Vater ist ein bewundernswerter Mensch, aber über praktische Dinge kann man mit ihm nicht reden. Er hat Grundsätze, die nichts mit der Wirklichkeit unseres Lebens zu tun haben, und auch wenn er uns gern hat, kümmert er sich einen Deut um uns.«

Schweigen. Dann fahre ich fort:

»Selbst auf mich, den Ältesten, wurde Druck ausgeübt, damit ich Priester werde. Ich hatte das Recht, nein zu sagen. Aber ein Nachgeborener? Adrian hätte keine Wahl gehabt, Giuliano. Wenn ich an das Wenige denke, das er mir über seine innersten Gedanken verraten hat, neige ich zur Annahme, daß er in Glaubensfragen zutiefst skeptisch geworden ist.«

»Francis! Mein Herr!«

»Nennen wir die Dinge beim Namen. Adrians religiöse Zeit gehört der Vergangenheit an. Seine wirklichen Interessen gelten den Reisen, den Erfindungen, der Mathematik. Er hat eine unbekannte Farbe entdeckt und wird damit Geld machen. Eines Tages werden wir dieser Farbe begegnen, wir werden ihrer Spur folgen, und ich wette mit Ihnen, daß sie zu meinem Bruder führen wird, der mit seinem unschuldsvollen Blick und seinem unauffälligen Betragen zu Reichtum gekommen ist.«

»Aber bis es soweit ist ...«

»Nun, Giuliano, ich trete mein Amt als Familienoberhaupt etwas vorzeitig an. Wenn ich Sir John wiedersehe, werde ich ihm vielleicht alles sagen. Aber vorläufig ist es für die Verwandtschaft weniger schmerzlich, anzunehmen, Adrian sei verunglückt und ertrunken. Für den Tod haben sie Verständnis. Nicht aber für ein Leben, das nicht ihren Gesetzen entspricht.«

Von meinen eigenen Worten überrascht, halte ich inne.

»Francis, wenn man Sie hören würde!«

»*Man* hört mich nicht. Man hat mich nie um meine Meinung über die Entscheidungen der Eltern gebeten, und ich habe sie nicht in Frage gestellt. Aber man kann nicht von mir verlangen, daß ich bis in alle Ewigkeit keinen Gedanken daran verschwende.«

Giuliano sieht mich halb fassungslos, halb komplizenhaft an.

»Dann sind Sie also einverstanden, Giuliano? Adrian ist ertrunken oder unter ungeklärten Umständen ums Leben gekommen. Und vom Mantel und der Phiole mit der Purpurfarbe sagen wir kein Wort.«

»Einverstanden.«

Ich strecke den Arm aus.

»Ich schwöre bei Gott, daß ich nie etwas sagen werde, auch nicht am Tag, an dem ich die Suche nach meinem Bruder aufnehme. Nicht einmal, wenn ich ihm begegne.«

Giuliano legt seine Hand auf die meine.

»Ich schwöre, nichts zu sagen, auch wenn ich ihm begegne«, wiederholt er.

Zum erstenmal seit seiner Ankunft lächelt er.

»Sie sind sicher, daß er noch am Leben ist, nicht wahr?«

»Vollkommen. Und auch wenn er mir fehlt, bin ich nicht traurig; ich bin ihm nicht böse, weil er keine andere

Wahl hatte. An seiner Stelle hätte ich nicht anders gehandelt, und selbst für mich ist sein Schritt eine Verlockung.«

»Nicht doch!«

»Beruhigen Sie sich, ich werde nicht verschwinden. Ich will nach Rom gehen, und dort würde man mich finden.«

Giuliano schaut mich kopfschüttelnd an. Er wirkt nicht mehr so düster wie zu Beginn unserer Unterredung. Es ist mir gelungen, ihn von meiner Gewißheit zu überzeugen. Ich lege die Hand auf seine Schulter.

»Bevor Sie zu Bett gehen, Giuliano, wollen wir noch eine Schenke aufsuchen. Ich möchte meinen Becher auf das Wohl und die Zukunft meines Bruders heben.«

Er läßt sich leicht überreden.

Wir machen uns auf den Weg. Um diese Stunde ist Reims ruhig, aber nicht menschenleer. Die Leute besuchen einander gegenseitig, die älteren Studenten drängen sich in den Kneipen, die Nachtruhe ist noch nicht eingekehrt. Der Wächter verkündet, es sei acht Uhr, und alles sei zum besten bestellt. Als wir die Straße der Engländer verlassen und in Richtung der Universität gehen, kommen wir an einer Reihe von gewölbten Wirtshaustüren vorbei, aus denen einem Schreie, Gelächter und Lieder in Wellen entgegenschlagen.

Ich hebe die Augen. Der Himmel ist voller Sterne.

»Ich frage mich, wo Adrian sein mag.«

»Wenn Sie recht haben, segelt er auf hoher See.«

Innerlich rede ich mit ihm: »Auf Wiedersehen, Adrian. Wir werden uns wiedersehen. Sei glücklich!«

»Francis, wir sind da.«

Er stößt die Türe auf, und wir betreten die *Belle-Etoile*.

X

Mault's come down, mault's come down
From an old Angell to a French crown.
There's never a maide in all this town
But well she knowes that mault's come down.

»Malt has come down«
»Catch«, Abzählvers

Das Malz ist geschnitten, das Malz ist geschnitten
Von einem alten Engel für Frankreichs Krone.
Kein Mägdlein in der ganzen Stadt
Weiß nicht, daß das Malz nun eingebracht.

Adrians *Abreise* – ich weigere mich, das Wort »Verschwinden« zu gebrauchen – war der Auftakt zu einem Wirbel von Ereignissen, die mein Leben in Reims erschüttern wie eine Kanonensalve.

Die Geschichte überstürzt sich. Die Lage im Königreich ist so verworren, daß viele Leute, und ganz besonders wir Ausländer, am Ende ihres Lateins sind.

Ein Ereignis jagt das andere in einem Tempo, daß ich nach so vielen Jahren nicht mehr mit Bestimmtheit weiß, in welcher Reihenfolge sie sich abspielten.

Der Tod der schottischen Königin Maria Stuart zum Beispiel. Ich bin nicht ganz sicher, ob ich vor oder nach Adrians Abreise davon gehört habe.

Dagegen erinnere ich mich ganz genau, was wir bei dieser Gelegenheit getan haben. Alle Studenten des Kollegiums erhielten die Weisung, sich am nächsten Morgen vom

Unterricht dispensieren zu lassen und in die Kathedrale zu gehen.

Barret ließ mich kommen.

»Tregian, Sie haben sicher ein Requiem in Ihrem Repertoire.«

»In Saint-Jacques gibt es eine Partitur, glaube ich, aber ich habe noch nie ...«

»Der Abend steht Ihnen zur Verfügung. Lernen Sie sie, so erfüllt Ihre Musik wenigstens einen Zweck. Ich erwarte von Ihnen, daß Sie morgen fehlerfrei spielen.«

»Wer ist denn gestorben, mein Herr?«

»Das werden Sie morgen mit allen anderen erfahren. Gehen Sie!«

Ich eilte geradewegs nach Saint-Jacques und läutete an der Türe von Abbé de la Lobe.

Er hörte sich meine Erklärungen an.

»Ich habe diese Messe nie angeschaut, und ich weiß auch nicht, weshalb ich sie spielen soll ...«, schloß ich noch ganz außer Atem.

Im Laufe unserer häufigen Begegnungen hatte mich der Abbé ins Herz geschlossen und behandelte mich wie einen Hausgenossen.

»Die Messen und abendlichen Gebetsstunden hat der Kardinal angeordnet, und wenn Sie es niemandem verraten, sage ich Ihnen den Grund.«

»Einverstanden, ich sage nichts.«

»Maria Stuart ist gestorben.«

»Wie? Maria Stuart ...?«

»Sie wurde von der Ketzerin umgebracht.«

»Wie das?«

»Der Bastard Elisabeth hat sie enthaupten lassen.«

»Sie hat sie ...«

»Hier haben Sie eine Totenmesse und ein Miserere, versuchen Sie das zu spielen.«

Ich setzte mich und entzifferte die Noten mit Hilfe des

Abbé. Es war eine Annäherung, aber das reichte. Ich hielt mich an die Melodie, während ich die Begleitung weitgehend improvisierte.

Maria Stuart war tot!

Für die Katholiken war diese Enkelin von König Heinrich VII. die rechtmäßige Königin, während Elisabeth als Tochter dieser Anne Boleyn, die von der Kirche nie als Gemahlin von Heinrich VIII. akzeptiert worden war, ein Bastard war, eine Usurpatorin. Maria Stuart war schon seit Jahren in England gefangen. Warum hatte man sie ausgerechnet jetzt hingerichtet?

Am nächsten Tag hielt uns der Kardinal von Lothringen selbst eine Predigt – der Prinz-Kardinal von Lothringen war ein Bruder des Herzogs von Guise –, und Abbé Parsons war eigens gekommen, um uns die Nachricht zu überbringen.

Maria Stuart war die Nichte der Guises. Die Guises und der König von Spanien, dessen Cousine sie war, waren fest entschlossen, sie zu rächen – ihr Tod war der Vorwand für zahllose haßerfüllte Reden und Säbelgerassel.

In den darauffolgenden Wochen häuften sich die Flugschriften: Heinrich von Navarra, der legitime französische Thronfolger nach dem Tod von Heinrich III. von Valois, wurde darin als eine Art künftige Elisabeth dargestellt, der Frankreich in ein hugenottisches Land verwandeln werde. Die Katholiken hätten einzig die Wahl zwischen dem Exil und dem Tod.

Diese Aussicht erhitzte die Gemüter. Die Erregung erreichte ihren Höhepunkt.

*

Kaum hatten wir diese Neuigkeit verdaut, wurde Reims von der Schlacht von Coutras erschüttert: Der Protestant Heinrich von Navarra hatte den vom Herzog von Joyeuse befehligten Katholiken eine vernichtende Niederlage bereitet.

In Reims war es nicht angezeigt, den König von Navarra zu rühmen; dennoch zirkulierten Gerüchte über ihn, die beunruhigend waren, aber auch Bewunderung hervorriefen. Man sagte, er sei ein gefürchteter General von unerhörter Tapferkeit. Die Zahl der von ihm eroberten Garnisonen wechselte je nach Bericht. Er setzte sein Leben aufs Spiel wie ein gewöhnlicher Hauptmann. Er konnte zwei Wochen ohne Schlaf auskommen. Seine Männer waren ihm blind ergeben. Ohne Zögern griff er zur Hacke und hob Schützengräben aus, und bei einem Angriff stürzte er sich stets als erster ins Kampfgetümmel.

Es fanden sich Reisende, die als Augenzeugen von der Schlacht von Coutras berichten konnten, obwohl sie am andern Ende Frankreichs unweit von Bordeaux stattgefunden hatte.

Vor dem Kampf soll Heinrich von Navarra seine Infanteristen und Reiter mit einer Rede angefeuert haben:

»Meine Gefährten«, soll er gesagt haben, »es geht um den Ruhm Gottes, um die Ehre und um Menschenleben, ob wir weglaufen oder siegen. Der Weg vor uns liegt offen. Laßt uns aufbrechen im Namen Gottes, für den wir kämpfen.«

Und einer der Zeugen hatte mit einer Prise Rührung hinzugefügt:

»Darauf stimmte diese Armee von Ketzern wie ein einziger Mann einen Psalm an, der durch die ganze Ebene hallte.

Dies ist der Tag,
den der Herr gemacht hat;
laßt uns frohlocken
und seiner uns freuen …

Es war ergreifend.«

Dann eröffneten die hugenottischen Kanonen das Feuer und brachten die ungestüm angreifenden Reiter von Joyeuse zu Fall. Die erste Linie der Hugenotten war unter dem Ansturm zusammengebrochen, aber die Schwadronen von Joyeuse trafen auf die in Reserve gehaltenen Reiter hinter den Kanonen.

»Navarra hatte zwischen ihnen Bogenschützen postiert. Jede Linie Berittener wurde von einer Linie Schützen gedeckt. Das hatte man noch nie gesehen! Sie richteten ein Massaker an.«

Im anschließenden Handgemenge hatte die katholische Infanterie fast kampflos das Feld geräumt. Der König von Navarra, stets an der Spitze des Getümmels, wäre beinahe gefangengenommen worden. Schließlich wurden der Herzog von Joyeuse und sein Bruder getötet, ebenso zweitausend ihrer Männer. Den Katholiken blieb nur die wilde Flucht.

»Beim Rückzug ließen sie alles Gepäck und eine Menge herrenlose Pferde zurück. Wißt ihr, was *er* getan hat? Zwischen den Toten lagen Verwundete in großer Zahl. Er hat verboten, sie zu töten, und jedem, der die Hand gegen die Gefangenen erheben sollte, mit unerbittlicher Bestrafung gedroht. Und er hat den sterblichen Hüllen von Joyeuse und seinem Bruder alle Ehre erwiesen, die ihrem Rang gebührt. Unfaßbar!«

Und nachdem er sich umgeschaut hatte, um sich zu vergewissern, daß kein Jesuit in Hörweite war, flüsterte er:

»Einige Soldaten in seinem Gefolge äußerten ihren Unmut und fragten ihn nach dem Grund seiner Nachsicht. Er antwortete ihnen: ›In meinem Herzen ist mehr Platz für Mitleid als für Haß.‹«

Um den Erzähler breitete sich ein verlegenes Schweigen aus. Sollte der Antichrist etwa ein ehrenwerter Mann sein?

*

Einige Tage später erreichte uns die Nachricht vom Sieg von Guise über die Söldner von Navarra. Die Haudegen wurden auf ihrem Abzug nach der Schlacht von Coutras in der Nähe des Marktfleckens Auneau vom Herzog überrascht und geschlagen.

Guise war ebenso wacker gewesen wie Navarra und hatte das Schlachtfeld mit ebenso vielen Toten übersät. Die in Reims, der Hauptstadt der Diözese Lothringen, abgehaltenen Dankgottesdienste waren nicht mehr zu zählen.

Ich kann mir kaum mehr vorstellen, wie wir mitten in diesen Wirren ruhig unsere Vorlesungen in Kasuistik besuchten und uns damit herumschlugen, ob ein englischer Katholik sein Testament zugunsten seiner Kinder machen dürfe, wenn diese zum reformierten Glauben übergetreten waren, ob das von der Kirche vorgeschriebene Fasten einzuhalten sei, ob ein Priester bei der Messe die Anwesenheit katholischer Diener dulden dürfe, die aus verständlichen Gründen ihren ketzerischen Herrn zu den reformierten Gottesdiensten begleiteten, und so weiter. Ich hörte nur mit halbem Ohr zu.

Der Unterricht in Kasuistik artete übrigens bald in politische Debatten aus. Ich erinnere mich an eine Diskussion an jenem Tag, als wir erfuhren, der Herzog von Savoyen habe die Absicht, Genf zu erobern und fordere die französischen Katholiken dazu auf, die Stadt einzunehmen und zu zerstören.

»Genf ist der Ursprung und die Stütze der Häresie. Die Einnahme dieses Herdes der Unterwanderung, welcher die Welt unablässig herausfordert, ist die vornehme und natürliche Pflicht jedes Katholiken. Die Zerstörung der Stadt Calvins ist ein heilsamer Akt.«

»Der König von Frankreich«, bemerkte einer der Studenten mit harter Stimme, »ist ein halber Hugenotte, er widersetzt sich dieser Idee.«

»Weil er kein Vertrauen in den König von Spanien hat

und die Nation über die Religion setzt. So sollte ein guter Katholik nicht argumentieren.«

Ich hätte mir eine Vorlesung in Kasuistik gewünscht, um die Frage zu klären, ob die Religion wirklich über der Nation stehen darf. In Verlegenheit brachte mich auch, daß wir der Königin Elisabeth Gewalttätigkeit vorwarfen, dabei aber selber die Zerstörung predigten.

Unglaublich scheint mir im Rückblick, daß ich mich damals noch mit Musik beschäftigen konnte. Sicher überspringt meine Erinnerung vergleichsweise ruhigere Zeiten.

Das Echo aus den belagerten Städten – von den Hugenotten eingenommen, von den Papisten zurückerobert, erneut von den Hugenotten gestürmt – erreichte uns in regelmäßigen Abständen aus dem Mund beredter Reisender. Ich hielt es für besser, mich körperlich in Form zu halten: Eines Tages würde ich mich wohl wieder auf einem Schlachtfeld befinden. Ich teilte meine Freizeit zwischen der Musik und einem Fechtlehrer, der meine soldatische Ausbildung vollendete. Ich bildete mir ein, stark zu sein, aber mit französischem Ungestüm belehrte mich mein neuer Fechtmeister im Nu eines Besseren.

»Sie haben eine solide Grundlage, mein junger Mann, daraus läßt sich etwas machen. Obacht, mein Herr!«

Und ohne weitere Umstände begann er mich heftig zu attackieren.

Zur selben Zeit verbrachte ich die Tage damit, meinem Latein den letzten Schliff zu geben; meine Lehrer lobten meine Sprachgewandtheit und versuchten gelegentlich – allerdings ohne Nachdruck –, mich zur Priesterlaufbahn zu überreden:

»Sie würden einen wundervollen Prälaten abgeben! Sie haben die nötige Autorität im Auftreten und den Blick eines Predigers«, seufzten sie.

*

Das verrückte Jahr 1588 hatte eben erst begonnen.

Ende Mai kamen Einwohner von Reims in größter Aufregung aus Paris zurück: Das Volk hatte sich erhoben und in den Straßen Barrikaden errichtet. Der Herzog von Guise, in dem die Hälfte Frankreichs den künftigen König sah, war als Triumphator in die Stadt eingezogen, und die Leute riefen ihm zu:

»Hier kommt unser Retter!«

Höchst widersprüchliche Geschichten wurden herumgeboten: Die einen erzählten, Katharina von Medici habe Guise töten wollen, die anderen behaupteten, Guise habe die Ermordung Heinrichs III. in die Wege geleitet. Die eifrigen Katholiken fanden, Heinrich III. sei zu nachgiebig gegenüber den Hugenotten, vernünftigere Stimmen erklärten, dies sei die einzige Art, den spanischen König in Schach zu halten, und einige Leute sagten sogar, Heinrich von Navarra habe den König nach Coutras geschont, obwohl er mit Leichtigkeit eine zweite Schlacht hätte gewinnen können, die den Herrscher in die Knie gezwungen hätte: Navarra sei mehr daran gelegen, die königliche Würde zu bewahren, als seine eigene Stärke zu beweisen.

Es verging keine Woche, ohne daß jemand zu uns kam, um uns über den Stand der Dinge zu berichten. Mit der Zeit achtete ich nicht mehr darauf. Alles schien sich in der Hauptstadt abzuspielen, im Umkreis des Louvre und des Stadthauses von Guise. Heinrich von Guise und Heinrich von Valois spielten eine fintenreiche Schachpartie, aber keinem war wirklich daran gelegen, den andern zu beseitigen.

Gegen Ende dieses Monats Mai sickerte am englischen Kollegium das Gerücht durch, der König von Spanien sei im Begriff, mit einer Flotte von hundertfünfzig Schiffen auszulaufen, um England zu unterwerfen. Hundertfünfzig Schiffe! Ich hielt mein Land für verloren. Einmal hatte ich ein spanisches Schiff an der Küste bei Eu* gesehen, ein

Monstrum, das zehnmal höher war als die englischen Schiffe – England besaß sicher nicht hundertfünfzig Kriegsschiffe. Zudem segelte die Hälfte seiner Flotte auf dem Meer in Richtung Amerika.

Die Ligisten in Paris gegen Heinrich III., die spanische Flotte gegen die Engländer – war es Zufall oder Plan, daß die beiden Ereignisse zusammenfielen? Eine weitere Frage, die ich für mich behalten mußte. Adrian fehlte mir schrecklich; er war der einzige, dem ich meine Verwirrung hätte anvertrauen können.

Es kommt mir so vor, als wäre es am nächsten Tag gewesen, aber zweifellos war es einige Wochen später, als sich das Gerücht verbreitete, Drake habe die Armada vor Calais angegriffen. Die Nachrichten erreichten uns nur bruchstückhaft, aber sie waren um so beunruhigender und schwer zu glauben.

Wie konnte es geschehen, daß die Armada vor Calais unterging? Warum hatte sie nicht Cornwall angesteuert? Die Küste war seit den Zeiten von Heinrich VIII. befestigt, so sehr fürchtete man eine Invasion von dort, aber sie blieb am verwundbarsten. Daß der Flottenkommandant es wagen konnte, in den unberechenbaren Ärmelkanal einzufahren, schien unmöglich. Sogar ein Anfänger wie ich wußte, daß dies zu gefährlich war.

In den Kirchen von Reims vermischten sich die Verwünschungen gegen »den Valois« mit den Gebeten für den Sieg Philipps II. Ich spielte bei zahllosen Gottesdiensten.

Christoph More sagte mit strahlendem Gesicht:

»Laßt uns fest für den Sieg der Spanier beten. Wir werden in unser Land zurückkehren und in aller Freiheit unseres Amtes walten können. Gott ist mit uns, wir werden siegen.«

Das waren unkluge Worte. Obwohl man versucht hatte, uns die ganze Tragweite zu verschweigen, wurde immer klarer, daß die Armada eine vernichtende Niederlage erlitten hatte. Gegen Ende des Jahres wurden die Nachrichten der ersten Tage um immer neue Einzelheiten ergänzt. Die Zahlen, die herumgeboten wurden, waren unglaublich: fünfzehntausend Tote, hundert gesunkene Schiffe. Die Armada soll Millionen von Dukaten gekostet haben – fünfzig nach den einen, hundert nach den andern, jedenfalls eine Summe, die Spanien ruiniert hatte. Das hinderte Philipp II. nicht daran, bis zu seinem letzten Atemzug darum zu kämpfen, seine Macht auf ganz Europa auszudehnen. Doch trotz fortgesetzter Bemühungen wurde er niemals mehr so gefährlich wie vor der Versenkung seiner ersten Armada.

Reims, die Hauptstadt der Guises, war so fest in der Hand der Liga, daß die Niederlagen der Katholiken verschwiegen wurden. Zwar fand sich stets jemand, der einem sagte, wie die Dinge standen. Aber da es sich um einzelne Stimmen handelte, die sich nur vorsichtig zu äußern wagten, wußte man nie, welche der Geschichten die richtige war – diese Lage begünstigte natürlich das Fabulieren, und an Phantasten fehlte es nicht.

*

Am Weihnachtsmorgen saß ich an der Orgel, und der Abbé de la Lobe las die Messe, als in der Öffnung der kleinen Holztreppe, die zur Empore führt, Giulianos Kopf auftauchte. Er besuchte mich regelmäßig in Reims. Im ersten Moment lächelte ich ihm zu, glücklich, ihn zu sehen. Aber auf den zweiten Blick merkte ich, daß etwas nicht stimmte.

Ohne im Spiel innezuhalten, forderte ich ihn auf, näherzutreten.

Er war von Kopf bis Fuß mit Staub bedeckt.

»Ich komme von Paris«, flüsterte er. »Der König hat den Herzog von Guise ermorden lassen.«

Mein falscher Akkord ließ sicher die ganze Schar der Gläubigen zusammenzucken. Giuliano setzte sich auf einen Schemel und schlief auf der Stelle ein.

»Ich bin Hals über Kopf hierhergeritten«, sagte er mir nach der Messe. »Ich überbringe Ihnen einen Brief von Sir John. Ich bin ursprünglich aus geschäftlichen Gründen nach Paris gereist und gedachte zu Beginn der nächsten Woche hier einzutreffen. Doch dann hat die Leibgarde des Königs vor zwei Tagen im Morgengrauen den Herzog von Guise getötet. Sein Bruder, der Kardinal von Lothringen, ist im Gefängnis und hat sein Leben wohl verwirkt. Ich halte es für möglich, daß der König, nachdem er die Guises eliminiert hat, ihre Stadt Reims einnehmen läßt, und ich wollte vor der königlichen Truppe hier eintreffen, wenn es denn dazu kommen sollte.«

Der König hat seine Truppe nicht geschickt, aber die andere Voraussage von Giuliano erwies sich als richtig: Kaum zwei Tage darauf erfuhren wir vom Tod *unseres* Kardinals. Es war zwingend: Hätte Heinrich III. ihn am Leben gelassen, hätte dieser junge Prälat mit dem Gehabe eines Feldherrn den Tod seines Bruders mit allen Mitteln zu rächen versucht.

Abbé Parsons, der es verstand, wie ein Springteufel aus der Büchse aufzutauchen und zu verschwinden, ist gerade im richtigen Augenblick erschienen, um uns in einer langen Predigt einzuschärfen, den Glauben unter keinen Umständen preiszugeben.

An dieser Stelle muß ich eine Bemerkung über Robert Parsons einschieben. Er war ein Jesuit, etwa im Alter meines Vaters. Man erzählte, er sei mit dem berühmten Pater Edmund Campion, einem Märtyrer der ersten Stunde, als Missionar unterwegs gewesen und im letzten Augenblick aus England geflohen. Nun lebte er in Spanien oder in Rom.

Er war ein hochgewachsener, finsterer Mann.

Er war eng mit den Guises befreundet gewesen, und er war es, der sie dazu überredete, in Eu eine Schule zu eröffnen. Zusammenfassend würde ich sagen, daß die Katholiken ihn als notwendiges Übel betrachteten. Er war Jesuit bis in die Fingerspitzen – die Verschlossenheit war ihm zur zweiten Natur geworden.

Wenn man ihm vorhielt, er mische sich in die Politik ein, protestierte er jedesmal entrüstet:

»Niemals!« sagte er mit der ausladenden Gebärde des Predigers. »Gott verlangt, daß wir ihm in der Religion dienen, ohne uns um die Dinge dieser Welt zu kümmern. Meine einzige Sorge gilt Seinem Reich.«

Doch für das Reich Gottes war er zu allem bereit – sogar dazu, das englische Reich zu verschleudern. Er war unermüdlich. Er war unablässig auf Reisen und organisierte, erteilte Ratschläge und schrieb.

Zur Zeit des Aufstands in Paris und der Armada sahen wir ihn öfter als sonst, denn Doktor Allen, der inzwischen Kardinal geworden war und ständig in Rom residierte, hatte ihn nach Flandern geschickt, um die Armada zu »empfangen« – man frage mich nicht, was ein Mann dort zu suchen hatte, der sich nicht in die Politik einmischt ...

Dann ging er nach Spanien, um das englische Kollegium von Valladolid zu gründen und zu leiten, an das er einige Studenten von Reims holte. In einem seiner Briefe bestand er darauf, daß auch ich zu ihm geschickt werden sollte. Ihm zufolge hätte mein Vater es gern gesehen. Das war ein Vorwand. Parsons hatte immer eine Art gehabt, mir nahezutreten und den Arm auf meine Schulter zu legen, als wollte er mich zum Komplizen machen, die ich verabscheute. Manchmal hatte ich den Eindruck, er mache mir den Hof, wie ein Mann eine Frau umwirbt, und ich wünschte, ihn nie mehr wiederzusehen.

Barret wollte mir befehlen abzureisen.

»Das kommt nicht in Frage, ich habe mein Studium abzuschließen und möchte das in Frankreich tun.«

»Es ist nicht an Ihnen, darüber zu entscheiden«, antwortete er in seinem unangenehmen Tonfall. »Gott ruft.«

»Nein, weder Gott noch mein Vater, von dem ich nichts weiß, sondern Pater Parsons«, gab ich zurück mit dem Risiko, dafür ausgepeitscht zu werden.

Aber mit meinen fast sechzehn Jahren hatte ich meine volle Körpergröße erreicht, und glücklicherweise vergaßen darob alle mein vergleichsweise zartes Alter.

»Ohne schriftlichen Befehl von Sir John Arundell, der mich in Obhut genommen und hierher geschickt hat und der meine Pension bezahlt, werde ich Reims nicht verlassen.«

Abgesehen von allen anderen Erwägungen konnte ich machen, was ich wollte: Als guter Engländer, der ich bin, empfand ich die Spanier als Feinde. Ich weigerte mich, mit ihnen etwas zu tun zu haben.

Hier endet meine Bemerkung über Parsons. Je weniger ich an ihn denke, desto wohler fühle ich mich.

Die Ereignisse nahmen auch weiterhin einen rasenden Lauf.

Uns wurde versichert, der König von Navarra, der sehr krank war, sei gestorben, doch trotz der Gebete der Katholiken aus England und Reims, die unter dem Siegel der reinsten christlichen Barmherzigkeit Gott – oder eher den Teufel – anflehten, ihn zu sich zu nehmen, hat er sich wieder erholt.

Katharina von Medici ist einige Wochen nach dem Herzog von Guise und dem Kardinal von Lothringen an Altersschwäche gestorben. Es wurde behauptet, daß sie nach dem Tod ihres Gemahls Heinrich II. regiert habe und daß nun für ihren Sohn die Stunde der Wahrheit gekommen sei – endlich werde man sehen, was er zustandebringe.

Dafür blieb kaum Zeit.

Heinrich III. war in einer schwierigen Situation. Weil er einen Kardinal hingerichtet hatte, hatten die Theologen der Sorbonne das Volk von der Gehorsamspflicht entbunden.

»Wir haben keinen König mehr«, sagten die Leute. Der Kampf gegen die Extremisten der Liga war hart. Im Frühling tat Heinrich III. zweifellos das einzig richtige: Er näherte sich dem König von Navarra an. Dem Salischen Gesetz zufolge war Heinrich von Bourbon-Navarra der legitime Nachfolger Heinrichs III. von Valois. Die beiden Könige waren eine Zeitlang zusammen aufgewachsen, und nur die Staatsräson trennte sie. Trotz unterschiedlichen Glaubens kamen sie rasch zu einer Verständigung: Beide waren sich einig, daß die Nation an erster Stelle stand. Sie hatten beschlossen, Paris zu erobern, das von den Ultrakatholiken unter Anführung des Herzogs von Mayenne, dem jüngeren Bruder der beiden ermordeten Guises, gehalten wurde. Und im Augenblick, da alles ins Lot zu kommen schien, wurde Heinrich III. von einem Fanatiker erdolcht.

Frankreich hatte nun einen protestantischen König – Heinrich IV.

Reims machte sich auf ein Massaker an den Katholiken gefaßt – eine Bartholomäusnacht unter umgekehrten Vorzeichen. Um die Angst zu verjagen, wurde gebetet, man hüllte sich in Mönchskutten und machte Prozessionen.

Ich will hier nicht näher auf die Geschehnisse jener Zeit eingehen. Die Vorgänge erfüllten mich aber mit leidenschaftlichem Interesse, und ich vernachlässigte die Musik, um in den Kneipen den Diskussionen zuzuhören. Wenn ich die Gelegenheit hatte, in einen Sattel zu steigen, trotzte ich der Gefahr – man riskierte in jedem Augenblick, von Räubern überfallen oder von Söldnern getötet zu werden –, überwand meine Angst und ritt aus der Stadt nach

Süden, um mit den Leuten zu sprechen. Ich versuchte, mir eine Meinung zu bilden.

Man wird verstehen, daß ich ohne Zögern einwilligte, als Barret mich rufen ließ und mir einen seiner unwiderruflichen Befehle erteilte:

»Ich habe vernommen, Sie seien ein guter Reiter und verstünden sich zudem hervorragend aufs Fechten, Tregian.«

»...«

»Zudem kennen Sie die Gegend von Eu. Trauen Sie sich zu, lebendigen Leibes nach Eu zu gelangen?«

Barret redete nie um den Brei herum.

»Ich kann es versuchen.«

»Der Herzog von Mayenne hält sich dort auf, und wir müssen ihm eine dringende Botschaft zukommen lassen. Es könnte aber sein, daß Sie feindliche Linien durchqueren müssen.«

»Feindliche?«

»Ich spreche von Navarra.«

»Von ... ach so! Sie meinen den König von Frankreich!«

»Ich spreche von den Linien der Hugenotten, und vor allem will ich eines nicht: daß Sie sich von ihnen erwischen lassen.«

»Wie gesagt, mein Herr, ich will es versuchen. Soll ich allein reiten?«

»Wir würden es vorziehen. So erwecken Sie am wenigsten Aufmerksamkeit.«

Er übergab mir eine verschlüsselte Botschaft, in der von Vogelfang die Rede war und von der ich kein Wort verstand.

Trunken vor Glück machte ich mich auf den Weg. Drei Jahre waren vergangen seit meiner Ankunft, und ich hatte an Selbstsicherheit gewonnen. Und der Gedanke, daß ich diese Reise ganz allein unternahm, ließ mich alle Gefahren vergessen.

Als ich zum erstenmal durch die Gegend kam, war sie vom Krieg verwüstet, aber im Vergleich zu dem, was ich jetzt sah, war sie geradezu lieblich gewesen. Jetzt war die Trostlosigkeit allgegenwärtig. Es war im September, und überall waren ungeerntete Felder zu sehen, die Rebstöcke waren noch voller Blätter, von Pferdehufen zertrampelt und abgebrannt, eine Weinlese würde hier wohl kaum stattfinden. Ich vermied die bekannten Routen und zog es vor, mich von Zeit zu Zeit zu verirren. Ich war bis an die Zähne bewaffnet, doch ich hatte das Aussehen eines armen Seminaristen und ritt auf einem Klepper; niemand schenkte mir die geringste Beachtung. Nach vier Tagen traf ich ohne Zwischenfall in Eu ein.

Die Armee von Mayenne war abgezogen und der Herzog selber soeben abgereist.

XI

My fancie did I fire
in faithful form and frame:
In hope ther shuld no blustring blast
have power to move the same.
And as the gods do know,
and world can witnesse heare:
I never served other saint,
no Idoll other where.

»All in a Garden green«
Volkstümliche Ballade

Meine Träume habe ich entfacht
in altbewährter Weise:
und hoffe, kein wütender Windstoß
könne sie verjagen.
Die Götter wissen es wohl,
die Welt kann es bezeugen:
Nie hab ich einem andern
Heiligen noch Götzen gedient.

Einen Moment lang bin ich unschlüssig: Soll ich mich eilends auf die Suche nach Mayenne machen oder eine Stunde für meine Privatangelegenheiten opfern?

Ich muß Jane unbedingt wiedersehen.

In der Küche hält sie ihr drittes Kind in den Armen, ein wenige Wochen altes Töchterchen. Mein Patenkind Francis hält sich an der Schürze seiner Mutter fest. Er ist rund

und heiter, eine kleine Ausgabe seines Vaters. Guillaume ist in der Schule.

»Als Sie noch ein Kind waren«, sagt sie, nachdem wir uns innig umarmt haben, »glichen Sie Ihrem Vater, aber nun, da Sie ein Mann sind, gleichen Sie viel stärker Ihrem Großvater John. Ihre Gesichtszüge zeigen seine Entschlossenheit auf, die Ihrem Vater außer in Fragen des Glaubens immer gemangelt hat.«

Sie sieht so sanftmütig und heiter aus, daß ich einer plötzlichen Regung folge.

»Jane, ich weiß nicht, was Sie und Giuliano denken, was Sie tun. In diesem Spannungsfeld zwischen Papisten und Hugenotten, in dem wir alle stecken, weiß ich manchmal nicht mehr, was ich glauben soll.«

Sie schaut mich mit ihrem offenen Blick an, der, wie man sagt, ein Spiegel des meinen ist.

»Mein lieber Francis, was wollen Sie damit sagen?«

»Ich spreche von diesem absurden Krieg. Da stehe ich vor Ihnen als Übermittler einer Nachricht für Mayenne, den Bruder meines ermordeten Kardinals, damit er gegen Heinrich, König von Navarra und Frankreich, gewinnen kann. Tag für Tag höre ich, was gegen die Königin von England gesagt wird. Man betete – man betete zu Gott, Jane! –, Er möge sie vernichten. Aber Gott hat sie verschont. In Reims sagten sie, Gott sei mit uns, und dann haben wir verloren. Und wenn Er nun auf der Seite der anderen wäre? Ich bin ein Ehrenmann, eher würde ich sterben, als diese Botschaft nicht zu überbringen. Aber die Niederlage des Königs Heinrich wünsche ich mir nicht.«

Ich habe in einem Atemzug gesprochen, es kommt mir vor, als hätte ein anderer diese Worte gesagt. Ich habe Tränen in den Augen. In meiner Gefühlsaufwallung erzähle ich Jane von meiner Begegnung mit Elisabeth von England.

»Master Francis, dies sind schlechte Zeiten für Männer guten Willens. Sie werden noch heftiger verfolgt als die Ketzer. Im Augenblick gilt jener als Held, der sich bedingungslos auf eine Seite stellt und mit Stolz sagen kann: Wir sind gut, wir sind Gottes Kinder, die andern sind schlecht, sind Ausgeburten der Hölle.« Errötend fügt sie hinzu: »Wir hatten befürchtet, auch Sie seien unter dem Einfluß der Jesuiten intolerant geworden.«

Lange schweigt sie.

»Was Ihr Vater für seine Pflicht hielt, war wohl ein schwerer Irrtum, von dem sich Ihre Familie nicht mehr erholen wird«, sagt sie schließlich mit erstickter Stimme.

»Und Giuliano?« frage ich, um etwas zu sagen.

»Giuliano ersetzt Sir John die Beine, den Mund und die Augen. In seinem Auftrag reist er kreuz und quer durch Europa und versucht das Unversöhnliche zu versöhnen: daß die Machthaber die Glaubensfreiheit zulassen. Es wäre nicht einmal so schwer, die Herrscher zu überzeugen. Doch die Untertanen brauchen die Gewißheit eines gesicherten Paradieses. Heinrich von Navarra, so sagt man, kümmert sich nicht um die Religion. Er ist ein guter Christ, aber keineswegs engstirnig. Dasselbe gilt für Elisabeth. Man munkelt auch, Heinrich III. von Valois sei wegen seiner Toleranz ermordet worden.«

»Heinrich III.? Aber der tat doch unablässig Buße ...«

»Merken Sie sich, mein lieber Francis – und das ist vielleicht die letzte Sache, die ich Ihnen einschärfen möchte –, daß man zutiefst gläubig sein kann, ohne gleich jene dem Tod zu weihen, die diesen Glauben nicht teilen. Für Heinrich III. war die Religion eine persönliche Angelegenheit, die nichts mit dem Staat zu tun hat.«

Erneutes Schweigen. Sie hat soeben meine drängendste Frage beantwortet.

»Ich zum Beispiel«, fährt sie fort, »halte es für möglich, daß Ihre Gedanken Sie geradewegs in die Hölle führen.

Doch ich überantworte Sie deswegen nicht dem Scheiterhaufen. Ich bete zu Gott, Er möge Ihnen einen unerschütterlichen Glauben schenken. Leider neigen die Leute zur Ansicht, wer nicht für sie sei, sei gegen sie. Wir werden für Ausgeburten der Hölle gehalten, weil wir den Ausgleich suchen.«

»Was soll ich tun?«

»Nun, Master Francis, wenn Sie am Leben bleiben wollen, müssen Sie schweigen und beten, der Tag möge kommen, an dem der Glaube die Angelegenheit eines jeden einzelnen sein wird. Bis zu diesem Tag darf kein Wort über Ihre Lippen kommen. Handeln Sie nach Ihren Möglichkeiten. Denken Sie daran, was Old Thomas Ihnen gesagt hat: ›Danken Sie dem Herrn für Seine Gnade, indem Sie das Beste aus den Gaben machen, die er Ihnen geschenkt hat. Sie haben Pflichten, aber Sie sind ein freier Mann. Die Kunst des Lebens besteht darin, diese beiden Pole miteinander zu versöhnen.‹«

Ihre Worte und ihr Anblick geben mir Kraft. Sie hat sich kaum verändert seit der Zeit, als sie meine Amme war. Ich allerdings habe mich verändert, denn manchmal vergesse ich, daß sie mich gestillt hat, und ihre Schönheit verursacht eine Verwirrung, die mir bislang unbekannt war.

Ich verabschiede mich, ohne Guillaume gesehen zu haben.

Giuliano ist in London, vielleicht auch in Rom oder in Paris, Jane weiß es nicht genau.

Ich muß das Lager des Herzogs von Mayenne finden.

Das ist nicht so einfach. Er ist aufgebrochen zur Eroberung von Dieppe, wohin sich Heinrich zurückgezogen hat. Ein Teil seiner Vorhut ist noch da, aber ich kenne das Paßwort nicht, das mir Zugang verschaffen würde. Ein Offizier mustert meinen roten Haarschopf mit feindseligem Blick und erklärt:

»Sie könnten ein englischer Spitzel sein.«

Er nähert sich so drohend, daß mir angst und bange wird.

»Sind Sie Engländer?« fragt er mit Donnerstimme.

Ich krame mein reinstes Französisch hervor.

»Ich? Aber nein! Ich bin François Tréjean von Reims, zum Dienst abkommandiert. Und ich versichere Ihnen: Wenn Sie mich nicht zum Herzog von Mayenne bringen, wird er dafür sorgen, daß Sie es bereuen.«

Schließlich erbarmt man sich meiner.

»Gehen Sie dem Meer entlang, sie zogen in Richtung von Neuville. Aber schonen Sie Ihr Pferd, mein Herr, denn die Herbergen haben keine Pferde zum Wechseln mehr. Es sind wohl dreißigtausend Mann ins Feld gezogen.«

Ich mache mich wieder auf den Weg.

Das heillose Durcheinander dieses Septembertages hat selbst vor meinem Gedächtnis nicht Halt gemacht. Ich weiß, daß ich Mayenne begegnet bin, ich erinnere mich, wie er aufmerksam meinen Sätzen über den Vogelfänger und das Vogelgezwitscher lauscht, die ich von mir gebe, während ich mich gleichzeitig frage, wie ein derart korpulenter Mann ein großer Feldherr sein kann.

Als ich geendet habe, dankt er mir überschwenglich – offenkundig hat die Botschaft für ihn einen Sinn. Er bittet mich, in einigen Stunden wiederzukommen.

»Zuerst müssen wir diesem ketzerischen Zaunkönig eine Lektion erteilen.«

Ich verlasse das Zelt, steige in den Sattel und entferne mich etwas. Plötzlich bin ich von vier bewaffneten Männern umringt, die mich bedrohen.

»Nun, mein kleiner Abbé, was gibt es zu spionieren?«

Mehr als einmal habe ich mich zu erinnern versucht, wie ich die Linie zwischen den beiden Lagern überschritten hatte. Vergeblich.

Ich habe es nicht auf eine Diskussion ankommen lassen

– die Überraschung verschlug mir die Sprache. Außerdem blieb mir keine Zeit dafür. Ich sprang vom Pferd, und als ich auf dem Boden landete, hatte ich bereits Degen und Dolch gezückt. Diesmal sorgte ich für Überraschung. Die vier Männer – nach ihrer Kleidung handelte es sich um Offiziere – waren in der Defensive. Ich sagte mir, einer gegen vier sei der sichere Tod, doch wenn ich schon sterben müsse, wolle ich wenigstens noch meinen Spaß haben. Mein Fechtlehrer von Reims hatte mir beigebracht, wie man Helmbüsche abschneidet und Mäntel wegreißt. Einen Augenblick lang bot sich mir die Gelegenheit, lachend einige dieser spektakulären Stöße vorzuführen. Ich hatte keine Lust, jemanden zu töten.

Ihr Anführer machte dem Scharmützel ein Ende.

»Hört auf, Kameraden, ich möchte wissen, wer dieser fröhliche Geselle ist, der unsere Hüte aufspießt und darauf wartet, unsere Körper zu durchlöchern. Dabei habe ich Sie für einen Geistlichen gehalten!«

Wir verbeugten uns voreinander.

»Nun, mein Herr?«

»Ich bin François Tréjean d'Arondelle.«

Das ist alles, was mir einfällt. Es hat den Vorteil, daß es die französische Übersetzung eines wahren Sachverhalts ist, indem ich mich auf meinen adligen Stand berufe, ohne meine Nationalität unverhofft preiszugeben. Im selben Stil fuhr ich fort:

»Darf ich wissen, von wem ich die Ehre habe, aufgeschlitzt zu werden?«

»Wir sind Edelmänner, mein Herr, und wollen nicht zu viert gegen einen antreten. Entweder hängen wir Sie, weil Sie ein Spitzel sind, oder wir kämpfen einer gegen einen. Ich bin Charles de Troisville. Das sind Monsieur d'Ardenne, Monsieur d'Aubigné der Jüngere und Monsieur des Archets, alle im Dienste des Königs von Frankreich.«

Wir begrüßten uns feierlich.

»Und nun«, fuhr Troisville fort, »werden wir Sie durchsuchen, um sicherzugehen, daß Sie keine kompromittierenden Dokumente auf sich tragen.«

Ich verneigte mich noch tiefer:

»Ich bin untröstlich, mein Herr, aber meine Ehre untersagt es mir, mich lebendigen Leibes durchsuchen zu lassen. Doch ich gebe Ihnen mein Wort, daß ich nicht den kleinsten Fetzen Papier auf mir trage.«

In zunehmend ernsterem Tonfall setzten wir unser Gespräch bis zum Eintreffen einer kleinen Truppe fort, die mich gefangennahm und sogar durchsuchte. Aber diesmal waren es so viele, daß meine Ehre gerettet war. Ich wurde für einige Stunden in der Festung von Dieppe eingesperrt. Es blieb mir kaum Zeit, mir Sorgen zu machen, bis Monsieur de Troisville mich wieder herausholte.

»Da sind Sie ja, Monsieur Tréjean d'Arondelle! Ich habe dem König von Ihnen und Ihren Scherzen erzählt. Er möchte Sie kennenlernen.«

»Der König? Welcher König?«

»Nun ... der König von Frankreich selbstverständlich. Gibt es denn einen andern für Sie?«

»Nein, natürlich nicht. Aber eine solche Ehre für einen ganz gewöhnlichen Menschen wie mich ... Ich dachte ...«

Ganz ohne mein Dazutun sollte ich Heinrich von Bourbon kennenlernen! Ich war im siebenten Himmel.

»Tréjean! Hören Sie auf, so verklärt zu lächeln, und kommen Sie!«

Ich faßte mich wieder.

»Und meine Kleidung ...?«

»Lassen Sie nur. Wir sind im Begriff, eine Schlacht zu schlagen, zudem ist Heinrich IV. anders als die anderen Könige. Er schert sich nicht um Kleider.«

An jenem Tag glich Dieppe, das ich zum erstenmal sah, einem Ameisenhaufen. An verschiedenen Stellen wurden

Vorbereitungen zur Verteidigung der Stadt getroffen. Aufgrund der Topographie der Gegend hatte der König erwartet, Mayenne würde durch das Tal der Béthune kommen, einem kleinen Fluß, an dessen Mündung die Stadt Dieppe und das Schloß am linken Ufer errichtet wurden. Am rechten Ufer liegt der Vorort Pollet.

Da, wo die Béthune und ein anderes Flüßchen, die Arques, unweit der Stadt zusammenfließen, erhebt sich das Schloß, dem der Fluß den Namen gegeben hat. Heinrich hatte das Schloß als Vorposten der Verteidigung vorgesehen und dort die Artillerie plaziert. Durch ein System von Schützengräben war es mit der Stadt verbunden.

Doch an jenem Morgen wurde klar, daß Mayenne seine Marschrichtung geändert hatte. Meine vier zur Aufklärung ausgesandten Offiziere hatten entdeckt, daß der Feind nach Norden ging. Um der Gefahr einer Umzingelung zu entgehen, hatte Heinrich einen vierten Ort befestigt. Er hieß der Felssporn der Eaulne (nach einem anderen Fluß bei Dieppe), und hierhin begaben wir uns. Troisville begleitete mich bis zu einem armseligen Bauernhof, vor dem eine stattliche Zahl gesattelter Pferde standen.

All jene, die einmal in ihrem Leben Heinrich IV. begegnet sind, sagen es, und auch ich mache da keine Ausnahme: Dieser hagere, ergraute Mann, der ständig in Bewegung war, wirkte äußerst sympathisch und war gegenüber seinen Gesprächspartnern in jeder Situation von einer Aufmerksamkeit, die an ein Wunder grenzte. Zehn Leute hielten sich im Raum auf, doch wenn er sich mit einem unterhielt, hatte man das Gefühl, man sei mit ihm allein.

Am Tag, als die Schlacht von Arques begann, erzählte ich meine Geschichte – meine wirkliche Geschichte – diesem unbekannten König, in dem ich einen meiner schlimmsten Feinde hätte sehen müssen und der mich seinerseits ohne Zögern an den Galgen hätte bringen können.

Statt dessen stellte er mir tausend Fragen über meine Verwandtschaftsverhältnisse und schloß:

»Dann sind Sie also mit unserer Schwester Elisabeth verwandt?«

»Ja, Majestät. Eine meiner Ururgroßmütter war die Cousine des Königs Heinrich VIII. Und einer meiner Urgroßväter war der Graf von Derby. Mein Stammbaum geht auf die Plantagenets zurück. Ohne die Religionskriege wäre ich wohl am Hof, von mir selbst eingenommen und bereit, mich zu schlagen.«

»Heute hingegen ...«

In den Augen des Königs blitzt der Schalk.

»Heute bin ich nur bereit, mich zu schlagen.«

Alle brechen in ein Gelächter aus.

»Wenn Sie mir Ihr Wort darauf geben, nichts über unser Lager und unsere Verteidigungsanlagen zu verraten, können Sie nach Reims zurückkehren, mein Herr.«

»Ich danke Ihnen, Majestät, aber es käme mir sehr gelegen, wenn Sie mich einige Tage gefangenhalten würden. Dies um so mehr, als ein Spaziergang in der Gegend von Dieppe nicht ungefährlich ist.«

Der König versetzt mir einen kräftigen Schlag auf die Schulter.

»Sie haben recht. Troisville! Nehmen Sie sich des Monsieur Tréjean an. Und halten Sie ihn davon ab, sich zu schlagen.«

Jahre später sollte ich zufällig erfahren, daß er meine Geschichte überprüfen ließ. Es war Krieg. Ich hätte ein Spitzel sein können.

Die Belagerung von Dieppe hat gut und gern drei Wochen gedauert. Troisville, mit dem mich bald eine unzertrennliche Freundschaft verband, versuchte zwar, mich zurückzuhalten. Aber ich war wie toll. Von klein auf hatte ich das Waffenhandwerk gelernt. Jetzt, da ich mich in einer Lage befand, wo meine Kenntnisse von Nutzen sein konnten, hatte ich Lust, mich zu schlagen. Ich zog einen Kasack von Troisville an, setzte einen seiner Hüte auf und stürzte mich in das eine und andere der Handgemenge dieser »Schlacht von Arques«, wie sie genannt wird.

Ich habe kaum mehr mit dem König gesprochen, sah ihn aber ständig. Man hatte den Eindruck, er sei überall zugleich. Er behielt den Überblick, gönnte sich keine Ruhe und war von ansteckendem Eifer und großer Zuversicht. Überall tauchte sein weißes Pferd auf.

Mayenne zweifelte nicht an seinem Sieg, denn er befehligte um die dreißigtausend Mann, während Heinrich nur über deren achttausend verfügte. Aber der König war schlau und besaß mit einem ausgeklügelten, perfekt organisierten Verteidigungssystem den Vorteil der Lage.

Nach vier oder fünf Tagen Scharmützel erfolgte der Großangriff. Vor dem Morgengrauen traf Heinrich seine Anordnungen: An der vordersten Linie stellte er die französische Infanterie auf, in der zweiten Linie zuhinterst im Tal die leichte Kavallerie und die Ordonnanzkompanien, die Schweizer bildeten die Reserve.

Es dämmerte noch kaum, als eine Patrouille mit einem gefangenen Offizier der Liga ankam. Der König war zugegen, keine Frage – er war ja allgegenwärtig. Ich duckte mich hinter dem Hut von Troisville und trat näher. Der Gefangene lachte, er hatte keine Angst.

»Majestät, in zwei Stunden haben Sie dreißigtausend Fußsoldaten und zehntausend Berittene auf dem Hals. Ich sehe hier keine ausreichenden Streitkräfte, um ihnen zu widerstehen.«

»Das kommt daher, daß Sie nicht alle sehen, mein Herr. Sie rechnen weder mit Gott noch mit der Gerechtigkeit, die auf meiner Seite stehen.«

Der Kampf begann. Zuerst war die Lage unklar; der Morgennebel verhüllte die Sicht. Mayenne soll die Front der Kavallerie durchbrochen haben, so sagten wenigstens jene, die aus den Verschanzungen zurückkamen. Aber wir im Hinterhalt, bereit, unsere Haut so teuer wie möglich zu verkaufen (ich war nicht erpicht, gegen die Ligisten zu kämpfen, aber wehrlos wollte ich mich nicht aufspießen lassen), sahen sie nicht kommen.

Blutbespritzt kam ein Mann der königlichen Truppe an:

»Um ein Haar hätten sie eine Bresche geschlagen, doch die Schweizer haben sie aufgehalten. Ihr hättet sie sehen müssen! Mit gestreckten Lanzen standen sie da wie eine Mauer. Nicht einen Mann haben sie verloren, und die andern mußten zurückweichen, so viele wurden durchbohrt.«

Jemand rief:

»Da, schaut …«

Ein Strahl brach durch den Nebel, der sich träge auflöste und vor der Sonne zurückzuweichen schien. Nun war das Tal zu sehen; es wimmelte von Männern mit blitzenden Waffen, und da der Nebel den Lärm nicht mehr erstickte, drang der Tumult bis zu uns. Mayennes Kavallerie formierte sich zu einem neuen Angriff. Wie der Blitz ritt Heinrich vorbei. Der weiße Federbusch wehte auf seinem Helm:

»Richtet die Kanonen!« schrie er.

Fast unmittelbar darauf begannen die Kugeln auf die Reiter der Liga zu prasseln und rissen schreckliche Breschen auf.

In der Ferne hörte man:

»Auf meinen Befehl, Feuer!«

Aus der Deckung des vom Feind nicht einsehbaren Weges heraus schossen die Bogenschützen auf die Kavallerie und schlugen sie vollends in die Flucht.

Es war noch nicht einmal Mittag.

»Mayenne hat mindestens tausend Mann verloren. Auf unserer Seite sind allerhöchstens hundert gefallen«, sagt Troisville, der plötzlich neben mir aufgetaucht ist.

Troisville ist aus der Gascogne wie Heinrich. Ich habe ihn nicht nach seinem Alter gefragt. Das wäre ungehörig, denn Tapferkeit bemißt sich nicht nach Jahren, aber ich bin überzeugt, daß er kaum älter ist als ich.

»Wenn ich nicht irre, haben Sie Ihre Feuertaufe erlebt«, sagt er lächelnd zu mir.

»Kaum. Ich hatte nicht das Recht, mich zu schlagen.«

»Kommen Sie, ich bringe Sie zu den andern. Sie sind am Festen.«

Es waren bescheidene Festivitäten: D'Aubigné hatte eine Flasche Muskateller aus der Satteltasche gezogen.

So folgten sich die Wechselfälle der Belagerung während mehrerer Tage. Mit einiger Verwunderung stellte ich fest, daß sich im Lager des Königs viele Katholiken befanden, darunter d'Ardenne und des Archets.

Ich äußerte meine Verblüffung.

»Man kann Katholik sein und trotzdem Royalist«, versetzte des Archets trocken. »Ich habe nicht die geringste Lust, durch den Mittelsmann Guise wieder unter der Fuchtel von Philipp II. zu stehen. Die Herrschaft der Jesuiten, die Inquisition ... das ist nicht nach meinem Geschmack. Zudem bin ich dem König verpflichtet, nicht Rom, auch wenn ich ein guter Katholik bin. Sie sehen ja selbst, daß ich recht habe, denn Heinrich weiß, daß ich Katholik bin. Trotzdem hat er mich wie seinen eigenen Sohn aufgenommen.«

»Mayenne hat gedacht, daß alle Katholiken unter uns ihre Weste kehren und ihm die Tore zu Dieppe öffnen würden«, ergänzte d'Ardenne.

Er muß meinen Gesichtsausdruck gesehen haben, denn sogleich fügte er bei:

»Sie brauchen sich also keine Sorge um Ihren Seelenfrieden zu machen. Sie verraten Ihren Glauben nicht, wenn Sie Heinrich IV. Ignazius von Loyola vorziehen.«

Wir lachten über seine geistreiche Bemerkung, die

mich, wie ich gestehen muß, von einer schweren Last befreite.

Eines schönen Tages ging die sehnlichst erwartete Verstärkung aus England an Land. Viertausend Mann. Keiner hat mich erkannt, niemand stellte mir Fragen. Ich hielt meine Zunge im Zaum.

Auch aus dem Landesinnern traf Verstärkung ein. Der Herzog von Longueville und der Marschall von Aumont näherten sich in einem Gewaltmarsch.

Während mehrerer Tage kam es zu weiteren Zusammenstößen – in der Regel zuungunsten von Mayenne –, und allmählich gewann ich den Eindruck, daß sich seine Langsamkeit und Trägheit auf seine Truppen übertrugen. Immer wieder ließen sie sich überraschen von zahlenmäßig unterlegenen, aber um so entschlosseneren Gruppen, die schnell wie der Blitz zuschlugen.

*

Seit acht Tagen lebte ich hier unter den Soldaten, lernte einige Bruchstücke Deutsch von einem Schweizer, das Würfelspiel von einem Pariser, die Querpfeife von einem Burgunder – kurz, ich amüsierte mich königlich –, als Troisville mich eines Abends zu einem Besuch bei seiner Mutter einlud.

»Bei Ihrer Mutter? Ich dachte, ihr lebt im Béarnais?«

»Wir leben in Bordeaux. Doch meine Mutter ist Normannin und hat kürzlich ein Stück Land in der Nähe von Eu geerbt. Unglücklicherweise kam sie auf die Idee, vor diesem Feldzug dorthin zu gehen. So ist sie in Dieppe steckengeblieben. Ich muß Ihnen sagen, daß meine Mutter eine äußerst mutige Frau ist. Im Vergleich zu ihr sind wir Hasenfüße.«

Ich hatte es eilig, dieser unerschrockenen Frau zu begegnen.

Und ich war so fixiert auf die Mutter, daß ich von ihrer Tochter völlig überrascht wurde.

Françoise de Troisville war fünfzehn Jahre alt. Sie hatte sehr dunkle, große Augen, braune Hautfarbe und rabenschwarzes Haar. Sie war schlank und rank – das pure Gegenteil der blassen, blauäugigen Schönheiten, die unsere Phantasie und unsere Träume beflügelten.

Ich verliebte mich in sie, noch bevor sie mir überhaupt ein Lächeln geschenkt hatte.

Sie starrte mich an, als käme ich vom Mond. Ich fragte mich, was an meiner Person sie so in Erstaunen versetzte. Meine Größe vielleicht? Oder meine Kleidung?

Madame de Troisville entsprach genau der Beschreibung ihres Sohnes – aber ihre Tochter sah ihr sehr ähnlich. Vom Pfeil der Liebe getroffen und für immer verwandelt, fragte ich beim Weggehen:

»Wie kommt es, daß Sie mir nie von Ihrer Schwester erzählt haben, Troisville?«

»Mein lieber Freund, als ich bemerkte, wie Sie sie anschauten, habe ich sie selbst zum erstenmal gesehen. Für mich ist sie immer ›die Kleine‹ gewesen. Nun ist sie eine Frau, die das Herz meiner Freunde entzückt.«

Ich erröte und versuche zu protestieren. Er gebietet mir Einhalt.

»Ich bitte Sie! Sie sind ein ehrenwerter Mann. Lieben Sie meine Schwester, wie es Ihr Herz begehrt. Sie sind mir darum nur um so teurer.«

Von da an war ich häufig bei Madame de Troisville zu Gast. Françoise war lebhaft, intelligent und sehr gebildet. Bis anhin hatten die Frauen für mich kaum existiert. Von einem Tag auf den andern wurde die Liebe zur Hauptsache. Was ich bei Françoise für bloße Verwunderung gehalten hatte, war ein Gefühl, das nicht minder stark war als das meine.

Wir entdeckten unser gemeinsames Interesse an der

Musik. Sie spielte wundervoll Laute, ein Instrument, das ich meinerseits kaum beherrschte. In Begleitung ihres Bruders erwies sie mir die Ehre, in die Kirche des Heiligen Erlösers zu kommen, deren Schiff ich statt mit den Klängen einer Messe mit den profanen Tönen einer Pavane von Meister Byrd füllte, die plötzlich einen neuen Sinn bekam. Wo ich bisher nur Kunstfertigkeit gesehen hatte, entdeckte ich nun das Gefühl.

Mir ist, als wäre jede Note, jeder Akkord, jeder Widerhall von Françoise de Troisvilles schwarzen Augen durchdrungen. Je mehr ich spiele, um so mehr setzt sie sich in mir fest, und unter meinen Fingern nimmt die Pavane wie von selbst Gestalt an und kommt doch aus meinem tiefsten Innern. Sie drückt alles aus, was ich fühle; meiner Liebe sind plötzlich Flügel gewachsen.

Ich hebe die Augen vom Manual und begegne dem zweifachen dunklen Blick von Françoise und ihrem Bruder. Sie sind völlig verdutzt.

»Was ist denn?«

»Mein lieber Tréjean«, bringt Charles nach einer Weile hervor, »Sie sind ein großer Musiker!«

»Nein. Ich kann nicht eine einzige Notenlinie komponieren. Ich kann alles erklären und spielen, aber schreiben kann ich nicht.«

»Es spielt doch keine Rolle, von wem die Musik ist!« sagt Françoise. »Wenn man Ihnen zuhört, ist es, als öffne sich der Himmel.«

Die Belagerung von Dieppe dauerte nicht länger als zwei Wochen, sagt mir mein Verstand. Aber für mich sind diese Tage wie Diamanten, außerhalb der Zeit, vielleicht die vollkommensten Momente meines Lebens.

Ich eile durch die Straßen, ohne es zu merken, ich schwebe. Ich werde Françoise de Troisville heiraten, das steht außer Frage, und mein zukünftiges Leben erscheint mir als unendliche Glückseligkeit, wo sich nichts wirklich Schlimmes mehr ereignen kann, sobald ich Françoise habe. Sogar durch unsere Namen sind wir füreinander bestimmt.

»He, Tréjean! Was ist mit Ihnen los?«

Ich habe die Unterkunft betreten, die ich mit Troisville teile. Da im schmalen Raum nur ein Bett Platz hat, schlafen wir abwechslungsweise auf dem Boden. In einen großen Mantel eingewickelt, liegt Troisville auf dem Teppich, und ich bin soeben über ihn gestolpert.

»Oh, Verzeihung! Ich habe Sie nicht gesehen.«

Halb aufgerichtet, sieht er mich schalkhaft an.

»Wer so in den Wolken schwebt, muß ja wohl verliebt sein. Sollte etwa meine Schwester an Ihrem Zustand schuld sein?«

Es ist mir unmöglich, meine Gefühle zu verbergen.

»Ich liebe sie. Ich möchte sie heiraten.«

Er entledigt sich seines Mantels und steht auf.

»Meiner Meinung nach wäre vorerst einiges zu erledigen, damit diese Hochzeit stattfinden kann. Wir sind Hugenotten.«

»Sie sind ... was?«

»Wußten Sie es nicht?«

»Ich habe mir diese Frage nie gestellt. Doch für mich ändert das nichts.«

»Für Sie vielleicht. Und für mich. Aber Ihre Familie wird niemals einwilligen.«

»Und Françoise?«

»Oh, ihr ergeht es nicht anders als Ihnen. Sie liebt Sie. Und weder meine Mutter noch ich haben etwas dagegen. Doch Ihr Vater ...«

Einen Augenblick lang sehe ich die Szene vor mir: Mein Vater erfährt, daß ich eine Ketzerin heiraten werde ...

»Natürlich, mein Vater ... Wir müssen es angehen wie jedesmal, wenn wir etwas von ihm gewollt haben: Wir wenden uns an meinen Großonkel, das wirkliche Familienoberhaupt.«

Ich erzähle ihm von Sir John.

»Ich weiß nicht, wie man ihn erreichen kann«, schließe ich, »er lebt in der Nähe von London. Und unser Vertrauensmann hält sich in Italien auf.«

Troisville stößt einen Schrei aus.

»Ich habe eine Idee. Der König suchte einen zuverlässigen Boten, um ihn nach London zu schicken. Das wäre doch etwas für Sie.«

»Ich bezweifle, daß für ihn ein Jesuitenzögling der geeignete Mann ist.«

»Sie kennen Seine Majestät nicht. Er täuscht sich selten in seinem Urteil. Und wenn er einmal jemandem sein Vertrauen geschenkt hat, bleibt er dabei. Erst gestern noch hat er sich bei mir nach Ihnen erkundigt, und ich merkte wohl, daß er Sie schätzt.«

Er ist aufbruchbereit. Er faßt mich am Ärmel:

»Kommen Sie, wir wollen ihn aufsuchen.«

Der König zögert nicht. Er findet die Idee ausgezeichnet.

»In Frankreich werden Sie wie zuvor als Seminarist auftreten, und in England werden die Leute an tausend Einzelheiten erkennen, daß Sie Engländer sind. Sie sind der geeignete Mann.«

Die Vorstellung, bald wieder in London zu sein, berauscht mich. Ich lasse mich verführen.

»Majestät, ich möchte Sie um zwei Gefallen bitten. Sogar um drei.«

»Lassen Sie hören.«

»Ich möchte, daß niemand, aber wirklich niemand erfährt, daß ich Ihr Gesandter bin. Es ist unmöglich, daß sich kein Spitzel der Liga unter uns befindet, und wenn meine Mission ruchbar würde, würde ich bei meiner Ankunft in Reims ermordet.«

»Sehr richtig. Einverstanden. Und der zweite?«

»Wenn ich meine Botschaft überbracht habe, möchte

ich zwei Personen besuchen. Eine in der Nähe von London, die andere in meiner Heimat, in Cornwall.«

»Eine Frau?«

Ich lächle.

»Nein, Majestät. Es ist ... Wie soll ich es erklären? ... Es ist der Liebhaber meiner Urgroßmutter. Er ist schon sehr alt, vielleicht ist er nicht mehr am Leben. Aber er ist mir einer der liebsten Menschen auf der Welt.«

»Ich hoffe, die Antwort auf meine Botschaft wird nicht so dringlich sein wie diese selbst – unter dieser Bedingung bin ich auch damit einverstanden. Mit etwas Glück werden wir bei Ihrer Rückkehr in Paris sein.«

Der König schweigt eine Weile, dann fährt er fort:

»Ich glaube zu wissen, worum Sie mich noch bitten möchten. Troisville, hätten Sie Lust, eine kleine Reise nach England zu machen?«

»*Ich,* Majestät?«

»Ja, Sie. Begleiten Sie doch Ihren Freund. Und sollte die Antwort dringlich sein, können Sie sie ja zurückbringen, während Tréjean seine familiären Verpflichtungen erfüllt.«

Troisville verbeugt sich lächelnd:

»Zu Befehl, Majestät. Es gibt nur ein einziges Problem.«

»Ich ahne, daß es um Geld geht.«

»Ich bedaure sehr, aber ich habe keins mehr.«

Worauf ich hinzufüge:

»Und ich habe nie welches besessen.«

Heinrich von Bourbon, König Frankreichs und von Navarra, ist nicht viel besser dran als wir. Immerhin gelten für ihn andere Maßstäbe, und als wir die Botschaft abholen, hat er uns ein Schiff, eine Börse und einen Brief besorgt, der uns nach der Landung zu unseren ersten Pferden verhelfen soll.

Vor der Abreise verabschiede ich mich von Françoise.

Ich werde frühestens in zwei Wochen zurück sein. Nach

aller Wahrscheinlichkeit wird die Belagerung von Dieppe beendet, werden sie und ihre Mutter nach Bordeaux zurückgekehrt sein. Ich selbst werde nach meiner Rückkehr nach Reims zurückeilen müssen.

Ich habe das Glück, für einen Augenblick mit meiner Geliebten allein zu sein.

»Sie werden mich doch nicht vergessen?«

Die Eindringlichkeit, mit der sie mich anschaut, läßt mich erzittern.

»Nie und nimmer! Werden Sie nach Bordeaux kommen?«

»Sobald es mir möglich ist. Aber das kann einige Zeit dauern.«

»Ich werde auf Sie warten.«

Sie reicht mir ein Medaillon mit einem Portrait von ihr.

»Nehmen Sie das als Zeichen meiner Liebe.«

Ich strecke die Hand aus, unsere Finger berühren sich, und dann drängen wir uns aneinander, Mund auf Mund. Mein Körper glüht, ich bin einer Explosion nahe. Ich kann nicht sagen, ob es eine Sekunde oder eine Stunde dauert.

Eine Stimme in der Nähe läßt uns auseinanderfahren. Die Türe geht auf, Madame de Troisville tritt ein, schaut uns nacheinander an, lächelt und sagt nichts.

Seit jenem Tag ist mehr als ein halbes Jahrhundert vergangen, und doch ist mein Gefühl noch so frisch, als wäre es gestern geschehen: In dieser Umarmung haben wir uns vermählt.

XII

Sing with thy mouth sing with thy heart,
Like faithful friends sing loath to depart:
Though friends together may not alwayes remine
Yet loathe to depart sing once again.

»Loath to Depart«
Volkstümliche Ballade

Sing mit dem Mund, sing mit dem Herzen,
Wie treue Freunde, die ungern sich trennen:
Wenn Freunde auch zusammen nicht bleiben können,
Sing nochmals, wie ungern wir uns trennen.

Mit einem Küstenschiff überqueren wir den Ärmelkanal. Ein schnelles Boot, auch wenn es nicht danach aussieht. Wir versuchen keineswegs heimlich an Land zu gehen; unsere Vorsichtsmaßnahmen bei der Abreise entsprangen einzig der Angst vor Spitzeln der Liga. Um sie zu täuschen, haben wir uns getarnt als Edelmann François de Troisville in Begleitung seines Dieners Charles.

Die Überquerung, während der mich die Gesichter von Adrian und Françoise begleiten, verläuft ohne Zwischenfall. Wir landen in einer Bucht westlich von Southampton. In gestrecktem Galopp reiten wir nach London, wo wir unsere Botschaft Sir William Cecil persönlich überreichen sollen, dem Schatzmeister und wichtigsten Berater der Königin, der den Titel Lord Burghley trägt.

Ich denke lieber nicht allzu fest über das Abenteuer nach, das ich erlebe: Ausgerechnet ich bin Träger einer

Botschaft für William Cecil, den Erzfeind meiner Familie, der meinen Vater festnehmen ließ! Ich, ein katholischer Student am Kollegium von Reims, überbringe eine Botschaft des hugenottischen Königs an die abtrünnige Königin! Ich wünschte, ich hätte Gewissensbisse. Aber jedesmal, wenn ich daran denke, werde ich aufgeregt und muß lachen.

Übrigens denke ich kaum daran. Ich denke an Françoise.

William Cecil ist in Whitehall. Um zu ihm zu gelangen, durchqueren wir ganz London. Verläßt man nie den Ort, an dem man geboren wurde, gewöhnt man sich daran, und selbst die angenehmsten Eindrücke verblassen in der Wiederholung. Aber wenn man anderswohin verschlagen wurde, ist jedes Wiedersehen eine Entdeckung – und ich glaube, von all meinen Rückkehren nach England hat mir diese, die verrückteste und unstatthafteste von allen, das größte Vergnügen beschert.

Troisville beobachtet mich lächelnd.

»Es ist unglaublich! In Dieppe waren Sie durch und durch Franzose, und hier sind Sie der vollkommene Engländer!«

Schweigend reiten wir durch die Stadt, die einst »mein« London gewesen war. Troisville sperrt seine Augen weit auf. Ich glaube, er hat noch nie eine solche Menschenmenge gesehen.

Whitehall bringt uns wieder auf den Boden der Realität. Wir müssen uns um eine Audienz bemühen. Nach zahlreichen Formalitäten befinden wir uns im Vorzimmer von Lord Burghley. Es hat Stunden gedauert.

Endlich werde ich vorgelassen.

Er ist ein großer, gebückter Alter mit weißem Spitzbart, mit langen, feingliedrigen Händen, dem lebhaften Blick eines jungen Mannes und dem harten Gesichtsausdruck eines Händlers.

»Man hat mich davon unterrichtet, daß Sie der Übermittler einer Botschaft des Königs Heinrich von Frankreich sind, mein Herr.«

Ich verbeuge mich, ohne ein Wort über die Lippen zu bringen, und ziehe Heinrichs Brief aus einer Geheimtasche meiner Beinkleider hervor, wo ich ihn vorsichtshalber verwahrt hatte.

»Sie erinnern mich an jemanden«, sagt er, während ich ihm den Brief reiche, »aber ich kann Sie nicht einordnen.«

Meine einzige Antwort besteht in einer zweiten Verbeugung.

Er entsiegelt den Brief und liest ihn. Dabei schaut er mich ein- oder zweimal an.

»Werden Sie Heinrich wiedersehen, mein Herr?«

»Mit Ihrer Erlaubnis, gnädiger Herr. In diesem Augenblick belagert er höchstwahrscheinlich Paris.«

»Würden Sie ihm eine Nachricht von mir überbringen?«

»Sicher, wenn Sie mich damit betrauen wollen. Ich habe mich dazu verpflichtet.«

»Für einen Franzosen ist Ihr Englisch untadelig, Monsieur de Troisville.«

Ich kann nicht verhindern, daß ich bis zu den Haarwurzeln erröte.

»Sie sind Engländer, nicht wahr?«

»Ja, gnädiger Herr. Aber ich habe diese Komödie nicht Ihretwegen gespielt, sondern weil ich verhindern wollte, in Frankreich die Aufmerksamkeit der Spitzel der Liga auf mich zu lenken. Der echte Graf de Troisville sitzt als Diener verkleidet im Vorzimmer. Wir haben keineswegs die Absicht, Sie zu belügen.«

»Und Ihr Name, ist der auch ein Geheimnis?«

»Ja, gnädiger Herr. Aber nicht für Sie. Ich heiße Francis Tregian.«

»Francis Tregian! Sie ... Ich wußte doch, daß ich Sie schon irgendwo gesehen habe. Sie sind ...«

»Sie haben mich nie gesehen, gnädiger Herr. Ich bin der älteste Sohn meines Vaters.«

»Aber … Sind Sie denn nicht katholisch?«

»Doch, gnädiger Herr. Und wenn mein Vater wüßte, daß ich hier bin – ich glaube, er würde mich töten. Aber mein innigster Wunsch wäre, daß unsere beiden Religionen in Harmonie zusammenleben könnten.«

Da ich schon an diesem Punkt angelangt bin, ziehe ich es vor, alles auszupacken.

»Ich habe keineswegs die Absicht, Protestant zu werden, aber ich bin ein Patriot. Philipp von Spanien ist ebenso mein Feind wie der Ihre oder der von König Heinrich. Es gibt viele Katholiken im Dienste des Königs von Frankreich. Er vertraut mir, und ich werde ihn nie verraten, ebensowenig wie meine Religion. Ich finde, meine Überzeugungen sind eine Angelegenheit zwischen dem Himmel und mir.«

»Sie sind ein sonderbarer junger Mann, mein Herr. Und mutig. Ich hätte Sie festnehmen lassen können.«

»Ja, gnädiger Herr. Darum habe ich es auch vorgezogen, Ihnen selbst zu sagen, wer ich bin, bevor Sie es von einem Ihrer Informanten erfahren. Denn ich muß unbedingt nach Golden in Cornwall, um einen alten Freund zu besuchen, auch muß ich meinen Onkel Sir John Arundell in einer Privatangelegenheit aufsuchen. Davon hätten Sie ohnehin erfahren.«

Er lacht aus vollem Halse.

»Sie sind wirklich ein Original. Was gedenken Sie im Leben zu tun?«

»Sollte ich eines Tages wieder die Besitztümer meines Vaters erlangen, werde ich sie verwalten. Doch am liebsten widme ich mich der Musik.«

»Komponieren Sie?«

»Nein, ich spiele Orgel und Virginal.«

Mit einer Handbewegung schiebt er einen Stoffvorhang

beiseite, hinter dem das schönste Virginal steht, das ich je gesehen habe, und lädt mich ein, etwas vorzuspielen.

Ich tue es im Wissen, daß er meine Aussagen überprüfen will, und im Gedanken, daß er enttäuscht sein wird, wenn er eine Entdeckung erwartet. So richtig liegen mir nur die Werke englischer Komponisten, die er sicher schon kennt.

Ich spiele.

Einige Augenblicke oder eine Stunde – wie stets bei solchen Gelegenheiten hört die Zeit auf zu existieren. Ich spiele Byrd, Bull, Morley – meine Lieblingskomponisten. Die Stücke fließen mir von selbst aus den Fingern. Ich bin angespannt, weil ich ein Verbot der Familie übertreten habe, erregt, weil ich zu sagen gewagt habe, was nach meiner Meinung gesagt werden mußte, und voller Erinnerungen an Françoise.

Ein Parfum, das mir in die Nase steigt, bringt mich zur Wirklichkeit zurück ... Ohne im Spiel innezuhalten, wende ich den Kopf – und greife daneben.

Die Königin!

Ich breche sofort ab, erhebe mich und falle im gleichen Augenblick auf die Knie. Sie faßt nach meinem Kinn und zwingt mich, sie anzuschauen. Ihre Finger sind trocken, warm und kräftig. Ihre hellbraunen Augen sind gelb gesprenkelt.

Das dauert eine ganze Weile.

Dann tut sie einen Schritt rückwärts und reicht mir ihre Hand zum Kuß.

»Ihre schauspielerischen Fähigkeiten kannte ich, aber Ihr musikalisches Talent haben Sie mir verborgen, mein Herr.«

Burghley schaut sie überrascht an.

»Ihre Majestät kennen diesen jungen Mann?«

»Wir sind uns schon begegnet. Und die Augen von Herrn Tregian dem Jüngeren vergißt man nicht.«

Dafür vergesse ich, was darauf folgt. Die Königin hat mir ein Stück vorgespielt, das ich nicht kannte. Ich habe etwas für sie gespielt, das sie noch nie gehört hatte.

Als ich mich verabschiedete, war ich wie trunken.

Ich bin gar nicht darauf vorbereitet, Troisville im Vorzimmer zu sehen. Ich hatte ihn vergessen.

»Sind Sie krank, mein Herr?« fragt er mit der Anteilnahme, die einem Diener gebührt.

»Nein, nein ... Wir haben zwei Tage Zeit. Kommen Sie, wir wollen Sir John Arundell aufsuchen.«

Um London in Richtung von Muswell zu verlassen, müssen wir durch den Bishopsgate.

Wir reiten der Themse entlang, dann hinauf gegen Leadenhall und die Exchange.

Ich erkläre und übersetze für Troisville, der scheinbar nur Augen und Ohren für diese Stadtbesichtigung hat und mich sehr verblüfft, als er zwischen einem Auflachen und einem Ausruf scherzhaft bemerkt:

»Drehen Sie sich auf keinen Fall um, mein Lieber; wir werden verfolgt. Brauner Umhang, schwarzer Hut, dunkler Schnurrbart ohne Bart. Fuchsrotes Pferd mit einem weißen Fleck am linken Vorderbein.«

»Franzose?«

»Ich glaube nicht. Aber es könnte trotzdem ein Spitzel von Mayenne sein. Das einzige, was mich einigermaßen beruhigt, ist die Tatsache, daß ich ihn nicht vor Whitehall gesehen habe. Und ich hatte aufgepaßt.«

Troisville ist unübertrefflich in der Kunst, einen Verfolger auszumachen. Als Neuling, der ich bin, wäre mir der Mann im braunen Mantel niemals aufgefallen.

Wir verlassen London. Auf der Straße nach Shoreditch macht der Reiter einem schäbigen Karren Platz, der von einem edlen Pferd gezogen wird. Der Kutscher ist tief eingehüllt in die Falten eines großen Mantels. Wir beschließen, ihn zu ignorieren.

»Wir sollten die Ahnungslosen spielen«, rät Charles. »Im Notfall ist es immer leichter, einen Spitzel abzuschütteln, der sich unentdeckt wähnt.«

*

Wir banden unsere Pferde am Tor zum Park fest, Troisville setzte sich auf einen niedrigen Ast, und ich schlich mich ins Haus. Als ich die Türe zur Bibliothek öffne, verspüre ich zuerst einen Schock. Der Kopf, der sich über die Feder beugt, ist schneeweiß. Ich habe einen Mann im reifen Alter verlassen und begegne nun einem Greis. Beim Geräusch, das ich verursache, hebt Sir John die Augen, die nichts an Lebhaftigkeit eingebüßt haben, und richtet seinen mir wohlvertrauten klaren Blick auf mich. Zum erstenmal fällt mir auf, daß er die gleichen grauen Augen hat wie Adrian.

Wir schauen uns wortlos an.

»Sie ... Was ist denn ... Wie ist das möglich ...? Francis?« sagt er schließlich.

»Ja, ich bin es, Sir John. Guten Tag!«

Er steht auf, breitet die Arme aus, und ich stürze mich hinein. Ich überrage ihn um einen Kopf, doch er drückt mich an sich, wie es ein Vater mit seinem kleinen Kind täte. Ich setze mich neben ihn auf die Fensterbank.

»Erzählen Sie mir alles.«

Ich fange an. Es dauert lange, aber Sir John ist unersättlich. Fast reglos hört er sich meinen Bericht an und läßt mich dabei nicht aus den Augen. Er unterbricht mich höchstens, damit ich eine Einzelheit näher erläutere. Nur in einem Moment greift er ein, läßt mich wiederholen und überhäuft mich mit Fragen, als ich auf Adrians Verschwinden und meinen Entscheid zu sprechen komme, außer ihm niemandem in der Familie etwas zu sagen, weil ich davon überzeugt sei, daß er noch lebe.

Ich verberge ihm nichts – nicht einmal meine religiösen Zweifel.

»Mein lieber Francis«, sagt er mit sanfter Stimme, »ich bin je länger je mehr davon überzeugt, daß die Fanatiker, welchem Lager sie auch angehören, auf die Dauer die Verlierer sein werden. Ich weiß, daß sie selbst in den höchsten Kreisen des Hofes nicht geschätzt werden. Ich glaube, selbst die Königin wäre nicht so unnachgiebig, wäre ›katholisch‹ nicht zum Synonym für ›spanische Vorherrschaft‹ geworden. Leute wie Pater Parsons schaden unserer Sache außerordentlich. Für sie heiligt der Zweck alle Mittel, und das kann ich unmöglich hinnehmen. Sie verraten ihr Vaterland. Doch sogar in meiner eigenen Bibliothek darf ich so etwas nicht laut sagen. Besonnenheit ist zur Zeit nicht gefragt; die Fanatiker mißtrauen ihr gründlich, ob sie nun Katholiken oder Protestanten sind. Ich bin sehr glücklich darüber, daß Sie nicht sind wie … ich will sagen, daß Sie vernünftig sind.«

Ich enthalte mich einer Bemerkung.

»Wie geht es meinen Eltern?« frage ich.

»Sie leben in der Fleet. Ihr Bruder Charles ist in Frankreich, und Sie haben einige junge Schwestern bekommen.«

»Mein Bruder Charles?«

Ich hatte diesen nahezu unbekannten Bruder vergessen.

»Er kam ins Alter, um ans Kollegium zu gehen, und Ihr Vater hat gewünscht, daß er nach Saint-Ouen gehe. Er ist … sehr fromm.«

»Wird Charles nach Reims kommen?«

»Er hat die Absicht. Aber schließlich ist er erst neun oder zehn Jahre alt, und in unseren Zeiten kann sich alles sehr schnell ändern.«

»Und Mary?«

»Ihre älteste Schwester ist verheiratet, sie hat zwei Kinder.«

Ich schlucke leer. Ich habe sie als kleines Mädchen in Erinnerung.

»Und Margaret?«

»Ich werde sie heute abend kommen lassen, aber wenn Ihre Mission geheim bleiben soll, müssen wir Vorsichtsmaßnahmen treffen.«

»Sie ist *hier?*«

»Aber ja. Sie hat lange mit ihren Schwestern in der Fleet gelebt, doch ... Meine Frau, Ihre Großmutter, hat sie schließlich hierher geholt, sie kümmert sich um ihre Erziehung, und Margaret dient ihr als Gesellschaftsfräulein. Wir hatten nicht die Möglichkeit, sie in einer Familie unterzubringen, wie es bei Mary der Fall war.«

Das bedeutet ohne jeden Zweifel, daß es an Geld fehlt. Sir John sorgt schon lange für den Unterhalt aller Familienmitglieder. Und auf seinen Schultern lastet das Gewicht der Bußgelder, welche jene Katholiken entrichten müssen, die sich weigern, in die anglikanische Kirche zu gehen.

»Wenn Sie Mademoiselle de Troisville zu heiraten gedenken«, bemerkt Sir John, »werden wir Ihren Eltern Bescheid sagen müssen. Überlassen Sie das mir, das wird das beste sein. Gedenkt die Familie Troisville für alle Zeiten hugenottisch zu bleiben?«

»Aber, mein Onkel ...«

»Ich bitte Sie, mein Lieber. Wenn Heinrich der König aller Franzosen werden will, bleibt ihm nichts anderes übrig als zu konvertieren. Und seine Anhänger, so scheint mir, werden es ihm wohl gleichtun müssen.«

»Sie sollten die Frage ihrem Bruder stellen, der mich als Diener begleitet. Aber das erfordert Diskretion, denn wenn sich unter Ihren Bediensteten ein Spitzel der Liga befindet, wäre ich nach meiner Rückkehr nach Reims in einer äußerst gefährlichen Lage.«

»Bringen Sie Monsieur de Troisville heute abend mit,

wenn alle sich schlafen gelegt haben. Ich werde ihm auch in aller Deutlichkeit sagen müssen, daß Sie im Moment über keinerlei Vermögen verfügen.«

Als wir uns abends nach dem Eindunkeln in Sir Johns Bibliothek einfinden, erwartet mich die größte Überraschung dieser an unvorhergesehenen Umständen reichen Reise: meine Schwester Margaret. Sir John hat nach ihr geschickt. Sie ist knapp elf Jahre alt, sieht aber aus wie eine Frau. Sie ist groß, sie hat die kupferrote Haarfarbe der Tregians, hellgrüne Augen, eine vollendete Gesichtsform und ein betörendes Lächeln. Troisville verschlingt sie mit seinen Blicken.

Wir wechseln nicht viele Worte. Unsere Begegnung ist flüchtig, denn wenn mein Besuch geheim bleiben soll, dürfen meine Eltern und Großmutter Anne nichts davon erfahren.

»Wissen Sie«, sagt Margaret beim Abschied, nachdem wir alle ernsthaften Angelegenheiten besprochen haben, »seit unserer letzten Begegnung habe ich singen gelernt.«

Ihr Blick ist so schalkhaft, daß ich in ihr Lachen einstimme, aber im Grunde würde ich lieber weinen. Ich erinnere mich an das kleine Kind mit dem dünnen Stimmchen, und ich bin unendlich traurig, daß ich all die Jahre verpaßt habe, in denen sie herangewachsen ist und ihre Stimme sich gekräftigt hat.

Wir haben kaum Zeit, um unseren Gefühlen freien Lauf zu lassen.

»Monsieur de Troisville, was würden Sie tun, wenn Ihr König zum katholischen Glauben überträte?« fragt Sir John. »Oder besser: Was tun Sie am Tag, an dem er sich zum Katholizismus bekennen wird? Als kluger Politiker zögert er es so lange wie möglich hinaus. Er kann es sich nicht erlauben, als Windfahne zu gelten. Aber er wird nicht darum herumkommen.«

Troisville schaut Sir John aus seinen schwarzen Augen eindringlich an.

»Ich denke, ich werde seinem Beispiel folgen, mein Herr. Ich liebe den König von Frankreich zu sehr, um mich von ihm abzuwenden.«

»In diesem Fall gehe ich schon jetzt davon aus, daß Sie katholisch sind, mein Herr. Damit steht einer Heirat zwischen Ihrer Schwester und meinem Neffen einzig ein finanzielles Problem im Wege.«

»Wir besitzen selbst nur gerade das Notwendige, mein Herr. Ich glaube nicht, daß das Geld ein Hinderungsgrund ist. Meine Mutter, die wir immer um Rat fragen, obwohl ich seit Vaters Tod das Familienoberhaupt bin, läßt Ihnen ausdrücklich mitteilen, daß Sie sich darum keine Sorgen machen sollen.«

»Entbieten Sie Ihrer Frau Mutter die Zeichen meiner Hochachtung, mein Herr. Es wäre mein Wunsch, daß Francis noch über das Vermögen seines Großvaters John verfügen könnte...«

»Um so besser«, erwidert Troisville lächelnd, »in diesem Fall dürfte es eher Ihre Familie sein, die nichts von meiner Schwester wissen will.«

Bei Tagesanbruch sind wir schon unterwegs, als Troisville mir sagt:

»Wenn Ihre Schwester in fünf Jahren einverstanden ist, werde ich sie heiraten.«

»Aber ...«

»Kein Aber. Sie ist wundervoll, doch sie ist noch ein Kind, und ich hätte es nicht übers Herz gebracht, sie zu verstören. In fünf Jahren werde ich um ihre Hand anhalten, wenn es sie nicht stört, daß ich zehn Jahre älter bin als sie.«

»Sie hat keine Mitgift, wissen Sie.«

»Tregian, ich bitte Sie!« Im gleichen Ton fährt er fort: »Drehen Sie sich nicht um. Wir werden beschattet. Halten Sie sich bereit, wir wollen ihn abschütteln.«

Die leise Melancholie, die seit dem Abschied von Sir John und Margaret auf mir lastete, verschwindet schlagartig. Beinah hätte ich den Grund meiner Reise vergessen.

Wir galoppieren zwei oder drei Meilen weiter, dann gibt mir Troisville ein Zeichen anzuhalten. Mit ausladender Geste zeigt er mir einen Kieselstein.

»Sobald der andere auch hält«, murmelt er, »verschwinden wir in dieser Waldlichtung zu unserer Rechten. Hoffentlich findet man leicht wieder heraus. Folgen Sie mir, auch wenn Sie nicht verstehen, was ich mache.«

Der Karren – es ist nicht der von gestern – hält am Wegrand, und der Kutscher verläßt sogar den Bock, um sich einen der Hufe seines Pferdes anzusehen.

»Jetzt!« sagt Troisville, und in gestrecktem Galopp jagen wir durch das Unterholz. Nach einigen Minuten kreuzen wir einen Hohlweg, der parallel zur Straße verläuft, von der wir gekommen sind. Troisville biegt ein, doch statt nach London reiten wir in die entgegengesetzte Richtung. Ich bewundere seine Strategie. Kurz bevor wir wieder bei Sir John anlangen, fragt er mich:

»Kennen Sie einen anderen Weg nach London?«

»Wenn wir in diese Richtung reiten«, sage ich und zeige nach Westen, »stoßen wir auf die Straße nach Clerkenwell und erreichen London durch Aldersgate.«

Dort langen wir nach einigen Umwegen am Nachmittag an.

»Wir sollten nicht durch die Vordertüre zu Lord Burghley gehen«, meint Troisville. »Mit größter Sicherheit erwartet uns dort unser Mann.«

Wir suchen nach den Eingängen für die Dienstboten und stoßen auf einen, wo Fässer mit getrocknetem Fisch ausgeladen werden. Charles zischt mir zu:

»Schnell, erteilen Sie mir Befehle!«

Ich befolge seine Anweisung, und er stürzt sich auf ein

Faß. Im allgemeinen Kommen und Gehen bemerkt uns niemand. Nach einigen Minuten sind wir im Palast.

Das Glück lächelt uns: Wir treffen auf Lord Burghleys Sekretär, der uns am Vortag zu ihm geleitet hat. Bei unserem Anblick zieht er die Augenbrauen hoch:

»Ah, da sind Sie ja!« ruft er auf französisch aus. »Ich hätte fast geglaubt, Sie seien verlorengegangen.«

Troisville und ich sehen uns an, und ich möchte schwören, daß er wie ich einen Seufzer der Erleichterung ausstößt. Nicht die Liga also war uns auf den Fersen.

»Wir dachten, drei Schutzengel seien etwas zuviel des Guten«, erwidert Troisville mit säuselnder Stimme. »Zudem weiß man bei den Engeln nie, von wo sie fallen.«

Der Sekretär lacht und läßt uns eintreten.

»Die Verschollenen sind wieder aufgetaucht!« ruft William Cecil.

»Gnädiger Herr, wir ahnten nicht, daß wir unter Ihrem Schutz standen«, sage ich höflich.

»Tregian, ich muß zugeben, Sie sind wirklich eine Überraschung.«

»Hoffentlich keine unerfreuliche, mein Herr.«

»Eine unerwartete. Schicken Sie Ihren Diener hinaus, ich habe Ihnen einiges zu sagen.«

»Gestatten Sie mir, gnädiger Herr, daß ich Ihnen Charles de Troisville vorstelle. Er ist ein gaskonischer Edelmann aus dem Gefolge Heinrichs IV. Spräche er englisch, wäre er der Botschafter.«

Burghley klopft sich auf den Schenkel, und sein Gesicht verzieht sich zu einem Lächeln, während er Troisville an beiden Händen faßt.

»Meine jungen Leute, Sie gefallen mir. Schade, daß ich Sie nicht in meine Dienste nehmen kann.«

Wir verbeugen uns.

»Ihre Majestät hat für König Heinrich eine Antwort bereit«, fährt er fort, »und sie wünscht Herrn Tregian zu sehen – unter vier Augen selbstverständlich.«

Er gibt seinem Sekretär ein Zeichen.

»Führen Sie Herrn Tregian ins braune Kabinett. Sie, Monsieur de Troisville, bleiben bei mir. Wenn Ihre Majestät Ihre Bekanntschaft zu machen wünscht, sorge ich dafür, daß Sie ihr vorgestellt werden.«

Burghley spricht ein fehlerfreies Französisch, abgesehen vom Akzent. Troisville verneigt sich erneut.

Lange warte ich im getäfelten Kabinett, wohin ich gebracht wurde. Schließlich verliere ich das Zeitgefühl. Es war noch Tag, als ich das Kabinett betrat, und es ist schon lange dunkel, als die Königin ohne Begleitung eintritt, einen Kerzenleuchter in der Hand.

Ich knie nieder.

»Von Cecil habe ich erfahren, daß Sie ein bemerkenswerter junger Mann sind und sogar seine Spürhunde abgeschüttelt haben«, sagt sie mit einem Glucksen.

»Majestät, dieses Verdienst kommt meinem Begleiter zu, er hat darin viel Erfahrung.«

»Wenn ich Sie sehe, Herr Tregian, ist mir, als wäre ich fünfzehn Jahre jünger und sähe Ihren Vater. Doch etwas ist an Ihnen, das ihm stets gefehlt hat. Ich wünschte, es läge in meiner Macht, Ihnen wieder zu Ihrem Besitz zu verhelfen.«

Dies ist nicht der Augenblick, den Kopf zu verlieren.

»Madam, Sie können doch alles erreichen, was Sie wollen.«

»Irrtum, mein Freund. Nicht die gute Absicht, die Politik diktiert mein Verhalten. Es wäre mir gegenwärtig unmöglich, den Careys Ihren Besitz wieder abzunehmen. Damit würde ich eine Staatskrise heraufbeschwören, denn Ihr Vater hat nicht widerrufen, und meine Geste würde als Kapitulation der Königin von England gegenüber dem spanischen König betrachtet werden.

Doch ich habe beschlossen ... Was sind Ihre Zukunftspläne?«

»Ich möchte nach Italien gehen und musizieren. Nach Rom, Venedig oder Ferrara. Vielleicht nach Antwerpen oder nach Amsterdam. An einen dieser Orte, die für ihr blühendes Musikleben bekannt sind.«

»Unsere flämischen Bankleute werden Ihnen eine Rente auszahlen, und zwar so lange, bis Sie nach England zurückkehren möchten. Nehmen Sie diesen Ring. Die Bankiers kennen ihn, er wird Ihnen als Ausweis dienen. Solange ich lebe, soll es Ihnen an nichts fehlen. Mehr kann ich nicht für Sie tun. Weder kann ich Ihnen den Besitz zurückgeben noch Sir John Arundell von seiner Buße befreien. Verstehen Sie mich?«

»Ja, Majestät.«

Sie überreicht mir zwei versiegelte Umschläge. »Hier. Das ist der Brief für die Bank. Und dies ist meine Botschaft für König Heinrich. Wann werden Sie sie ihm überreichen?«

»In zehn bis vierzehn Tagen, das hängt von der Überfahrt ab.«

Sie öffnet die Türe und klatscht in die Hände. Man hört das Rascheln eines Stoffes.

»Holen Sie William Cecil«, befiehlt sie, und im Gang entfernen sich eilige Schritte.

Kurz darauf sind Burghley und Troisville da. Troisville fällt auf die Knie, und Elisabeth reicht ihm die Hand zum Kuß.

»Das ist also der junge Mann, der die Leute abschüttelt, die ihn beschützen sollten«, sagt sie in vollendetem Französisch.

Troisvilles Stimme zittert ein wenig:

»Verzeihen Sie uns, Eure Majestät, aber wir fürchteten, es seien Spitzel der Liga.«

»Ich vergebe Ihnen, mein Herr, aber nun sind Sie ja auf

dem laufenden. Machen Sie also meinen Agenten das Leben nicht noch schwerer, als es ist.«

Wir verabschieden uns, wobei die Königin ihre Briefe zu meiner größten Verlegenheit höchstpersönlich in der Geheimtasche meiner Beinkleider verschwinden läßt.

»Wie viele Tage benötigen Sie bis nach Golden?« fragt Burghley, als wir allein sind.

»Zwei Tage von Southampton aus.«

»Nehmen Sie dies«, sagt er und überreicht uns seinerseits einen Brief. »Suchen Sie die königlichen Relais auf, dort finden Sie immer die besten Pferde. Damit werden Sie sicher Zeit sparen.«

In der ersten Morgendämmerung verlassen wir London in der entgegengesetzten Richtung der vielen Lastkähne, die zu den verschiedenen Märkten fahren.

»Wenn Sie lieber in Southampton auf mich warten wollen«, schlage ich Troisville vor, »kann ich allein nach Golden gehen.«

»Ich möchte aber die Ländereien sehen, auf die meine Schwester Anspruch hätte. Zudem weiß ich nicht, ob ich England je wiedersehen werde, von Cornwall ganz zu schweigen. Reden wir nicht mehr von Southampton.«

Und mit breitem Lächeln gibt er seinem Pferd die Sporen.

Wir brauchen etwas mehr als vier Tage bis zur Haustüre von Thomas, wobei wir uns kaum Zeit zum Essen und Schlafen gönnen. Als das Haus an der Wegbiegung auftaucht, halte ich mein Pferd an.

»Was ist denn?« fragt Troisville. »Sie sind blaß wie ein Leintuch.«

»Mir ist gerade zum erstenmal klar geworden, daß Old Thomas tot sein könnte. Wenn er noch lebt, muß er fast hundert Jahre alt sein.«

Mit zitternden Knien klopfe ich an. Niemand antwortet. Ich versuche die Türe aufzustoßen. Sie gibt nach. Im Herd flackert ein Feuer, aber der Raum ist leer. Ich betrete den nächsten Raum, dann das Schlafzimmer. Eine Kerze brennt. Die Bettvorhänge sind zugezogen.

»Master Thomas?«

Ich bin ein Dummkopf. Wie habe ich auch nur einen einzigen Moment lang denken können, daß …

»Master Francis!« tönt seine Stimme hinter den Vorhängen hervor. Sie ist etwas leise, aber noch immer tief und fest.

Ich stürze ans Bett und öffne die Vorhänge. Es ist schon fast dunkel, und nur mit Mühe erkenne ich das ausgemergelte Gesicht mit den umschatteten Augen.

»Thomas, da sind Sie! O Thomas!«

Ich falle auf die Knie, presse meine Wange an die Hand, die auf dem Leintuch liegt, und beginne grundlos zu schluchzen.

»Ich wußte, daß Sie kommen würden«, sagt Thomas. Er befreit seine Hand und streichelt mir übers Haar, wie er es getan hat, als ich noch ein Kind war.

»Ich mußte mich zusammennehmen, aber ich wollte Sie unbedingt wiedersehen.« Er lacht leise. »Um nichts auf der Welt hätte ich eine letzte Begegnung mit den Augen der Piskies missen wollen. Sind Sie allein?«

»Nein, ich habe einen Freund mitgebracht. Den Bruder der Frau, die ich liebe.«

»Sie lieben eine Frau, Master Francis? Gut so, jetzt sind Sie wirklich ein Mann. Werden Sie sie heiraten?«

»Ich hoffe. Sie ist Französin und Hugenottin. Eine Protestantin.«

»Wenn Sie sie fest genug lieben, wird sie Ihnen ein Leben lang gehören, wie Jane mir auf Lebzeiten gehört hat. Habe ich Ihnen erzählt, daß sie in meinen Armen gestorben ist?«

»Nein.«

»Ihr Mann war in London. Sie war gerade niedergekommen, und die Hebamme sagte uns: ›Sie ist verloren.‹ Ich eilte zu ihr. Selbst wenn Tregian dagewesen wäre und mich auf der Stelle hätte töten lassen, es wäre mir gleich gewesen. Als ich eintrat, lag sie im Delirium. Ich nahm sie in die Arme und jagte alle aus dem Raum. Ich legte ihr Kompressen auf die Stirn, währenddem sie mit mir sprach wie zur Zeit, als wir uns eingebildet hatten, wir könnten uns heiraten. In der letzten Minute kam sie wieder zur Besinnung, und sie fragte mich, ob sie etwas Dummes gesagt habe. ›Nur daß Sie mich lieben‹, erwiderte ich. ›Dann ist es gut. Thomas, geben Sie auf die Kinder acht. Wenn Sie sich um sie kümmern, kann ich ruhig sterben. Mein letzter Gedanke wird Ihnen gehören. Gehen Sie nun, und schicken Sie mir einen Geistlichen.‹ Als ich hinausging, waren ihre schönen Augen, die Sie geerbt haben, schon verschleiert. Alle wußten, daß ich Jane liebte; niemand hat ihrem Mann etwas verraten, als er nach Hause kam.«

Ich traue meinen Ohren kaum. So beredsam wie eh und je hat Thomas mir seine Geschichte erzählt.

»Wo ist er, dieser junge Franzose? Bitten Sie ihn herein. Im Schrank werden Sie Kerzen finden.«

Nachdem wir zwei Kerzen angezündet haben, sehe ich Thomas besser. Er scheint mir nicht gealtert zu sein; er war immer alt, gebeugt, weißhaarig und voller Falten, soweit ich mich zurückerinnern kann. Nur ein wenig durchsichtiger sieht er aus.

Wir helfen ihm, sich aufzusetzen. An seinem schwarzen Blick, den er auf uns richtet, hat sich nichts geändert, nur die Augen liegen etwas tiefer in den Höhlen. Ich bin verwundert, als er sich auf französisch an Troisville wendet. Meine Verblüffung bringt ihn zum Lachen:

»Wissen Sie, während fünfzig Jahren habe ich die ausgedehnten und stets wachsenden Ländereien Ihrer Familie verwaltet. Ihre Urgroßeltern und Ihre Großeltern waren nicht wie Ihr Vater. Vielmehr, selbst wenn sie es waren, hat es niemand gemerkt, denn ich war da, und ich nahm meine Aufgabe sehr ernst. Faulpelze duldete ich nicht, und als Händler hatte ich nicht meinesgleichen. Als die französischen Schiffe bis nach Tregony kamen, mußte ich wohl oder übel die Sprache der Kapitäne sprechen. Ich spreche auch Spanisch, Italienisch und sogar etwas Arabisch, wenn es um Geschäfte geht.« Er seufzt. »Ich darf nicht daran denken, wieviel Mühe wir uns gegeben haben, Ihre Vorfahren und ich, um Ihnen ein stattliches Erbe zu hinterlassen. Und innert weniger Jahre war es damit vorbei! Ihr Vater ist ein bewundernswerter Mann, aber von der Gutsverwaltung hat er nie etwas verstanden. Nun ist es zu spät. Man hat Ihnen das nötige Wissen nicht weitergegeben. Ich rate Ihnen, gar nicht erst den Versuch zu unternehmen, sich um Ihr Besitztum zu kümmern. Widmen Sie sich Ihrer Musik. Und glauben Sie mir, die Careys haben alles unternommen, um Ihnen die Rückkehr zu verunmöglichen. Seit einiger Zeit haben sie einen neuen Verwalter; ihm wird es gelingen, selbst die Careys zu enteignen. Er heißt Ezekiel Grosse. Merken Sie sich diesen Namen, und hüten Sie sich vor ihm wie vor dem Leibhaftigen selbst. Wenn Sie versuchen, mit ihm zu verhandeln, wird er Sie vernichten. Am besten gehen Sie ihm aus dem Weg.« Er seufzt noch tiefer. »Ich wünschte, ich könnte Ihnen etwas hinterlassen. Doch ich habe nur dieses Haus. Es gehört Ihnen, denn ich erhielt es von meinem Vater, und ich habe keine Familie. Abgesehen davon kann ich Ihnen nur mit Ratschlägen dienen, und selbst diese nützen Ihnen wohl nicht viel, denn ich bin ein alter Mann.«

Darauf fordert er uns energisch auf, ihm zu erzählen, wie wir leben, und wir kommen seiner Aufforderung nach, bis der Morgen dämmert.

Ein prächtiger Herbsttag kündet sich an.

»Gehen Sie, bevor jemand nach mir schaut«, rät er uns.

»Und wenn Sie in Golden vorbeigehen wollen, warten Sie, bis es dort genügend Leute hat. So werden Sie nicht auffallen, auch wenn der Hafen nun beinahe ausgestorben ist. Die Fal ist nur noch ein Rinnsal. Nach Tregony fahren noch Schiffe, aber es sind nicht mehr viele. Man muß schon nach Falmouth gehen, um das Knattern eines Toppsegels am Mast zu hören. So weit kann ich nicht mehr reisen. Francis!«

Er winkt mich zu sich. Zum erstenmal nennt er mich beim Vornamen, ohne Titel.

»Vor dem Schrank ist ein Brett, das sich heben läßt. Darunter werden Sie ein Paket finden. Es enthält einige Erinnerungen und das Buch, worin ich Tag für Tag meine Tätigkeiten als Verwalter aufgeschrieben habe. Nehmen Sie die Sachen mit, wenn Sie etwas über Ihre Familiengeschichte erfahren möchten. Sonst würden sie verlorengehen. Gehen Sie nun. Wir sehen uns im Himmel wieder. Das nächstemal, wenn Sie in die Gegend kommen, werde ich nicht mehr da sein. Vergessen Sie nicht, wegen des Hauses den Notar aufzusuchen. Die Pächter sind im Bild; außer ihnen wird niemand erfahren, daß mein bescheidener Besitz an Sie fällt.«

Die Trennung von ihm fällt mir noch schwerer als der Abschied von Sir John. Aber er hat recht. Wir müssen aufbrechen, bevor wir jemandem auffallen.

Wir gehen gerade noch zur rechten Zeit.

Unterwegs erzähle ich Troisville vom Haus, den Küchen, dem Hafen und dem Römerfeld.

»Wenn wir die Ländereien durchqueren, werde ich Ihnen nichts sagen können. Die Tregians sind hier so unerwünscht, daß die Careys oder ihr Verwalter nicht zögern würden, uns festnehmen zu lassen.«

Im Trott reiten wir an Haus und Küchen, am Warren und an der Festung von Voliba vorbei, hinunter zum Anlegeplatz von Golden und schließlich bis nach Tregony.

Dann kehren wir auf demselben Weg zurück und kommen noch durch St. Austell. Als einziges taucht hier die Erinnerung an unsere Flucht im Jahre 1579 auf.

Drei Tage später finden wir uns wieder auf unserem Schiff ein zur Rückfahrt nach Frankreich.

XIII

Then sweet love dispearse this cloude
That obscures, this scornefull coying:
When each creature sings aloude,
Filling hearts with over joying.
As every bird doth choose her mate,
Gently billing, she is willing
Her true love to take:
With such words let us contend,
Laughing, colling, kissing, playing,
So our strife shall end.

»Barafostus Dreame«
Volkstümliche Ballade

Dann, süße Geliebte, löse diese Wolke auf,
Die dies verächtliche Zieren verdüstert:
Wenn jede Kreatur laut singt
Und die Herzen mit übergroßer Freude erfüllt.
So wie jeder Vogel sein Weibchen wählt,
Zärtlich schnäbelnd, und es bereit ist,
Seine wahre Liebe zu empfangen:
So laß uns mit Worten wetteifern,
Lachen, rufen, küssen, spielen,
Damit unser Streit ein Ende findet.

Im frisch gefallenen Schnee knirschen die Schritte gedämpft, als ginge ein anderer. Alles ist friedlich, die Natur schläft. Ich bin allein …

Trotz der Kälte habe ich beschlossen, heute zur Wegkreuzung zu gehen. Meine Gefühle haben mich überrumpelt. Seit dem Sommer schreibe ich in kleinen Abschnitten. Ich beabsichtigte, gemächlich und ohne Leidenschaft zu erzählen. Anfangs war es eine amüsante Übung. Ich habe so viele Noten kopiert – *»Francis, Sie haben eine wundervolle Schrift, schreiben Sie uns doch die Partituren für diese Suite«* – *»Herr Tregian, Sie kennen so schöne italienische Gedichte, fällt Ihnen dazu nicht ein Madrigal ein?«* Das Schreiben eines Berichtes erschien mir als willkommene Zerstreuung.

Dabei entdeckte ich in mir eine Leidenschaft für das Schreiben, die nicht minder stark ist als meine Liebe zur Musik.

Heute hat es mich wieder dazu gedrängt: Ich erzählte von diesem außergewöhnlichen September des Jahres ... welches Jahres? War es das dreiunddreißigste der Herrschaft? Vielleicht. Vielleicht war es auch ein Jahr früher oder später, ich kann es nicht mit Bestimmtheit sagen. Ich glaube, ich war sechzehn Jahre alt. Oder siebzehn. Die Ereignisse dieses Septembers und des darauffolgenden Oktobers habe ich in einem Zuge niedergeschrieben. Nun bin ich völlig erschöpft, wie ich es wohl nach diesen endlosen Reisen war (von London nach Golden in weniger als fünf Tagen! Dazu muß man sechzehn Jahre jung sein und eine eiserne Gesundheit haben – täglich fünfzehn bis achtzehn Stunden ununterbrochen zu Pferd!), bei denen mir das Herz bis zum Halse schlug aus Furcht, ertappt zu werden, mich zu verspäten, König Heinrich in Frankreich zu verfehlen und meine Mission nicht zu erfüllen.

Ich hatte nie den Ehrgeiz, den Monarchen zu begegnen – nicht einmal im Traum hätte ich daran gedacht, Heinrich IV. je zu sehen, obwohl er mich neugierig machte, weil alle von ihm redeten ... Und dabei sollte ich ihnen immer wieder von Angesicht zu Angesicht gegenüberstehen.

*

Elie heißt einer der Enkel von Benoît Dallinges, der ein ebenso guter Musiker zu werden verspricht wie David. Er war noch keine fünf Jahre alt, als er bereits mit völliger Sicherheit sagen konnte, wenn er die Klänge aus meinem Atelier hörte:

»Großvater François plaziert den Springer des *mi* der Quinte.«

Allen Kindern der Dallinges habe ich Latein – für mich eine Art zweite Muttersprache – beigebracht. Diese Bauernkinder hatten in mir einen Hauslehrer wie die Söhne der Reichen, und ich habe sie mit Vergnügen unterrichtet. Alle sind Notabeln geworden, und es ist ein wahres Vergnügen, wenn man heute sieht, wie der junge Benoît es mit diesen Herren von Bern und Freiburg aufnimmt. Dank ihrer Erziehung haben sie es zu Wohlstand gebracht. Das war das wenigste, was ich tun konnte, um ihren Eltern meine Dankbarkeit zu bezeugen.

Für ihre Kinder habe ich meine Unterrichtstätigkeit wieder aufgenommen.

»Fürchten Sie nicht, ich sei zu alt geworden, um einen guten Hauslehrer abzugeben?« fragte ich Benoît den Jüngeren, als er mir vorschlug, den Kleinen das Abc beizubringen.

»Sie und alt, Onkel François? Sie machen sich über mich lustig! Sie haben sich kein Jota geändert. Wenn Sie sich rasieren würden, sähen Sie aus wie ein junger Mann.«

Für die Kleinen habe ich die Silbentafeln und Abc-Fibeln wieder hervorgenommen, die ich für ihre Eltern angefertigt hatte, und auch das *Pater Noster*.

Allen habe ich auch die Grundlagen der Musik beigebracht. Ich habe ihnen versichert, das gehöre zum Gepäck eines wohlerzogenen Mannes oder einer wohlerzogenen Frau, denn ich bestand darauf, die Mädchen ebenso zu unterrichten wie die Knaben. Der Königin Elisabeth war die Bildung jedenfalls gut bekommen – warum sollte das nicht auch für die Mädchen der Dallinges gelten? Doch von dem runden Dutzend Kindern haben sich nur zwei wirklich für die Musik begeistert. Zuerst war es David, der sich ihr mit Inbrunst widmete. Und heute ist es Elie.

Er ist ein kugelrunder kleiner Junge mit ewig laufender Nase, leicht hervorquellenden, hellblauen Augen und einer undefinierbaren Haarfarbe zwischen Blond und Braun. Er ist so ruhig und fleißig, daß er sich nie eine Strafe einhandelt. Zu ruhig, finde ich manchmal. Ich nötige ihn dazu, mit dem Hofhund über die Felder zu laufen, und es beruhigt mich zu sehen, daß er rennt wie der Blitz. Er spielt Tasteninstrumente mit einer selbstverständlich anmutenden Leichtigkeit. Das ist um so erstaunlicher, als seine Wurstfinger, die über die Tasten fliegen, eher Ungeschicklichkeit als Meisterschaft erwarten lassen.

Unlängst hat er mich frühmorgens in meinem Dachzimmer aufgesucht und mich beim Schreiben überrascht.

»Was tun Sie da, Großvater?«

»Kümmere dich um deine eigenen Angelegenheiten«, rügte ich ihn.

»Ich habe eine Frage, Großvater.«

»Frage mich am Mittag.«

»Darf ich Sie zur Wegkreuzung begleiten?«

»Wenn du willst.«

Es ist nicht das erstemal, daß wir ein solches Gespräch haben. Meist lautet die Frage etwa: »Was bedeutet ›enharmonisch‹?« oder »Ich weiß nicht mehr, was eine Mutation ist.« Aber diesmal hat er mich gefragt, während wir auf dem harten Pfad tüchtig ausschritten (es hatte noch nicht geschneit, aber der Boden war Stein und Bein gefroren):

»Großvater, warum ist die Musik lebensnotwendig?«

Ich schaute ihn ganz verblüfft an.

»Aber ja«, insistierte er, »kürzlich, als meine Mutter protestiert hat, weil Sie meiner Schwester Marie die diatonische Tonleiter beibrachten, haben Sie ihr geantwortet: ›Ebenso, wie vor Gott alle Lebewesen gleich sind, ist die Musik für alle Lebewesen notwendig.‹«

Die ersten Worte, die aus den Tiefen meines Gedächtnisses (oder vielmehr meiner Vergeßlichkeit) auftauchten, sind die Worte von Alessandro Piccolomini, wie sie von Monteverde überliefert wurden:

»*Non è dubbio alcuno, che secondo la sentenza di Platone e d'Aristotele, è una delle principali discipline, che dai fanciulli si debba imparare.* Zufolge Plato und Aristoteles gibt es keinen Zweifel, daß sie eine der hauptsächlichen Disziplinen ist, welche die Kinder studieren sollen ... insbesondere um dem Erwachsenen in den Mußestunden, die ihm gegönnt sind, wenn keine dringenden Angelegenheiten mehr rufen, die Gelegenheit zu geben, sich auf anständige Weise zu zerstreuen, ohne die Zeit totzuschlagen. Musikhören allein reicht nicht, denn wer sich dieser angenehmen Beschäftigung hingibt, gewinnt mehr Vergnügen daraus, als wenn er sich damit begnügt, anderen zuzuhören ...«

Elie gibt sich mit meiner Antwort nicht zufrieden.

»Sie haben mir gesagt, man solle Plato nicht blindlings vertrauen, weil er Plato ist. Wenn Sie mit ihm einverstanden sind, müssen Sie wohl Ihre Gründe haben.«

»Ich habe tausenderlei Gründe. Die Musik hat mir die tiefsten Glücksmomente geschenkt, vergleichbar jenen der Liebe, aber dauerhafter. Sie hat mich mehr als einmal über Kummer hinweggetröstet, und zumindest einmal hat sie mir das Leben gerettet, indem sie mich daran hinderte, den Verstand zu verlieren.«

»Daraus läßt sich noch nicht ableiten, daß sie für alle notwendig ist.«

»Nein, natürlich nicht. Doch sie tut Gutes, wo immer man sie findet. Es ist eine universale Sprache, die von allen gleichermaßen verstanden wird.«

Wenn die gemessene Musik
Unzüchtig auflodert
Wenn die Seele in Harmonie
Göttlich sich mit ihr verbindet
Wenn der ewige Tanz
Nachahmt die Kadenz
Wenn Wasser, Luft und Erde
In einem sanften Krieg
Begehrenswerte Musik
Deine bewundernswerte Tugend
Kann aus dem Herzen verjagen
Was nicht ehrenhaft:
Mit göttlichen Akkorden
Belebt sie unsern Körper:
Sie setzt Himmel in Bewegung
Mit harmonischen Tönen:
Darin werden verschmolzen
Diskordante Akkorde,
Wer wird zu tadeln wagen
Daß jeder lieben muß?

»Großvater«, insistiert Elie, »zu welchem Zeitpunkt waren Sie sicher, daß Sie Musiker und Instrumentenbauer werden wollen?«

»Weißt du«, antworte ich, um Zeit zu gewinnen, »der große Tasso, der Autor von ›Das befreite Jerusalem‹, von dem ich dir dieser Tage einmal erzählen werde, hat geschrieben: *Ziel der Musik ist es, das Ohr mit Harmonien zu erfreuen, denn die Natur freut sich an Mannigfaltigkeit und überraschenden Neuheiten.*«

Wäre er der Erwachsene und ich das Kind, würde er mich auspeitschen. Francis Tregian, das war eine faule Schülerausrede!

»Großvater«, sagt er streng, »ich möchte Ihre eigenen Gedanken hören und nicht jene von Herrn Tasso.«

»Gut, gut. Zu welchem Zeitpunkt, wolltest du fragen … Es war … Das erstemal war ich sehr jung, sogar viel jünger als du.«

Ich erzähle ihm von meiner ersten Begegnung mit William Courtenay und der *Lady Wynkfylds Rownde* (die Elie bereits kennt). Das beeindruckt ihn zwar, stellt ihn aber noch nicht zufrieden. Und während wir raschen Schrittes dem Ufer des Talent entlanggehen (für einen längeren Aufenthalt an der Wegkreuzung ist es zu kalt), versuche ich den genauen Zeitpunkt festzulegen. Es geschah schrittweise in einer Reihe aufeinanderfolgender Entschlüsse. Und Königin Elisabeth hat den Entscheid mit ihrer Rente gefestigt, die ich bis zu ihrem Tod bezogen habe.

Wir kehrten heim, und ich mußte Elie versprechen, daß ich auf meine Anfänge als Musiker zurückkommen würde.

Es wäre sicher leichter gewesen, wenn ich mich schon damals von meiner Kaste hätte distanzieren können. Doch ich war der Enkel der Grafen von Derby und der Barone von Arundell, Angehörige der Pairskammer. Für Abkömmlinge englischer Pairs gehört es sich nicht, einem Broterwerb nachzugehen. Meinem Vater, der während der Jahrzehnte im Gefängnis der Fleet ein Dutzend unnützer Sprachen lernte, wäre es nicht in den Sinn gekommen, auf Bedienstete zu verzichten – er hatte zwei, manchmal auch drei Diener, und eine der schrecklichsten Erniedrigungen in den Anfängen seiner Haft war für ihn gewesen, überhaupt keinen zu haben.

In dieser Hinsicht war ich nicht anders als er. Mit den Händen zu arbeiten, sogar um Musikinstrumente zu bauen, ist nichts für Adelige. Hätte der Francis von damals den Francis von heute kennengelernt, hätte er für ihn nur Verachtung empfunden.

Hätte ich nicht mit Giles Farnaby Freundschaft geschlossen, wäre ich zu überhaupt nichts tauglich. Ohne Orgeln zu flicken und Spinette zu bauen, hätte ich wohl die meisten Melodien vergessen, die mir durch den Kopf gehen. Hätte ich nicht gewußt, wie die Tasteninstrumente konstruiert sind, wäre ich nicht hier.

Zwar hätte ich wie Troisville ein Waffenbruder von König Heinrich werden können. Doch wenn ich es nicht so eilig gehabt hätte, der Musik wegen nach Italien zu gehen, wären mir in meinem Leben sicherlich viele interessante Begebenheiten nie zugestoßen. Um nach Italien zu gelangen, bin ich nach Reims zurückgekehrt. An die genauen Umstände kann ich mich nicht mehr erinnern.

Eines ist gewiß: Nach dieser Eskapade war das englische Kollegium nicht mehr, was es vorher gewesen war.

Reims war den Engländern lange feindlich gesinnt gewesen. Jehan Pussot, der Küster von Saint-Jacques, hatte mir zu wiederholten Malen erklärt:

»In Reims hat Jeanne d'Arc Karl VII. krönen lassen, und die Engländer waren immer die Erbfeinde gewesen. In euch englischen Katholiken haben wir lange ein trojanisches Pferd gesehen, und es dauerte eine ganze Weile, bis wir sicher waren, daß ihr nicht gegen uns seid.«

Schließlich hatten sie ihre Meinung geändert, weil »die Engländer« Schützlinge des Kardinals von Lothringen und seines Bruders, des Herzogs von Guise, waren. Außerdem hatten sich die Engländer mit Begeisterung an der Instandstellung der Befestigungsanlagen beteiligt und ihnen im Kampf gegen die Hugenotten geholfen.

Doch diesmal kam ich mir fremd vor in Reims.

Alle Weitblickenden in Frankreich wußten es: Der neue König war von anderem Kaliber als die Anführer der Liga und würde zu guter Letzt die Partie gewinnen. Das erbitterte alle Angehörigen der Liga in Reims – mit anderen Worten, fast die gesamte Bevölkerung. Eine übersteigerte Frömmigkeit griff um sich; die Prozessionen, Gebete und Sühneopfer wuchsen ins Uferlose. Auch wir nahmen daran teil. Die Gebete von uns Katholiken, die von einer protestantischen Königin verfolgt wurden, galten als besonders wirkungsvoll, um den Franzosen »unser Los« zu ersparen.

Ich hatte meinen Platz im Unterricht wieder eingenommen, als wäre nichts geschehen: Das einzige Mittel, um mich vor Ärger zu bewahren, hieß Arbeiten und Schweigen – also hielt ich den Mund.

»Dieser arme Tregian«, sagte man, »seit seiner Gefangenschaft bei den Ketzern geht es ihm schlecht. Gott weiß, was sie ihm angetan haben.«

Einige haben sich sogar bei mir erkundigt. Ich begnügte mich mit einem Seufzer, was sie in ihrer Meinung bestätigte:

»Die Ketzer haben Tregian einem hochnotpeinlichen Verhör unterzogen; er ist so tapfer, daß er nicht einmal darüber spricht.«

Was mich vollends verstummen ließ, war der Tod von Sir John. Ich fühlte mich als Waise. Bleich und traurig hatte mir Giuliano an einem Wintertag kurz nach Weihnachten die Nachricht überbracht. Er kam von London und war über Saint-Ouen gereist, um meinen jüngeren Bruder Charles mitzunehmen.

So sehr ich Adrian liebte, als wäre er ein Teil von mir, so sehr hatte ich immer Probleme gehabt mit diesem anderen Bruder. Von allen bekam ich zu hören, ich gleiche meinem Vater aufs Haar, und von meinem Äußeren her trifft das unbestreitbar zu. Aber was den Charakter betrifft, war ich das pure Gegenteil meines Vater. Sein einziger wirklicher Erbe war Charles, dieser stämmige, nervöse Kerl mit seinen rabenschwarzen Augen und Haaren und den spanischen Allüren. Er war überheblich wie der Vater, ein extremer Katholik von seiner zartesten Kindheit an und starrsinnig wie sein Erzeuger. Er war mir bis zuletzt unerträglich.

Er war sechs oder sieben Jahre jünger als ich. Bis zu seiner Ankunft in Reims hatte ich ihn kaum gekannt. In Reims wurde er mir anvertraut. Nach einer Woche stand meine Meinung über ihn fest.

Die älteren Geschwister Mary, Adrian, Margaret und ich, alle in Wolvedon geboren, waren zurückhaltend und schweigsam. Die anderen, Vater und Mutter an der Spitze, haben stets das Bedürfnis empfunden, ihre Überzeugungen wortreich darzulegen. Bei uns gingen sie von unserem stillschweigenden Einverständnis aus und deuteten unser Verhalten als Zustimmung. Nie wäre es jemandem in den Sinn gekommen, in unserem Schweigen ein Zeichen der Ablehnung zu sehen, jedenfalls damals nicht. Von Mary, die ich nie wiedergesehen habe, weiß ich nichts. In Erinnerung geblieben ist mir ihre starke Ausstrahlung – auch sie hätte eine Königin sein können. Sicher ist, daß Margaret, Adrian und ich nicht mit dem Rest der Familie übereinstimmten.

Was mich, abgesehen von der Religion, am meisten von Charles trennte, war sein Mangel an Gelehrsamkeit. Er zeigte so wenig Interesse am Unterricht, daß es Reims nicht gelang, aus ihm einen Missionar zu machen. Im Kriegshandwerk dagegen war er unübertrefflich: gefürchtet im Zweikampf, unerschrocken zu Pferd, gefährlich mit dem Degen. Seine Prahlerei trug ihm Strafen über Gebühr und unendlichen Ärger ein, ohne ihm den geringsten Nutzen zu bringen. Wie bei meinem Vater war es sinnlos, ihn darauf hinzuweisen, daß sein Starrsinn unüberbrückbare Gräben aufriß.

Man spreche mir nicht von Blutsbanden. Für diesen Bruder will ich nicht noch mehr Zeit, Tinte und Papier verschwenden.

Eines immerhin habe ich ihm zu verdanken. Da Sir John gestorben war und seine Erben nicht mehr für unsere Pension aufkamen, hätten wir beide ins Priesterseminar eintreten müssen. So lautete die Hausregel. Aber John Pitts, mein Rhetoriklehrer – ein Mann, mit dem ich mich verstand und der mich gut mochte –, setzte sich für mich ein: Ich hatte ihm in aller Aufrichtigkeit gesagt, daß ich mich nicht zum Priester berufen fühle. Es muß gesagt sein, daß Pitts felsenfest an einen bevorstehenden Sieg der Katholiken in England glaubte; in seiner Vorstellung würde ich wieder ein vornehmer Herr werden, und als ältester Sohn und Titelerbe geht man nicht ins Kloster. Es fiel ihm um so leichter, für mich einzutreten, als Charles lauthals seine Absicht kundtat, Jagd auf die Ketzer zu machen. Damit war das Gleichgewicht wiederhergestellt.

*

Meine beiden letzten Jahre?

Rhetorik. Kasuistik. Organist in Saint-Jacques, manchmal auch in Saint-Nicaise oder Saint-Rémi.

Regelmäßige Besuche von Giuliano, der stets in geheimnisvoller Mission durch Europa reist. Für wen? Als ich ihn eines Tages fragte, gab er die lakonische und nicht gerade beruhigende Antwort:

»Was ich Ihnen nicht sage, wissen Sie nicht, und selbst die Inquisition könnte nichts aus Ihnen herausbringen.«

Ich erinnere mich an meinen letzten Sommer. Er war besonders schön und trocken, nachdem es fast ein Jahrzehnt lang unablässig geregnet hatte, was zusammen mit den Heeren, welche das Land verwüsteten, zu den Mißernten beitrug. Im Frühling hatte Navarra (so nannte man in Reims den König) Chartres, dann La Fère eingenommen. Er rückte näher. In den Kneipen sprach man über nichts anderes mehr.

Ich erinnere mich an die Heirat von Perrette, der Tochter des Küsters Pussot, mit Nicolas de Lestre. Abbé Ogier und ich hatten für eine vortreffliche musikalische Umrahmung gesorgt, gesungen von ihm und seinem Chor und begleitet von mir. Die Braut trug ein prächtiges Gewand, dessen Schleppe ihre jungen Brüder trugen. Nach der Messe fanden wir uns alle in Pussots Haus ein, das neben dem Chauldron lag. Den ganzen Tag über träumte ich von meiner Heirat mit Françoise.

Und ich erinnere mich an den Besuch des päpstlichen Nuntius, des Bischofs von Plaisance. Gewöhnlich kümmerte ich mich bei solchen Gelegenheiten um die Musik. Doch der Himmel weiß warum, diesmal bestand Barret darauf, daß ich die Willkommensrede halte. Ich fügte mich schließlich. Leere Worte, die man auf der Stelle wieder vergaß. Der Bischof bedankte sich, und ich erinnere mich nur, daß er mein Lateinisch rühmte – das schmeichelte meiner Eitelkeit.

Mein letztes Jahr in Reims widerhallt vom Kriegslärm. Den Auftakt machte der Herzog von Parma, der mit einem starken katholischen Heer in Frankreich einzog, um der Stadt Rouen Verstärkung zu bringen. Von Reims aus eilte ihm der Marschall der Liga, Antoine de Saint-Paul, zur Hilfe, und er wollte mich unbedingt in seine Truppe aufnehmen. Ich wehrte mich aus Leibeskräften. Gestärkt durch sein Bündnis mit Lothringen und den Spaniern, hatte Saint-Paul überall Abgaben eingetrieben. Während des Bürgerkriegs hatte er im Namen der Religion wahre Schätze angehäuft. Viele Einwohner von Reims teilten meine Abneigung gegen ihn. Übrigens habe ich erfahren, daß der Herzog von Guise, der Sohn des »Schmissigen«, ihn ein oder zwei Jahre später mit seinem Degen durchbohrt hat, um seiner traurigen Laufbahn ein Ende zu setzen. Aber kommen wir auf die Belagerung von Rouen zurück. Navarra hat die Stadt schließlich preisgegeben, etwa zur Zeit, als die Wahl des neuen Papstes, Gregors XIV., bekanntgegeben wurde.

Reims triumphierte.

Die Atempause war nur von kurzer Dauer. Navarra begann mit der Belagerung von Epernay, praktisch vor unseren Toren. Das war Ende Juni, unmittelbar vor meiner Abreise.

Ich muß zurückgreifen, um diese Abreise zu beschreiben. Ich war in Unruhe, weil ich nicht wußte, woher ich die Mittel nehmen sollte, um nach Rom zu gehen. In Flandern erwartete mich Elisabeths Rente, aber wie sollte ich sie dort holen?

Schließlich war es ein Landsmann, Nicholas Bawden von St. Mabyn in Cornwall, der mir den Weg ebnete.

Der etwa Vierzigjährige war erst seit kurzer Zeit in Reims. Er war schlank, glattrasiert und fast gleich groß wie ich. In London hatte er seit Jahren halbwegs im Untergrund gelebt; bei Sir John war ich ihm ein- oder zweimal kurz begegnet. Der englische Kardinal William Allen, der ihn seit langem kannte, hatte ihm vorgeschlagen, als Kammerdiener in seine Dienste zu treten, und ihn gebeten, noch jemanden mitzubringen.

Eines Abends, nachdem ich einen neuen Umgarnungsversuch von Herrn de Saint-Paul abgewehrt hatte, war ich besonders wütend zu den Mores zurückgekehrt und hatte entgegen jeder Gewohnheit die Türe zugeschlagen.

»Ein Gewitter liegt in der Luft«, hatte der alte Herr More gemurmelt. »Man sollte schauen, was los ist.«

»Ich gehe«, sagte Nicholas Bawden, den ich in meiner Wut nicht einmal bemerkt hatte.

»Erinnern Sie sich an mich, Francis Tregian?«

»Nein.«

»Wir sind uns in Clerkenwell bei Sir John Arundell begegnet. Ich bin Nicholas Bawden.«

Lächelnd schüttelte ich ihm die Hand.

»Entschuldigen Sie, meine Grobheit ist unverzeihlich. Aber man hat mich zur Weißglut getrieben.«

Ich erzähle ihm vom Streit.

»Ich will nicht Soldat sein, sondern Musiker«, schloß

ich. »Ich will nach Italien gehen. Am liebsten nach Rom, obwohl ich noch nicht weiß, woher ich das Geld nehmen soll.«

»Und wenn ich Sie mitnehmen würde?« schlug er vor.

»Wie? Nach Rom? Aber ...«

»Der Kardinal will zwei Kammerdiener. Ich führe Sie bei ihm ein.«

»Barret wird niemals einwilligen.«

»Sicherlich nicht. Mir ist zu Ohren gekommen, daß er Sie verabscheut. Aber wir werden ihn gar nicht erst fragen. Ich sorge dafür, daß Sie vom Kardinal persönlich eingeladen werden.«

Und der Kardinal hat mich eingeladen.

Meine Abreise war auf Anfang Juli festgesetzt, nach den Schlußexamen, die mich in aller Form als Gelehrten auswiesen. Ich ließ Giuliano benachrichtigen, und er kam mich abholen.

»Es ist ausgeschlossen, daß Sie allein nach Rom gehen«, sagte er mit Bestimmtheit.

Eigentlich hätte ich mit Nicholas Bawden abreisen sollen, aber aus irgendeinem Grund mußte er vor dem vorgesehenen Datum aufbrechen.

So verließ ich eines schönen Julitages das englische Kollegium, meinen Bruder und Reims ohne das geringste Bedauern.

Still ritten wir durch das Stadttor von Vesle und ließen auf dem Weg in die Weinberge das Krankenhospiz, die Häuser und Mühlen zu unserer Rechten zurück.

»Wir vermeiden besser den berüchtigten Wald auf dem Berg von Reims, wir könnten dort auf Hugenotten stoßen. Machen wir einen Umweg durch die Ebene«, schlug Giuliano vor.

»Giuliano?«

»Ja?«

»Sind wir in Eile?«

»Stellen Sie mir eine klare Frage. Was ist Ihre Absicht?«

»Ein Umweg über Epernay.«

»Wie? Epernay wird doch von Navarra belagert!«

»Ganz genau.«

Er schaute mich lange an.

»So sehen Sie also die Dinge.«

»So ist es.«

Erneute Stille.

»Sie waren kein Gefangener vor zwei Jahren.«

Das ist keine Frage, sondern eine Feststellung.

»Nein.«

»Wenn sich das herumspricht ...«

»Aber, mein lieber Giuliano, Sie sind doch mein *alter ego*. Es wird sich nicht herumsprechen. Außerdem werden wir uns vorsichtshalber gefangennehmen lassen.«

»Sie wissen, daß wir viel riskieren.«

»Stimmt. Wenn wir auf einen ungehobelten Offizier treffen, macht er kurzen Prozeß mit uns. Trotzdem will ich den Versuch wagen.«

»Wenn schon verrückt, dann wenigstens richtig«, sagte er lachend und unerschrocken wie immer, »ich bin dabei.«

Wir begegneten Troisville, noch bevor man uns gefangennehmen konnte, und liefen also keinerlei Gefahr. Als er sah, wie Troisville und ich uns in die Arme fielen und uns gegenseitig »mein Bruder« nannten, brach Giuliano in helles Gelächter aus.

»Ich hätte wissen müssen, daß Sie vom selben Kaliber sind wie Adrian. Und Ihretwegen habe ich mir Sorgen gemacht!«

Ich höre ihm gar nicht mehr zu.

»Françoise ...?«

»Sie ist in Bordeaux und erwartet Sie.«

»Ich muß nach Bordeaux gehen, wenn ich bloß wüßte, wie.«

»Besuchen Sie zuerst den König, er wird sich freuen.«

Unterwegs mache ich Giuliano und Troisville miteinander bekannt. Während wir in gemächlichem Trott weiterreiten, schüttelt Giuliano unablässig den Kopf.

»Dieser Francis Tregian, das ist ja allerhand ... Da erklärt ihm ein Edelmann des hugenottischen Herrschers: ›Kommen Sie zum König, er wird sich freuen.‹ Ich träume wohl!«

Seine komische Verblüffung bringt mich zum Lachen.

»Das Leben ist voller Überraschungen ... Es gibt Dinge, die man niemandem erzählen kann. Und wenn Sie es ausplaudern ...«

»Mein lieber Francis! Ein einziges Wort von mir, und unser Leben wäre keinen *Farthing* wert. Wir sind hier, weil wir gefangengenommen wurden, das ist ganz klar.«

»Klar«, beteuert Troisville mit gespieltem Ernst.

Die Zügel seines Pferdes ums Handgelenk gewickelt, steht der König beinah allein vor einer Hütte und stillt den Durst mit großen Schlucken. Als er mich vom Pferd steigen sieht, ruft er:

»Potztausend! Das ist ja unglaublich! Ist mein kleiner Abbé dahin zurückgekehrt, wo es hoch zu und her geht? Beim Eid, Sie sind noch größer geworden. Wenn es so weitergeht, werden Sie noch zum wahren Riesen wie Pantagruel.«

Ich mache eine Kniebeuge vor ihm. Er hebt mich auf, umarmt und küßt mich in einer Dunstwolke von Knoblauch. König Heinrich riecht immer nach Knoblauch.

Wir verbringen ein paar Tage im Lager; ich kann mich nur noch ans Vergnügen erinnern, das sie mir bereitet haben.

»Wollt ihr Reims einnehmen?« frage ich Troisville.

»Nein. Wir werden Epernay erobern, und der König wird bis zu den Mauern von Reims vordringen, aber er hat nicht die Absicht, es einzunehmen. Er will bloß die Einwohner von Reims spüren lassen, wer der Meister ist.«

Troisville meint, der König werde bald in Paris einziehen.

»Er wird konvertieren, das ist die Voraussetzung, wenn er regieren will. Er weiß, daß es kein anderes Mittel gibt.«

*

Giuliano und ich haben uns wieder auf den Weg gemacht.

»Wir reisen über Bordeaux«, erkläre ich.

»Über Bordeaux? Mit Verlaub, Sie sind nicht bei Sinnen. Sie sagen das, als handelte es sich um einen Spaziergang. Die Stadt liegt überhaupt nicht an unserer Route, selbst wenn wir das Rhonetal hinabreiten. Dazu muß man Frankreich durchqueren!«

»Wie viele Tage kostet uns der Umweg, wenn wir durchs Rhonetal gehen?«

»Ich habe es noch nie gemacht, aber ich denke, mit zwei Wochen muß man rechnen, je nachdem, wie schnell wir galoppieren.«

»Wir werden ein höllisches Tempo anschlagen.«

»Wir werden nichts dergleichen tun. Dazu haben wir nicht die geeigneten Pferde.«

»Nun gut, dann nehmen wir es gemächlicher. Aber ich muß nach Bordeaux.«

»Vielleicht haben Sie die Güte, mir den Grund zu nennen.«

»Sitzen Sie fest in Ihrem Sattel?«

»Durchaus.«

»Ich will heiraten.«

Er sperrt die Augen auf.

»Ohne jemanden davon in Kenntnis zu setzen?« fragt er nach einem Zögern. »Ohne die Erlaubnis Ihres Vaters?«

»Erstens setze ich Sie davon in Kenntnis, und Sie sind sozusagen mein Onkel. Schließlich sind wir nun beide alt genug, um uns einzugestehen, was wir ohnehin wissen:

daß Jane die Tochter meines Großvaters John ist. Zum zweiten ist mein Vater weltfremd und außerhalb unserer Reichweite; mein Leben kann nicht stillstehen, bloß weil er beschlossen hat, sein eigenes Leben anzuhalten. Gemäß den letzten Nachrichten, die ich von Ihnen selbst habe, soll er vor nicht allzu langer Zeit ein Kind gezeugt haben, nicht wahr? Warum nicht ich?«

Er bleibt stumm.

»Giuliano, ich bin mehr als achtzehn Jahre alt. König Heinrich von England hat als Vierzehnjähriger die Königin Catherine von Aragón geehelicht. Jane hat mit elf Jahren geheiratet. Mein Vater und meine Mutter sind als Halbwüchsige in den Ehestand getreten. Meine Schwester Mary hat zwei Kinder. Ich bin alt genug, um zu heiraten.«

»Das bestreite ich nicht, mein lieber François. Aber Sie haben Ihre Pflichten gegenüber Ihrer Familie ... Sollte England ...«

»Wenn Sie von Englands möglicher Rückkehr zum Katholizismus sprechen wollen, beginne ich zu schreien! Als einzige Hoffnung bleibt uns, daß man sich eines Tages zur Freiheit des Glaubens, der Konfession oder des Gewissens entschließt, wie auch immer man das nennen will. Dann wird ein Teil der Engländer mit lauter Stimme bekennen, daß sie Katholiken sind. Aber die Rückkehr Englands ... Das wäre einzig mit Gewalt möglich gewesen. Spanien und Rom haben die Gelegenheit versäumt. Sie wird sich nicht wieder bieten. Und ich kann nicht warten. Ich muß handeln, solange ich mit Gottes Hilfe am Leben bin.«

Giuliano seufzt.

»Es stimmt, daß wir in einer Stunde tot sein könnten.«

»Sehen Sie. Wir wollen leben, Giuliano. Und wir sollten uns nicht zu viele Fragen stellen, solange wir nicht dazu gezwungen sind.«

*

Gegen Ende Juli erreichen wir Bordeaux. Die Damen Troisville haben uns nicht erwartet.

Als Françoise mich erblickt, weicht alles Blut aus ihrem Gesicht.

Beim Handkuß zittere ich wie Espenlaub. Ich bin so aufgewühlt, daß mein Degen zu Boden fällt, ohne daß ich es bemerke. Giuliano, der die Szene mit schelmischem Blick beobachtet, hebt ihn unauffällig auf.

Da Troisville das Oberhaupt der Familie ist, habe ich ihn förmlich um die Hand seiner Schwester gebeten. Er hat sie mir versprochen unter der Bedingung, daß sie einverstanden ist.

Meine Erinnerungen an diese Tage sind wirr.

Ich stelle Giuliano als meinen Onkel vor, und er ist es, der Madame de Troisville warnt:

»Das Vermögen der Tregians wurde von der englischen Krone beschlagnahmt, ihnen bleibt fast nichts mehr. Und es besteht kaum Hoffnung, daß sie jemals wieder in den Besitz ihres Vermögens gelangen.«

»Adel und Traditionen sind der einzige Reichtum der Troisvilles«, antwortet Françoise' Mutter. »Wir leben bescheiden, mein Herr.«

Wir heiraten in der katholischen Kirche; Giuliano führt mich zum Altar. An einen protestantischen Gottesdienst kann ich mich nicht erinnern.

Meine einzige klare Erinnerung ist meine erste Nacht mit Françoise. Ich hatte schon so viel von diesen Dingen gehört, daß ich mich auf etwas Angenehmes einstellte. Doch wir wurden beide von einer Woge der Leidenschaft mitgerissen. Ich hatte nicht gewußt, daß mein Körper derart heftige und schöne Empfindungen fühlen könnte, und es war berauschend zu sehen, daß ich meiner Geliebten ähnliche Gefühle schenkte. Von vielen Männern habe ich gehört, ihre ersten Erfahrungen in der Liebe seien enttäuschend gewesen und sie hätten die Hilfe einer erfahrenen

Kurtisane gebraucht, um den Höhepunkt der Lust zu erleben.

Bei mir war das nicht der Fall. Unsere Hochzeitsnacht brachte vielleicht nicht die volle Entfaltung – wir waren beide unerfahren –, aber Françoise ist die einzige Frau, bei der ich grenzenlose Erfüllung fand und den Eindruck hatte, die Tore zum Paradies aufzustoßen.

*

Wir verließen Bordeaux Mitte Oktober. An die Reise selbst erinnere ich mich nicht mehr; wohl aber an meinen Schmerz. Es war ein unbekannter Schmerz, und er traf mich unvorbereitet: Ich hatte stets als unabhängiger Mensch gelebt, der im Grunde auf nichts und niemanden angewiesen war. Einer tiefen Freundschaft am nächsten kamen meine Beziehungen zu Adrian. Doch weil er immer in meiner Nähe gewesen war, sah ich in ihm vor allem ein – allerdings besonders kostbares – Fragment jenes Mosaiks genannt Familie. Selbst nach seinem Weggang blieb er mir nahe. Jeden Tag dachte ich an ihn und hörte nicht auf, mit ihm zu reden. Und auch wenn er nicht antwortete, war er doch anwesend. Auf der Straße dagegen, die der Garonne entlang in Richtung Toulouse führte, hatte ich plötzlich ein Gefühl, als würde ich in Stücke gerissen; mein Herz litt unter einer unerträglichen Folter: Wie sollte ich eine einzige Stunde ohne Françoise leben können?

Während der Rastpausen mache ich eine weitere Entdeckung, die mich verwirrt: Ich hatte noch nie bewußt wahrgenommen, daß die Frauen einen Körper haben, den man berühren, dem man Lust schenken und der Lust spenden kann. Plötzlich sehe ich nur noch das eine. Sie sind alle schön und begehrenswert.

Ich schäme mich.

Sollte meine Liebe zu Françoise weniger ausschließlich sein, als ich dachte?

Wir haben Carcassonne schon weit hinter uns gelassen und nähern uns dem Mittelmeer, als ich in einem Dorf Giulianos Blick erhasche: Er beobachtet eine junge Bäuerin mit einem Glitzern in den Augen, das mir bekannt vorkommt. Sollte er etwa auch ...?

Wir reiten nur noch im Galopp – wir dürfen keine Zeit mehr vergeuden. Im besten Falle werden wir mit einem Monat Verspätung in Rom eintreffen. Angesichts der wirren Zeiten ist das erklärlich. Aber wenn wir uns zu sehr verspäten, machen wir uns verdächtig. Ich muß also den Abend abwarten, bis wir in der Herberge im Dunkeln auf den Strohsäcken liegen, um eine vorsichtige Frage zu wagen:

»Giuliano?«

»Ja?«

»Wie ist Ihre Liebe zu Jane?«

»Fragen Sie mich, ob ich sie aus ganzem Herzen liebe?«

»Ja.«

»Weshalb?«

Ich suche nach einer Erklärung.

»Weil ich gesehen habe, daß Sie andere Frauen anschauen ...«, gebe ich schließlich zu.

»Sie lieben Françoise aus ganzem Herzen und mit jeder Faser Ihres Leibes, aber auch ich habe bemerkt, daß Sie nach anderen Frauen schauen.«

»Das ist es ja gerade ...«

»Ach so! Und nun fragen Sie sich, ob Sie sie wirklich lieben«, sagt er mit unterdrücktem Lachen.

»Giuliano, machen Sie sich nicht über mich lustig!«

»Ich mache mich nicht über Sie lustig, mein Lieber. Es amüsiert mich bloß, daß Genies nicht anders beschaffen sind als wir gewöhnlichen Sterblichen.«

»Von welchem Genie reden Sie?«

»Von Ihnen. Es ist unglaublich, daß Sie noch immer nicht gemerkt haben, daß Sie Orgel und Virginal spielen wie ein Herrgott.«

Ungeduldig wische ich die Bemerkung beiseite.

»Lenken Sie nicht ab und antworten Sie!«

»Als ich Jane zum erstenmal sah, haben auch wir uns zum erstenmal gesehen, Sie und ich. Ihr hattet eine wochenlange Reise durch Schlamm und Dreck hinter euch, und ihr wart zu viert in Tragkörben, Adrian, Mary, Margaret und Sie, schmutzstarrend, ungekämmt und erschöpft. Jane hat Ihnen gesagt: ›Mein kleiner Master Francis, wie gut, daß Sie wohlbehalten angekommen sind!‹, sie hat Sie aus dem Korb gehoben und an sich gedrückt. Ihr seht euch so ähnlich, daß ich sie zuerst für Ihre Mutter hielt, und das betrübte mich zutiefst, weil ich mich auf der Stelle unsterblich in sie verliebt hatte. Es dauerte zwei Jahre, bis ich sie, die Tregians und die Arundells soweit gebracht hatte, unsere Heirat für vernünftig und von allen erwünscht anzusehen. Aber vom Augenblick an, als sie mir ihre Liebe gestand, war ich bereit, sie zu entführen und mit ihr zu verschwinden. Mehr noch: Ich würde es auch heute wieder tun.«

»Aber dann ...«

»Nun, wenn man einmal die Freuden der Liebe gekostet hat, wird man sich bewußt, daß in jeder Frau, der man begegnet, die Fähigkeit zur Liebe schlummert. Ich sage *man*, aber es gibt viele Männer, die diese Fähigkeit weder suchen noch wahrnehmen. Sie benutzen die Frauen, denen sie begegnen, nur zu ihrer eigenen Befriedigung.«

»Nun gut, aber ...«

»Ich für mich sehe diese Frauen und die Liebe, die sie in sich tragen. Ich bin kein Ausbund an Tugend, und ich muß Ihnen gestehen, daß es gelegentlich, wenn ich Jane während Monaten fern war und ich annehmen konnte, daß die Frau keine Syphilis hat, dazu kam... Aber ich habe es nie bloß im Vorbeigehen getan. Für die Kirche gilt jeder fleischliche Akt mit einer anderen Frau als Sünde, doch so richtig ernst nehmen kann ich das erst am Tag, an dem mir ein Geistlicher begegnet, der sich noch nie der Fleischeslust hingegeben hat. Für mich gibt es einen Unterschied. Wenn einer eine Frau benutzt, wie ein Hengst eine Stute bespringt, halte ich es für eine Sünde. Aber die Fleischeslust mit einer Frau, die mehr ist als eine flüchtige Bekanntschaft und die auf gegenseitiger Verführung beruht, ist etwas ganz anderes.«

»Haben Sie denn viele solcher … Freundinnen?«

»Ich habe einige gehabt, bevor ich Jane begegnete. Und seither sind es zwei oder drei gewesen.«

»Weiß Jane, daß …«

»Nein! Wozu auch? Wenn ich bei Jane bin – und auch die meiste Zeit, wenn wir nicht beieinander sind –, zählt nur sie allein. Warum sollte ich mit ihr über andere Frauen sprechen? Übrigens bin ich überzeugt, daß Jane alles weiß.«

»Und wenn sie nun dasselbe täte …?«

»Ich glaube erfahren zu haben, daß die Frauen in den meisten Fällen anders reagieren als die Männer. Aber wenn Jane einen Liebhaber hätte, und selbst wenn eines unserer Kinder nicht von mir wäre, würde ich mir sagen, daß ich selbst daran schuld bin mit meinem Lebenswandel.«

Langes Schweigen.

»Schlafen Sie?« fragt schließlich Giuliano.

»Nein, ich denke nach.«

»Hauptsache ist, daß Sie eines verstehen: Sie sind nicht anders als die anderen, und wenn andere Frauen in Ihnen Gefühle erwecken, sind Sie deswegen noch keine Wetterfahne. Was Sie daraus machen, bleibt Ihnen überlassen. Ich persönlich würde mir keine Sekunde den Kopf darüber zerbrechen. Ich würde mir eher den Kopf darüber zerbrechen, wie Sie Ihrem Vater beibringen werden, daß Sie ohne seine Erlaubnis eine mittellose ausländische Hugenottin geheiratet haben. Was mich betrifft, wird er mich wohl umbringen, weil ich diese Verrücktheit zugelassen habe, ohne Sie einzusperren oder Sie eigenhändig zu erschlagen.«

»Sir John hatte die Absicht, meinen Vater darüber aufzuklären. Ich weiß nicht, ob er dazu noch Zeit gehabt hat, ob er den Moment für günstig hielt. Wenn er nichts gesagt hat, werden auch wir nichts sagen.«

»Und wenn Ihr Vater inzwischen für Sie eine andere Heirat in die Wege geleitet hat?«

»Das ist wenig wahrscheinlich. Es würde mir nichts anderes übrigbleiben, als mich von England fernzuhalten.«

Er bekommt keine Luft vor Lachen.

»Francis, wenn die Königin für Sie tatsächlich eine Pension ausgesetzt hat, die Sie in Flandern erwartet, dann lassen Sie uns nach Norden gehen. Und versuchen Sie nicht mehr, im Schoße Ihrer Familie zu leben.«

»Würden Sie mich begleiten?«

»Mit Vergnügen.«

»Glauben Sie, daß ich für den Kardinal viel zu tun haben werde?«

»Ich weiß es nicht. Benutzen Sie die Gelegenheit, um mit möglichst vielen einflußreichen Personen in Kontakt zu kommen, und denken Sie endlich einmal daran, daß Sie ein großer Virtuose sind. Verstecken Sie sich hinter Ihrer Musik, so wird man Sie nicht mit Politik belästigen. Sie haben schon die Priesterlaufbahn vermeiden können. Ich habe Ihnen dabei geholfen, aber Sie haben sich aus eigener Kraft widersetzt.«

»Sie haben mir geholfen? Wie denn?«

»Vor etlichen Jahren war ich einmal in London bei Sir John. Ihr Vater ließ mich zu sich bitten und beauftragte mich, Ihrem Barret mitzuteilen, daß er Ihrer Priesterweihe nicht im Wege stehe, auch wenn Sie der Älteste seien.«

Ich platze vor Lachen.

»Dann stimmte es also! Parsons und Barret haben es mir gesagt. Ich bin wirklich froh, daß ich es nicht gewußt habe. So konnte ich mich heftiger zur Wehr setzen.«

»Von mir jedenfalls haben sie es nicht erfahren. Ich tat so, als hätte ich alles falsch verstanden, und sagte Barret, Ihr Vater wünsche nicht, daß Sie in den Priesterstand treten.«

*

Wir folgen der Küste bis nach Sète. Leise Winde, blauer Himmel – das Wetter ist prachtvoll.

»Wenn wir ein zuverlässiges Boot finden, könnten wir in zwei Tagen in Ostia sein und einen guten Teil unserer Verspätung einholen«, sagt Giuliano.

Wir irren ein paar Stunden scheinbar ziellos umher. Aber mein Eindruck täuscht, denn schließlich finden wir den Mann, den Giuliano sucht.

»Monsieur Julien« wird wie ein Freund empfangen von den Bewohnern der paar Häuser, die den Namen Dorf nicht verdienen. Es sind lärmige, fröhliche Leute, die sich unseren Bericht unter Schenkelklopfen und lautstarkem Gelächter anhören. Zwei hübsche Burschen, die sich verspätet haben – das verstehen sie. Ein zuverlässiges Boot nach Rom? Keine Frage! Monsieur Julien wird sich wohl noch an jenes Mal erinnern, als er beinahe ein wichtiges Treffen versäumt hätte und Vater Jehan ihn schneller als der Blitz nach Genua brachte?

»Als mir diese Leute zum erstenmal geholfen haben, war ich noch ein junger Knabe«, erklärt mir Giuliano. »Dank ihnen bin ich namentlich den Piraten entkommen. Sie haben mich versteckt und einen Kapitän gefunden, der mich nach England brachte. So habe ich Ihre Familie kennengelernt. Eines Tages werde ich Ihnen das alles erzählen.«

Das Schiff sieht verkommen und nicht gerade sicher aus.

»Ein großer Irrtum«, sagt Giuliano. »Der Anschein täuscht absichtlich. Alles ist in bestem Zustand, und Meister Jehan hat sich mit allen Piraten verständigt, die unseren Weg kreuzen. Es besteht also keine Gefahr, morgen als Sklaven des Großtürken zu erwachen, und ich gehe wohl nicht fehl in der Annahme, daß Sie diese Sicherheit auch zu schätzen wissen.«

»Oh, durchaus.«

Offen gestanden komme ich mir lächerlich vor. Giuliano ist von einer Tüchtigkeit, die mich beschämt, und in diesem Moment beschließe ich, daß ich künftig meine Angelegenheiten selbst in die Hand nehmen muß. Sonst wird es mir einmal übel ergehen. Ich kann nicht ewig auf Freunde, Diener und Glück zählen. Ich trage die Verantwortung für eine Frau, wer weiß, vielleicht gar für ein Kind.

Rasch gelangen wir nach Ostia. Meister Jehan landet an einem verborgenen Strand und geleitet uns zu einer ländlichen Herberge, die einer Ruine ähnelt. Hier werden *Signor Giovanni* und *Messire Giuliano* wie alte Bekannte willkommen geheißen. Im Handumdrehen besorgt man uns Pferde, und wir machen uns auf den Weg.

Ich gestehe, daß ich Françoise vergessen habe. Ich bin wie betäubt. Einige Stunden zwischen Himmel und Wasser haben ausgereicht, um mich in eine andere Welt zu versetzen. Die Farben der Landschaft, die Gerüche, die Pflanzen und Tiere, die Menschen – alles ist so anders, daß ich meinen Augen nicht traue.

Zudem befinde ich mich vor den Toren von Rom, einer Stadt, deren Geschichte, Sprache und Literatur mir vertraut sind. Seit meiner Geburt redet man rund um mich von Rom. In ferner Vergangenheit waren von hier aus jene Männer aufgebrochen, die das römische Lager von Golden erbaut haben.

Im Trott reiten wir auf der Via Ostiensis dem Tiber entlang. Die Straße gleicht dem Bild, das ich mir beim Lesen von ihr gemacht habe. Überall sind Spuren ihrer früheren Schönheit zu sehen: Ruinen von Aquädukten, Palästen und Tempeln. Der Boden ist mit großen schwarzen Platten gepflastert. Es ist unschwer zu erkennen, daß die Straße einst von Häusern gesäumt war. Auf halbem Weg steigen wir vom Pferd, und Giuliano zeigt mir das Grab eines römischen Prätors, dessen Inschrift noch leserlich ist. Ich glaube zu träumen.

Wir betreten die Stadt. Da wir fast nichts mit uns haben, sind die Formalitäten im Nu erledigt. Das Augenmerk der Torwächter gilt hauptsächlich den »ketzerischen« Büchern. Und als wir uns in gemächlichem Trott dem Vatikan nähern und am imposanten Bauwerk von Sankt Peter – Sankt Peter in Rom! – vorbeireiten, traue ich beinahe meinen Augen nicht. Giuliano lächelt belustigt über meinen Gesichtsausdruck und meine Bewunderungsrufe.

»Wenn wir einmal im englischen Kollegium sind, werden Sie wieder ganz gewöhnlichen Jesuiten und Leuten vom Schlage Parsons begegnen. Vergessen Sie nicht, auf der Hut zu sein.«

Im Schritt biegen wir in die schmale Via Giulia ein und halten vor einem gelblichen Haus an. Giuliano steigt vom Pferd, ergreift den schweren Klöppel und klopft an.

Wir sind angekommen.

XIV

Quel angellin che canta
Sì dolcemente, e lascivetto vola
Hor da l'abete al faggio
Ed hor dal faggio al mirto,
S'havess' humano spirto
Direbb': Ardo d'amore!
Ma ben arde nel core,
E chiam'il suo desio
Che li rispond': Ardo d'amor anch'io!

GIAN BATTISTA GUARINI/MONTEVERDE
»Quarto Libro dei Madrigali«

Sanft zwitschert das Vögelein
Und flattert kapriziös
Von der Tanne zur Buche,
Von der Buche zur Myrte.
Hätte es eine menschliche Zunge,
Würde es sagen: Ich brenne vor Liebe!
Aber sein brennendes Herz
Ruft nach dem Gegenüber,
Das ihm antwortet: Auch ich brenne vor Liebe!

Kardinal Allen hatte ich mir ganz anders vorgestellt. Ich verabscheute jene, die sich seine Freunde nannten, darunter Barret, Parsons und andere, über die ich nichts erzählt habe, denen ich aber täglich begegnete. Nach dem Sprichwort »gleich zu gleich gesellt sich gern« war ich auf einen Mann gefaßt, der meine Abneigung wecken würde.

Dem war nicht so.

Die Art, wie er sich bewegte, erweckte den Eindruck, er sei von imposantem Wuchs. In Wirklichkeit war er mittelgroß, schlank und hatte ein spitzes Gesicht. Seine wahre Stärke lag in seinem Blick, seiner Redegewandtheit und seiner Stimme. Er strahlte eine gelassene Zuversicht aus. In Glaubensfragen war Allen ebenso radikal wie Parsons. Doch da, wo Parsons bald einmal stur wirkte, war Allen überzeugend und fesselnd. Ich weiß nicht, weshalb ich schon in meiner frühen Jugend zur Überzeugung gelangt bin, daß die beiden großen christlichen Religionen einander ebenbürtig sind. Allen ist der einzige, der diese Überzeugung einen Augenblick lang erschüttern konnte.

Wenn er mit einem sprach, hatte man keinen eigenen Gedanken mehr. Man fragte sich sogar, warum man diese oder jene Überlegung nicht selbst ausgesprochen hatte: War es nicht gerade das, was einem in diesem Moment auf der Zunge lag? Wenn Allen einem erläuterte, wie überlegen der römisch-katholische Glaube dem anglikanischen sei, war diese Überlegenheit sinnfällig, logisch und unmittelbar einleuchtend. In seinem Innersten war Allen derart davon überzeugt, daß sich sein Glaube auf den Gesprächspartner übertrug. Sobald man nicht mehr in seiner Gegenwart war, warf man sich seinen Mangel an kritischem Geist vor und kehrte zu seinen persönlichen Überzeugungen zurück, doch sobald Allen erneut auftauchte, wiederholte sich das Phänomen. Und ich rede von *man*, weil ich weiß, daß es nicht nur mir so erging.

Kein Wunder, daß er das Kollegium von Douai und von Reims während Jahren – selbst aus der Ferne – leiten konnte, ohne daß das leiseste Murren zu vernehmen war. Er besaß ein feines Gespür für zwischenmenschliche Beziehungen. Alle mochten ihn, selbst Leute wie ich, die seine Ansichten nicht teilten.

Meine Erinnerung an William Allen ist von Wärme und

Zärtlichkeit geprägt. Niemals empfand ich auch nur einen Hauch von Verärgerung ihm gegenüber. Als er starb, war ich ebenso untröstlich, als hätte ich einen Vater verloren.

Er empfing Nicholas Bawden und mich wie alte Freunde. Ich kniete nieder, um seinen Ring zu küssen. Als ich etwas sagen wollte, hob er mich auf.

»Das Echo Ihrer Virtuosität ist bis zu uns gedrungen, werter Herr Tregian«, sagte er und wehrte unsere Erklärungen mit einer Handbewegung ab. »Ich hoffe, Sie werden uns bald die Seele erquicken mit Musik aus unserem Lande.«

Ich verbeugte mich. Giuliano hatte zweifellos recht gehabt: Es galt meinen Ruf als Musiker zu festigen und persönliche Meinungen soweit als möglich zurückzustellen. Diese »Genialität«, von der man sprach, könnte mir vielleicht von Nutzen sein.

Eine Messe in der Dreifaltigkeitskirche, ein Konzert am englischen Kollegium, ein anderes bei einem Kardinal vor versammelten Prälaten, und mein Ruf war gemacht. Ich war ein Musiker vornehmer Herkunft; das war etwas Alltägliches. Eigentlich hätte ich mich auf die sogenannte spekulative Musik, einen Zweig der Mathematik, beschränken sollen. Doch hauptsächlich aus Liebe zu meinem Vater und wegen seiner großen Opfer, die er dem Katholizismus dargebracht hatte, wurde mir die Freude am Musizieren zugestanden. Die Situation unserer Familie war allen bekannt und Gegenstand häufiger Anspielungen.

Jahre zuvor hatte Allen die Bibel auf englisch übersetzt. Man nannte sie die *Bibel von Douai*. Nun wollte er sie in einer Gegenüberstellung der lateinischen mit den englischen Texten überarbeiten lassen. Er bat mich um meine Mitarbeit. Wir waren zu dritt und machten Vorschläge, die der Kardinal anschließend allein oder zusammen mit anderen Prälaten prüfte.

Bald bestand mein Tag aus vier Teilen. Am Morgen die

Bibel. Um Mittag die Fechtschule; der Lehrer war ein Freund von Giuliano. Der Nachmittag begann mit Musizieren. Man hatte dem Kardinal eines dieser italienischen Cembali geschenkt, die sich durch ihre berauschende Klangfülle auszeichnen, und ich spielte, so oft ich konnte. Mehrmals in der Woche hatte ich Zugang zur Orgel der Minervakirche. Meine Abende schließlich verbrachte ich entweder beim Kardinal, der uns kommen ließ, um die Tätigkeiten in der Hausgemeinschaft zu regeln oder um theologische Fragen mit uns zu erörtern, oder ich traf mich mit einigen Musikern in einer Musikalienhandlung. Diese hatte mir John Byas angegeben, seit langen Jahren Allens Kammerdiener und ein ausgezeichneter Lautenspieler. Im Laden wurden gedruckte Noten verkauft, und dort entdeckte ich die Madrigale von Claudio Monteverde. Es war ein unbeschreibliches Gefühl.

Bis dahin hatte ich noch nie von diesem Musiker gehört. Offen gestanden hatte ich den Madrigalen keine große Beachtung geschenkt. Natürlich gab es auch in England Madrigale. William Byrd hatte einige komponiert, auch Thomas Morley. Morley hatte mir Madrigale vorgespielt und dazu erklärt:

»Zuerst gab es die *Canzonetta,* eine kurze Melodie, die mit Variationen gespielt wird. Aber im Grunde genommen ist eine *Canzonetta* nur eine vereinfachte Form des Madrigals und wiederholt wie dieses alle musikalischen Phrasen mit Ausnahme des Mittelsatzes.«

Er hatte mich auf den harmonischen Charakter dieser *Canzonette* hingewiesen, auf die Schlichtheit der Melodien, die ihm zufolge auch das Madrigal auszeichne.

Doch das war eine musikalische Form, die wohl kaum geeignet war, einen kleinen Jungen wie mich damals zu beeindrucken. Sogar das Wort Madrigal selbst, das ich bei jener Gelegenheit gehört hatte, war meinem Gedächtnis wieder entschwunden.

Jetzt lagen die Dinge ganz anders. Die Abwesenheit von Françoise und die Ungewißheit, wann ich sie wiedersehen würde, machten mich manchmal fast wahnsinnig vor Schmerz. Diese Qual vermochten einzig die Madrigale vorübergehend zu lindern.

Im Laden unseres Notendruckers fand ich Partituren. Um den Kunden die Wahl zu erleichtern, gab es dort Lauten, Violen und Spinette, und ich habe wundervolle Erinnerungen an Nachmittage, die ich mit oft völlig unbekannten Leuten damit verbrachte, die Stimmen eines Madrigals von Orlando di Lasso oder Luca Marenzio, der einmal gar selbst anwesend war, zum Erklingen zu bringen. Musiklehrer kauften dort für ihre adeligen Schüler ein, und diese ließen sich manchmal auch persönlich blikken. Sängerinnen, die in vornehmen Häusern auftraten, schickten ihre Musiker vorbei oder kamen selbst. Einige warfen mir verliebte Blicke zu. Da meine Sinne nun geweckt waren, konnte ich die Natur der Verwirrung, die sie stifteten, nicht länger leugnen. Wenn ich der Versuchung standhielt, so in erster Linie, weil sich das Bild von Françoise dazwischenschob. Außerdem gab es die Angst vor der Syphilis. Und wenn ich mich auf ein Liebesabenteuer eingelassen hätte, hätte es sich herumgesprochen, und in meiner Lage konnte ich es mir nicht erlauben, die Aufmerksamkeit auf mich zu ziehen.

In diesem Zusammenhang habe ich Monteverde entdeckt. Die erste Begegnung waren handgeschriebene Madrigale, die ein Musiker aus Mantua mitbrachte, wo der Meister residierte. Sie hatten etwas Einzigartiges. Für mich war es Liebe auf den ersten Blick.

Cor mio mentre vi miro
Visibilmente mi trasformo in voi
E trasformato poi
In un solo sospiro l'anima spiro,

O bellezza mortale
O bellezza vitale,
Per te rinasce, e per te nato more

Mein Herz, wenn ich Sie betrachte,
Verwandle ich mich in Ihr Ebenbild.
Und verwandelt sodann
Hauche ich in einem Seufzer meine Seele aus.
O tödliche Schönheit,
O lebensspendende Schönheit,
Für dich wird sie wieder lebendig,
und wieder lebendig geworden, stirbt sie für dich.

Ich war sogleich Feuer und Flamme für diese Form von Gefühl, die ich verstand, die mir entsprach und meine innerste Gemütsbewegung ausdrückte.

Ich erstand keine Partituren. Ich schrieb sie ab oder lernte sie auswendig und bearbeitete sie für mich. Ich verwandelte sie in Stücke, die ich auf dem Cembalo in den Gemächern des Kardinals spielte und mir dabei die Worte in Erinnerung rief.

Der Kardinal merkte sogleich, daß er von mir nur etwas erwarten konnte, wenn er mir Zeit gab für meine Musik. Ich weiß nicht, wieweit er sich wirklich für mein Talent interessierte, doch abends forderte er mich zum Spielen auf, während er die Briefe schrieb, die er nicht diktieren wollte; manchmal griff John Byas zur Laute und begleitete mich.

Der persönliche Sekretär des Kardinals war Roger Bayns, ein vor langen Jahren emigrierter Edelmann, der sich um die Korrespondenz und die Boten kümmerte. Der Kardinal korrespondierte unablässig mit aller Welt und empfing auch Besuche aus aller Welt. Dafür war Bayns zuständig, und er war ein souveräner Organisator.

Auf einen solchen Mann war der Prälat dringend angewiesen. Er hatte ein anstrengendes Tagewerk. Nie versäumte er das Konsistorium, das der Papst jede Woche einberief, um kirchliche Angelegenheiten zu besprechen. Er war Mitglied zweier Kongregationen: Die eine befaßte sich mit dem Index, die andere mit den Beziehungen zum Deutschen Reich. Der Index erforderte zahlreiche und wichtige Lektüren, und er bestand darauf, diese Arbeit selbst zu tun.

»Würde ich Ihnen ein Werk zu lesen geben, dessen Inhalt ich nicht kenne, würde ich meine Pflicht verletzen, denn es könnte sein, daß Sie dadurch der Verdammnis preisgegeben wären«, sagte er.

Seit dem Tod von Kardinal Antonio Carafa war er auch apostolischer Bibliothekar.

Dazu kam noch die Leitung der englischen Kollegien, »der Missionen«, wie er zu sagen pflegte, und die Wahl der Priester, die nach England geschickt wurden.

Die Lage in den Kollegien war äußerst gespannt. Eine der Entwicklungen, die ich selbst beobachtet hatte, verstärkte sich: Weil es an Zeit und Geld mangelte, wurden Priester im Schnellverfahren ausgebildet, und jene, die nach England zurückkehrten, um das Wort Gottes zu verkündigen, waren nicht mehr die gelehrten Theologen der ersten Zeiten, sondern meist unwissende, schlecht vorbereitete Männer, die mit nichts gerüstet waren außer ihrem Mut.

Das beschwor fürchterliche Konflikte herauf, und es dauerte einige Zeit, bis mir klar wurde, worin diese gipfelten: in einer immer tieferen Uneinigkeit zwischen Allen und Parsons oder vielmehr zwischen Allen und den Jesuiten.

Es brauchte lange, bis der Kardinal merkte, daß er möglicherweise ein Spielzeug der Jesuiten war, jedenfalls zum Teil. Es erzürnte ihn zu hören, er habe seinen Kardinalspurpur der von Parsons vermittelten Fürsprache Philipps II. von Spanien und nicht den englischen Interessen zu verdanken. Mir war schnell zu Ohren gekommen, daß dieses Gerücht allgemein verbreitet war und alle es als verbriefte Tatsache hinnahmen. Eines Tages hatte ich bei Roger Bayns, der meine Hilfe gern in Anspruch nahm, ein erhellendes Dokument gelesen, das vor dem Auslaufen der Armada geschrieben worden war und mich zutiefst schockierte – zugleich war es eine Bestätigung der Gerüchte.

Es handelte sich um die Abschrift eines Memorandums, das der spanische Botschafter am Heiligen Stuhl, Graf Olivares, im Jahre 1587 dem Papst persönlich überreicht hatte. Diese wenigen Seiten waren unmißverständlich: Philipp von Spanien betrachtete die Ernennung Allens zum Kardinal als Stein in seinem Spiel. Er ging sogar so weit, eine Erklärung zu formulieren für den Fall, daß Allen ermordet würde. Sie lautete ungefähr: *Der Purpur seines Kardinalshutes ist vom Blut des Märtyrers getränkt.* Olivares erklärte im Memorandum, weshalb der König Spaniens vorderhand nicht wünsche, Allen mit allzu großem Pomp auszustatten – ein ärmlich wirkender Allen sei seiner Politik dienlicher –, aber Ihre Majestät versicherte auch, sie werde sich im gegebenen Augenblick (nach dem Sieg über England) als großzügig erweisen. Und über Seiten hinweg fuhr Olivares mit taktischen Überlegungen zu Allens Aufgabe fort.

So wie die Abschrift aussah, offensichtlich heimlich und im Versteckten angefertigt (sie war schlecht leserlich, voller Flecken und übereinandergeschriebener Zeilen), war ich überzeugt, daß Allen durch eine List in ihren Besitz gekommen war. Ich habe nie mit jemandem darüber zu sprechen gewagt, und meine Fragen dazu sind ohne Antwort geblieben.

Nach meiner Überzeugung sah Allen in der Allianz mit Spanien nur eine zweitrangige Episode. Ihm waren alle Mittel recht, um England zum katholischen Glauben zurückzuführen. Doch je mehr ich beobachtete, las und die Ohren spitzte, desto mehr gewann ich den Eindruck, daß er vielleicht blind war für die Kehrseite der Medaille. Er sah nicht, daß die Absichten des spanischen Königs nicht so lauter waren wie die seinen. Und er brauchte lange, glaube ich, um zu merken, daß viele englische Katholiken nicht oder nicht mehr willens waren, den Spaniern vorbehaltlos Tür und Tor zu öffnen. Lange dauerte es auch, bis er erkannte, daß die Jesuiten in dieser Geschichte eine undurchsichtige Rolle spielten.

Für Parsons, einen bedingungslosen Anhänger Philipps II. von Spanien, waren die englischen Kollegien in Frankreich, Spanien und Italien ein bevorzugtes Jagdgebiet, wo die Jesuiten in aller Freiheit die begabtesten Schüler rekrutieren konnten, um sie zu geschickten Politikern auszubilden. Der Haken daran war, daß für einen Jesuiten die Gesellschaft Jesu stets vor England kam. Das hatte der in seinen Reden sonst so sanfte, maßvolle Kardinal eines Abends mit erregter Stimme Pater Alfonso Agazzari vorgeworfen, einem italienischen Jesuiten, der zu jener Zeit das englische Kollegium von Rom leitete. Er sprach so laut, daß Roger Bayns und ich – wir saßen im Nebenraum und arbeiteten an unseren Texten – ihn durch die geschlossene Türe hören konnten.

»Als Leiter der Kollegien kümmern Sie sich vor allem um die Interessen der Jesuiten und Spaniens«, hatte er geschrien, »das Wohlergehen der Studenten und unserer armen Kirche in England lassen Sie gleichgültig. Aber wir werden den Kampf nie gewinnen, wenn wir unsere Streitigkeiten nicht begraben und unsere Sonderinteressen zugunsten eines gemeinsamen höheren Zieles zurückstellen.«

»Das sind bloß üble Nachreden«, hatte Pater Agazzari in trockenem Ton erwidert.

»Ich kenne das nicht nur vom Hörensagen, es sind Tatsachen. Sie schüren Streit mit Ihrem Extremismus.«

In diesem Tonfall ging es weiter, und schließlich erhob Agazzari die Stimme:

»Wie können Sie es wagen, an uns zu zweifeln? Gott der Allmächtige schenkt unserer Gesellschaft ohne Unterlaß die Zeichen Seiner Liebe. Und wo menschliche Mittel nicht ausreichen, hält Er Seine göttliche Hand schützend über uns. Solange Sie treu an unserer Seite marschieren, wird Sie Gott behüten und gedeihen lassen. Doch fürchten Sie Seinen Zorn, wenn Sie eines Tages von diesem Weg abweichen! Das könnte das Ende all Ihrer Pläne bedeuten.«

Der drohende Tonfall ist nicht zu überhören. Es ist, als würde er sagen: »Gehe den rechten Weg, oder ich töte dich!«

»Ich danke Ihnen für Ihren Besuch, mein Sohn, Sie können sich nun zurückziehen«, sagte der Kardinal mit eiskalter Stimme.

Vom nächsten Tag an begann er zu verkünden, es sei unbedingt erforderlich, die Unabhängigkeit der englischen Kollegien und ihrer Seminarien zu wahren. Öffentlich hat er nie etwas gegen die Jesuiten gesagt, aber uns fiel auf, daß er sie nicht mehr empfing und sowenig wie möglich darüber redete.

Trotzdem zeigte er ein sonderbares Zögern, wenn einer der nichtjesuitischen Engländer in ihn drang, an den Schulen die Voraussetzung zu schaffen, die seine Anwesenheit und sein Eingreifen im Falle eines Streites erübrigen würde. Er widmete seine ganze Energie den täglichen Pflichten; vielleicht blieb ihm zuwenig Kraft für Probleme, die nicht unmittelbar anstanden. Er schob sie lieber beiseite. Außerdem besaß er eine derartige Fähigkeit, bei den schlimmsten Zänkereien Frieden zu stiften – etwa bei jenen, die regelmäßig zwischen englischen und walisischen Studenten ausbrachen –, daß er sie unterschätzte. Er war sich nicht im klaren darüber, daß die Rückkehr zur Ruhe seinem Einfluß zuzuschreiben war und nicht der Einsicht beider Parteien, daß es besser sei, in Frieden zusammenzuleben.

Ich beteiligte mich selbstverständlich in keiner Weise an diesen Streitigkeiten und Spannungen, deren stummer Zeuge ich war.

Ich wohnte bei Verwandten von Giuliano in einem stattlichen Haus. Giuliano mochte ein Kind der Sünde sein, in diesem Hause jedoch wurde er mit offenen Armen empfangen, und von seiner Mutter sprach man mit Liebe. Ich war nicht oft anwesend, denn wenn ich im Dienst war – das heißt fast immer –, übernachtete ich in den Gemächern des Kardinals oder bei Lord Charles Paget, einem ausgewanderten Engländer, der in nächster Nähe von Allen einen Palazzo besaß.

Ich besuchte nur selten das englische Kollegium und ging Pater Agazzari aus dem Weg. Jedesmal, wenn ich ihn wegen meiner Arbeit traf, hatte ich das unangenehme Gefühl, er überwache uns und belauere vor allem den Kardinal. Mein Unbehagen war um so größer, als ich den Eindruck hatte, Allen habe die wirkliche Dimension der Dinge aus den Augen verloren. Sein Optimismus zeigte sich nicht nur in seiner Einschätzung persönlicher Zwiste, sondern auch in seiner Sicht des Katholizismus in England. Diesen Graben zwischen der Realität und dem Bild, das er sich von ihr machte, bemerkte ich zum erstenmal an einem Septemberabend im Jahre meiner Ankunft. Er wollte einen Brief an die Katholiken in England diktieren, und alle hatten zu tun außer mir. Ich saß am Cembalo.

»Mein Sohn, ich muß Sie leider unterbrechen.«

Ich hörte zu spielen auf und erhob mich.

»Wäre es Ihnen sehr unangenehm, wenn ich Ihnen einen Brief diktiere?«

»Eure Exzellenz, ich stehe zu Ihren Diensten.«

Ich setzte mich ans Pult, und er begann. Anfangs schrieb ich, ohne den Worten viel Beachtung zu schenken. Doch schließlich fesselten sie meine ganze Aufmerksamkeit.

»Seien Sie versichert, meine lieben, getreuen Koadjutoren und wahren Gläubigen«, diktierte der Kardinal, »daß die Ungerechtigkeit unserer Gegner in den Augen Gottes ihre Grenzen überschritten hat und Er ihnen ein baldiges Ende setzen wird. Unsere Brüder werden bald nicht mehr zu leiden haben im Dienste Seiner Wahrheit. Sie sollen den Lohn für ihre Qualen empfangen, und zwar nicht im Jenseits, sondern hienieden. Gott ist gerecht und barmherzig; Er wird es nicht mehr lange dulden, daß Seine treuen Untertanen von jenen unterjocht werden, die sie vernichten wollen. Er wird den Leiden Seiner Auserwählten ein Ende setzen.«

Obwohl ich mir Mühe gab, unbeteiligt zu erscheinen, war meinem Gesicht wohl etwas von meiner Skepsis anzumerken.

»Was ist denn, mein Sohn, glauben Sie mir etwa nicht?«

»Aber doch, Eure Exzellenz, gewiß ...«

»Mein lieber Tregian, die englische Königin wird nicht ewig leben. Sie ist eine alte Dame, wie auch ich ein alter Herr bin. Und ihr Nachfolger wird zweifellos König Jakob von Schottland, der Sohn unserer geliebten Maria Stuart, Gott sei ihrer Seele gnädig. Die Tage des Protestantismus sind gezählt. England wird seinen Platz in der Christenheit wieder einnehmen, und selbst wenn das nicht möglich ist, wird Jakob die Glaubensfreiheit einführen; die Katholiken werden zumindest geduldet sein. Und dann wird die Wahrheit ans Licht kommen. Man wird entdecken, daß es zahllose katholische Adelige gibt, und ihren Untertanen wird nichts anderes übrigbleiben, als den Glauben ihrer Herren anzunehmen. Und so werden wir England ohne Schwertstreich zurückerobern.«

Er macht eine Pause. Ich fürchte so sehr, meine Ungläubigkeit zu verraten, daß ich nach irgendwelchen Worten suche, um meine Verlegenheit zu verbergen. Aber er nimmt mich gar nicht mehr wahr. Sein Blick ist in die Ferne gerichtet.

»Wenn wir die Dinge unter dem Aspekt der Spiritualität und der Vergänglichkeit betrachten und an den Rang der Menschen und ihrer Besitztümer denken, sagen uns Vernunft, Erfahrung und Mutmaßung, daß in England zwei von drei Leuten der katholischen Religion zuneigen und demzufolge unzufrieden sind mit dem gegenwärtigen Stand der Dinge.«

Ich gebe mir Mühe, ihn nicht merken zu lassen, daß ich anderer Ansicht bin.

*

Ich könnte ein Buch füllen mit allen Intrigen, deren Zeuge ich während meiner zwei Jahre als Kammerdiener gewesen bin, doch lasse ich sie lieber in meinem tiefsten Inneren ruhen. Geblieben sind mir, ohne daß es einer besonderen Anstrengung bedürfte, mein Mißtrauen und meine Abneigung gegen Intrigen. Das ist nichts Neues, es bestätigt nur meine instinktiven Gefühle als Kind.

In Rom habe ich die Schliche der Politik kennengelernt. Die Italiener sind von atemberaubender Subtilität, und mehr als einmal habe ich gedacht, unser armer englischer Kardinal sei trotz seiner Intelligenz nicht der geeignete Mann, um sich gegen die geheimen Ränke einer Welt zu wehren, in der hinter salbungsvollem Getue ohne Wimpernzucken und ohne die geringsten Skrupel Komplotte geschmiedet und Gewalttaten verübt wurden.

Ich blieb in meiner Nische. Ich setzte die Überarbeitung der Bibel von Douai fort, meine Korrekturvorschläge füllten ganze Hefte. Manchmal hatte ich den Eindruck, Allen habe die Texte beim Übersetzen verfälscht. Ich gab mir alle Mühe, meine Anmerkungen so zu formulieren, daß sie kein Urteil enthielten. Meine Zuneigung für den Kardinal, mein Arbeitseifer und meine Leidenschaft für die Musik verdeckten meine wahren Gefühle.

Ich sprach selten über meine Besuche im Laden von Luca, dem Drucker. Für einen Edelmann in den Reihen des Kardinals Allen war es ratsam, sich nicht allzu offen mit Berufsmusikern zu zeigen – in den Augen der meisten Leute gehörten sie zum Gesinde.

»Die Musik ist durchaus recht für junge Leute«, bemerkte eines Tages ein Prälat auf Besuch, für den ich gebeten wurde, ein Stück zu spielen, »obwohl sie dazu angetan ist, die Unzucht zu fördern. Zudem kommt man bei der Ausübung dieser Kunst mit äußerst merkwürdigen Leuten in Kontakt ...«

Doch die Leute der Hausgemeinschaft zeigten ein wohlwollendes Interesse für meine Musik. Ich bin überzeugt, daß der Kardinal wußte, wo ich viele meiner Nachmittage verbrachte – nach dem England eines Lord Burghley und Lord Walsingham war das päpstliche Italien das am aufmerksamsten bespitzelte Land der Welt.

Und es geschah wohl in der Absicht, mir allzu häufige Kontakte mit den Verlockungen des Pöbels zu ersparen, daß er mich dem Kapellmeister des Vatikans und Organisten der Capella Giulia vorstellte, dem großen Palestrina in Person. Er war ein Mann, dessen Blick bald streng, bald sinnlich war. Ich hatte das Glück, während eines ganzen Jahres, das zugleich sein letztes war, mit ihm Umgang zu pflegen und mich von seinem *novum genus musicum* beeinflussen zu lassen, der mich auf den Geschmack der klaren Texte brachte. Er hat mir beigebracht, wie man die Musik mit den Gedichtzeilen verbindet. Palestrina hat mein Gefühl für das Gleichgewicht der Kadenz und die Bedeutsamkeit des Kontrapunkts geschärft. In seinen Vokalkompositionen, in den sakralen wie in den profanen, liegt eine Klarheit, eine Eleganz, ein geordneter Fluß, die meinen Geschmack geprägt haben.

Zwischen der Ewigen Stadt und dem hektischen Leben in London oder selbst in Reims bestand ein beträchtlicher Unterschied: Im Gegensatz zu anderen großen Städten fehlten hier die Geschäftsstraßen, wo die Leute schon vor der Morgendämmerung emsig am Werk sind. Rom war und ist sicher heute noch eine Stadt der Höfe und des Adels, der Paläste und Gärten: Jeder nahm teil am kirchlichen Müßiggang. Ein Festtag unterschied sich nicht wesentlich von einem Arbeitstag: Das Bild war geprägt von Kutschen, Prälaten und Damen.

Die Römer haben eine besondere Vorliebe für Spaziergänge. Ohne besonderes Ziel schlendern sie von Straße zu Straße. Einige Straßen dienen einzig diesem Zweck: die *corsi* oder *passeggiate*. Die Herren sind draußen, die Damen stehen am Fenster, und wenn man sie so sieht, sind sie alle schön, denn sie sind einzigartig in der Kunst, ihre Mängel zu verstecken. Nimmt man ihre Einladung an und steigt zu ihnen hinauf, ist man gelegentlich überrascht und manchmal sehr enttäuscht. Die vornehme Gesellschaft verpaßt keinen dieser Ausflüge; die jungen Männer zu Pferd, die weniger jungen in einer Karosse. Man erweist einander die Reverenz und wirft sich im Vorbeigehen kokette Blicke zu. Das alles kommt mir außerordentlich amüsant vor.

Während meiner zwei Jahre in Rom habe ich mich nie als Fremder empfunden: Es begegnen sich dort so viele Nationen, man hört ein solches Sprachengewirr, daß jeder sich wie zu Hause fühlt. Zu meinem vollkommenen Glück fehlte nur noch die Erfüllung zweier Träume: Françoise in den Armen halten zu können, wie es einem Gemahl gebührt, und Monteverde zu begegnen. Sein *Drittes Buch der Madrigale* zirkulierte unter uns und wurde in den Salons gesungen. Außerdem brachten Reisende einige von Hand kopierte Lieder mit, die später in sein *Viertes Buch* eingehen sollten.

Die Melodien dieser Madrigale waren so vielfältig, daß sie sich den Stimmungen und Empfindungen der Texte anschmiegten und das Wunder vollbrachten, bei jedem, der sie sang oder hörte, das Gefühl hervorzurufen, sie seien eigens für ihn geschrieben und komponiert. Ich hatte den Eindruck, mit Monteverde befreundet zu sein.

Von Françoise wußte ich sozusagen nichts. Sie schrieb an die Adresse von Giuliano, der mich mehrmals besuchte und bei der Abreise Stöße von Briefen mitnahm, die ich schrieb und in einem Versteck anhäufte, da ich es nicht wagte, sie einem Boten anzuvertrauen – wenn dieser Mann nun ein Spitzel des Kardinals oder der Jesuiten gewesen wäre?

Giuliano fühlte sich für mein Wohlergehen und meine Sicherheit verantwortlich. Er hatte meinem Vater versprochen, bis zu meiner Volljährigkeit über mich zu wachen. Doch nachdem Sir John, der einzige Mann, den er als seinen Herrn anerkannt hatte, gestorben war, hatte er sich mit Jane und ihren vier Kindern in Amsterdam niedergelassen, wo er seinen Lebensunterhalt im Seidenhandel verdiente – offenbar sehr gut, denn sein Aussehen wurde von Mal zu Mal vornehmer.

»Wie machen Sie das bloß, Giuliano?«

»Ganz einfach. Ich bin der ideale Seidenhändler. Ich kenne das Meer und den Seehandel aus eigener Erfahrung, ebenso die Politik und die Mechanismen, die Europas Wandel bewirken – und was den Stoffhandel betrifft, unterscheidet er sich nicht groß von anderen Geschäften. Ich habe mich mit einem Mann zusammengetan, der sich in den Geheimnissen der Seide auskennt.«

»Aber die Sprache?«

»Wenn man Deutsch versteht und Englisch spricht, ist ihre Sprache nicht allzu schwer. Ich spreche sie, und meine holländischen Angestellten schreiben sie für mich.«

»Und wie sind Sie zu Kunden gekommen?«

»Mein lieber Francis, seit fünfzehn Jahren bereise ich Europa und treffe mich mit den Machthabern. Ich muß zugeben, daß mir anfänglich bange war vor ihren Reaktionen. Doch jedesmal, wenn ich einem dieser Leute, denen ich das eine oder andere Mal als Sprecher oder Bote dienlich war, von meinen Seidengeschäften erzählte, bekam ich unweigerlich zur Antwort: ›Wenn Ihre Seidenstoffe ebenso exzellent sind wie Ihre Dienste, bin ich Abnehmer.‹ Zuerst hat mich das überrascht, aber dann wurde mir klar, daß es eine Frage des Stils ist, ob man anerkannt wird oder nicht. Ich habe Kunden und Lieferanten von China bis nach Amerika. Hoffentlich haben wir die Ehre, Sie in Amsterdam empfangen zu dürfen.«

»Sie können auf mich zählen.«

Um mir eine Freude zu bereiten, hat Giuliano Noten mitgebracht. Durch ihn lernte ich die ersten Madrigale für drei Stimmen von Alfonso Ferrabosco kennen, einem aus einer italienischen Familie stammenden Musiker, der im Dienste der Königin Elisabeth in England lebte. Unter dem Titel *Medius* hatte William Byrd ein Buch mit fünf- und sechsstimmigen geistlichen Gesängen herausgegeben, von dem mir Giuliano ein Exemplar beschaffte.

Und Jane hatte für mich einige Stücke des Organisten der Oude Kerk in Amsterdam, des in Holland berühmten, mir jedoch unbekannten Jan Sweelinck, abgeschrieben.

Ich übertrug die Noten in mein persönliches Partiturenbuch, das ich im Hinblick auf meine Abreise aus Rom zusammenstellte. Auf der einen Seite fürchtete ich mich vor dem Tag meiner Abreise, anderseits sehnte ich ihn herbei. Das Leben in Rom war für meinen Geschmack zu vielschichtig, zu sehr auf den Vatikan, seine Interessen und Intrigen ausgerichtet. Die Gegenreformation war wachsam und mischte sich mit pedantischer Strenge in unsere Lektüren und Äußerungen ein. Die Zensoren lagen auf der Lauer, und »Hexen« oder »Besessene« – Leute, deren Gedanken der Kurie mißfielen oder die in der römischen Politik keinen Platz hatten – wurden mit erschreckender Leichtigkeit verbrannt.

Was mir die Abreise schwermachte, war die überwältigende Schönheit dieser Stadt: An jeder Straßenecke erinnerten mich eindrückliche Ruinen an Roms einstige Größe und zugleich an die Stunden meiner Kindheit, die ich mit dem Studium von Texten aus jener Zeit verbracht hatte.

Besonders gern spazierte ich zwischen den umgestürzten Säulen über das von Unkraut bewachsene Forum. Ich kletterte auf die Ruine des Friedenstempels und schaute den Schafen zu, wie sie friedlich inmitten der verstreuten Trümmer dieser Stätte weideten, die einst das Zentrum, das Herz des Universums gewesen war. Davon ist fast nichts übriggeblieben außer dem Himmel, der schon über dem alten Rom lag. Die Überbleibsel aus der Kaiserzeit erinnerten mich nicht ans Leben, sondern ans Sterben dieser Stadt. Ich sagte mir, daß die Feinde des Reichs damit begonnen hatten, diesen bewundernswerten Körper zusammenzuschlagen. Und weil er sogar tot, umgewühlt und entstellt beunruhigend blieb, hatten sie selbst die Ruinen begraben; beim Graben stieß man manchmal auf die Kapitelle alter Säulen, auf denen das zeitgenössische Rom erbaut wurde. Wenn man genau hinschaut, ist unschwer zu sehen, daß nicht an der Stelle, sondern über der früheren Stadt gebaut wurde, und das berührte mich jedesmal. Sic transit gloria mundi. Philipp II. ist vergänglich wie die Kaiser und ihre Tribune, wie Elisabeth von England und Heinrich von Frankreich, wie Françoise und ich – was wird später von uns übrigbleiben? Werden die unterschiedlichen Glaubensrichtungen für künftige Generationen wirklich ebenso wichtig sein?

Ich entsinne mich einer Abenddämmerung im Winter. Einmal mehr war ich hier und philosophierte vor mich hin, während ich mit zerstreutem Blick eine Schafherde betrachtete. Plötzlich stieg eine einfache, melancholische Melodie aus der Flöte eines Schäfers über den alten Trümmern auf, und ich empfand sie als Antwort auf die Fragen, die ich mir stellte.

Eines Tages werden unsere Gedanken, Gefühle und Empfindungen aufhören zu existieren. Aber sie werden eine unauslöschliche Spur hinterlassen: in Form von Gedichten, die ausdrücken werden, was wir hätten sagen wollen, und vor allem in der Musik, die den reinen Empfindungen ihrer Komponisten Ausdruck verleihen wird, aber auch den Empfindungen von allen unter uns, die sie – sei es aus Gefallen oder Leidenschaft – selbst gespielt oder einfach geliebt hätten.

Und während der Schäfer auf seiner Hirtenflöte spielte, durchtanzte meinen Kopf ein Gedicht des großen Torquato Tasso:

Questa di verd'herbette
E di novelli fior tessuta hor hora
Vaga e gentil ghirlanda,
Giovin pastor ti manda
l'amata e bella Flora …

Geflochten aus zartgrünem Gras
Und frisch erblühten Blumen
Ist dieser hübsche Kranz,
Ein junger Hirte begehrt dich,
Meine geliebte und schöne Flora …

XV

Cast care away, let sorrow cease,
A fig for melancholy;
Let's laugh and sing, or, if you please,
We'll frolic with sweet Dolly.
Your paltry money-bags of gold,
What need have we to stare for;
When little or nothing soon is told,
And we have the less to care for.

»Hanskin«
Volkstümliche Ballade

Wirf die Sorgen weg, laß das Grämen sein,
Zum Teufel mit der Melancholie;
Laß uns lachen und singen oder, wenn du willst
Uns vergnügen mit der süßen Dolly.
Eure lumpigen Säcke voller Gold,
Warum sollten wir nach ihnen starren;
Wenig oder nichts ist bald erzählt,
Und wir haben um so weniger Sorgen.

1594. Ein Jahr, das ich nicht vergessen werde. Es hat mit dem Tode Palestrinas begonnen. Dieser hervorragende Komponist hat mir in der kurzen Zeit, als ich mit ihm verkehrte, viel beigebracht, und ich hatte den Eindruck, der Unterricht habe gerade im Moment aufgehört, wo ich das Geheimnis seiner Größe entdecken sollte. Sicher hätte ich denselben Eindruck gehabt, wäre er zehn Jahre später gestorben.

Am Vorabend seiner feierlichen Bestattung hatte ich Nachtdienst beim Kardinal. Den ganzen Tag über hatten wir die Musik geprobt, die an der Trauerzeremonie gespielt und gesungen werden sollte; mein Kopf war voller Noten und mein Herz voller Gram.

Giulianos plötzliches Erscheinen brachte mich augenblicklich auf den Boden der Wirklichkeit zurück. Von einer langen Reise war er über und über mit Staub bedeckt und wurde von einem ebenso staubigen Diener gefolgt.

»Sind Sie allein?«

Seine dumpfe Stimme klang nach finsterer Konspiration.

»Ja ... Weshalb?«

Er befahl seinem Diener, am Ende des Ganges Wache zu halten, inspizierte alle Winkel, untersuchte die Mauern hinter den Teppichbehängen und stellte sich dann neben die halb geöffnete Türe. Ich hätte lachen müssen, wenn es ihm damit nicht so ernst gewesen wäre. Er bedeutete mir näherzutreten.

»Was ich Ihnen zu sagen habe, ist ein gefährliches Geheimnis«, flüsterte er mir ins Ohr, »schwören Sie, daß Sie niemandem etwas verraten. Niemandem!«

»Ich schwöre es.«

»Wer bedient den Kardinal bei Tische?«

Ich schaue ihn fassungslos an. Ist er verrückt geworden? Als er meinen zweifelnden Blick sieht, macht er eine ungeduldige Handbewegung und wiederholt seine Frage mit noch leiserer Stimme.

»Es ist John Byas, sein Kammerdiener«, sage ich schließlich.

Das Essen war nie ein besonderes Thema gewesen in unserer Hausgemeinschaft. Die Mahlzeiten sind karg und werden eilig hinuntergeschlungen.

»Ein zuverlässiger Mann?«

»So zuverlässig wie ich.«

»Wer bereitet die Mahlzeiten zu?«

»Ich habe keine Ahnung. Ich verstehe nicht, was daran so wichtig sein soll.«

Er nähert seinen Mund meiner Ohrmuschel.

»Fragen Sie mich nicht wie, aber ich habe aus äußerst vertrauenswürdiger Quelle erfahren, daß der Kardinal in kleinen Dosen vergiftet wird. Man rechnet mit seinem baldigen Tod.«

Ich weiche einen Schritt zurück und hole Atem, um etwas zu sagen, aber da hat mir Giuliano schon seine Hand auf den Mund gelegt.

»Sagen Sie jetzt nichts. Ich erwarte Sie bei Ihnen, versuchen Sie sich für morgen freizumachen.«

»Ich spiele an der Beerdigung von Palestrina.«

»Kommen Sie nachher, so rasch es geht.«

Er verschwand, und ich stand da wie ein Mann, dem man einen kräftigen Stockschlag versetzt hat.

Als ich wieder bei klarem Verstand war, versuchte ich für den Rest der Nacht dem Weg der Mahlzeiten nachzugehen. Ich ging sogar zur Küche hinab unter dem Vorwand, ich wolle Wasser trinken. Alles schlief. Einmal mehr spielte mir meine adelige Herkunft einen üblen Streich. Mit ganz wenigen Ausnahmen waren mir die Diener unbekannt, und wenn ich sie kannte, so nur flüchtig.

Wie konnte ich ganz allein – denn es kam nicht in Frage, jemanden in mein Geheimnis einzuweihen – den Kardinal beschützen? Sollte ich mich John Byas eröffnen? Doch war er wirklich so zuverlässig, wie ich dachte? Denn zu fürchten war nicht die Tat eines Ketzers, davon war ich überzeugt – angesichts all der Spitzel, die seit zwanzig Jahren am englischen Kollegium aufkreuzten, hätten sich tausend Gelegenheiten gefunden, dem Kardinal ein Messer ins Herz zu stoßen oder seine Mahlzeiten zu vergiften. Agazzaris drohende Worte hallten in meinen Ohren: *»Solange Sie treu an unserer Seite marschieren, wird Sie Gott behüten* *und gedeihen lassen. Doch fürchten Sie seinen Zorn, wenn Sie eines Tages von diesem Weg abweichen. Das könnte das Ende all Ihrer Pläne bedeuten.«* Nein, ich war mir sicher: Gefahr drohte von den Fanatikern, die der Partei des Königs von Spanien verbunden waren.

Ich konnte unmöglich auf einmal zum Dauergast in der Küche werden. Sollte der Giftmischer hier sein Unwesen treiben, würde meine Anwesenheit bald seinen Verdacht erregen. Und ich war keine wichtige Persönlichkeit; bei mir wäre man imstande, mich auf einen Schlag zu vergiften.

Ich weiß nicht mehr, wie diese Nacht zu Ende ging und wie sich das Begräbnis von Palestrina abgespielt hat.

Dagegen erinnere ich mich, wie wir hinterher unruhig dem Tiber entlang marschierten, wobei Giulianos Diener uns den Rücken deckte; aus Sicherheitsgründen hatte Giuliano darauf bestanden daß wir ins Freie gingen, außer Hörweite von Spitzeln.

»Giuliano, ich bin in einer verzweifelten Lage. Ich weiß nicht, wem ich mich anvertrauen kann, und ich weiß nicht, wie ich die Speisen des Kardinals überwachen soll, ohne Verdacht zu erwecken.«

»Ich bin nach Eu gegangen – Sie erinnern sich noch an unseren alchimistischen Apotheker?«

»Adrians Freund? Natürlich.«

»Ich dachte, dieser Mann, der weitab von allem lebt, vor allem weitab von den Intrigen, sei der sicherste Ratgeber. Ich fragte ihn, welches Gift man am ehesten nehmen würde, um einen Menschen nach und nach zu töten, ohne daß es auffällt. Er hat sich einen Tag Bedenkzeit ausgebeten. Und am Ende dieses Tages hat er mir mehrere Phiolen überreicht mit den Worten: ›Es sind zwei oder drei Möglichkeiten denkbar. Hier ist ein Gegengift, das gegen alle wirksam ist. Sie brauchen mir keine Erklärung zu geben. Ich will nichts wissen. Das ist es wohl, was Sie wünschten? Man muß davon täglich fünf Tropfen verabreichen.‹«

Ich öffne den Mund, um eine Frage zu stellen, aber Giuliano kommt mir zuvor.

»Ich bitte Sie, Tregian, fragen Sie mich nichts. Wir sitzen auf einem Pulverfaß. Die Zündschnur könnte jeden Augenblick Feuer fangen. Hätte ich es vermeiden können, Sie über so gefährliche Dinge zu unterrichten, hätte ich es getan, das dürfen Sie mir glauben. Solange Sie nichts wissen und man Sie einem Verhör unterzieht, werden Sie natürlich reden, aber Sie werden gezwungen sein, etwas zu erfinden. Wenn ich Ihnen aber die Wahrheit sage, laufen Sie Gefahr, sich zu verraten. Ich hätte nicht einmal den Apotheker erwähnen sollen.«

Mein Herz krampft sich vor Angst zusammen.

»Ich habe so wenig Erfahrung in solchen Dingen, daß ich nicht einmal weiß, wie ich es anstellen soll, dem Kardinal seine Tropfen zu verabreichen. In achtzehn Monaten habe ich ihm nie etwas gebracht, nicht einmal ein Glas Wasser. Das gehört nicht zu meinen Pflichten.«

»Gibt es etwas, das er regelmäßig einnimmt? Halten Sie die Augen offen, mein Freund, und handeln Sie schnell.«

Ich brauche drei Tage, bis ich die Organisation der Hausgemeinschaft durchschaue. Ich sage mir, daß es sich beim Giftmischer nur um einen Außenstehenden handeln kann und daß keiner der Engländer in Frage kommt. Erst jetzt merke ich, daß der Kardinal sich seit zwei Jahren die Jesuiten mehr und mehr vom Leibe gehalten hat, und bei dieser Gelegenheit erfahre ich, daß auch Nicholas Bawden und ich zwei Mitglieder der Gesellschaft Jesu abgelöst haben.

Meine Bemühungen sind wohl zu vorsichtig, denn wieder ist es Giuliano, der den Weg des Giftes entdeckt: Es geschieht außerhalb des Hauses in der vatikanischen Bibliothek, die der Kardinal mehrmals in der Woche aufsucht. Er bricht nach dem Morgenessen auf und nimmt bis fünf Uhr keine Speisen zu sich, trinkt aber viel.

Es dauert noch eine Woche, bis ich unter verschiedenen Vorwänden – ich möchte Texte überprüfen, Einblick in die Originale nehmen und so weiter – die Erlaubnis erhalte, ihn zu begleiten. Nachdem ich diese Erlaubnis einmal habe, wird alles ganz einfach. Wenn er zu trinken wünscht, nehme ich selbst dem Diener den Wasserkrug ab, wobei mir die Länge und Beweglichkeit meiner an der Klaviatur geschulten Finger sehr zustatten kommt: Ich glaube sagen zu dürfen, daß ich nie ertappt wurde, selbst wenn man schließlich merkte, daß das Gift nicht mehr wirkte und mich verdächtigte, meine Hand im Spiel zu haben.

Man muß sagen, daß die Veränderung augenfällig war. Nach einer Woche ging es dem stets kränkelnden, aber nie richtig kranken Kardinal schon besser, und nach drei Wochen war er ein beinahe gesunder Mensch.

Ich werde nie erfahren, ob das, was sich darauf ereignete, die Frucht des Zufalls war oder ob die Giftmischer zwischen meiner Anwesenheit in der Bibliothek und der plötzlichen Genesung ihres Opfers einen Zusammenhang herstellten. Eines Morgens jedenfalls sagte mir der Kardinal, als wir, wie gewöhnlich bei schönem Wetter, zu Fuß unterwegs waren zum Vatikan:

»Ich habe einen Brief Ihres teuren Vaters erhalten, Herr Tregian.«

In Erwartung – und Befürchtung – des Folgenden erwiderte ich nichts.

»Er wünscht, daß Sie ihn aufsuchen.«

»Wann denn?«

»Nun ... sogleich. Sobald Sie Ihre Reisevorbereitungen getroffen haben.«

»Ich möchte Sie nicht verlassen, Eure Exzellenz.«

Das ist die reine Wahrheit. Er lächelt mir zu.

»Sie verlassen mich nicht. Die Reise dauert nur wenige Wochen. Ihre Arbeit an der Bibel ist zu wichtig, als daß wir darauf verzichten wollen. Ich gebe Ihnen einen meiner Männer mit, denn Sie sind nun in einem Alter, wo es eines Herrn Ihres Ranges unwürdig wäre, keinen Bediensteten zu haben.«

»Eure Exzellenz, ich danke Ihnen, aber ich habe meinen eigenen Diener. Ich habe ihm erlaubt, bei seiner Frau zu bleiben, solange ich ihn nicht brauche, aber er dient mir getreulich seit meiner frühesten Jugend, und für eine solche Reise lege ich Wert auf ihn. Ich werde ihn herkommen lassen und sogleich nach seiner Ankunft aufbrechen.«

»In diesem Falle sagen Sie ihm, er möge sich beeilen.«

Ich bin erleichtert, daß sich der Kardinal nicht näher nach »meinem Diener« erkundigt, denn ich möchte ihn nicht belügen.

Am selben Abend reist einer von Giulianos jungen Neffen ab, um ihn zu benachrichtigen. Mit verhängten Zügeln galoppiert er los und kehrt bald darauf mit meinem Onkel und seinem Diener zurück, der ihm nicht mehr von der Seite weicht.

»Der Zufall kommt uns schlecht gelegen«, bemerkt Giuliano bei seiner Ankunft düster.

»Mir macht vor allem Sorgen, daß ich in der Umgebung des Kardinals keinen zuverlässigen Freund habe, der sich in meiner Abwesenheit um ihn kümmert.«

Während ich meine Reisevorbereitungen treffe, gelingt es Giuliano, seinen jungen Neffen als Küchenjunge anstellen zu lassen. Titus, so heißt er, ist eigentlich ein Weberlehrling. Aber ich habe selten einen Burschen gesehen, der sich mit solcher Leichtigkeit in allen Situationen zurechtfand. Nach einigen Stunden ist er ein mehr als überzeugender Küchenjunge. Das Gegengift, das er den Speisen beifügt, gelangt nicht immer bis zum Kardinal, doch oft genug, damit er nicht wieder so krank wird wie im letzten Winter.

Wir brechen auf.

Wir verlassen Rom in nördlicher Richtung, doch nach etwa zehn Meilen machen wir kehrt und gelangen auf Umwegen nach Ostia. Ohne daß ich mit ihm darüber hätte zu sprechen brauchen, hat Giuliano unsere Reise über Bordeaux organisiert.

Die uns bereits bekannten Seeleute bringen uns trotz stürmischen Meeres ohne Zwischenfall nach Sète. Dort empfangen uns die Freunde vom letztenmal, und acht bis zehn Tage nach der Abreise von Rom reiten wir bereits der Garonne entlang. Die Vorfreude auf das Wiedersehen mit meiner Frau löst nach und nach meine Beklemmung ab, den Kardinal in seiner gefährlichen Lage verlassen zu haben.

*

In Bordeaux haben wir uns drei Tage gegönnt. Drei Tage, in denen Françoise und ich uns nicht aus den Augen gelassen haben.

Im Hause Troisville herrscht Aufregung: König Heinrich hat sich zum Katholizismus bekehrt. Ich habe schon davon gehört, denn in Rom verursachte die Angelegenheit ein großes Aufsehen, und die Katholiken spotteten darüber – diese opportunistische Kehrtwendung konnte nur vorübergehend und demzufolge bedeutungslos sein, schließlich kannte man Heinrich von Bourbon.

Die Troisvilles dagegen sind anderer Ansicht: Heinrich hat den Glauben gewechselt, weil es für ihn die einzige Möglichkeit ist, der König aller Franzosen zu sein und dem Bürgerkrieg ein Ende zu setzen, der Frankreich seit zwei Generationen heimsucht. Er wird seine Meinung nicht mehr ändern.

Charles, noch immer einer der Vertrauensleute des Königs, hatte kurz zuvor erklärt, er könne nicht anders als seinem Herrn zu folgen. Françoise, die mit mir bereits einen Katholiken geheiratet hat, ist der Überzeugung, daß die ganze Familie konvertieren wird. Aber Madame de Troisville stammt aus einer alten Hugenottenfamilie, die seit dem Beginn der Reformation protestantisch war, und im Laufe einer stürmischen Unterhaltung hat sie uns in aller Deutlichkeit gesagt, daß sie keineswegs daran denke, ihre Religion zu wechseln.

»Mein König«, erklärte sie, »ist Heinrich von Navarra, der Sohn von Jeanne d'Albret, und dieser Mann ist ein Hugenotte. Nur weil er ein großer Politiker ist, fühlt er sich gezwungen, der Erpressung Frankreichs nachzugeben.«

Nach einigen Stunden in diesem Ton schloß sie mit fester Stimme:

»Françoise, konvertieren Sie. Es ist Ihre Pflicht als Ehegattin. Ich bin überzeugt, daß Sie Ihre christlichen Pflichten im einen wie im anderen Glauben erfüllen können. Es gibt nur einen Christus. Gott ist nicht so kleinlich. Es sind die Menschen, die unseren Glauben mit der Politik vergiftet haben. Und gerade deshalb bin ich fest entschlossen, in der Kirche meiner Wahl zu bleiben.«

Heinrich ist soeben mit großem Pomp in Chartres gekrönt worden, nachdem Reims sich geweigert hatte, ihm die Tore zu öffnen. Es ist mir, als sähe ich Jehan Pussot, den Küster von Saint Jacques, wie er mit rotem Gesicht und drohendem Zeigefinger spricht:

»Der Protestant? Niemals! Ein Ketzer auf dem Thron, bekehrt oder nicht, so etwas werden die Bürger von Reims nicht zulassen.«

Nun, da es geschehen ist, wird Heinrich Mittel und Wege finden müssen, um sich mit ihnen und dem Rest der Franzosen auszusöhnen.

Madame de Troisville will wissen, wie meine Zukunftsvorstellungen aussehen.

»Sie werden nicht darum herumkommen, mit meiner Tochter als Mann und Frau zusammenzuleben«, bemerkt sie mit einem Lächeln.

»Ich werde mit meinem Vater reden, da er mich sehen will. Und sobald ich den Dienst bei Kardinal Allen quittieren kann, will ich mich mit Françoise in Bordeaux, Amsterdam oder Antwerpen niederlassen. Sie haben mein Wort darauf.«

*

Wir setzen unsere Reise fort. In meinem schmalen Gepäck befinden sich die *Essais* von Michel de Montaigne, die meine Frau mir geschenkt hat. Ich bin so aufgewühlt von unserer Trennung, daß ich sie einstecke, ohne auch nur einen Blick darauf zu werfen.

Wie beim letztenmal sind meine Sinne hellwach. Farben, Töne, Gerüche – alles ist lebhafter und eindringlicher als sonst. Françoise ist zu einer strahlenden Schönheit herangewachsen und begehrenswerter denn je. Ich habe nur einen Wunsch – ich möchte sie nie mehr verlassen. Und dazu braucht es die Ermahnungen meiner Schwiegermutter gar nicht. Während der ganzen Reise denke ich nur an meine Geliebte.

Zu Pferd reiten wir in den Norden Frankreichs, und mir scheint, die Landschaften, die wir durchqueren, seien nicht mehr so verwüstet wie einst. Jedenfalls ist man emsig daran, die Spuren zu beseitigen.

Nach einer Reise ohne Zwischenfall erreichen wir Tréport, wo Giuliano noch immer zuverlässige Freunde hat. Wir gehen an Bord eines dieser Küstenschiffe mit dem trügerischen Aussehen eines Wracks. Als wir in der Nähe von Plymouth landen, eine Tagereise von Grampound und Golden entfernt, zögere ich einen Augenblick. Sollte Thomas etwa …

Ich wende mich fragend an Giuliano, der den Kopf schüttelt.

»Ich bin vor einiger Zeit hierher gekommen und habe mich erkundigt. Er ist kurz nach Ihrem letzten Besuch gestorben. Wissen Sie, daß das Haus Ihnen gehört? Sie sind sein einziger Erbe.«

»Ich?«

»Er hatte es Ihnen gesagt.«

»Schon, aber ich konnte es nicht recht glauben.«

Man kann sicher sein, daß Giuliano solche Dinge nicht entgehen. Er lächelt schelmisch.

»Sie haben die Augen eines Kobolds, damit werden Sie noch reich. Hier eine Rente, da ein Erbe ...«

Ich erröte heftig, während er hell auflacht.

»Manchmal sehe ich in Ihnen noch den kleinen Jungen von früher: Gehen wir nach London. Vielleicht reicht es auf dem Rückweg zu einem Besuch beim Notar. Wir werden ohnehin wieder hier an Bord gehen.«

»Und wenn mein Vater mich nicht mehr abreisen läßt?«

»Reden Sie mit ihm über die Gesundheit des Kardinals und Ihre Arbeit an der Bibel, und Sie werden wieder abreisen. Seien Sie ebenso bestimmt wie er.«

»Und was soll ich ihm über Françoise sagen?«

»Ich habe Ihnen keine Ratschläge zu erteilen, aber an Ihrer Stelle würde ich eher von Heiratsabsichten sprechen als von vollendeten Tatsachen. Es ist immer noch Zeit, Ihre Familie in einigen Jahren zu informieren, wenn Sie selbst in ihren Augen wirklich erwachsen sind.«

Während wir nach London galoppieren, ist mir Thomas, an den ich seit meiner letzten Reise nur selten gedacht hatte, stets gegenwärtig. Ich befürchte, daß es nicht leicht sein wird, mich meinem Vater zu widersetzen. Er ist mein Vater, auch wenn ich ihn kaum kenne, und er hat noch uneingeschränkte Macht über mich. Ich versuche, mir aus den Ratschlägen von Thomas die Entschlossenheit zu holen, die ich brauchen werde.

Wir kommen in London an.

*

In der Hauptstadt verbringe ich etwa fünf bis sechs Wochen, die mein Leben durcheinanderbringen. So viele Dinge, so viele Eindrücke …

Zum zweitenmal komme ich nach London, seit ich erwachsen bin. Doch das erstemal zählt nicht. Ich hatte es so eilig, ich war so sehr auf ein Ziel ausgerichtet, auch so sehr damit beschäftigt, die Stadt Charles de Troisville zu zeigen, daß ich selbst nichts gesehen, nichts wahrgenommen habe. Einer meiner ersten verblüffenden Eindrücke ist der, daß alles viel kleiner ist, als ich es in Erinnerung habe. Mir scheint, die Häuser seien geschrumpft.

Wir gehen nach Muswell, wo meine Großmutter Anne Arundell immer lebt, wenn sie sich nicht in der Grafschaft Dorset aufhält. Unterwegs haben sich Giuliano und ich darauf geeinigt, daß er so lange wie erforderlich mein Verwalter sein wird. Während ich meine Familie besuche, wird er sich um meine Geschäfte kümmern.

Die Baronin von Arundell bereitet mir einen reservierten Empfang. Ich habe keine Zeit, mich zu fragen, weshalb. Kaum angekommen, werde ich zu ihr gebeten.

Kerzengerade empfängt sie mich vor dem Kamin. Sie ist eine alte Dame, aber das ist ihr kaum anzusehen. Wenige Falten, ein Marmorteint und das Haar leuchtend rot – in Rom würde man es nach dem Namen des Malers tizianrot nennen. Die vornehme Haltung einer Königin. Zum erstenmal habe ich direkt mit ihr zu tun, es ist auch das erstemal, daß ich sie bewußt wahrnehme, daß ich sie wirklich sehe.

Sie lächelt mir zu und zeigt dabei ihre makellos weißen Zähne.

»Ich erinnere mich an die Zeit, als ich Ihnen sagte: ›Komm her, mein Kleiner.‹ Nun könnten Sie mich ›meine Kleine‹ nennen.«

»Madam, das würde ich mir nie erlauben.«

»Nein, natürlich nicht. Sie sind nicht nur groß, Sie sind auch ein Gentleman.«

Sie spricht in scherzhaftem, leichtem Ton und mit kaum verhülltem Lächeln.

»Versprechen Sie mir, Francis, daß Sie mir offen und ehrlich antworten.«

»Sie können mich fragen, was Sie wollen, Madam.«

»Haben Sie die Priesterweihe empfangen, ja oder nein?«

Mein überraschter Blick entgeht ihr nicht. Sieht sie nicht jeden Tag meine Mutter? Halten sie sich denn nicht auf dem laufenden? Ihr Lächeln verstärkt sich:

»Ich weiß, ich weiß ... Aber Ihre Mutter ist eine unverbesserliche Klatschbase, ihre Geschichten verändern sich je nach Laune, und man weiß nie, woran man sich halten soll. Als mein teurer Gemahl noch lebte, hat er dem Drängen der Jesuiten einen Riegel vorgeschoben. Doch seither ... Über Ihre Aktivitäten sind mir mindestens drei Versionen bekannt. Den letzten Neuigkeiten zufolge sollen Sie der Sekretär von Kardinal Allen und ein Vertrauter des Papstes sein.«

Ich komme nicht umhin zu lächeln.

»Das wäre zuviel der Ehre, Madam. Ich bin einer unter vielen Kammerdienern des Kardinals. Was Seine Heiligkeit betrifft, hat er mich einmal für mein Orgelspiel gelobt. Ich würde das keine vertrauliche Beziehung nennen.«

»Und ... sind Sie denn Priester?«

»Nein, Madam. Ich bin wegen der Musik nach Italien gegangen, nicht wegen der Religion. Ich schätze Kardinal Allen sehr und empfinde Hochachtung für ihn. Aber er weiß, daß ich mich nicht zum Priester geboren fühle. Er hat mich auch nie bedrängt. Wenn jemand aus mir einen

Geistlichen und möglichst einen Jesuiten machen wollte, waren es Pater Parsons, das englische Kollegium und mein Vater, wie mir gesagt wurde.«

»Und wie stehen Sie zu den Jesuiten?«

»Auf Distanz. Und das gilt meiner Meinung nach auch für den Kardinal.«

»Gut so. Ich bin erleichtert, denn sehen Sie, ich habe meine Meinung nicht geändert: Ich dulde keine Jesuiten mehr unter meinem Dach. Wie Sie vielleicht wissen, wollten sie meinen Großneffen, den Grafen von Derby, zu einem Komplott überreden, um ihn anstelle Ihrer Majestät zum König zu machen. Aus diesem Grund hat man ihm vorgeschlagen, zum Katholizismus überzutreten. Da er ein ehrenhafter Mann war und eine Abneigung gegen verrückte Abenteuer hatte, hat er sie denunziert. Und nun, achtzehn Monate später, ist er einer unerklärlichen Krankheit erlegen. Selbst unter uns zirkulieren über die Jesuiten schreckliche Gerüchte. Ich will hier keine mehr sehen. Ich dulde keinen Priester außer dem, der hier die Messe liest. Ich bin keine Heldin und sehe keine Notwendigkeit, unsere Sicherheit aufs Spiel zu setzen. Als Engländer mißbilligen wir Leute, die mit Spanien unter einer Decke stecken. Soeben hat man entdeckt, daß der Arzt der Königin ein Spitzel war, der für beide Seiten arbeitete. Ich denke nicht, daß er Ihre Majestät vergiften wollte, wie behauptet wurde. Außerdem war er kein Katholik, sondern ein Jude. Dennoch muß man vorsichtig sein. Solange wir nicht politisch tätig sind, läßt man uns in Ruhe. Lassen Sie die Finger von der Politik. Ist das klar? Ich brauche wohl nicht zu sagen, daß ich für Ihre Mutter eine Ketzerin bin.«

»Vollkommen klar, Madam, ich werde mich der Politik enthalten. Aber ich muß meine Eltern aufsuchen, und die sind in politische Händel verstrickt, wenn ich mich nicht täusche.«

»Wenn Sie mir Ihr Wort geben, daß Sie sich von ihren Intrigen fernhalten, sorge ich dafür, daß das Gerücht verbreitet wird, sie handelten aus Kindesliebe. So wird man Sie in Frieden lassen. Sonst riskieren Sie, verhaftet zu werden, weil Sie ohne Erlaubnis der Königin im Ausland studiert haben. In Southampton House möchte man Sie gerne kennenlernen, der junge Henry ist in Ihrem Alter. Es wäre ihm ein Vergnügen, Sie in Londons kulturelle Anlässe einzuführen. Lassen Sie ihn gewähren und verstricken Sie sich nicht in zweifelhafte Machenschaften.«

Ich verneige mich. Sie erhebt sich und streckt ihre Hand meiner Wange entgegen. Ich neige mich darüber, damit sie sie berühren kann. Sie tut es mit unerwarteter Sanftheit. Überrascht stelle ich fest, daß sie Tränen in den Augen hat.

»Wissen Sie, Sir John hatte Sie sehr gern«, sagt sie mit erstickter Stimme. »Sie waren sein Liebling.«

Sie geht unvermittelt hinaus und überläßt mich meinen Gefühlen.

Nur ungern erzähle ich von meinem ersten Besuch bei Vater. Mein weißhaariger, verbitterter Erzeuger sieht in mir nichts anderes als seinen Nachfolger. Nur um mir das zu sagen, hat er mich kommen lassen. Für ihn ist es selbstverständlich, daß ich die Fackel »seines« Glaubens übernehmen werde. Das sagt er allen. Als ich ihm beizubringen versuche, daß ich eine Französin zu heiraten beabsichtige, sträubt er sich mit aller Kraft dagegen. Für ihn ist ebenso selbstverständlich, daß ich, wenn überhaupt geheiratet sein muß, eine junge englische Katholikin eheliche, die ihres Besitzes durch das *Praemunire* verlustig gegangen ist. Oder besser noch eine Spanierin aus gutem Hause. Er unterbreitet mir sogar Vorschläge. Ein Tregian heiratet keine völlig unbekannte Französin.

»Aber Vater, sie ist keineswegs eine Unbekannte: Sie

ist eine Troisville aus Bordeaux. Ihr Bruder ist der rechte Arm, der Vertrauensmann des Königs von Frankreich.«

»Ist sie wohlhabend?«

»Noch nicht. Doch nun, da Heinrich zum König gekrönt wurde, wird die Familie mit Sicherheit zu Reichtum gelangen.«

»Ist sie katholisch?«

»Ja, Vater.«

»Wie kommt es dann, daß ihr Bruder im Dienste eines Ketzers steht?«

In diesem Stil geht es weiter. Ich verzichte auf Einzelheiten; viele Jahrzehnte liegen dazwischen, und doch ärgert es mich noch heute, wenn ich daran zurückdenke.

Vater möchte, daß ich in der Fleet lebe, wo es geräumige Wohnungen gibt und wo meine Mutter, meine Schwestern, zwei Diener und mehrere Mägde wohnen, aber ich weigere mich. Die einzige meiner Schwestern, die ich gerne sehen würde, ist Margaret. Sie ist abwesend. Dafür lerne ich die jüngeren kennen, Catherine, Sibylle und Elisabeth, die jüngste, die kaum fünf Jahre alt ist. Ebenso lerne ich einen Mann kennen, der, wie man mir erklärt, vielleicht Margaret heiraten wird. Er heißt Benjamin Tichborne, und sein Blick ist von einer falschen Offenheit, die ihn mir von Anfang an unsympathisch macht. Es ist unschwer zu sehen, daß er ein Intrigant ist. Ich versuche es meiner Mutter zu sagen, der ich erst nach etlicher Zeit begegne, denn irgendwelche dunklen Angelegenheiten in London halten sie ständig auf Trab. Sie zeigt mir ein kleines Fläschchen voll Weihwasser.

»Es kostete viel Zeit, um es aufzutreiben, aber wir haben Ostern gefeiert, wie es sich für gute Christen geziemt«, erklärt sie stolz.

Meine Bemerkungen über Margarets Freier versetzen sie in Empörung.

»Er ist ein liebenswürdiger, aufmerksamer Bursche,

stets zu allen Diensten bereit. Ein guter Katholik. Abgesehen davon können wir es uns nicht leisten, wählerisch zu sein. Wir besitzen nichts, und wir sollten froh sein, wenn ein Mann willens ist, eine Ihrer Schwestern ohne Mitgift zu heiraten.«

Ihre Gutgläubigkeit erstickt jede Anwandlung von Zorn im Keime. Sie ist sogar rührend. Klein, äußerst lebhaft, schwarzes Haar und ein hübsches, immer noch junges Gesicht. Sie trägt ein Kind im Leib – das achtzehnte, sagt sie mir. Sie steht kurz vor der Niederkunft, doch das dämpft ihre Betriebsamkeit keineswegs. Sie ist von einer betäubenden Zungenfertigkeit. Ihr Mann, ihre Religion – das ist ihre ganze Welt. Ihre ursprüngliche Mißbilligung seines Verhaltens, die mir unauslöschlich in Erinnerung bleibt, ist verschwunden. Der Wille »Ihres Herrn Vaters«, wie sie zu sagen pflegt, ist unumstößliches Gesetz, an dem es nichts zu rütteln gibt. Er wollte der Macht die Stirn bieten – er hat gut daran getan. Ich bin versucht zu glauben, daß sie als treu ergebene Gemahlin auch gute Gründe finden würde, wenn er konvertierte.

So schnell wie möglich gehe ich wieder.

In den folgenden Tagen durchstreife ich das London meiner Kindheit, diesmal mit weit geöffneten Augen und Ohren. Ich tauche wieder in die Symphonie der Geräusche ein, atme die charakteristischen Gerüche – diese Mischung aus verkohltem Holz, alten Fischen, Gischt und Staub, die man nur in der Hauptstadt riecht. In dieser Jahreszeit gibt es besonders viele Gewitter, und von einigen dieser Ausflüge kehre ich durchnäßt bis auf die Knochen heim, während mein Pferd im heftigen Platzregen nur im Schritt vorankommt.

Ich besuche Richard Mulcaster. Er leitet nicht mehr die Schule der Schneiderzunft, sondern lebt von Privatunterricht und einer kleinen Rente der Königin, die ihm wohlgesonnen ist.

Er erkennt mich auf den ersten Blick wieder. »Ah, Francis!« sagt er, »mir ist zu Ohren gekommen, daß Sie ein perfektes Latein sprechen.«

»Mein Herr, ich freue mich sehr, Sie wiederzusehen«, gebe ich etwas hilflos zur Antwort.

»Aber selbstverständlich, mein lieber Tregian, sonst wären Sie ja nicht hier. Ersparen wir uns die schönen Worte. Was macht Ihr Bruder?«

Ich erzähle ihm von Adrians Verschwinden. Er lacht.

»Sie glauben nicht ernstlich, daß er tot ist«, kommentiert er, als ich geschlossen habe, und seine Bemerkung tönt nicht nach einer Frage.

»Nein.«

»Ich auch nicht. Ich habe selten einen Kerl gesehen, der die Leute so täuschen konnte wie dieses Bürschchen. Eines schönen Tages wird er uns alle überraschen. Was gedenken Sie zu tun während Ihres Aufenthalts in London?«

»Mein innigster Wunsch wäre es, die Königin wiederzusehen. Ich habe Partituren mitgebracht, die ich eigens für sie kopiert habe, ganz neue italienische Stücke.«

»Sie haben mir verheimlicht, daß Sie Ihre Majestät kennen.«

»Oh ... nun ja ...«

»Haben Sie Zugang zu ihr?«

»Ich weiß nicht recht ...«

»Ich muß sie morgen aufsuchen. Es ist die Rede davon, mir die Leitung einer neuen Schule zu übergeben. Ich werde sie über Ihre Anwesenheit unterrichten, so wird es schneller gehen. Kommen Sie am Montag wieder.«

Und am folgenden Montag teilt er mir mit:

»Die Angelegenheit ist geregelt. Ihre Majestät läßt Ihnen ausrichten, Sie sollen sich morgen zur Audienz von Lord William Burghley einfinden. Sind Sie schon im Theater gewesen?«

»Im Theater? Nein.«

»Gehen Sie. Das Theater ist eine der besten Schulen für einen jungen Gentleman. Schenken Sie den Leuten keinen Glauben, die behaupten, die Schauspieler seien alle Strauchdiebe. Das Theater ist eine unvergleichliche Schule der Sitten, des Mutes, der Schlagfertigkeit und des Gedächtnisses. Außerdem werden gegenwärtig Stücke gespielt, die dem künstlerischen Reichtum unserer wundervollen englischen Sprache gerecht werden.«

Als Lord Burghley mich am nächsten Tag in seinem Vorzimmer entdeckt, sagt er in brüskem Tonfall:

»Kommen Sie, junger Mann, Sie werden erwartet.«

Als wir allein sind, schaut er mich unfreundlich an:

»Sie genießen das Vertrauen der Königin«, sagt er.

Aus seinem Mund tönt das wie eine Beschimpfung.

»Ich fühle mich sehr geehrt.«

»Wir haben soeben ein Komplott gegen sie vereitelt, und die Erde ist noch frisch auf den Gräbern der Verschwörer, die sie vergiften wollten.«

Aufgepaßt, das ist ein gefährliches Terrain. Ich halte den Blick gesenkt und schweige.

»Alles spricht für Sie, auch wenn Sie der Kammerdiener Seiner Exzellenz, des Kardinals Allen, sind …«

Überrascht schaue ich ihn an. Lord Burghley lächelt.

»Wir wissen das. Wir wissen auch, daß Sie sich von den Intrigen fernhalten.« Seine Steifheit verschwindet schlagartig. »Bevor ich Sie zu Ihrer Majestät geleiten lasse, möchte ich eines Ihrer Stücke hören.«

Auf seinem Virginal spiele ich *Vestiva i colli,* ein für Tasteninstrumente eingerichtetes Madrigal von Palestrina. Und während ich spiele, untersucht einer von Burghleys Männern meinen Mantel, das Innere meines Hutes und meine Notenrolle, wie ich im Spiegelbild eines Möbelstükkes beobachte. Ich lächle. Der ehrenwerte Lord Schatzmeister vermeidet alle Risiken.

Schließlich bringt man mich zur Königin. Die Begegnung findet in aller Verschwiegenheit statt, denn es ist noch nicht an der Zeit für die Königin von England, einen Tregian offen zu empfangen. Mein Vater ist immer noch ein Staatsfeind. Deshalb sind nur eine Gesellschaftsdame und Robert Cecil zugegen, der Sohn von Lord William Burghley.

»Wie! Sie tragen noch immer keinen Bart, mein Herr!«

Mit diesem Satz empfängt mich die Königin.

»Nein, Majestät. Bis jetzt hat es die Natur nicht gewollt.«

»Um so besser. Es steht Ihnen. Nun, haben Sie mir italienische Musik mitgebracht?«

Sie reicht mir ihre Hand zum Kuß, der ich anschließend meine Notenrolle anvertraue.

»Majestät, ich habe für Sie einige neu komponierte Stükke mitgenommen.«

Sie läßt mich an ihrem Instrument Platz nehmen und fordert mich zum Spielen auf.

Als ich geendet habe, applaudieren nur Sir Robert und die Gesellschaftsdame. Mir wird bange. Hat es ihr nicht gefallen?

»Mein Herr«, sagt sie endlich, »Ihre Interpretation übertrifft alles, was ich bislang gehört habe. Sie sind ein Engel!«

Sie erhebt sich, kommt zu mir und nötigt mich, am Virginal sitzen zu bleiben – sie selbst spielt im Stehen.

»Fahren Sie fort!« befiehlt sie.

Ich spiele alles, was mir durch den Kopf geht. Meine Bearbeitungen der italienischen Madrigale, die ich im Geschäft von Luca sammle. Meine Adaptationen der Messen. Die englischen Stücke, die mir regelmäßig zugesandt werden. Ich vergesse, wo ich bin, ich vergesse die Königin. Das Instrument ist wunderbar, meine Finger sind beflügelt. Ich verbringe jeden Tag viele Stunden am Virginal und an der Orgel. Aber nur selten habe ich dieses Gefühl, mit Gott selbst zu reden.

Als ich mich schließlich umdrehe, klatscht niemand. Man schaut mich schweigend an. Ich muß mich an die Vorstellung gewöhnen, daß meine Interpretationen die Leute vor Ergriffenheit verstummen lassen. Das beginne ich gerade erst zu verstehen. Bislang habe ich nie für andere gespielt. Nur für mich, zu meinem Vergnügen.

»Bevor Sie gehen, könnten Sie mir zum Beispiel noch *The Carman's Whistle* (den Gassenhauer des Kutschers) vorspielen.«

»Ihre Majestät, ich bedaure zutiefst, aber dieses Stück kenne ich nicht. Vielleicht würde mir Ihre Majestät die Ehre erweisen …«

»Nein, nicht jetzt. Aber wir werden Ihnen die Partitur geben.«

Eine der Gesellschaftsdamen bringt sie. »Unser gemeinsamer Freund William Byrd hat diese Variationen geschrieben.«

Zum erstenmal sehe ich eine dieser Bearbeitungen volkstümlicher Melodien, die in London großen Erfolg haben, in Italien aber völlig unbekannt sind. Ich bin auf der Stelle davon angetan. Dieser Gassenhauer, den die Kutscher pfeifen, um ihre Pferde anzutreiben, den jedermann kennt und in dessen Takt so manche lockere Strophe gesungen wird, ist dank William Byrds Begabung zu einem musikalischen Kleinod geworden.

XVI

What is love? 'tis not hereafter;
Present mirth hath present laughter;
What's to come is still unsure:
In delay there lies no plenty;
Then come kiss me sweet and twenty,
Youth's a stuff will not endure.

»O Mistress Mine«
William Shakespeare/Thomas Morley

Was ist die Lieb? Sie ist nicht künftig;
Gleich gelacht ist gleich vernünftig;
Was noch kommen soll, ist weit,
Wenn ich zögre, so verscherz ich:
Komm denn, Liebchen, küß mich herzig!
Jugend hält so kurze Zeit.

Von der Königin kommend, gehe ich nach Southampton House in Holborn. Das Haus befindet sich an der Ecke der Chancery Lane in der Nähe der verschiedenen Inns of Court, dem Quartier der Advokaten. Hier gibt es viele Herbergen und zahllose Vergnügungsstätten. Henry Wriothesley, der Graf von Southampton, erwartet mich. Ich habe vernommen, er sei ein kultivierter, großzügiger und leicht extravaganter Mensch; ich bin neugierig, seine Bekanntschaft zu machen.

Er ist ein hochaufgeschossener Bursche in meinem Alter mit hellgrauen Augen, die messerscharfe Blicke werfen, und langen, blonden, zur Seite fallenden Haaren. Er ist kleiner als ich, wobei gesagt werden muß, daß fast niemand mehr mich an Körperwuchs überragt, und hübsch wie ein junges Mädchen. Wie ich ist er noch bartlos.

»Herr Tregian, man hat mir viel über Sie erzählt.«

»Vielleicht nicht über mich, mein Herr, sondern über meinen Vater.«

»Ist das nicht das gleiche?«

»Nicht unbedingt.«

Zum erstenmal lächelt er mir zu.

»Ich habe gehört, daß Sie musizieren. Spielen Sie Laute?«

»Nein, mein Herr. Ich spiele Virginal und Orgel.«

»Ich habe hier ein Virginal. Erweisen Sie mir doch die Güte und lassen Sie mich etwas hören, damit wir uns kennenlernen. Ich bitte Sie darum.«

Er sagt das mit solcher Anmut, daß ich mich füge. Aber mir ist nicht wohl dabei. Spielen ist für mich wie atmen. Daß es für andere bloß ein ästhetischer Genuß sein kann, will mir nicht in den Kopf.

Als ich zwischen zwei Stücken die Augen öffne, sehe ich, daß Southampton mit verzücktem Blick vor seinem Sessel steht. Ich halte inne und erhebe mich meinerseits.

Southampton stürzt auf mich zu und umarmt mich.

»Hinreißend! Sie verfügen über die Gewandtheit von Bull und das Gefühl von Byrd.«

»Byrd ist mein erster Virginal- und Orgellehrer gewesen, als ich noch ein kleiner Junge war.«

»Sie müssen unbedingt Shakespeare kennenlernen. Heute noch.«

»Ist er Musiker?«

Er lacht.

»Man merkt, daß Sie nicht von hier sind. William Shakespeare ist gegenwärtig unser erfolgreichster Bühnenautor. So erfolgreich, daß der Hofmarschall Lord Carey Shakespeares Truppe unter seine Fittiche genommen hat. Sie trägt den offiziellen Namen ›die Schauspieler des Hofmarschalls‹.«

»Werden wir sie heute sehen?«

»Ja, ich glaube, sie spielen *Der Widerspenstigen Zähmung*. Während achtzehn Monaten mußten wir wegen der Pest auf das Theater verzichten. Nun, da die Ansteckungsgefahr vorüber ist, möchte ich um keinen Preis eine Aufführung verpassen, und schon gar nicht ein Stück von Shakespeare. Offen gesagt, habe ich dieses Stück schon gesehen. Aber ich möchte, daß Sie es auch sehen. Und vor allem möchte ich, daß Will Sie spielen hört. Er weiß Glanzleistungen zu schätzen.«

»Ich bin neugierig auf die Schauspieler des Hofmarschalls. Schließlich leben sie auch von meinem Geld.«

Er schaut mich einen Augenblick verblüfft an, dann versteht er: Vor allem unter den Katholiken ist allgemein bekannt, daß die beschlagnahmten Besitztümer der Tregians den Careys zugesprochen wurden. Southampton findet meine Bemerkung außerordentlich amüsant und erstickt beinahe vor Lachen:

»Die wirklichen Mäzene der Truppe«, stellt er fest, »sind im Grunde also wir!«

»Weshalb, sind Sie denn auch…?«

»Nein, ich habe einzig William Shakespeare unter meine Fittiche genommen. Er ist ein großer Dichter und wahrer Gentleman. Ich bin ihm sehr zugetan. Ich beneide ihn um sein Talent und seine Spontaneität zugleich. Zudem ist er für mich ein wenig wie ein Vater und ein wenig wie ein Komplize – er ist der ideale Gefährte. Mit ihm langweilt man sich nie; er sprüht vor Witz. Er ist der König des Kalauers, in der Stadt wie auf der Bühne. Und nichts entgeht ihm.«

Er lächelt halb spöttisch, halb zärtlich.

»Jedenfalls beinahe nichts.«

Erst später sollte ich gerüchtweise erfahren, daß Shakespeare, ein verheirateter Mann mit drei Kindern, sich unsterblich in eine Musikerin des Hofes aus der Familie Bassano verliebt hat. Die junge Frau war die Geliebte des Hofmarschalls Carey gewesen – diese Careys sind wirklich überall! Nachdem er sie geschwängert hatte, hatte er sie, wie das üblich ist, mit einem anderen Musiker am Hof verheiratet, Alfonso Lanier. Sie genoß einen zweifelhaften Ruf, was die Männer nicht davon abhielt, nach ihr verrückt zu sein und sich um sie zu streiten. Und die Gerüchte besagten, Southampton habe sie Shakespeare weggeschnappt. In verschiedenen Abwandlungen hat der Dichter die Geschichte dieser Rivalität zum Thema einiger seiner Stücke gemacht.

Doch ich greife voraus, denn an jenem Tag kannte ich ihn noch nicht und wußte nichts über ihn. Mit Vergnügen und Entzücken habe ich mir seine Version der Geschichte von Xanthippe angeschaut. Ich hatte bereits Dutzende von lateinischen und griechischen Stücken gelesen und auch einige Aufführungen gesehen. Aber noch nie hatte ich ein solches Schauspiel erlebt: Auge und Ohr waren so gefordert, daß auch die anderen Sinne mobilisiert wurden. Southampton hatte von Witz gesprochen, aber Shakespeares Talent ging weit über billige Wortspiele hinaus. Er verlieh der Zunge eine neue Sprache. Beim Zuhören dachte ich ständig an Byrds Stück *The Carman's Whistle*. Aus einem simplen »Hü! mein Gaul« hatte er ein Kunstwerk gemacht. Shakespeare tat das gleiche mit unserer Umgangssprache.

Übrigens waren sich alle einig, daß er ein großer Künstler sei. Mulcaster zum Beispiel war ein bedingungsloser Anhänger und geizte nicht mit Lob.

»Er macht unserer schönen Sprache alle Ehre. Greene, Marlowe und Watson haben es auch getan, leider sind sie tot. Die Pest hat in den beiden letzten Jahren viele Talente weggerafft. Shakespeare möge lange leben!«

Ich habe ihn nach der Vorstellung kennengelernt. Er hatte die Rolle des verstoßenen Verehrers Gremio gespielt.

»Er hat eine Vorliebe für solche Rollen«, flüsterte mir Southampton zu, während ein kleines Ensemble das Vorspiel zum Stück erklingen ließ, eine Fantasie von Thomas Morley.

Als er sich seines Kostüms, seiner Perücke und der Schminke entledigt hatte, sah ich, daß William Shakespeare noch ein Mann in jungen Jahren war. Seine gewölbte Stirn wurde schon kahl, in seinen strahlenden grauen Augen blitzte der Schalk, sein Mund mit den vollen Lippen war schön gezeichnet. Die Beweglichkeit seiner Gesichtszüge war verblüffend – zweifellos war es das, was aus ihm einen überzeugenden Schauspieler machte.

Southampton bestand darauf, daß ich mich ans Virginal setze. Mein Spiel ergriff den Dichter maßlos. Erst später, als man mir den Klatsch erzählte, verstand ich den Grund seiner Ergriffenheit: Mein Musizieren erinnerte ihn an Emilia Lanier-Bassano, eine Virtuosin auf diesem Instrument.

Die Southamptons waren katholisch, und Henrys Vater hatte die üblichen Schwierigkeiten gehabt. Doch er starb, als sein Sohn noch ein Kind war. Dieser hatte das Glück gehabt, eines von Burghleys Mündeln zu werden, der ihn offenkundig nicht zur Bekehrung zwang.

Henry ging zur Messe, wohin ich ihn begleitete, aber trotz den strikten Anweisungen aus Rom besuchte er von Zeit zu Zeit die anglikanische Kirche; auch dorthin bin ich ihm gefolgt. Die Religion war die kleinste seiner Sorgen.

»Um mit dem großen, viel zu früh verstorbenen Marlowe zu reden: ›*... ich halte die Religion für ein Kinderspielzeug. Und für mich gibt es keine Sünde außer der Unwissenheit.*‹ Das hat er im *Juden von Malta* zu schreiben gewagt.«

Das Gerücht kursierte, Southampton House habe acht

Jahre lang zwei katholische Priester beherbergt. Die Gräfin hat mir von ihren freundschaftlichen Gefühlen gegenüber meiner Mutter erzählt, die sie oft besuchte. Entschlüsselt bedeuteten diese Worte wohl, daß dort viele Messen gelesen wurden. Nun stand die zweite Heirat der Gräfin von Southampton mit dem Vize-Hofmarschall der Königin bevor, dem anglikanischen Sir Thomas Heneage.

»Das war höchste Zeit«, flüsterte man in ihrer Umgebung, »die Southamptons haben es nötig, sich zu schützen, seit der junge Graf seinen Vormund verärgert hat mit der Weigerung, das Mädchen zu heiraten, das dieser ihm bestimmte.«

Es wurde auch behauptet, die Königin sei höchst unzufrieden, daß Sir Thomas eine Katholikin heirate. Aber ich muß gestehen, daß mich diese Gerüchte höchstens verwirrten und ich nicht unterscheiden konnte zwischen wahr und unwahr. Ich hatte noch nie so viel Klatsch vernommen. Nicht daß Rom davon verschont gewesen wäre. Aber im Kreise der Prälaten und ihrer Umgebung wurde Wert auf salbungsvolle Diskretion gelegt. Ganz anders in London: Da wurde man von völlig Unbekannten an ein Fenster geschleppt, wo fröhlich und ohne jede Zurückhaltung über Anwesende und Abwesende getratscht wurde.

Ich dachte lieber nicht daran, was über mich geredet wurde.

»Man wundert sich, daß Sie kein besonderes Interesse an Frauen zeigen«, sagte mir Henry – da wir im selben Alter und von gleichem Stand waren, nannten wir uns bei unseren Vornamen –, »und man fragt sich, ob Sie etwa die Männer vorziehen. Angesichts Ihres guten Aussehens und Ihrer außergewöhnlichen Augen kann man nicht begreifen, daß Sie niemanden lieben, und man möchte Sie lieben.«

Unter den Gerüchten, die mir zu Ohren gekommen waren, besagte eines, der junge Graf sei homosexuell. Da ich mit eigenen Augen gesehen habe, wie er mit einer jungen Frau verschwand, wußte ich nicht recht, was ich davon halten sollte. Allerdings hatte ich auch gesehen, daß er sich mit einem jungen Mann zurückzog. An der Art, wie er seine Frage formulierte, verstand ich, daß Henry – selbstverständlich äußerst delikat! – das Terrain abtastete. Es stimmt, daß seine Schönheit selbst mich verwirrte, und ich hatte mich nie zu Männern hingezogen gefühlt. In seinen Gesten und seinem Lächeln lag eine Offenheit und Großherzigkeit, hinter seinen gelegentlichen Listen offenbarte sich eine teilnahmsvolle Unschuld, die ihm einen fast unwiderstehlichen Charme verliehen. Sogar Shakespeare, ein unermüdlicher Schürzenjäger, war diesem Charme erlegen.

Diesem jungen Mann mit seinem Engelsgesicht und seinem unschuldigen Lächeln auf den Lippen vertraute man sich gerne an, und ich mußte mir Gewalt antun, um ihm nicht alles zu erzählen. Aber den Gerüchten und Mutmaßungen mußte Einhalt geboten werden.

»Ich liebe tatsächlich eine Frau von ganzem Herzen«, sagte ich, »und ich bitte Sie, mich nicht nach ihrem Namen zu fragen. Ihre Ehre und die meine stehen auf dem Spiel. Ebenso wäre ich Ihnen dankbar, wenn meine Familie nichts von der Sache erfährt.«

»Verlassen Sie sich darauf«, sagte er mit einer Verbeugung.

Ich bin nicht sicher, daß er mir glaubt.

»Und Sie?« frage ich, um nicht gleichgültig zu erscheinen.

»Oh, ich ... Man möchte, daß ich Lady Elisabeth Vere heirate, die Tochter des Grafen von Oxford und Enkelin von Lord Burghley. Er ist mein Vormund, und er hat es sogar zustande gebracht, mir ein Versprechen abzuringen. Aber ich... Ich weiß, daß es eine äußerst vorteilhafte Heirat wäre ... Sie ist bezaubernd. Aber wie soll ich es Ihnen sagen, Francis, ich fühle mich noch nicht reif genug, um mit einer Frau zu leben. Rund um mich heiraten alle nach den Wünschen ihrer Familie, und dann gehen Mann und Frau getrennte Wege. Das sei normal in einer Heirat, hat meine Mutter mir erklärt. Doch ich … Ich sehe zwar, daß die Liebe zu den schrecklichsten Tragödien führt, daß sie die Vernünftigsten um den Verstand bringt. Denken Sie an Shakespeare: Diese Emilia Lanier hat ihn an der Nase herumgeführt. Wenn es um sie geht, ist er ein Kind. Ich weiß das alles, ich sehe es, und trotzdem träume ich davon, eine Frau zu heiraten, die mein Herz und mein Leben erfüllt und mit der ich lange glücklich bin. Ich würde alle wollüstigen Nächte dieser Welt dafür hergeben.«

Er hat sich mir mit spontaner Wärme anvertraut, ohne Atem zu schöpfen. Er spricht aus, was wir uns alle erträumen, was wir aber kaum je haben. Ich kann verstehen, daß er Shakespeare inspiriert. Er wirkt wie ein Stimulans, wie eine Offenbarung.

*

Bei dieser Fülle von Ereignissen vergesse ich sicher einige wichtige Augenblicke. Ich habe William Byrd einen Brief zukommen lassen, um ihn über meine Anwesenheit zu informieren und einen Besuch vorzuschlagen; ich wollte mich persönlich bei ihm bedanken für die Partituren, die er mir gesandt hatte. Bin ich ihm in diesen Wochen begegnet? Ich weiß es nicht mehr.

Dagegen erinnere ich mich an Thomas Morley.

Die Gräfin von Southampton sollte an ihrer Hochzeitsfeier der Premiere eines von Herrn Shakespeare eigens für diese Gelegenheit geschriebenen Stückes beiwohnen, das im Innenhof von Southampton House aufgeführt werden sollte. Schon Tage zuvor versperrten verschiedenste Gegenstände und Bauten diesen großen, quadratischen Platz.

Regelmäßig tauchte dort Herr Shakespeare auf – einmal war er aufgeweckt und lebhaft, organisierte und erteilte Befehle, dann wieder ging er mit abwesendem Blick zögernden Schrittes auf und ab.

»Er schreibt in seinem Kopf«, sagte mir Henry, als wir ihm an einem solchen Tag über den Weg liefen, ohne daß er uns bemerkte.

Southampton House wimmelte zu jeder Zeit von Leuten. Aber in diesen Tagen vor der Hochzeit der Gräfin war das große Haus ein wahrer Jahrmarkt. Zu den zahlreichen Bediensteten des Hauses kamen jene, die man für die Feierlichkeiten angestellt hatte. Ungezählte Gäste waren geladen, zu denen auch ich gehörte. Liebenswürdigerweise hatte man mich gebeten, in Southampton House zu wohnen, um mir das ständige Hin und Her zwischen Holborn und Muswell zu ersparen.

An ein spartanisches Leben gewöhnt, hatte ich nur einen einzigen Diener und einen Pferdeknecht. Und selbst sie waren mir von Lady Anne Arundell aufgenötigt worden, die mich am liebsten gleich mit einem halben Dutzend Bediensteten umgeben hätte:

»In der vornehmen Welt müssen Sie Ihrem Rang Rechnung tragen. Sie wollen sich doch nicht selbst um Ihre Garderobe kümmern.«

»Das habe ich immer getan.«

»In Rom hält man das wohl für eine Tugend. Aber hier würde es als Zeichen des niederen Standes betrachtet.«

In der Tat machte ich mit meinen zwei Dienern keine besonders gute Figur. Die Schwester der Braut war mit einem Gefolge von etwa vierzig Leuten eingetroffen.

Henry von Southampton selbst war stets von Bediensteten umgeben: Dazu gehörten der Butler, der Garderobier, der Stallmeister, der Amtmann, der Barbier, der Falkner, der Verwalter und so weiter; all diese Leute hatten ihrerseits einen oder mehrere Diener unter sich.

In diesem turbulenten Treiben arbeitete Shakespeare völlig unbeirrt, als wäre er ganz allein.

So sah ich ihn eines Tages, als ich mein zur Galerie gelegenes Zimmer verließ, auf dem Hof mit Thomas Morley diskutieren, den ich auf den ersten Blick erkannte.

Ich eilte die Treppe hinunter und stellte mich in eine Ecke, um das Ende des Gesprächs abzuwarten.

William Shakespeare erklärte gebärdenreich, was er wollte:

»Wenn Puck erscheint, muß die Musik die Dimension einer anderen Welt eröffnen, verstehen Sie. Nicht das christliche Jenseits, wohin die Seelen der Toten gehen, sondern das Paradies unserer Lüste und Träume auf Erden. Sehen Sie, was ich meine?«

»Ich nehme an, Sie wollen eine profane Musik, die das Paradies heraufbeschwört, ohne an die Kirche zu erinnern. Das ist schon fast gotteslästerlich«

»Ach, Master Morley!«

Thomas Morleys Blick hat nichts von seinem Schalk verloren. »Gut, gut, ich sage kein Wort mehr, Master Shakespeare. Wir können nur hoffen, daß dieser Gentleman, der so lang ist wie ein Tag ohne Musik und uns so aufmerksam belauscht, uns nicht verraten wird.«

Er dreht sich zu mir und wirkt plötzlich ganz und gar nicht mehr liebenswürdig. Verwirrt trete ich vor.

»Verzeihen Sie mir bitte ... Es war keineswegs meine Absicht ...«

Shakespeare wirft mir einen mißtrauischen Blick zu, beruhigt sich aber sogleich:

»Das ist Herr Tregian, unser Virtuose!«

Wir verbeugen uns alle drei.

»Tregian? Sie erinnern mich an ... Nein ... Doch ... Nein, das kann nicht sein.«

»Doch. Francis und Adrian. Schüler der Schneiderzunft. Ich bin Francis.«

Und da er mich stumm anstarrt, füge ich hinzu:

»Wir haben uns vor zehn Jahren zum letztenmal gesehen. Sie haben sich nicht verändert.«

Das ist wahr und falsch zugleich, denn sein Gesicht ist viel blasser geworden.

»Mein ›polyphoner Hase‹!« ruft er schließlich aus. »Donnerwetter!«

Shakespeare ist beschäftigt. Er überläßt uns den Freuden des Wiedersehens.

»Ist soweit alles klar, Master Morley?«

»Das Paradies auf Erden. Pom pom pom, pom pom. Überlassen Sie das mir, und bringen Sie mir erst die Verse, zu denen ich die Musik schreiben soll.«

»Morgen. Meine Herren ...«

Nach einer Verbeugung entfernt er sich mit eiligen Schritten.

»Habe ich richtig gehört, als ich vorher das Wort ›Virtuose‹ vernahm?«

»Herr Shakespeare hat mir die Ehre erwiesen ...«

»Spielen Sie immer noch Orgel?«

»Ja.«

»Und Laute?«

»Schlecht. Dafür spiele ich Virginal.«

»Ausgezeichnet! Kommen Sie, da steht eines. Sie können mir helfen.«

Wir setzen uns ans Instrument, und ich greife in die Tasten. Eine gewisse Beklemmung überkommt mich. Ich mag vielleicht ein Virtuose sein, aber er ist ein Meister. Und es beruhigt mich, als er, statt in Ohnmacht zu fallen, mich unterbricht:

»Sie haben miserable Gewohnheiten. Spielen Sie das nochmals mit der Linken.«

Statt Morley zu helfen, komme ich in den Genuß einer ausgiebigen Lektion.

»Nicht schlecht«, räumt er schließlich ein. »Sie haben

eine gute Grundlage. Noch nicht vollkommen, aber Sie erweisen dem Instrument Ehre. Wir machen weiter, sobald ich mit diesem *Sommernachtstraum* fertig bin.«

»Sind Sie immer noch Professor?«

»Nein, seit zwei Jahren bin ich Angehöriger der Hofkapelle. Das beansprucht zwar viel Zeit, ist aber ein guter Ersatz für den Unterricht. Außerdem bin ich Verleger, wissen Sie. Gegenwärtig verfasse ich eine Abhandlung über die Musik, eine einfache, leicht verständliche Einführung, bei der ich an Jungen denke, wie Sie einer waren. Doch genug davon. Hier habe ich das erste der Gedichte, zu denen ich Musik schreiben soll. Wie könnte man das umsetzen: Pam! pa-pa-pa-pam! Pom pom pom, pom pom.«

Er scheint zu erwarten, daß ich die Melodie ausführe. Ich versuche es; er hört mir zu, den Kopf zur Seite geneigt.

»Nein«, sagt er nach einer Weile. »Sie sind sehr fingerfertig, das muß ich zugeben. Aber Sie haben nicht das Temperament eines Komponisten. Ihr Vorschlag ist zu ... er ist gleichzeitig zu gekünstelt und zu armselig.«

Er spielt seine Melodie im Stehen. Ich höre den Unterschied sofort. Die Begleitung ist bloß angetönt, aber die Melodielinie erklingt mit einem Reichtum und einer Reinheit, die ich ihr nicht zu geben vermochte.

»Die Ouvertüre und die Zwischenspiele sind kein Problem. Das Schwierigste sind die Lieder. Shakespeare schreibt sie immer erst im allerletzten Augenblick; es ist ein Wunder, daß ich schon eines habe. Fangen wir an.«

Er singt mit etwas rauher Stimme:

Over hill, over dale,
Over park, over pale
Through flood, through fire
I do wander every where,

Swifter than the moon's sphere
And I serve the fairy queen,
To dew her orbs upon the green.
The cowslips tall her pensioners be:
In their gold coats spots you see;
Those be rubies, fairy favours,
In those freckles live their savours.

Über Täler und Höhn,
Durch Dornen und Steine,
Über Gräben und Zäune,
Durch Flammen und Seen,
Wandle und schlüpf ich überall
Schneller als des Mondes Bahn.
Ich dien der Elfenkönigin
Und tau ihr Ring' aufs Grüne hin.
Die Primeln sind ihr Hofgeleit;
Ihr seht die Fleck' am goldnen Kleid,
Das sind Rubinen, Feengaben,
Wodurch sie süß mit Düften laben.

Er begleitet seinen Gesang mit einem Kanon, einstimmig zuerst, dann zwei- und schließlich vierstimmig. Es klingt überwältigend schön. Er hält inne, nimmt einen Stift und ein Blatt hervor und macht sich Notizen.

»Ich gehe jetzt«, sagt er nach einer Weile, »wenn Sie wollen, können Sie mich begleiten. Kennen Sie Giles Farnaby?«

»Giles Farnaby?« Seit Jahren habe ich nicht mehr an ihn gedacht. »Aber sicher! Er kam oft nach Clerkenwell.«

»Er will nach mir schauen, oder vielmehr nach meinem Virginal, dem seit einigen Tagen etwas fehlt und das eine Verjüngungskur benötigt. Es wird leichter sein, es wieder in Form zu bringen als seinen Meister, ha ha! Kommen Sie doch mit.«

Giles Farnaby ist ein kräftiger Mann geworden, breitschultrig, mit struppigem Haar und tiefer Stimme. Sein Lächeln hat sich nicht verändert. Es ist, als wären wir nie voneinander getrennt gewesen. Unser Gespräch setzte an jener Stelle ein, wo wir es abgebrochen hatten.

»Master Francis! Der Mann, dem ich mein Glück verdanke«, rief er ohne das geringste Zögern, als er mich hereinkommen sah. »Ohne ihn wäre ich nie auf die Idee gekommen, Tasteninstrumente zu bauen.«

»Ich bin sicher, daß Sie darauf gekommen wären, Master Giles.«

»Vielleicht. Aber Sie gestatten mir doch, in Ihnen meine gute Fee zu sehen.«

Er öffnet den Deckel des Virginals.

»Master Morley, ich bin jedesmal überrascht, daß ein großer Musiker wie Sie die Kiele seines Instruments derart mißhandeln kann. Sie müssen mit Sorgfalt zugeschnitten werden!«

»Ach, Master Giles, Sie wissen doch, daß ich für derlei Dinge keine Geduld habe. Ich lasse sie von meinem Diener zuschneiden.«

»Und der macht es mit der Hippe ...« Giles Kopf verschwindet im Instrument; mit einem Stilett holt er einen Springer nach dem andern hervor, um die Federn instandzustellen.

Während er sie erneut zuschneidet, unterhalten wir uns.

Wir erzählen uns gegenseitig unser Leben. Er hat geheiratet und ist Vater zweier Kinder. Seine Tochter heißt Philadelphie, und kürzlich ist ein Junge namens Richard dazugekommen. Wie jeder Tischler, der etwas auf sich hält, macht er auch Tische und Stühle, aber mit den Gedanken ist er ganz woanders.

»Wissen Sie, daß ich ein Musikdiplom habe? Ich schreibe Psalmen und singe sie. Und ich stelle Instrumente her. Ich gehöre zur Gilde der Virginalbauer. Ich baue Cembali,

Spinette und Muselaare, die ich unter den Virginalen bevorzuge.«

Thomas Morley und Giles Farnaby interessieren sich für die italienische Musik. Ich erzähle ihnen von Palestrina, von Orlando di Lasso, von Luca Marenzio und Monteverde. Sie kennen sie alle außer Monteverde.

»Dabei versichere ich Ihnen, daß er der Größte ist.«

»Da, mein Herr, ich habe den letzten Springer in Ordnung gebracht. Hätten Sie die Güte, uns ein Stück dieses Monteverde hören zu lassen?«

Ich setze mich und versuche mit den Fingern, die fehlenden Stimmen zu ersetzen. Ich spiele und singe. Es ist ein Gedicht von Tasso, das mich zu Tränen rührt:

Non si levava ancor l'alba novella,
Nè spiegavan le piume
Gl'augelli al novo lume,
Ma fiammeggiava l'amorosa stella;
Quand'i due vaghi
E leggiadri amanti,
Ch'una felice notte aggiunse insieme
Com'acanto si volge in vari giri,
Divise il nuovo raggio:
E i dolci pianti
Nell'accoglienz'estreme
Mescolavan con baci e con sospiri.

Die Morgendämmerung war noch nicht zu sehen,
Und die Vögel hatten ihre Federn
Noch nicht im neuen Licht gespreizt,
Aber der Stern der Liebe glänzte,
Als die beiden Liebenden,
Graziös und anmutig
Ineinander verschlungen in der glücklichen Nacht
Wie die Ranken des Akanthus

Vom neuen Tag getrennt wurden:
In ihren letzten Umarmungen
vermischten sich die sanften Seufzer
mit Tränen und mit Küssen.

Sie bitten um ein weiteres Stück und noch um eines. Sie sind voller Bewunderung und schreiben die Noten auf.

Morley ist ein bedingungsloser Anhänger von Alfonso Ferrabosco dem Älteren, dem er die Erfindung des Madrigals zuschreibt.

»Die Musik darf keinesfalls aufdringlich sein, sehen Sie. Wenn Sie singen, brauchen Sie nicht jedes Wort mit einem Ton zu illustrieren. Mit den Noten können Sie etwas anderes ausdrücken als mit der Stimme. Genau das tun Komponisten wie Master Byrd oder Master Alfonso, an deren Größe man sich erinnern wird, solange es Musik gibt. Die Variationen von Byrd und Ferrabosco sind etwas vom Schönsten auf der Welt, und wir dürfen uns glücklich schätzen, daß wir Byrds Schüler waren.«

Nun nimmt auch Giles Farnaby am Instrument Platz. Thomas Morley greift zur Laute, und wir spielen uns gegenseitig Stücke, Canzonetten, Tänze und Madrigale vor. Obwohl die Nacht anbricht, haben wir keine Lust auseinanderzugehen.

Morleys Laufbursche holt meinen Diener Jack, der in der nahe gelegenen Herberge zum Bären wartet, und wir beauftragen ihn, die Southamptons und die Farnabys zu benachrichtigen.

Als wir uns trennen, dämmert bereits der Morgen. Wir haben die ganze Nacht hindurch gesungen und gespielt. Ich schrieb mir Stücke auf, die meine beiden Freunde oder Leute aus ihrem Umkreis – Bull, Dowland, Ferrabosco und andere – komponiert haben. Die Taschen voller Noten, breche ich auf.

Als ich bei Sonnenaufgang mit meinem übernächtigten

Diener im Schlepptau frisch und munter den Hof von Southampton House betrete, begegne ich Henry.

»Ah, ich wußte doch, daß Sie irgendwann dem Charme einer Engländerin verfallen würden!« sagt er lachend. »Oder ist es ein Engländer?« fügt er halblaut mit einem Augenzwinkern hinzu.

»Zwei Engländerinnen namens Euterpe und Terpsichore.«

Ohne seine Reaktion abzuwarten, steige ich die zwei Stockwerke hoch, gefolgt von meinem Diener.

»Sind Sie zufrieden, mein Herr?«

»Sehr. Weshalb?«

»Weil Sie aussehen wie einer, der soeben ein Goldstück gewonnen hat.«

*

Es mag sonderbar erscheinen, daß ich nach all den in Frankreich verbrachten Jahren die *Essais* des Herrn von Montaigne in London entdeckt habe, und dennoch …

Wäre mein Leben im gewohnten Rhythmus verlaufen, hätte ich sie schon viel früher gelesen. Doch seit meiner Ankunft in London war ich in einen Strudel von Begegnungen, Ereignissen und Zerstreuungen geraten, der mich die Lektüre vernachlässigen ließ.

Eines Morgens saß ich allein in einem der Salons und sagte mir, ich müsse wohl bald an meine Rückkehr nach Rom denken, als ich von John Florio angesprochen wurde. John Florio war einst Henrys Hauslehrer gewesen. Er war italienischer Herkunft und sprach französisch, italienisch und englisch ohne den Hauch eines Akzentes. Den jungen Grafen unterrichtete er nicht mehr, aber er gehörte nach wie vor zu seiner Clique. Er war älter als wir, was ihm aber kaum anzusehen war, denn er war außerordentlich lebhaft.

Mit leiser Betrübung dachte ich an meine Trennung von Françoise. Ich hätte sie niemals hintergangen, doch auch wenn ich kaum davon spreche, muß ich gestehen, daß mir überall Schönheiten begegneten, die einem den Kopf verdrehen konnten und die mir häufig verliebte Augen machten. Mehr als einmal mußte ich mich zur Vernunft rufen.

Florio, der mir in einem Sessel gegenübersaß, riß mich aus diesen Gedanken. Auch er war in Betrachtungen versunken. Eine Zeitlang schenkten wir uns kaum Beachtung. Doch plötzlich sagte er halblaut:

»Wie gerne wäre ich in Bordeaux!«

Man stelle sich vor, wie verblüfft ich war.

Ausgerechnet Bordeaux, wo meine Gedanken gerade weilten.

»Weshalb denn?«

»Weil es die Stadt des Herrn von Montaigne ist. Ich möchte die Orte sehen, an denen er gelebt hat. Haben Sie sein bewundernswertes Werk gelesen?«

»Zu meiner Schande muß ich verneinen. Dabei habe ich es in meinem Gepäck. Ich habe diese drei ganz neuen Bände erhalten, als ich Frankreich verließ.«

»Und wann haben Sie Frankreich verlassen?«

»Vor zwei oder drei Wochen.«

Er richtet sich in seinem Fauteuil auf.

»Mit einem *ganz neuen* Exemplar?«

»Ja.«

»In welchem Jahr wurde es herausgegeben?«

»Nun ... In diesem, glaube ich. Wollen Sie es sehen?«

»Wenn ich das dürfte ... Ich wäre entzückt ...«

Ich wende mich an meinen Diener Jack, der mir stets wie mein Schatten folgt.

»Die Frau Baronin hat mir befohlen, bei Ihnen zu bleiben, selbst wenn Sie mich prügeln«, gab er zur Antwort, nachdem ich ihn einige Male angeherrscht hatte. »Sie hat mir sogar eine halbe Krone als Schmerzensgeld bezahlt.

Darum lasse ich Sie nicht aus den Augen, werter Herr, was immer Sie auch tun mögen.«

Ich wollte meiner Großmutter um keinen Preis Kummer bereiten, also ließ ich ihn gewähren. Wenn ich, was selten genug vorkommt, nach Jack rufe, stürzt er mit breitem Lächeln herbei.

»Mein Herr?«

»In meinem Gepäck befinden sich drei Bücher mit der Aufschrift … Kannst du lesen?«

»Ich bitte Sie, mein Herr …!«

»Drei Bücher, auf deren Rücken *Essais* steht. Hole sie mir.«

Als er sie bringt, nimmt Florio sie eifrig entgegen und durchblättert sie mit gierigem Blick.

»Essais von Messire Michel, Seigneur de Montaigne! In Paris bei Abel Langelier, offizieller Drucker des Königs! Um ein drittes Buch und sechshundert Zusätze erweiterte Ausgabe! Fünfzehnhundertachtundachtzig!«

Bei jedem Ausruf nimmt seine Stimme an Lautstärke zu.

»Ah, mein verehrter, teurer Chevalier Tregian! Erlauben Sie mir, daß ich Ihr Exemplar mit dem meinen vergleiche. Meines ist um einiges älter, und ich habe vernommen, Herr von Montaigne habe seither zahlreiche Korrekturen vorgenommen.«

Er wendet die Seiten so behutsam, als hielte er ein unersetzliches Kunstwerk in der Hand:

»Dieses ist ein aufrichtiges Buch, Leser. Es weist dich von Anfang an darauf hin, daß ich mir darin kein anderes als ein häusliches und privates Ziel gesetzt habe … Ich will, daß man mich darin in meiner einfachen, natürlichen und alltäglichen Art erkennt, ganz zwanglos und ungekünstelt; denn mich selbst will ich beschreiben. Meine Fehler liegen darin offen zutage … denn hätte ich zu jenen Völkerschaften gehört, von denen man berichtet, daß sie noch in der süßen Freiheit der ursprünglichen Naturgesetze leben, so versichere ich dir, daß ich

mich sehr gern vollständig und hüllenlos gezeichnet hätte. Wie schön das ist, nicht wahr?«

Ich hatte das Buch noch nie aufgeschlagen, aber diese wenigen Sätze berühren mich. Nur ungern überlasse ich ihm die Bände. In den darauffolgenden Tagen denke ich oft daran. Und schließlich schicke ich Jack zu Florio, den ich nicht wiedergesehen habe, damit er mir sie zurückbringt.

Ich habe an einem Morgen im Mai mit der Lektüre der *Essais* begonnen, im sechsunddreißigsten Jahr von Elisabeth, einige Tage nach der Heirat der Gräfin von Southampton und der zauberhaften Aufführung des *Sommernachtstraums,* dank der ich diese Tage in bleibender Erinnerung behalte. Ich habe nie aufgehört, sie zu lesen. Heute kenne ich ganze Kapitel auswendig. Andere lesen die Bibel. Bei mir sind es die *Essais* des Herrn von Montaigne. Sie sprechen direkt zu meinem Herzen. Das hat kein anderes Buch je getan, vielleicht mit Ausnahme eines Stückes von Shakespeare, das er einige Jahre später schreiben sollte. Ich bin auch beeindruckt von der Ähnlichkeit zwischen Montaigne und Mulcaster. Diese beiden Männer haben nie voneinander gehört, aber sie haben dieselben Ansichten über Erziehung, Sprache und Religion. Der eine ist Franzose, der andere Engländer, der eine ist katholisch, der andere protestantisch, aber sie reden in einer Zunge.

Ich habe Mulcaster Passagen vorgelesen, die mir besonders auffielen:

»Wir bemühen uns nur darum, unser Gedächtnis zu füllen, lassen aber den Verstand und das Gewissen leer … Wenn unser Verstand nicht gesünder wird, wäre es mir ebenso lieb, wenn mein Schüler die Zeit mit Ballspielen verbracht hätte; wenigstens sein Leib wäre davon munterer. Seht ihn euch fünfzehn oder zwanzig Jahre später wieder an: Niemand ist weniger zu etwas tauglich. Alles, was man bei ihm findet, ist dieses, daß ihn sein Griechisch und Lateinisch viel stolzer und einge-

bildeter gemacht haben als bei seinem Weggang von zu Hause. Seine Seele sollte von diesen Sprachen erfüllt sein und ist bloß aufgebläht; sie ist aufgebläht, aber nicht größer geworden.«

Mit einem Lächeln auf den Lippen hört Meister Mulcaster händereibend zu.

»Fabelhaft. Ich hoffe, daß es ein Erfolg ist.«

»Ich denke schon. Es ist bereits die dritte oder vierte Auflage.«

»Und Herr von Montaigne …?«

»Er ist vor zwei oder drei Jahren gestorben.«

»Das Gute an einem Pädagogen ist, daß er nie wirklich stirbt, wenn er vorbildliche Arbeit geleistet hat. Ein guter Lehrer lebt stets im Gedächtnis seiner Schüler weiter.«

»Solange ich lebe, mein Herr, können Sie auf mich zählen.«

»Auf Sie und alle anderen. Ihr seid die Gewähr meiner Unsterblichkeit.«

XVII

As I went to Walsingham,
To the Shrine with speede
Met with a jolly palmer
In a pilgrime's weede.
Now God save you jolly palmer!
Welcome lady gay,
Oft have I sued to thee for love,
Oft have I said you nay.

»Walsingham«
Volkstümliche Ballade

Als ich ging nach Walsingham,
Eilenden Schrittes zum Schrein,
Traf ich einen fröhlichen Büßer
In einem Pilgerkleid.
Gott segne dich, fröhlicher Büßer!
Willkommen, frohe Dame,
Oft hab ich zu dir um Liebe gefleht,
Oft hab ich dir nein gesagt.

Von Zeit zu Zeit suchte ich die Fleet auf. Das war eine andere Welt. Hier war nur vom katholischen Glauben die Rede und vom spanischen König, der ihm wieder zum Sieg verhelfen würde.

Nun verstand ich, weshalb Kardinal Allen felsenfest glauben konnte, zwei Drittel der Engländer seien verkappte Katholiken: Es gab erstaunlich viele »Papisten« in der nächsten Umgebung der Königin, was in keinem Verhältnis stand zur Zahl der Katholiken in der Bevölkerung. Zwei Drittel waren es nicht, aber meine Mutter hatte recht mit ihrer Behauptung, am englischen Königshof würden ebenso viele Messen gelesen wie in irgendeinem anderen Land.

Natürlich muß gesagt sein, daß die Katholiken nirgendwo so in Sicherheit waren wie am Hof. Davon konnte ich mich mit eigenen Augen überzeugen. Da ich mit dem Grafen von Southampton verbunden war, war ich ebenso unantastbar wie er. Und ich sah, was zu tun war, um in Ruhe gelassen zu werden: Man mußte sich von der Politik fernhalten. Solange man seinen Glauben für sich behielt und nicht die Forderung nach einem katholischen König auf dem Thron erhob, blieb man unbehelligt. Und nur weil mein Vater das nicht begriff, befand er sich in seiner ausweglosen Situation.

In den Gärten der Fleet wurde Boule gespielt. Hier trafen sich die Katholiken, um während des Spiels miteinander zu diskutieren. Man erzählte mir bis zum Überdruß von den Grausamkeiten, die die »Ketzer« an den Katholiken verübten. Das eine entschuldigt nicht das andere, aber auch die Inquisition folterte die Ketzer, allen voran die Protestanten, und verbrannte sie lebendigen Leibes.

All das wirbelte durch den Kopf des Zwanzigjährigen, aber ich hielt mich still. Ich saß zwischen Stuhl und Bank. Im Grunde genommen war ich der Ansicht von Marlowe und Southampton: Es gibt keine Sünde außer der Unwissenheit.

Mein Vater war sehr besorgt, denn gerade zum Zeitpunkt meiner geplanten Abreise war der Abbé Cornelius verhaftet worden. Er wurde jedesmal bleich, wenn Phillips ihm eine Nachricht überbrachte.

Erneut begegnete ich Benjamin Tichborne, der meine Schwester Margaret heiraten sollte. Man sagte mir, er sei ein guter Kerl, und führte ins Feld, daß sein Vetter meine

Schwester Mary geheiratet habe – aber wußte ich denn, ob Mary glücklich war? Irgend etwas an diesem Tichborne störte mich ganz entschieden. Außerdem war da noch Charles de Troisville: Vielleicht liebte er meine Schwester noch immer, ich mußte ihn warnen.

Margaret selbst habe ich zu meinem großen Bedauern nie gesehen; sie hielt sich bei Mary auf.

Phillips kam und ging mit gewohnter Geschäftigkeit: Die Fleet, in der etwa dreißig katholische Familien wohnten, war ein Ort, wo man oft ausgerechnet Jesuiten antraf, die von einer Unterredung mit meinem Vater kamen.

Mir gegenüber waren sie alle etwas mißtrauisch; in meiner Anwesenheit sprachen sie nicht über ihre Angelegenheiten, sondern begnügten sich mit allgemein gehaltenen Erklärungen. Das erleichterte mich und bewies mir zugleich das Absurde der Lage: Selbst unter sich waren die Katholiken in zwei Lager gespalten, in das jesuitische, zu dem mein Vater gehörte, und in das der sogenannten weltlichen, nichtjesuitischen Priester, die weniger überheblich und unauffälliger waren. Unter ihnen wie unter den katholischen Laien ließen sich Stimmen vernehmen, die verlangten, Rom möge sich etwas nachgiebiger zeigen. Sie hätten sich gern als treue Untertanen der englischen Krone erwiesen, ohne deshalb ihren Glauben zu verleugnen. Mehr wurde von ihnen auch gar nicht verlangt. Southampton war das lebende Beispiel dafür. Doch unter dem Einfluß Spaniens und der Jesuiten gab Rom nicht nach. Elisabeth war eine Usurpatorin, der man keinen Gehorsam schuldete. Als Antwort darauf verhärtete London seine Haltung.

»Mein Sohn«, erklärte Vater feierlich, »bald sind Sie volljährig. Gerne würde ich Ihnen die Nutznießung aller Güter unserer Familie überlassen, die beträchtlich sind, aber die Umstände haben es anders gewollt. Gott hat von uns ein großes Opfer verlangt. Um Sein Haus nicht zu entweihen, mußten wir auf unsere irdischen Güter verzichten. Unsere Feinde bereichern sich skrupellos an unseren Einkünften. Seien Sie stolz auf Ihre Armut im Namen der guten Sache, und vergessen Sie nie, daß Sie ein Tregian sind, ein Katholik, ein Soldat Christi. Kommen Sie zu mir, damit ich Sie segne.«

Ich kniete nieder. Er legte die Hand auf meinen Kopf und rief den Herrn an.

»Amen«, schloß ich. Meine Kehle war zugeschnürt.

»Ich möchte, daß Sie nach Spanien gehen, mein Sohn, um Ihrer Katholischen Majestät, die wir alle verehren, eine Nachricht zu überbringen. Sie wird Ihnen ihre Dankbarkeit bezeugen.«

»Mein Vater, ich bin untröstlich. Aber ich habe mich schon sehr verspätet, und ich habe Kardinal Allen versprochen, so schnell wie möglich zurückzukehren. Zu zweit oder zu dritt stecken wir mitten in der Überarbeitung der Bibel von Douai, und der Kardinal hat darauf bestanden, daß ich bald zurückkomme. Zudem läßt seine Gesundheit zu wünschen übrig, weshalb er auf jeden seiner Leute angewiesen ist.«

Es gelang mir schließlich, ihn zu überzeugen, und er fand einen anderen, um nach Spanien zu gehen.

Während meines Aufenthalts habe ich Giuliano, der seine Rolle als Verwalter ernst nahm und sich um meine Geschäfte kümmerte, kaum je gesehen. Doch wie ich von Jack wußte, war er seit einigen Tagen in Muswell, wohin ich mich nach diesem letzten Besuch begab. Im Laufschritt erklomm ich den Hügel von Crouch Hill – einmal mehr regnete es; ich glaube, die Sonne hat in diesem Jahr keinen einzigen Tag geschienen – und dachte an das, was mir Vater soeben gesagt hatte:

»Eines Tages werden Sie der Erbe aller Ländereien sein. Wenn Sie Ihre Seele dafür in die Waagschale werfen müssen, ist es besser, Sie verlieren alles. Aber es ist Ihre Pflicht, für sich, Ihre Schwestern, Ihren Bruder und Ihre Nachkommen nichts unversucht zu lassen. Versprechen Sie mir und Ihren Ahnen, daß Sie zu gegebener Zeit alles tun werden, um wieder Herrscher über Wolvedon, das Land Ihrer Vorväter, zu werden.«

Für einen Sekundenbruchteil schien mir, ich sähe Jane Wolvedons Augen.

»Ich verspreche es Ihnen, Vater.«

In Muswell sagte meine Großmutter mit energischer Stimme:

»Es kommt nicht in Frage, daß Sie allein zurückreisen! Jack und der Pferdeknecht Joseph werden Sie begleiten.«

»Madam, das ist unmöglich. In Rom lebe ich bloß von milden Gaben.«

»Ich verlange nicht, daß Sie sie entlohnen, das ist meine Sache.«

»Aber von etwas müssen sie leben, und ich weiß nicht ...«

»Seien Sie nicht so stur wie Ihr Vater. Ich bin nicht wie Ihre Mutter. Ich bin nicht gewillt, mich jeder Laune der Tregians zu beugen. Ich habe gesagt, daß ich Sie nicht wie einen Vagabunden abreisen lasse, und dabei bleibt es.«

»Madam, wenn es wirklich sein muß, werde ich Jack mitnehmen, aber einen Pferdeknecht will ich nicht. In Rom habe ich nicht einmal ein Pferd, das mir gehört.«

»Für einen Enkel der Barone von Arundell und der Grafen von Derby ist das kein Grund, stolz zu sein.«

Schließlich gaben wir beide nach: Sie behielt den Pferdeknecht, und ich nahm Jack. Er ließ sich nicht bitten. Es war selbstverständlich, daß er sich auch um mein Pferd kümmern würde. Und es war selbstverständlich, daß er mir mit Leib und Seele angehören und mich wie einen König bedienen würde. Ich hätte ihn auf der Stelle Herrn Shakespeare überlassen sollen, denn er war ein begnadeter Clown. Aber er versöhnte mich mit der Vorstellung, einen eigenen Diener zu haben. Lady Anne hatte nicht zufällig gerade ihn ausgewählt. Dieser Bauernbursche aus Muswell war zugleich lustig, aufgeweckt und zuverlässig.

Wir hatten London noch nicht verlassen, als Giuliano und ich ihn beiseite nahmen.

»Jack, du gehörst nun Herrn Tregian.«

»Gewiß, mein Herr.«

»Mein Glück ist auch das deine.«

»Ge... gewiß, mein Herr.«

»Und du bist nur ihm verpflichtet und schuldest niemandem Rechenschaft.«

»Aber selbstverständlich, mein Herr.« Er war beunruhigt.

»Wie kann ich wissen, daß du kein Spitzel bist?«

»Ich? Ein Spitzel? Und in wessen Diensten?«

»Oh, da gibt es tausend Möglichkeiten. Lord Burghley, Sir Topcliffe, Pater Parsons und so weiter.«

Er lachte nervös.

»Mein Herr, ich kenne diese Leute nicht, und ich schwöre Ihnen bei meiner Seele, daß es für mich von heute an nur noch Sie gibt. Nur Ihnen bin ich Rechenschaft schuldig, und wer immer mich über Ihre Angelegenheiten ausfragen sollte – ich weiß von nichts. Ich kann den Toren spielen wie kein anderer.«

Schweren Herzens verlasse ich London. Ich habe mich nicht von der Königin verabschieden können. Lord Burghley war leidend und ließ mich insgeheim von seinem Sohn Robert empfangen, einem liebenswürdigen Mann – klein, bucklig und mit klugen Augen.

»Herr Tregian, Ihre Majestät steht Ihnen wohlwollend gegenüber.«

»Danke, Eure Exzellenz.«

»Sie leben in einem bedrohlich unsicheren Gleichgewicht.«

»Ja, Eure Exzellenz.«

»Darf ich Ihnen meine Unterstützung anbieten?«

»Ihr Wohlwollen wäre mir lieber, Eure Exzellenz. Sonst hätte ich den Eindruck, Sie wollten mich kaufen.«

Er lacht.

»Seien Sie meines Wohlwollens versichert, Herr Tregian. Kommen Sie wieder, wann immer Sie wollen. Ich werde Sie nicht vergessen.«

Ich riß mich von Southampton House und seiner fröhlichen Gesellschaft los – und von Thomas Morley und Giles Farnaby, mit denen ich viele Abende und ganze Nächte lang musizierte. Was wird diese anregenden Zeiten ersetzen?

Thomas Morley, ein großer Anhänger alles Geschriebenen, hat mir empfohlen, ein *Common Book* anzulegen, ein persönliches Partiturenregister.

»Es könnte leicht geschehen, daß Sie den Wust von Papieren und Heftchen, die Sie mit sich herumschleppen, verlieren.«

Ich befolgte seinen Rat. Ich beschaffte mir das Register und begann sogleich mit Eintragungen. Ich kopiere nur Stücke, die ich auf der Orgel oder auf dem Virginal ohne Begleitung spielen kann. Übrigens haben Morley und Farnaby meine Ohren mit so vielen Melodien gefüllt, daß ich sie unmöglich alle behalten könnte, würde ich sie nicht aufschreiben.

Ich habe meine Sammlung mit Bulls wundervollen Variationen über das Thema von Walsingham eingeweiht, eine Ballade, die wir als Kinder sangen:

As ye came from the Holy Land of Walsingham
Met you not with my true love by the way as you came?
How should I know your true love that have met many a one.
As I came from the Holy Land, that have come, that have gone.

Als du kamst aus dem Heiligen Land von Walsingham
Bist du da nicht unterwegs meiner Liebsten begegnet?

Wie sollte ich deine Liebste kennen, ich bin so vielen begegnet
Auf dem Rückweg vom Heiligen Land, die kamen und gingen.

*

Am ersten Abend quartiert sich unser Grüpplein in Salisbury in der Herberge zur Sirene ein. Jack und Kees, Giulianos Diener, essen und trinken in einer Ecke der Gaststube. Wir sitzen allein in einem Raum vor einer dieser Mahlzeiten, wie sie nur in England aufgetischt werden. Fleisch in Hülle und Fülle mit allerlei Saucen, dazu vergorenes Ale, Pfannkuchen und gekochte Äpfel. Jeder Italiener würde sich mit Schaudern abwenden.

Gedankenverloren stochere ich in meinem Napf herum.

»Sie sollten essen, statt finstere Gedanken zu wälzen.«

Mit fünfunddreißig Jahren hat Giuliano immer noch seinen schwarzen Lockenkopf, nur gerade in seinem kurzgeschnittenen Bart sind ein paar Silberhaare auszumachen. Er hat seine Lebhaftigkeit und seine gute Laune behalten. Um seine Augen haben sich einige Fältchen eingegraben, und das verstärkt noch das Gefühl, das er mir schon immer gegeben hat: daß mir in seiner Anwesenheit nichts zustoßen kann und daß er für jedes Problem eine Lösung weiß. Seit meiner Jugend bin ich es gewohnt, ihn bei jeder Gelegenheit um Rat zu fragen, so daß er mir zum Bruder, Vater und Kumpanen zugleich geworden ist. Der strengen Etikette zufolge war er mein Diener, genau wie Jane, meine frühere Amme. Ich habe mich nie daran gewöhnen können. Sie sind beide die Kinder vornehmer Herren, und das merkt man ihnen an.

»Sie wollen also wirklich fasten?«

Giulianos Stimme bringt mich wieder in die Wirklichkeit zurück.

»Nein, nein. Ich fragte mich nur, was ich ohne Sie täte.«

»Sie würden leben. Höchstens etwas weniger komfortabel. Ich habe mich übrigens erkundigt: Ihr Herr Vater ist nicht so mittellos, wie behauptet wird.«

»Mein Vater? Wie denn?«

»Zunächst einmal bedeutet das *Praemunire* die Beschlagnahme von zwei Dritteln Ihres Besitzes und nicht des ganzen.«

»Aber …«

»Alles, was Ihre Familie in Cornwall besaß, wurde beschlagnahmt.« Er legt eine äußerst wirkungsvolle Redepause ein. »Die Tregians haben jedoch auch Besitztümer in Devon und in Dorset.«

»Ach ja? Ein Drittel?«

»Nicht ganz, nach meinen Erkundigungen ist es eher ein Viertel oder ein Fünftel. Man könnte ein Verfahren gegen George Carey anstreben, damit er zurückgibt, was er zuviel genommen hat. Angesichts der unbeugsamen ultramontanen Haltung Ihres Vaters wäre das allerdings wohl bloße Zeitvergeudung. Für einen armen Kerl wie mich ist es eigenartig zu sehen, wie wenig sich Ihr Vater um seine Geschäfte gekümmert hat. Ihre Großmutter Catherine hat wie eine Löwin bis zu ihrem letzten Atemzug um ihre Rente von sechzig Pfund gekämpft. Ihr Vater läßt sich ohne Wimpernzucken Jahr für Jahr Hunderte von Pfunden rauben.«

»Er hat keinen Geschäftssinn.«

»Das ist sehr milde gesprochen. Denken Sie daran, daß Ihr Großvater John das Familienvermögen verdoppelt hat und es ihm gelungen ist, mit Heinrich VIII., seinem Sohn Eduard dem Puritaner, der Katholikin Maria und schließlich während beinahe zwanzig Jahren mit Elisabeth in Frieden zu leben. Er war wohl nicht nur ein begnadeter Geschäftsmann, sondern ein ebensolcher Diplomat.

Kaum ist er gestorben und von seinem Sohn ersetzt worden, ist es zur Katastrophe gekommen.«

Wir schauen uns an, seufzen und zucken gleichzeitig die Schultern. Ich bin dazu verdammt, die Suppe auszulöffeln, die man mir eingebrockt hat.

Zwei Tage darauf überreicht mir der Notar feierlich die Eigentumsurkunde für den Besitz, den Thomas mir hinterlassen hat. Sie ist so formuliert, daß es so gut wie unmöglich ist, mich zu enteignen. Das Gut heißt Tregellas nach dem Namen von Thomas.

Wir verbringen eine Nacht voller wehmütiger Erinnerungen im Haus, das zwei Mägde und die Pächtersfamilie instandhalten, als würde ich am nächsten Tag einziehen. Sie nennen mich Master Francis, wie wenn sie mich seit langem kennen würden, und für sie bin ich »Herr Tregellas der Jüngere«. Die Betten sind bezogen, die Zimmer gelüftet und tadellos sauber. Die Versuchung, hier zu bleiben, ist fast übermächtig.

Dennoch verlassen wir England in der nächsten Morgendämmerung bei Flut.

Noch nie habe ich es so bedauert, weggehen zu müssen. Während einiger Wochen habe ich in einer mir vertrauten Welt gelebt, wo ich mich an meinem Platz fühlte und nie den Eindruck hatte, auf Besuch zu sein – zum erstenmal seit unendlich langer Zeit.

*

Als ich beim Kardinal eintrete, fällt mir sogleich seine leichenblasse Miene auf.

Bei ihm sind Nicholas Fitzherbert, Roger Bayns, William Warmington, Nicholas Bawden … Wir vertiefen uns in eine dieser Debatten, die der Kardinal besonders schätzt.

Ich achte kaum auf seine Worte. Ich sehe nur seine tief eingesunkenen Augen, die vom nahen Tod künden.

Am folgenden Morgen nehme ich meine Arbeit an der Bibel wieder auf. Titus, der Neffe von Giuliano, bleibt in der Küche – für alle Fälle.

»Ich habe getan, was ich konnte, aber meiner Meinung nach haben sie ein anderes Gift oder eine andere Methode gewählt.«

Selbstverständlich hat er den Mund gehalten. Trotzdem zirkuliert zu meiner Überraschung das Gerücht, man versuche den Kardinal zu vergiften. Ich werde nie wissen, wer es aufgebracht hat, und im ersten Augenblick scheint es mir von Vorteil: Wenn alle auf dem laufenden sind, ist er sicherer. Schließlich wird mir klar, daß es sich wohl um ein Ablenkungsmanöver handelt: Man vermutete einen Zusammenhang zwischen meiner Anwesenheit und Allens Gesundheit, und aus Angst, ich könnte reden, hat man das Gerücht absichtlich in die Welt gesetzt. Sollten die Dinge sich zum Schlechten wenden, könnte man immer noch mich als Giftmischer bezichtigen.

Inzwischen verschlechtert sich der Gesundheitszustand des Kardinals zusehends, sei es wegen des Giftes oder wegen einer Krankheit.

Eines Abends, als ich Dienst habe, ist es sehr heiß, und ich habe mein Wams geöffnet, um besser atmen zu können. Plötzlich steht der Kardinal vor mir, ohne daß ich ihn habe kommen hören.

Ich erhebe und verbeuge mich, stammle ein Wort der Entschuldigung und rücke meinen Kragen zurecht.

»Sorgen Sie dafür, daß uns jemand begleitet, ich möchte ein wenig spazierengehen.«

Im Freien erzählt er mir zuerst von König Heinrich IV., den er den Navarresen nennt. Er hat alles unternommen, damit Papst Clemens seine Bekehrung nicht anerkenne. Er hat geschrieben, plädiert, gefleht. Er ist sicher, daß »der Navarrese« es Heinrich VIII. von England gleichtun und Frankreich wie England der Häresie anheimfallen werden.

Er ist der Ansicht, jeder andere Fürst wäre einem Bourbonen auf dem Thron von Frankreich vorzuziehen.

Ich antworte nicht und gebe mir Mühe, eine gewisse Gereiztheit zu verbergen. Schließlich spricht er von einem Mann, der für mich ein Freund war. Ich versuche an etwas anderes zu denken.

Eine Veränderung in seinem Tonfall läßt mich wieder aufhorchen.

»Ihre Arbeit an der Bibel ist äußerst wertvoll, wissen Sie. Sie sind sehr bewandert. Sie verfügen über hervorragende Latein- und Rhetorikkenntnisse.«

Ich verneige mich stumm. Im Dämmerlicht der hereinbrechenden Nacht durchbohren mich seine Augen.

»Ich habe mich stets gefragt, warum Sie nicht Priester geworden sind, wie Ihr Vater es wünschte.«

Jetzt bin ich auf der Hut. Es ist äußerst selten, daß der Kardinal ohne Umschweife eine persönliche Frage stellt.

»Nun Eure Exzellenz ... Wie soll ich es erklären ... Als dieser Gedanke aufkam, hatte ich mich bereits für einen anderen Weg entschieden. Und ich hoffe noch immer, daß ich eines Tages die Ländereien meiner Familie werde leiten können ...«

»Offen gefragt, Herr Tregian, was halten Sie von der katholischen Religion?«

In meinem Kopf läutet es Sturm. Dieser Mann kann mich morgen, ja, schon im nächsten Augenblick der Inquisition ausliefern. Vielleicht hat er mich außer Hauses gebracht, um mich ohne Aufsehen verhaften zu lassen.

»Eure Exzellenz!«

»Nun, ich sehe wohl, daß Sie mir zutiefst ergeben sind und mit großer Fürsorge über mich wachen. Man wollte mich glauben machen, Sie würden mich nach und nach vergiften, aber ich weiß, daß das unmöglich wahr sein kann.«

»Eure Exzellenz!«

Diesmal knie ich mit tränenüberströmtem Gesicht vor ihm nieder.

»Eure Exzellenz, ich liebe Sie wie einen Vater!«

Er hebt mich auf.

»Mein Sohn, Sie verschwenden keine Zeit auf Rechtfertigungen, das gefällt mir. Ich mache mir manchmal Sorgen um Ihre Frömmigkeit, denn außer beim Musizieren wirken Sie stets sehr distanziert. Aber ich habe nie an Ihrer Loyalität gezweifelt. Ihre Fürsorge ist mir nicht entgangen.«

Ich zwinge mich dazu, nichts zu erwidern.

»Sie wußten, daß man mich zu vergiften versuchte, nicht wahr?«

»Eure Exzellenz, ich versichere Ihnen …«

Schweigen.

»Gut, Sie wollen mir nichts sagen, das ist eine gute Taktik. Byas denkt, wenn man mich vergiftet, dann mit dem Wasser, das ich in der vatikanischen Bibliothek trinke. Deshalb schöpft er es stets eigenhändig und bringt es mir selbst. Trotzdem geht es mir schlecht, aber vielleicht hängt meine Krankheit vom göttlichen Willen ab und nicht von einem Gift.«

»Eure Exzellenz, ich wünsche Ihnen ein langes Leben und bitte Sie, nach Ihrem Gutdünken über mich zu verfügen.«

»Unter der Bedingung, daß ich aus Ihnen keinen Priester machen will, nicht wahr? Nein, nein, protestieren Sie nicht. Aber ich bedaure es. Sie haben eine wirkliche Rednergabe. Was für einen Prediger hätten Sie abgegeben!«

Wir kehren in der Dunkelheit der Nacht zurück.

Da ich nun weiß, daß John Byas auf dem laufenden ist, wachen wir abwechselnd über den Kardinal. Und in der Küche hat Titus ein Auge auf die Töpfe. Aber es nützt alles nichts.

Bald darauf muß der Kardinal das Bett hüten. Er stirbt im Oktober 1594.

Wir sind alle um sein Bett versammelt. Roms Kirchen läuten zur Frühmesse. Die Jesuiten, allen voran Alfonso Agazzari, haben versucht, uns am Eintreten zu hindern, aber der Kardinal hat sich unerwartet energisch zur Wehr gesetzt. Seit er weiß, daß es zu Ende geht, hat er trotz seiner schrecklichen Qualen Briefe an die Mächtigen dieser Welt diktiert. Er hat dem Papst geschrieben, um ihn vor falschen Freunden zu warnen, und dem König von Spanien, um ihn für die in seinen Diensten begangenen Fehler um Entschuldigung zu bitten. Pater Campion und Pater Ingram, die er gut gekannt hat, sind in England im Laufe des Sommers gehängt worden. Er bittet um ihre Fürsprache, damit Gott ihn ins Paradies aufnehme.

»Mein größter Kummer ist es, daß auf meinen Rat hin so viele Menschen eingekerkert, verfolgt und hingerichtet worden sind. Gott möge mir gnädig sein!«

Wir sind einer nach dem andern ans Bett getreten, und er hat uns seinen Segen erteilt.

Als ich neben ihm knie, faßt er mich am Kinn und zieht meinen Kopf zu sich hin.

»Reisen Sie sofort ab, Sie sind in Gefahr«, flüstert er leise. Er küßt mich auf die Stirne. »Man weiß, daß Sie mich haben retten wollen.« Und während er mir ein Kreuz auf die Stirne zeichnet, fährt er fort: *»Ego te benedico ...«*

Pater Warmington liest eine Messe am Fußende des Bettes. Als der Kardinal kurz nach der Kommunion entschläft, haben sich seine Gesichtszüge entspannt.

*

Wenn es nur an mir gelegen hätte, wäre ich noch zur selben Stunde abgereist. Aber ganz Rom – und wohl bald auch Spanien und England – war von diesem Tod aufgewühlt. Der Kardinal hatte sich mit den Jesuiten angelegt und sich unter ihnen einige Feinde gemacht. Sonst jedoch wurde er von allen geliebt, denn seine größte Gabe hatte vielleicht darin bestanden, die Ergebenheit der Menschen zu wecken.

Er war noch nicht erkaltet und ruhte noch, wie er es gewünscht hatte, aufgebahrt in der Kapelle des englischen Kollegiums, als bereits der Kampf um seine Nachfolge anhob. Es mußte ein englischer Kardinal sein. Das war zwar kein geschriebenes Gesetz, aber ein Wunsch des spanischen Königs.

Nun fehlte nur noch die Persönlichkeit, die geeignet war, dieses Amt zu erfüllen.

Niemand wollte die Grabrede halten. Die Bemühungen dauerten bereits gut zwei Tage: Ich schaute der Sache aus der Ferne zu wie einem Schauspiel. Es ging mich nichts an, und ich war schon mit der Überlegung beschäftigt, ob ich auf meiner Reise in Mantua einen Halt einlegen und mir die Möglichkeit verschaffen wolle, dem großen Monteverde zu begegnen, als Gabriel Allen, der ältere Bruder des Kardinals, mich aufsuchte. Wie andere Mitglieder der Familie Allen lebte er in Rom, aber ich hatte ihn nur selten und von weitem gesehen; zu einer engeren Bekanntschaft ist es nie gekommen.

»Herr Tregian«, sagt Gabriel, »der Kardinal liebte Sie sehr, und ganz besonders schätzte er Ihr meisterliches Latein. Ich glaube, er hätte sich gewünscht, daß Sie die Grabrede halten.«

»Ich?«

Wenn niemand diese Rede halten will, so deshalb, weil in diesem Moment jedes falsche Wort ein schwer abwägbares Risiko in sich birgt.

»Sie sprechen mit solcher Gewandtheit lateinisch, als wäre es eine lebendige Sprache. Und Sie sind ein hervorragender Redner.«

»Mein Herr, ich danke Ihnen, aber diese Ehre ist eine zu große Bürde. Wie könnte ich denn bis morgen ...?«

»Ich werde Ihnen helfen. Nicholas Fitzherbert ist ebenfalls zur Mitarbeit bereit. Wir möchten diese Rede nicht den Jesuiten des englischen Kollegiums überlassen.«

Sein für gewöhnlich sanftes Gesicht ist hart und entschlossen. Angesichts meiner Lage spielt es für mich keine Rolle mehr, ob ich spreche oder schweige.

»Ich bin einverstanden. Nur lassen Sie uns sofort beginnen.«

Ich schicke Jack nach Nicholas und nach Schreibutensilien.

»Und wenn du schon dabei bist, bringe uns auch etwas zu essen und zu trinken. Wir werden die ganze Nacht zu arbeiten haben.«

»Sehr wohl, mein Herr.«

Jack hat sich in Rom eingelebt, als läge es bloß drei Meilen von Muswell entfernt. Er fühlt sich hier zu Hause, und nach wenigen Monaten redet er ein durchaus verständliches Italienisch. Bald kommt er mit Federn, Papier, Messerchen, Sand, Tinte, Wein, Brot und Käse zurück. Nicholas Fitzherbert folgt ihm auf den Fersen.

»Möchten Sie diese Grabrede nicht selber halten? Sie waren fast zehn Jahre im Gefolge des Kardinals und kennen ihn besser als irgendwer.«

»Ich bin ein miserabler Redner. Dafür kann ich schreiben. Ich sehe, Sie haben alles, was wir benötigen.«

Wir machen uns an die Arbeit, wir diskutieren und beginnen nach einigen untauglichen Anläufen mit dem Aufsetzen der *Oratio funebris.*

»Utinam intra unius aulae provatos parietes se contineret causa doloris! ...«

Wir zeichnen das Leben von William Allen nach. Trotz meiner Vorbehalte kann ich unterschreiben, was ich sagen werde: Der Kardinal war ein selbstloser, zur Niedertracht unfähiger Mensch. Selbst als er bereit war, England an Philipp II. auszuliefern, geschah es zum Ruhme Gottes, und er hat nie verstanden, daß man ihn des Verrats bezichtigen konnte. Er hat nie auch nur eine Sekunde daran gezweifelt, daß der König von Spanien sich zurückgezogen und das Land den Engländern überlassen hätte, sobald es wieder zum Katholizismus zurückgekehrt wäre. Verhandlungsgeschick, Redegabe, Wissen, Güte – mit Tränen in den Augen rufe ich seine Eigenschaften in Erinnerung. Ich bin sicher, Gott hat ihn mit offenen Armen empfangen.

Wir beenden die Rede im Morgengrauen; mir bleibt gerade noch Zeit, mich umzuziehen.

»Was gedenken Sie zu tun, Herr Tregian?« fragt Gabriel.

»Ich reise ab, mein Herr.«

»Ausgezeichnet. Es war der Wunsch des Kardinals. Hier haben Sie einen Passierschein, damit Sie Rom ungehindert verlassen können. Zögern Sie nicht zu lange, wir werden Ihre Abreise decken, soweit es uns möglich ist.«

Jack hat die ganze Nacht hindurch Federn gespitzt und in die Tinte getaucht, aber er ist immer noch munter.

»Jack, fühlst du dich imstande, unser Gepäck zu machen?«

»Unser Gepäck, mein Herr? Wohin soll es gehen?«

»Wir müssen Rom verlassen, bevor man mich vergiftet, bevor einer mit mir Streit sucht, bevor ich vom Pferd abgeworfen werde oder was weiß ich ...«

»Ich verstehe, mein Herr. Nach der Kirche?«

»Nach der Kirche. Wir haben einen Passierschein. Und nimm nicht zuviel Gepäck mit, wir wollen nicht auffallen. Du kannst zurücklassen, was du willst, außer meinen Noten.«

»Sehr wohl, mein Herr.«

In der ans englische Kollegium angrenzenden Kirche der Trinità herrscht ein Gedränge von Kardinälen, Botschaftern – der spanische hat einen guten Platz – und Priestern, aber auch Laien sind bei der feierlichen Zeremonie anwesend.

Ich habe versucht, den Text der Rede wie ein mehrstimmiges Lied anzulegen: Eine Stimme stellt Fragen, die zweite antwortet und die dritte kommentiert.

»... *Quid multa? Haec suprema vox – oportet meliora tempora non expectare, sed facere – ita alte in Cardinalium* ...« und so fort. *Es genügt nicht, auf bessere Zeiten zu warten, wir müssen selbst dafür sorgen:* Dieser Gedanke des Kardinals, den Nicholas mir zugetragen hat und den ich dem Publikum weitergebe, könnte auf mich gemünzt sein. Ich muß mein Leben in die eigenen Hände nehmen.

Am selben Abend schlafen Jack und ich in einer Herberge am Lago Trasimeno, auf dem Weg nach Mantua.

Zweites Buch

Zwischen Erde und Himmel

Heaven and earth and all that hear me plain
Do well percieve what care doth cause me cry,
Save you alone to whom I cry in vain,
»Mercy, Madam, alas, I die, I die!«
…
A better proof I see that you would have
How I am dead. Therefore when ye hear tell,
Believe it not although ye see my grave,
Cruel, unkind! I say, »Farewell, farewell!«

»Heaven and Earth«
Thomas Wyatt/Francis Tregian
»Lieder«, XCVII

Himmel und Erde und alle, die mich hören,
Kennen die Ursache meiner Tränen,
Außer Ihnen allein, die ich vergeblich anrufe,
»Erbarmen, Madam, ich sterbe, ich sterbe!«
…
Einen bessern Beweis wollt Ihr haben,
Daß ich gestorben bin. Solltet Ihr davon hören,
Glaubt es nicht, selbst wenn Ihr mein Grab seht.
Grausam, herzlos! Ich sage: »Lebt wohl, lebt wohl!«

I

Come up to my window, love, come, come, come,
Come to my window, my dear;
The wind nor the rain
Shall trouble thee again,
But thou shalt be lodged here.

»Goe from my window«
Volkstümliche Ballade
THOMAS MORLEY

Komm an mein Fenster, Liebster, komm, komm, komm,
Komm an mein Fenster, Geliebter.
Weder Wind noch Regen
Sollen dich stören,
Denn wohnen sollst du hier.

Zarte Knospen künden von den ersten Anzeichen des Frühlings.

Vor einiger Zeit habe ich meine Lebensbeschreibung unterbrechen müssen, weil ich in eine tiefe Krise geriet.

Was bedeutet es schon, fragte ich mich plötzlich, daß ich in Mantua Monteverde begegnete? Daß ich nach Amsterdam, nach Brüssel, nach Antwerpen ging? Kurz: Was ist daran schon von Belang, wie ich seit meiner Mündigkeit gelebt habe? Eines grauen Februartages beschloß ich, mit dem Schreiben aufzuhören, und dann ereignete sich das Unerwartete.

Ich wurde krank.

Bei uns Tregians kommt das selten vor. Mein Vater hat

den schlimmsten Mißhandlungen widerstanden, meine Mutter ist etwa zwanzigmal niedergekommen, ohne daß man es ihr angesehen hätte – ihr letztes Kind hat sie mit über vierzig Jahren zur Welt gebracht. Ich selbst habe in meinem ganzen Leben kaum zwanzig Tage im Bett verbracht, und meine wenigen Fieberanfälle waren meist die Folge von Verwundungen. Ich habe mehrere Pestepidemien unbeschadet überstanden.

Doch dann hat mich die Krankheit eingeholt.

Man behauptete, ich hätte mich erkältet, doch darüber kann ich nur lächeln. Ich bin noch nie anfällig gewesen für die Unbilden der Witterung.

Manchmal denke ich, daß die Fortsetzung meines Lebensberichtes schlafende Erinnerungen geweckt hat, die mein Gemüt verstört und dieses Fieber hervorgerufen haben.

Da ich nicht an Krankheiten gewöhnt bin, habe ich nichts von dem getan, was Kranke zu tun pflegen, und wie bei meinen Verwundungen hat gerade das geholfen, daß ich mich bald wieder erholte. Wir sind erst in der Mitte der Fastenzeit, und ich bin bereits wieder auf den Beinen.

Meine Fieberträume und Nächte waren von den Gesichtern bevölkert, die ich schreibenderweise heraufbeschworen hatte – bei den Aufzeichnungen eines Lebens, die, wie ich einmal geglaubt hatte, höchstens ein paar Tage und einige wenige Seiten beanspruchen würden. Doch als ich mich vom Krankenlager erhob, hatte ich meine Schreibtätigkeit fast vergessen.

Kaum wahrnehmbar schlich sich der Drang zum Schreiben wieder ein. Er zupfte mich sacht am Ärmel. Gewissensbisse begannen mich zu plagen. Und nach einem mehrstündigen Spaziergang an diesem überraschend milden Sonntag mußte ich mich mit der Vorstellung abfinden: Wenn ich meinen Bericht nicht vollende, wird mein Leben ohne diesen Schlußakkord erlöschen, dessen Nachhall für den Zuhörer wie für den Interpreten den Musikgenuß noch lange wachhält.

*

Es war ein kalter Abend Ende November, als wir in Holland ankamen. Seit einigen Tagen mußten wir gegen einen heftigen Wind kämpfen, der an den Häusern rüttelte, die Bäume bog und die Pferde zum Schnauben brachte.

In Mantua sind wir nur so lange geblieben, daß es für eine Begegnung mit Monteverde reichte, mit dem ich mich augenblicklich befreundete. Er war sechs oder sieben Jahre älter als ich, fast ebenso groß, ebenso schlank und ein ebenso leidenschaftlicher Musikliebhaber. Irgendwie habe ich ihn sofort wiedererkannt, und ich glaube, das beruhte auf Gegenseitigkeit.

Die Begegnung mit ihm verhalf mir zu einer der wichtigsten Entdeckungen meines Lebens.

Seit zwei, drei Jahren bekam ich zu hören, ich sei ein außergewöhnlicher Interpret, und die anderen sahen in mir einen Musiker. Ich verwendete viel Zeit auf die Musik, und selbst auf Reisen versäumte ich es nie, meine Finger zu üben, wenn ich irgendwo ein Instrument vorfand. Meine Partituren begleiteten mich stets, und wenn ich nicht spielen konnte, las ich darin. Man hatte mir sogar meinen Eifer vorgeworfen:

»Es gehört sich nicht, daß ein Mann von Rang sich außerhalb des Privatlebens und der Mußestunden als Musikgelehrter zu erkennen gibt. Das erweckt den Eindruck, er vernachlässige die wichtigeren Dinge«, sagte man mir.

Bemerkungen solcher Art ließen mich jedoch kalt. Es kam mir vor, als seien sie nicht an mich gerichtet, denn meine ganze musikalische Aktivität spielte sich gewissermaßen ohne mein Dazutun ab. Sie war so lebensnotwendig wie das tägliche Brot. In meinen Augen war ich als katholischer Edelmann gescheitert, denn ich fühlte mich unfähig zum Bekehrungseifer, der von mir erwartet wurde, und die Musik war mir wichtiger als süßes Nichtstun. Im Wortsinn war ein Musiker für mich in erster Linie ein Komponist. Aber ich finde die meisten meiner Kompositionen so schlecht – schlimmer noch: so beliebig –, daß ich sie regelmäßig verbrenne. Kurz, ich hielt mich für einen Taugenichts.

Diese wenigen Tage bei Monteverde haben mir enthüllt, daß die Musik das Zentrum meines Lebens war, daß nichts anderes mich wirklich interessierte. Die ganze Energie, die ich nicht auf die Verwaltung meiner Ländereien in Cornwall hatte verwenden können, war in meine Musiktätigkeit geflossen. Das geschah ohne mein Dazutun, ich blieb gegenüber allen Bemerkungen aus meiner Umgebung taub, und ich habe es erst in Mantua gemerkt.

Zu meiner großen Überraschung genoß Claudio Monteverde dort nicht die respektvolle Hochachtung, die einem Meister gebührt. Er spielte hervorragend auf der Viola, er war ein perfekter Sänger. Aber es waren seine Kompositionen, die ans Erhabene grenzten – damals wie heute. Soeben war sein *Drittes Buch der Madrigale* in zweiter Auflage erschienen. Ein Musiker, dessen Namen ich vergessen habe, verschwendete unendlich viel Zeit darauf, mich auf »Kompositionsfehler« hinzuweisen, die darin zu finden seien. Als er endlich begriffen hatte, daß ich in diesen »Fehlern« Kühnheiten von unvergleichlicher Schönheit und einen Beweis für Monteverdes Genie sah, erklärte er mir in beleidigtem Ton:

»Soweit kommt es, wenn man sich musikalisch betätigen will, ohne über die notwendigen theoretischen Grundlagen zu verfügen. Weder Sie noch Herr Monteverde haben die leiseste Idee von den elementarsten Regeln der Kunst.«

Ich hätte ihn gerne darauf hingewiesen, daß einzig die

Schönheit des Resultates zähle, aber sein hochroter Kopf ließ mich um seine Gesundheit fürchten: Ich wollte keinen Schlaganfall auf dem Gewissen haben, indem ich dem Sakrileg eine Blasphemie hinzufügte.

In Mantua gab es noch weitere interessante Musiker: Jaches De Wert, den *Maestro di cappella,* den Monteverde mir als seinen Lehrer vorstellte, oder Benedetto Pallavicino, der wie De Wert und Monteverde Madrigale komponierte, die ich wunderbar fand.

Ich hatte die Gelegenheit, alle drei in einem der Konzerte zu hören, die sie freitags im Palast des Herzogs Vincenzo Gonzaga gaben. Sie fanden nachmittags, nach der *Passeggiata* und dem Kartenspiel, im Spiegelsaal statt. Es wurde sehr lange musiziert. Man sang Madrigale, man spielte Lieder, und ich ergötzte mich an den Trillern, Kadenzen und *Passaggi.* Die Virtuosität von Adriana Basile und Caterinuccia Martinelli, zweier berühmter Hofsängerinnen, war schwindelerregend. Ich erinnere mich an ein vierstimmiges Madrigal von Monteverde, das mit einem fast wie ein Kanon gebauten *S'andasse amor a caccia* im Takt eines Marsches begann. Die ganze Spannung und Erregung der Jagd wurde gegenwärtig; ich brauchte beim Zuhören nur die Augen zu schließen, und schon sah ich mich mit Sir John auf der Falkenjagd oder galoppierte Françoise entgegen.

Wenn ich nach solchen Glücksmomenten wieder zu mir kam, erkannte ich, daß die Wirkung durch eine gekonnte Mischung aus deklamatorischen Passagen, Chromatik und Dissonanzen erzielt wurde – letztere wurden vom griesgrämigen Theoretiker, an dessen Namen ich mich beim besten Willen nicht mehr erinnern kann, als »falsch« eingestuft. Ich sah, mit welcher Meisterschaft Monteverde in wenigen Linien und Augenblicken ein ganzes Register an Gefühlen hervorrufen konnte, die sich vermengten, miteinander verschmolzen, sich und den Zuhörer verwandelten. Im selben Konzert hörten wir auch Madrigale von De Wert, der Monteverde als Gefühlsvirtuose in nichts nachstand. Doch wenn man ihre Musik nebeneinander hörte, nahm man die Unterschiede wahr. De Wert ist »literarischer«, Monteverde musikalischer. Für De Wert sind die Worte die Hauptsache. Wichtiger als die musikalische Form ist ihm, das Rezitativ eindringlich in den Vordergrund zu stellen. Monteverde dagegen gelingt es, die Worte durch die Musik auszudrücken. Er sucht nach einer Entsprechung, und die Worte sind nur insofern von Bedeutung, als sie ihn zu musikalischen Formen und Strukturen inspirieren. Was Pallavicino betrifft, so hatte er zu jener Zeit noch nicht die Madrigale komponiert, die mich später überwältigten. Seine Werke waren schön, aber klassisch. Nach dem zweiten (und für mich letzten) dieser Konzerte ist es zur Wende gekommen.

Ich hatte ein Treffen mit Monteverde vereinbart, um ihm einige Stücke englischer Komponisten vorzutragen, die er noch nicht kannte und auf die er neugierig war. Er hatte noch nie von Byrd oder Morley gehört. Er erwies mir die Ehre zu bemerken, er sei ebenso ergriffen von meiner Virtuosität wie von den Stücken, die ich gespielt habe.

»Ich wünschte so sehr, ich könnte meine Empfindungen unmittelbarer zum Ausdruck bringen«, entgegnete ich.

»Aber Ihre ganze Seele lag in Ihren Fingerspitzen.«

»Ich danke Ihnen für dieses Kompliment. Trotzdem werde ich es immer bedauern, daß mir Ihre Gabe zum Komponieren abgeht.«

»Mein lieber Freund, die Interpreten sind für den Komponisten so unentbehrlich wie das Wasser für die Pflanzen und die Komponisten für die Interpreten. Sie wären nichts ohne uns. Aber was wären wir ohne Sie? Wenn niemand meine chromatischen und dissonanten Stücke singen könnte, die Ihnen so sehr gefallen, wozu sollten sie denn gut sein? Und wenn niemand sie interpretiert, werden sie vollkommen in Vergessenheit geraten. Sie sind die Kerze, die die Nacht erhellt. Ohne Sie könnte niemand im Dunkeln sehen. Gewiß, Sie verzehren sich und verschwinden, denn die Musik läßt sich nicht festhalten. Kaum ist ein Ton erklungen, gehört er schon der Vergangenheit an. Doch die Musik ist das Gewebe der Zeit und durch Sie schenkt uns der Schöpfer ein kristallisiertes Stücklein dieses Gewebes.«

Diese wenigen Sätze haben meiner Leidenschaft – die ich von diesem Tag an meine Arbeit nannte – eine Würde, Notwendigkeit und Dringlichkeit verliehen, die ich nie mehr vergessen habe.

Ich verweilte nicht lange am Hof von Mantua.

Ich hatte es eilig, Françoise in die Arme zu schließen, Jane und Giuliano wiederzusehen, den Bankier der Königin aufzusuchen – mit einem Wort: Ich wollte möglichst bald in Amsterdam sein.

Dennoch könnte mein kurzer Aufenthalt – einige Tage oder Wochen, ich weiß es nicht mehr genau – Gegenstand einer musikalischen Abhandlung sein. Dort bin ich mir dessen bewußt geworden, was ich meine Berufung zu nennen wage. Im Laufe langer Gespräche mit Monteverde, der mich als Musiker wie seinesgleichen behandelte und mir begeistert seine *seconda pratica* erklärte, eine vollständig neue, noch nie dagewesene Betrachtungsweise der Musik, die sie endlich aus ihrer Zwangsjacke befreite, ist mir klargeworden, daß meine mangelnde Begabung als Komponist nichts an der Sache ändern konnte.

Ich war ein Musiker.

Ich verließ Mantua im Zustand leidenschaftlicher Erregung.

Wir hatten nur das Notwendigste an Gepäck mitgenommen, und mein ganzer Besitz fand in meinen Satteltaschen und einer Garderobe Platz, die Jack unbedingt auf sein Pferd schnallen wollte.

»Du bist beladen wie ein Packesel, während ich fast nichts habe.«

»Mein Herr, ich bin Ihr Diener, also kümmere ich mich um Ihr Gepäck. Mit Verlaub, Sie kennen Ihr Vorrecht als Meister schlecht.«

»Schon gut, schon gut. Sag mal, trägst du da eine Viola umgehängt?«

»Ja, mein Herr.«

»Ich habe nicht gewußt, daß du Viola spielst.«

»Nur ein bißchen, mein Herr. Leider kann ich keine Noten lesen und muß mir die Griffe selbst suchen. Aber als Diener eines musizierenden Gentlemans, habe ich mir gesagt ...«

»Hast du nie Musik gemacht?«

»Nicht richtig. Bei uns singen zwar alle, und ich habe einen Bruder, der Laute spielt. Doch ich arbeitete bei einem Gewürzhändler, der mir keine freie Stunde gönnte. Seit ich bei Ihnen bin, habe ich die Musik liebgewonnen. Ich habe gehört, wie Sie hundertmal dasselbe Stück wiederholen, und schließlich habe ich gedacht ... Darum habe ich diese Viola genommen, als sie mir angeboten wurde. Mit Ihrer Erlaubnis werde ich während Ihrer Übungen am Virginal auf meiner Viola üben.«

»Ich erlaube es. Ich werde dir sogar das Notenlesen beibringen.«

Während dieser Reise lerne ich Jack schätzen. Was er gesagt hat, trifft zu: Ich bin es so wenig gewohnt, bedient zu werden, daß ich oft vergesse, daß er zu meiner Verfügung steht. Was ich an ihm schätze, ist die angesichts seiner mangelnden Bildung verblüffend rasche Auffassungsgabe. In wenigen Tagen hat er gelernt, woraus eine Partitur besteht.

Dieser junge blonde Mann – er dürfte kaum älter sein als fünfzehn Jahre – ist unwahrscheinlich gewandt. Für ihn ist nichts unmöglich. Zugleich vermag ihn nichts zu erstaunen oder zu schockieren. Als Gesprächspartner ist er für alles offen. Ich kann ihm nicht alle Sorgen anvertrauen, die auf mir lasten, aber selbst wenn wir über Belanglosigkeiten reden, bin ich froh, ihn an meiner Seite zu haben.

Im übrigen muß ich ihm wohl oder übel einen Teil meiner Geschichte enthüllen. Am Morgen, als wir Mailand verlassen, lüfte ich zum erstenmal den Schleier ein bißchen.

Wir verlassen die Stadt im Norden durch die Befestigungsanlagen des Schlosses. Als wir uns auf freiem Feld befinden, halte ich mein Pferd an.

»Wohin gehen wir, mein Herr?«

»Genau das ist die große Frage. Jack, wenn du eine Angetraute hättest, die zehn bis fünfzehn Tage südlich von hier wohnt, du aber an einem Ort leben möchtest, der ebenso weit nördlich liegt, was würdest du tun? Würdest du zuerst deine Angetraute im Süden holen oder würdest du zuerst den Norden erforschen?«

»Ich, mein Herr«, antwortet er ohne Zögern, »würde nach Norden gehen, alles für ihren Empfang vorbereiten und sie dann benachrichtigen lassen, daß sie kommen könne. Stellen Sie mir eine theoretische oder eine praktische Frage, mein Herr?«

»Eine praktische.«

»Ach so, der Herr ist … Die Frau Baronin hat mir nichts von einer Gattin erzählt.«

»Die Frau Baronin weiß von nichts. Wir wurden heimlich getraut. Nur meine Freunde in Amsterdam und die Familie meiner Frau sind auf dem laufenden.«

»Ah ja! Und Ihre Familie … werden Sie die benachrichtigen?«

»Eines Tages, sicherlich. Im Augenblick haben sie Kenntnis von der Existenz der Dame, aber sie wissen nicht, daß wir verheiratet sind. Und du weißt es auch nicht.«

»Das versteht sich von selbst. Und ... verzeihen Sie die Frage, mein Herr ... haben Sie Kinder?«

»Nein, Jack, noch nicht.«

»Ah! Mit Verlaub, mein Herr, ich habe Sie mir nicht als Familienvater vorgestellt.«

»Und doch wird es wohl nicht auf sich warten lassen, sobald wir ein geregeltes Leben führen.«

»Ohne Zweifel, mein Herr. Welche Richtung gedenken Sie jetzt einzuschlagen?«

»Nun ... du hast es gesagt. Wir gehen nach Amsterdam.«

Wir überquerten die Alpen, schlossen uns einem Konvoi an, ritten durch das Rhonetal und dann nach Basel hinauf, wobei wir auch durch den Weg der Bauern kamen. Bis nach Echallens gelangten wir nicht, aber an jenem Tag, als ich die Landschaft im Lichte der fahlen Novembersonne sah, bemerkte ich zum erstenmal eine gewisse Ähnlichkeit des Waadtlands mit der Gegend von St. Austell.

Von Basel aus ritten wir nordwärts, wobei wir den von Spanien besetzten Ländern auswichen – ich hatte keine Lust, mich von einer katholischen Armee zwangsverpflichten zu lassen.

Während der langen Reise blieb mir viel Zeit, über meine Lage nachzudenken. Nirgends auf der Welt hatte ich ein richtiges Zuhause. London war der einzige Ort, an dem ich mir nicht als Besucher vorgekommen war. Aber London – und England überhaupt – war mir verschlossen, weil ich der Sohn meines Vaters war. Ich wußte genau, was zu tun gewesen wäre, um das zu ändern: Meine Bekehrung hätte genügt. Doch das war undenkbar. Mein Vater hatte alle Annehmlichkeiten des Lebens der Sache des Katholizismus geopfert. Wie auch immer ich über sein Handeln dachte, wie wenig mich die Unterschiede zwischen den Religionen kümmern mochten, nie würde ich konvertieren. Das war ich dem Respekt vor meiner Familie und meiner eigenen Ehre schuldig.

Auch wenn ich weit vom Heldentum meines Erzeugers entfernt bin, gibt es außerdem etwas, woran ich zutiefst und aus meiner ganzen Lebenserfahrung heraus glaube: Meine Religion ist keine Frage der Opportunität, sie gehört zu mir. Gott allein bin ich Rechenschaft schuldig. Michel de Montaigne hat das wunderbar ausgedrückt:

... Das Wahrscheinlichste, was uns unsere Vernunft rät, ist in der Regel, daß jeder den Gesetzen seines Landes gehorchen soll. Diese Ansicht vertritt Sokrates aufgrund einer, wie er sagt, göttlichen Eingebung. Und was will die Vernunft hiermit anderes sagen, als daß unsere Pflicht keine andere als eine zufällige Regel hat? Die Wahrheit muß unabänderlich und universal gültig sein ... Nichts ist mehr Veränderungen unterworfen, als die Gesetze. Seit meiner Geburt habe ich gesehen, daß die Engländer, unsere Nachbarn, die ihrigen drei bis viermal verändert haben: nicht allein auf dem Gebiet der Politik, von der man keine Beständigkeit verlangen will, sondern auch, was den wichtigsten Gegenstand überhaupt betrifft, die Religion. Ich schäme und ärgere mich darüber um so mehr, als die Einwohner in meiner Gegend mit dieser Nation ehedem so vertraut gewesen sind, daß auch in meinem Haus noch einige Spuren unserer alten Verwandtschaft übriggeblieben sind ... Was rät uns also in dieser Not die Philosophie? Daß wir den Gesetzen unseres Landes folgen sollen; das heißt diesem wogenden Meer der Meinungen eines Volkes oder eines Regenten, welche mir die Gerechtigkeit in so vielen Farben malen und ihr so viele Gesichter geben werden, wie ihre Laune sich verändert? Mein Urteil kann nicht so biegsam sein. Was für eine Güte ist das, die ich gestern in Ansehen stehen sah und morgen nicht mehr, und die aus dem Lauf eines Flusses ein Verbrechen macht? Welche Wahrheit ist das, die diesseits der Berge gültig und in der Welt jenseits eine Lüge ist?

*

Ich will keine Worte verlieren über unsere lange Reise und die Schikanen bei jedem Grenzübertritt. Ich habe mich entschlossen zu sagen, die Königin von England schicke mich nach Amsterdam, und ich muß unzählige Male ihren Ring vorzeigen und darüber wachen, daß er mir weder beschlagnahmt noch gestohlen wird. Jack und ich blicken auch immer wieder hinter uns, um sicherzugehen, daß uns keine übelwollenden Schergen irgendeiner finsteren Macht auf den Fersen sind. Wir entdecken niemanden.

Endlich erreichen wir Holland. Es ist Anfang Dezember, die Tage sind kurz, ein mit Schnee vermischter Regen durchnäßt uns bis auf die Knochen. Um kein spanisches Territorium zu betreten, mußten wir in den Norden ausweichen bis nach Bremen, von wo aus wir in die niederländische Provinz Groningen gelangten.

Hier sagt man uns, wir seien in fünf bis sechs Tagen in Amsterdam.

Nun beginnt der erstaunlichste Teil unserer Reise. Diese ersten Eindrücke von Holland unterscheiden sich von allen anderen.

Die Provinz Groningen ist dünn besiedelt, aber die Felder sind auffallend sorgfältig bestellt. Es gibt nur vereinzelte Häuser, wir haben Mühe, in dieser ausgedehnten Ebene einen Weiler zu finden und verbringen sogar eine Nacht im Freien, wo wir im Schutz unserer Pferde frösteln. Hier und da sind noch Spuren der Kämpfe zu sehen, bei denen sich die Niederländer und die erst vor kurzem aus der Provinz vertriebenen Spanier gegenüberstanden. Fast unmerklich ändert sich die Landschaft. Wir gelangen in eine mit Eichenwäldern bestandene Gegend, die ebenso dünn besiedelt ist wie Groningen, aber augenscheinlich viel ärmlicher. Wir überqueren etliche Flüsse.

Seit wir uns in den Niederlanden befinden, gehört das Wasser zum Landschaftsbild. Doch hier scheint das Land sich darin aufzulösen. Das einzige wirklich bequeme Mittel, von einem der wenigen Dörfer zum nächsten zu gelangen, ist das Schiff. Mehrmals wird uns eine Kanalfahrt angeboten, und so durchqueren wir weite Ebenen mit Hilfe des Windes, der die Segel dieser flachen Boote bläht, welche die kleinen Bauern geschickt zu handhaben wissen.

Die holländische Landschaft ist eintönig und hat dennoch ihren ganz eigenen Zauber. All das Wasser, die Kanäle, Bäche, Seen, Sümpfe und die Windmühlen, die sich überall am Horizont zeigen, bieten ein Bild unvergleichlicher Vielfalt in der Einförmigkeit. Ich bin entzückt und vergesse darob die Mühsal der Reise.

Dazu kommt, daß wir unterwegs überall auf die Vorbereitungen für den Nikolaustag stoßen. In den Küchen knetet man den Teig für die Gebäcke, in den Werkstätten werden Geschenke gebastelt, während die Kinder ihre Holzschuhe bürsten, bevor sie sie in den Kamin stellen, damit der gute Sankt Nikolaus sie nach altem Brauch füllen kann.

Und überall werden diese Tätigkeiten von althergebrachten Liedern und Abzählversen begleitet, die mich bezaubern.

Ich hätte gewünscht, daß wir rechtzeitig zum Fest ankommen, aber das schlechte Wetter hält uns auf, und am Vorabend sind wir erst in Muiden. Wir sind zwar bloß zwei bis drei Stunden von Amsterdam entfernt, doch die schwarze Nacht verunmöglicht es uns, die Reise fortzusetzen. In der kleinen Ortschaft herrscht eine Betriebsamkeit, wie wir sie in unseren vorangegangenen Etappen nie erlebt haben. Unterwegs haben wir einige holländische Brocken aufgeschnappt, genug, um uns eine Unterkunft zu beschaffen. Wir folgen einem Zeigefinger nach dem andern, bis wir vor einem Haus stehen, wo Kinder in größter Aufregung ein und aus gehen. Die Türe steht einladend offen. Ich übergebe Jack die Zügel und wage mich hinein. Dem Duft nach muß ich in einer Bäckerei sein. Kinder stürmen kreuz und quer durch den Raum. Zwei kleine Teufel, die sich heftig balgen, bedienen sich meiner Beine als Deckung, und jedesmal, wenn sie sich verfehlen, kassiere ich den Schlag ein. Ich versuche mich zu befreien, um den Rückweg anzutreten, als eine Türe energisch aufgestoßen wird und eine freundliche Matrone erscheint, die sich die Hände reibt. Sie überschüttet die beiden Schlingel mit einem Redeschwall und teilt einige Klapse aus, bis sie sich von mir lösen.

Lächelnd wendet sie sich an mich, und ich antworte mit einer hilflosen Geste.

»Aha! Sprechen Sie zufällig Französisch?«

»Ja, Madame.«

»Sie müssen entschuldigen, heute abend geht es hier zu wie im Tollhaus. Doch was wollen Sie, es ist Nikolaustag. Suchen Sie eine Unterkunft?«

»Eine Unterkunft für mich und meinen Diener und einen Stall für die Pferde. Ich glaubte zu verstehen, daß bei Ihnen ... Aber ich habe mich wohl getäuscht, ich spreche nicht Holländisch.«

»Nein, nein, Sie haben sich nicht getäuscht. Die Herberge liegt an der Nebenstraße, mein Mann ist dort. Auf dieser Seite befindet sich die Bäckerei meines Bruders, aber es ist ein und dasselbe Haus.« Sie mißt mich mit dem Blick. »Ich weiß nicht, ob wir ein Bett für einen Mann Ihrer Größe haben, mein Herr.«

»Diesem Problem begegne ich häufig. Ich löse es normalerweise, indem ich auf zwei aneinandergeschobenen Strohsäcken auf dem Boden schlafe.«

»In diesem Fall«, sagt Sie lachend, »gehen Sie nur um das Haus herum, ich werde meinen Mann benachrichtigen.«

Eine Stunde darauf haben wir uns eingerichtet, und ich sitze am Tisch vor einem Krug Ale. Ich versuche den Gastwirt nach der Kinderschar zu fragen, die ich angetroffen habe, aber er versteht kein Französisch und holt seine Frau herbei.

»Ach!« ruft sie unter lautem Gelächter aus, »heute ist der Nikolaustag, das Fest der Kinder. Kommen Sie mit.«

Ohne Umstände faßt sie meine Hand, zieht mich vom Stuhl hoch und entführt mich in die Bäckerei.

Auf beiden Seiten des langen Tisches in der Backstube stehen Kinder Ellbogen an Ellbogen. Aus Zinnfolien schneiden sie Bilder aus und kleben sie mit Eiweiß auf die Lebkuchen, die den ganzen Tisch bedecken. In einer Ecke prügeln sich zwei Bürschchen, und die Bäckerin trennt sie mit energischem Griff.

Das Stimmenwirrwarr, die vor Aufregung glänzenden Augen im Kerzenlicht, der Duft von Anis und Zimt, all das erinnert mich an meine eigene Kindheit. Ich bin gerührt.

»Fehlt nur noch etwas Musik«, sage ich fast unwillkürlich.

»Möchte der Herr uns etwas vorsingen?«

»Haben Sie eine Laute?«

Sie verschwindet im Innern des Hauses und holt ein Instrument herbei, das etwas anders aussieht als die Laute, die ich kenne, aber doch ähnlich genug, daß ich darauf spielen kann.

Im Nu ergreife ich das Instrument, stelle den Fuß auf einen Schemel und stimme vor der plötzlich still gewordenen Kinderschar ein Lied an:

Une puce j'ay dedans l'oreill' hélas!
Qui de nuit et de jour me frétille et me mord
Et me faict devenir fou.
Nul remède n'i puis donner
Je cours deça, je cours dela,
Ote la moy, retire la moy je t'en pri,
O toute belle, secours moy.

Einen Floh hab ich im Ohr, o weh!
Er kitzelt und beißt mich Tag und Nacht
Und raubt mir den Verstand.
Ich finde kein Mittel dagegen
Ich laufe hin, ich laufe her,
Nimm ihn mir weg, ich bitte dich,
O Schönste, so hilf mir doch.

Weiter geht es mit *Francion vint l'autre jour, Belle qui tiens ma vie captive dans tes yeux, Mon coeur se recommande à vous, La belle à la fontaine, Un jeune moine est sorti du couvent, Revoici venir le printemps* ... Mein ganzes französisches Repertoire kommt an die Reihe.

Dann singen die Kinder ein Nikolauslied, das mir die Bäckerin übersetzt:

Sankt Nikolaus, du guter Mann,
Zieh deinen schönsten Mantel an
Und reite dann gen Amsterdam ...
Apfelsinen,
Äpfel vom Apfelbaum.
Die vornehmen Herren dort,
Die schönen Damen dort,
Tragen zwei Paar Armstulpen.
Laß uns heiraten, meine Schöne.

Schließlich tanzen alle im Takt meiner schlecht und recht gezupften Laute. Ich spiele Gaillarden von Morley – es sind die lustigsten –, von Bull und von Byrd, und alle tanzen hingebungsvoll, wobei die Holzschuhe einen höllischen Krach veranstalten. Um genug Platz zu haben, geht man hinaus auf die Straße, Kerzen werden auf die Fenstersimse gestellt. Die Leute aus den Nachbarhäusern schließen sich ungeachtet der Kälte dem Treiben an.

Ein junger Mann stößt mit einer Flöte dazu, ein anderer

mit einer Viola, Jack gesellt sich zu ihm, und bald singt und tanzt die ganze Straße im Lichte einiger Kerzen, die im Wind flackern. Die Nachtwächter, die zu gewöhnlichen Zeiten alle Leute heimgeschickt hätten, bleiben stehen und klatschen schließlich wie die anderen Zuschauer mit den Händen den Takt.

Die wenigen Leute, die sitzen, essen Lebkuchen, alles ist glücklich, und ich bin von so tiefem Frieden erfüllt, daß mir dieser Augenblick unauslöschlich in Erinnerung bleibt.

Als wir am nächsten Tag aufbrechen, weigert sich der Gastwirt, mein Geld anzunehmen:

»Mein Herr, ohne Sie wäre unser abendliches Beisammensein nicht so fröhlich gewesen. Mit Ihren französischen Liedern haben Sie meiner Frau eine große Freude gemacht. Sie fühlte sich nach Brabant zurückversetzt, aus dem sie geflohen ist, um dem Scheiterhaufen der Inquisition zu entgehen. Sie haben sich Unterkunft, Mahlzeit und Hafer für Ihr Pferd redlich verdient. Kommen Sie zum Dreikönigsfest wieder, ich lade Sie ein.«

Ich beharre nicht allzu sehr auf Bezahlung – der Gedanke, daß ich mit meiner Musik zum erstenmal meinen Lebensunterhalt verdient habe, erheitert mich. Eines Gentlemans ist das nicht besonders würdig!

Das Wetter ist abscheulich. Der Wind bläst so stark, daß einem der Regen waagrecht ins Gesicht peitscht.

»Nehmen Sie doch das Fährboot nach Amsterdam«, rät der Gastwirt. »Bei diesem Wind sind Sie im Handumdrehen dort, während Sie auf dem Landweg bloß sich selbst und Ihre Pferde ermüden.«

Wir besteigen also das Boot. Der Wind füllt die Segel, und die Landschaft fliegt förmlich an uns vorüber. Selbst im Winter liegt sie grün unter den dicken grauen Wolken, die den Horizont verdecken. Ich stelle fest, daß unser Schiff zu einem regelmäßig betriebenen Liniendienst gehört. In einem Kauderwelsch aus schlechtem Latein und erbärmlichem Französisch erklärt mir der Fährmann, daß er diese Strecke jeden Tag zurücklegt; Punkt sechs Uhr morgens fährt er von Amsterdam ab, Punkt zwölf Uhr mittags von Muiden.

Als wir im Hafen anlangen, dämmert schon der Abend. Wir fahren an einer Menge von Schiffen vorbei, an einem Wald von Masten, der mich an Billingsgate erinnert, dann biegt unser Boot in einen Kanal ein, und der Fährmann läßt uns beim Dam, dem Rathausplatz, an Land gehen.

»Gott segne Sie, ehrenwerter Mann. Und wenn Sie nach Muiden zurückkehren wollen, wissen Sie ja, wo Sie mich finden.«

Rasch dunkelt es ein, und ich möchte Giulianos Haus vor Anbruch der Nacht erreichen. Nur wenige Passanten sind eilig unterwegs, aber schließlich weist man uns den Weg. Ich weiß nur, daß das Haus am Platz des Strohmarkts liegt.

Endlich kommen wir dort an.

In der Dämmerung kommt es mir riesig vor. Nach meiner Schätzung muß es fünf oder sechs Stockwerke hoch sein.

Wir klopfen an eine Tür, die wohl zum Handelskontor führt. Ein junger Bursche öffnet mir. Ich denke, es ist Guillaume, aber ganz sicher bin ich nicht. Ich wende mich auf Französisch an ihn:

»Ist Ihr Vater da?«

»Ja, mein Herr. Ich werde ihn rufen.«

Er entfernt sich mit befremdetem Blick. Wenn er Guillaume ist, hat auch er mich nicht wiedererkannt. Kurz darauf erscheint Giuliano.

»Na, so was! Was für eine Freude, Sie endlich zu sehen. Wir haben uns schon Sorgen gemacht. Wir fürchteten, Sie hätten Ihre Meinung geändert oder es sei Ihnen etwas zugestoßen. Seien Sie willkommen! Man erwartet Sie ungeduldig.«

Wir umarmen uns überschwenglich.

Mit den Zwischenhalten, dem schlechten Wetter und den Umwegen hat die Reise beinahe zwei Monate gedauert.

*

Wir steigen hinauf zu den Gemächern der Familie Ardent. Die Räume sind mit schwarzen und weißen Platten belegt, die Wände mit dunklem Holz getäfelt, die Truhen und Schränke so fein poliert, daß sie glänzen wie schwarzes Gold. Auf den Kaminsimsen brennen Kerzen, im ganzen Haus riecht es nach Gemüsesuppe und Lebkuchen.

Mit besorgter Miene taucht Jane auf.

»War das ...?« Als sie mich sieht, geht ein Strahlen über ihr Gesicht: »Francis, mein Francis!« ruft sie und stürzt sich in meine Arme.

Jede Etikette außer acht lassend, halten wir uns eng umschlungen, und ich bedecke ihr Haar mit Küssen. Sie duftet nach Honig und frisch gebackenem Brot, nach Milch und nach Liebe – es ist der vertraute Geruch aus meiner Kindheit.

Sie hat sich nicht verändert. Sie hat fünf Kinder geboren, aber die Schwangerschaften haben keine Spuren hinterlassen. Sie ist so schön wie eh und je.

»Sie werden doch bleiben, Master Francis, nicht wahr?«

»Aber sicher, jedenfalls für einige Zeit. Es wäre unvorsichtig gewesen, länger in Rom zu bleiben, nach England kann ich nicht zurückkehren, und nach Spanien will ich nicht gehen. Ich weiß nicht, wohin ich soll.«

»Nun, dann bleiben Sie bei uns. Kommen Sie, setzen Sie sich zu mir, während man Ihnen eine Unterkunft vorbereitet. Sie können sich gleich erfrischen, und morgen werden Sie sich einrichten. Spielen Sie immer noch viel Musik?«

Ich erzähle ihr von meinen Tätigkeiten, meinem Besuch bei Monteverde und der Erleuchtung, die er ausgelöst hat.

Bald kommt Giuliano mit einem kleinen Lächeln in den Augenwinkeln zurück. Ich kenne dieses Lächeln. In der Regel bedeutet es, daß er jemandem einen Streich gespielt hat.

»Ihr Zimmer ist bereit, ich ließ Ihnen Wasser hinaufbringen. Erfrischen Sie sich, bevor wir zu Tisch gehen und ich Ihnen die Hausgemeinschaft vorstelle.«

»Ausgezeichnet. Leben Sie allein in diesem großen Haus?«

»Hm! ... nein, nicht ganz. Das Erdgeschoß und der erste Stock sind unsere Geschäftsräume. Und wenn Sie genauer hinschauen, werden Sie sehen, daß es eigentlich zwei zusammengebaute Häuser sind. Wir wohnen im Eckhaus, und mein Teilhaber bewohnt das andere.«

Eilig führt er mich zu meinem Zimmer.

Zwei große Kerzen erhellen den Raum. Jack hat meine spärlichen Habseligkeiten ausgepackt – meine Partituren, meinen Montaigne und die wenigen Kleider.

Ich entblöße mich und wasche mich schlecht und recht. Dann ziehe ich ein frisches Wams und einen frischen Kragen an und kämme mir die Haare; zu mehr reicht es vorläufig nicht.

Ich schaue durch die Fensterscheibe und versuche mir die Aussicht vorzustellen. In der rabenschwarzen Nacht sind nur die schwachen Lichter der Laternen auszumachen, welche die spärlichen Passanten tragen, um ihren Weg zu finden. In einen langen Mantel gehüllt, überquert ein Mann eiligen Schrittes den Strohmarkt. Dank seiner Funzel kann ich seiner Spur mit den Augen folgen: plötzlich verschwindet er, als würde er von unserem Haus aufgeschluckt.

Vom Erdgeschoß her ruft Giuliano nach Jack.

»Gestatten Sie, mein Herr?«

»Jack, Herr Giuliano und Frau Jane sind ebenso deine Meister wie ich. Sag ihnen, ich komme in wenigen Augenblicken.«

»Sehr wohl, mein Herr.«

Er geht.

Ich bleibe vor dem Fenster stehen und sage mir, daß meine Zukunft dieser Finsternis draußen gleicht, deren Umrisse mir verborgen bleiben, weil ich sie noch nie bei Tageslicht gesehen habe.

Ein Geräusch reißt mich aus meiner tiefen Versunkenheit – ist es ein Atmen oder ein Knacken? Ich kann es nicht sagen.

Ich drehe mich um.

Vor Überraschung und Schreck bleibe ich wie festgenagelt stehen. Wenn ich von überirdischen Erscheinungen gehört habe, bin ich stets skeptisch gewesen. Aber hier ... Meine Knie werden schwach. Auf der Schwelle steht der Geist von Sir John. Nicht der gealterte Sir John, wie ich ihm zuletzt begegnet bin: Die Erscheinung – denn ich bezweifle nicht, daß es sich um eine solche handelt – ist jung, schwarzhaarig, mit funkelnden Blicken, runden, geröteten Wangen und stattlicher Taille.

Was tut man in einem solchen Fall?

Das Gespenst ergreift die Initiative: Es tritt einige Schritte näher, und das Knacken des Fußbodens verleiht ihm Wirklichkeit. Es streckt lächelnd die Hand aus.

»Francis!«

Das Knacken, der Ton dieser Stimme und der Anblick dieses Lächelns bringen mich wieder zur Besinnung. Ich stoße einen Schrei aus.

So verharren wir Auge in Auge, eine Minute oder eine Stunde. Dann breite ich die Arme aus, er stürzt sich hinein, und wir umarmen und küssen uns endlos. Die Rührung und die Tränen hindern uns beide am Sprechen, wir schluchzen eng umschlungen.

Das Gespenst ist Adrian.

II

O mistress mine, where are you roaming?
O stay and hear, your true love's coming,
That can sing both high and low:
Trip no further, pretty sweeting;
Journey's end in lovers meeting,
Every wise man's son doth know.

»O Mistress mine«
WILLIAM SHAKESPEARE/THOMAS MORLEY

O Geliebte mein, wo wanderst du hin?
O bleib und höre, deine wahre Liebe kommt,
Ihr Gesang ist hoch und tief:
Geh nicht weiter, hübscher Liebling;
Die Reise endet, wo Liebende sich treffen,
Das ist jedem weisen Mann bekannt.

Seit einigen Monaten schüttelt mich das Leben kräftig durch. Aber jetzt, in diesem einzigartigen Augenblick unseres Wiedersehens, steht die ganze Welt kopf. Nachdem der erste Rausch verflogen ist und während Adrian und ich uns noch in den Armen liegen, beginnt mein Hirn fieberhaft zu arbeiten, unwillkürlich entstehen Worte: *Die haben dich an der Nase herumgeführt, Giuliano wußte es, nein, das ist nicht möglich, Giuliano war völlig am Boden zerstört, ich habe meinen Bruder wiedergefunden, das allein zählt, das mußte sein. Er ist da, er ist wieder da!* All das wirbelt gleichzeitig durcheinander; ein unbeschreibliches Glücksgefühl überwältigt mich und verschlägt mir die Sprache. Adrian geht es nicht anders.

Die Türe quietscht in den Angeln. Jane ist eingetreten und schließt sie hinter sich, den Finger auf den Mund gelegt.

»Meine Lieben«, flüstert sie, »sagt nichts Unbedachtes.« Sie hebt die Stimme ein wenig. »Mein lieber Francis, gestatten Sie, daß ich Ihnen Jan Van Gouden vorstelle, den Geschäftspartner unserer Familie und Mitinhaber des Hauses Ardent und Van Gouden.«

Ich kann nicht umhin zu lächeln.

»Soso, Van Gouden!«

»Nun ja.«

»Natürlich, das war unumgänglich ... Bin ich dem Herrn nicht schon begegnet?«

»Wie könnten Sie denn. Der Herr ist Holländer, und Sie kommen zum erstenmal nach Holland. Aber es ist unschwer zu erkennen, daß Sie bald gute Freunde sein werden.«

Ich senke die Stimme.

»Es ist vollkommen unmöglich, daß einem, der Sir John gekannt hat, die Verwandtschaft nicht auffällt. Sie sehen sich bestürzend ähnlich. Sollte mir jemand gefolgt sein ...«

»Waren Sie vorsichtig?«

»Wir haben gut aufgepaßt, aber ganz sicher kann man nie sein.«

»Ich warte ungeduldig darauf, daß mir der Bart wächst«, sagt mein Bruder, »aber die Natur stellt sich dem hartnäckig entgegen.«

»Ich weiß, mir ergeht es nicht anders. Sind Sie viel gereist, mein Herr?«

»Ja, in der Tat.«

»Hätten wir uns wirklich nicht schon früher begegnen können?«

»Ich glaube nicht. Und wir werden uns auf französisch unterhalten, solange Sie nicht Holländisch sprechen.«

»Einverstanden.«

Jane spitzt die Ohren, dann kommt sie auf uns zu. Wir stürzen uns in ihre ausgebreiteten Arme, jeder auf einer Seite, und sie umfängt uns große Burschen, als wären wir kleine Kinder.

»Das ist einer der schönsten Tage meines Lebens«, wispert sie uns auf englisch mit dem keltischen Akzent unserer Kindheit ins Ohr. »Groß, stark und prächtig sind sie, meine zwei Jungen, und ich darf sie wohlbehalten beieinander sehen. Nun werden wir mit Gottes Hilfe glücklich sein.«

*

Im Gegensatz zu meinem Bruder, den ich nur noch Jan nenne – und auch hier werde ich von nun an den Namen nicht mehr schreiben, den er in seinem ersten Leben getragen hat –, scheint es mir unstatthaft, mit meiner Familie zu brechen. Als Erstgeborener habe ich meine Pflichten – ich darf nicht einfach verschwinden. Meinem Vater schulde ich nicht viel, aber Gott gegenüber bin ich Rechenschaft schuldig, und ich bin sicher, daß er es mir übelnähme, wenn ich mich meiner Verantwortung entziehen würde.

Um die Tregians zufriedenzustellen, müßte ich in Antwerpen leben. Und ich wäre auch dazu bereit, ginge es nur um Françoise. Wir wußten noch nicht so recht, wie die katholische Kirche die Gefolgsleute Heinrichs IV. und ihre Familien aufnehmen würde – vor allem wenn sie Hugenotten waren oder sich erst unlängst bekehrt hatten. Niemand war blind gegenüber den Tatsachen: Sollte Heinrich IV. aus irgendeinem Grund morgen wieder Protestant werden, würden ihm seine Kampfgefährten folgen, zumindest wären sie in den Augen von Rom höchst verdächtig. Ich fürchtete die Zwänge, die das Leben mit einer Troisville in einer der Hochburgen der Inquisition möglicherweise nach sich zog.

Ich beschließe, einen Boten zu Charles de Troisville zu schicken. Ich bitte ihn um eine Unterredung. Und ich erinnere ihn an meinen vorangegangenen Brief aus London, worin ich ihm von meiner Schwester und dem Mann, den meine Eltern ihr bestimmten, erzählte.

Giuliano stellt mir seinen Leibdiener Kees zur Verfügung, der gut Französisch spricht. Er macht sich auf den Weg.

Inzwischen suche ich eine Behausung und finde etwas Passendes wenige Schritte vom Kontor Ardent und Van Gouden entfernt, an der Ecke der Brouwersgracht – ein stattliches Haus, schmal und langgezogen, bei dem keine zwei Räume auf gleicher Höhe sind. Es gehört einem Junker, dem ich nie begegnen sollte. Er hat sich auf dem Land ein imposantes Haus bauen lassen und vermietet dieses hier, weil er es aus sentimentalen Gründen nicht verkaufen will: In diesen schmalen Räumen, die auf der einen Seite an einen kleinen Garten, auf der andern an einen frisch ausgehobenen Kanal grenzen, ist seine Familie zu Reichtum gekommen.

Am schwersten fällt mir in diesen ersten Wochen, daß ich kein übertriebenes Interesse an Jan Van Gouden zeigen darf.

Schließlich reiten wir eines Nachmittags aus, jeder in eine andere Richtung, und treffen uns »zufällig« an der Amstel. Weil es so kalt ist, sind wir dort allein. In gemächlichem Trott reiten wir dem gefrorenen Weg entlang, während er mir in großen Zügen seine Geschichte schildert.

»Während Jahren habe ich allen erzählt, ich wolle Geistlicher werden. Und eines Tages ist mir plötzlich die Lust vergangen. Ich kann dir nicht erklären, wie es dazu gekommen ist: Die Weigerung hat sich allmählich in mir festgesetzt, und als sie dann zutage trat, war sie absolut und endgültig. Wenn du bei mir gewesen wärest, hätte ich mit dir darüber gesprochen, doch du warst in Reims.«

»Aber Giuliano und Jane waren doch da, ihnen kann man alles sagen …«

»Ich habe es versucht. Aber ich war mir selbst nicht sicher. Während ich mich fragte, was ich tun soll, um meinem Schicksal zu entgehen, haben sich zwei Dinge ereignet. Der Apotheker Pierre und ich haben ein Purpur entwickelt, wie man es noch nie gesehen hat; die Farbe hielt während Monaten auf meinem Mantel, ohne zu verblassen. Die Reaktionen der Leute in Eu machten mir klar, daß wir ein Erfolgsgeheimnis in der Hand hatten. Einige Zeit später machte ich eines Sonntags einen Ausflug an die Küste und stieß auf ein holländisches Schiff, das in einer Bucht gekentert war. Es hatte in Gibraltar Rohseide geladen. Nebst der Besatzung war auch ein Vertreter der Seidenhandlung anwesend, für welche die Stoffe bestimmt waren. Als Calvinisten war ihnen unbehaglich zumute beim Gedanken, auf katholischem Territorium gestrandet zu sein. Ich schlug ihnen einen Handel vor: Ich würde dafür sorgen, daß sie unbemerkt abfahren konnten, dafür mußten sie mich mitnehmen und dem Besitzer der Seidenhandlung vorstellen. Nach ihrer Einwilligung habe ich in Windeseile die nötigen Vorbereitungen getroffen und mein Verschwinden in die Wege geleitet.«

»Wie hast du es geschafft, daß …«

»Es gab ein leerstehendes Gebäude. Ich habe gewartet, bis Pierre von der Türschwelle verschwand und Guillaume das Fenster verließ.« Sein Blick verliert sich in der Ferne, und als er fortfährt, ist seiner Stimme der Schmerz anzumerken. »Es hat mir leid getan, die Familie zu verlassen, aber ich hatte keine andere Wahl. Ich kann dir nicht sagen, wie sehr ich darunter gelitten habe, euch diesen Kummer zu bereiten.«

»Du hättest es Giuliano mitteilen sollen. Er kann ein Geheimnis für sich behalten.«

»Das stimmt. Aber ich wußte nicht, ob er einverstanden gewesen wäre, Sir John zu belügen. Sie hatten eine derart enge, verschworene Beziehung, daß ich dieses Risiko nicht eingehen wollte. Immerhin habe ich eine Nachricht hinterlassen, von der ich wußte, daß du sie verstehen würdest.«

»*Die Extreme berühren sich* ... Ja, ich habe verstanden. Ich habe Giuliano und Sir John gesagt, daß du nicht tot seist.«

»Natürlich war das nicht dasselbe. Du hast dich dabei auf eine Schlußfolgerung gestützt, die auch hätte falsch sein können. Ich war nicht einmal dreizehn Jahre alt. Hätte ich jemanden in klaren Worten über meine Absichten aufgeklärt, hätte man mich davon abzubringen versucht, oder man hätte sich an meine Fersen geheftet.«

»Ich bin mir nicht sicher. Wir wußten, daß du lebst, aber wir vermuteten dich in der Neuen Welt. Und was hast du nachher getan?«

»Nachher war es leicht. Ich habe mein Wissen in bare Münze verwandelt. Es gibt nur zwei Leute, die das Geheimnis des Ardent-Purpurs kennen – so haben wir die Farbe getauft, und der Name paßt ausgezeichnet: Pierre und ich.«

»Hattest du Pierre eingeweiht?«

»Nein. Ich habe ihm später durch einen Boten Geld überbringen lassen. Aber Pierre führt ein zurückgezogenes, kontemplatives Leben. Ihn interessiert die Welt der Atome, nicht das Geld. Er hat dem Boten gesagt, er brauche nicht wiederzukommen. Bis dahin hatte er wie ihr alle geglaubt, ich sei in Amerika.«

Er kommt der Frage zuvor, die mir auf den Lippen liegt.

»Wäre ich in deine Nähe gekommen, hätte man mich entdeckt, und ich wollte volljährig sein, bevor unser Vater mich findet. Ich wollte nicht, daß er mir mein Verhalten vorschreibt. Übrigens muß ich noch während mindestens zwei Jahren äußerst vorsichtig sein.«

»Wie hast du Giuliano wiedergefunden?«

»Er hat mich gefunden. Er ist aus Zufall zum Seidenhändler geworden, weil ein Venezianer, der ihm Geld schuldete, ihn mit Seidenballen bezahlte. Er hat beschlossen, sie zu färben und zu verkaufen. Beim Suchen nach Farben ist er auf unser Purpur gestoßen. Giuliano ist ein hartnäckiger Jäger. Was er sucht, findet er schließlich immer. Er hat die Fährte meiner Farbe verfolgt, wie er sagt, und ist bis zu mir gelangt. Daß wir uns zusammentaten, war nicht ungefährlich, doch für mich war es damals die beste Möglichkeit, aus meinem Purpur Kapital zu schlagen. Ich hatte es satt, von einem Händler ausgebeutet zu werden, der sich auf meinem Buckel bereicherte und sich in keiner Weise erkenntlich zeigte für die exklusive Farbe, die ich ihm zur Verfügung stellte. Giuliano besaß etwas Geld, verstand aber nichts von Seide, während ich ihren Geheimnissen im Laufe der Jahre auf die Spur gekommen war. Dagegen kannte ich kaum jemanden und war völlig mittellos. Ich spreche holländisch wie ein Holländer, niemand erinnert sich mehr daran, daß ich eines Tages als Fremder hergekommen bin, oder wenn man sich noch daran erinnert, nimmt man an, ich sei vor den Verfolgungen in Brabant geflohen. Was schöne Stoffe und prächtige Farben betrifft, bin ich einmalig, und Giuliano ist einmalig als Händler. Unsere Geschäfte gedeihen. Selbstverständlich bin ich weit entfernt vom vornehmen Müßiggang, der eines Edelmannes von meinem Rang gebührt.«

Diese im salbungsvollen Ton eines Prälaten vorgebrachte Bemerkung bringt uns beide zum Lachen.

»Giuliano hatte die Absicht, nach Rom zu kommen und

dir von mir zu erzählen, doch dann hat er von einem seiner Agenten gehört, daß man deinen Kardinal vergifte, weil er zu behaupten gewagt hatte, nach der Niederlage der Armada gebe es nicht mehr viel Hoffnung, England in den Schoß des Papsttums zurückzuführen.«

»So etwas habe ich nie von ihm vernommen, im Gegenteil.«

»Oh, solche Aussagen machte Kardinal Allen nicht in der Öffentlichkeit und auch nicht gegenüber seinen Katechumenen. Aber er machte sie gegenüber dem Bevollmächtigten des spanischen Königs, der sich beeilte, sie vor seinem Herrn zu wiederholen. Giuliano hat es von einem seiner Bekannten vernommen, einem anglikanischen Historiker, der in der Verkleidung eines treuen Katholiken Rom besucht und dem englischen Kardinal seine Aufwartung gemacht hatte, wie es der Brauch war. Allen sprach von der Notwendigkeit, eine andere Politik einzuschlagen. Die Schergen von Philipp II. hatten den Auftrag, ihren König von einer lästig gewordenen Brettfigur zu befreien. In der Umgebung des Kardinals warst du die einzige Person, auf die sich Giuliano rückhaltlos verlassen konnte. Deshalb war es besser, deine Aufmerksamkeit nicht abzulenken: Es galt Allen so lange wie möglich am Leben zu halten.«

»Und während wir glaubten, du würdest die Neue Welt entdecken, bist du nicht einmal über den Hinterhof hinausgekommen.«

»Ich habe unseren Stand verlassen. Das ist das fernste Land, wohin man reisen kann. Und das sicherste. Ich hätte in der Küche von Lady Anne oder unserem Vater arbeiten können – ich schwöre dir, niemand hätte mich erkannt.«

Das bringt mich zum Lächeln.

»Du wärst erkannt worden. Du bist das getreue Ebenbild von Sir John und wohl auch von seinem Vater, unserem Urgroßvater.«

»Ich versichere dir, wenn ich ungekämmt und etwas schmutzig wäre und dazu noch eine Mütze aufhätte, würde man mich nicht einmal anschauen.«

»Ich beneide dich darum, daß du eine Tätigkeit gefunden hast, die dir zusagt. Ich bin ein Erzeugnis meines Standes und kann gar nichts.«

»Wenn ich es richtig verstanden habe, gibt es auch bei dir einen Bruch. Du bist weitaus mehr auf die Musik versessen als ein gewöhnlicher Edelmann.«

»Das stimmt. Wenn du mich ein wenig drängst, bin ich auch in der Lage, ein Instrument zu bauen und eine Orgel zu reparieren, aber ...«

»Du hast eine leserliche, gepflegte Schrift, du könntest sogar unsere Bücher führen.«

»Das stimmt auch.«

»Ich erwarte es nicht von dir. Hauptsache ist, daß du mir nicht antwortest, für einen Edelmann gebe es keine Beschäftigung außer dem Krieg und der Politik.«

»Wir haben eine bewegte Erziehung genossen.«

»Wir kennen die entscheidenden Grundsätze, aber wir haben nie die Muße gehabt, sie anzuwenden.«

Das erinnert mich an Lady Anne, die mich mit sechs Dienern umgeben wollte; ich erzähle es ihm, und wir biegen uns vor Lachen. Wir sind wieder Komplizen geworden. Auf dem Heimweg bleiben wir lange still. Ich bin besorgt.

»Ich als der Erstgeborene habe nicht mit der Familie gebrochen, und irgendwann muß ich von mir hören lassen. Vater kann mir keine Gemahlin mehr aufnötigen, endlich kann ich ihm von meiner Frau erzählen. Mir scheint, daß ich meine Verpflichtungen habe; ich kann nicht verschwinden. Aber ich glaube, daß die Katholiken ein ebenso dichtes Netz von Spitzeln haben wie Lord Burghley, und ich möchte nicht, daß meine Anwesenheit zu deiner Entlarvung führt.«

»Außer dir erinnert sich kein Mensch mehr an mich. Vater hat mich einmal gesehen, als ich sechs Jahre alt war, und Mutter hat mich seit unserer Abreise nach Frankreich nicht wiedergesehen, ich bin nur eine blasse Erinnerung in der Reihe ihrer Kinder. Und Sir John ist gestorben. Niemand wird annehmen, daß ein Seidenhändler, der deine Dienste als Musiker in Anspruch nimmt, dein verlorener Bruder sein könnte. Kümmere dich um die Musik, führe das Leben, das man von dir erwartet. Giuliano ist lange dein Diener gewesen und ist noch dein Verwalter, seine Frau war deine Amme – die Engländer werden es normal finden, daß du sie besuchst. Und wir werden nach und nach zu Freunden. Außerdem ist Giuliano selbst ein katholischer Spitzel, das schützt uns.«

»Bist du sicher?«

»Ganz sicher. Er arbeitet nicht für die Spanier, sondern für jene, die man in Frankreich ›die Politischen‹ und in England ›die Weltlichen‹ nennt, die gemäßigten Katholiken – die Sir Johns von Europa, die als Zeitgenossen leben möchten, ohne unter der Inquisition und den Habsburgern zu leiden und ohne ihren Glauben ändern zu müssen. Was meinst du, warum wohl reist er kreuz und quer durch die Lande, seit wir ihn kennen? Er macht sich nützlich, sagt er. Nach der Liste der Kunden zu urteilen, die er uns zuführt, bewegt er sich in den höchsten Kreisen.«

»Ich habe nie recht begriffen, für wen …«

»Lassen wir die Finger davon. Die Hauptsache ist, daß er uns beschützt. Weißt du übrigens, daß er deinen englischen Besitz sehr klug verwaltet? Du hast in unser Seidengeschäft investiert und dabei eine hübsche Summe verdient.«

»Ich?«

»Aber ja. Giuliano ist entschlossen, dich zu einem reichen Mann zu machen. Nun denn, lieber Bruder, widme dich der Musik. Spiele, lese, schreibe, reise für die Musik. Kümmere dich ein wenig um deine Geschäfte, wenn es dir Vergnügen bereitet, aber nur von weitem. Kein einziger deiner Besucher wird mir so viel Aufmerksamkeit schenken, um in mir Adrian Tregian zu entdecken. Und wenn ein Schnüffler die Annalen der Familie Van Gouden konsultiert, findet er einen Stammbaum, der mehr als ein Jahrhundert zurückreicht. Im Lande wimmelt es von Van Gouden. Meine Geburt und die Geburt meiner Eltern, meiner Großeltern und ihrer Eltern, ihre Heirat und ihr Tod sind in den Pfarreiregistern verzeichnet.«

*

Merkwürdigerweise war die Musik, die in diesem Land eine Hochblüte erlebt hatte, zu einer rein privaten Angelegenheit geworden; in den Kreisen der Patrizier wurde zwar mit großer Hingabe musiziert, aber weder Jan noch ich haben versucht, Zugang zum holländischen Adel zu finden, außer wenn es um den Verkauf unserer Stoffe ging. In Amsterdam gab es keine mit den italienischen Akademien vergleichbare Institution. Hier wie in London konnte man unmöglich eine Gaststätte betreten, ohne daß ein kleines Ensemble einem eine Ballade vorsang oder eine Melodie spielte. Aber das war keineswegs vergleichbar mit den Pavanen und Gaillarden eines Byrd, Bull, Morley, Weelkes oder Wilbye. Zerlumpte, oft auch verkleidete Straßenmusikanten zogen in kleinen Gruppen durch das Land und spielten in den Dörfern an Kirchweihfesten und Hochzeiten oder ließen sich von Verliebten für eine Serenade mieten. Ihre volkstümlichen Melodien und die einfache Begleitung bezauberten mich ebenso wie die eigenartigen Instrumente, die sich manchmal zu Laute und Flöte gesellten: Die *Bombas,* einsaitige Geigen, deren Resonanzkörper aus einer Schweineblase bestand, oder die

Draailier, eine tragbare Drehorgel. Ihre Melodien und Lieder waren an jeder Straßenecke zu hören. Aber die Musik wurde nicht als Kunst gewürdigt. Sie galt eher als angenehmer Zeitvertreib wie die Malerei und wurde von den calvinistischen Geistlichen mit scheelen Augen betrachtet.

Anfangs übte ich vor allem bei Giuliano. Ich spielte Virginal, Jan die Laute, Guillaume und Francis spielten Viola, und Mary, ihre Schwester, sang dazu mit einer noch dünnen, aber vielversprechenden Stimme. Später überließ ich Mary das Virginal und studierte mit einem wachsenden Kreis von Bekannten und Freunden, die gespannt waren auf die neuen musikalischen Formen aus dem Süden, italienische Madrigale ein. Das Virginal unterstützte die Sängerinnen und Sänger, die noch Neulinge waren. Monteverde, Pallavicino oder Marenzio hatten so etwas nicht vorgesehen, aber wir musizierten zu unserem Vergnügen, und ich dachte, ich dürfe mir diese Eigenmächtigkeit erlauben.

Eines Tages kam Kees mit einer Nachricht von Charles de Troisville zurück.

Mein teurer Bruder,

ich habe den von Ihnen erwähnten Brief nicht erhalten. Ich gehe nach London und werde Ihre Schwester heiraten, wenn es dazu noch nicht zu spät ist. Auf dem Rückweg werden wir die meine abholen und zu Ihnen mitbringen. Ich lasse ihr durch einen Boten ausrichten, sie solle sich reisefertig machen. Ich habe wenig Zeit zur Verfügung. Bereiten Sie sich also darauf vor, uns alle zu empfangen. Bis dann möge Gott Sie segnen, ich freue mich auf unser Wiedersehen.

Ihr ergebener Bruder Charles.

»Ich habe Paris vor vier Tagen verlassen«, sagt mir Kees, »gleichzeitig mit dem Boten nach Bordeaux und Herrn de

Troisville selbst, der nach London ging. Er rechnete damit, in zwei Wochen wieder in Frankreich und in drei bis vier Wochen hier zu sein.«

Mit Janes Unterstützung richtete ich meinen Haushalt ein und stellte Bedienstete an. Nicht so viele, wie ich in England gehabt hätte: In Holland pflegen die Häuser nicht von Dienstboten zu wimmeln.

Jeden Tag verbrachte ich einige Stunden im Kontor von Ardent und Van Gouden; ich wollte mir einen Einblick in die Vorgänge des Seidenhandels verschaffen. Zum erstenmal bemerkte ich, daß die Art, wie etwas getan wird, mich ebenso interessiert wie die Dinge, um die es geht; manchmal sogar mehr als diese. Ich ließ mir das ganze Gewerbe erklären, vom Abhaspeln zum Zwirnen, von der Bank des Webers zur Zettelmaschine, vom Weben zur Verfertigung der Ballen, und bald konnte ich unterscheiden zwischen Taft und Serge, zwischen Satin mit sieben und Satin mit acht, neun oder zehn Litzen, zwischen der Kettherstellung und dem Einziehen – die Begriffe stellen sich von selbst wieder ein, sobald ich daran zurückdenke.

Wie es sich für einen Edelmann gebührt, besuchte ich täglich einen Fechtsaal, um dem Handgelenk die für das Führen einer flinken Klinge notwendige Beweglichkeit zu erhalten. Und die Zeit, die mir dann noch blieb, verwandte ich auf das Musizieren. Während der ersten Wochen in Holland begnügte ich mich damit, die zahlreichen Abschriften durchzuspielen, die ich in den vorangegangenen Monaten angefertigt hatte. Mein neues Leben nahm mich zu sehr in Anspruch, um musikalische Forschungen zu betreiben. Das hatte noch Zeit. Außerdem mußte ich zuerst verdauen, was ich in Mantua gelernt hatte.

Dazu kam, daß ich in fieberhafter Erwartung auf Françoise lebte. Je mehr Tage verstrichen, um so mehr bedauerte ich, daß ich sie nicht selbst geholt hatte. Gleichzeitig war mir bewußt, daß ich ein unzulängliches Geleit abgegeben hätte und einzig ihr Bruder für eine angemessene Eskorte sorgen konnte.

Die ersten Anzeichen des Frühlings machten sich schüchtern bemerkbar, als Jack mich eines Morgens mit lauten Rufen weckte:

»Mein Herr, mein Herr! Drunten stehen ein Herr und eine Dame, die Sie sehen möchten. Sie wollen aber ihren Namen nicht sagen.«

In einem Sprung bin ich aus dem Bett. Françoise!

»Bitte sie herein und lasse den Tee aufsetzen.«

»Sehr wohl, mein Herr.«

Als ich den großen, noch dunklen Raum betrete, sehe ich nur ihre Rücken, sie wärmen sich die Hände am Feuer. Als sie meine Schritte hören, drehen sie sich um: Es sind Charles de Troisville und meine Schwester Margaret.

Ich stoße einen Schrei aus – vor Freude und Schmerz zugleich. Der Anblick von Margaret ist eine wundervolle Überraschung, aber was ist mit Françoise?

Charles läßt mir keine Zeit zu reden.

»Seien Sie unbesorgt. Wir haben Françoise in Weesp zurückgelassen, weil sie völlig erschöpft war. Wir dachten, Sie würden sie gerne selbst abholen.«

Ich schaue sie nacheinander an. Sie strahlen. Ich breite die Arme aus, und wir umarmen uns lange.

»Sind Sie mit Erlaubnis der Familie abgereist, Margaret, oder hat Charles Sie entführen müssen?«

»Wir sind verheiratet. Dem schrecklichen Benjamin Tichborne bin ich mit knapper Not entronnen. Einige Tage vor der Hochzeit kam heraus, daß er ein Spitzel ist. Darum haben wir Vaters Segen erhalten: Er hatte die Güte klarzustellen, daß er seine Einwilligung gebe, weil ich keine Mitgift habe und man nicht heikel sein dürfe, wenn man arm sei und so viele Töchter habe.«

Angesichts Margarets grünen Augen mit ihren goldenen Pünktchen, die an eine Sommerwiese erinnern, denke ich an Old Thomas und frage mich, auf welche Herkunft er sie wohl zurückführen würde. Sie sehen nicht aus wie die meinen, sicher hat sie sie einem anderen Geist zu verdanken.

»Nun bitte ich Sie, mich zu entschuldigen, denn ich muß Françoise holen. Sie sind sicher müde; machen Sie es sich bequem. Jack!«

»Mein Herr, ich habe mir erlaubt, die Pferde satteln zu lassen.«

»Gehen wir!«

»Hm ... Francis?«

Beim Anblick von Charles' verlegener Miene packt mich eine jähe Unruhe.

»Was ist? Françoise ist doch hoffentlich wohlauf?«

»Durchaus. Es geht ihr glänzend. Hm ... Ihrem Sohn auch.«

»Meinem ... *wie bitte?*«

»Ihrem Sohn Francis geht es ausgezeichnet.«

Ich weiß, daß ich vor Freude in die Luft springen sollte. Aber ich bin dermaßen verblüfft, daß eine kalte Wut in mir hochsteigt, die die freudige Nachricht erstickt.

»Das ist nun wirklich der Gipfel! Warum meinen eigentlich alle, sie müßten mir die grundlegendsten Wahrheiten verheimlichen?«

»Das geschah nicht Ihretwegen. Aber die vielen Spitzel, von denen Sie in Rom umgeben waren, durften nicht erfahren, daß Sie Vaterfreuden entgegensehen. Ihre Frau hat ausdrücklich verboten, Sie davon zu unterrichten, solange Sie in Rom seien.«

Was sollte ich darauf antworten? Wenn ich an diese Tage zurückdenke, in denen jede Faser meines Körpers in ständiger Alarmbereitschaft war und ich nachts oft kein Auge zubrachte, in denen dem Kardinal, aber auch mir an jeder Ecke der Tod zu drohen schien, bin ich fast dankbar, daß niemand mir gesagt hat, ich würde einen Bruder wiederfinden und einen Sohn haben. Hätte ich es gewußt, wäre ich nicht nach Mantua, sondern nach Bordeaux gegangen. Vielleicht hätte ich auch nicht meine ganze Aufmerksamkeit darauf gerichtet, den Tod in Schach zu halten. Plötzlich ist mein ganzer Zorn verflogen.

»Nun ist es höchste Zeit, daß ich gehe. Erklären Sie mir den Weg.«

»Mein Herr?« Es ist Jack, der das Wort an mich richtet. »Ich habe mich beim Diener dieses Herrn erkundigt, ich weiß, wo Ihre Familie sich aufhält. Inzwischen können sich Euer Gnaden ausruhen und stärken.«

»Danke, Jack. Komm mit. Und Sie, teure Freunde, fühlen Sie sich wie zu Hause und erholen Sie sich.« Und leiser füge ich hinzu: »Seien Sie verschwiegen, ich kenne die Dienstboten noch nicht sehr gut.«

Ich stehe schon auf der Schwelle, als mich ein Gedanke durchzuckt.

»Ist Ihnen jemand gefolgt?«

»In England schon. Aber mein Aufenthalt dort war offiziell, ich holte meine Verlobte ab. In Calais haben wir unsere Verfolger abgeschüttelt, und wenn sie uns noch suchen, dann wohl in der Gegend von Paris, vielleicht sogar in Bordeaux. Seien Sie versichert, daß ich alles Notwendige getan habe, damit wir unter uns bleiben.«

Hierauf stürze ich in großen Sätzen die Treppe hinunter, wir springen in die Sättel und reiten mit verhängten Zügeln los.

*

Wie könnte ich sie vergessen, diese zwei mir zugewandten Gesichter, eingerahmt von der Täfelung der Herberge in Weesp wie zwei Bilder? Wie könnte ich den tiefen Blick aus den schwarzen Augen meiner Geliebten vergessen, dieses innige Leuchten, das einen berührt wie ein Kuß? Françoise war so schön, daß mir die Knie weich wurden.

Und als mein Blick dem Blick des Kindes begegnete, das sie in den Armen hielt, verstand ich zum erstenmal, was man über meine eigenen Augen sagte: Der junge Francis hatte die Hautfarbe von Françoise, aber die Augen waren vergißmeinnichtblau – mein erster Gedanke war, daß die Piskies mir persönlich ein Geschenk gemacht hatten.

Mein Sohn erwies mir die Ehre, aus Leibeskräften zu brüllen, als ich ihn in die Arme nahm. Es hat wohl keinen Sinn zu berichten, welche Worte wir bei dieser Begegnung gewechselt haben. Lächerliche Sätze, verglichen mit den Gefühlen, die uns überwältigten. Schweigsam brachen wir nach Amsterdam auf. Und als Françoise den jungen Francis stillte (sie wollte ihn nicht einer Amme überlassen), verstummte auch er und lächelte glückselig zwischen zwei Nickerchen.

Jane, die sich besser in meinem Haushalt auskannte als ich, erwartete uns.

Ich erinnere mich schwach an einen großen Empfang, veranstaltet vom Hause Ardent und Van Gouden zu Ehren eines Gesandten des Königs von Frankreich, der – wie es offiziell hieß – nach Holland gekommen war, um für den Hof Seidenstoffe zu kaufen.

Ich war überzeugt, daß Jans Ähnlichkeit mit Sir John unmöglich zu übersehen sei, doch ich stelle fest, daß er recht hat. Margaret, die ihn verschollen glaubt, erkennt ihren Bruder nicht. Ich mache mich darauf gefaßt, daß ich einschreiten muß, aber ihre Verwunderung hält sich in Grenzen:

»Haben wir uns nicht schon gesehen, mein Herr? Ihr Gesicht kommt mir bekannt vor, aber ich kann es nirgends einordnen.«

»Wären wir uns schon einmal begegnet, Madam, hätte ich Sie unmöglich vergessen können«, erwidert Jan mit einer Verbeugung.

Margaret nimmt das Kompliment lächelnd an und geht

zu meiner großen Erleichterung nach nebenan. Je weniger Leute das Geheimnis kennen, um so besser.

Wir schenkten König Heinrich einen Seidenballen in prächtigstem Ardent-Purpur, und nach Charles' Rückkehr nach Paris erhielt das Haus das Recht auf den Titel »Lieferanten des Königs von Frankreich«.

Françoise erzählt mir belustigt, daß ganz Bordeaux ihre Familie in einer Mischung unserer Namen Tréville nennt.

»Selbst in Paris hat sich der Name verbreitet, bei fast allen Leuten heißt Charles nun so!«

Sonst habe ich nur verschwommene Erinnerungen an diese ruhigen Tage.

Bilder tauchen auf.

Wenn ich gegen fünf oder sechs Uhr nachmittags vom Kontor, vom Fechtsaal oder von einer Probe komme, setze ich mich, wenn es die Temperatur zuläßt, wie alle anderen Leute auf die Bank unter dem Vordach des Hauses. Françoise gesellt sich zu mir, begleitet vom kleinen Francis, den sie kaum je aus den Augen läßt. Sie hat keine Amme mitnehmen wollen, sie stillt ihn selbst und hängt sehr an ihm. Einige unserer Nachbarinnen versuchten sie zu überzeugen, es sei nicht gut für die Erziehung, wenn sie das Kind zu sehr verwöhne. Aber sie zuckte bloß mit den Schultern und kümmerte sich mit unverminderter Fürsorge um *Frans,* wie er und ich auf holländisch geheißen werden.

Auch vor den Nachbarhäusern sitzen die Leute zusammen. Die Gazetten gehen von Hand zu Hand, man kommentiert die Nachrichten, wälzt politische Fragen und tauscht mit gewichtigem Kopfnicken erbauliche Sinnsprüche aus. Überzeugt versichert man sich gegenseitig, daß die Spanier die Vereinten Provinzen – so nennt man die sieben protestantischen Provinzen im Norden – niemals zurückerobern werden, man beklagt sich über die hohen Kriegssteuern und tröstet sich damit, daß dies der Preis für Unabhängigkeit und Ruhe sei.

Mein Nachbar zur Rechten, ein beleibter Goldschmied um die Fünfzig, hat mich ins Herz geschlossen, weil ich ihn eines Abends mit dem Degen in der Hand aus der Umklammerung zweier Individuen befreit habe, die ihn ausrauben wollten. Regelmäßig pflegt er mir zu sagen:

»*Kaart, keurs en kan dederven menig man*«, was etwa bedeutet, *Karten, Trunk und Unterröcke haben schon viele Burschen verdorben.* »Und geben Sie gut auf ihn acht«, fügt er an Françoise gewendet hinzu, »denn wie man bei uns zu sagen pflegt: *De gelegenheid maakt de dief,* Gelegenheit macht Diebe.«

»Sie können auf mich zählen, mein Herr! Ich behalte ihn im Auge, diesen Räuber!« gibt Françoise unter allgemeinem Gelächter zurück.

Im Winter verbringt man die Vorabende im Wohnzimmer. Françoise stickt oder näht am Tisch, und wenn wir Besuch haben, tun es ihr die anderen Frauen gleich; von der Küche her hört man das Spinnrad der Mägde surren, und von mir wird erwartet, daß ich aus der Bibel oder einem Geschichtsbuch vorlese. Wenn auch ohne große Begeisterung, unterziehe ich mich dem Wunsch. Innert kurzer Zeit haben wir alle Holländisch gelernt, und wie meist habe ich das Bedürfnis, ein ganz gewöhnliches, unauffälliges Leben zu führen. Nichts widerstrebt mir mehr als die Vorstellung, etwas Besonderes zu sein. Gewiß bewundert man meine Virtuosität und meine Kenntnisse der italienischen Musik. Aber das wird ebenso als eine Gabe betrachtet wie die Kunstfertigkeit meines Nachbarn in der Verarbeitung von Edelmetallen, wie die Leidenschaft des Familienfreundes und häufigen Besuchers Jan Van Gouden für schöne Stoffe oder wie der Geschäftssinn eines anderen häufigen Gastes, *Mijnheer* Ardent. Im Winter kommt es nicht selten vor, daß unsere Nachbarn, wenn sie die gedämpften Klänge des Virginals, der Flöten, Lauten und Violen durch die Wand hören, bei uns anklopfen und sich im Zimmer zum Ofen setzen, um unserem hübschen *Consort,* wie man in England die kleinen Ensembles nennt, zu lauschen.

Das ganze Quartier weiß, daß bei den Trévilles – ohne daß wir es wollten, hat man auch uns diesen Namen angehängt – hingebungsvoll musiziert wird und man stets willkommen ist. Darum kommen die Leute gern, um zu singen oder um uns zuzuhören und einen Glühwein oder ein Bier zu genießen, die für unsere Gäste bereitstehen. Manchmal bringen sie eine dieser beliebten Liedersammlungen mit – Lieder, welche die Liebe, Abenteuer, Reisen, Schäferidyllen, Blumen besingen ... es gibt wohl Hunderte davon. Wir improvisieren eine Begleitung, und alle singen mit. Ich liebe die Frische, die Naivität, die fröhliche und spontane Art dieser deftigen Kehrreime. Ein größerer Gegensatz zu unseren Madrigalen und Stücken der englischen und italienischen Komponisten ist schwer denkbar, aber niemand stört sich daran, daß diese musikalischen Abende sozusagen zweigeteilt sind.

Gelegentlich endet das Beisammensein auch mit einer Partie Dame, einem Kartenspiel oder dem Gänsespiel, für das die Holländer eine besondere Vorliebe haben.

*

Obwohl die Holländer ein tief gläubiges Volk sind und die offizielle protestantische Religion allgegenwärtig ist, stelle ich zu meiner Erleichterung im Gespräch mit den Leuten schon bald fest, daß die Katholiken von allen Bevölkerungsschichten akzeptiert werden. Das einzige, was man von uns verlangt, ist eine gewisse Zurückhaltung. Als ich nach Holland kam, waren die Jesuiten die einzigen Katholiken, die von öffentlichen Ämtern ferngehalten wurden. Auch für die Schullehrer war der reformierte Glaube eine unabdingbare Voraussetzung.

Dagegen durften wir ungehindert die Universitäten besuchen, besonders Leiden, wo von den Studenten kein Eid auf die calvinistische Religion verlangt wurde.

Ich weiß, daß Messen gegenwärtig nur im Privaten gestattet sind; ohne deswegen heimlich zu sein, werden katholische Andachten unauffällig in Privathäusern abgehalten. Damals gab es noch katholische Kirchen mit dem Giebel zur Straße, und niemand kümmerte sich um unsere Art zu beten, solange wir unsere Frömmigkeit nicht in aller Öffentlichkeit demonstrierten. Wir bezahlten etwas höhere Kirchensteuern als die Reformierten, aber die Toleranz war gegenseitig: Priester und Steuereinzieher begegneten einander mit Höflichkeit. Ich bot dem unseren immer etwas zu trinken an, und er versäumte es nie, Francis auf seinen Knien reiten zu lassen, denn er war ein großer Kinderfreund.

Katholiken waren in allen Berufsgattungen vertreten. In bestimmten Gegenden waren sie besonders zahlreich, zum Beispiel unter den Textilarbeitern in Leiden, wie ich selber feststellen konnte, oder nahe der Südgrenze – einige schickten ihre Sprößlinge zum Studium nach Brüssel, obwohl es verboten war. Doch während ich in Holland weilte, habe ich nie erlebt, daß deswegen die Staatsgewalt eingeschritten oder eine Strafe verhängt worden wäre.

Das wichtigste war, daß man die eigenen Glaubensformen beachtete. Die Geistlichen aller Konfessionen zögerten nicht, die in ihren Augen verlorenen Schafe zu brandmarken: Leute, die nicht in Übereinstimmung mit den religiösen Vorschriften lebten, die lauthals ihren Unglauben verkündeten und sich von den Gottesdiensten fernhielten. Darin zeigte sich jede Kirche unduldsam und konnte dabei auf die Zustimmung der Leute anderen Glaubens zählen. Doch wer sich den Bräuchen unterwarf, hatte völlige Gedankenfreiheit.

Die Priester taten ihre Mißbilligung gegenüber den Calvinisten halblaut kund, die strenggläubigen Pastoren wetterten lauthals gegen den Götzendienst der Papsttreuen oder gegen die Teufelsaustreiber, die sie als verkappte Agenten der fortschrittsfeindlichsten katholischen Propaganda beschimpften. Nach dem Kirchgang erwartete man sich gegenseitig, um die Praktiken des anderen Glaubens ins Lächerliche zu ziehen. Mich selbst machte einer meiner Nachbarn zur Zielscheibe seines Spottes. Als ich mich nach dem Grund erkundigte, bot er mir ein Glas an und gab gutmütig zur Antwort:

»Es geschieht nur spaßeshalber, Ihre Diener tun das gleiche mit den meinen, und wie das Sprichwort sagt: Beschimpfungen haben noch niemanden umgebracht.«

Um die Ansichten der Gegenseite zu erfahren, hörte ich mir protestantische Predigten an – was ich hier getrost tun konnte, weil es sich nicht um eine von oben verordnete Pflicht handelte. Zwar wurde in diesen Predigten keine Gelegenheit versäumt, Rom anzuprangern, und die Würdenträger verkündeten immer wieder, daß sie einen Gewaltstreich der Katholiken keinesfalls dulden würden. Verglichen mit der Intoleranz der Katholiken in Reims und Rom oder mit der Unduldsamkeit der anglikanischen Puritaner tönte das jedoch geradezu harmlos. Außerdem ist zu sagen, daß man weder in der einen noch in der anderen Glaubensgemeinschaft den Kanzelrednern blindlings folgte.

Wir Katholiken hatten trotz der Weisungen unserer Priester protestantische Freunde, die wir nicht zu bekehren versuchten. Wir nahmen an ihren Heiraten, Taufen, Beerdigungen und Festen teil. Wir lasen ihre Philosophen.

Die Calvinisten hielten es nicht anders. Und zudem tanzten sie.

Die Holländerinnen sind unermüdliche Tänzerinnen. Sie können zwei Tage lang tanzen, selbst wenn ihre Partner und die Musiker schon längst erschöpft sind. Sie versäumen keine Gelegenheit dazu; sogar an unseren Musikabenden, und mochte die Musik noch so klassisch sein, gab es immer wieder Frauen und Männer, die mit den Füßen zu stampfen begannen und sich plötzlich zu einem wilden Tanz erhoben – wenn es sein mußte, auch im Takte eines Madrigals.

Auch wenn die katholische Kirche solche Vergnügen argwöhnisch betrachtet, lehnt sie sich nicht offen dagegen auf. Die protestantische Kirche aber verbietet das Tanzen ebenso ausdrücklich wie das Theater, und den Predigern zufolge ist es äußerst schädlich nicht nur für die geistige, sondern auch für die körperliche Gesundheit. Die Mädchen werden unermüdlich gewarnt vor dieser lasterhaften Tätigkeit, bei der sie ihren guten Ruf aufs Spiel setzen. Doch die Drohungen der Prediger sind wirkungslos; weiterhin geht man von einem Tanzfest zum andern.

Gegen den Widerstand der Geistlichen obsiegt die Toleranz; im Grunde sind die Holländer ein offenes und friedliches Volk. Ich habe stets bedauert, daß die Umstände es mir verunmöglichten, mich in Holland niederzulassen, als ich verschwinden mußte. Zu leicht hätte man mich dort aufspüren können.

III

There was a mad lad had an acre of ground,
And he sold it for five pound:
He went to the tavern and drank it all out
Unless it were one half-crown.

»Sellenger's Round, or The Beginning of the World«
Volkstümliche Ballade

Ein verrückter Kerl hatte einen Morgen Land,
Und verkaufte ihn um fünf Pfund:
Er ging zur Taverne und vertrank die Summe
bis auf eine halbe Krone.

Nach einiger Zeit begann ich zu reisen. Wir waren so vorsichtig gewesen, daß niemand in mir den Sohn eines für seine Unbeugsamkeit berüchtigten Engländers namens Francis Tregian erkannte. Ich war Herr Tréville. Dank der Gottesgabe unserer Familie, Sprachen mit größter Leichtigkeit zu erlernen, war ich weder Engländer (ich war sorgsam darauf bedacht, kein einziges Wort Englisch zu sprechen) noch Franzose. Ich war ein Flame, der von klein auf sowohl Holländisch als auch Französisch gelernt hatte. Ich war ein Stoffhändler mit einer etwas verschrobenen Vorliebe für die Musik. Einige Leute hoben anfänglich auch die Augenbrauen, als sie sahen, daß ich mich im Fechten übte wie ein Edelmann. Doch nachdem mein Nachbar mit Begeisterung und reichlich ausgeschmückt die Geschichte verbreitet hatte, wie ich ihn vor dem sicheren Tod errettet habe, galt meine Geschicklichkeit im Umgang mit Waffen als zusätzliche Tugend. Herr Tréville sorgte dafür, daß man an der Brouwersgracht ruhig schlafen konnte. Es wurde mir sogar vorgeschlagen, der Bürgerwehr beizutreten, was eine ganz besondere Ehre war. Man hatte sich auch darüber gewundert, daß ich das Kontor zuweilen frühzeitig verließ, um zu musizieren. Doch die Verwunderung legte sich, als ich mich mit Jan Sweelinck befreundete, einem der beliebtesten Musiker der Stadt und Organisten an der Oude Kerk, der alten Kirche. Und als er sich gar zum erstenmal an einem unserer Madrigalabende beteiligte, fanden die Nachbarn nichts mehr einzuwenden: Wenn selbst Meister Sweelinck *Mijnheer* Tréville als seinesgleichen anerkannte, war wohl alles in Ordnung. Zudem, und das war ja die Hauptsache, gediehen die Geschäfte des Hauses Ardent und Van Gouden auch in meiner Abwesenheit.

Meine erste Begegnung mit Jan Sweelinck war nicht ganz leicht gewesen. Sein Ruf als Pädagoge und Virtuose verbreitete sich nach und nach in ganz Europa, und er wurde bestürmt mit Anfragen um Unterricht. Eines Tages erkundigte ich mich in einem noch etwas gebrochenen Holländisch bei ihm, ob er mir gestatten würde, in seiner Abwesenheit hin und wieder auf der Orgel zu spielen, um nicht aus der Übung zu geraten. Er ließ mich nicht zu Wort kommen:

»Ich habe keine Zeit. Schüler habe ich schon mehr als genug.«

»Aber, mein Herr ...«

»Woher kommen Sie?«

»Aus Italien.«

Mit der Zeit sollte ich merken, daß Sweelinck sich nie von der Stelle rührt und sehr erpicht ist auf Musik aus anderen Weltgegenden.

»Haben Sie Partituren mitgebracht?«

»Ja, mein Herr.«

»Haben Sie sie dabei?«

»Einige schon.«

»Können Sie spielen?«

»Ja, mein Herr.«

»Gut, dann spielen Sie, aber lassen Sie sich eines gesagt sein: Ich werde Ihnen keine Stunden erteilen.«

»Einverstanden, mein Herr.«

Ich setzte mich und spielte ihm eine Fantasie von Morley und ein Rondo von Byrd vor.

»Ich könnte Ihnen nicht mehr viel beibringen«, stellte er ohne ein Lächeln fest.

»Ich wäre sehr geehrt, wenn Sie mein Spiel korrigieren würden, aber das ist nicht der Grund, weswegen ich hergekommen bin.« Endlich konnte ich meine Bitte vorbringen.

Ich kann nicht behaupten, daß wir uns auf Anhieb zugetan waren, denn Jan Sweelinck war ein äußerst verschlossener, unnahbarer Mensch. Aber wir sind seither stets in Kontakt geblieben, selbst als ich nach England zurückkehrte. Außerhalb des Familienkreises ist er der einzige in Amsterdam, dem ich meine wahre Nationalität enthüllt habe. Unsere anfänglich von gegenseitiger Achtung geprägte Beziehung verwandelte sich unmerklich in eine Freundschaft. Neben John Bull und Meister Claudio da Correggio ist Jan Sweelinck sicher der größte Orgelvirtuose, den ich kennenlernen durfte. Vor allem seine Improvisationen waren überwältigend. Und ich war außerordentlich beglückt, als er zum erstenmal bei uns anklopfte, um an einem unserer Musikabende teilzunehmen. Er verabschiedete sich mit einem ungewöhnlich herzlichen Händedruck:

»Es war ein bezaubernder Abend.«

»Wir waren sehr glücklich über Ihren Besuch und hoffen Sie wiederzusehen, mein Herr.«

Tatsächlich kam er wieder, manchmal allein, manchmal mit seinen jungen Söhnen und seiner Frau.

Mit meinen Reisen konnte ich bei unseren Familiengeschäften das Angenehme mit dem Nützlichen verbinden. Jan hatte zuviel Arbeit in seinen Werkstätten, um sich von der Stelle zu rühren; Tag und Nacht war er fieberhaft damit beschäftigt, eine neue Farbe und einen neuen Seidensamt zu entwickeln. Giuliano verspürte keine große Lust mehr auf endlose Ritte. Ich dagegen war kerngesund und fähig, in kürzester Zeit große Distanzen zu bewältigen, was bei dringenden Bestellungen zuweilen erforderlich war.

Dank meiner Körpergröße, meiner Gelassenheit und meiner unergründlichen Miene (das sind Jans Worte) war ich der geborene Händler. Wenn man mir ein Angebot machte, brauchte ich immer etwas Bedenkzeit, und ich hatte die Gewohnheit, mit einem Lächeln auf dem Gesicht mein Gegenüber warten zu lassen. Bald merkte ich, daß mein Verhandlungspartner dies als Einladung auffaßte, das Angebot zu meinen Gunsten abzuändern. Ich ließ es mir gesagt sein und benutzte das Lächeln als Waffe.

Ich bin kreuz und quer durch Europa gereist, von Bremen nach Prag, von Kopenhagen nach Paris. Doch am meisten lockte mich Italien, und um dorthin zu gehen, war mir jeder Vorwand recht. Besonders gern suchte ich Venedig auf, wo die Musikverlage eine Blütezeit erlebten. Wenn ich einmal meine Stoffe angepriesen und verkauft hatte, durchstöberte ich mit Genuß den Laden und die Partituren der Amadinos, die Monteverde verlegten, der Gardanes und anderer mehr. In diesen Läden waren stets interessante Musiker anzutreffen. Nach einiger Zeit waren mir die Orgeln und die Musikverleger Europas ebenso vertraut wie die Liebhaber von Seidenstoffen. Überall kannte ich Musiker, Komponisten und Ausführende; ich könnte eine ganze Reihe von Namen aufzählen.

Der erste, der mir in den Sinn kommt, ist Claudio Merulo da Correggio, der in Parma lebte; er war mir wegen seiner unfehlbaren Methode des Orgelspiels empfohlen worden:

»Sie werden sehen, er spielt wie ein Gott. Er ist überwältigend virtuos und kann die Orgel zum Sprechen bringen. Bald flüstert, bald dröhnt sie …«

Man kann sich meine Neugier vorstellen. Ich ging nach Parma. Und es blieb nicht bei diesem einen Mal. Dank Claudio da Correggio habe ich mir auf der Orgel eine gänzlich andere, viel wirkungsvollere Spielweise angeeignet. Er wies einen an, mit gebogenen Fingern zu spielen und sie mit Rücksichtnahme auf die Ausdruckskraft der *Forti* und *Piani* einzusetzen. Für sehr laute Töne nahm man Zeigefinger und Ringfinger zur Hilfe, für die leiseren den Mittelfinger. Ich halte mich noch immer an diese Regeln und bringe sie den Kindern bei. Obwohl das Virginal keine solchen Klangnuancen kennt, ist die Methode auch für dieses Instrument sehr hilfreich.

Weitere Musiker haben meinen Reisen Glanzlichter aufgesetzt, von Ippolito Baccusi in Verona über Ludovico Balbi in Treviso und Melchior Borchrevinck in Kopenhagen zu John Cooper (einem ehemaligen Schulkameraden der Schneiderzunft, der mich aber nicht wiedererkannte), dem ich in Mailand begegnete, wo er sich Giovanni Coperario nannte. In Paris lernte ich Claudin den Jüngeren kennen. Und meine Schwester Margaret war mit Eustache du Caurroy bekannt, der es liebte, stundenlang über die Mathematik des Kontrapunkts zu schwadronieren. Ich begab mich regelmäßig nach Mantua, um Pallavicino und Monteverde zu besuchen und wo ich Musikern aus verschiedensten Ländern begegnete. Angelockt wurden sie wegen des Streits um die *seconda pratica,* der in allen Musiksalons Italiens Aufsehen erregte. Es wäre müßig, sie alle aufzuzählen; wo ich auch war, wurde ich in die Kreise der Musiker eingeführt

Der einzige Ort, an den ich mich nicht wagte, war der

Kirchenstaat. Dagegen nahm ich, sobald ich mich in der Rolle des musizierenden Händlers wohl fühlte, meinen ganzen Mut zusammen und betrat spanisches Hoheitsgebiet. Das war keineswegs einfach, denn es war unmöglich, vom Norden der Niederlande geradewegs in den Süden zu gelangen. Die beiden Teile waren einander spinnefeind. Spanien, das den Süden beherrschte, betrachtete – und betrachtet noch heute! – den Norden als rebellische Bastion gegen seine Herrschaft. Der Norden wiederum betrachtet sich als eigenständiger Staat, als welcher er auch von den meisten zivilisierten Ländern anerkannt wird, und sieht in Spanien und seinem flämischen Arm einen Unterdrücker, dem es die gewaltsam eroberten Provinzen wieder zu entreißen gilt und gegen den man jederzeit kampfbereit sein muß.

Ich hatte eine besondere Vorliebe für Antwerpen. Nicht nur war ich bei Musikern häufig zu Gast, ich machte außerdem eine interessante Entdeckung: Hier befand sich die Werkstätte der Ruckers – des Vaters Hans und der Söhne Jan und Andreas –, welche die schönsten Virginale bauen, die ich je gesehen und gehört habe.

Diese Werkstatt zog mich unwiderstehlich an. Eines Tages hatte ich mir so viele Erklärungen erbeten, daß der Vater Ruckers mir plötzlich einen feindseligen Blick zugeworfen und gefragt hatte:

»Sie sind nicht zufällig hergekommen, um unter dem Vorwand, die Instrumente zu bewundern, unsere Fabrikationsgeheimnisse zu stehlen?«

»Nein, nein! Der Gedanke liegt mir fern ... Ich möchte schon wissen, wie Sie vorgehen, aber aus bloßer Neugier und nicht, um Ihnen die Geheimnisse Ihres Könnens zu entlocken. Ich habe nicht die Absicht, selbst Virginale herzustellen.«

Damals hatte ich noch keine Ahnung, daß ich später genau das tun würde. Der Vater blieb mißtrauisch, doch mit den Söhnen, jungen Männern in meinem Alter, freundete ich mich an, ebenso mit einem ihrer Freunde, der oft auf dem Deckelinnern ihrer Instrumente eine dieser Landschaften malte, die den Interpreten inspirieren, wenn er am offenen Virginal sitzt. Ich erwähne ihn, weil er später berühmt wurde und sein Ruf bis hierher gedrungen ist: Peter Paul Rubens. Wie wir war er damals noch jung, zweifellos talentiert, aber unerfahren und ohne jede Einbildung.

Wir verbrachten zusammen fröhliche Abende in der Kneipe. Ich erinnere mich besonders an einen Tag, als wir nach reichlicher Zecherei zur Werkstatt zurückkehrten, wo die Brüder ein für den nächsten Morgen versprochenes Instrument fertigstellen mußten. Rubens legte die letzte Hand an seine Deckelverzierung; ich saß an einem anderen Virginal und sorgte für Unterhaltung. Wir waren ausgelassen und sangen frivole Lieder von Orlando di Lasso.

Un jeune moine est sorti du couvent,
A rencontré une nonnette au corps gent.
Se print à luy demander
S'elle voulait brimbaler
Ou dancer le petit pas.
He moine, moine, qu'apelez brimbaler?
Ma jeune dame, baiser & accoller
En nostre religion
Brimbaler nous apelons,
Cors à cors nus en deux draps ...

Ein junger Mönch ist aus dem Kloster gekommen,
Da ist ihm ein liebreizendes Nönnchen begegnet.
Fragt er sie,
Ob sie gern geschüttelt wird.
Oder einen kleinen Hüpfer möchte.
Heh, Mönch, was nennt Ihr Schütteln?

Meine junge Dame, Küssen und Schmusen,
So nennen wir es in unserer Religion.
Nackt, Leib an Leib zwischen zwei Bettüchern ...

Wenn ich meine Geschäfte erledigt hatte, suchte ich auch gerne den Drucker, Verleger und Musikalienhändler Pierre Phalèse auf. Von meiner zweiten Reise an brachte ich ihm Partituren der Musiker mit, die ich auf meinen Wanderschaften angetroffen habe, und wir tauschten Ansichten und Stücke aus. Er veröffentlichte wundervolle Sammlungen zeitgenössischer Komponisten aus aller Welt, die ich ihm abkaufte. Wir sind Freunde geworden.

Bei Phalèse begegnete ich Peter Philips. Philips hatte England zehn Jahre zuvor verlassen, weil er katholisch war, aber auch um eine grenzüberschreitende Laufbahn einzuschlagen, was ihm glänzend gelungen war. Als ich seine Bekanntschaft machte, lebte er in Antwerpen, wo man sich um seinen Unterricht stritt. Ich habe ihm nie eröffnet, daß ich Engländer sei, wir haben uns immer auf französisch unterhalten.

Ganz besonders schätzte ich seine Kompositionen und Arrangements für Cembalo oder *Consort*. Auf diesem Gebiet war er geradezu genial, und ich spiele noch heute seine Bearbeitungen von Lasso, Marenzio oder Striggio: *Le Rossignol, Margott Laborez, Chi farà fede al cielo, Tirsi, Cosi morirò* ... Was meine eigenen Kompositionen angeht, ist es ganz einfach: Die einzigen, die ich je spielen mochte, hat Peter Philips für mich arrangiert.

Eines Tages hatten wir eine sehr lebhafte Diskussion über Monteverdes *seconda pratica,* zu jener Zeit eines meiner bevorzugten Gesprächsthemen. Ich weiß nicht mehr, welche Behauptung ich dabei aufstellte, jedenfalls schauten mich Phalèse und Philips ungläubig an.

»Haben Sie ein Virginal?« fragte ich, um eine Diskussion abzuschneiden, die mir überflüssig vorkam.

Phalèse zog uns hinter den Vorhang, der das Zimmer unterteilte, und ich setzte mich ans Instrument.

Ich wollte vorführen, was ich gemeint hatte, aber sie schienen meinen Argumenten wenig Beachtung zu schenken, denn beide hörten mich zum erstenmal spielen, und das folgende Gespräch drehte sich unweigerlich um meine Technik.

Nach einer Weile zog Philips eine Rolle aus der Tasche, stellte sie auf das Notenpult und sagte:

»Sehen Sie sich das einmal an.«

Es waren seine *Pavane* und seine *Schmerzliche Gaillarde,* die ich noch oft zu spielen pflege.

»Es ist wunderbar«, sagte ich, als ich die Noten entziffert hatte.

Die herrliche Chromatik und die tiefen Töne verliehen den Stücken etwas außerordentlich Bewegendes.

»Sehr schön wäre auch, das mit einem *Consort* zu spielen.«

»Glauben Sie?«

»Ich bin sicher.«

Wir sprachen kurz darüber.

»Ich will sehen, was sich tun läßt.«

Als ich auf meiner nächsten Reise bei ihm vorbeikam, war eine Bearbeitung für Violen, Laute und Orgel entstanden.

»Ich habe diese Pavane geschrieben, als ich im Kerker war«, sagt Philips. »Unvorsichtigerweise hatte ich mich mit englischen Auswanderern getroffen, Katholiken wie ich selbst, die Pläne schmiedeten, die Königin von England zu töten. Es dauerte einige Zeit, bis man mir glaubte, daß ich nichts davon wußte und mich einzig für die Musik interessierte.«

Ich schlucke leer und gebe keinen Laut von mir. Insgeheim frage ich mich, ob er wohl überwacht wird und ob man auch mir auf die Spur kommt. Dem ist nicht so.

Dabei wimmelt es in Antwerpen von englischen und spanischen Spitzeln. Doppeltes Spiel, Verrat und Bestechlichkeit sind in dieser finsteren Welt an der Tagesordnung. Daß die Katholiken hinter die Geheimnisse der Protestanten kommen wollen und umgekehrt, mag man bedauern, aber es ist begreiflich, daß einige es für notwendig halten. Doch in Wirklichkeit war die Sache leider nicht so einfach. In jeder Partei gab es Gruppen, die sich gegenseitig belauerten. Die Spitzel von Essex und jene von Burghley ließen sich nicht aus den Augen, die des Papstes und die des spanischen Königs waren ebenso hintereinander her, wie die Jesuiten und die Politischen einander ausspionierten. Und über allem wachte die Inquisition.

Wenn man uns nie entdeckt hat, so deshalb, weil Jack und ich nie englisch sprachen und uns von den Emigranten fernhielten. Zeigte jemand zuviel Interesse an uns, was hin und wieder geschah, setzte ich mein ahnungsloses Lächeln auf. Jack spielte den Trottel; er hatte seinen Namen auf holländisch übersetzt und ließ sich *Jaap* nennen. Niemand stellte je weitere Nachforschungen an, und vor allem brachte niemand Frans Tréville mit Francis Tregian in Verbindung. Giuliano hatte uns ausführlich instruiert; er nannte uns die Herbergen, die wir zu meiden hatten, und die Fallen, die es zu umgehen galt. Wir waren stets auf der Hut und hatten eine Reihe von Paraden vorbereitet, die wir zu Hause vor jeder Abreise übten.

Ich glaube sagen zu dürfen, daß es mir gelungen ist, in meinen Amsterdamer Jahren meine Spuren zu verwischen. Nach Jans Volljährigkeit wäre unsere Verschwiegenheit nicht mehr nötig gewesen, aber sie war uns zur festen Gewohnheit geworden, und warum sollten wir unseren Eltern etwas enthüllen, das ihnen nur Kummer bereitet hätte? Außerdem bin ich zutiefst überzeugt von der Lebensregel, wonach das Glück im Verborgenen gedeiht.

Ich habe einen Weg gefunden, meinem Vater Nachrichten zukommen zu lassen, ohne mich zu verraten. Ich schikke ihm Botschaften aus den Städten, in denen ich mich auf meinen Reisen aufhalte. Ich begebe mich regelmäßig nach Paris, wo ich meine Schwester besuche. Sie ist eine regelrechte Französin geworden; ihr Haus ist zwar klein, aber berühmt für seine Küche und seine Musik – für seinen »Geist«, wie man in Paris sagt. Charles und sie haben zwei hübsche Kinder.

Da nicht einmal die eigene Schwester Adrian erkannt hatte, sagte ich nichts über ihn. Ich erklärte nur, daß man in mir einen lästigen Zeugen sehen könnte, wenn Spanien Kardinal Allen wirklich vergiftet hatte, und daß es besser sei, wenn niemand erfahre, wo ich sei. Das stimmte vielleicht sogar.

Ich gehe gern zu den Troisvilles und benutze diese Gelegenheiten, um an meinen Vater zu schreiben. Margaret fügt meinen Briefen noch einige Zeilen bei, und wenn sie schreibt, halten wir es umgekehrt. Das erweckt den Eindruck, daß ich in Paris oder jedenfalls in Frankreich lebe. So weiß meine Familie, daß ich verheiratet und Familienvater bin. Hin und wieder erhalte ich Nachrichten, die Margaret mir mit den üblichen Vorsichtsmaßnahmen überbringen läßt. Und wenn aus irgendwelchen Gründen keine Briefe ausgetauscht werden können, geht Jack nach London.

Ein- oder zweimal im Jahr reist er nach Dieppe oder Nantes, schifft sich nach England ein und bringt meinen Brief zu Lady Anne, die ihn an die Fleet weiterreicht. Bis die Eltern eine Antwort geschrieben haben, besucht Jack seine Familie. Dann reist er wieder nach Frankreich, von wo aus er auf verschlungenen Wegen, um allfällige Verfolger abzuschütteln, nach Amsterdam zurückkehrt.

Den Neuigkeiten aus England entnehme ich, daß mein Bruder Charles sich in Rom aufhält und, soviel ich weiß, das englische Kollegium besucht. Vater möchte, daß ich mich um ihn kümmere, aber ich gehe nicht auf seinen Vorschlag ein, und er erneuert ihn nicht.

Die ganze Christenheit hört von der Eroberung von Cadiz durch die englische Flotte.

An den Küsten der Niederlande und Nordfrankreichs wird um die Vorherrschaft über den Ärmelkanal gekämpft.

Lord Burghley stirbt; die Nachricht betrübt mich, denn trotz aller üblen Nachrede, die mir immer wieder zu Ohren kam, habe ich ihn liebenswürdig gefunden. Sein Sohn Robert ist sein Nachfolger.

Ich erfahre auch vom Tod meiner Großmutter Tregian, Madam Catherine, geborene Arundell. Sie starb im kleinen Haus bei Lanherne, wohin sie sich zurückgezogen hatte. Eindrückliche Erinnerungen tauchen auf ... Madam Catherine, die mir das Alphabet beibringt, Madam Catherine, wie sie kerzengerade durch den Morast von Cornwall reitet, Madam Catherine, die mir mit der Rute droht, wenn ich mich nicht flugs an meine Leibesübungen mache ... »aber ein bißchen plötzlich, mein kleiner Herr!« Die Bilder quellen nur so hervor; Schmerz und Trauer rauben mir den Schlaf.

Laut Jack, der behauptet, er sei bis zum Königspalast vorgedrungen, um die letzten Neuigkeiten zu erfahren – aus dem Mund der Dienstboten, versteht sich –, altert die Königin schlecht und wird immer launischer. Noch immer hat sie keinen Thronerben bestimmt. Die Wetten sind offen; die meisten Chancen werden Jakob VI. von Schottland eingeräumt, dem Sohn von Maria Stuart.

Obwohl ich weiß, daß diese Ereignisse meine Zukunft bestimmen könnten, muß ich gestehen, daß die Nachrichten aus England mich im Augenblick nicht sonderlich interessieren. Die Gegenwart nimmt mich weit mehr in Anspruch. Ich reise häufig und bin sehr beschäftigt.

Zum zweitenmal werde ich Vater.

Während drei, vier Jahren sind wir unerklärlicherweise ohne Kindersegen geblieben, um so fieberhafter erwarten wir diese zweite Geburt. Und wie es in Holland der Brauch ist, nimmt das ganze Quartier daran teil.

In den Tagen vor der Niederkunft ist das Haus ständig voller Frauen. Manchmal erlaubt man mir, mich zu meiner Gemahlin zu setzen, aber ich bin ein Eindringling geworden. Kaum setzen die Wehen ein, stellt man mich ohne Federlesens vor die Türe. Eine der Frauen holt die Hebamme, eine andere stürzt zu den Ardents, wo Francis in Erwartung des Ereignisses vorübergehend untergebracht ist. Jane eilt mit ihrer ältesten, etwa zehnjährigen Tochter Mary herbei. Als die Türe kurz offensteht, sehe ich Françoise auf einem Liegestuhl, der nur für Geburten benützt wird. Dann schließt Jane die Türe mit einem aufmunternden Lächeln hinter sich. Mir bleibt nichts anderes, als in die Küche zu gehen, wo Jack meinem Nachbarn einen Branntwein einschenkt. Er hält eine große Rede, der ich keinerlei Beachtung schenke.

Plötzlich stürzt eine Frau mit einem blutgetränkten Lappen in den Händen heraus. Für einen Augenblick setzt mein Herzschlag aus. Ohne uns eines Blickes zu würdigen, eilt sie in den Hof und wirft den Lappen in ein vorbereitetes Loch: Es ist die Nachgeburt, die sie im Boden vergräbt. Wie der Blitz kehrt sie ins Zimmer zurück und läßt uns keine Zeit für irgendwelche Fragen. Bald öffnet sich die Türe zum zweitenmal. Mary, die Patin, steht auf der Schwelle und neigt ihr andächtiges Gesicht über den Säugling, den sie in den Armen hält. Sie trägt ein Prunkgewand, an dem Françoise während Wochen genäht und gestickt hat. Mein Nachbar tritt vor und setzt mir die traditionelle, mit Federn geschmückte Mütze auf, die den Ehemann der Wöchnerin auszeichnet. Wir stellen einen Taft eigens für diese Mützen her, wie sie jede Familie besitzt. Am Hauseingang wird die *kraam kloppertje* aufgehängt, eine Puppe aus Papiermaché und Spitzen, die das Geschlecht des Kindes verrät.

Mary schaut mich aus ihren großen grauen Augen an, vollführt einen Knicks, hebt den Säugling hoch und sagt mir feierlich:

»Hier ist Ihre Tochter Adrienne, Vetter Francis. Möge Ihnen Unser Herr durch sie glückliche Tage schenken, oder möge Er sie zu Sich heimholen, wenn es Sein Wille ist.«

Das sind die rituellen Worte, mit denen ein Neugeborenes seinem Vater vorgestellt wird.

Sie sind das Zeichen zum Fest.

Während ich zitternd das Gesichtlein mit seinen geschlossenen Augen erforsche und mit diesem zerbrechlichen Wesen Fühlung aufnehme, das meine Tochter werden könnte, so Gott will, rufen die Nachbarinnen auf der Türschwelle nach ihren Gatten. Es ist ein schöner Tag gewesen; die Männer, allen voran Jan und Giuliano, haben auf der Bank vor dem Haus gewartet. Lärmend treten sie ein. Das Kind wird mir wieder weggenommen, und ich habe einige Mühe, mich aus den Umarmungen zu lösen – ich möchte mit Françoise sprechen.

Als sie mich hereinkommen sieht, lächelt sie mir zu und beißt mit Genuß in ein Honigbrot.

»Nun, Monsieur Tréville?«

»Ihre Tochter ist ein bezauberndes Fräulein. Ich gratuliere Ihnen, Madam Tréville.«

Wie es der Brauch will, lade ich die Kinder zu einem Fest ein. Vor dem Haus scharren sie ungeduldig mit den Füßen. Berge von Pralinen werden hinausgetragen und ein großer Topf Fleischbrühe, die an groß und klein ausgeschöpft wird. Es ist Ende Nachmittag; Nachbarn und Vorübergehende halten unterwegs an, um eine Tasse Brühe zu trinken. Sie scherzen, überhäufen mich mit guten

Ratschlägen, bewundern den Säugling und empfehlen sich der Mutter.

Guillaume Ardent (den man in der Verkleinerungsform von Willem Wim nennt) holt seine Laute und stimmt ein Lied an:

Vignon, vignon, vignette
Qui te planta il fut preudom,
Il me semble avis que j'alaitte,
Vignon, vignon, vignette,
Il me semble que j'alaitte
Quand tu passes mon gorgeton.
Vignon, vignon, vignette,
Qui te planta fut preudom.

Rebe, Rebe, Reblein,
Wer dich gepflanzt, war weise.
Mich dünkt, ich trinke Muttermilch,
Rebe, Rebe, Reblein,
Mich dünkt, ich trinke Muttermilch,
wenn du in meine Kehle rinnst.
Rebe, Rebe, Reblein,
Wer dich gepflanzt, war weise.

Alle singen mit, es ist eines der Lieder unserer Musikabende. Andere Instrumente tauchen auf, und bald ertönt eine Serenade unter den Fenstern von Françoise.

Unter den Röcken zucken Füße im Takt, und wenn nicht getanzt wird, so aus Rücksicht auf die Wöchnerin und auf den Herrn Pastor Claas, der zwei Häuser weiter wohnt und sich mit seiner Pfeife zu uns gesetzt hat, obwohl er weiß, daß wir alle katholisch sind.

*

Dieses Leben ist so ungewöhnlich ruhig, daß ich den Eindruck habe, es könne gar nicht meines gewesen sein. Es hat sechs oder sieben Jahre gedauert.

Das erste Anzeichen einer Veränderung, die ich im Augenblick nicht als solche wahrgenommen habe, war die Nachricht von der Entlassung meines Vaters aus der Fleet. Er weilte in Chelsea. Jack findet ihn dort. Er erzählt mir von seiner hohen, gebeugten Gestalt.

»Er lebt mit allem Prunk und zahlreichen Bediensteten in einem schönen Haus.«

»Dann ist er also freigelassen worden?«

»Ja und nein. Er ist besser bewacht als eine Truhe voller Gold. Aber Ihre Majestät hat ihm erlaubt, außerhalb der Fleet zu leben. Er hat einen ganzen Hofstaat um sich versammelt, eine weitaus größere Hausgemeinschaft als jene von Lady Anne. Sie haben zahllose Schwestern, mein Herr, die jüngste ist höchstens sechs oder sieben Jahre alt. Sie heißt Dorothée und sieht Ihnen ähnlich.«

Mein Vater wollte mich sehen, und ich hatte ihm tausend Fragen zu stellen.

Gleichzeitig hatte ich jedoch von einem Versuch des Grafen von Essex, Mitglied des Kronrats, vernommen, die Königin gewaltsam zu einer Änderung in den Regierungsgeschäften zu drängen. Er hatte beabsichtigt, sie als Geisel zu nehmen – ein Wahnsinn.

Die Königin, die ihm sehr zugetan gewesen war, hat ihm diesmal nicht verziehen. Essex, der mir schon bei unserer Begegnung einen überspannten Eindruck gemacht hatte, sah sich bereits als König von England; er war so sicher, daß er Elisabeths Nachfolger würde, daß er schließlich Wunsch und Wirklichkeit verwechselte und seiner eigenen Anmaßung zum Opfer fiel. Er endete auf dem Schafott. Southampton, der ihm bis zuletzt gefolgt war, wurde mit ihm eingekerkert, zum Tode verurteilt, dann begnadigt, aber in den Tower von London eingesperrt.

Das schien mir nicht der geeignete Moment, meinen Vater zu besuchen, der noch immer enge Beziehungen mit Spanien und den Jesuiten unterhielt, wie Giuliano mir versicherte. Doch er bestand so hartnäckig darauf, daß ich nach Beratungen mit den Tregians in Amsterdam und den Trévilles in Paris schließlich nachgab.

Man schrieb das dreiundvierzigste Jahr der Herrschaft, und wie beim vorangegangenen Besuch in England war es Frühling.

*

In letzter Minute beschließt Giuliano, mit mir zu kommen. Es ist schon so lange her, seit er mich auf einer meiner Reisen begleitet hat, daß ich mich mit Rührung in meine Jugendzeit zurückversetzt fühle. Ohne Heimlichkeit überqueren wir den Ärmelkanal. Seit dem Tode Philipps II. von Spanien und des alten Lord Burghley hat sich die Zahl der Spitzel verringert. Außerdem hoffe ich, daß Lord Burghleys Sohn Robert Cecil, der schon so lange nichts mehr von mir gehört hat, zur Überzeugung gelangt ist, daß ich weder ein Aufrührer noch ein Intrigant bin. Die Verschwörer werden früher oder später alle von einem Spitzel enttarnt. Ich habe nicht vergessen, daß er mir seine Zuneigung beteuert hat, und ich hoffe, daß auch er sich daran erinnert: Ich habe nämlich die Absicht, ihn aufzusuchen. Jan hat mir die Erlaubnis gegeben, seine Identität zu enthüllen, falls es unbedingt notwendig ist.

Nach der Landung gehen wir zu Lady Anne. Da sie französische Priester beherbergt hat, mußte sie Muswell verlassen. Sie ist nach Chideok zurückgekehrt, einem von Arundells Besitztümern in der Grafschaft Dorset, hat aber auch dort großen Ärger gehabt und ist vorübergehend wieder in Muswell. Meine Mutter hält sich in Chelsea auf.

Ich lerne meine jüngsten Schwestern Elisabeth und Dorothée kennen. Sie sind ungefähr im Alter meines Sohnes Francis und durchaus bezaubernd. Drei weitere Schwestern sind als Gesellschaftsdamen bei Familien untergebracht.

»Wie kommt es denn, daß Sie nicht auch in Chelsea sind, meine Fräulein?«

»Sehen Sie, werter Bruder«, erklärt Dorothée im ernsten Ton einer großen Dame, »unser Herr Vater hat ein reizbares Gemüt, und wir vergessen manchmal, daß wir nicht lachen oder herumspringen sollten. Nach einigen Zwischenfällen haben wir es deshalb vorgezogen, uns unnütze Strafen zu ersparen und haben Lady Anne gebeten, sie möge uns bei sich aufnehmen.«

»Und was hat unser Herr Vater dazu gemeint?«

»Oh, er hat nichts gesagt. Am Tag unserer Abreise war er von seinen Geschäften so in Anspruch genommen, daß wir uns nicht einmal haben verabschieden können. Er war sicher erleichtert, nicht mehr von uns gestört zu werden. Er betet häufig und hat nicht viel Zeit für uns.«

Ihre Worte geben mir zu denken, und ich erkundige mich bei Lady Anne.

»Ihr Vater ist so lange in der Fleet gewesen, daß er den Sinn für die Realitäten verloren hat. Kaum entlassen, hat er vom spanischen König eine Rente angenommen. Stellen Sie sich das vor!«

»Bezieht er sie?«

»Natürlich nicht. Die Königin hat es ihm untersagt.« Sie seufzt. »Wozu diese unnötigen Provokationen? Er hat doch genug Geld.«

»Lebt er von katholischen Spenden?«

»Keineswegs. Er lebt wie eh und je von seinen Besitztümern, die nicht in Cornwall liegen. Nach außen ist er zwar völlig mittellos, aber er hat seine Schäfchen ins trockene gebracht. Vielmehr war es mein verstorbener Gemahl, der das für ihn getan hat. Herr Francis Tregian ist über solche Einzelheiten erhaben.«

»Gestatten Sie mir eine Frage, Lady Anne: Sie lieben meinen Vater nicht und haben ihn nie sehr gemocht. Warum haben Sie zugelassen, daß Ihre älteste Tochter ihn heiratet?«

Solche Fragen sind in unserer Familie nicht gerade üblich, und ich mache mich darauf gefaßt, daß Lady Anne mich zurechtweist. Aber nein: Sie schaut mich nachdenklich an. Ihr Gesicht ist von Falten durchzogen, doch ihr Blick ist ebenso lebhaft geblieben wie ihre Bewegungen. Sie hat auch noch keinen einzigen Zahn verloren und ihr mädchenhaftes Lächeln behalten.

»Mary und Francis haben sich kennengelernt, als ich meinen zweiten Gemahl Sir John heiratete und mit meinen Kindern aus erster Ehe nach Lanherne zog. Sie haben sich in der Blüte ihrer Jugend ineinander verliebt; es war eine vorteilhafte Partie für alle. Weshalb hätte ich mich dagegenstellen sollen? Keiner der Tregians war wie Francis. Sie waren zäh, aber bei aller Hartnäckigkeit nicht so beschränkt, daß sie ihre eigenen und die Interessen ihrer Familie aus den Augen verloren hätten. Francis war ein starrköpfiger Junge, aber solange sein Vater noch lebte, war er liebenswürdig und zurückhaltend. In Douai hat er sich verändert.« Ihr Blick verliert sich in den Erinnerungen. »Einmal handelte es sich darum, einen Streit um ein wertvolles Wrack zu schlichten. Ihr Vater war kaum zwanzig Jahre alt und begleitete Sir John ans Gericht. Seit langem verbrachte mein Gemahl wieder einen ganzen Tag allein mit seinem Neffen. Bei seiner Rückkehr sagte er mir: ›Dieser Bursche wird uns Ärger machen, er ist völlig unbedacht. Wir waren dort, um eine Unstimmigkeit beizulegen, und er hat in aller Öffentlichkeit die Leute als Diebe bezeichnet, die einen Teil des Wracks beanspruchten. Er meinte, es sei unehrenhaft, sich auf diese Weise zu bereichern. So etwas darf man nicht zu jenen sagen, die die Erlaubnis haben, das Wrack zu leeren. Selbst die Königin beansprucht in solchen Fällen einen Anteil an der Beute. Wir waren nicht dort, um den Leuten Moral zu predigen, sondern um für eine gerechte Verteilung zu sorgen. Tregian hat sich sicher tödliche Feinde geschaffen.‹ Er war sehr beunruhigt. Und der Ärger ließ nicht auf sich warten. Ich möchte nicht von Schicksalsschlägen sprechen; sie waren voraussehbar.«

»Aber Sie selbst haben Cuthbert Mayne in Lanherne aufgenommen.«

»Mein lieber Francis! Alle haben Priester aufgenommen! Wäre mit allen, die einen Priester beherbergt haben, so verfahren worden wie mit Ihrem Vater, gäbe es nicht mehr viele adelige Geschlechter in Cornwall, das können Sie mir glauben. Als Sir Richard Grenville zum Sheriff ernannt wurde, haben wir alle die Köpfe eingezogen und gewartet, bis das Gewitter vorüber war.«

»Alle außer meinem Vater?«

»Kaum war sein eigener Vater gestorben, hat er sich aufgeführt, als stünde jedermann in seiner Schuld. Und als man einen Sündenbock brauchte, haben alle Leute, die er verletzt hatte, auf ihn gezeigt. Die Priester aus Douai werden wütend verfolgt, vor allem wenn es sich um Jesuiten handelt. Der katholische Adel dagegen wurde in Ruhe gelassen, sofern er sich von Verschwörungen fernhielt. Der Fall Ihres Vaters ist in seinem Ausmaß fast einzigartig geblieben. Er hat sogar die Königin beleidigt!«

Ich versuche etwas einzuwenden, aber sie läßt mich nicht zu Wort kommen.

»Ja, ich kenne die Geschichte. Sie soll es auf ihn abgesehen haben, weil sie keine tugendhafte Frau ist. Ein hübsches Märchen, aber die Wirklichkeit ist leider viel prosaischer: Um ihren Vetter zweiten Grades zu schützen, wollte sie ihm den Posten des Sheriffs übertragen. Er hat ihn abgelehnt und damit zwangsläufig für seinen erklärten Feind Sir Richard Grenville freigehalten, der sein Amt dazu benützte, die Tregians und die Arundells ins Unglück zu stürzen. *Er* hat sich die Güter der beiden reichsten Familien von Cornwall angeeignet und ist mit einer Strenge gegen uns vorgegangen, die kaum ihresgleichen hatte.«

Ihr Gesicht wirkt hart.

»Doch um auf Ihre Frage zurückzukommen: Der wahre Charakter Ihres Vaters hat sich erst gezeigt, als Mary und er schon verheiratet waren. Niemand hatte damit gerechnet, daß der Sohn eines schlauen Fuchses, wie sein Vater einer war, blindlings in eine doch eher plumpe Falle treten würde. Außerdem war Mary verliebt. Zu jener Zeit verliebten sich alle Frauen in ihn. Er war schön, jung, reich und bezaubernd. Eine Vernunftehe, die zugleich eine Liebesheirat ist – was wollen Sie noch mehr?«

Mir fällt keine Antwort ein, sie fährt fort, als wäre ich nicht anwesend: »Ohne ihn wäre unser Leben einfacher gewesen.«

Sie schaut mich durchdringend an, um festzustellen, ob sie mich erzürnt hat. Ich begnüge mich mit einem Lächeln und einem Handkuß.

»Nun haben auch Sie mir Urenkel beschert«, fügt sie hinzu.

»Ja. Francis und Adrienne. Sie sind noch zu jung, um auf Reisen zu gehen.«

»Ich werde sie nicht mehr kennenlernen. Sollte Gott mir die Gnade erweisen, mich ins Paradies aufzunehmen, werde ich Ihn um einen guten Fensterplatz bitten. Ich habe bereits vierzehn Urgroßkinder, und es werden noch mehr. Ich werde viel zu tun haben, um über alle zu wachen!«

*

All das geht mir wieder durch den Kopf, als ich meinen Eltern gegenübersitze. Mein Vater ist ein strenger, langbärtiger Greis, meine Mutter ist trotz ihrer Rundungen zierlich geblieben.

»Mein Sohn, es ist an der Zeit, daß Sie meine Nachfolge antreten.«

»Aber Vater, Sie haben noch ein langes Leben vor sich!«

»Ich trachte nach dem Frieden. Und vor meinem Tod möchte ich mich vergewissern, daß unsere Güter wieder in den Besitz der Familie zurückkehren.«

»Sie wissen doch, Vater, daß die Besitztümer dem *Praemunire* unterstellt sind, solange Sie leben, und George Carey wird sie nicht freiwillig herausrücken. Oder wollen Sie mir etwa andeuten, ich solle konvertieren? Natürlich, wenn ich zum anglikanischen Glauben übertreten würde ...«

Ich weiß, daß ich ihn damit reize, und doch überrascht mich das Ergebnis. Sein greisenhaft gebrechliches Aussehen täuscht. Als Vater begreift, daß ich es zum erstenmal wage, ihm offen die Stirn zu bieten, unterbricht er mich jäh und überschüttet mich mit einer Flut von Verwünschungen und Beschimpfungen, die alle mit *un*... beginnen: undankbar, untreu, unfähig, unverschämt, un... un... un... Ah, wenn er mich noch verprügeln könnte!

Ich komme mir wie in einem Schauspiel vor und begnüge mich damit, die Szene mit meinem berühmten unerforschlichen Blick zu betrachten. Hinter Vaters Rücken macht mir meine Mutter Zeichen, die ich als Vorwürfe deute. Die Zeiten, in denen sie ihre Meinungsverschiedenheiten ihrem Gatten kundtat, sind offenbar endgültig vorbei: Francis Tregian den Älteren greift man nicht offen an. Ich habe gegen diesen fundamentalen Glaubenssatz der Familie verstoßen. Meine Ruhe reizt meinen Erzeuger noch mehr und treibt ihn zur Weißglut.

»Vater«, werfe ich schließlich ein, als ich genug habe,

»ich komme morgen wieder, und bis dann wollen wir alle beide nachdenken.«

Ich reise nach London zurück. Ich sollte mir die Ländereien zurückholen? Ein absurder Gedanke. Doch Vater läßt auch am nächsten, am übernächsten und an allen folgenden Tagen nicht locker.

Von Old Thomas bis Sir John haben mich alle vernünftigen Leute seit meiner Kindheit gewarnt: Das *Praemunire* wird nicht vererbt, aber wenn mein Vater stirbt, wird man von mir verlangen, daß ich meinen Glauben wechsle, und erst dann wird man mir unsere Ländereien zurückgeben. Nun gibt es allerdings einen Punkt, in dem ich ebenso starrköpfig bin wie mein Erzeuger: Ich werde meinem Glauben nie abschwören. Dagegen bin ich bereit, einen Eid abzulegen, daß ich als treuer Untertan der englischen Krone mein Land mit dem Schwert und bis zum letzten Blutstropfen gegen jeden Feind verteidigen will, ungeachtet seines Glaubens. Wenn das in Holland möglich ist, weshalb nicht in England?

Es wäre sinnlos, in solchen Worten mit meinem Vater zu reden, der jedem, der es hören will, laut und deutlich erklärt, seiner Meinung nach stehe der Thron nach Elisabeths Tod der spanischen Infantin zu – und der sich öffentlich darüber freut, daß England dann zum Katholizismus zurückkehren wird.

»Möchten Sie denn Ihr Land der Inquisition ausliefern? Sie wird noch viel unnachgiebiger sein als die Ordnungskräfte der Krone.«

»Ausliefern? Mein Sohn, Ihre Ungläubigkeit entsetzt mich. Die Inquisition ist eine Notwendigkeit, besonders in einem Land, das so lange der Ketzerei unterworfen war: Sie muß verfolgt werden bis tief in die Seele eines jeden. Ein paar Scheiterhaufen sind dafür kein zu hoher Preis.«

»Das englische Volk wird niemals einverstanden sein ...«

»Das englische Volk wird tun, was von ihm verlangt wird. Es wird den Geboten Gottes gehorchen.«

Weshalb sollte ich tauben Ohren predigen? Ich schweige und warte für eine klare Stellungnahme lieber auf Giulianos Rückkehr, den ich nach Cornwall geschickt habe, damit er sich unerkannt ein Bild der Lage verschafft.

Vater wiederholt meine Verpflichtungen wie eine Litanei. Nach einigen Tagen stelle ich sogar meine Besuche ein. Ich kann mich je länger je schlechter beherrschen und ziehe es vor, dem Streit mit ihm aus dem Weg zu gehen.

IV

How should I your true love know
From another one?
By his cockle hat and staff,
And his sandal shoon.
He is dead and gone, lady
He is dead and gone.

Ophelia in »Hamlet«
WILLIAM SHAKESPEARE
nach der Melodie von
»Walsingham«, volkstümliche Ballade

Wie erkenn ich dein Treulieb
Vor den anderen nur?
An dem Muschelhut und Stab,
Und den Sandelschuhn.
Er ist lange tot und hin,
Tot und hin, Fräulein!

»Im höchsten palmenreichen Stande Roms,
Kurz vor dem Fall des großen Julius, standen
Die Gräber leer, verhüllte Tote schrien
Und wimmerten die röm'schen Gassen durch.
Dann feurgeschweifte Sterne, blutger Tau,
Die Sonne fleckig; und der feuchte Stern,
Des Einfluß waltet in Neptunus' Reich,
Krankt' an Verfinstrung wie zum Jüngsten Tag.
Und eben solche Zeichen grauser Dinge
Als Boten, die dem Schicksal stets vorangehn,

Und Vorspiel der Entscheidung, die sich naht,
Hat Erd und Himmel insgemein gesandt
An unsren Himmelsstrich und Landsgenossen.
Gebt acht ... werter Master William, was machen Sie da?«

»Das ist mein Auftritt.«

»Keineswegs, ich habe noch mindestens zehn Zeilen.«

»Aber nein, werter Master Thomas! Wir haben den Text geändert.«

»Den Text geändert? Schon wieder?«

»Ja! Unser Gespräch hat mich gerade auf einen Einfall gebracht, und ich habe Ihnen gesagt ...«

»Sie haben gesagt, der Geist sei nicht mehr bloß ein Geist, sondern Hamlets Vater, was ich eine glänzende Idee finde. Aber das ist kein Grund, meinen Monolog zu kürzen.«

»Mein lieber Thomas, ich kürze nichts, ich *ändere,* und solange wir proben, werde ich weiterhin ändern. Sie werden jetzt sagen: *Doch still! Schaut, wie es wieder kommt. Ich stell' es, und sollt es mich verderben.*«

»Das soll neu sein?«

»Ja, das ist neu. Gerade eben waren Sie einverstanden mit meiner Idee.«

»Gut, gut; ich frage mich nur, wie man unter solchen Umständen ernsthaft arbeiten soll ... Man weiß nie, welcher Text nun gültig ist.«

»Genug der müßigen Diskussionen. Wenn jemand Grund zur Klage hätte, dann ich: Mit der Verwandlung des Geistes in meinen verstorbenen Vater ändert er mir die großen Szenen des ersten Aktes, ganz zu schweigen vom Rest.«

»Schon, aber Sie, werter Master Richard, haben ein gutes Gedächtnis. Ich dagegen ...«

Er unterbricht sich und streckt anklagend den Zeigefinger aus.

»Da ist ja jemand! Wir streiten uns vor fremden Leuten?! Ich habe immer gesagt, daß ich niemanden bei den Proben will, zum Donnerwetter!«

Alle Blicke richten sich auf mich. Ich mache mich so klein wie möglich in der Ehrenloge.

»Fremde?« wundert sich Master Shakespeare, dann sieht er mich. »Aber nein, das ist kein Fremder, das ist der Hase ... ich will sagen, der Herr bringt die Musik für Ophelia, die unser armer Master Morley nicht selbst hat bringen können, weil es ihm so schlecht geht. Meine Herren, ich darf Ihnen einen Sachkundigen vorstellen: den ehrenwerten Herrn Francis Tregian, Vetter des seligen Lords Ferdinando Stanley, der uns in den Anfängen nach Kräften unterstützt hat. Bei den Herren hier handelt es sich um William Kemp, Richard Burbage, Thomas Pope und Augustine Phillips. Dort unten sehen Sie noch die Herren Thomas Vincent und John Hemminges, die fieberhaft den Text korrigieren, damit unsere Änderungen nicht verlorengehen.«

Wir verbeugen uns alle, dann machen sie sich wieder ans Werk.

Der Text, den sie proben, entspricht genau meinen Gefühlen, seit ich in London bin: Es herrscht eine Endzeitstimmung. Offenbar ist Master Shakespeare dafür ebenso empfänglich wie ich. Hinter dem Gelächter lauert die Trauer, die Verwirrung ist mit den Händen zu greifen, vor allem für einen, der wie ich vom Ausland kommt. Die Hinrichtung von Essex liegt kaum drei Monate zurück, Southamptons Schicksal ist noch ungewiß. Zwar hat man sein Todesurteil aufgeschoben, aber noch nicht endgültig aufgehoben. Hinter vorgehaltener Hand reden alle über den baldigen Tod der Königin oder vielmehr über ihre Nachfolge: Sie hat keinen leiblichen Erben; Jakob VI. von Schottland, der gegenwärtige Lord Derby oder Arabella Stuart, alle Urenkel von Schwestern Heinrichs VIII., hätten Anspruch auf den Thron. Es wäre an der Königin, eine Entscheidung herbeizuführen. So will es der Brauch.

Doch sie schweigt. Es ist ein allgegenwärtiges, lähmendes, ich möchte fast sagen, ein ohrenbetäubendes Schweigen.

Jakob VI. ist der einzige, den man näher kennt, und sein Ruf ist miserabel: Er sei selbstgefällig und ein schlechter Staatsmann, heißt es allgemein. Eine ernsthafte Kandidatur der spanischen Infantin kommt kaum in Betracht ... dagegen würde sich wohl die ganze Insel erheben. Ich habe mich bei Sir Robert Cecil angemeldet, der Minister geworden ist, um ihn um eine Unterredung zu bitten. Jack, inzwischen ein erfahrener Mann auf dem Gebiet der Überwachung, versichert mir, daß ich bloß zwei oder drei Tage lang verfolgt wurde, dann hat sich die Polizei des Ministers nicht mehr um mein Kommen und Gehen gekümmert.

Ich muß wieder eine Orientierung finden. In Amsterdam war ich fern von allem; kaum bin ich hier angekommen, habe ich den Eindruck, ich sei auf Treibsand geraten, in dem ich nach und nach zu versinken drohe.

Am Vorabend war ich bei Thomas Morley, für den ich die Partituren vieler neuer italienischer Madrigale abgeschrieben habe – ich weiß, daß er sie außerordentlich liebt. Er hat etliche Bücher mit Madrigalen, *Canzonetten* und vierstimmigen italienischen Liedern in englischer Übersetzung herausgegeben. Einige Exemplare davon habe ich bei Pierre Phalèse gesehen.

Er empfängt mich mit gewohnter Herzlichkeit, aber sein Anblick macht mir angst: Er ist bis auf die Knochen abgemagert, sein Gesicht leichenblaß.

»Sie sind also Vater geworden?« erkundigt er sich lebhaft. »Hoffentlich sind Ihre Kinder im Zeichen der Musik zur Welt gekommen.«

»Bei der Geburt des Älteren war ich nicht anwesend, aber die Jüngere hat schon vor der Taufe mit der Musik Bekanntschaft gemacht.«

Ich frage ihn, ob er sein Theoriebuch für junge Leute geschrieben habe.

»Aber ja, mein lieber Hase, und ich habe ihm einen schönen, klangvollen Titel gegeben: *Eine einfache, leichtverständliche Einführung in die musikalische Praxis.*«

»Ich werde mir ein Exemplar für meinen Sohn beschaffen, obwohl er offen gesagt kein Wort Englisch spricht. Dafür spricht er entzückend Französisch und Flämisch. Und selbstverständlich Lateinisch.«

»Ich möchte, daß Sie ihm dies hier überreichen.«

Er hat sich von mir ein Exemplar aus einem Schrank holen lassen, nun öffnet er es, tunkt seine Feder in die Tinte und schreibt eine Widmung hinein. *Für Francis Tregian, Kind der seconda pratica, mit respektvoller Widmung des Autors. Thomas Morley.*

Unter Mithilfe von Frau Morley und einer ihrer Töchter beugen wir uns über die Partituren, die ich mitgebracht habe, und lesen, kommentieren und singen sie. Wir schieben den Sessel des Kranken ans Virginal – er spielt schöner denn je. Als wir uns zum Abschied erheben – vielmehr, als ich mich erhebe, denn Morley ist an diesem Abend nie aufgestanden –, lassen seine funkelnden Augen seine Blässe vergessen.

»Seien Sie bedankt für diese prächtigen Partituren, mein Herr, ein schöneres Geschenk hätten Sie mir nicht machen können. Haben Sie Giles Farnaby schon gesehen?«

»Noch nicht. Wissen Sie, wie es ihm geht?«

»Er kommt regelmäßig her, um meine Plektren instandzustellen und mir seine Kompositionen vorzuspielen. Dieser Bursche wird seinen Weg machen. Er hat eine durchaus eigenständige Art in der Anwendung des Kontrapunkts. Sein Vater ist gestorben, und in der Untergangsstimmung, in der wir uns gegenwärtig befinden, spricht er davon, London zu verlassen, um in der Gegend von Lincolnshire neue Kräfte zu sammeln, wo ihm eine interessante Stelle als Musiker angeboten wurde.«

»Baut er keine Instrumente mehr?«

»O doch, gottlob! Es ist nur so, daß er sich lieber ganz der Musik widmen würde. Ich will ihm ausrichten lassen, daß Sie hier sind, und schlage vor, daß Sie ihn zu mir einladen. Meine Beine lassen mich gegenwärtig im Stich; es wäre mir lieber, wenn meine poly … nein, ich muß wohl einen anderen Ausdruck gebrauchen: meine kontrapunktischen Hasen …«

»… Danke.«

»… wenn meine kontrapunktischen Hasen zu mir kämen als umgekehrt. Und wenn ich schon dabei bin: Hätten Sie die Güte, mir einen Dienst zu erweisen?«

»Von Herzen gern, wenn es in meinen Kräften steht.«

»Könnten Sie morgen früh ins Globe Theater gehen, um eine Bearbeitung von *Walsingham* abzugeben, die ich nach einem Text von Master Shakespeare für ihr neues Stück gemacht habe?«

»Das tue ich um so lieber, als ich schon viel über das Globe gehört habe und es noch immer nicht kenne.«

Er erklärt mir, wie das Lied nach seiner Vorstellung tönen soll.

»Werden Sie es selbst einstudieren?«

»Sie können auf mich zählen, mein Herr.«

»Er würde es mir sonst verunstalten, und das wäre schade. Haben Sie denn Zeit dafür?«

»Ja. Soll ich meinen Diener zu Giles Farnaby schicken mit einer Einladung für morgen abend? Ich werde Ihnen dann von der Probe erzählen, so können wir zwei Fliegen mit einer Klappe schlagen. Sollte Giles Farnaby verhindert sein, erfahren wir es von Jack und vereinbaren ein neues Treffen. Sind Sie einverstanden?«

»Ihr Vorschlag ist ausgezeichnet. Sie kennen ja den Weg, ich brauche nicht aufzustehen.«

Draußen ergreift Frau Morley mit Tränen in den Augen meinen Arm.

»Was halten Sie von ihm, mein Herr?«

Solche Fragen stellt man nur, wenn man eine ermutigende Antwort erwartet.

»Ich fand ihn unverändert.«

Das ist nicht einmal eine fromme Lüge.

»Er wird sterben, mein Herr. Der Arzt gibt ihm noch zwischen drei Wochen und einem Jahr.«

Ihre Not geht mir ebenso zu Herzen wie die Nachricht, die meine Befürchtungen bestätigt. Ich hänge an Thomas Morley.

»Frau Morley, ich weiß, das ist kein Trost für Sie. Aber wenn Gott den kranken Körper von Meister Thomas zu sich genommen haben wird, wird seine Musik weiterhin die Menschen beglücken, und auch in vier oder fünf Jahrhunderten wird er noch leben, während wir längst spurlos verschwunden sind. Er ist ein großer Mann.«

»Haben Sie Dank, mein Herr.« Sie wischt sich die Augen, und ich verlasse sie im Gefühl meiner eigenen Nichtigkeit – sie möchte einen Gemahl im Hier und Jetzt, sein Nachruhm nützt ihr nichts.

Und so bestieg ich im ersten Tageslicht nach der in Clerkenwell unumgänglichen Frühmesse ein Boot nach Bankside, wo ich seit jenem glorreichen Tag nie mehr gewesen war, als Adrian und ich in unserer Schulzeit den Fluß überquert hatten, um unseren unerlaubten Ausflug zum Bear Garden zu machen.

Lord Chambellans Truppe (sie gehört nun George Carey selbst, der die Nachfolge seines Vaters angetreten hat) hat ihr neues Theater mit den Balken errichtet, die sie von Shoreditch mitgebracht hat, wo sich das Theater des Vaters James Burbage befand. Die Geschichte hatte zwei oder drei Jahre zuvor ganz London erheitert: Nach dem Tod von Vater Burbage waren im Zuge eines Streits zwischen der Aufsichtsbehörde und den Schauspielern des Schwanentheaters sämtliche Theater geschlossen worden. Der Eigentümer des Theaters der Familie Burbage hatte die Gelegenheit benutzt und die Truppe auf die Straße gestellt. Das Gebälk jedoch gehörte ihm nicht; in seiner Abwesenheit hatten Cuthbert und Richard Burbage mit Hilfe der anderen Schauspieler und einiger Zimmerleute das ganze Gebäude abgerissen. Als der Eigentümer zurückkam, blieb ihm nur noch das leere Grundstück. Krank vor Ärger, versuchte er vergeblich einen Prozeß anzustrengen.

Die Schauspieler von Lord Chambellan haben ihr Haus schöner als zuvor in der Nähe des Bear Garden wieder aufgebaut, etwas näher am Wasser in Maiden Lane, ungefähr gegenüber von Baynard Castle und von Paul's Wharf. In der Nähe liegen auch das Theater der Rose und die Kirche von St. Mary Overy. Das Viertel ist in den letzten fünfzehn Jahren stark gewachsen. Aber wir befinden uns außerhalb der Stadtmauern – drinnen sind Theater verboten –, und trotz der vielen Spelunken und ganzen Reihen verrufener Häuser wirkt die Gegend mit den Bächen, Gärten und Obstgärten immer noch sehr ländlich. Fast alle Häuser betritt man über eine Holzbrücke, die Theater über einen Steg. Die Eingangstüre des Theaters, das ich suche, ist von einem hölzernen Giebel überragt. Er zeigt den geschnitzten Torso eines Herkules, der einen Globus auf den Schultern trägt, und den Wahlspruch der Truppe: *Totus mundus agit histrionem,* die ganze Welt inspiriert die Komödianten. Von außen gesehen handelt es sich um einen Turm, gekrönt von einem Strohdach und einer Stange, an der die Fahne flattert, wenn eine Vorstellung gegeben wird.

Ich treffe frühmorgens ein; niemand ist dort außer William Shakespeare selbst. Das Wetter ist schön, er sitzt auf der Freilichtbühne in der Mitte des achteckigen Innenraumes und läßt die Beine baumeln. Er liest Montaignes *Essais* und ist so vertieft in das Buch, daß ich zögere, ihn zu stören. Endlich spürt er meine Anwesenheit und hebt die Augen. Er ist etwas fester geworden, aber nicht weniger lebhaft.

Er erkennt mich nicht.

»Was kann ich für Sie tun, mein Herr?« fragt er und springt von der Bühne hinunter.

»Guten Tag, Master Shakespeare. Sie erkennen mich wohl nicht wieder, doch ...«

»Warten Sie ... Aber natürlich! Herr Tregian. Es hat eine Weile gedauert, verzeihen Sie. Wir haben uns lange nicht mehr gesehen.«

»Das war bei der Premiere des *Sommernachtstraums.*«

Er seufzt.

»Es waren sorglose Zeiten. Aber lassen wir das. Mit Bedauern kann man weder säen noch ernten, wie das Sprichwort sagt. Welchem glücklichen Umstand verdanke ich ...?«

»Leider ist es Meister Morleys Krankheit, seine Beine versagen ihm den Dienst. Er hat mich gebeten, Ihnen seine Bearbeitung der Lieder für die junge Prinzessin zu bringen. Er hat mir alles erklärt und möchte, daß ich mit dem jungen Mann probe, der die Rolle von ... von ...?«

»Von Ophelia.«

»Ach ja, Ophelia. Er wünscht, daß ich nach seinen genauen Anweisungen mit dem Darsteller der Ophelia probe.«

»Jack Wilson ist aber erst am Nachmittag da.«

»In diesem Falle komme ich später zurück.« Ich setze meinen Hut wieder auf.

»Haben Sie schon gegessen?«

»Offen gesagt, nein.«

»Erweisen Sie mir die Ehre, mich in die Schenke ›Pig and Whistle‹ zu begleiten. Die Wirtin dort hat ein ausgezeichnetes Essen und ein brauchbares Ale im Angebot.«

An einer üppigen Tafel in einer Ecke der fast leeren Gaststätte tauschen wir unsere Erlebnisse aus. Master

Shakespeare erzählt mir von Essex' Aufstand. Obwohl er schon einige Monate zurückliegt, kommt er immer wieder zur Sprache.

»Ich habe Essex kaum gekannt«, sagt Shakespeare, »ich habe ihn fast nur in den Vorstellungen gesehen. Er war so überspannt, daß ich ihm instinktiv mißtraute. Manchmal schalt ich mich zwar deswegen, denn er besaß einen unwiderstehlichen Charme. Mein armer Southampton ist ihm auf den Leim gekrochen.«

»Glauben Sie, daß er ebenfalls gehängt oder enthauptet wird?«

»Nein, sonst wäre es bereits geschehen. Aber er hat seine besten Freunde verloren. Sir Charles Danvers wurde hingerichtet.« Er seufzt. »Am Tag vor dem Aufstand, von dem wir natürlich nicht die geringste Ahnung hatten, ist er hierhergekommen. Er war in einem Zustand krankhafter Erregung, wie ich ihn noch nie erlebt hatte, und bat uns, *Richard II.* zu spielen. ›Warum ausgerechnet *Richard II.?*‹ haben wir gefragt. ›Es ist schon so lange her, seit wir ihn gespielt haben, daß die meisten den Text vergessen haben.‹ – ›Dann lesen Sie ihn vor.‹ – ›Auch die Kostüme und die Bühnenbilder haben wir nicht mehr.‹ – ›Seien Sie unbesorgt, mein lieber Will, wichtig ist nur, daß Sie dieses Stück spielen.‹ Er war von sechs oder sieben Edelmännern begleitet, darunter Sir Charles Percy, Lord Monteagle und andere, an die ich mich nicht mehr erinnere. Wir haben ihnen auch gesagt, das Stück sei so alt, daß wir keine Zuschauer haben würden. ›Macht nichts, wir werden da sein. Hier sind vierzig Shilling für Ihre Mühe. Wir möchten die Absetzung und den Tod Richards II. sehen.‹ Diese Worte hätten uns mißtrauisch machen müssen. Doch wie konnten wir ahnen ... Essex war der Günstling der Königin. Besser gesagt, er war es nicht mehr, aber das wußte ich damals nicht. Rückblickend kann man sagen, daß es eine Tollkühnheit war, diesen Mann auf freiem Fuß zu lassen.

Doch so einfach war das damals nicht. Das Volk liebte Essex und vertraute ihm blindlings. Hätte er Erfolg gehabt, wäre es wohl zum Bürgerkrieg gekommen, zu einer nationalen Katastrophe. Doch am Tag seiner Hinrichtung trauerte ganz London um ihn.«

»Und Sie, als Schützling seines Komplizen …?«

»Wir hatten Zeugen, die gehört haben, daß wir uns weigerten, *Richard II.* zu spielen. Einen Augenblick lang habe ich wirklich befürchtet, wir würden ebenfalls in Ungnade fallen. Aber keineswegs. Am Abend vor der Hinrichtung hat uns die Königin sogar an den Hof gebeten, um die *Komödie der Irrungen* aufzuführen. Das war etwas vom Schwierigsten, was wir je getan haben. Vielleicht war es auch eine Art Strafe für uns. Die ganze Stadt hielt den Atem an in Erwartung des kommenden Morgengrauens, während wir … Wir wußten noch nicht, ob auch Southampton hingerichtet würde. Er ist ein Hitzkopf, aber er war mir lieb geworden. Während wir das Schlußballett tanzten, war uns, als lägen unsere Füße in Ketten.«

»Neben solchen Ereignissen kommt mir mein eigenes Leben ziemlich farblos vor …«

Ist es wohl deshalb, weil Shakespeare mir sein Herz ausgeschüttet hat? Oder ist mein eigenes Herz zu schwer, weil ich seit Tagen von meiner Familie mit Predigten und regelrechten Angriffen eingedeckt werde, ohne mich jemandem eröffnen zu können? Bei der ersten Frage jedenfalls beginne ich auszupacken.

»Ich bin ein ehrenwerter Bürger von Amsterdam, Teilhaber eines angesehenen Seidenwarengeschäftes. Ich habe Frau und Kinder, die kein Wort Englisch sprechen. Die Angelegenheiten der Familie Tregian berühren sie nicht im entferntesten. Ich widme einen beträchtlichen Teil meiner Mußestunden der Musik. Mein Leben ist bestens geordnet. Ich hatte den Eindruck, ich sei ein anderer geworden in jener anderen Welt. Doch kaum bin ich wieder hier, taucht mein Vater auf wie ein Geist. Er braucht bloß zu sagen: ›Erinnere dich, mein Sohn‹, und schon bin ich verloren. Mein vertrauter Alltag, Weisheit, Wissen und Vernunft, alles entschwindet meinem Gedächtnis, und ich höre nur noch die Stimme einer Pflicht, die mir im Grunde fremd ist. Ich sage mir: Wenn diese Welt schon aus den Fugen geraten ist, liegt es nicht an mir, sie auf den rechten Weg zurückzuführen. Doch gleichzeitig zapple ich hilflos in der Schlinge.«

Ich habe einen roten Kopf bekommen. Shakespeare schaut mich so unverwandt an, daß es mir kalt den Rücken hinunterläuft.

»Was ist denn, Master Shakespeare?«

»Halten Sie sich für einen Menschen, der zwischen zwei Welten steht, mein Herr?«

»Zwischen zwei Welten? Ja. Es gibt sie noch, die beneidenswerten Schwärmer, die alles auf eine Karte setzen, selbst wenn sie den Tod bedeutet. Wir, die wir keine Fanatiker sind, sind gefangen zwischen zwei Parteien, zwei Lebensweisen. Wir verstehen alles und können uns niemandem anschließen. Musikalisch gesprochen gibt es die *prima pratica* und die *seconda pratica*. In der Musik schließt die eine die andere nicht aus, sie drücken bloß verschiedene Empfindungen aus. Die Musik ist der höchste Ausdruck des Göttlichen. Weshalb sollte es da nicht möglich sein, daß zwei verschiedene Glaubensformen nebeneinander existieren können?«

»Sagen Sie nicht zu laut, daß Sie die Musik über die Religion stellen, Herr Tregian.«

»Das habe ich nicht gesagt.« Ich unterbreche mich. »Doch, ich habe es tatsächlich nahegelegt. Das bleibt hoffentlich unter uns ...«

»Mein Herr, wir sind Gentlemen und wissen Geheimnisse zu wahren. Doch wie wollen Sie Ihr Dilemma lösen?«

»Ich weiß es noch nicht. Ich müßte es wohl anstellen wie … wie ein Gentleman aus meiner Bekanntschaft, der seine Familie im Glauben ließ, er sei gestorben, während er sich in Amerika ein neues Leben aufgebaut hat.«

»In Amerika wimmelt es von Leuten, die geglaubt haben, sie könnten ihren Problemen entfliehen. Aber wie ich von Reisenden gehört habe, die von dort zurückgekommen sind, kann man dem Zwiespalt nicht entgehen, indem man den Ozean überquert.«

Ich seufze.

»Ja, ich weiß. Es ist ein Kampf, den ich mit mir selbst ausfechten muß. Ich weiß nicht, ob es mir gelingen wird.«

»Haben Sie keinen Bruder?«

»Doch, aber ich bin der Erstgeborene.«

»Sie könnten Ihr Erstgeburtsrecht an ihn abtreten.«

»Das stimmt. Daran habe ich gar nicht gedacht. Ich werde es mir überlegen.«

»Überlegen Sie nicht zu lange, sonst schnappt die Falle zu.«

»Vielleicht sitze ich bereits darin.«

»Herr Tregian, wissen Sie, für welches Stück Sie uns Master Morleys Bearbeitungen mitgebracht haben?«

»Nein, ich glaube nicht, daß er mir den Titel genannt hat.«

»Es ist *Hamlet*.«

Ich schaue ihn mit hochgezogenen Augenbrauen an.

»Kennen Sie das Stück nicht? Haben Sie es nicht vor sieben oder acht Jahren in Newington Butts gesehen? Die Geschichte des Prinzen, dem man den Thron geraubt hat? Ein Geist ermutigt ihn, sich den Thron zurückzuerobern. Und er spielt den Wahnsinnigen, um sich besser rächen zu können …«

»Ich glaube, ich kenne eine ähnliche Geschichte aus den Chroniken von Belleforest. Aber das Stück habe ich nicht gesehen.«

»Die Seite des Wahnsinns wird von Southampton und Essex verkörpert. Für das Nachdenken stehen Sie. Und ich.«

»Wie bitte?«

»Mein Herr, ich möchte Sie um einen großen Gefallen bitten. Niemand wird je erfahren, daß Sie mir diese Gedanken anvertraut haben, aber ich würde gerne einige Ihrer Überlegungen von heute morgen Hamlet in den Mund legen.«

»Was für ein Mensch ist er denn, dieser Hamlet?«

»Ein Prinz im Zwiespalt zwischen Europas Modernität und dem Konservatismus des dänischen Hofes.«

»Der dänische Hof ist durchaus zeitgemäß und sehr raffiniert.«

»Sie kennen ihn?«

»Gewiß.«

»Nun, sagen wir also, Hamlet ist hin- und hergerissen zwischen der Modernität und einer Weltsicht, wie man sie vor einem Jahrhundert gehabt hat. Hamlet ist ebenso hin- und hergerissen zwischen seiner Liebe und der Staatsräson, zwischen dem Wunsch, das Himmelsgewölbe zu erforschen, und seiner Unfähigkeit, sich von irdischen Zwängen zu lösen, zwischen der Freiheitsliebe und der Stimme seines Vaters, die ihn zu Pflicht und Ordnung ruft.«

»Aha!«

»Ja. Es ist Ihre und meine Geschichte. Sie hat Ihnen wohl die Sprache verschlagen.«

Tatsächlich. Er redet, als würde er in meiner Seele lesen.

»Ich mache Ihnen einen Vorschlag. Kommen Sie doch um Mittag ins Theater. Bis dann werde ich den Text etwas abändern. Wir werden mehrere Szenen proben, wenn auch leider nicht in der richtigen Reihenfolge. Sie können mit Ophelia proben und heute abend versuchen, das Textbuch zu lesen. Im Moment hat es etwas viele durchgestrichene Stellen; ich muß es für den Souffleur abschreiben lassen.«

»Und wenn ich es für Sie abschreiben würde, damit ich es lesen kann?«

»Werter Herr, Sie würden sich erniedrigen ...«

»Es ist schon standeswidrig genug, daß ich Seide verkaufe, Madrigale kopiere und zur Aufführung bringe, Orgel und Virginal spiele und sogar weiß, wie sie gebaut werden. Das alles ziemt sich eines Edelmannes nicht. Erlauben Sie mir, daß ich diesmal aus Neugier meinem Stand zuwiderhandle.«

So kommt es, daß ich in der Ehrenloge sitze und bei den Proben verschiedener Szenen aus Hamlet zuschaue.

Ich habe Jack weggeschickt, damit er sich ausruhe.

»Benachrichtige Lady Anne. Und leg dich den ganzen Nachmittag aufs Ohr. Wenn du zurückkommst, bring ein scharfes Taschenmesser und gute Federn mit. Du wirst uns helfen müssen, und die Arbeit wird wohl einen guten Teil der Nacht beanspruchen.«

»Mir soll es recht sein, mein Herr.«

Jack ist es gewohnt, mir zu helfen, wenn ich Noten kopiere. Gelegentlich, wenn wir die Originalpartituren nur für einige Stunden zur Verfügung hatten, vollbrachten wir wahre Wunder an Schnelligkeit. Er hat gelernt, meine Schrift perfekt nachzuahmen, und auch wenn ich lieber eigenhändig schreibe, weil man sich dabei die Dinge besser einprägen kann, hat er mich manchmal abgelöst, wenn es eilte und ich einen Schreibkrampf hatte.

Ich bewundere Master Shakespeares Technik. Einige Stunden später ist meine Geschichte schon in den Text eingewoben.

»Es steht in der Tat so übel um meine Gemütslage, daß die Erde, dieser treffliche Bau, mir nur ein kahles Vorgebirge scheint; seht ihr, dieser herrliche Baldachin, die Luft, dies wackre umwölbende Firmament, dies majestätische Dach mit

goldnem Feuer ausgelegt: Kommt es mir doch nicht anders vor, als ein fauler, verpesteter Haufe von Dünsten. Welch ein Meisterwerk ist der Mensch! Wie edel durch Vernunft! Wie unbegrenzt an Fähigkeiten! In Gestalt und Bewegung wie bedeutend und wunderwürdig! Im Handeln wie ähnlich einem Engel! Im Begreifen wie ähnlich einem Gott! Die Zierde der Welt! Das Vorbild der Lebendigen! Und doch, was ist mit dieser Quintessenz von Staube?«

Es sind meine eigenen Worte vom selben Morgen. Vielleicht auch die seinen – ich weiß es nicht mehr. Ich staune, wie rasch sie ins Stück eingegangen sind.

Nebenbei hat er mir vom Problem der »Kinder der Kapelle« erzählt, einer augenblicklich sehr beliebten Kinderschauspieltruppe:

»Ihr Verwandter William Stanley hat sie unter seine Fittiche genommen. Der junge Dramatiker Ben Jonson schreibt für sie, ein begabter Hitzkopf, den wir gut kennen, denn er hat für uns gearbeitet. Er läßt die Kinder unsere öffentlichen Theater verleumden. Dabei werden sie als Erwachsene, wenn sie richtige Schauspieler geworden sind, auf uns angewiesen sein. Sie sägen am Ast, auf dem sie sitzen, und das tut auch ihr Autor. Mit Grünschnäbeln kann man keine Tragödie aufführen.«

Um fünf Uhr ist auch dieses Thema zu einem Bestandteil von *Hamlet* geworden.

»... es hat sich da eine Brut von Kindern zusammengefunden, kleine Nestlinge, die mit ihrem Lärm jedes Gespräch übertönen und dafür auch noch maßlos beklatscht werden. Sie machen sich dergestalt lustig über die öffentlichen Theater, daß viele, obschon sie einen Degen tragen, sich vor den spitzen Federn fürchten und kaum mehr wagen hinzugehn ...«

Jack erscheint im richtigen Augenblick, nachdem ich Jack Wilson, dem jungen Mann, der Ophelia spielen soll, nach den Anweisungen von Meister Morley die Lieder beigebracht habe, die er sehr hübsch zu singen weiß.

How should I your true love know
From another one?
By his cockle hat and staff,
And his sandal shoon,
He is dead and gone, lady
He is dead and gone;
At his head a grass-green turf,
At his heels a stone.
White his shroud as the mountain snow
Larded all with sweet flowers;
Which bewept to the grave did not go
With true-love showers.

Wie erkenn ich dein Treulieb
Vor den andern nur?
An dem Muschelhut und Stab,
Und den Sandelschuhn.
Er ist lange tot und hin,
Tot und hin, Fräulein!
Ihm zu Häupten ein Rasen grün,
Ihm zu Fuß ein Stein.
Sein Leichenhemd weiß wie Schnee zu sehn
Geziert mit Blumensegen,
Das unbetränt zum Grab muß gehn
Von Liebesregen.

Wir arbeiten zu viert an der Niederschrift: Shakespeare diktiert, Jack spitzt die Federn, ich schreibe, und Henry Condell liest durch. Wir gönnen uns eine Pause, um uns in der Schenke zum Eber zu stärken.

Am Tisch fliegen die Scherze hin und her:

»Werter Herr Tregian, Sie kommen doch morgen wieder, nicht wahr? Bis dann arbeiten wir alles nochmals um, und wir brauchen einen vollständigen Text für den Souffleur.«

»Ich schätze Ihren Weitblick, liebe Freunde. Sobald ich einschlafe, strömen mir die Einfälle zu. Das Gespenst erscheint, um mir die Antworten zu diktieren.«

»Wenn es so ist, dann zwicken Sie sich doch bis zur Premiere, Master Shakespeare, um sich vom Schlafen abzuhalten.«

»Im Ernst, ich glaube, daß wir diesmal die Lösung gefunden haben. Dieses Gespenst hat mich gestört. Weshalb sollte ausgerechnet ein Gespenst mit Hamlet reden? Doch der Geist seines Vaters, das leuchtet ein. Diesmal bleiben wir dabei, das verspreche ich Ihnen. Natürlich wird es trotzdem noch kleine Änderungen am Text geben ...«

»Wie denn ... Vielleicht taucht in letzter Minute noch ein völlig unbekannter Bruder Hamlets auf, ein Bastard, den Claudius mit Gertrude gezeugt hat.«

»Oder den der alte Hamlet der verstorbenen Gemahlin von Polonius gemacht hat. Das ist doch ›einleuchtend‹. Was meinen Sie dazu, liebes Gespenst?«

Alle brechen in ein Gelächter aus.

Dann machen wir uns wieder an die Arbeit. Ich schwebe im siebenten Himmel. Wenn man so will, ist die Geschichte, die mir der Dichter diktiert, meine eigene; alle Fragen, die Hamlet sich stellt, stelle ich mir auch. Mein Dänemark heißt Golden, und zu seiner »Regierung« fühle ich mich ebensowenig hingezogen wie Hamlet zur Regierung seines Landes. Die Parallelen sind zahllos. Es ist das schönste aller Stücke von Shakespeare, und ich kann es noch heute beinahe auswendig. Ich liebe es so sehr wie die *Essais* des verehrten Herrn von Montaigne.

*

Einige Tage darauf kommt Giuliano aus Cornwall zurück.

»Nun?«

»Mein Herr, was soll ich sagen – Golden ist an einen tüchtigen Pächter vermietet worden, der sich sehr um den Besitz kümmert. Aber ich bin dem Verwalter der Careys begegnet, einem gewissen Ezekiel Grosse.«

»Ist das nicht der Mann, von dem uns schon vor Jahren Old Thomas erzählte?«

»Ganz genau, und wenn Sie mich fragen, sollten Sie sich nicht mit ihm anlegen. Ich traue ihm nicht über den Weg.«

»Ist er unredlich?«

»Nicht wirklich, aber es gelüstet ihn nach Golden. Er stellt sich vor, daß der Herrschaftssitz ihm Ansehen verschaffen wird. Ich werde nie verstehen, warum Leute seines Schlages sich einbilden, durch die Aneignung eines Besitztums wachse ihr Ansehen; dabei schaden sie nur ihrem guten Ruf. Die Leute in der Gegend sind keine Einfaltspinsel. Noch heute sagen sie, daß Ihre Familie einer Verschwörung zum Opfer gefallen ist. Sie stimmen zwar alle überein, daß es Ihrem Vater an Diplomatie gefehlt hat – das alte Lied. Aber sie fügen bei, daß er eine solche Strenge nicht verdient hat. Ihr Besitz in Tregarrick gedeiht prächtig. Man sähe Sie gerne dort. Daß Sie Katholik sind, wird Ihnen nicht im geringsten verübelt. Niemand, nicht einmal der Notar, der ein eingefleischter Puritaner ist, hat je gegenüber Carey oder Grosse verlauten lassen, daß das Gut von Old Thomas an Sie gefallen ist. Die Leute wissen es wohl, aber Sie müßten ihr Vertrauen schon gründlich mißbrauchen, damit sie reden.«

»Können wir über Cornwall zurückreisen?«

»Ja. Ich habe eine Überfahrt von Falmouth aus gebucht; hoffentlich sagt Ihnen das zu.«

»Durchaus. Ich habe allmählich genug von London, und ich schlage vor, daß wir abreisen, sobald ich *Hamlet* gesehen habe. Von mir aus können wir in drei Tagen aufbrechen.«

Ich gehe nochmals zu meinem Vater. Er ist um kein Jota von seiner Meinung abgewichen.

»Vater, zu gegebener Zeit werde ich sehen, was ich tun kann. Im Augenblick kann ich nichts versprechen. Ich möchte nicht wortbrüchig werden.«

Nach dem Gesagten erhalte ich nur mit knapper Not den väterlichen Segen.

Zwei Tage vor meiner Abreise besuche ich Richard Mulcaster. Seit vier oder fünf Jahren ist er Rektor an der Schule von Saint Paul, die um einiges größer ist als die Schule der Schneiderzunft, und auch ihr hat er zu landesweitem Ansehen verholfen. Dieser Mann, der Tausende von Schülern gehabt hat, erkennt mich auf der Stelle wieder und empfängt mich, als hätten wir uns am Vorabend zum letztenmal gesehen. Wie man mir sagt, hat er keinen seiner ehemaligen Schüler vergessen. Er kann mir nicht so viel Zeit widmen wie bei meinem letzten Besuch; trotzdem empfängt er mich und schwenkt dabei den ersten Band der *Essais* von Montaigne.

»Jeder ehrenhafte Mann sollte dies lesen, seit John Florio diese bewundernswerten Schriften übersetzt hat, von denen ganz London schwärmt«, sagt er.

Ich erzähle ihm, daß ich Master Shakespeare bei der Lektüre von Montaigne angetroffen habe.

»Das erstaunt mich nicht. Wie ich vernommen habe, soll er den *Hamlet* etwas bearbeitet haben ...«

»Er hat ihn nicht bearbeitet. Ich habe das Stück nicht gesehen, aber ich kenne die Geschichte. Er hat den *Hamlet* neu erschaffen. Ich schaue ihn mir morgen an; ich möchte das nicht versäumen vor meiner Abreise.«

Ich berichte ihm von meinen Gesprächen mit William Shakespeare.

»Ich werde nächste Woche hingehen, wenn ich einen freien Nachmittag habe. Es wird viel darüber gesprochen, und man ist gespannt auf das Ergebnis.«

»Aufgrund einiger Ausschnitte, die ich gesehen habe, und der Lektüre des Textes möchte ich von einem Meisterwerk sprechen.«

»Tregian, ich bin sehr glücklich, daß Sie sich an Ihren alten Lehrer erinnern. Sagen Sie, haben Sie Ihren Bruder wiedergefunden?«

Ich zögere einen Moment. Er lächelt.

»Das heißt, Sie haben ihn wiedergefunden, möchten es mir aber nicht sagen.«

»Ich will es Ihnen sagen, mein Herr, wenn es unter uns bleibt.«

»Mein Ehrenwort, Herr Tregian.«

Ich erzähle ihm alles. Er begnügt sich damit, zu lächeln, den Kopf zu schütteln und hie und da eine Frage zu stellen.

»Ich habe immer gesagt, daß es dieser kleine Junge zu etwas bringen wird.«

»Der kleine Junge von damals ist inzwischen fast so groß wie ich und doppelt so umfangreich.«

»Hat er eine Familie gegründet?«

»Noch nicht, aber soviel ich weiß, trägt er sich in letzter Zeit mit dem Gedanken.«

»Richten Sie ihm aus, daß sein alter Lehrer nie an ihm gezweifelt hat.«

Vor der Abreise habe ich ein zweifaches Treffen: am Morgen mit Robert Cecil, am Nachmittag mit *Hamlet*.

»Ihre Familie bringt mich in größte Verlegenheit«, sagt mir Cecil nach den üblichen Höflichkeitsfloskeln.

»Mich auch, mein Herr. Ich bin ein treuer, ergebener Diener Ihrer Majestät und bereit, auch als Katholik mein Leben für sie zu opfern. Aber das zählt nicht, solange mein Vater davon träumt, Spanien auf dem englischen Thron zu sehen.«

»Ganz genau, Herr Tregian, unter diesen Umständen kann ich nicht das geringste für Sie tun, solange Sie sich nicht bekehren. Ich weiß, daß Sie ein loyaler Untertan sind und den Jesuiten ebenso aus dem Weg gingen wie der anglikanischen Macht. Doch in den Augen der anderen Mitglieder des Kronrates Ihrer Majestät wäre nur Ihre Bekehrung eine ausreichende Garantie.«

»Ausgeschlossen, mein Herr. Ich bin ein friedfertiger Mann, aber keine Wetterfahne. Mein Degen gehört Ihrer Majestät, aber mein Gewissen gehört mir allein.«

Mit zahlreichen Wiederholungen nimmt das Gespräch seinen Fortgang.

»Ich möchte Sie nach wie vor meines Wohlwollens versichern«, sagt Robert Cecil schließlich, »und ich verstehe Ihre Weigerung, sich zu bekehren. Doch es ist heikel, äußerst heikel ...«

Mein Gesicht scheint etwas von meiner Angst zu verraten, obwohl ich mir Mühe gebe, sie nicht zu zeigen.

»Glauben Sie mir, Herr Tregian, wenn ich etwas daran ändern könnte, würde ich es tun. Ich verspreche Ihnen, wenn sich eine Gelegenheit ergibt ... Sie können mich aufsuchen, wann immer Sie wollen. Und wenn Sie es wünschen, nehme ich Sie schon morgen in meine Dienste.«

»Haben Sie Dank, mein Herr, doch solange es noch geht, bleibe ich lieber mein eigener Herr und Meister.«

Er verbeugt sich mit einem Lächeln, das sein Mitgefühl verrät.

Einige Stunden später gehe ich mir *Hamlet* anschauen. Ich habe eine Loge reserviert und nehme Giuliano, Jack und meine jungen Schwestern mit. Das Theater ist zum Brechen voll.

»... kümmert Euch um die Schauspieler, behandelt sie gut, denn sie sind der Spiegel und die abgekürzte Chronik des Zeitalters; es wäre Euch besser, nach dem Tode eine schlechte Grabschrift zu haben, als ihre Vorwürfe zu Euren Lebzeiten.«

Diese Worte fassen meine Gefühle am Ende der Vorstellung zusammen. Mir scheint, als hätte ich mein ganzes Leben, unser ganzes Zeitalter in gedrängter Form gesehen. Es ist unmöglich, bei Gertrude nicht an Maria Stuart zu denken, bei Polonius nicht an den verstorbenen Lord Burghley, bei Horatio nicht an Lord Francis Bacon, den klugen Freund von Essex, beim alten Hamlet nicht an meinen Vater. Es ist unmöglich, sich nicht selbst in Hamlet zu erkennen: Dieser »verrückte« Prinz hat ebenso die Züge von Essex oder Southampton wie von mir oder von Shakespeare selbst.

Mit solchen Gefühlen bin ich nicht allein; das Publikum bringt den Schauspielern eine Ovation dar, und während der paar Tage, die ich noch in London weile, ist das Globe stets randvoll.

Am Abend kehre ich zu Thomas Morley zurück, wo mich Giles Farnaby erwartet. Er hat sich nicht verändert. Ich beschreibe ihnen die Aufführung in allen Einzelheiten, und Thomas Morley meint:

»Der Einfall, den Geist zum Vater des jungen Prinzen zu machen, gibt dem Stück eine so universale Dimension, daß sich in wenigen Wochen niemand mehr an die vorangegangene Version erinnern wird.«

»Haben Sie sie gesehen?«

»Ja. Aber sie deutete Hamlets Wahnsinn als List, um sich leichter rächen zu können, als Abenteuer. Das hatte nichts zu tun mit der philosophischen und politischen Abhandlung, die Sie uns schildern.«

»Möchten Sie die Aufführung nicht besuchen, Meister Morley?«

»Wie sollte ich?«

»In einer Sänfte. Ich stelle Ihnen morgen Jack zur Verfügung, er und Ihr Diener werden Sie hinbringen.«

Der Vorschlag versetzt Thomas Morley in glänzende Laune, und wir verbringen einen denkwürdigen Abend. Ich bin überwältigt von Giles Farnabys Kompositionen. Er besitzt nicht die untadelige Technik eines Morley oder den flüssigen Stil von Byrd, aber er ist von unerhörter Originalität und Einbildungskraft.

»Ich danke Ihnen, daß Sie meine Kompositionen mögen«, seufzt Giles.

Die bescheidene Dankbarkeit in seiner Stimme überrascht mich.

»Schätzt man sie denn nicht?«

»Abgesehen von meinen Psalmen und einigen meiner *Canzonette* werden sie kaum gespielt. Ich verbringe mehr Zeit mit dem Bau von Virginalen als mit dem Spielen.«

»Erlauben Sie mir, daß ich Ihre Stücke abschreibe?«

»Es wäre mir eine große Ehre.«

Mit seinen Partituren unter dem Arm gehe ich weg und verbringe die halbe Nacht damit, sie zu kopieren. Das hilft mir über die tiefe Trauer hinweg, die von der Gewißheit herrührt, daß ich Thomas Morley nie mehr sehen werde.

*

Nach etwa sechs Tagen kommen wir in St. Ewe an. Unsere Pächter bereiten uns einen festlichen Empfang. Das Haus ist in ebenso gepflegtem Zustand wie bei meiner letzten Durchreise; es ist, als wäre die Zeit stillgestanden. Wir verbringen nur zwei Nächte hier, aber ich habe den Eindruck, an der Quelle des Lebens zu sein und neue Kräfte zu schöpfen. Ich merke, wie sehr ich an Cornwall hänge, was mir das Leben nicht gerade leichter macht.

Ich unternehme einen Ausflug nach Golden. Auf der Straße, die zwischen den beiden Häusern hindurch nach Golden Mill führt, sind Leute unterwegs, und ich schließe mich einem Grüpplein an. Es stimmt, die Ländereien sind gut bestellt, das Wildkaninchengehege ist voll, auf dem Hügel des Römischen Feldes gedeiht der Weizen, die Tiere scheinen satt zu sein, und die Männer schauen zufrieden aus.

Giuliano schlägt mir vor, die Herberge zum Königswappen in Probus aufzusuchen; Ezekiel Grosse ist regelmäßig dort anzutreffen. So sehe ich ihn zum erstenmal, ohne daß er mich bemerkt. Er ist ein etwa vierzigjähriger Mann, vierschrötig, mit lauter Stimme, dicken Fingern und runden, neugierigen Äuglein. Er hat nichts Feinsinniges an sich, und seine siegessichere Miene mißfällt mir auf den ersten Blick. Ich sehe sogleich, daß ich ihm an Verhandlungsgeschick nie das Wasser werde reichen können. Diese Art von Leuten macht mich hilflos.

»Sollen wir uns ihm vorstellen?«

»Mein Herr, Ihre Abneigung steht Ihnen so deutlich ins Gesicht geschrieben, daß Sie das besser mir überlassen, aber nur in Ihrer Abwesenheit. Sie würden alles verderben.«

»Da haben Sie wohl recht. Lassen wir es.«

Wir entfernen uns. Auf meine Frage bestätigt der Notar, daß es nahezu unmöglich ist, die unter dem *Praemunire* beschlagnahmten Ländereien vor dem Tod meines Vaters zurückzubekommen.

»Zudem stellt Ihre Familie einen Sonderfall dar. Es ging darum, die aus der ständigen Verbindung zwischen den Tregians und den Arundells entstandene Vorherrschaft zu brechen.«

»Meine Mutter ist keine Arundell.«

»Aber *ihre* Mutter hat keinen geringeren geheiratet als den großen Arundell selbst. Ihr Großvater John Tregian war mit Catherine Arundell verheiratet. Mit diesen aufeinanderfolgenden Heiraten fanden zwei der größten Vermögen in dieser Gegend zusammen. Sie werden verstehen, daß das gewisse Leute beunruhigte. Daß beide Familien katholisch sind, bot einen idealen Vorwand. Die Feindseligkeit hatte ihre Wurzeln nicht nur in der Religion, und es dürfte Ihnen sehr schwerfallen, die Besitzverhältnisse zu Lebzeiten Ihres Großvaters wiederherzustellen. Ich möchte sogar sagen, daß alle Vorkehrungen getroffen wurden, um das zu verunmöglichen. An Ihrer Stelle würde ich mich mit der kleinen Erbschaft begnügen, die Ihnen zugefallen ist; ich habe es niemandem gesagt, und die Einkünfte daraus reichen Ihnen zum Leben.«

Ich bin so unentschlossen, daß ich alle großen Entscheidungen auf später verschiebe.

Am selben Abend gehen wir bei Flut in Falmouth an Bord.

V

How now sheperd what means that,
why werste willow in thine hat?
Are thy scarfs of red and yellow
Changed to branches of green willow?
They are changed and so am I
Sorrow lives but joy must die
'tis my Phillis only she
Makes me wear this willow tree.

»Tell me Daphne«
Volkstümliche Ballade

Sag, mein Schafhirt, was bedeutet das?
Warum schmückst du mit Weiden den Hut?
Hat sich dein rotgelbes Halstuch gar
In grünende Zweige verwandelt?
Verwandelt ist alles, und so auch ich,
Kummer lebt, aber Freude muß sterben.
Es ist meine Phillis, und nur sie
Zwingt mich, diesen Zweig zu tragen.

Im Rückblick kommt mir der folgende Zeitabschnitt wie eine jener spätherbstlichen Rosen vor, die kurz vor dem ersten Reif aufgehen, wundersam erblühen und in ihrer Schönheit prangen, ohne sich um den drohenden Frost zu sorgen.

Es war mir wohl bewußt, daß ich das Ende einer Epoche erlebte, aber ich hatte noch den Eindruck, die Zukunft gehöre mir. Als ich England verließ, war ich nahezu entschlossen, keine Anstrengung zu unternehmen, wieder in den Besitz von Golden zu gelangen: Ich wollte meinem Vater schreiben – das war einfacher, als mit ihm zu reden – und ihm vorschlagen, er solle diese Aufgabe seinem Sohn Charles überbinden, der ihm in meinen Augen viel ähnlicher war als ich selbst.

*

In Frankreich haben Giuliano und ich uns getrennt. Er hatte es eilig, nach Amsterdam zurückzukehren; ich ging nach Paris, wo ich einen Abend mit Margaret und Charles de Tréville verbrachte und ihnen von meiner Reise berichtete.

»Gäbe es eine Möglichkeit, wieder in den Besitz Ihrer Güter zu kommen, indem Sie die Einkünfte aus den Ländereien abgelten?« fragt Charles. »Wie hoch wäre diese Summe?«

»In unserer Familie war immer von dreitausend Pfund jährlich die Rede«, bemerkt Margaret.

»Ich glaube nicht, daß diese Zahl der Wirklichkeit entspricht. Solche Erträge gab es vielleicht ausnahmsweise zur Zeit unseres Großvaters John, aber damals standen sämtliche Ländereien unter der Aufsicht eines besonders tüchtigen und ehrlichen Verwalters. Nach den Papieren, die er mir hinterlassen hat, waren es am Ende eher um die tausend Pfund, was schon mehr ist, als einer von uns je haben wird. Und auf seine Worte ist Verlaß, denn er hat seine Tätigkeit nach Vaters Verhaftung wieder aufgenommen.«

»Sie könnten sich das Geld leihen und die Schulden aus den Erträgen zurückzahlen. Sie sind ja nicht darauf angewiesen: Was Ihr holländisches Kapital abwirft, reicht aus, um Ihren Lebensunterhalt zu bestreiten. Auf Ihre Stoffe will niemand mehr verzichten; selbst an der Hochzeit Ihrer Majestäten war das flammende Rot der Amsterdamer Seidengewebe, wie sie hier genannt werden, unübersehbar.«

»Ich glaube, daß die Zerstückelung der Ländereien die Rendite gesenkt hat; sie würden uns allerhöchstens fünf- oder sechshundert Pfund eintragen.«

»Sogar wenn es so ist, würden Sie in sieben oder acht Jahren wieder in den ganzen Besitz gelangen. Nötigenfalls werden wir Sie dabei unterstützen. Es kann ja nicht sein, daß man von Ihnen ein Vermögen verlangt für etwas, das Ihnen gehört.«

Ich hätte noch eine Fülle von Einwänden, aber ich brauche unbedingt Zeit, darüber nachzudenken. Und bevor ich mich entscheide, will ich mit Jan sprechen.

»Der König hat sich bei mir wiederholt nach Ihnen erkundigt«, sagt Charles. »Ich habe ihm erzählt, daß Sie eine Familie gegründet haben, und erst vor wenigen Tagen hat er mich gefragt: ›Glauben Sie, daß ihm demnächst ein Sohn geschenkt wird?‹ – ›Ich weiß nicht, ob ein drittes Kind unterwegs ist, Majestät.‹ – ›Wenn er zur gleichen Zeit wie ich einen Sohn bekommt, soll er ihn zu uns schicken, damit der Dauphin einen Spielgefährten hat.‹«

Ich bin erstaunt.

»Hat die Königin einen Dauphin geboren?«

»Nein, aber Sie kennen den König. Er ist ein echter Gascogner. Die Königin ist guter Hoffnung – keine Frage für ihn, daß es ein Knabe ist.«

»Auch meine Königin ist guter Hoffnung, und wenn es ein Junge ist, nehme ich Seine Majestät beim Wort, sofern meine Gemahlin einverstanden ist.«

»Bis es soweit ist, könnten wir Francis bei uns aufnehmen und uns um seine Erziehung zum Edelmann kümmern.«

Mit sieben Jahren hat Francis schon zwei oder drei Erzieher gehabt, unauffällig, mittelmäßig und in meinen Augen keine sonderlich guten Pädagogen; oft habe ich mich selbst um ihn gekümmert. Unlängst wurde mir ein Schweizer aus Luzern empfohlen, ein sehr gebildeter Mann, der aus den Kindern eines meiner holländischen Bekannten wahre Gelehrte gemacht hatte. Doch ich war nicht begeistert; es hätte mir mißfallen, meinen Sohn mit deutschem Akzent Latein sprechen zu hören.

Die Aussicht, ihn, wie in England üblich, zu einer guten Familie zu schicken, und erst recht zur Familie meiner Schwester, war verlockend. Wäre auch Françoise damit einverstanden? Für mich bedeutete es keine Trennung von meinem Sohn, wenn ich ihn nach Paris brachte: Ich ging oft genug dorthin. Bei Françoise war das nicht der Fall, denn sie reiste nur selten und ungern.

Aber als ich mit ihr darüber sprach, willigte sie ohne Zögern ein:

»Das ist eine gute Aussicht für Frans.«

Zu Beginn des Sommers schenkte uns Gott eine kleine Catherine, die er uns sogleich wieder nahm.

Kaum war Françoise vom Wochenbett aufgestanden, drängte sie wie von einer Vorahnung getrieben auf die Abreise von Francis, und bei meiner nächsten Reise nahm ich ihn mit. Es war um den Michaelistag, den traditionellen Schulbeginn in England, und wir haben darin ein gutes Vorzeichen gesehen.

Francis war ein leidlich guter Reiter, aber mit meinem Tempo konnte er nicht mithalten. Es wurde eine lange Reise bis nach Paris, nicht zuletzt auch wegen der unersättlichen Neugier des jungen Burschen. Für alles verlangte er eine Erklärung und gab sich erst zufrieden, wenn er alles gesehen und begriffen hatte.

Im Hinblick auf unsere Reise hatte ich ihn in die Handhabung der Waffen eingeweiht, und er erwies sich als überaus gewandter Fechter, als hätte er nur darauf gewartet, daß man ihm einen Degen gibt und ihm Parade und Riposte, Doppelstoß, Quart und Terz beibringt.

»Sie werden zum perfekten Edelmann, mein Sohn. Sie sprechen Lateinisch, und Sie gehen mit dem Degen um wie ein altgedienter Soldat.«

»Muß man denn Lateinisch sprechen, wenn man sich duelliert?«

»Bei gewissen Leuten wäre das sicher eine zusätzliche Waffe, um sie aus der Fassung zu bringen.«

Zuweilen frage ich mich, was er von unserer Reise hält. Aber der Junge ist bei aller Lebhaftigkeit auch verschwiegen. Seine großen, hellblauen Augen sind wachsam, und man sieht, daß er alles in sich aufnimmt, doch wenn er seine Fragen gestellt hat, sagt er nicht mehr viel.

Margaret begrüßt ihn überschwenglich:

»Mein liebes Kind, wie groß Sie geworden sind! Ich bin sicher, Sie werden es gut haben mit Ihren Vettern.«

Margarets Buben sind sechs und vier Jahre alt.

»Beherrschen sie das Fechten und das Latein, gnädige Frau?«

»Mit dem Latein haben sie begonnen. Aber für das Fechten ist es noch etwas früh. Sie haben noch nicht Ihr Alter.«

»Ach so! Dann werde ich mich gedulden. Für mich ist es das, was mir am meisten Freude macht.«

»Ein künftiger Soldat!« kommentiert Margaret.

Am nächsten Tag stelle ich ihn König Heinrich vor.

»Mein lieber Herr«, begrüßt mich der König herzlich, »es kommt mir vor, als hätte ich Sie erst gestern zum erstenmal gesehen, und Ihr Sohn sieht Ihnen ähnlich. Wir werden ihn an unserem Hof aufnehmen.«

»Majestät, das ist zuviel der Ehre ...«

»Aber nein, keineswegs. Tréville!«

Charles verbeugt sich.

»Der junge Tregian wird wohl in Ihrem Hause leben?«

»Ja, Majestät.«

»Wenn mein Sohn zur Welt kommt, möchte ich, daß er ihn zum Gefährten hat. Bringen Sie uns dann Ihren Neffen und Ihren Sohn.«

»Wie Sie es wünschen, Majestät.«

Sobald wir wieder unter uns sind, bemerkt Charles:

»Sollte er nie wieder davon sprechen, war es eine Höflichkeitsfloskel. Wenn er jedoch auf die Einladung zurückkommt, ist es ihm wirklich ernst damit, und Arnaud und Francis sind gemachte Leute. Warten wir es ab.«

Mein Sohn läßt mir keine Zeit für eine Antwort:

»Ich warte. Und inzwischen werde ich studieren.«

Charles und ich tauschen über seinem wirren Lockenkopf einen Blick aus. Welch sonderbare Mischung aus Bescheidenheit und kriegerischem Ehrgeiz hat er doch, dieser kleine Junge ... eine gefährliche Mischung. Es ist der Stoff, aus dem große Männer gemacht sind. Oder die großen Verbrecher.

*

Jans Heirat ist das letzte Blütenblatt dieser Blume, die letzte, bewegende Erinnerung.

Wir haben für eine großartige Feier gesorgt. Nie zuvor habe ich so viel Musik auf einmal zur Aufführung gebracht.

Jan heiratete die Witwe eines Tuchhändlers, eine junge Frau mit kindlichen Gesichtszügen namens Antje. Sie ging schon seit langem bei uns aus und ein, und Françoise hatte sich sehr um sie gekümmert nach der Nacht, als ihr Mann stockbetrunken in den Kanal gefallen war und ertrank.

Um die Tuchhandlung zu retten, war ihr zuerst Giuliano, später Jan zur Hilfe geeilt. Jan verliebte sich auf den ersten Blick, und ich glaube, daß es auf Gegenseitigkeit beruhte. Doch sie haben lange nicht darüber gesprochen: Für eine tugendhafte Witwe ziemt es sich nicht, vor Ablauf der Trauerzeit ihr Herz zu verschenken; auch denkt ein ehrenhafter Mann nicht daran, ihr in dieser Zeit seine Liebe zu erklären.

Erst nach zwei Jahren hielt er um ihre Hand an.

Die Verlobung wurde bekanntgegeben. Eigentlich wäre das an den Eltern des Bräutigams gelegen, aber da Jan ein »Waisenkind« war, hatten sich die Eltern der Witwe darum gekümmert. Das Aufgebot wurde dem Brauch gemäß dreimal ausgehängt, und zwar, da das Brautpaar katholisch war, nicht an der reformierten Kirche, sondern am Stadthaus. Lange wurde über das geeignete Datum hin- und hergeredet; am Sonntag waren Feste verpönt, also kam er nicht in Frage, ebensowenig der Freitag, der Tag des bösen Blickes, und der Mai gilt in Holland als Unglücksmonat.

Im Haus am Strohmarkt herrschte ein Kommen und Gehen von Freunden der Verlobten, den »Spielgefährten«, die ihnen bei den Hochzeitsvorbereitungen halfen. Ich hatte mich um die Musik zu kümmern, Françoise überwachte die Ausschmückung des Brautgemachs. Im Erdgeschoß war ein ganzes Zimmer geräumt worden, um für das Nähen von Antjes Hochzeitskleid Platz zu haben. Nach der Fertigstellung wurde das Kleid mitsamt der Krone in einem reich verzierten Weidenkorb ausgestellt, so daß es alle sehen konnten. Anderswo beschäftigte man sich mit der Ausstattung des Bräutigams und schmückte seine Pfeife, die er am Hochzeitstag rauchen sollte, mit Blättern.

Die katholischen Hochzeiten haben in den Niederlanden keine Gesetzeskraft. Deshalb mußte neben der kirchlichen auch eine standesamtliche Trauung organisiert werden. Giuliano hatte dem Stellvertreter des Bürgermeisters ein üppiges Trinkgeld zugesteckt, damit er die standesamtliche Trauung im Haus vollziehe, bevor der Priester im Empfangssalon zur kirchlichen Feier schritt.

Die Fassade von Ardent und Van Gouden brach unter der Last der Blumen fast zusammen; an allen Fenstern hingen eigens für den Anlaß gewobene prächtige Tücher in den einzigartigen Farben, die dem Haus ein Vermögen eingebracht hatten. Auf dem Dach spielte während der ganzen Feier eine Blaskapelle Stücke von William Byrd. Sie war bis zuhinterst im Hafen zu hören. Und da es Mitte Nachmittag war, drängte sich eine beachtliche Menge von Nachbarn, Freunden, Kunden und Neugierigen ums Haus.

Die Verlobten gaben sich ihr Jawort, die Braut wechselte den goldenen Verlobungsring von der linken Hand zur rechten, wie es der Brauch will.

Für das Fest hatten wir die Stoffballen und Möbel aus dem Laden weggeräumt. Dafür hängten wir Blumengirlanden auf und brachten sämtliche Spiegel des Hauses hierher, die nach holländischer Sitte mit Sinnsprüchen und Rätseln geschmückt waren. Ich stellte ein Cembalo auf, das ich von Antwerpen als Geschenk für die Braut mitgebracht hatte. Sweelincks ältester Sohn Dirk erklärte sich bereit, uns zum Fest aufzuspielen. Im Garten hatten wir aus Laubwerk einen Tempel errichtet, in dem zwischen Kerzen eine Venusstatue stand.

Nach vollzogener Trauung stellten wir im Empfangssalon die Stühle der Vermählten auf. Die Eingeladenen überbrachten einer nach dem andern ihre Geschenke und bewunderten Antjes Hochzeitskleid, ein wahres Meisterwerk. Es war aus einem eigens dafür gewobenen weißen Taft geschneidert, von schmalen Streifen aus dem berühmten Ardent-Purpur durchzogen und mit Goldfäden durchwirkt, so daß es manchmal glitzerte wie ein Sternenhimmel.

Ich hatte Antje schon immer hübsch gefunden. Aber

in diesem Gewand und an diesem Tag, da sie einen Mann heiratete, den sie aus ganzem Herzen liebte, überstrahlte sie selbst das Schimmern ihres Kleides. Die Farbtöne des Stoffes brachten ihr kupferrotes Haar und ihre milchweiße Haut prächtig zur Geltung, und ihre unglaublich dunklen Augen vervollkommneten das Bild der Schönheit. Auch meinen Bruder hatte ich noch nie in solcher Pracht gesehen. Er erinnerte mich an einen dieser Götter, welche die Ruinen des römischen Forums überragen und die, gerade weil rings um sie alles in Trümmern liegt, einen unvergleichlich majestätischen Eindruck hinterlassen. Jan stand ihnen keineswegs nach, im Gegenteil: Er besaß den Vorzug, ein Mensch aus Fleisch und Blut zu sein.

Während der Überreichung der Geschenke sang ein unmittelbar hinter den Stühlen des Paares aufgestellter Chor italienische Madrigale, die ich in den vorangegangenen Wochen einstudiert hatte.

Bei Einbruch der Nacht begab man sich zu Tisch. Das Hochzeitsbankett bestand aus mindestens dreißig Gängen. Wir hatten eine solche Schlemmerei übertrieben gefunden, doch Antjes Eltern ließen nicht mit sich reden. Als Familie, die etwas auf sich hält, war man es sich schuldig, den Nachbarn eine unvergeßliche Gaumenfreude zu bescheren.

Auch das Mahl wurde von einem Consort und von Madrigalen begleitet.

Am Ende unterwarfen wir uns einem letzten Brauch, der bei Hochzeiten in Holland üblich ist: Es ging darum, die Jungverheirateten unbemerkt von den Gästen verschwinden zu lassen. Die Eingeladenen jedoch waren darauf vorbereitet und versuchten das Paar am Weggehen zu hindern.

Freundinnen bemächtigten sich der strahlenden Antje und gingen sie verstecken.

Jan suchte sie vergeblich.

Die jungen Frauen hatten sie in ihre Mitte genommen.

»Gevatter, wir geben sie nur frei, wenn Sie uns versprechen, uns in einer Woche zu einem Bankett zu laden«, sangen sie.

»Das verspreche ich erst dann, wenn ich meine Frau zurückhabe! Ich lasse mich nicht einschüchtern!« protestierte Jan.

»Dann ist es mit Ihrer Hochzeit vorbei, noch bevor sie begonnen hat«, antwortete ihm der Chor.

Schließlich legte er sein Versprechen ab, und man brachte ihm seine Frau unter großem Gelächter zurück.

Darauf stellten sich die Gäste im Kreis um die Brautkrone auf und begannen sich zu den Klängen der Viola da Gamba, der Laute und der Zither fröhlich zu drehen.

Schließlich verabschiedeten sie sich und brachen einer nach dem andern oder paarweise auf. Zur Erinnerung nahmen sie die Girlanden mit, welche Haus und Fassade schmückten.

»Seien Sie versichert, mein Herr, das war noch nicht das Ende«, sagte Jack, während er mir beim Ausziehen der Schuhe half.

»Ich weiß, es wird Taufen geben, und Jan hat wohl versprochen, in einer Woche …«

»In einer Woche? Wo denken Sie hin! Morgen werden alle kommen, um die Reste aufzuessen, hat man mir in der Küche versichert.«

»Aber ich habe doch die Musiker schon weggeschickt! Das wird eine traurige Angelegenheit.«

»Nun, als ich davon hörte, habe ich sie gebeten, wiederzukommen. Ich habe ihnen eine kleine Zulage bezahlt, und sie werden fast alle da sein. Übrigens haben sie damit gerechnet. Der Tag nach der Hochzeit wird meistens von Musik umrahmt. Sie schulden mir acht Gulden, mein Herr.«

»Manchmal frage ich mich, was ich ohne dich tun würde, Jack. Du machst all meine Mängel wett.«

»Mein Herr, ohne Sie wäre ich nie dazu gekommen, diese Gaben zu entfalten, die zu schätzen Sie die Güte haben. Auch ich frage mich oft, was aus mir geworden wäre, hätten Sie mich nicht in Ihren Dienst genommen.«

Wir lachen trotz unserer Müdigkeit. Es stimmt, wir sind unzertrennlich geworden.

Und am folgenden Tag wurde fröhlich getanzt, musiziert und gegessen.

Auch der Himmel hat sich in diesen zwei Tagen von der schönsten Seite gezeigt: Kein Wölklein trübte das Blau.

*

Ich habe mich so sehr bemüht, die dramatischen Ereignisse, die folgten, aus dem Gedächtnis zu verbannen, daß ich nur mit größter Mühe darüber sprechen kann.

Wie so oft, bin ich nach Venedig, Mailand oder Padua aufgebrochen – vielleicht auch nach Prag. Es war wohl eine der üblichen Reisen, denn ich erinnere mich nicht daran – eine Reise auf den Spuren der Musik, bei der ich gelegentlich auch als Händler auftrat, um unsere Stoffe feilzubieten oder Seide aus China zu kaufen.

Ein Bild ist mir geblieben und hat mich mein ganzes Leben lang begleitet.

Am Tag meiner Abreise, nachdem ich mich verabschiedet hatte und gerade in den Sattel springen wollte, kam Adrienne aus dem Haus gerannt:

»Vater, Vater ...«, rief sie mit ihrem dünnen Stimmchen.

Ihr Schrei tönte so kummervoll, daß ich sie in die Arme nahm.

»Was ist denn, kleines Fräulein?«

»Vater, und wenn ich Sie nun nie wieder sehen sollte?«

»Aber Adrienne, so Gott will, komm ich bald zurück.«

»Versprechen Sie's?«

»Ja, ich verspreche es, mein kleiner Liebling.«

»Und Sie müssen mich als erste begrüßen!«

Die Erwachsenen um uns lachen. Was für ein eigenwilliges Mädchen!

Ich stieg in den Sattel und bat Jack, Adrienne auf mein Pferd zu heben. Zusammen mit ihr ritt ich im Trott der *Gracht* entlang.

»Sehen Sie, nun ist es doch so, als würden Sie mich auf der Reise begleiten. Und wenn ich zurückkomme, werden wir wieder einen kleinen Ausflug unternehmen bis zum Hafen.«

»Sie werden mich auch nicht vergessen, Vater?«

Mein Herz schnürt sich zusammen. Vielleicht habe ich in diesem Augenblick eine flüchtige Vorahnung des kommenden Unglücks.

»Ich werde Sie nie vergessen, Adrienne. Sie werden bis zu meinem letzten Atemzug mein geliebtes Töchterchen bleiben.«

Ich ritt wieder vors Haus zurück und übergab das Mädchen seiner Mutter. Unsere kleine Karawane setzte sich in Bewegung.

An der Ecke der *Gracht* drehte ich mich um.

Der Glanz der Sonne lag auf Adriennes rotbraunem Haar und erhellte das Lächeln von Françoise.

Dies ist das letzte Bild, das ich von ihnen habe.

*

Zu Beginn des Sommers traten wir unsere Rückreise an. Wir wollten es vermeiden, mit unserer Seidenfracht das Deutsche Reich zu durchqueren. Deshalb gingen wir in Basel an Bord eines Flußbootes. Bei anderen Gelegenheiten hatte ich die Ware häufig in der Obhut von Jack gelassen und war allein nach Antwerpen geritten, um die Rukkers oder Peter Philips zu besuchen, oder nach Paris zu meiner Familie. Diesmal beschloß ich, ebenfalls auf dem Flußweg zurückzukehren.

Der Schiffskapitän sah so bekümmert aus, daß ich ihn schließlich nach dem Grund fragte.

»Ich habe beunruhigende Gerüchte vernommen«, gibt er nach einigem Zögern zu.

»Was für Gerüchte?«

»Man hat mir wiederholt gesagt, daß seit drei oder vier Wochen in Holland die Pest wüte.« Er läßt mir keine Zeit für eine Entgegnung. »Aber ich bitte Sie, mein Herr, kein Wort darüber, sonst verlieren alle den Kopf. Es ist noch früh genug, wenn sie es bei unserer Ankunft in Holland erfahren.«

»Wer hat Ihnen das gesagt?«

»Einige Basler, die von einer Reise nach Amsterdam zurückkehrten und sich freiwillig in Quarantäne begaben, um ihre Mitbewohner vor der Ansteckungsgefahr zu schützen. Einer von ihnen hat mir erzählt, er selbst sei gesund geblieben, doch im Haus, wo er zu Besuch war, seien alle gestorben.«

»Vater, und wenn ich Sie nun nie wieder sehen sollte?« Die Erinnerung durchbohrt mich wie ein Schwert. Diese Frage läßt mich nicht mehr los, und ich bin blind für die anmutige Hügellandschaft mit ihren Weinbergen, durch die wir fahren. *»Vater, und wenn ich Sie nun nie wieder sehen sollte?«* Adriennes dünne Stimme verfolgt mich Tag und Nacht. Hat sie etwas gewußt? Kinder haben manchmal solche Vorahnungen. Die Reise dauert unendlich lange. Ich bin versucht, an Land zu gehen und nach Amsterdam zu galoppieren. – Aber ich weiß, daß ich nicht schneller vorankäme. Bei Einbruch der Nacht müßte ich anhalten, und da wären auch die Unsicherheiten der Straße. Auf diesem Boot dagegen fahren wir Tag und Nacht ohne Unterbruch, und wenn ich bei klarem Verstand wäre, müßte ich

mich daran erinnern, daß mehr als einmal, wenn wir zu Pferd zurückkehrten, die Waren vor uns angekommen waren. Aber die Untätigkeit macht mich verrückt.

In Rotterdam werden unsere Ballen nach Amsterdam verladen, wohin sie auf vielen Umwegen von einem Kanal zum anderen gelangen. Zum Warten fehlt mir die Geduld. Ich fürchte mich davor, an Land zu gehen, aber die Epidemie hat die Stadt nicht erreicht – noch nicht? So viele Krankheiten sind von hier aus verbreitet worden, eingeschleppt von weitgereisten Seefahrern, daß ich wieder Hoffnung schöpfe.

Doch auf dem Land hören wir bei jedem Halt von der Pest. Wir erreichen die erste von der Epidemie heimgesuchte Stadt: Gouda. Die Straßen sind menschenleer.

Wir begegnen einem Karren, über den ein Tuch gebreitet ist. Darunter schauen mehrere Füße hervor. Ich halte mein Pferd an. Jack schreit entsetzt auf.

»Wohin gehen Sie?« fragt er mit erstickter Stimme.

»Auf dem Friedhof ist kein Platz mehr«, lautet die traurige Antwort der bleichen Frau mit zerzaustem Haar, die den Karren zieht. »Mein Mann ist tot, und solange Gott mich am Leben läßt, mache ich mich nützlich«, fügt sie bei, bevor sie ihren Weg fortsetzt.

Jack und ich schauen uns voller Grauen an.

Endlich erreichen wir Amsterdam. Kein Wölklein trübt den klaren Himmel, an dem bald die Sonne untergeht. Die Stadt sieht gespenstig aus. Nichts rührt sich im Hafen. Nichts rührt sich in den Kanälen oder auf den Straßen, mit Ausnahme einiger weniger »Pestärzte«, die an ihrer besonderen Kleidung und am Glöcklein, das sie schwenken, erkenntlich sind. Fast alle Türen sind mit einem weißen Kreuz bemalt als Zeichen, daß hier ein Pestkranker wohnt. In der Totenstille ist einzig eine ferne Sturmglocke zu hören, die unablässig läutet. Die Fenster sind alle geschlossen und dunkel. Um diese Zeit genießen die Leute gewöhnlich den Feierabend draußen vor ihrem Haus. An diesem Abend sind die Freitreppen verlassen.

Kein Schrei ist zu hören, keine Stimme. Nur die Sturmglocke läutet düster durch eine im Sterben liegende Stadt.

Wir gelangen zur Brouwersgracht. Alle Häuser sind mit dem weißen Kreuz gekennzeichnet, auch das unsere.

Ich springe aus dem Sattel und stürme die Treppe hoch, dicht gefolgt von Jack. Die Türe gibt nach. Schweigen.

Nichts im Haus deutet auf Unordnung hin. Ich eile ins Schlafzimmer. Das Bett ist abgedeckt, und auf dem Strohsack sind noch die Körperabdrücke von Françoise und Adrienne zu erahnen. *»Vater, und wenn ich Sie nun nie wieder sehen sollte?«*

Jack tritt ein. Alles Blut ist aus seinem Gesicht gewichen, nicht einmal mehr die Umrisse seiner Lippen sind zu sehen.

»Mein Herr ...«, sagt er mit erstickter Stimme. »Mein Herr ...« Er schließt die Augen.

»Sag mir, Jack, du hast dich erkundigt.«

Er nickt.

»Sag es mir, Jack.«

Er schaut mich plötzlich an, und seine Augen füllen sich mit Tränen.

»Alle, mein Herr.«

»Alle?«

»Ja, alle. Die gnädige Frau, Fräulein Adrienne, die Dienstmägde, der Pferdeknecht, der Hausbursche. Alle.«

Eine der Mägde war seine Verlobte gewesen. Ich weiß nicht, wie lange wir tränenüberströmt vor dem Bett stehenbleiben und die Abdrücke anstarren. Ich werde mich hinlegen und mich von der Krankheit anstecken lassen, die meine Frau und meine Tochter getötet hat. Wozu sollte ich noch leben? *»Werden Sie an mich denken, mein Herr?«* Die Stimme meines Sohnes, wohlauf in Paris, so Gott will, hält mich davon ab.

»Gehen wir zu den Ardents«, sage ich schließlich.

Habe ich auch meinen Bruder und Jane verloren?

Die Türe des Kontors ist mit dem weißen Kreuz versehen.

Ich muß mehrmals anklopfen, bis eine heisere Stimme hinter der verschlossenen Türe befiehlt:

»Gehen Sie weg!«

»Ich flehe Sie an, lassen Sie mich herein, ich bin Herr Tréville.«

Da wird die Türe aufgerissen. Mit aufgelösten Gesichtszügen steht Pieter, der erste Gehilfe, auf der Schwelle.

»Herr Tréville, Sie werden alle von uns anstecken, die noch am Leben sind.«

»Herr Van Gouden ...?«

»Herr Van Gouden, Herr Ardent und Herr Wim sind unmittelbar vor dem Ausbruch der Epidemie nach Schottland gereist. Wir wissen nicht, wie es ihnen geht. Vielleicht sind sie unterwegs gestorben, vielleicht hatten sie die Pest schon bei der Abreise.«

»Und Frau Antje, die anderen Kinder und die Gehilfen?«

Tränen rollen über seine zerfurchten Wangen.

»Sie sind alle tot. Der junge Herr Frans Ardent, Fräulein Mary, die Kleinen. Auch Frau Antje. Fast alle Gehilfen wurden dahingerafft. Frau Jane und ich haben uns entschließen müssen, die Weberei zu schließen. Die meisten Weber sind ...« Seine Stimme bricht ab.

»Und Frau Jane ...?«

»Sie ist durch ein Wunder geheilt.«

»Wo ist sie?«

»In ihrem Zimmer. Gehen Sie durch das Hausinnere. Bei ihr ist niemand mehr, um die Türe zu öffnen.«

Ich eile durch das Haus und erklimme die schmale Treppe, so schnell es geht. Ihre Zimmertüre steht weit offen.

Jane sitzt in einem Sessel. Sie gleicht einer Wachsfigur.

Die Haare quellen unter ihrer Haube hervor, ihr eingefallenes Gesicht ist kreideweiß. Sie starrt auf den Boden und macht keine Anstalten aufzustehen.

Ich knie vor ihr nieder und rede sie auf englisch an.

»Jane, meine geliebte Jane! Ich bin es, dein Francis.«

»Gott hat mich nicht haben wollen, mein kleiner Francis. Ich habe alles versucht, aber sie sind alle nacheinander in meinen Armen gestorben. Ich wollte es vermeiden, dir, Adrian oder Giuliano in die Augen sehen zu müssen. Als die Krankheit mich aufs Lager warf, sagte ich danke. Doch Gott wollte mich nicht mitnehmen. Ich habe ihm mein Leben angeboten, im Tausch gegen das Leben der Kinder ...«

Endlich heftet sie ihre Augen auf mich. Blau und unergründlich sind sie, und es sind beinahe Janes Augen. Beinahe, denn in ihnen ist der Wahnsinn zu lesen. Sie sieht mich nicht. Der Francis, den sie so vertraulich duzt, ist der kleine Junge, dessen Amme sie war.

Ich lege den Arm um ihre Schulter.

»Sie müssen auf sich achtgeben, Jane. Gott hat Sie am Leben gelassen, also müssen Sie leben.«

Und ich? Ich verschiebe den Gedanken auf später. Jetzt gilt es zu handeln.

»Jack!«

Er kommt herbeigerannt.

»Gibt es noch Bedienstete?«

»Einige, mein Herr.«

»Ist eine Magd da, die gewillt ist, sich um Frau Jane zu kümmern?«

»Ich bezweifle es, mein Herr.«

»Und ... Jack? Hat man dir gesagt, wo die ... die anderen begraben sind?«

»Niemand weiß es, mein Herr. Die Friedhöfe waren sogleich überfüllt. Man hat Massengräber ausgehoben. Es ... es heißt, ein Viertel der Bevölkerung sei gestorben.«

Wieder steigen die Tränen hoch. Da ich nicht weiß, wo meine Liebste ruht, ist es, als hätte ich sie doppelt verloren.

»Ich werde ... ich will versuchen, etwas in Erfahrung zu bringen.«

»Ich bleibe bei Frau Jane, wenn Sie erlauben, mein Herr.«

»Das wäre mir sehr lieb, Jack, wenn du keine Angst hast vor einer Ansteckung.«

Er lächelt traurig:

»Wenn es sein muß, daß wir uns die Pest holen, sind wir bereits angesteckt, also ...«

Fast alle Dienstboten sind geflohen, sei es aus Hoffnung auf Rettung, sei es, um im Schoße ihrer Familie zu sterben. In der Küche sind nur noch zwei blutjunge Mädchen, Truns und Saskija, kaum älter als zehn Jahre, zwei Waisenkinder, die Jane aufgenommen hat.

»Seid ihr krank gewesen?«

»Saskija ein wenig, ich überhaupt nicht. Ich glaube, Gott hat uns verschont. Es war ein großes Sterben in den letzten Tagen, aber jetzt hat es aufgehört. Ich habe jedenfalls keine Angst, mein Herr.«

»Gut, dann werdet ihr das Haus von oben bis unten mit viel Wasser und Schmierseife gründlich fegen. Wir wollen versuchen, uns und die Herren zu retten, wenn sie zurückkommen.«

»Und den Säugling, mein Herr.«

»Den Säugling? Welchen Säugling?«

»Frau Antje ist kurz vor dem Eintreffen des Pestarztes gestorben. Aber sie war am Gebären. Der Pestarzt hat ihr den Bauch geöffnet – ein schrecklicher Anblick, mein Herr – und das Kind herausgeholt.«

Sie hebt ein Lumpenbündel in die Höhe, das auf ihren Knien gelegen hat.

»Es ist ein kleiner Junge. Frau Antje hat mir erzählt, daß

sie und ihr Mann beschlossen haben, das Kind Thomas zu nennen, also haben wir es auf diesen Namen getauft.«

»Aber … es lebt!«

»Ja, mein Herr. Wir haben nicht gewagt, es einer Amme anzuvertrauen, denn wenn ihre Milch vergiftet gewesen wäre … Wir haben es mit der Milch der Ziege unserer Nachbarn ernährt, die wir mit Wasser verdünnt haben. Es ist schon zwei Wochen alt und lebt noch immer.«

»Truns, Saskija, ihr seid wundervoll!«

Blind vor Tränen nehme ich den kleinen Körper in die Hände. Dieses winzige Wesen scheint mir ein Zeichen Gottes zu sein: »Laßt die Hoffnung nicht fahren, Ich bin euer Vater und verlasse euch nicht.« Die Pest ist über uns gekommen als Strafe für unsere Fehler. Aber dieser kleine Thomas, der nicht hat sterben wollen, ist der Beweis, daß der Himmel uns vergibt.

Das Kind hat seine großen, grauen Augen geöffnet, grau wie das Meer bei Cornwall an einem stürmischen Tag. Es läßt ein Wimmern hören. Mitten in der Zerstörung ist es das Leben, das zurückkehrt – und aus seinem leisen Geschrei glaube ich die Stimmen von Françoise und Adrienne herauszuhören.

*

In meiner Brust klafft ein tiefer Krater, aus dem mein Blut heraustropft. Und bevor es in der Erde versickert, schreit jeder dieser Tropfen: »Françoise, Adrienne, Françoise, Françoise!« Ich darf nicht innehalten, sonst sterbe ich. Nicht an der Pest – die Seuche will scheinbar weder von mir noch von Jack etwas wissen –, sondern vor Schmerz. Nachdem ich Jack beauftragt habe, unser Haus abzuschließen, beginne ich unser Leben im Doppelhaus am Strohmarkt zu ordnen.

Niemand weiß mehr, warum Giuliano und Jan zusammen verreist sind; das kommt höchst selten vor. Wenn sie nicht gestorben sind, werden sie eines Tages zurückkehren. Also gilt es keine Zeit zu verlieren, damit nach der Seuche das Leben und die Geschäfte weitergehen können. Und wenn sie tot sind, bin ich für das Haus Ardent und Van Gouden verantwortlich. Mindestens zwei Erben sind schließlich noch da: der kleine Thomas und Francis. Ohne Adrians Sohn und den meinen könnte ich diese schrecklichen Tage nicht überstehen; sie sind meine einzige Rettung.

Amsterdam kehrt nach und nach zum Leben zurück. Zögernd beginnen sich die Häuser wieder zu öffnen. Wände, Böden und Gehsteige werden mit Schmierseife abgewaschen, die Kleider in großen Kesseln ausgekocht – der Teufel verabscheut bekanntlich das Wasser, vor allem das heiße. Und die Pest kann nur das Werk des Teufels gewesen sein.

Mit dem einzigen uns verbleibenden Gehilfen antworte ich auf Bestellungen, erkläre und bitte um Aufschub.

Tagelang bleibt Jane apathisch in ihrem Zimmer. Nun übernehme ich die Rolle der Amme. Ich bringe sie zu Bett, ziehe sie an, wasche und ernähre sie. Ich habe den Eindruck, daß sie sich vor Kummer zugrunde gehen läßt. Alles Reden mit ihr ist zwecklos; sie hört nichts, antwortet nichts. Doch eines schönen Tages geht sie in die Küche hinunter. Beim Anblick des Säuglings erwacht sie wieder zum Leben.

»Wo kommt der her?«

»Er ist der Sohn von Antje und Jan.«

»Der Sohn ... Warum habt ihr mir nichts davon gesagt?«

Sie ist beinahe wieder schön geworden. Und ihre Tatkraft kehrt zurück.

»Was trinkt er?«

»Ziegenmilch, gnädige Frau.«

»Gibst du ihm die Milch, Saskija?«

»Ja, gnädige Frau, ich habe sie verdünnt, wie Sie es machten für ...«

»Gut so. Ist das Haus gründlich gereinigt worden?«

»Ja, gnädige Frau, Herr Frans hat es letzte Woche angeordnet.«

»Ausgezeichnet. Wie viele Leute sind wir ... insgesamt?« fragt sie mit leise zitternder Stimme.

»Sechs, gnädige Frau, und der Kleine.«

»Gut. Dann wollen wir das Essen kochen.«

Jack und ich schauen uns im Dunkeln erleichtert an.

Am Tag, als Giuliano, Jan und Wim von ihrer Reise zurückkehren, ist in der Stadt fast wieder der Alltag eingekehrt, auch das Haus sieht aus wie sonst.

Als wir ihre seit langen Tagen sehnlichst erwarteten Stimmen hören, eilt Jack zur Türe.

»Schicke Kees zu mir«, sage ich ihm.

Als er hereinkommt, frage ich ihn:

»Kees, habt ihr die Neuigkeiten schon vernommen?«

»Welche Neuigkeiten, mein Herr?«

»Von wo kommt ihr?«

»Wir sind nach Schottland gegangen. Herr Jan ist auf der Suche nach einer bestimmten Wolle für ein neues Tuch. Was ist denn, mein Herr?«

»Wißt ihr nicht, was in Holland geschehen ist?«

»Wir sind soeben von einem schottischen Schiff an Land gegangen, mein Herr.«

»Kees, die Pest hat hier wochenlang gewütet.«

»Was Sie nicht sagen, mein Herr!«

»Frau Antje, vier von Ardents Kindern, Frau Françoise und meine Tochter Adrienne ... und ich weiß nicht, wie viele Mägde und Diener ... ein Viertel der Stadt, sagt man, sind ...«

»Wie entsetzlich, mein Herr!«

Nach einem Augenblick fügt er hinzu:

»Und meine Familie?«

Die Familie von Kees wohnt in der Gegend von Rotterdam.

»Ich glaube nicht. Wir sind dort vorbeigekommen, und von der Pest war nichts zu merken. Ich muß den Herren die Nachricht beibringen. Führe sie zu mir und gib acht, daß niemand ihnen vorher etwas sagt.«

»Ja, mein Herr.«

Voller Lebenslust und Tatkraft treten sie ein. Ihr Lächeln erlöscht, als sie mich mitten im leeren Kontor erblikken. Einzig Pieter ist an meiner Seite. Das Kontor ist nicht mein Reich; gewöhnlich komme ich nur auf einen Sprung hier vorbei.

»Was ist los?«

»Setzen Sie sich.«

»Francis! Weshalb hat mich Kees genötigt, hierher zu kommen, noch bevor ich Antje begrüßen konnte?«

Giuliano bemerkt die Tränen, die dem alten Gehilfen über das Gesicht rinnen.

»Um Gottes willen, Francis, was ist denn?«

Vergeblich suche ich nach den richtigen Worten, um ihnen die Nachricht schonend beizubringen; mir bleibt nichts anderes übrig, als ohne Umschweife zu berichten.

»Nach Ihrer Abreise ist Amsterdam von der schrecklichsten Pestepidemie heimgesucht worden, die in dieser Stadt je gewütet hat.«

»Und ...?« fragt Jan mit veränderter Stimme.

»Ich habe Françoise und Adrienne verloren, Sie, Giuliano, vier Ihrer Kinder, und Sie, Jan ... Ihre Frau.«

Zutiefst erschüttert schauen sie mich an.

»Ich weiß noch nicht, wie viele Gehilfen und Weber dahingerafft wurden. Die Werkstätten mußten geschlossen werden. Die ganze Provinz ist lahmgelegt.«

Noch immer stehen sie still und reglos da.

»Jane ist an der Pest erkrankt, aber sie ist ebenso genesen

wie Saskija, eines der Waisenkinder. Truns, das andere Waisenkind, und Pieter hier sind verschont geblieben. Und dem Pestarzt ist es gelungen, Ihr Kind zu retten, Jan. Sie haben einen Sohn.«

Ich hatte damit gerechnet, daß diese Neuigkeit ihre Wirkung nicht verfehlen würde, und ich habe mich nicht getäuscht.

Stumm beginnen sie zu weinen.

»Pieter ...«

Er lächelt mir zu, nickt mit dem Kopf, verläßt den Raum und kommt bald mit den Waisenkindern und dem Säugling zurück.

Saskija überreicht ihn Jan mit einem Knicks:

»Hier ist Ihr Sohn Thomas. Möge Ihnen Unser Herr durch ihn glückliche Tage schenken, oder möge Er ihn zu sich heimholen, wenn es Sein Wille ist.«

Schüchtern fügt sie hinzu:

»Wir haben nicht auf Sie warten können für die Taufe, und weil niemand sonst da war, habe ich gesagt, ich wolle die Patin sein und Pieter der Pate. Aber das läßt sich ändern, falls ...«

Jans Gesicht ist so bleich, daß ich einen Augenblick lang fürchte, es werde ihm übel. Reglos schaut er dieses lallende Neugeborene an.

»Jan, das ist dein Sohn.«

Plötzlich kehrt das Blut in seine Wangen zurück.

»Hat er die Pest nicht gehabt?«

»Nein. Und auch die Ziegenmilch hat ihn nicht umgebracht.«

»Wo ist Jane?« fragt Giuliano.

»In der Küche oder in ihrem Zimmer.«

Er geht hinaus.

Ich nehme den Säugling aus Saskijas Armen.

»Geht nun, Mädchen, wir bringen euch den Kleinen später zurück.«

Nach ihrem Weggang betrachtet Jan noch immer das Kind, ohne es zu berühren.

»Auch du hast sie also verloren«, sagt er auf englisch zu mir.

»Es ist, als wollte Gott uns damit sagen, unser Leben in Holland sei ein Fehler gewesen, glaubst du nicht? Er läßt dir einen Sohn und mir. Aber jetzt müssen wir so schnell wie möglich weg von hier.«

Er schaut mich mit einem schwachen Lächeln an.

»Gott hat einen breiten Rücken. Diese Katastrophen haben wir unserer Unwissenheit zu verdanken. Auf unserer Reise habe ich in Eu den Apotheker Pierre besucht. Der Herzog von Guise hielt sich für einige Wochen in Eu auf, und in seinem Gefolge war eine Rothaut aus Amerika, ein Mann, den der Herzog gewissermaßen als Kuriosität herumzeigte. Dieser Mann sprach ein vollendetes Französisch. Er hat Pierre in unbekannte Geheimnisse eingeweiht. Zum Beispiel lassen sich viele ansteckende Krankheiten und Fieber heilen, wenn man einen bestimmten Pilz ißt, der in einer bestimmten Fäulnis gedeiht. Dieser Amerikaner, der für sein Volk ein hoher Priester ist, besitzt das entsprechende Wissen, aber niemand würde ihn danach fragen. Wir interessieren uns bloß für das Gold in Amerika, aber nicht für seine Bewohner und ihre Weisheit. Wir haben Millionen von ihnen ausgerottet, ohne auf sie zu hören. Möglicherweise ist die Pest eher eine Warnung als eine Strafe: Es gibt vielleicht andere Siege zu erringen als kriegerische.«

Was soll ich darauf antworten? Ich halte ihm das Kind hin.

»Nimm es. Gott hat zugelassen, daß es überlebt.«

Mit zitternden Händen nimmt er es entgegen.

»Sie haben es auf den Namen Thomas getauft?«

»Ja. Und sie haben es gerettet, weil sie nicht geflohen

sind wie alle anderen und sich um seine Pflege gekümmert haben.«

»Diese beiden Mädchen ... ich werde sie adoptieren, damit Thomas eine Familie hat.«

»Gut so.«

»Und du, mein Bruder, was gedenkst du zu tun?«

»Mein Sohn ist in Paris, am Hofe des Königs von Frankreich. Vielleicht gehe ich dorthin. Ich weiß es noch nicht.«

In diesem Augenblick läßt der kleine Thomas ein leises Wimmern hören, dann beginnt er zu brüllen.

Diese Stimme kommt mir wie ein Zeichen vor. Was immer ich beschließen, wie sehr ich auch leiden mag – der Tod ist vorübergegangen, und das Leben gewinnt wieder die Oberhand.

VI

Ayme not too high in things above thy reach;
Be not too foolish in thy own conceit;
As thou hast wit and wordly wealth and will.
So give Him thanks that shall increase it still.

»Fortune my Foe«
Volkstümliche Ballade

Greif nicht nach Dingen, die du nicht erreichen kannst;
Sei nicht zu dumm in deiner Eitelkeit;
Da du Verstand und Reichtum und Willen hast,
Danke Ihm, der sie noch vermehrt.

Vergeblich habe ich versucht, die Erinnerung an diesen Lebensabschnitt auszulöschen. Die Bilder, die mir im Gedächtnis bleiben, sind vielleicht aus dem Zusammenhang gerissen, aber um so deutlicher.

Ich habe Jan und Giuliano beim Wiederaufbau des Hauses Ardent und Van Gouden zu helfen versucht. Ich sehe mich noch in meiner Tätigkeit als Schreiber, solange noch nicht alle an der Pest gestorbenen Angestellten ersetzt werden konnten. Mir ist zumute, als hätte ich Blei in den Gliedern.

Ich lebe im großen Haus am Strohmarkt. Mein eigenes Haus an der Brouwersgracht haben wir geschlossen. Jane kann sich nicht über den Tod ihrer vier Kinder hinwegtrösten; beim leisesten Gedanken daran bricht sie in Tränen aus. Aber sie hat ihre Gesundheit und Lebenskraft wiedergefunden, sie ist oft fröhlich und gelöst. Man muß schon mit den Piskies vertraut sein, um die unendliche Trauer in ihren Augen wahrzunehmen.

Giuliano sagt nichts, sein Blick und seine Bewegungen bleiben lebhaft, aber Bart und Haare sind plötzlich ergraut.

Ardent und Van Gouden haben die Weberei Pierson angegliedert, das Erbe des ersten Mannes von Antje. Infolgedessen galt es, sich mit dem neuen Problem der Wollstoffe zu befassen. Jan hat sich Hals über Kopf in diese Arbeit gestürzt. Er hat die üblichen Wollstoffe den vielen anderen Tuchhändlern in Holland überlassen und sich auf besonders feine, edle Stoffe in ungewöhnlichen Farbtönen beschränkt, die er selbst entwickelt.

Er verläßt seine Werkstatt nur, um sich mit liebevoller Aufmerksamkeit um seinen Sohn Thomas zu kümmern.

Das Haus hat sich sehr verändert. Manchmal überrascht man sich dabei, wie man auf das Trippeln kleiner Füße lauert, auf das Gelächter junger Stimmen, das die Stille durchbrach. Da sind nur noch Wim, mit seinen sechzehn oder siebzehn Jahren bereits ein Mann, und Thomas, der noch zu klein ist, um viel Lärm zu veranstalten. Man erwartet die Rückkehr einer kleinen, drei- bis vierjährigen Jana, die der Pest entkommen ist, weil sie bei einer Amme auf dem Land war – Jane hatte zum erstenmal keine Milch gehabt.

Um das Haus zu beleben, denke ich einen Augenblick daran, den jungen Francis aus Paris herzuholen, aber ich lasse den Plan bald wieder fallen: Es mangelt mir zu sehr an Lebensfreude. Die Vorstellung, mir wieder eine Frau zu nehmen, wie es andere um mich tun, erfüllt mich mit Grauen. Ich habe mich nie mehr zu einer Heirat entschließen können. Jedesmal, wenn sich die Gelegenheit bot, vor den Altar zu treten, hatte ich das Gefühl, ich würde Françoise, unser Glück und unsere gegenseitige Zuneigung verleugnen. Ich bin für immer ihr Gemahl geblieben.

Ich ging nach Paris.

Das war zweifellos nach dem Tod der Königin Elisabeth, denn ich sehe mich noch, wie ich im Laufe einer Unterhaltung ihr Ableben beklage. Dieses Gespräch findet am Hofe Heinrichs IV. mit einem meiner Vettern statt, dem jungen Lord Derby. William Stanley ist der jüngere Bruder dieses Ferdinando, der vermutlich vergiftet worden ist, weil er den Versuch enthüllte, ihn zum katholischen Thronprätendenten zu machen. Mir ist es gleichgültig geworden, ob man weiß, wer ich bin. Ich brauche niemanden mehr unter meinen Schutz zu nehmen.

Meine »ketzerische« Frau ist gestorben.

Mein Bruder ist in der Haut von Jan Van Gouden so gut versteckt, daß er sich kaum mehr erinnert, daß er eigentlich Adrian Tregian ist. Schon den Gedanken an diese Identität weist er von sich:

»Als Tuch- und Seidenhändler würde Adrian Tregian seiner Herkunft zuwiderhandeln, dabei ist es die einzige Tätigkeit, die mich interessiert. Das ist unvorstellbar! Nein, Adrian Tregian ist tot, Gott erbarme sich seiner Seele. Es lebe Jan Van Gouden!«

Zusammen mit seinem Vetter Arnaud ist mein Sohn einer der Edelmänner im Geleit des Dauphins Ludwig. Er spricht französisch wie ein Pariser, aber er pflegt auch regelmäßig sein Holländisch im Gespräch mit einem in Paris ansässigen gelehrten Amsterdamer. Was ihn auszeichnet, ist nicht sein Wuchs – mit zehn Jahren ist er (wie ich seinerzeit) schon ebenso groß wie mancher Erwachsene. Sein Ansehen hat er dem Umgang mit den Waffen zu verdanken. Er widmet sich dem Fechten so leidenschaftlich wie ich mich der Musik. Ob zu Pferd oder zu Fuß, mit dem Degen, dem Florett oder der Pistole – er ist ein Besessener von unschlagbarer Gewandtheit. Man würde nie glauben, daß er noch ein Kind ist.

Ich halte mich für einen guten Kämpfer und habe in den

doch recht zahlreichen Duellen meines Lebens nie mehr eingesteckt als einen Kratzer. Doch gottlob habe ich mich nie mit meinem Sohn schlagen müssen: Im Fechtsaal hat er fast immer gewonnen. Arnaud ist als Gegner übrigens ebenso gefährlich wie er. Der Dauphin, der ihre Begeisterung für das Fechten teilt, hat es teilweise ihnen zu verdanken, daß er eine gute Klinge führt.

Damit will ich sagen, daß der junge Francis sich am Hofe einen festen Platz erworben hat und nicht auf mich angewiesen ist. Der Tod von Françoise und Adrienne stürzt die Troisvilles in tiefe Trauer. Charles hing sehr an seiner Schwester und mein Sohn an seiner Mutter. Doch der junge Francis tröstet sich mit seiner Tante Margaret, die ihn so liebevoll bemuttert wie ihre eigenen Kinder. Am Hofe nimmt man übrigens allgemein an, François de Tréville, wie er von allen genannt wird, sei der Sohn von Charles.

Die Nachricht vom Tode Lady Anne Arundells, meiner Großmutter, fügt meinem Leid ein weiteres hinzu.

Eine Botschaft von Robert Cecil, der inzwischen Graf von Salisbury geworden ist, erreicht mich wahrscheinlich in Paris, wo ich mich häufig aufhalte, um Amsterdam, dem Zentrum meines Schmerzes, aus dem Weg zu gehen. Robert Cecil schreibt mir:

Das Gerücht geht um, daß ein Attentat auf König Jakob I. geplant ist. Gerüchte solcher Art sind oft im Umlauf, und in der Regel sind sie auch nichts anderes als Gerüchte. Doch darf man sie nicht einfach mißachten. Außerdem gelingt es meinen Spitzeln im Gegensatz zu den meisten Fällen diesmal nicht, herauszufinden, auf welche Weise das Attentat verübt werden soll. Ganz besonders beunruhigt mich, daß ernst zu nehmende Quellen darauf hinweisen, es gehe nicht nur darum, den König verschwinden zu lassen, sondern auch sein Umfeld – wobei unklar bleibt, ob damit das politische oder das familiäre gemeint ist. Stecken Katholiken dahinter? Und wenn ja, welche?

Es gibt Anzeichen dafür, daß es die Partei der Jesuiten sein könnte. Deshalb habe ich an Sie gedacht. Seit dem Friedensabkommen mit Spanien haben sich die Beziehungen zwischen unseren zwei Ländern verbessert. Als Zeichen ihres guten Willens erlaubt Seine Majestät dem Erzherzog Albert sogar, ein Regiment englischer Katholiken in Spaniens Diensten auszuheben. Der englische Hauptmann, der es befehligen soll, ist Ihr Verwandter Thomas Arundell, den Seine Majestät in den Rang des Barons von Wardour erhoben hat. Die Verschwörer, so habe ich gehört, sollen sich unter den Rekruten dieses Regiments befinden. Ich möchte, daß Sie sich der Sache annehmen.

Eines Tages haben Sie mir erklärt, mit Ihrem Gewissen seien Sie einzig Gott verpflichtet, Ihr Degen aber stehe im Dienste der Krone. Ich kann Ihnen nichts anbieten außer einer bindenden Zusage: Wenn Sie nach England zurückzukommen wünschen, werde ich mich dafür einsetzen, Ihnen die Rückkehr zu erleichtern, und ich werde mein Möglichstes tun, damit Sie Ihre Besitztümer gegen ein geringes Entgelt wiedererlangen. Wenn Sie mein Angebot annehmen, wird Ihnen der Bote erklären, was Sie tun können. Andernfalls vergessen Sie diesen Brief, ich werde es Ihnen nicht nachtragen.

Ich habe eingewilligt. Ein selbstmörderischer Auftrag ist genau das, was ich brauche.

Robert Cecil erwartet von mir, daß ich nach Antwerpen oder Brüssel gehe und mich unter das Gefolge des Erzherzogs Albert mische, der im Namen »Seiner Allerkatholischsten Majestät« mit eiserner Hand regiert; er wünscht zudem, daß ich mit den Jesuiten verkehre und Beziehungen mit einem gewissen Hauptmann Hugh Owen und einigen anderen Engländern anknüpfe, allesamt bedingungslose Anhänger des Katholizismus. Ich bin gebeten, Augen und Ohren offen zu halten oder besser noch verdächtige Leute zum Sprechen zu bringen. Selbstverständlich bin ich zu strengstem Stillschweigen verpflichtet.

»Meine zwei Diener sind nicht auf den Kopf gefallen«,

sage ich zu Cecils Gesandtem, »sie kennen mich so gut und so lange, daß sie wissen, daß ich mich niemals grundlos in die Dienste des Erzherzogs stellen würde. Schließlich kämpft er gegen ein Land, das ich zutiefst liebe.«

»Sagen Sie ihnen so wenig wie möglich, aber warnen Sie sie: Der König hat einen langen Arm, und die Inquisition ist allgegenwärtig.«

Ich begebe mich nach Antwerpen, beziehe eine Unterkunft und mache dann, bevor ich mich in mein neues Leben stürze, mit Jack einen Ausflug aufs Land. Mitten auf einem Feld halten wir unsere Pferde an, und ich erkläre ihm, worum es geht. Seine Augen leuchten. Im Grunde seines Herzens ist er ein Abenteurer.

»Dann werden wir also Soldaten und Spitzel, mein Herr?«

»Ich würde es etwas anders sehen. Für einige Zeit dienen wir unserem König, wenn auch mit eher ungewöhnlichen Mitteln. Und wir sind in Gefahr: Wenn die Jesuiten unsere Absicht entdecken, setzen wir unser Leben aufs Spiel. Du mußt äußerst vorsichtig sein.«

»Das brauchen Sie mir nicht zu sagen, mein Herr.«

»Ich sage es dir, weil du auf eigene Verantwortung tätig sein wirst. Mische dich unter die Knechte, unter das Fußvolk ...«

»Ich habe verstanden, mein Herr. Sie können auf mich zählen.«

Ich habe Giuliano eine Nachricht geschickt, und bald kommt er mit Kees aus Amsterdam. Als ich ihn informiere, schüttelt er den Kopf.

»Ich weiß nicht, ob Sie das Richtige tun. Meiner Meinung nach darf man Robert Cecil nicht blindlings vertrauen. Er neigt dazu, die Leute in seinen Diensten für seinen eigenen Ruhm zu gebrauchen. Ich habe mir geschworen, mich künftig aus solchen Dingen herauszuhalten, aber für Sie mache ich eine Ausnahme: Ich schenke Ihnen drei

Tage meiner Zeit. Mehr kann ich nicht tun; in Amsterdam braucht man mich dringend. Aber ich werde Ihnen Kees überlassen, er hat Erfahrung.«

Kees begnügt sich mit einem Lächeln.

»Da die Gerüchte schon so weit gediehen sind«, sagt Giuliano nachdenklich, »gilt es auf alle Fälle, rasch zu handeln.«

Über Nacht werde ich zum Soldaten. Man nimmt mich ohne Zögern auf. Mein Vater ist ein in allen katholischen Teilen Europas bekannter Anhänger Roms. Ich bin sein Sohn; es versteht sich von selbst, daß ich in seine Fußstapfen trete. Offensichtlich hegt man nicht die geringsten Zweifel an meiner Loyalität.

William Bawden, einer meiner Landsmänner aus Cornwall – ein Verwandter von Nicholas Bawden, der zusammen mit mir in Rom in den Diensten des Kardinals Allen stand –, ist der Vizepräfekt der englischen Mission in Antwerpen. Ich bemühe mich um seine Gunst, aber ich muß äußerst vorsichtig sein: Dieser Jesuit ist ein wahrer Machiavelli und trotz seinem bescheidenen Titel die höchste religiöse Autorität der Engländer in Flandern. Nichts geschieht ohne sein Wissen. Giuliano hat mir geraten, ihn zu hofieren, was ich mit einem gewissen Widerwillen tue. Er verwickelt mich in endlose Gespräche, die nach meinem Eindruck nur den Zweck verfolgen, mir schließlich vorhalten zu können:

»Sie haben Ihre Theologie vernachlässigt, seit Sie Rom verlassen haben, Herr Tregian. Sie sind ein besserer Musiker als damals, aber es ist nicht die Musik, die Ihnen das Tor zum Himmelreich öffnet.«

Ich bin versucht zu fragen, ob die Intrige dafür das geeignetere Mittel sei.

Was mich am meisten verwirrt, ist die Art, wie er mich aus seinen gelben Katzenaugen anstarrt, während er mich fragt:

»Wie kommt es denn, daß Sie sich ausgerechnet zum gegenwärtigen Zeitpunkt in den Kampf begeben?«

Will er mich damit indirekt fragen, ob ich an einem Komplott beteiligt bin? Ist er es etwa selbst?

»Mein Gewissen schreibt mir diesen Schritt seit langem vor, aber die Umstände ...«

»Ihr Vater ist für uns alle ein Vorbild, Herr Tregian. Hat er Sie etwa hierher geschickt?«

Seine Stimme und sein Blick sind diesmal voller Andeutungen. Ich antworte ihm im Ton eines Mitverschworenen, der sein Spiel nicht aufdecken will:

»Es ist seit langem sein Wunsch, daß ich zu Ihren Kreisen stoße.«

Als katholischer Edelmann in den Diensten des Erzherzogs verbringe ich die meiste Zeit im Fechtsaal oder mit der Inspektion der Truppe, die ich befehlige. Ich weiß nicht, was ich tun würde, falls man mich zur Eroberung von Holland ausschickte, aber ich flehe den Herrn an, mir diese Prüfung zu ersparen. Alles andere ist mir gleich. Unser Hauptmann Thomas Arundell ist der jüngere Bruder meiner Großmutter Catherine und Sir Johns, doch gesehen hatte ich ihn noch nie, obwohl in Clerkenwell zu meiner Kindheit oft von seinen kriegerischen Heldentaten die Rede war; er ist Katholik und verheimlicht es auch keineswegs. Unsere Beziehungen bleiben distanziert; unsere einzige Gemeinsamkeit, so scheint mir, besteht in der Abneigung gegen die Jesuiten.

Ich lerne Owen kennen und trinke etliche Krüge mit ihm, aber unsere Gespräche beschränken sich auf Belanglosigkeiten. Dieser Mann reifen Alters tritt offen für Spanien ein; er begründet seine Haltung mit viel Logik und sieht in meinen Augen nicht wie ein Verschwörer aus. Obwohl wir in nichts übereinstimmen, kann ich nicht leugnen, daß er mir sympathisch ist.

Von Zeit zu Zeit begegne ich meinem Bruder Charles,

der sich ebenfalls dem englischen Regiment angeschlossen hat. Wir versprechen uns immer wieder, einen gemeinsamen Abend zu verbringen, aber wir sind eindeutig zu verschieden: Wir haben uns nichts zu sagen. Der gemeinsame Abend sollte nie stattfinden.

Zu meinem Leidwesen hält sich Peter Paul Rubens in Rom auf. Ich schaue regelmäßig bei Pierre Phalèse vorbei, um mir die Partituren anzusehen, die er bei Ruckers verlegt, bei dem ich ein Virginal für meine Unterkunft erstanden habe. Ebenso gehe ich oft zum Goldenen Zirkel des Druckers, Verlegers und Buchhändlers Jean Moretus-Plantin. In seinem Laden auf dem Freitagsmarkt findet man äußerst interessante Werke; allerdings muß man sie hinter einer Fülle jesuitischer Literatur suchen, denn der Goldene Zirkel ist auch die offizielle Druckerei der Gesellschaft Jesu. Und in diesem Goldenen Zirkel stoße ich eines Nachmittags, als ich gerade in einem Buch blättere, auf die erste brauchbare Spur.

Im Laufe seines dreitägigen Aufenthalts hat Giuliano in Erfahrung bringen können, daß sich in den Kreisen der englischen Katholiken tatsächlich etwas zusammenbraut. Sie sind aufgebracht darüber, daß der Sohn der Königin Maria Stuart ein solch hartnäckiger Protestant ist, daß die Verfolgungen ein unerwartetes Ausmaß angenommen haben und die Bußgelder noch höher geworden sind als unter Elisabeth. Giuliano ist zu Ohren gekommen, daß ein großes Übel nur mit äußersten Mitteln bekämpft werden könne. Doch weder ihm noch uns gelingt es zu entdecken, worin diese »äußersten Mittel« bestehen.

Während ich ein holländisches Buch durchblättere, unterhalten sich zwei Leute am anderen Ende des Ladens im Flüsterton auf englisch. Aber der Laden ist sehr klein, und ich habe gute Ohren. Einer der Männer interessiert mich besonders, denn ich habe ihn schon mit Hauptmann Owen sprechen gesehen.

»Nun dauert es nicht mehr lange.«

»Wie werden wir benachrichtigt?«

»Sie werden es bestimmt erfahren, man wird es bis hierher hören.«

Sie lachen.

»Hoffentlich muß ich mich nicht mehr lange gedulden. Es drängt mich danach, heimzukehren.«

»Man wird so viele Leute in der Regierung ersetzen müssen, daß es für jeden von uns Platz hat.«

»Still!«

Eine Pause.

»Ein Wort zu Ihnen, mein Herr«, sagt der zweite der Männer, den ich noch nie gesehen habe, auf englisch zu mir.

Die Falle ist allzu plump gestellt. Ich schaue nicht vom Buch auf. Der Mann kommt näher und spricht mich erneut an. Diesmal geruhe ich den Kopf zu heben.

»Ja, mein Herr?«

»Ah! Sie sind also Engländer!«

»Zu dienen, mein Herr.«

»Dürfte ich Ihren Namen erfahren?«

»Sie haben mich zuerst angeredet, mein Herr, es liegt an Ihnen, sich vorzustellen.«

Meine Hand liegt auf dem Degenknauf.

Die beiden Männer schauen sich an; auch derjenige, der eine Waffe trägt, hat die Hand an seinem Degen. Doch nachdem sie sich ein Zeichen gegeben haben, entfernen sie sich mit einem Schulterzucken.

»Ich habe um meine Bücher gefürchtet«, sagt Jean Moretus mit süßer Stimme.

»Und ich um meine Geduld. Außerdem fürchte ich noch um mein Leben. Haben Sie vielleicht eine Hintertüre?«

»Zu dienen, mein Herr. Kommen Sie.«

Durch den Hof gelangen wir in die Setzerei, und er läßt

mich durch die kleine Pforte hinaus, wo das Blei ausgeladen wird. Er geht mir voran auf das Gäßlein, das in eine sehr belebte Straße mündet, auf die er einen schnellen Blick wirft.

»Wenn sie auf Sie warten, dann ist es vor dem Laden oder vor der Türe zur Druckerei. Hier ist niemand zu sehen.«

»Kennen Sie diese beiden Männer, Herr Moretus?«

»Der eine ist ein jesuitischer Pater namens Green. Der andere ist ein englischer Edelmann; ich habe gehört, daß man ihn Lord Winter nennt.«

»Vielen Dank, mein Freund.«

Einer dieser Zufälle, die man als göttliche Fügung zu bezeichnen pflegt, will es, daß Jack und Kees am selben Tag zwei englische Edelmänner belauscht haben: »Das Feuer Gottes wird über die Ketzer kommen«, sagte der eine, und der andere: »Es wird heiß werden, aber es wird ein reinigendes Feuer sein,«

Indem wir die Bruchstücke zusammenfügen, die wir aufgeschnappt haben, gelangen wir zu einem unglaublichen Schluß: Jemand hat die Absicht, mitten in einem vom König gegebenen Fest, einem Bankett oder einem Empfang, eine Kugel explodieren zu lassen. Doch würden auf diese Weise »so viele Männer der Regierung« verschwinden? Nicht unbedingt. Aber um das Parlament kann es sich doch wohl nicht handeln! Niemals! Und wenn es doch so wäre ...?

Meine Mutmaßungen kommen mir unsinnig vor, doch jener Satz des Engländers verfolgt mich: »Nun dauert es nicht mehr lange.« Auch wenn ich mich täusche, mich sogar lächerlich mache: Das ist immer noch besser, als zu spät zu kommen. Meine Kontaktperson versäumt zwei vereinbarte Treffen. Ich entschließe mich, Jack mit einer kurzgefaßten Nachricht nach London zu schicken: *Eure Exzellenz, mein Bote wird Sie über das Schauspiel unterrich-*

ten, das ich für Sie veranstalten kann. So lautet das Losungswort. Ich weise Jack an, nur über die Tatsachen zu berichten und keine Namen zu erwähnen: Ich bin durchaus bereit, das Leben Seiner Majestät zu retten, aber ich will nicht, daß meinetwegen Leute verhaftet, gefoltert und getötet werden.

Als Jack zwei Wochen später zurückkommt, erzählt er:

»Die Wirklichkeit übertraf alle unsere Annahmen. Erinnern Sie sich noch an Lord Winter, diesen Edelmann im Goldenen Zirkel, den wir um ein Haar aufgespießt hätten?«

»Ich erinnere mich. Hätten wir unsere Klingen gekreuzt, hätte er uns vielleicht aufgespießt. Und weiter?«

»Er war einer der Verschwörer und sitzt nun im Tower von London. Er war nach Antwerpen gekommen, um sich mit Hauptmann Owen und dem päpstlichen Nuntius zu beraten. Ich mußte ein Vermögen ausgeben, um all diese Einzelheiten zu erfahren.«

»Du hast gut daran getan. Ich werde dir das Geld zurückgeben.«

»Was denken Sie, mein Herr!« sagt er mit lautem Gelächter, »man hat mir alles zurückbezahlt. Ich habe meine Rechnung Lord Salisbury präsentiert, da ich der Meinung war, es liege an ihm zu zahlen.«

»Erzähle mir von diesem Komplott. Die Gerüchte, die ich vernommen habe, sind widersprüchlich. Bawden hat eine Leichenbittermiene aufgesetzt, aber es ist unmöglich, ihm auch nur die kleinste Information zu entlocken. Wollte man den König ermorden?«

»Ja, mein Herr. Aber die Sache ging noch viel weiter. Man hat die Keller des Parlaments mit Schießpulver gefüllt. Sie wollten nicht nur den König, sondern auch das Parlament, den Kronrat, die Lords, das Unterhaus und zweifellos auch das ganze umliegende Viertel in die Luft sprengen. Als ich zu Lord Salisbury vorgelassen wurde –

und ich schwöre Ihnen, das war nicht leicht! –, hatte er soeben aus anderer Quelle vom ›Schießpulver-Komplott‹ gehört, wie ganz London es nennt, und er fand die Idee so unglaublich, daß er sie nicht ernst nehmen wollte. ›Wie, Sie hinterbringen mir dieselbe verrückte Idee von jenseits des Meeres?‹ Ich schwöre Ihnen, mein Herr, daß seine Stimme zitterte. ›Eure Exzellenz, wir kommen uns selbst lächerlich vor, es scheint vollkommen undenkbar, aber …‹ – ›Nun, wenn die Auskünfte stimmen, die mir von anderer Seite zugetragen werden, ist es nicht lächerlich, sondern die reine Wahrheit.‹«

Jack seufzt.

»Und es ist die reine Wahrheit. In allerletzter Minute hat man entdeckt, daß unter dem Parlament genügend Schießpulver lag, um halb London in die Luft zu sprengen. Am Tag, als ich London verließ, waren die Köpfe der Verschwörung bereits tot oder eingekerkert. Doch man munkelte, daß auch andere Katholiken Ärger haben werden. Der Vicomte Montagu, Lord Mordaunt und Ihr Onkel Lord Stourton waren am Tag, als Whitehall explodieren sollte, nicht in London, und da sie katholisch sind, werden sie verdächtigt … Und selbst wenn Lord Salisbury versprochen hat, Ihnen die Rückkehr zu erleichtern, mein Herr: Nach dieser Verschwörung werden Sie in England weiterhin schlecht angeschrieben sein. Ihr Vater gehört der Partei der Jesuiten an. Über die Einzelheiten war er nicht auf dem laufenden, doch er wußte, daß etwas geplant war. Seine Diener erzählten mir, er habe Messen für das Gelingen des Unterfangens lesen lassen. Und wenn ich es schon weiß, weiß es die Polizei auch.«

*

Eines Morgens Ende November fahre ich aus dem Schlaf empor, als Giuliano in mein Zimmer stürmt.

»Giuliano! Was tun Sie denn hier? Hatten Sie es nicht eilig, nach Amsterdam zurückzukehren?«

Mit einer heftigen Handbewegung winkt er ab; ich habe ihn selten so erregt gesehen.

»Was haben Sie Robert Cecil versprochen?«

»Daß ich mindestens ein Jahr lang bleibe. Weshalb?«

»Weil ich aus absolut zuverlässiger Quelle vernommen habe, daß das Schießpulver-Komplott von Salisbury höchstpersönlich inszeniert wurde, um die Verfolgung der Katholiken zu rechtfertigen und den Frieden mit Spanien zu vereiteln.«

»Das hat man schon bei den Verschwörungen von Essex und der Byes behauptet, sogar über seinen Vater William Cecil habe ich etwas ähnliches gehört, als vor zehn Jahren der Doktor Lopez hingerichtet wurde. Ich kann es nicht recht glauben.«

»Und doch ...« Er entfaltet einen Papierbogen und liest: *»Die Flammen, die angeblich den Kronrat vernichten sollten und die seit einer Woche auf den Lippen eines jeden brennen, sind bloß das Strohfeuer eines erhitzten Gemüts, um die Welt hinters Licht zu führen. Denn hinter vorgehaltener Hand wird gesagt, es habe nie etwas derartiges gegeben außer vielleicht einem einzigen Pulverfaß, das am Ort des ›Verbrechens‹ gefunden wurde.* Das stammt aus einem Brief, den Dudley Carleton am 13. November, nur eine Woche nach der Aufdeckung der Verschwörung, an John Chamberlain geschrieben hat. Ich kenne Dudley Carleton. Er ist nicht der Mann, der mit Gerüchten hausiert, schon gar nicht mit so gefährlichen wie diesem. Und er ist nicht allein mit dieser Behauptung.«

»Wie haben Sie das bloß von Amsterdam aus in Erfahrung gebracht ...?«

Er hat sich wieder beruhigt und lächelt.

»Was wollen Sie, ich habe die Nase eines Spürhundes. Etwas stimmte nicht, das habe ich schon in den drei Tagen gespürt, als ich in Antwerpen war. Ich bin nach Amsterdam zurückgekehrt, aber es ließ mir keine Ruhe, und so bin ich wieder abgereist.«

Lange sehen wir uns schweigend an.

»Haben Sie sich verraten?«

»Verraten? Wie meinen Sie das?«

»Hat Guy Fawkes Sie ins Vertrauen gezogen, als er beim englischen Regiment ein und aus ging?«

»Ich weiß nicht, wer das sein könnte. Niemand hat sich mir unter diesem Namen vorgestellt.«

»Und Lord Winter?«

»Das muß dieser Edelmann sein, mit dem ich mich um ein Haar duelliert hätte. Wenn Ihre Geschichte stimmt, war das, was ich an jenem Tag gehört habe, Teil der Inszenierung.«

»Und Hugh Owen? Haben Sie Cecil von ihm erzählt?«

»Ich hatte nichts über ihn zu sagen und habe ihn deshalb auch nicht erwähnt. Überhaupt habe ich grundsätzlich nie irgendwelche Namen genannt.«

Er stößt einen Seufzer der Erleichterung aus.

»Wenn diese Geschichte wahr ist, hat er Sie und andere dazu mißbraucht, eine Verschwörung vorzutäuschen, oder er wollte Sie bloßstellen und damit beweisen, daß jeder Katholik ein möglicher Verschwörer ist. Wahrscheinlich hat er sich vor allem einige außenstehende Zeugen sichern wollen, deren Ruf über jeden Zweifel erhaben ist. In der Taktik nennt man das Rückendeckung. Sollten Sie den leisesten Zweifel äußern, wird er natürlich ein Mittel finden, um zu beweisen, daß Sie sich kompromittiert haben. Angesichts der Last Ihres Namens wird ihm das nicht schwerfallen. Ich bin geneigt zu denken, daß dieses katholische Pseudo-Regiment nur für Cecils Komplott aufgestellt wurde. Sollte es in sechs, sieben Monaten aufgelöst werden, wird mein heutiger Verdacht zur Gewißheit. Ich habe noch etwas anderes vernommen: Als Thomas Arundell über seine Reise nach Flandern verhandelte, hat er unter anderem die Bedingung gestellt, daß die Arundells und die Tregians in England nicht mehr verfolgt werden. Robert Cecil soll ihm ein mündliches Versprechen gegeben haben, eine schriftliche Bestätigung dagegen habe er verweigert.«

»Und mein Vater?«

»Laut meinen Informanten hat man erwogen, ihn wegen seiner engen Beziehungen zu den Jesuiten in die Sache hineinzuziehen. Doch schließlich hat man sich gesagt, er sei zu alt und vor allem zu unbeugsam. Zudem war er in die Abmachung mit Thomas Arundell eingeschlossen, also hat man ihn in Ruhe gelassen.« Er lächelt bitter. »Bislang ist es noch nicht gelungen, einem Jesuiten etwas anzuhängen. Für Robert Cecil muß das eine Katastrophe sein. Denn ich bin überzeugt, daß der einzige Zweck dieses komplizierten Plans darin bestand, den Ruf der Katholiken und insbesondere der Jesuiten zu zerstören und den König davon zu überzeugen, daß er auf Cecil angewiesen ist.«

»Giuliano, ich habe wirklich größte Mühe, das alles zu glauben.«

»Ich auch, Francis. Aber mein Informant hat sich noch nie getäuscht, und er ist an der richtigen Stelle, um alles zu wissen. Ich habe zum Beispiel gehört, daß Ambrose Rookwood und Sir Everard Digby keine Ahnung hatten von diesem Plan, das Parlament in die Luft zu sprengen. Sie glaubten, es gehe um den Dienst im englischen Regiment von Flandern und die Reisevorbereitungen.«

»Aber die großen Verräter ... Catesby, Percy, Winter und dieser Guy Fawkes, über den so viel geredet wird ...«

»Robert Cecils ausführende Organe.«

»Nein, das ist nicht möglich.«

Wenn das stimmt, ist Machiavelli ein Waisenknabe im Vergleich mit Cecil. Ich sehe ihn vor mir, diesen kleinen

Mann mit seinen blitzgescheiten Augen, von raffiniertem Luxus umgeben. Aber ich begreife auch, daß meine Ungläubigkeit daher rührt, daß ich niemals imstande wäre, einen solchen Plan auszuhecken.

»Ob es nun wahr ist oder nicht«, bemerkt Giuliano, »die Wirkung ist dieselbe. Das Verbrechen schadet den Katholiken – darum glaube ich auch an ein Ränkespiel – und nützt Salisbury außerordentlich. Zudem versetzt es den König in Furcht und Schrecken, denn sein Vater, Lord Darnell, ist ums Leben gekommen, weil im Keller seines Hauses eine Sprengladung angebracht wurde …«

»Je länger ich Ihnen zuhöre, um so mehr scheint mir, daß Sie recht haben. Was soll ich unter diesen Umständen tun?«

»Nichts. Wer gewarnt ist, ist doppelt vorsichtig. Seien Sie auf der Hut. Gehen Sie unter keinen Umständen nach England, bevor sich die Lage beruhigt hat. Und tun Sie so, als kennten Sie nur die offizielle Version des Komplotts. Welches auch immer die Wahrheit sein mag, vergessen Sie nie, daß Cecil ein skrupelloser Mann ist, der sich einzig und allein um seine eigene Stellung kümmert.«

»Können wir Golden zurückbekommen?«

»Vielleicht. Doch wir müssen mit Madam Careys Verwalter Ezekiel Grosse rechnen, der Ihre Ländereien beaufsichtigt. Ihm ist nicht über den Weg zu trauen.«

*

Mein weiterer Aufenthalt in Brabant verlief ganz normal. Ich erinnere mich an die frühmorgendlichen Paraden:

»Wenn ich befehle: ›Lanze bei Fuß‹, pflanzt ihr sie neben eurem rechten Fuß auf, indem ihr sie mit der rechten Hand mit dem Daumen nach außen haltet, ohne den Blick zu senken; euer linker Arm liegt stramm am Körper.«

Und den Musketieren befahl ich jeden Morgen: »Pustet auf euer Visier!« Manchmal verursachten die Pulverreste eine kleine Explosion und versengten den Männern die Augenbrauen und den Bart, aber das gehörte zum Kasernenalltag.

Ich fühle mich nicht als echter Soldat; ich habe zu selten gekämpft, dafür habe ich zuviel musiziert und bin zu oft auf Reisen gewesen. Von Zeit zu Zeit begegne ich meinem Bruder Charles, einem Krieger mit Leib und Seele. Dank seiner kämpferischen Natur ist er um die Priesterlaufbahn herumgekommen, aber er hat eine unangenehme Art, allen Leuten seine Überzeugungen aufzudrängen. Wir sprechen uns selten, was uns handgreifliche Auseinandersetzungen erspart.

Ich gehe weiterhin regelmäßig nach Paris, um meinen Sohn zu sehen, und nach Amsterdam. Ich tue es nicht heimlich, hänge es aber auch nicht an die große Glocke. So gut wie möglich versuche ich bei den Geschäften von Ardent und Van Gouden mitzuhelfen, doch wenn ich meine Fassade als englischer Gentleman aufrechterhalten will, muß ich diese Tätigkeit möglichst unauffällig ausüben. Ein Gentleman betreibt keinen Handel.

Von Zeit zu Zeit verliebe ich mich. Doch es ist nie von Dauer. Immer kommt der Augenblick, in dem Françoise wieder auftaucht und die hübschen jungen Frauen in den Schatten stellt, die mich anziehen, ohne mich an sie binden zu können. Damit erwerbe ich mir den Ruf eines flatterhaften Herzensbrechers, was so weit von meiner wahren Natur entfernt ist, daß es mich belustigt.

Dieses Einerlei wird im vierten Jahr der Herrschaft durchbrochen. Wie Giuliano vorausgesagt hat, löst sich das englische Regiment nach und nach auf, und ich habe den Eindruck, daß im Herbst nichts mehr davon übrigbleiben wird. Andeutungsweise ermutigt man uns sogar, den Dienst zu quittieren. Thomas Arundell kehrt nach

England zurück, als würde ihn die Sache nichts mehr angehen. Ich nehme mir eine Unterkunft in Brüssel.

Eines Tages im Juli taucht überraschend Phillips auf, der Leibdiener meines Vaters. Ich habe Phillips immer gemocht; dank ihm blieben mir in meiner Kindheit etliche Prügel erspart.

»Ich bin sehr glücklich, Sie bei bester Gesundheit anzutreffen, mein Herr.«

»Und mich freut es, Phillips, daß Sie noch so rüstig sind. Wie geht es meinem Vater?«

»Leider nicht so gut, mein Herr. Ischias quält ihn, außerdem bleibt er zu lange auf und trägt sich keine Sorge. Doch Sie werden sich mit eigenen Augen davon überzeugen können, mein Herr, denn er ist hierher unterwegs. Er hat in Douai am englischen Kollegium einen Halt eingelegt und mich vorausgeschickt, um Ihnen sein baldiges Eintreffen anzukündigen.«

»Mein Vater? Was führt ihn bloß hierher?«

»Nach dem Schießpulver-Komplott wollte man ihn festnehmen, mein Herr. Seine Freunde haben alles unternommen, um seine Unschuld zu beweisen. Schließlich hat der Kronrat eingewilligt, ihm die Freiheit zu schenken unter der Bedingung, daß er das Land verläßt. Er geht nach Spanien.«

»Nach Spanien? Weshalb?«

»Weil der spanische König ihm eine Rente ausrichtet.«

Ich lasse die Arme fallen. Mein Vater ist unverbesserlich.

»Und meine Mutter?«

»Sie reist nicht mit ihm.«

Säße ich nicht, würde ich rücklings umfallen. Meine Mutter verläßt ihren Mann!

»Phillips, Sie wollen sich doch nicht über mich lustig machen?«

»Keineswegs, mein Herr. Ich war selbst überrascht. Doch die gnädige Frau wollte England nicht verlassen, und der gnädige Herr durfte nicht bleiben. So haben sie beschlossen, sich zu trennen. Vielleicht wird die gnädige Frau eines Tages ...«

»Glauben Sie, daß sie ihm nachreisen wird?«

»Da Sie mich nach meiner Meinung fragen, gestatte ich mir zu antworten: Nein, ich denke es nicht. Die gnädige Frau ist mit Ihren jungen Schwestern bei ihrem Bruder Lord Stourton.«

»Und mein Herr Vater...?«

»Ihr Herr Vater sollte in drei oder vier Tagen hier eintreffen. Ich werde ihm eine Unterkunft besorgen, und er bittet Sie, sich zu seiner Verfügung zu halten. Er hat Ihnen etwas Wichtiges mitzuteilen.«

»Ich stehe ihm selbstverständlich zu Diensten.«

Er nimmt wohl den bitteren Unterton in meiner Stimme wahr. Seine gütigen grauen Augen sind auf mich gerichtet, aber er sagt nichts.

Nach seiner Ankunft suche ich meinen Vater auf.

»Du sollst an der Türe horchen«, sage ich zu Jack, »ich möchte, daß kein Wort dieser Unterhaltung verlorengeht.«

»Seien Sie unbesorgt, mein Herr, diesen Dienst erweise ich Ihnen gern. Ich würde sogar für Sie stehlen, wenn Sie es befehlen würden.«

Mein Vater hat einen gebeugten Rücken, sein Blick hat an Glanz eingebüßt, er lächelt nie, sein Gesicht ist von Falten durchzogen, sein spärliches Haupthaar und sein Kinnbart sind von einem gelblichen Weiß. Seine Nase ist spitz, sein Mund scheint keine Lippen mehr zu haben. Er hat die Gesichtsfarbe eines Mannes, der kurz vor dem Tod steht.

»Mein Sohn«, sagt der Greis feierlich, »ich muß Ihnen die Fackel weiterreichen. Im Innersten hatte ich gehofft, daß die katholische Monarchie durch einen Handstreich wieder auf den Thron gelangen würde und Sie erhobenen

Hauptes nach England zurückkehren könnten. Gott hat es nicht gewollt.«

Er legt eine Pause ein, als wollte er mich zu einer Antwort einladen. Da ich es vorziehe zu schweigen, fährt er fort:

»Das entbindet Sie aber nicht von Ihrer Pflicht, mein Sohn. Ich verlasse England, um mein Leben in Frömmigkeit zu beenden. Ich habe zahlreiche Sünden zu sühnen, und ich möchte mir das ewige Leben sichern. An Ihnen liegt es nun, die Länder Ihrer Vorfahren zurückzukaufen. George Carey ist tot, es gilt mit seiner Witwe zu verhandeln. Und Lord Salisbury hat uns seine Unterstützung zugesichert. Ich überlasse Ihnen Phillips, er kennt alle Leute und wird Ihnen behilflich sein.«

»Haben Sie denn meinen Brief nicht erhalten, in dem ich Sie bat, diese Aufgabe meinem Bruder Charles anzuvertrauen?«

»Doch, ich habe ihn erhalten. Aber ich habe ihn einer momentanen Geistesverwirrung zugeschrieben. Ein Tregian entzieht sich seiner Pflicht nicht, und Sie sind ein echter Tregian.«

»Bei Hamlets Rang gehört sein Wille nicht ihm. Er ist seiner Geburt untertan und kann nicht, wie geringe Leute es tun, nach eigenem Gutdünken entscheiden.«

»Ich bin in erster Linie Musiker und Händler ...«

Vaters pergamentähnliche Haut rötet sich, seine Stimme wird unerwartet kraftvoll:

»Führen Sie keine gotteslästerlichen Reden, mein Herr! Es kommt nicht in Frage, daß Sie Ihre Familie, Ihren Bruder und Ihre Schwestern im Stich lassen. Der Rang eines Gentlemans ist nicht wie ein altes Gewand, das man nach Belieben an- und auszieht. Er ist eine uns angeborene Verpflichtung gegenüber dem Himmel. Sie werden nach England zurückkehren, um für den wahren Glauben und den Besitztum Ihrer Ahnen zu kämpfen. Sie haben keine andere Wahl.«

»Laß deine Mutter dich nicht vergeblich bitten, Hamlet. Ich bitte dich, bleib bei uns, geh nicht nach Wittenberg.«

»Ich will mein Bestes tun, um Euch zu gehorchen, gnädige Frau.«

Ich denke an Adrian. Da bin ich nun in eine Zwangslage geraten, aus der er sich schon als Kind hat befreien können. Es hat keinen Sinn, Ausflüchte zu machen.

»Ist es nicht für heute, kommt es doch unausweichlich. Es geht darum, bereit zu sein.«

»Ich will mein Bestes tun, um Ihnen zu gehorchen, mein Herr. Aber ich brauche Ihre Hilfe. Ich habe kein Geld, um die Ländereien zurückzukaufen.«

»Ich auch nicht.«

»Womit haben Sie denn all die Jahre hindurch Ihren Lebensunterhalt bestritten?«

»Mit unseren Einkünften aus Devonshire und Dorset, welche die Krone nie angetastet hat.«

Es erleichtert mich, daß er nicht versucht, mir die Lüge aufzutischen, die in ganz Europa die Runde macht: daß er ausschließlich von der Wohltätigkeit seiner Freunde gelebt habe.

»Dann werde ich diese Einkünfte also zum Rückkauf von Golden verwenden.«

»Nein, dazu reichen sie nicht aus. Zudem müssen Sie, Ihr Bruder, Ihre Mutter und Ihre Schwestern davon leben können.«

»Vater, dann sehe ich nicht …«

»Sie können für einige Zeit auf Ihre Einkünfte in Cornwall Geld leihen, und ich werde Ihnen den größten Teil der Rente schicken, die mir der spanische König ausrichtet.«

So reden wir noch lange weiter, und schließlich gebe ich nach, weil mir die Sache nicht unvernünftig vorkommt. Mit dem Geld aus Spanien und Paris, mit meinen eigenen Mitteln, den Einkünften aus den Gütern außerhalb von

Cornwall und der Anleihe auf einen Teil der Erträge scheint es mir möglich, nach einigen Jahren wieder in den Besitz der Ländereien zu gelangen, vor allem wenn ich mit Salisburys Wohlwollen rechnen kann.

»An Ihrer Stelle würde ich nicht mit seinem Geld rechnen«, sagt Jack nach dem Weggang meines Vaters, »er wollte Ihnen seinen Willen aufzwingen, und dafür ist er zu allen Versprechen bereit. Aber er wird es vergessen. So hat es mein Vater stets mit uns gemacht.«

Zu meinem Unglück schenke ich seinem weisen Rat nicht die nötige Beachtung.

*

Ich verabschiedete mich von niemandem. Ich gedachte nicht, für immer wegzugehen, ich wollte mich nur um meine Angelegenheiten in England kümmern. Ich behielt mein Zimmer im Haus am Strohmarkt, in Paris wurde ich weiterhin empfangen, als wäre ich zu Hause, und ich hatte meinen Unterschlupf in Tregarrick, das einzige Daheim, das ich mit niemandem teilte und von dem außer Giuliano, Jan und Jack niemand etwas wußte.

Nach Vaters Abreise bat ich Jack und Phillips zu mir.

»Phillips, während der vielen Jahre, in denen Sie mich nicht gesehen haben, bin ich ein anderer Mensch geworden. Jack und ich sind seit über zehn Jahren zusammen und kennen uns genau. Er weiß stets, was ich vorhabe; ich weiß immer, wie er darauf reagiert, was ich ihm sagen muß und wann es keiner Worte bedarf. Wir gehen einander nicht einmal mehr auf die Nerven. Sie dagegen waren seit meiner Geburt zugegen, und ich liebe Sie innig, aber ich kenne Sie nicht. Dazu kommt, daß Jack und ich ein sehr bewegtes Leben führen, wir sind manchmal monatelang unterwegs, und vielleicht gefällt Ihnen das nicht. Doch abgesehen davon hänge ich sehr an Ihnen. Nun ...?«

Phillips lächelt.

»Mein Herr, es stimmt zwar, daß ich fast nichts über Sie weiß, seit Sie mit zehn Jahren nach Frankreich gegangen sind. Aber einige Gerüchte sind mir doch zu Ohren gekommen.«

Angesichts meiner gehobenen Augenbrauen wird sein Lächeln noch breiter. Phillips sieht so vornehm aus, daß man ihn leicht für einen Gentleman halten könnte. Er ist nur einige Jahre jünger als mein Vater, aber im Gegensatz zu ihm plagt ihn kein Hexenschuß. In seinem dichten, blonden Haupthaar sind keine weißen Strähnen zu entdekken, und nur um seine Augen zeigen sich ein paar Fältchen. Seine Körpergröße liegt etwas über dem Mittel. Auch wenn er im Dienst eines Herren stand, der mehr als zwanzig Jahre im Gefängnis verbrachte, lassen seine breiten Schultern auf ausgiebige körperliche Ertüchtigung schließen. Er mußte auch an seines Herrn Statt gerannt sein.

»Ich habe erfahren, daß Sie Kinder gehabt haben, daß Ihre Frau zu meinem größten Leidwesen an der Pest gestorben ist, ich weiß, daß Sie Giuliano Ardent im Seidenhandel beistehen ... Seien Sie unbesorgt, mein Herr, davon habe ich weder Ihrem Vater noch sonstwem je etwas erzählt. Während einiger Jahre habe ich Sie ganz aus den Augen verloren. Man sagte, Sie lebten in Rom oder in Paris bei Frau Margaret. Doch kürzlich hatte ich die Gelegenheit, einen Bericht zu lesen, den die Jesuiten Ihrem Herrn Vater geschickt haben ...«

»Wie? Einen Bericht der Jesuiten?«

»Mein Herr, als Sie plötzlich aus dem Nichts auftauchten und sich in den Dienst des Erzherzogs stellten, wurden die Jesuiten mißtrauisch, wie sie allen mißtrauen, und ließen Sie bespitzeln. William Bawden ließ Ihre Spur verfolgen, und die Handlanger der Inquisition entdeckten, daß Sie bei den Ardents in Amsterdam leben, daß Sie mit dem

Hugenotten Jan Sweelinck befreundet sind, daß sich unter den Abnehmern Ihrer Stoffe nicht nur Katholiken, sondern auch Ketzer befinden, die Sie zu kennen scheinen. Nach diesem Bericht ähnelt Ihr Leben mehr demjenigen eines Bürgers als dem eines Edelmannes, zudem wohnen Sie auch in einem bürgerlichen Haus. In Paris dagegen leben Sie auf großem Fuß, Sie sind ein Freund von König Heinrich IV., den die religiösen Eiferer nach wie vor für einen Ketzer halten.«

»Phillips, Sie erschrecken mich zu Tode! Mein Vater …«

Phillips setzt die zerknirschte Miene des *Pulcinella* in der venezianischen Posse auf:

»Nein, mein Herr, Ihr Vater hat diesen Bericht nie gelesen. Da der Brief entsiegelt war, hatte ich das Glück, ihn als erster zu Gesicht zu bekommen, und er ist in meinen Taschen verschwunden. Aber er ließ mich vermuten, daß Sie vielleicht nicht der Mann sind, für den Ihr Vater Sie hält.«

»Mein lieber Phillips, im Grunde genommen kann ich nicht wissen, ob Sie etwa selbst ein Spitzel der Jesuiten sind.«

»Tatsächlich, mein Herr.« Er bleibt unerschütterlich. »Nur die Zeit kann es beweisen. Die Spitzel verraten sich früher oder später immer. Mein Herr, gestatten Sie mir die Bemerkung, daß man auch einem Edelmann ergeben dienen kann, dessen Überzeugungen man nicht bis ins letzte teilt.«

»Das ist wahr. Lieber Jack, schließe also Bekanntschaft mit Phillips und sei auf der Hut bis zum Beweis des Gegenteils. Er könnte ein Feind sein.«

Jack versteht meine Botschaft sehr wohl: Er soll Phillips überwachen, bis wir seiner sicher sind. Auch Phillips dürfte verstanden haben.

Doch schon nach wenigen Tagen steht Jacks Urteil fest.

»Mein Herr, er mag ein glühender Katholik sein, aber er

ist Ihrer Familie so ergeben, daß er Ihnen blindlings folgen würde, selbst wenn Sie als Großmufti unter den Muselmanen lebten. Er hat zwar Frau und Kinder, doch seine einzige Familie sind Sie.«

Wir merken bald, daß er ebenso tüchtig ist wie ein junger Mann und tagelang im Sattel sitzen kann, ohne sich etwas anmerken zu lassen. Ab und zu geht er nach Kent, wo ihm zufolge seine Familie lebt. Um ganz sicher zu sein, lasse ich ihn heimlich durch Kees überwachen, den Phillips nicht kennt. Er tut nichts anderes, als was er sagt: Er besucht seine Familie in Kent.

Eines Tages wage ich es schließlich, ihn nach Amsterdam mitzunehmen. Meine Unterkünfte in Brüssel und Antwerpen sind nur behelfsmäßig. Außerdem gehe ich gern von Zeit zu Zeit nach Amsterdam, um Jane, meinen Bruder, Giuliano und den jungen Thomas wiederzusehen, dieses Kind des Wunders, das in gewisser Weise alle uns teuren Menschen verkörpert, die wir verloren haben. Ich genieße auch Jan Sweelincks Gesellschaft. Sein ältester Sohn und er sind von der Pest verschont geblieben, und das schafft ein Band zwischen uns, auch wenn wir nie darüber sprechen. Ich bringe ihm alle Partituren, die ich auftreiben kann, und selbst in der Zeit, als mich der Schmerz vom Musizieren abhält, was ich nie für möglich gehalten hätte, bricht meine Beziehung zur Musik aus Liebe zu Sweelinck nicht ganz ab.

Eines Abends gehen wir in Amsterdam an Land. Ich schicke Jack voraus, um Jan davon zu unterrichten, daß Phillips bei mir ist. Doch er ist abwesend, und als er nach Hause kommt, steht er Phillips ohne Vorwarnung gegenüber. Ich sehe ihrer Begegnung ohnmächtig zu.

Jan stößt die Türe auf. Er sieht Phillips und erkennt ihn sogleich. Einen Augenblick lang starrt er mich an. Ich mache ihm ein Zeichen hinter dem Rücken des alten Dieners. Dann trete ich vor und stelle sie einander vor.

Eine ganze Woche verstreicht, bis Phillips bemerkt:

»Manchmal könnte man meinen, Herr Van Gouden sei mit Ihnen verwandt. Er hat etwas von Sir John.«

»Das ist mir auch aufgefallen. Aber es muß wohl ein Spiel des Zufalls sein, wie auch sein Name. Es gibt Tausende von Van Goudens in Holland.«

Phillips entscheidet sich lächelnd dafür, mir zu glauben.

Wir alle sind belustigt über seine fassungslose Miene, als er sieht, wie ich in den Werkstätten und im Kontor Hand anlege. Ich nehme ihn auf eine meiner Reisen mit, einen kurzen Abstecher ins Deutsche Reich, wo ich harte Verhandlungen führe: Wollstoffe sind schwieriger zu verkaufen als Seide, die Konkurrenz ist größer.

»Mein Herr, Sie verblüffen mich! Zum Glück weiß Ihre Familie nichts davon!«

»Wir stehen an der Schwelle zu einem neuen Zeitalter, Phillips. Das nimmt man vielleicht auf unserer großen Insel weniger wahr als auf dem Kontinent. Ich bin überzeugt, daß eine Epoche anbricht, in der viele von uns Geschäfte tätigen werden. Vielleicht werden wir dann die Prinzen der Finanzwelt oder die Herzöge des Handels genannt.«

»Aber in Ihren Adern fließt das Blut der Plantagenets, mein Herr. Und wenn Sie Ihre Wolle verkaufen, werden Sie mit Verlaub gesagt zu einem Bürger wie ich.«

»Nein, mein lieber Phillips, gar nichts werde ich. Ich bin schon immer ein Bürger gewesen wie Sie, auch wenn sich unter meinen Vorfahren englische Könige befunden haben. Kennen Sie den Familiensitz der Tregians?«

»Ich glaube nicht.«

»Es ist ein kleines Gut in Cornwall, in der Gemeinde St. Ewe. Von dort stammt mein Vorfahre Thomas Tregian. Er war der Jüngste aus einer armen Bauernfamilie, der sich entschlossen hat, zur See zu gehen, und der Glück gehabt hat. Er ist schließlich in London gelandet, ist dem König begegnet, hat seine Freundschaft gewonnen und Lady Mary Grey of Wilton geheiratet. Nur ihr habe ich mein blaues Blut zu verdanken. Thomas Tregian war zweifellos eine starke Persönlichkeit, hat er doch seine Erfolge vor seinem dreißigsten Lebensjahr errungen. Doch ursprünglich war er bloß ein armseliger Junge, der unter dem Strohdach eines armseligen Gutes lebte und dessen Eltern schuften mußten, um nicht des Hungers zu sterben. Sein Adel beruhte auf seinem Verstand und seiner Arbeit. Ich folge nur seiner Spur, wenn auch weniger wirkungsvoll.«

»Mein Herr, erlauben Sie mir zu sagen, daß ich Ihre Gaben bewundere. Dank Ihrem Vater hatte ich das Glück, hervorragende Musiker zu hören, doch Sie sind einer der größten Interpreten, die ich je gehört habe. Und Sie bestreiten Ihren Lebensunterhalt mit Ihrer Arbeit. Das verdient Respekt, auch wenn man es Ihrem Herrn Vater nicht sagen darf und noch weniger Ihrer Mutter, die keine Gelegenheit versäumt, auf ihre adelige Herkunft hinzuweisen.«

»Deswegen bin ich in Holland geblieben, mein lieber Phillips. Amsterdam ist eine offene Stadt. Die Religionen existieren friedlich nebeneinander, und ich bin nicht der einzige Edelmann, der arbeitet.«

Eines Tages, als niemand in Hörweite ist, nimmt mich Phillips beiseite:

»Mein Herr, Sie wissen doch, daß Sie mir vertrauen können.«

»Anfänglich war ich mir nicht ganz sicher, Phillips, doch ich bin je länger je mehr davon überzeugt.«

»Ich habe mein Leben ganz in den Dienst Ihrer Familie gestellt, und es würde mir nie in den Sinn kommen, einem anderen als einem Tregian zu dienen.«

»Das freut mich sehr.«

»Nun, mein Herr, befreien Sie mich von einer Ratlosigkeit, die mich nicht mehr in Ruhe läßt.«

»Wenn es in meinen Kräften steht.«

»Herr Van Gouden …«

»Ja?«

»Ich sehe Master Adrians große, graue Augen vor mir, als wäre es gestern gewesen, und diese verblüffende Ähnlichkeit mit Sir John Arundell, dem Vater des gegenwärtigen Sir John, der seinerseits aus einer sonderbaren Laune der Vorsehung nichts mit seinem Erzeuger gemein hat.«

»Nun, Phillips?«

»Ich finde all das bei Ihrem … Ihrem Teilhaber, mein Herr. Er ist doch Master Adrian, nicht wahr? Er war noch so jung, als ich ihn zum letztenmal gesehen habe. Zuerst war ich mir nicht sicher, aber je länger ich ihn sehe, desto mehr erinnert er mich an ihn, trotz Bart und breiten Schultern. Seine Augen, sein Lächeln, aber auch seine geradlinige Denkweise sind unverkennbar.«

»Sie verlangen von mir, daß ich Ihnen ein Geheimnis enthülle. Das steht mir nicht zu. Ich schlage Ihnen vor, Herrn Jan selbst zu fragen.«

»Vielen Dank, mein Herr, ich glaube, das werde ich tun.«

Sicher haben sich Jan und er gesprochen, denn Phillips hat seine Ratlosigkeit nicht mehr erwähnt.

Ich bereite mich im Geiste auf die Rückkehr nach England vor, aber es fällt mir nicht leicht.

»Phillips?«

»Mein Herr?«

»Ich zähle auf Ihre Hilfe in England, um Golden und die umliegenden Ländereien wiederzuerlangen.«

»Ich werde versuchen, mein Bestes zu tun. Ich weiß nicht, ob ich Ihnen dabei von Nutzen sein kann, aber ich versichere Ihnen, daß Sie unbedingt auf mich zählen können.«

Etwas beruhigt über die zugesicherte Unterstützung stürze ich mich in das große Abenteuer der Rückeroberung unserer Besitztümer.

Das Unterfangen scheint mir so undurchführbar, daß ich aus meiner Teilnahmslosigkeit herausgerissen werde. Ich kehre in die Gegenwart zurück. Ich höre auf zu überleben – ich beginne wieder zu leben.

VII

This dance is now in prime,
And chiefly us'd this time,
And lately put in rhyme:
Let no man grieve,
To hear this merry jesting tale,
The which is called Watkin's Ale:
It is not long since it was made,
The finest flower will soon fade.

»Watkin's Ale«
Volkstümliche Ballade

Dieser Tanz ist der allerbeste
Und heute sehr beliebt.
Kürzlich wurde er in Reime gefaßt:
Es soll sich keiner kränken,
Wenn er die fröhliche Geschichte hört,
Die Watkin's Ale genannt wird.
Erst unlängst wurde sie erdacht,
Die schönste Blume wird bald schwinden.

»Großvater François?«

»Ja, Elie?«

»Ich weiß, daß ein Edelmann keine persönlichen Fragen stellt, aber ...«

»Aber du möchtest mir eine stellen. Mein lieber Elie, du stellst es so zartfühlend an, daß dir im voraus verziehen sei. Stelle deine Frage.«

Wir reiten gemächlich dem Talent entlang. In einem

verlassenen Wäldchen unterweise ich Elie seit einiger Zeit im Fechten. Diese Ertüchtigung hat ihn verwandelt. Er hat nicht mehr das Gebaren eines jungen Hundes, das mich vor kurzem noch sehr ergötzt hat. Für seine dreizehn Jahre ist er groß und muskulös, sein Gesicht hat sich in die Länge gezogen, die Augen treten nicht mehr so hervor. Mit seinem vornehmen Benehmen wirkt er wie ein junger Herr. Kurz: Er ist nicht wiederzuerkennen.

»Nun, mein Herr, wie lautet die Frage?«

»Großvater François, wie kommt es, daß Sie sich seit einem Jahr so verändert haben?«

Der Bursche überrascht mich immer wieder. Er sagt über mich, was ich gerade von ihm denke.

»Was verstehen Sie unter *verändert*, mein junger Freund?«

»Sie haben sich den Bart rasiert, Sie betreiben wieder Leibesübungen, und Sie legen Wert auf Ihre Kleidung. Beim Verlassen der Kirche sagten die Leute, Sie hätten sich verliebt, denn Sie sehen wieder aus wie früher als junger Mann.«

Ich muß lächeln.

»Die Kirchgänger von Echallens kannten mich noch nicht, als ich ein junger Mann war. Als ich hierher kam, war ich schon über vierzig. Es stimmt allerdings, daß man mir mein Alter nie angesehen hat: Mit zehn Jahren hielt man mich für zwanzig, und mit fünfzig Jahren wurde ich für einen Dreißigjährigen gehalten.«

Schweigend reiten wir weiter. Ich rufe mir einen Satz von Montaigne ins Gedächtnis zurück: *Indem ich mich für andere malte, sah ich mein eigenes Bild in klareren Farben.*

»Es ist nicht leicht, deine Frage zu beantworten, Elie. Ich glaube, die Aufzeichnungen über mein Leben haben mich verändert. Als ich damit begann, habe ich nicht verstanden, daß ich gezwungen sein würde, alle meine Taten nochmals zu durchleben, anzuschauen und zu bewerten.

Der große Montaigne schreibt: *Ich dürste danach, mich zu offenbaren, und es kümmert mich nicht, um welchen Preis, wenn es nur wahr ist.* Ich habe mir diese Maxime zu eigen gemacht, auch wenn ich unfähig bin, zu schreiben wie er. Mit der Zeit habe ich mich gefragt, warum ich das Geheimnis meiner Herkunft so eifersüchtig hüte. Natürlich geht das niemanden etwas an. Und ich bin immer noch überzeugt, daß ich gut daran getan habe, den beiden englischen Reisenden nichts davon zu erzählen, die vor einem Jahr hier vorbeigekommen sind und den Anstoß für meinen Lebensbericht gegeben haben. Aber dir gegenüber …«

»Sie haben mein Ehrenwort, Großvater, daß ich nie etwas verraten werde.«

»Ich danke dir, mein Sohn. Siehst du, hättest du mich vor einem Jahr gebeten, dir das Fechten beizubringen, hätte ich nie zugegeben, daß ich den Degen ganz geschickt handhabe und mich zeitlebens – ob offen oder im Versteckten – darin geübt habe. Ich habe mich gehütet, deinem Onkel David, dem eifrigsten Schüler vor dir, das Fechten beizubringen. Vor etwa zwanzig Jahren habe ich beschlossen, daß ich nie mehr der Mann sein würde, der ich gewesen war. Ich habe unter vielerlei falschen Namen gelebt, und das schien mir einmal mehr die beste Lösung, als ich hierher kam. Vielleicht hat es mir im Moment auch wirklich das Leben gerettet. Aber nun …«

»Sind Sie nicht mehr in Gefahr, mein Herr?«

»Hätte mich der Mann gefunden, der meinen Tod wünschte, hätte er mich möglicherweise umgebracht. Doch inzwischen hat er bekommen, was er wollte, zudem ist er selbst heute wohl tot. Ich habe ein erfülltes Leben gehabt, und plötzlich hatte ich keine Lust mehr, mich zu verstecken. Deswegen trage ich den Kopf wieder hoch, deswegen habe ich mich rasiert und mir einen neuen Mantel schneidern lassen.«

»Wenn ich mir noch eine Frage erlauben darf, Großvater, wie üben Sie sich denn im Versteckten? Ich stelle fest, daß Sie ein wirklich guter Fechter sind. Aber ich habe Sie nie anders gekannt denn als gemächlichen, in einen großen Mantel gehüllten Spaziergänger.«

»Siehst du, Elie, die Verstellung ist mir zur zweiten Natur geworden. Du würdest es wohl nicht für möglich halten, daß ich mit Räubern Umgang pflege, nicht wahr?«

»Sie, Großvater?«

»Und dennoch ...«

»Erzählen Sie, Großvater! Ich schwöre Ihnen, daß kein Wort über meine Lippen kommt.«

Also erzähle ich ihm von meinen Beziehungen mit den Räubern.

Ich war neu in der Gegend und im Auftrag von Benoît Dallinges nach Lausanne unterwegs, als sie mich zu überfallen versuchten. Sie haben sich geirrt. Hätten sie gewußt, daß ich ein Einheimischer bin, wären sie mir ferngeblieben. Indem sie sich nur auf fremde Reisende stürzen und die Leute aus der Gegend verschonen, genießen sie ein gewisses Maß an Straffreiheit. Die armen Teufel waren zu viert. Damals war ich noch jung, kräftig und kampferfahren. Und Giuliano, der beste Fechtlehrer in meiner Jugend, hatte mir beigebracht, wie man einem Hinterhalt entgeht. In beiden Händen eine Waffe, habe ich zwei von ihnen verwundet und die beiden anderen im Handgemenge niedergeschlagen. Ich habe sie an einen Baum gebunden und sie mit Ohrfeigen aus der Betäubung geweckt. Sie konnten es nicht fassen. Diese Räuber sind es nicht gewohnt, auf Widerstand zu stoßen. Normalerweise strekken sie die Reisenden nieder, ohne ihnen Zeit zur Gegenwehr zu lassen.

Die Erinnerung an ihre Gesichter bringt mich zum Lachen. Elie hört mit weit geöffnetem Mund zu, was meine Heiterkeit noch steigert.

»Ich habe ihnen gesagt: ›Ich könnte euch alle vier töten. Das hättet ihr an meiner Stelle auch getan, nicht wahr? Ich könnte euch auch dem Vogt ausliefern.‹ Sie schauten mich schweigend an. ›Doch das würde mir kein Vergnügen bereiten, also lasse ich es bleiben. Sagt eurem Hauptmann, wenn ihr ihn seht, es sei besser, François Cousin zum Freund als zum Gegner zu haben. Ich bin nur ein armer Instrumentenbauer ohne Geld. Aber ich weiß mich zu wehren. Wenn ihr einem meiner Familienmitglieder auch nur ein Haar krümmt, werdet ihr es bereuen, wenn ihr dafür lange genug am Leben bleibt, das schwöre ich euch.‹«

Wir haben in einem Wäldchen haltgemacht und steigen von unseren Pferden.

»Und dann?« fragt Elie aufgeregt.

»Einige Tage darauf hat mich ein Mann am Kreuzweg aufgesucht. Damals ging ich noch nicht so oft dorthin; er hat wohl auf mich gelauert.«

Er war vierschrötig, dunkelhaarig und trug ein scharlachrotes Taschentuch um den Hals, wie man es manchmal bei italienischen Maurern sieht, die am Bau einer Kirche beteiligt sind.

»Sind Sie François Cousin?«

»Zu dienen!« Tief in meiner Tasche faßte ich nach einem Dolch, den ich stets bei mir trug.

»Sind Sie ein Söldner gewesen?«

»Was geht Sie das an?«

»Sie haben vier meiner besten Männer außer Gefecht gesetzt. Ich habe Ihre Nachricht erhalten. Was wollen Sie?«

»Ich? Nichts. Oder doch: Ich will, daß man mich in Frieden läßt. Ich will, daß meine Familie und ich reisen können, ohne dabei ausgeplündert zu werden. Rauben Sie von den Reichen, soviel Sie wollen oder können. Aber wenn ich ein paar Münzen habe, so brauche ich sie, um Holz, Zinn oder Saiten für meine Instrumente zu kaufen. Oder Papierbogen für meine Aufzeichnungen.«

Der Mann sah eigentlich ganz gewöhnlich aus, wenn man von einigen Extravaganzen seiner Kleidung absieht: das rote Taschentuch, ein Seidengürtel, alt und abgewetzt, aber bestickt, ein Ohrring. Seine glühenden Augen waren ständig in Bewegung.

»Würden Sie für uns ein Instrument bauen?«

»Wenn Sie es bezahlen, warum nicht?«

Da habe ich ihnen halt ein »Spinett à la François«, wie man hier zu sagen pflegt, gebaut. Und weil sie keinen Ärger haben wollten mit den Leuten von Echallens, erweisen sie mir die Ehre, mich zu ihrer Räuberhöhle im Wald zu bringen. Ihr Anführer Aristide ist ein bemerkenswerter Mann, nicht so ungebildet wie gewöhnliche Räuber und mit einer raschen Auffassungsgabe. Er hat mich gebeten, ihm die Grundlagen der Musik zu erklären und ihm dann das Spielen beizubringen. Ich war so vertieft in die Erläuterung von Terzen und Quarten, des Kontrapunktes und der *prima* und *seconda pratica,* daß ich nicht im entferntesten daran gedacht habe, seine Bande der Justiz zu übergeben. Auch unter klugen Männern gibt es Hitzköpfe, die oft ohne schlechte Absicht eine Dummheit begehen, die sie an den Galgen bringen würde, zögen sie es nicht vor, in die Wälder zu fliehen. Im Jorat gibt es Räuberbanden, wo das Räubern vom Vater auf den Sohn übergeht. Vor allem in der Gegend von Chalet-à-Gobet und Moudon verbreiten sie Angst und Schrecken. Aristides Bande ist etwas anders. Trotzdem: Sollte uns Thomas Morley vom Himmel oben zugesehen haben, muß er wohl aus vollem Halse gelacht haben angesichts dieser vogelfreien Mörder und Diebe, wenn sie andächtig einem *In Nomine* von John Bull lauschten oder feinfühlig die Tasten des Spinetts drückten, um *Now, o now I needs must part* zu spielen.

»Und siehst du«, schließe ich, »das war eine gute Sache, denn weder mir noch sonst einem der Dallinges ist je das Geringste zugestoßen.«

»Und haben Sie sie wiedergesehen?«

»Mein lieber Elie, dank ihnen habe ich das Fechten nicht verlernt. Ich habe alte Waffenbrüder unter ihnen. Ich werde dich dieser Tage einmal mit Petit-Claude zusammenbringen. Er mißt mehr als sechs Fuß und ist geschmeidig wie ein Aal. Wenn es dir gelingt, mit ihm die Klingen zu kreuzen, ohne binnen zwei Minuten einen Treffer einzustecken, kannst du stolz sein auf dich. Die meisten unter ihnen wissen allerdings bloß mit dem Knüppel umzugehen. Die ritterlichen Duelle interessieren sie nicht.«

»Wissen denn mein Vater und meine Mutter davon?«

»Nein, mein Lieber, weder dein Vater noch deine Mutter noch deine Onkel und Tanten. Dein Großvater Benoît wußte es, und ich bin überzeugt, daß auch deine Großmutter Madeleine auf dem laufenden ist, aber darüber gesprochen haben wir nie.«

Sein Gesichtsausdruck belustigt mich: Er wechselt vom Staunen zur Mißbilligung.

»Großvater, wie *konnten* Sie bloß ...«

»Zunächst einmal bilde ich mir ein, daß dank mir einige dieser armen Kerle klüger geworden sind. Ich weiß aus Erfahrung, was es bedeutet, für einen einmaligen Fehler ewig büßen zu müssen. Die menschliche Gerechtigkeit will das Übel mit dem Übel bekämpfen, das heißt mit Bestrafung. Wer Unrecht getan hat, bleibt für immer ein schlechter Mensch, das ist Gottes Wille, und seine Bestrafung soll den anderen eine Lehre sein. Ich wollte sehen, ob gewisse Formen des Übels nicht auch mit Vernunft bekämpft werden können. Dieser Gedanke ist für die meisten Theologen aller Glaubensbekenntnisse eine Gotteslästerung. Ich bitte dich, behalte ihn für dich. Aber zu Gott gehört ja auch die Vergebung. Ich habe sogar einigen Erfolg gehabt mit meinem Vorgehen. Da es nicht erlaubt ist, mit den Räubern im Jorat Umgang zu pflegen, habe ich niemandem davon erzählt. Aber überlege einmal: Habe ich dir nicht gesagt, daß die Häscher, vor denen ich in England geflohen bin, mich getötet hätten, wären sie meiner habhaft geworden?«

»Ja.« Seine Augen leuchten auf. »Aha! Jetzt verstehe ich!«

»Siehst du … du hättest nicht anders gehandelt als ich. Zudem fürchtete ich anfänglich, daß einige Mörder, denen ich nicht weit von hier entkommen bin, mich als unbequemen Zeugen beseitigen wollten. Als ich Aristides Freund wurde, habe ich ihm meine Lage geschildert, und er hat mir versichert, daß ich ruhig schlafen könne. Für den schlimmsten Fall hatte ich meine Armee.«

»Ich nehme alles zurück, Großvater. Sie sind ein schlauer Kopf.«

»Vielleicht bin ich schließlich einer geworden. Aber ich war auf Schutz angewiesen, weil ich einst ein ausgemachter Dummkopf gewesen bin.«

*

Mit fünfundsiebzig Jahren fällt es mir natürlich leicht, rückblickend über meine Handlungen als Fünfunddreißigjähriger zu urteilen. Nun kann ich leicht sagen, daß das, was ich damals tat, völlig unhaltbar ist. Zu jener Zeit waren die Dinge nicht so klar.

Ich wurde buchstäblich von Hamlets Wahnsinn angesteckt.

Uneingestanden wußte Hamlet sehr wohl, daß er den Bitten seiner Mutter nicht hätte nachgeben dürfen. Ebenso wußte ich, daß ich meinem Vater nicht hätte gehorchen dürfen.

Wie Hamlet wußte ich, daß ich dem Laërtes Salisbury niemals hätte vertrauen sollen, ich spürte, daß man mir eine tückische Falle stellte. Ich hätte nie mit diesen Leuten verhandeln dürfen.

Und wie hat England sich einbilden können, König Jakob I., dieser lächerliche und gefährliche Fortinbras, würde dem Land zu Wohlstand und Glück verhelfen? Wir wußten schon alles über ihn, bevor er unser König war. Wir wußten, daß für ihn nichts zählte außer seiner eigenen Person. Und ausgerechnet diesem Wolf stürzte ich mich in den Rachen. Nicht ohne Befürchtungen, zugegeben, aber auch mit Hoffnung, dabei war alles voraussehbar, was mir zustoßen sollte.

Es war nicht einmal, wie wenn ich kurz nach dem Tod der großen Elisabeth nach England gekommen wäre. Drei Jahre waren seither vergangen, und jedermann hatte begriffen, daß Jakob alles versprochen hatte, was man nur wollte, um ihr Nachfolger zu werden. Und als er England gepflückt hatte, ohne sich bücken zu müssen, sobald er sicher war, daß er Arabella oder einer der drei Töchter des verstorbenen Ferdinando Stanley vorgezogen wurde, vergaß er alle abgegebenen Versprechungen. Ein Ehrenwort mochte für gewöhnliche Edelmänner gelten, aber nicht für einen König.

Ich kann nur auf einen mildernden Umstand verweisen: meine Gutgläubigkeit. Zu lange hatte ich in einer Welt gelebt, die ihr Bestehen hauptsächlich der Tatkraft anderer Leute zu verdanken hatte. Leute wie Sir John, Giuliano, Jan. Es stimmt, daß ich für Jan und Giuliano ein unvergleichlicher Verkäufer war – daß ich jährlich Tausende von Gulden wert war, wie sie zu sagen pflegten. Doch das war keineswegs mir allein zu verdanken: Der Antrieb zu meinen Erfolgen waren sie.

Cornwall mag das Land meiner Vorfahren, mein Heimatland sein, aber das sind bloß sentimentale Betrachtungen. Die Wirklichkeit sah anders aus. Ich hatte das Land mit fünf Jahren verlassen; nun war ich ein Fremder, ich kannte niemanden und fand um so weniger Unterstützung, als ich katholisch war – und kurz nach dem Schießpulver-Komplott eintraf.

Doch was soll das Jammern. Durch Schaden wird man klug, sagt ein Sprichwort.

Ich kehrte nach Cornwall zurück.

*

Ich habe den Eindruck, als hätte ich während jener Zeit meines Lebens aus zwei Menschen bestanden, die unabhängig voneinander handelten.

Da gab es Francis Tregian, den ältesten Sohn eines in Ungnade Gefallenen, der aus Gehorsam gegenüber den Pflichten eines Erstgeborenen ohne Überzeugung versuchte, die Nutznießung seiner Güter zurückzukaufen. Ich hatte meine Horatios, die mich anflehten, darauf zu verzichten. Aber ihre Stimmen kamen von weit her.

Jack wurde nicht müde, mir zu sagen:

»Wir begehen eine Torheit, mein Herr. In Amsterdam ginge es uns so gut. Was haben wir denn hier zu suchen?«

Auch Phillips versuchte mir mit seiner üblichen Zurückhaltung beizubringen, daß die Hindernisse vielleicht unüberwindlich seien.

Es gab in mir diese Schwäche, die es mir verunmöglichte, meine Ohren den Stimmen meines Vaters, meiner Mutter, meines Bruders Charles, meiner Schwestern und ihren Familien zu verschließen. Ich sah sie kaum je, aber sie wußten es einzurichten, daß ihre Botschaft mich erreichte. Meine Mutter wies mich anläßlich einer Unterredung in London zwischen zwei Seufzern in grellem Tonfall auf meine Pflichten hin. Meine jüngeren Schwestern und sie lebten noch immer in Clerkenwell bei meinem Onkel Lord Stourton. Ich machte die Bekanntschaft einer Schwester namens Philippa, von der ich bislang nichts gewußt hatte. Sie war mit einem gewissen James Plunket verheiratet, einem Irländer, der eines schönen Tages mit einer Moralpredigt über mich herfiel – es sei meine Aufgabe, den Familienbesitz für mich und meine Schwestern zusammenzuhalten. Auch Thomas Yates, Marys Gemahl, den ich noch nie gesehen hatte, ist zu mir gekommen: Er machte geltend, daß er meine Schwester ohne Mitgift geheiratet habe und es nichts als recht sei, wenn er seinen Teil erhalte. Fünfzehn Jahre nach der Heirat hätte man annehmen dürfen, daß inzwischen andere Dinge wichtiger geworden wären. Aber nein. Arme Mary!

Ich bildete mir ein, ich sei das Opfer einer Verschwörung. Das Angebot von Lady Carey, der Witwe von George Carey, war vielleicht eine Falle, um mich loszuwerden. Der Gedanke war richtig: Ezekiel Grosse, der Verwalter der Careys, hatte Lady Elisabeth dazu gedrängt, Golden loszuwerden. Damit würde er selbst zum Herrn und Meister. Als Katholik würde ich es nicht wagen, mich dort zu zeigen. Das war zweifellos sein Plan. Erst als es zu spät war, habe ich seine Absichten erraten: Aus dem Nichts gekommen, wollte er sich mit dem Erwerb von Golden einen guten Namen kaufen. Ihm waren alle Mittel recht, um sich meiner zu entledigen.

Im Moment erschienen mir die Einwände meiner Umgebung zweitrangig: Ich war vollauf beschäftigt mit der Wiederentdeckung von Cornwall, seinen Sitten und Gebräuchen, seinen Leuten und seiner Musik. Hätte ich nicht mein Interesse am Familienbesitz angemeldet, hätte niemand von mir Notiz genommen. Auf die Verschwiegenheit der Pächter, ja, selbst der Notabeln in der Gemeinde war immer noch Verlaß. Nun muß man sagen, daß George Carey sich als harter, launischer und raffgieriger Herr gezeigt hatte, und sein durchtriebener Verwalter erweckte eher Angst als Zuneigung. Mir dagegen waren die Leute gewogen: die jüngeren, weil sie sich nicht um die Vergangenheit kümmerten, und die älteren, weil sie meinen Großvater John in guter Erinnerung hatten.

»Er konnte manchmal hart sein, aber er war gerecht und gütig«, hat man mir mehr als einmal erzählt.

Giuliano und Jan haben nie aufgehört mich zu beschwören, zu ihnen zurückzukehren. Fünf Jahre nach der Pest waren sie noch nicht wieder zum einstigen Reichtum gekommen. Trotzdem waren sie zuversichtlich.

»Unsere Stoffe haben eine große Zukunft. Wir brauchen nur etwas Geduld. Bald haben wir alle Darlehen zurückgezahlt, die wir aufnehmen mußten, um unser Geschäft wieder in Schwung zu bringen. Unsere Erzeugnisse sind sehr gefragt. Sie sind nicht auf Golden angewiesen«, ließen sie mich durch Kees wissen.

Ich stellte mich taub.

Da ich keine Ahnung hatte vom Landbau, wandte ich mich an einen Mann aus der Gegend, dessen Familie, obwohl anglikanisch, ihre Freundschaft mit der meinen offen bekundete. In einer ersten Zeit vertrat George Spry meine Interessen. Es ging zu lange, bis ich merkte, daß dieser Mann – wahrscheinlich ohne sein Wissen – ein Spielzeug in den Händen von Grosse war.

Lady Carey trat mir die Nutznießung unserer Ländereien für sechstausendfünfhundert Pfund ab. Ich bezahlte für etwas, das mir von Rechts wegen gehörte; sonderbar, aber so war es halt üblich. Im Augenblick war ich nicht einmal empört darüber.

Ich verfügte über zweitausend Pfund. Vater, der in Lissabon lebte, versprach, er würde weitere zweitausend schicken. Charles und Margaret gedachten mir tausend zu geben. Nur noch fünfhundert Pfund waren also aufzutreiben. Ich verkaufte etwas Land in Devon. George Spry borgte mir tausend Pfund, die ich nach meinem Ermessen mit Leichtigkeit aus den Einkünften würde zurückzahlen können. Außerdem schoß er mir die dreitausend Pfund vor, die ich von Vater und meiner Schwester erhalten sollte.

Phillips bot sich mir als Aufseher über die Besitztümer an; seine Familie wohnte im Hause seiner Frau in Kent, er dagegen stammte aus einer alten Familie in Cornwall wie wir: Sein Vater war einer der Verwalter der Arundells gewesen. Wären mein Vater und er selbst nicht verhaftet worden, hätte er den Dienst bei den Tregians wohl schon vor langem aufgekündigt. In der Gegend war seine Familie wohlbekannt. Ich nahm dankbar an.

*

Neben dem folgsamen Sohn gab es einen anderen Francis Tregian, den einzigen, der zu jener Zeit für mich zählte: Seine Tage waren erfüllt von Entdeckungen, von Musik, von unbeschwertem Herumalbern und häufigem Hin und Her zwischen St. Ewe und London.

Die Entdeckung von Cornwall besaß einen ganz besonderen Reiz: Was ich sah, erweckte in mir weit zurückliegende, scheinbar längst vergessene Erinnerungen. Doch nur scheinbar, denn mein Herz klopfte ständig wie beim Wiedersehen mit einem alten Freund.

Ich wollte mich nicht in Golden niederlassen, im Haus, wo ich zur Welt gekommen war. Es war mir, als hätte es seine Seele verloren, meine Familie war dort nicht mehr zu Hause. Ich umrundete es, doch die fernen Stimmen meiner ersten Lebensjahre waren verstummt. Sie widerhallten nicht mehr, weder dort noch im alten Landhaus. Verglichen mit meinen Erinnerungen bot die Küche einen traurigen Anblick; ohne Old Thomas war der Zauber verflogen.

Zudem war das Landhaus vermietet, und der Mieter wollte nicht ausziehen; ich beruhigte ihn.

Wenn ich in Cornwall war, verbarg ich mich lieber in meinem Haus von St. Ewe in Tregarrick. Daß ich meine Anonymität wahren konnte, hatte ich wohl der großen

Zahl von Namen zu verdanken, die in dieser Gegend mit »Tre« beginnen (auf keltisch bedeutet dies »das Gut«). Für die Leute der Umgebung nannte ich mich Tregarrick, und wie gesagt: Jene, die meinen wahren Namen kannten, haben Stillschweigen bewahrt.

In den Augen der Pächter von Tregarrick war ich der geistige Sohn des von ihnen verehrten Old Thomas. Sein Ansehen wurde auf mich übertragen, und die Pächter wären für mich um so eher durchs Feuer gegangen, als ich nie ein anspruchsvoller Herr gewesen bin. Dazu hätte auch keinerlei Anlaß bestanden: Sie bestahlen mich nicht, und der Besitz war in tadellosem Zustand.

Wenn mein Ansehen zunächst auf der Wertschätzung beruhte, die die einen meinem Großvater John, die anderen seinem Verwalter Thomas Tregarrick entgegengebracht hatten, so gewann ich bald das Vertrauen der Leute, indem ich mich an ihrem Leben beteiligte und mich für die örtlichen Bräuche und Feste interessierte. Mein Interesse entsprang hauptsächlich meiner Neugier auf alles, was mit Technik zu tun hat, und meiner Liebe zur Musik: Die Pächter sahen darin ein Interesse an den Menschen, das ich zumindest anfänglich nicht wirklich empfunden habe.

Begonnen hat es mit dem Erntedankfest. Dieser Brauch ist in vielen Ländern verbreitet, und ich hatte solche Feste schon in Frankreich, Italien und Holland erlebt.

In Cornwall wird das Ende der Ernte mit einer Zeremonie gefeiert, die *crying the neck* genannt wird, was unübersetzbar ist: *The neck,* eigentlich »der Hals«, hat hier eine andere Bedeutung. Um sie zu erklären, muß ich die ganze Zeremonie schildern.

Mit *the neck* bezeichnet man in Cornwall und in Devon die letzte Garbe der Ernte. Die übrigen Garben waren bloß zusammengebundene Ährenbüschel, doch die letzte wird zu etwas Heiligem. Der Kult, der seit grauer Vorzeit darum gemacht wird, würde das katholische Rom ebenso erzittern lassen wie das reformierte Genf. Denn die letzte Garbe ist der Geist des Kornes, der Gestalt annimmt und zum Hals eines mythischen Wesens wird, dessen Gunst man gewinnen muß, damit die Ernte im folgenden Jahr ebensogut oder noch besser ausfällt – nicht anders als wenn wir zu Gott beten, damit er uns Gesundheit und Wohlergehen schenkt.

Was mich überwältigt hat, ist die Form dieses Gebetes: In der heiteren Stille eines Sommerabends stellen sich Frauen und Männer in getrennten Gruppen zu ihrem Ruf auf, wenn die letzte Garbe geschnitten wird.

»We hav'et, we hav'et, we hav'et« (wir halten sie), erschallt der Gesang der Männer.

»What hav'ee, what hav'ee, what hav'ee?« (was haltet ihr?) antworten die Frauen.

»A neck, a neck, a neck« (eine Garbe).

Ganz nahe summt eine Gruppe den Ton Do, eine andere antwortet ihr, etwas weiter entfernt auf einem anderen Feld, mit Fa. Und noch weiter weg summen andere Gruppen – es sind zehn, vielleicht gar zwanzig Chöre, die sich in der Dämmerung wellenartig antworten, ein Kanon ohne falschen Ton. Zu dieser Abendstunde, da die Natur schweigt, hört man sie von weitem – über zwei oder drei Meilen hinweg. Einen Augenblick lang finden sie sich zu einem vier-, sechs-, dann achtstimmigen Akkord zusammen. Dann verstummen sie. Darauf heben sie wieder an, und wie zufällig rufen sich diese Stimmen in der fortschreitenden Dämmerung von Feld zu Feld zu, reden und flehen einander an, jede auf ihre Weise. Es ist der Kontrapunkt in seiner natürlichsten Vollendung. Das uralte Thema ist bei allen dasselbe, aber es gibt unendliche Variationen wie bei diesen *Glocken* von Meister Byrd: Sie antworten aufeinander, überlagern sich und entflechten sich wieder. Auch die Melodie erinnert mich an William Byrd. Er hat sie mit untrüglichem Gehör für sein *Peascod Time* (das Erbsenpflücken) notiert – und plötzlich wird mir klar, warum ich sie erst kürzlich in meine Partiturensammlung aufgenommen habe: Sie erinnerte mich an diesen vergessenen Singsang aus meiner Kindheit.

Bis dahin hatte ich stets Montaignes Ansicht geteilt: *Ich bin nicht sonderlich begeistert von der Süße des Geburtsortes. Ganz neue Entdeckungen, die ich mache, scheinen mir ebenso viel wert zu sein wie jene gewöhnlichen und zufälligen Entdekkungen in der Nachbarschaft.* Doch Montaigne hatte meinen Fall nicht vorhergesehen: Meine *ganz neuen* Entdekkungen sind zugleich meine tiefsten Wurzeln. Später sollte ich mich wieder seiner Meinung anschließen; im Augenblick hält mich der Ort meiner Herkunft gefangen.

Plötzlich heben alle Schnitter ihre Sichel. Der älteste unter ihnen – so will es der Brauch – läßt die seine mit einem letzten metallischen Aufblitzen in der hereinbrechenden Nacht niedersausen. Er schneidet die Garbe und hält sie hoch. Alsbald verwandelt sich der Singsang in Freudenschreie, die Garbe fällt auseinander, man nimmt drei, vier einzelne Ähren, umwindet sie mit Girlanden und singt dazu: »A *neck, a neck, a neck; we yen, we yen, we yen.*« (Eine Garbe, nun ist das Werk getan.)

Alles lacht und schreit, Kopfbedeckungen werden in die Luft geschleudert, die Burschen nützen das Durcheinander, um die Mädchen zu küssen. Man verwandelt die Garbe in einen Miniaturschober, der mit Blumen und Bändern geschmückt wird.

In einer langen Prozession treten die Leute den Heimweg an. Der *neck* wird feierlich an einen Balken in der Küche gehängt, wo er bis zur nächsten Ernte bleiben wird. Meine Pächter Hugh und Mary haben für die Erntearbeiter ein traditionelles Mahl zubereitet: das *Gôl Deis,* wie es auf keltisch genannt wird, das »Garbenbankett«. Man setzt sich um einen großen Kessel, gefüllt mit gekochtem Schweinefleisch und Rüben. Dann folgt eine Apfeltorte mit einem Guß, wie ich ihn nur im Land meiner Kindheit gegessen habe: Man nennt ihn dort *clotted,* geronnen, so dickflüssig ist er. Dazu wird ausgiebig Most, Bier und Schnaps getrunken; unter allgemeinem Gelächter fliegen Scherze und zweideutige Anspielungen hin und her, an denen ausnahmsweise niemand Anstoß nimmt.

Dieser Abend hat mich mehr mit meiner Heimat verbunden als alle Predigten meines Vaters. Ich fühlte mich eins mit dem Himmel und mit allen Menschen auf der Welt verbunden: Es war ein Tag, an dem das den Reformierten und Katholiken gemeinsame Gebet »Gib uns unser tägliches Brot« seine tiefe Bedeutung enthüllte.

Einige Tage später streckte ich mich sogar auf dem *arrish,* dem abgeernteten Feld, aus, um die Erinnerung an meine ersten Schritte, an Janes melodiöse Stimme und an eine Zeit der Fülle wachzurufen, in der mein Leben noch aus lauter Gewißheiten und Zukunftsplänen bestanden hatte.

*

In dieser ersten Zeit ungetrübten Glücks befaßte ich mich mit praktischen Fragen: Sollte es nicht möglich sein, das Nützliche mit dem Angenehmen zu verbinden, indem wir diese Schafe aufzogen, deren Wolle Jan sich so sehnlich wünschte?

Ich sprach darüber mit den Leuten in der Nachbarschaft und stieß auf großes Interesse. Gestützt auf alles, was mein Bruder mir beigebracht hatte, erklärte ich den Züchtern, welche Qualität gefragt war: Um Jans Anforderungen zu genügen, mußte die Wolle so fein, beinahe seidig sein wie bei den Shetland-Schafen. Einer der Pächter von Creed, dessen Land entlang dem Fal zum Gut von Golden gehörte, fragte mich eines Tages, ob er für seine Schafzucht die Ufer von den Anschwemmungen befreien dürfe, welche den Fluß des Wassers behinderten. Ich räumte ihm dieses Recht bereitwillig ein.

Um erklären zu können, was zu tun war, ging ich nach Amsterdam. Jan gab mir genaue Anweisungen und machte Skizzen, um mir zu zeigen, wie die Wolle geschoren, gestrichen, gesponnen und gewoben werden mußte.

»Du kannst ihnen ausrichten, daß ich einen guten Preis zahle, wenn sie meinen Ansprüchen gerecht werden«, versicherte er mir mit breitem Lächeln. »Es wird mir eine besondere Freude sein, Wolle aus dem Land meiner Vorfahren zu verarbeiten.«

In nächster Nähe unserer Ländereien stieß ich übrigens auf Zinnminen, besonders in der Gegend von St. Austell. Ich kam darauf, weil ich mich eines Tages fragte, aus welchem Grund die Römer das Fort von Voliba errichtet hatten. Ich suchte den Pastor von Creeds auf, Reverend James Hitch.

»Da kommt ja unser großer Ketzer«, begrüßte er mich mit freudiger Stimme. »Haben Sie sich eines besseren besonnen?«

»Besser als was, Hochwürden?«

»Ich will damit sagen: Wollen Sie zu unserem Glauben übertreten?«

Ich sah ihn wortlos an. Ich weiß nicht, was er in meinen Augen las, jedenfalls errötete er und legte mir die Hand auf den Arm:

»Verzeihen Sie, das war ein schlechter Scherz. Was kann ich für Sie tun?«

»Ich fragte mich, ob Sie wohl ein Werk über die Geschichte unserer Gegend haben. Ich möchte wissen, warum die Römer hier ein Fort errichtet haben.«

»Um die Zinnstraße zu beschützen«, antwortete er ohne Zögern und ohne in einem Buch nachzuschlagen. »Damals sammelte man das Zinn aus den Wasserläufen.«

»Und heute?«

»So einfach ist es nicht mehr. Aber in der Gegend von St. Austell gibt es Zinn, und etliche Leute suchen danach.«

»Wer?«

Er zählt eine ganze Reihe mir unbekannter Namen auf.

»Sollten Sie auf Ihrem Land ein Zinnvorkommen entdecken, müssen Sie bei der königlichen Bergbehörde eine Lizenz beantragen.«

In seinem blassen, spitzen Gesicht leuchten hellgraue, fast weiße Augen. Wenn er mich so ansieht wie gerade jetzt, fürchte ich mich beinahe. Es ist dieses unbestimmte Gefühl, das mich zu einer Erklärung drängt:

»Ich habe nur einen Wunsch: daß man mich in Ruhe läßt. Ich werde nicht konvertieren, selbst wenn ich keineswegs mit meinem Vater übereinstimme und die Jesuiten nach meiner Meinung im Unrecht sind.«

Ich erschrecke ob meiner eigenen Kühnheit.

Nach längerem Schweigen fährt er fort:

»Ich habe gehört, daß Sie ein hervorragender Musiker sind.«

Ich habe keine Lust, über Musik zu sprechen, aber ich zwinge mich dazu. Nachdem wir einige Worte gewechselt haben, spielt er mir auf der Viola eine Melodie vor und zeigt sich dabei als Meister seines Instruments. In einer Ecke steht ein Virginal, das seiner Frau gehört hat.

»Ich habe sie vor bald zwei Jahren verloren«, sagt er mit trauriger Stimme, »und seither ist das Virginal stumm geblieben.«

Ich beuge mich über das seit langem unbenutzte Instrument. Mit dem Taschenmesser, das ich für diesen Gebrauch stets bei mir trage, und den Werkzeugen, die ich in der Schublade des Virginals finde, mache ich mich an die Arbeit. Zuerst spitze ich die Plektren zu; die Federn sind in einem traurigen Zustand. Dann spanne ich die Saiten wieder. Es kommt mir vor, als würden die Seelen von Frau Hitch und Françoise um uns schweben. Nachdem ich das

Instrument gestimmt habe, spiele ich eine Melodie von Morley, die Françoise besonders liebte.

Als er erfährt, daß ich einer von Morleys Schülern gewesen bin, hellt sich die Miene des Pastors auf. Das Eis ist gebrochen, das Gespräch wird lebhaft, und aus zurückhaltender Höflichkeit wird warme Herzlichkeit, als ich ihm nebenbei erzähle, daß ich die Schule zur Schneiderzunft besucht habe und mich sehr gut mit Richard Mulcaster verstehe, der noch immer die Schule von St. Paul in London leitet. In dieser gelösten Stimmung entschließt er sich endlich zu einer Bemerkung, die ihm während unserer ganzen Unterhaltung auf den Lippen gebrannt haben muß.

»Herr Tregian, ich fürchte, daß Sie den Absichten von Leuten im Wege sind, welche sich Ihren Glauben zunutze machen werden, um Sie zu verunglimpfen und zu verjagen.«

»Welchen Rat geben Sie mir?«

»Ich weiß nicht recht, was ich Ihnen raten soll. Ihre einzige sichere Zuflucht wäre die anglikanische Kirche ... Nein, widersprechen Sie nicht, ich weiß, daß Sie nicht aus Opportunismus konvertieren würden, und das ehrt Sie. Unglücklicherweise ist es der einzige nützliche Rat, den ich Ihnen geben kann.«

Diesmal schaue ich ihn schweigend an.

»Ich glaube, Sie haben einen Schutzengel nötig«, sagt er, als wir schon auf der Außentreppe stehen.

Ich zeige ihm Jack, der mein Pferd am Zaum hält.

»Ich habe einen hervorragenden.«

»Gewiß, aber Sie brauchen auch einen Engel anderer Art. Ich will sehen, was ich für Sie tun kann.«

Am liebsten würde ich vom Sattel steigen und ihn umarmen, doch seine sonderbaren Augen halten mich davon ab.

*

Mit einigen Pächtern und einigen aus der Gegend von Penzance herbeigerufenen Bergarbeitern machten wir uns auf die Suche und stießen in der Gegend von St. Ewe auf Zinn. Bei dieser Gelegenheit habe ich gelernt, daß man zunächst den Boden, seine Farbe und die Beschaffenheit seiner Steine untersuchen muß. Gewisse Steine sehen ganz gewöhnlich aus. Man muß sie in die Hand nehmen, um sie zu wägen. Wenn sie metallhaltig sind, läßt sich das an ihrem Gewicht feststellen. Man folgt ihren Spuren, steigt die Hänge hinauf, von denen sie vermutlich heruntergekullert sind, und beginnt zu graben – wo es Zinn gibt, befindet sich die Mine in einer Tiefe von sechs bis sieben Fuß. Schließlich fanden wir eine vielversprechende Stelle, und ich suchte die Bergbehörde auf, um eine Lizenz zu erhalten.

»Mit welchem Recht kommen Sie her?« fragte mich der Richter.

»Das Land ist in meinem Besitz. Ich gedenke Geld in die erforderlichen Werkzeuge zu stecken und habe somit Anrecht auf eine Entschädigung für den Boden und auf einen Teil des Erlöses.«

»Das ist richtig, oder vielmehr, das wäre richtig, wenn Sie wirklich der Eigentümer wären.«

»Ich kann Ihnen die Eigentumsurkunde zeigen. Ich habe das Nutzungsrecht zurückgekauft.«

»Ihre Ländereien unterliegen dem *Praemunire,* und Ihr Vater lebt noch. Somit haben Sie kein Rückkaufsrecht.«

Er beugt sich nach vorne. Er hat graues Haar, rote Wangen und ein gutmütiges Gesicht.

»Herr Tregian, ich will Sie keineswegs an Ihrer Arbeit hindern. Ich war immer der Ansicht, man sei gegen Ihre Familie mit unverhältnismäßiger Strenge vorgegangen. Ich bin ein einfacher Richter der königlichen Bergbehörde und suche keinen Streit mit Ihnen. Doch ich weise Sie auf eine Tatsache hin, und ich frage mich, ob man Ihnen nicht einen bösen Streich gespielt hat. Wenn jemand Ihnen übelwill, kann er Ihnen die Ländereien schon morgen wieder abnehmen. Sie können nur Ihrem Vater persönlich zurückgegeben werden. Nach seinem Tod dagegen wären sie Ihnen rechtmäßig zugefallen, ohne daß Sie dafür hätten bezahlen müssen. Andernfalls müßte gegen Sie ein *Praemunire* ausgesprochen werden, und dieses Urteil wird nicht grundlos gefällt. Sie beherbergen keine Priester?«

»Nein, mein Herr.«

»Werden bei Ihnen Messen gelesen?«

»Nein, mein Herr. Ich muß sogar ziemlich weit gehen, um einer Messe beizuwohnen.«

»Gehören Sie der Partei der Jesuiten an?«

»Ich bin ein treuer Untertan Seiner Majestät, mein Herr. Mein Degen und mein Leben stehen ihr zur Verfügung.«

»Entrichten Sie Ihre Bußen als Katholik?«

»Selbstverständlich.«

Schweigen.

»Ich habe die Gesetze studiert, und was ich Ihnen gesagt habe, ist wohlbegründet. Ich sehe Ihre Überraschung und bin erstaunt, daß niemand Sie vorher gewarnt hat.«

»Ich bin Ihnen dankbar für Ihren Hinweis, mein Herr.« Meine Stimme zittert; erstmals wird mir bewußt, in welch bedenklicher Lage ich mich befinde.

»Haben Sie einen Vertrauensmann?«

»Vielleicht.«

»Verkaufen Sie ihm das Land, wo Sie graben wollen, wenn es nicht mit Hypotheken belastet ist. Und handeln Sie schnell. Was Ihre Ländereien betrifft, so sieht es nicht sehr günstig aus. Leider kann ich nichts für Sie tun. Meine Gerichtsbarkeit betrifft nur den Bergbau.«

Niedergeschlagen kehre ich nach St. Ewe zurück.

In den darauffolgenden Wochen beschäftige ich mich weiterhin mit Schafzucht und Zinn. Ich »verkaufe« meine

Konzession und meine Mine an Jack. Aber es ist, als wäre ich aus einem schönen Traum erwacht. Mir scheint, man habe ein Pulverfaß unter mein Bett gelegt, das jeden Augenblick explodieren kann.

Niemand spricht seinen Namen aus, doch es ist klar, wer mit *man* gemeint ist: Ezekiel Grosse. Phillips hat Einsicht in seine Bücher genommen und ist nicht zufrieden:

»Wie ich es sehe, hat er Sir George Carey nach Strich und Faden bestohlen. Er weiß, daß mir dies nicht entgangen ist. Es gibt nur zwei Möglichkeiten: Entweder tritt er zurück, oder er spielt Ihnen einen üblen Streich. Aber es liegt nicht in seiner Art, freiwillig zurückzutreten. Die Gerüchte, die mir zu Ohren kommen, beunruhigen mich.«

»Was für Gerüchte?«

»Lord Robert Cecil, Lady Elisabeth Carey und Grosse sollen einen Handel abgeschlossen haben. Cecil soll die beiden gezwungen haben, Ihnen gegen eine Geldsumme die Ländereien zurückzugeben, was allerdings nicht ganz legal ist, solange Ihr Vater noch lebt.«

»Und?«

»Cecil hätte auch veranlassen können, daß der König ein Rückerstattungsdekret unterzeichnet. Sie sind zwar Träger eines in Verruf geratenen Namens, aber Sie sind auch der Enkel und Neffe mehrerer katholischer Lords, die im Oberhaus sitzen.«

»Worauf wollen Sie hinaus, mein lieber Phillips?«

»Ich versuche Ihnen beizubringen, daß der Schatzkämmerer sein Versprechen nicht eingelöst hat, Ihnen Ihre Besitztümer zurückzugeben. Statt dessen ermöglicht er es Carey und Grosse, Sie weiterhin zu bestehlen. Das kostet Grosse zwar eine stattliche Bestechungssumme, aber nach meiner Meinung wird er schließlich bekommen, was er will. Er ist durchtrieben, ganz im Gegensatz zu Ihnen.«

Phillips gelang es, mich zu beunruhigen. Ich dachte, Grosse wolle mich aus dem Weg räumen lassen, und fürchtete um mein Leben. Nur selten habe ich eine so treffende Vorahnung gehabt, doch ich schlug die Warnung in den Wind. Abgesehen von meinem Sohn, von dem Grosse nichts wußte, hatte ich einen Bruder, eine ganze Schar Schwestern und ein gutes Dutzend Neffen. Er würde also nichts gewinnen, wenn er mich beseitigte.

Ich habe nicht rechtzeitig vorausgesehen, daß er Mittel und Wege finden könnte, durch meinen Tod zum unbestrittenen Herrscher über meine Ländereien zu werden.

VIII

Fain would I wake you, sweet, but fear
I should invite you to worse cheer; ...
I'd wish my life no better play,
Your dream by night, your thought by day:
Wake, gently wake,
Part softly from your dreams!

»The Hunt's Up«
Volkstümliche Ballade

Gern möcht' ich dich wecken, Liebste, doch fürchte ich,
Dich zu Schlimmerem einzuladen ...
Ich wünschte meinem Leben kein besseres Spiel,
Dein Traum bei Nacht, deine Gedanken bei Tag:
Erwache sanft, erwache,
Geh leise aus deinen Träumen!

Herbst 1608. Nie werde ich das Datum und die Umstände vergessen.

Ich habe die schöne Jahreszeit für eine Reise nach London genutzt, wo ich mich fast häufiger aufhielt als in St. Ewe. Nun, da Phillips meine Geschäfte an die Hand genommen hat, habe ich nicht mehr den Eindruck, daß meine ständige Anwesenheit in Cornwall erforderlich ist. Da ich nicht in Clerkenwell wohnen möchte, hat Phillips mir eine bequeme und unauffällige Unterkunft besorgt. Als Kenner Londons weiß er, wohin er sich wenden muß. Er findet ein Haus in Chancery Lane, einem Advokaten- und Studentenviertel in der Nähe der *Inns of Court*. Im Erdgeschoß wohnt eine Witwe; ich verfüge im ersten Stock über ein geräumiges Empfangs- und Musikzimmer und einige kleine Schlafgemächer.

Ein Mann meines Ranges sollte ein standesgemäßes Haus führen, aber ich halte dafür, daß ich es mir angesichts meiner Schulden nicht erlauben kann, mich mit Bediensteten zu umgeben. Statt, wie es mir zustehen würde, ein aus drei oder vier Musikern bestehendes Consort zu verpflichten, begnüge ich mich mit Jack und seinem inzwischen mehr als brauchbar gewordenen Violaspiel. Nur Marc, Jacks jungen Bruder, hatte ich noch in meine Dienste genommen, als er dreizehn oder vierzehn Jahre alt war.

»Ein Taugenichts«, meinte seine Mutter mit tränenerstickter Stimme.

Ich sagte mir, eine kleine Rede auf meine Weise könne nicht schaden.

»Marc, ich glaube, daß dich die Dinge nicht interessieren, die man bisher von dir verlangt hat. Ich kann dich auf Reisen mitnehmen, ich werde dir beibringen, wie man sich zur Wehr setzt, wir werden dir wertvolle Ware und geheime Botschaften anvertrauen, und wenn du Freude hast an der Musik, kannst du auch sie erlernen.«

Nur selten kommen bei einem so jungen Mann, dem eine waghalsige Laufbahn in Aussicht gestellt wird, die guten Seiten nicht zum Vorschein. Marcs Fehler verwandelten sich von einem Tag auf den anderen in Tugenden. Zunächst verbrachte er ein Jahr in Paris im Dienste meines Sohnes, nach wie vor eine unersättliche Kämpfernatur, der sich mit ihm schlug und prügelte, bis er flink war wie ein Aal. Giuliano und Wim haben ihm den Zweikampf beigebracht, Phillips das Schreiben und Rechnen, sein Bruder die Musik, und nun begleitet mich der kaum Zwanzigjährige überallhin. Er ist ungeheuer tüchtig und sehr stolz auf seine Art Livree aus holländischem Wollstoff in einer der berühmten Farben meines Bruders.

Drei oder vier Jahre nach dem Tode Elisabeths beginnt sich London merklich zu verändern.

Bei meiner Ankunft drehen sich alle Gespräche um den Prozeß des Oberhauptes der Jesuiten, Pater Garnet, der um das Schießpulver-Komplott gewußt hatte, ohne etwas zu sagen. Bei meinen Glaubensgenossen sind die Ansichten darüber geteilt, selbst in den Familien Stourton und Arundell. Ist er ein Verbrecher oder ein Held? In den Augen der Partei der Jesuiten heiligt der Zweck die Mittel; einzig dem Papst schuldet man Treue. Die »Weltlichen«, wie die gemäßigten Katholiken genannt werden, möchten dagegen trotz ihres Glaubens als getreue Untertanen Seiner Majestät anerkannt werden. Sie verabscheuen schon den bloßen Gedanken an die Verschwörung. Daß dahinter Katholiken stecken könnten, empört sie zutiefst, und anfänglich haben sie sich sogar geweigert, daran zu glauben. Sie waren sich sicher, daß das eine Verleumdung sei. Deswegen habe ich Giulianos Bericht mit Vorsicht aufgenommen: Seine Version der Verschwörung entspringt möglicherweise einer bodenlosen Verabscheuung der Gewalt.

Die öffentliche Meinung unterscheidet nicht zwischen Gemäßigten und Extremisten. Auf der Kanzel mahnen die anglikanischen Geistlichen mit keinem Wort zur Versöhnung. Bei den Reformierten ruft eine ebenso fanatische Strömung wie die Partei der Jesuiten immer lauter zur Unduldsamkeit gegenüber den gemäßigten Anglikanern auf; sie findet um so mehr Gehör, als die Leute aus dem Volk Reden ohne Zwischentöne lieben – das beruhigt sie.

Doch wenn man sich mit den einzelnen Menschen unterhält, vernimmt man gelegentlich ganz andere Töne.

»Ich bin ein guter Anglikaner«, sagt mir ein Händler, mit dem ich in der Candlewick Street speise. Wir kennen uns, weil er mir schon oft Seide abgekauft hat. »Ich bin ein guter Anglikaner, aber die Art und Weise, wie gewisse Katholiken von der Obrigkeit behandelt werden, stört mich. Ich könnte in Ihnen niemals einen Feind sehen.«

»Ich kenne viele jüdische Händler, die keiner Fliege etwas zuleide tun könnten und die glühende Patrioten sind, aber es gibt Orte, wo sie so unbeliebt sind, daß man sie tötet. In Spanien zum Beispiel. Ich glaube, die Leute brauchen stets einen Sündenbock.«

»Das ist die eine Seite. Außerdem werfen Sie auch einiges ab, nicht wahr? Sie bezahlen Bußgelder, Ihre Güter werden beschlagnahmt … Es gibt sicher Leute, die Tag für Tag darum beten, daß Sie nie den Glauben wechseln. So kann man Sie nach Lust und Laune schröpfen.«

Er lacht angesichts meiner Verblüffung.

»Nicht alle Leute haben das Bedürfnis, zur Hetze gegen die Katholiken aufzurufen, wissen Sie.«

»Das ist ein erfreulicher Gedanke. An den Extremen habe ich nie Gefallen gefunden.«

»Ich ebensowenig, mein lieber Herr. Lassen Sie uns also auf die Mäßigung anstoßen. Außerdem wäre es mir eine große Ehre, wenn Sie mir eines Ihrer italienischen Stücke vorspielen würden. Der Abend, an dem Sie uns bei Herrn Ardent in Amsterdam ergötzten, ist mir in unvergeßlicher Erinnerung geblieben.«

Giles Farnaby ist in Lincolnshire, wo er sich ganz der Musik widmet. Er unterrichtet die Kinder eines Edelmannes, an dessen Namen ich mich nicht mehr entsinne. Ich freue mich für ihn, allerdings fehlt er mir um so mehr, als Thomas Morley, wie vorauszusehen, kurz nach meinem letzten Besuch gestorben ist.

Southampton hat dank Robert Cecil seinen Kopf retten können und ist kurz nach dem Tod seiner Mutter zum anglikanischen Glauben übergetreten. Das war wohl die Bedingung für seine Freilassung bei der Thronbesteigung Jakobs I. und für die Rückerstattung seiner anläßlich der Verschwörung von Essex beschlagnahmten Güter.

Wir begegnen uns von Zeit zu Zeit, haben uns aber nichts zu sagen. Er kann meine Hartnäckigkeit nicht verstehen:

»Ihr Vater hat sich und Ihre ganze Familie ruiniert. Sie sind doch nicht gezwungen, ihn nachzuahmen!«

Es nützt nichts, wenn ich ihm erkläre, daß meine Beweggründe anderer Natur sind. Er zuckt die Schultern.

»Solange es üblich ist, daß die Religion des Fürsten auch die Landesreligion ist, spielen Ihre Grundsätze keine Rolle. Ein Mann mit Ihrer Vergangenheit hat nur eine Möglichkeit, dem Herrscher seine Ergebenheit zu bezeugen: Er muß den Glauben des Königs annehmen.«

Was hätte Montaigne an meiner Stelle geantwortet? *Was rät uns also in dieser Not die Philosophie? Daß wir den Gesetzen unseres Landes folgen sollen; das heißt diesem wogenden Meer der Meinungen eines Volkes oder eines Regenten, welche mir die Gerechtigkeit in so vielen Farben malen und ihr so viele Gesichter geben werden, wie ihre Laune sich verändert? Mein Urteil kann nicht so biegsam sein.*

*

Ich gehe oft ins *Globe Theatre*. Dort sehe ich zahlreiche Stücke von Herrn Shakespeare und bin besonders beeindruckt von einer Aufführung des *King Lear*.

Es scheint mir undenkbar, daß das Publikum in *Lear* nicht eine Anklage gegen die Krone mit ihren Vorurteilen, ihrer Launenhaftigkeit, ihrer Günstlingswirtschaft und deren unheilvollen Auswirkungen sieht. In *Macbeth* wird zwar Banquo, der Vorfahre Jakobs I., als Held und unschuldiges Opfer dargestellt. Doch man munkelt auch, das Vorbild der mörderischen Königin sei Maria Stuart.

Eines Tages suche ich Herrn Shakespeare nach einer Vorführung auf. Sein Haar lichtet sich und ergraut, seine Wangen sind etwas voller geworden. Aber er hat seine Anmut, seine Ungezwungenheit und sein strahlendes Lächeln beibehalten.

Er verabredet sich mit mir für den nächsten Tag zu einem Mittagessen in der »Seejungfer«, einer Taverne, wo sich die Theaterdichter treffen. Dort sind wir dann fast allein.

»Herr Tregian, welche Freude, Sie wiederzusehen! Sie sind wie eine Meeresbrise.«

»Offen gestanden gedenke ich nicht mehr so viel zu reisen. Ich habe mich in Cornwall niedergelassen.«

Er runzelt die Stirn. Er kennt meine Lage, und ich sehe ihm an, daß auch er meinen Entscheid mißbilligt. Doch im Gegensatz zu den meisten sagt er nichts.

»Ich weiß, daß ich eine Unvorsichtigkeit begehe, aber ich habe genug von der Flucht«, beeile ich mich zu erklären.

»Hoffentlich wird man Sie nicht bis in Ihre letzten Schlupfwinkel verfolgen«, murmelt er prophetisch.

»Doch was die Unvorsichtigkeit betrifft, so haben Sie mir wohl kaum eine Lehre zu erteilen. Kürzlich habe ich *Macbeth* gesehen und gestern *Lear*. Sie sind nicht gerade zimperlich.«

Erschreckt schaut er sich um.

»Was meinen Sie damit?«

»Der Bastard Edward ergreift die Macht ...«

»Und wird bestraft«, entgegnet Shakespeare etwas zu eilig. »Und Banquo ...«

»Herr Shakespeare, ich will Sie keineswegs anklagen. Ich finde *Lear* ein Meisterwerk. Aber die Aussage des Stücks ist klar und deutlich.«

»Wenn sie so klar und deutlich wäre, säßen wir nicht hier, um darüber zu sprechen.«

»Immerhin bin ich wohl nicht der einzige, der ...«

»Nein. Aber Seine Majestät hat gelacht, als er von dieser Auslegung hörte. Er hat mich zu sich gebeten und gefragt, ob darin ein Körnchen Wahrheit stecke. Ich habe verneint, und dabei ist es geblieben. Deshalb möchte ich Sie bitten …«

»Mein lieber Herr Shakespeare, ich stehe mit keinem der Klatschmäuler am Hofe in Verbindung. Wir wollen es so halten, wie Sie und Seine Majestät es getan haben: Reden wir nicht mehr davon. Erzählen Sie mir lieber, was Ihre Pläne sind.«

»Um ehrlich zu sein, möchte ich nur meine Ruhe haben. Am liebsten würde ich nach Stratford zurückkehren und dort bleiben, wären nicht die Geschäfte, die mich in London zurückhalten.«

»Sie haben noch tausend Geschichten zu erzählen …«

»Traurige und tragische Geschichten, Herr Tregian, die Zeit des unbeschwerten Lachens ist für immer vorbei. Vielleicht kann ich noch eine, zwei oder drei Geschichten verfassen. Das Gedeihen der königlichen Schauspieltruppe liegt mir am Herzen. Doch es wäre wohl ebenso weise, das Feld Ben Jonson, Fletcher und anderen Männern ihres Schlages zu überlassen. Sie sind große Dichter.«

Ich treffe mich regelmäßig mit Herrn Shakespeare. Er schätzt es, wenn ich ihm von Italien, Frankreich und Holland erzähle. Eine Zeitlang spielt er mit dem Gedanken, ein Stück über den holländischen Herrscher Wilhelm von Oranien, der Schweiger genannt, zu verfassen, der etwa dreißig Jahre zuvor von den Schergen des Papstes ermordet wurde. Er bestürmt mich mit Fragen über die Niederlande, vergißt seine übliche Melancholie und schlägt sich herzhaft lachend auf die Schenkel, wenn ich von pikanten Einzelheiten berichte, zum Beispiel die Art, wie die holländischen Bauern den Mädchen den Hof machen, indem sie die Nacht in ihrem Haus verbringen – in allen Ehren, versteht sich. Das regt ihn zu wahnwitzigen Wortspielen an.

Übrigens fällt mir auf, daß sich die Engländer lebhaft für

Italien interessieren. Ich habe stets außerordentlichen Erfolg gehabt mit meinen italienischen Madrigalen, und dank ihnen werde ich in Häusern empfangen, die sonst einem Tregian aus Angst um ihren guten Ruf die Türe verschließen würden.

Meine vier kleinen Schwestern bringen die Idee eines Consorts auf. Sie sind vierzehn bis zwanzig Jahre alt: Catherine, Sibylle, Elisabeth und Dorothée, die jüngste – meine Lieblingsschwester, weil sie mich an Adrienne erinnert. Ich schreibe für sie die Partituren aller Stücke auf, die ich aus Italien mitgebracht habe. Sie verfügen über schöne, gut geschulte Stimmen, und es sind nicht allzu viele Proben notwendig, bis wir ein durchaus hörenswertes Ensemble bilden. Alle vier sind leidliche Virginalspielerinnen, und Catherine spielt auch Laute. Wir musizieren in Clerkenwell und werden bald da und dort eingeladen. Wir sind im Gespräch, oder vielmehr, unsere Musik ist es.

Schon bevor ich nach England zurückgekehrt war, wußte ich, daß ich auf Lord Salisburys Protektion angewiesen sein würde. Als erstes suchte ich also Robert Cecil auf, um ihn an sein Versprechen zu erinnern.

»Sie sollten den Glauben wechseln, damit ich Ihnen wirklich nützlich sein kann.«

»Es gibt doch auch andere katholische Edelmänner am Hofe.«

»Schon, aber die sind nicht die Söhne Ihres Vaters.«

Manchmal zweifle ich an der Berechtigung meiner Hartnäckigkeit. Schaut der Allmächtige, der gute Hirte, wirklich auf das Gewand, in dem wir ihn anbeten? Würde ich konvertieren, käme ich ohne Schwierigkeiten wieder zu meinen ganzen Besitztümern, und niemand könnte sie mir streitig machen. Meine Schwestern besäßen eine Mitgift und könnten eine vorteilhafte Partie machen – die größte Sorge meiner armen Mutter.

Ich besuche meinen Vetter William Stanley, den Grafen

von Derby. Er lädt mich zu seinen Abendgesellschaften ein und ist mir zugetan. Eines Tages schlägt er mir vor, meine Schwestern mitzubringen, damit wir den Gästen Madrigale von Monteverde vorsingen. In Holland wäre das völlig selbstverständlich, doch in England geziemt es sich nicht, daß ein Edelmann seine Schwestern »wie Gauklerinnen vorführt«. Ich muß des langen und breiten erklären, daß Monteverdes Madrigale nach geschulten Stimmen verlangen, die ich dank einem glücklichen Zufall in der eigenen Familie gefunden habe. Die Erklärung wird angenommen. Meine Schwestern schweben im siebenten Himmel. Ihr bislang eintöniges Leben wird abenteuerlich.

Die begeisterte Aufnahme, die das Konzert bei unseren Zuhörern findet, überrascht mich. Wir werden mit Lob und Fragen überhäuft. Abgesehen von einigen griesgrämigen Gemütern schauen die Gäste meine Schwestern keineswegs schief an, im Gegenteil: Sie überschütten sie mit Liebkosungen. Ich muß sagen, daß Catherine und Sibylle auch wirklich überwältigend sind. Wir werden zu einer Wiederholung des Konzertes aufgefordert. Bei dieser Gelegenheit beginne ich eine systematische Sammlung aller Madrigale anzulegen, die ich aufgeschrieben oder genau im Gedächtnis habe. Ich ordne sie nach der Zahl ihrer Stimmen – drei-, vier-, fünf-, sechs- und achtstimmige Madrigale. Mit der Zeit sollte mich diese Sammlung immer mehr in Anspruch nehmen, und ich sollte lange Reisen unternehmen, um mir Abschriften oder Notendrucke zu beschaffen. Ich sammle Werke von Marenzio, Pallavicino, Agazzari, Alfonso Ferrabosco Vater und Sohn und von Komponisten, denen ich auf meinen Reisen begegnet bin: Antonio Orlandini, Giovanni Maria Nannino, Ippolito Baccuso … und selbstverständlich Monteverde. Ich schreibe all diese Melodien auf, die mich entzücken, oder lasse sie von Kopisten abschreiben – sie gehen in die Tausende, verfaßt von Hunderten von Komponisten.

In Musikerkreisen kennt man meine Sammlung. Bis zu meinem letzten Tag in London sollte ich Musiker empfangen, die das eine oder andere Stück für ihren eigenen Gebrauch abschreiben möchten.

*

Ich verweile bei diesem Augenblick der Gnade, in dem ich mir einbildete, ein neues Leben zeichne sich ab. Denn einmal mehr sträubt sich meine Feder dagegen, die Schicksalsschläge zu schildern, die diesen beiden ruhigen Jahren folgten.

Die Wolken zogen schon auf, aber noch war der Himmel heiter und das Grollen des Donners nicht zu hören.

Der erste schwere Schlag traf mich eines grauen Tages im Frühherbst des Jahres 1608. Die Pest sorgte dafür, daß Londons Straßen etwas leerer wurden, doch das kümmerte mich nicht. Es wäre eine Erlösung gewesen, den gleichen Tod zu erleiden wie meine Geliebte. Aber die Pest verschmähte mich hartnäckig.

Einige Wochen zuvor hatte ich Jack nach Lissabon geschickt, wie es vereinbart war, wo mein Vater ihm die zweitausend Pfund hätte aushändigen sollen, auf die ich angewiesen war, um meine Schulden zurückzahlen zu können.

Ein einziger Blick auf Jacks Gesicht am Morgen seiner Ankunft genügt, um zu sehen, daß etwas schiefgelaufen ist.

»Mein Herr, ich wünschte, ich könnte Ihnen bessere Nachrichten bringen …«

»Spanne mich nicht auf die Folter …«

»Zunächst muß ich Sie zu meinem tiefsten Bedauern davon unterrichten, daß Ihr Herr Vater in eine bessere Welt eingegangen ist.«

»Was bedeutet dieses Kauderwelsch? Ist mein Vater tot?«

»Ja, mein Herr. Und ich wäre wirklich betrübt, wenn er uns einfach verlassen hätte, und würde für seinen Seelenfrieden beten.«

»Jack, ich bitte dich, hast du mir noch etwas Schlimmeres mitzuteilen als den Tod meines Vaters?«

»Mein Herr, ich habe Ihnen mitzuteilen, daß er vor seinem Tod gewissermaßen den Verstand verloren hat, mit Verlaub gesagt. Er hat sein Geld, das Ihrer Familie zum einstigen Ansehen hätte verhelfen sollen, den Armen verteilt. Sonst steht alles zum besten.«

Jacks Augen stehen voller Tränen.

»Ist nichts übriggeblieben?«

»Nichts, mein Herr. Ich habe Dinge unternommen, die ich mir nie zugetraut hätte. Ich habe erreicht, daß der Hofmarschall mir eine Audienz gewährte – ich habe mir zu diesem Zweck Kleider und Bedienstete ausgeliehen. Ich habe ihm gesagt, wenn es wahr sei, was man sich in Lissabon zuflüstere, nämlich daß Ihr Herr Vater ein Heiliger sei, der zudem in der Gunst des Königs stehe, sei es dem Herrscher sicher ein Anliegen, seiner Familie zu helfen. Ich habe ihm die Sache mit den zweitausend Pfund erklärt. Ich ...«

Jack läßt sich auf einen Stuhl fallen und schluchzt hemmungslos. Ich würde es ihm am liebsten gleichtun.

»Mein guter Jack, nach deinen Tränen zu urteilen, hast du nichts erreicht.«

»Nein, mein Herr«, antwortet er mit erstickter Stimme. »Ihr Vater hatte diesen Herrn kurz zuvor aufgesucht, um ihm sein Herz auszuschütten, denn – so sollen seine eigenen Worte gelautet haben – er hatte aus sicherer Quelle erfahren, daß Sie, Ihr Bruder Charles und Ihre Schwester Philippa Plunket dem katholischen Glauben abgeschworen haben. All meine Proteste und Beteuerungen konnten nichts dagegen ausrichten. Ich bin leider kein heiliger Mann wie er.«

Ich spüre einen Stich im Herzen. Mein Vater hat … ja, er hat mich verraten!

»Wer, glaubst du, hat ihm diese infame Lüge erzählt?«

»Niemand, mein Herr. Ich habe mich lange mit seinem portugiesischen Diener unterhalten, der Französisch spricht. Ihr Herr Vater hat sich das kurz nach seiner Ankunft in den Kopf gesetzt. Zuerst sprach er nur selten davon, dann immer häufiger, und am Schluß war er überzeugt, er hätte die Nachricht von verschiedenster Seite erhalten. Der Diener Felipe hat alle Briefe gelesen und war bei allen Begegnungen anwesend. Es war Herr Tregian, der den anderen von Ihrer Bekehrung erzählte, und nicht umgekehrt«

»Wo ist Marc?«

»Er wartet unten, mein Herr. Er wagt es nicht, hinaufzukommen, denn ihm zufolge hätten wir eine Kutsche überfallen, ein Piratenschiff entern oder sonst irgend etwas tun sollen, um nicht mit leeren Händen zurückzukommen.«

»Bring ihn her.«

Mit gesenktem Kopf tritt er ein.

»Marc, ich bin dir unendlich dankbar für deine Aufopferung. Nimm das beste Pferd, das du findest, reite nach Cornwall und suche Phillips. Nimm ihn beiseite, und erzähle ihm alles. Aber verrate keinem sonst ein Sterbenswort. Es ist besser, wenn niemand erfährt, daß wir dieses Geld nicht haben. Und frage ihn nach seiner Meinung.«

Ich werde nach Paris und Amsterdam gehen müssen.

Vorher begebe ich mich nach Clerkenwell, um die dortigen Familienmitglieder zu benachrichtigen.

Mutter vergießt keine Träne. Meine Schwestern begnügen sich mit einer dem Anlaß angemessenen Miene. In Lissabon steht Francis Tregian der Ältere vielleicht im Rufe eines Heiligen, doch seine Frau und seine Töchter haben seine launische Herrschsucht erdulden müssen. Im eigenen Haus hält sich die Trauer über seinen Tod in Grenzen.

Als ich voller Entrüstung erzähle, er habe das Gerücht von unserer Konvertierung verbreitet, murmelt Elisabeth:

»Das wundert mich nicht.«

Mutter wirft ihr einen strafenden Blick zu und zuckt die Schultern:

»Es gibt viele böse Zungen.«

»Er hätte uns doch vertrauen können!«

»Mein lieber Sohn, Ihr Vater hat ein schweres Leben gehabt. Die bitteren Enttäuschungen verleiteten ihn zur Flucht in Phantasiewelten. Vielleicht sah er sich gern in der Rolle des letzten aufrechten Katholiken. Lassen Sie ihm doch diese Genugtuung!«

Was soll ich ihr entgegnen? Ich behalte meine bohrende Sorge für mich. Einzig Dorothée sieht mir an, daß etwas nicht stimmt. Sie geht mit mir hinaus.

»Sie haben uns etwas verschwiegen, nicht wahr, Francis?«

»Können Sie es für sich behalten?«

»Ehrenwort!«

Ich kann ihrem niedlichen Gesicht, das mich so sehr an meine Tochter erinnert, nicht widerstehen.

Wir reiten im Trab auf Islington zu, und ich erzähle ihr alles. Ich gestatte mir sogar, meinen bislang unterdrückten Tränen freien Lauf zu lassen. Womit habe ich es bloß verdient, daß mich mein eigener Vater verrät?

Dorothée tröstet mich nicht. Sie ballt die Faust über dem Hals ihres Pferdes.

»Warum bin ich nicht ein Mann?«

»Sie könnten wie ich nur zwischen drei Lösungen wählen, und alle sind schlecht.«

»Nämlich …?«

»Ich könnte den Glauben wechseln, doch dann würde ich mit der Familie brechen. Ich hätte zwar Geld, aber Sie würden es nicht annehmen. Ich könnte wieder zum Seidenhandel zurückkehren, aber es würde zu lange dauern, um die nötige Summe zu verdienen. Schließlich könnte ich verschwinden; das täte ich nur allzu gern, aber damit wäre keines Ihrer Probleme gelöst. Wo ist unser Bruder Charles?«

»In Brüssel.«

»Er behauptet doch immer, er würde uns beistehen, wenn wir Probleme haben sollten.«

»Sie wissen genau, daß er uns nichts nützen würde. Mein ärmster Bruder, was werden Sie nun tun?«

»Sobald Marc aus Cornwall zurück ist, gehe ich nach Paris und Amsterdam, um mich mit unserer Schwester Margaret und meinen Freunden, den Ardents, zu beraten.«

Über Dorothées Gesicht huscht der Anflug eines Lächelns.

»Was erheitert Sie?«

»Mich? Nichts, gar nichts.« Und sie treibt ihr Pferd an.

Zwei Wochen später kommt Marc mit einem Brief von Phillips zurück. Diesem ist es gelungen, unter der Hand die zweitausend Pfund zu einem äußerst günstigen Zins von George Spry zu borgen. *Doch das geht nur vorübergehend; wir müssen rasch einen Weg finden, das Geld zurückzuzahlen. Herr Spry befindet sich in einem finanziellen Engpaß. Der Tod Ihres Herrn Vaters trifft mich doppelt, denn ich mache mir Vorwürfe, weil ich zuwenig darauf bestanden habe, ihn nach Portugal zu begleiten. Ich hätte ihn davon abgehalten, eine solche Torheit zu begehen.*

Wir brechen sogleich nach dem Kontinent auf. Am Abend vor der Abreise hat Marc mich gefragt, ob er einen seiner Neffen mitnehmen dürfe. Ich habe eingewilligt und die Sache sogleich wieder vergessen.

Ich sehe den Unbekannten zum erstenmal, als wir uns in den Sattel schwingen. Angesichts seiner zarten Gestalt runzle ich die Brauen.

»Marc!«

»Mein Herr?«

»Du hast mir nicht gesagt, daß dein Neffe noch ein Kind ist.«

»Er ist kein Kind, mein Herr, lassen Sie sich nicht von seiner geringen Größe täuschen. Sie sollten sehen, wie er kämpft. Selbst der Teufel könnte ihm keinen Widerstand leisten. Er ist etwas scheu, aber bei der ersten Gelegenheit werden Sie sehen ...«

Es ist kalt, es ist Nacht, ich schlafe halb und lasse die Angelegenheit auf sich beruhen. Wir verlassen London im üblichen morgendlichen Gedränge durch Aldgate.

Wir galoppieren schweigend. Man erwartet uns in der Herberge zum Goldenen Schaf in Faversham; wir wechseln unsere Pferde, essen schnell einen Bissen und reiten wieder los – wir können es uns nicht leisten zu trödeln. Wir wollen uns vor Einbruch der Nacht in einer Bucht bei Ramsgate einschiffen; wir kennen den Schiffskapitän und wissen, daß er bei Flut auslaufen will.

Gegen vier Uhr kommen wir an. Der Kapitän läßt uns an Bord gehen, und bis zur Abfahrt bleibt uns noch etwas Zeit, um uns zu stärken. Ich bin schon fast fertig mit meiner Mahlzeit, bei der Jack mich bedient, als mir sein Gesichtsausdruck auffällt.

»Was ist los, Jack? Hat jemand dich verärgert?«

»Ja, mein Herr. Ich bin außer mir vor Wut.«

»Weswegen?«

»Wegen ... wegen Marc. Haben Sie das Gesicht unseres Neffen schon gesehen?«

»Ach so! Marc hat es dir nicht gesagt!«

»Es ist nicht nur das. Mir gefällt der Gedanke nicht, diesen Neffen mitzunehmen.«

»Bring ihn her.«

»Nein, ich kann es nicht, ich würde meinen Bruder totschlagen.«

»Meinst du, es wäre klüger, deinen Neffen in England zu lassen? Hat er ein unverträgliches Wesen?«

»Nein, nein. Wir müssen ihn mitnehmen. Aber es wäre mir lieber gewesen, wenn Marc ihn Ihnen – und mir – vor unserer Abreise vorgestellt hätte.«

Jack hat meine Neugier geweckt; sobald wir ausgelaufen sind, nähere ich mich Marc und dem Fremden, die im Schatten stehen.

»Nun, was ist mit diesem Neffen? Wie heißt er, und was will er von uns?«

Was der Neffe flüstert, läßt mich vor Schreck erstarren.

»Mein Bruder, rühren Sie sich nicht, sagen Sie kein Wort! Der Neffe, der Sie begleiten will, hat kein anderes Mittel gefunden, also hat er sich einen Verbündeten gesucht. Ihre Einwände sind vergeblich: Ein Brief von Ihnen, in dem steht, daß Sie mich mitnehmen und beschützen, befindet sich bereits in den Händen unserer Mutter.«

Der angebliche Neffe ist meine Schwester Dorothée.

»Aber mein Liebes ...«

»Würde jemand merken, daß ich eine Frau bin, müßten Sie mich auf der Stelle zurückschicken, aber so ist alles in bester Ordnung. Marc gibt auf mich acht, ich weiß mich zu wehren, Sie brauchen sich keine Sorgen zu machen. Noch nie in meinem Leben habe ich mich so köstlich amüsiert.«

Ohne abzuwarten tritt sie in den Schatten der Taue zurück.

»Was sagen Sie zu dieser unerhörten Anmaßung, mein Herr?«

»Nun, Jack, daß ich so etwas noch nie erlebt habe, aber weil ich das Fräulein kenne, verzeihe ich Marc.« Ich kann ein Lächeln nicht unterdrücken. »Und ich muß zugeben, daß mir die Idee keineswegs mißfällt, Dorothée nach Paris und Amsterdam mitzunehmen. Sie hat natürlich recht:

Meine Mutter hätte niemals eingewilligt. So ist es viel einfacher.«

Jack hebt die Augen zum Himmel.

»Nun gut, mein Herr, wenn Sie es sagen. Sie sind zu gütig. Passen Sie auf, daß Sie sich nicht verraten.«

»Ich will achtgeben. Übrigens, wie heißt denn euer Neffe?«

»Dorian, mein Herr, genannt *Dot.*«

Diesmal lache ich aus vollem Herzen, und auch Jack muß schließlich mitlachen. *Dot* ist zwar die Verkleinerungsform von Dorothée, aber auch das englische Wort für »Punkt«. In der Umgangssprache bezeichnet man manchmal mit *Dot* kleingewachsene Männer.

*

Ich hatte zwar eine denkwürdige Überraschung erlebt, aber das sollte beileibe noch nicht alles sein. Kaum an Land, zogen wir uns zurück, und ich hielt eine kleine Rede:

»Mein lieber Dot, so wie die Dinge nun einmal sind, drängen sich gewisse Vorsichtsmaßnahmen auf. Sie dürfen nie hinter uns zurückbleiben, damit wir Sie beschützen können.«

In ihrer Männerkleidung sieht meine Schwester wie ein unbeholfener Jüngling aus, sogar in ihren Bewegungen. Sie schaut mich ohne Lächeln an.

»Ich soll beschützt werden? Ich? Und warum nicht Sie?«

»Mein Liebes ... mein lieber Dot!«

»Und wenn sich nun ein Räuber aus einem Baum auf uns stürzt? Sie sind ein ehrwürdiger Alter – Sie sind doch mindestens dreißig Jahre alt, nicht wahr? Sie brauchen uns junge Leute, damit wir Sie beschützen.«

Mit einem Sprung ist sie beim Maultier, das unser Gepäck trägt, zieht einen meiner Degen aus dem Futteral, fuchtelt damit vor meiner Nase herum und sticht ringsum Löcher in die Luft.

»Gehen Sie in Fechtstellung, mein Herr.«

Ich muß gestehen, daß es etwas lange dauert, bis ich meine Waffe gezogen habe. Und wenn es sich um ein ernsthaftes Duell handelte, würde ich mich aus reiner Verblüffung töten lassen. Sie ist wieselflink. Sie pariert, macht Ausfälle, sieht alles voraus, sie ist überall zugleich und durchkreuzt meine besten Stöße. Sie ist winzig, aber von unglaublicher Nervenstärke. Unter den Spitzenröcken, die sie normalerweise trägt, verbirgt sich ein gestählter Körper.

Jemand hat ihr das alles beibringen müssen.

»Gut«, sage ich schließlich, »mit Ausnahme von Jeanne d'Arc habe ich noch nie von einer Kriegsheldin gehört, aber es ist wahr, daß Sie nicht auf mich angewiesen sind. Ich nehme an, Sie haben Ihre Fechtkunst Marc zu verdanken.«

Beide schauen mich mit einem Lächeln im Mundwinkel von unten herauf an.

»Da gibt es auch Dirk, den Stallmeister Ihres Onkels Lord Stourton in Clerkenwell. Was für eine Schande!« ruft Jack aus.

»Nun reicht es mir aber! Warum soll das eine Schande sein? Und wenn ich Spaß daran habe? Wenn ich dafür begabt bin? Nicht jeder kann ein Musikgenie sein, nicht alle mögen den Kreuzstich. Dirk hat mich den Umgang mit Waffen gelehrt, weil er gemerkt hat, daß ich dafür geeignet bin. Das ist keine Schande! Und solange wir unterwegs sind, bleibe ich Dot, einer Ihrer Männer.« Ihre Augen blitzen. Noch einmal läßt sie den Degen kreisen, bevor sie ihn wieder versorgt.

»Und wenn einer von Ihnen mir Vorhalte macht wegen meiner Ehre, spieße ich ihn ganz einfach auf.«

Jack und ich wechseln einen Blick. Seine Leichenbittermiene bringt mich zum Lachen.

»Komm, Jack, nun lächle doch. Wir haben Königinnen

und Marschallsfrauen – weshalb sollten wir nicht auch Fechterinnen haben?«

»Wenn Madam Tregian das wüßte ...«

»Sie hat aber keine Ahnung, und das schon seit über zehn Jahren.«

*

Am Vorabend des Nikolaustages kommen wir in Amsterdam an. Als die Magd uns die Türe öffnet, strömt uns der Duft von Lebkuchen entgegen.

»Mijnheer Frans! Was für eine Freude für uns alle!«

Sie stürzt davon:

»Mevrouw! Mijnheer! Es ist *Mijnheer* Frans!«

Jane und Jan kommen als erste.

»Francis! Was für eine Überraschung!«

Wir umarmen uns.

»Ich möchte euch beide einen Augenblick allein sprechen.«

Ich erwische Dot am Ärmel, bevor sie entwischen kann, und halte sie fast gewaltsam zurück.

»Kommen Sie mit, mein lieber Junge.« Ich schiebe sie in das kleine Büro von Jan, der uns neugierig folgt. Nachdem wir alle vier eingetreten sind, schließe ich die Türe hinter uns:

»Meine liebe Dot, ich möchte Ihnen meine Amme Jane Ardent vorstellen. Gestatten Sie mir auch, Ihnen Jan Van Gouden vorzustellen, einen Mann, den ich liebe wie einen Bruder. Liebe Freunde, ich habe die Ehre, Ihnen Fräulein Dorothée Tregian vorzustellen, das achtzehnte und letzte Kind des verstorbenen Francis Tregian und seiner Gemahlin Mary.«

Sie öffnen den Mund, doch ich komme ihnen zuvor.

»Ja, unser Vater ist gestorben, wir werden später darüber sprechen. Im Augenblick ist es meine erste Sorge, daß diese junge Dame wieder ihren angestammten Platz einnimmt, damit niemand über sie klatscht. Sie hat sich verkleidet, um mich zu nötigen, sie mitzunehmen. Sie hat sich heimlich davongestohlen und unserer Mutter einen Brief in meiner Handschrift geschickt, um ihr mitzuteilen, daß sie mit mir abreise. Von dieser Seite haben wir also nichts zu befürchten.«

Die Geschichte erschüttert weder Jane noch Jan.

»Ich habe soeben ein Kleid in einem noch nie gesehenen Farbton angefertigt«, sagt Jan. »Mit einigen kleinen Änderungen sollte es Ihnen passen.« Er schaut sie belustigt an.

»Seit dem Ende meiner Kindheit habe ich nie mehr daran gedacht, mich als Mann zu verkleiden. Für eine Reise ist das sicher praktischer«, sagt Jane mit sanfter Stimme und geht mit Dorothée weg.

»Sie ist eine verrückte Person«, sage ich Jan. »Aber von unserer ganzen verfluchten Familie ist sie die einzige, der ich wirklich vertraue.«

»Sie ist ... unerwartet. Sehr verschieden von Mary und Margaret.«

»Auch von allen anderen. Ihr kannst du alles sagen. Unsere wirklichen Schwierigkeiten liegen anderswo.«

Ich berichte ihm über den Tod unseres Vaters. Beim Zuhören gibt er keinen Laut von sich und erbleicht zusehends.

»Ich war seit eh und je der Überzeugung, dieser Mann sei gefährlich«, wirft er ein, als ich geendet habe.

»Adrian!«

»Du hast ihn stets verteidigt. Ich weiß zwar nicht warum, aber ich respektiere es. Trotzdem hat er uns ins Unglück gestürzt. Ich habe schon von Kindesbeinen an gespürt, daß man ihn fliehen muß.« Er legt mir die Hand auf die Schulter. »Dich hat er bis zuletzt an der Nase herumgeführt, mein Ärmster.«

Schweigen.

»Laß uns gehen, es ist bald Essenszeit. Wir wollen nachher schauen, wie es weitergeht.«

Am Familientisch sitzen Wim, ein kräftiger Bursche von ungefähr zwanzig Jahren, seine etwa neunjährige Schwester Jana, der kleine Thomas, ein Siebenjähriger, und die Waisenkinder, die zu jungen Damen herangewachsen sind. Auch Jan hat nicht mehr geheiratet. Giuliano ist noch eine Spur weißer geworden, steckt aber noch immer voller Tatkraft. Janes unglaublich blaue Augen leuchten wie eh und je.

Dorothée hat ihren Auftritt. Sie trägt das »noch nie gesehene« Kleid in einem undefinierbaren Blau, das manchmal fast zu Rosa wird. Schüchtern bleibt sie auf der Schwelle stehen. Ihre braunen Augen schauen vom einen zum anderen, bis ihr Blick an Wim hängenbleibt. Dieser verschlingt sie förmlich mit den Augen, während seine Wangen hochrot geworden sind. Alles schweigt. Die Zeit scheint stillzustehen. Jane sieht mich an. Auch sie hat es bemerkt. Dann reden alle durcheinander, und die Dinge nehmen wieder ihren gewohnten Lauf.

*

Ich übergehe mit Stillschweigen, was wir alles ins Auge gefaßt haben, um einen Ausweg zu finden. Eines ist sicher: Ardent und Van Gouden sind nicht in der Lage, mir die zweitausend Pfund zur Verfügung zu stellen, die ich benötige.

»Mein lieber Francis«, sagt Jan, »warum hast du auf deinen Vater gehört? Du bist nicht auf Golden angewiesen. Hast du hier denn nicht dein eigenes Haus?«

Ich weiß nicht, was ich darauf antworten soll. *Sein, das ist die Frage*. Indem ich die Vergangenheit meiner Familie auf mich nehmen wollte, habe ich auf meine eigene Vernichtung hingearbeitet.

»Ohne die Pest hätte ich vielleicht die Kraft gehabt … Vielleicht …«

Ich stütze mich an den Ofen. Jan steht auf und umarmt mich.

»Mein Bruder, ich verstehe dich ja so gut. Ohne meinen Sohn Thomas hätte auch ich meinem Untergang tatenlos zugesehen.«

Er sieht Dorothée an.

»Wim und Dorothée, ich möchte Ihnen ein Geheimnis anvertrauen, das Jane, Giuliano und Francis bereits kennen. Schwören Sie, daß Sie es niemandem verraten.«

Sie schwören es, und er enthüllt ihnen, wer er ist.

»Ich habe es gewußt«, sagt Wim mit ruhiger Stimme. »Ich war zwar noch klein, als mein Vater Sie nach Amsterdam mitgebracht hat, aber ich habe Sie wiedererkannt. Niemand sagte etwas, also schwieg ich auch.«

»Und ich«, sagt Dorothée und küßt ihn, »ich glaube, ich habe es gespürt. Mir war, als hätte ich Sie schon immer gekannt.«

Nachdem wir drei Tage darüber geredet haben, verspreche ich, daß ich versuchen werde, die verschiedenen Geschäfte in Cornwall – die Schafschur, die Mine, die Pachtwirtschaft – zum Blühen zu bringen, doch falls es die Umstände erfordern, das Feld zu räumen. Alle sind damit einverstanden, daß ich einen letzten Versuch wagen will.

Dorothée bittet mich inständig, sie als Mann verkleidet – auf der Reise ist das tatsächlich von Vorteil – nach Paris mitzunehmen. Ich gebe nach.

Zu meiner Erleichterung ist Margaret inzwischen Französin genug, um das Abenteuer von der scherzhaften Seite zu nehmen. Bei meiner Schilderung des Duells springt der junge Francis auf. Mit fünfzehn Jahren hat er nichts von seinem Ungestüm verloren.

»Liebe Frau… meine… sind Sie meine Cousine, Madame?«

»Ich bin Ihre Tante, mein lieber Junge«, sagt sie mit süßer Stimme. Sie ist kaum ein Jahr älter als er und reicht ihm bis zur Brusthöhe.

»Meine liebe Tante, ich habe noch nie mit einer Frau gekämpft ...«

»Das will ich hoffen, mein lieber Neffe.«

Schließlich nimmt sie seine Einladung an, und sie verziehen sich in den Fechtsaal. Sie bringt die Hälfte ihres Pariser Aufenthalts damit zu, mit ihm und Arnaud, dem Sohn von Charles und Margaret, zu fechten. Marc paßt auf, daß niemand sie dabei überrascht.

Charles hört sich meine Geschichte mit hochgezogenen Brauen an.

»Ich bin bereit, Ihnen zu helfen. Aber im nächsten Jahr sieht es vielleicht wieder anders aus.«

Er will mir nicht erklären, wie er das Geld auftreibt, aber es gelingt ihm, und ich kann einigermaßen erleichtert aufbrechen. Mein Sohn und sein Vetter Arnaud sind enge Freunde des Dauphins geblieben. Heinrich IV. bereitet sich auf den Krieg gegen Spanien vor. Charles gedenkt, mit Francis und Arnaud in den Krieg zu ziehen. Die beiden Burschen sprechen von nichts anderem. Die säbelrasselnde Tante, die sie nicht schlagen konnten, vermag die beiden nur vorübergehend abzulenken. Der Tod des fernen, unbekannten Herrn, der ihr Großvater war, berührt sie nicht.

Nachdem ich dem König, der mich mit gewohnter Herzlichkeit empfängt, meine Aufwartung gemacht habe, reisen wir nach Amsterdam zurück. Und von Amsterdam breche ich nach England auf. Ohne Dorothée.

»Mein Bruder, ich bleibe hier. Sie sollten übrigens auch bleiben.«

»Mein Liebes!« Sie ärgert mich, aber ich war darauf gefaßt.

»Ich werde Wim heiraten, der nur ein Vetter zweiten Grades ist. Jane hat mir alles erklärt.«

Der Form halber erhebe ich Einspruch. Aber ich weiß, daß sie nicht nachgeben wird.

»Wann wollt ihr heiraten?«

»In einem Jahr vielleicht. Zuerst werden wir uns verloben, wie es der Brauch will.«

»Wir werden ja sehen, was unsere Mutter dazu meint.«

»Versuchen Sie ihr beizubringen, daß ich als Abkömmling von ich weiß nicht wie vielen großen Königen den Sohn Ihrer Amme heirate.« Sie bricht in schallendes Gelächter aus. »Und bringen Sie die Familie zur Hochzeit mit.«

An einem windigen Januartag gehen wir an Bord. Gutgläubig wie immer bin ich davon überzeugt, daß die Krise überstanden ist.

IX

Kind-heartet Christmas, now adieu,
For I with thee must part;
But oh! to take my leave of thee
Doth grieve me at the heart.
Thou wert an ancient housekeeper,
And mirth with meat didst keep;
But thou art going out of town,
Which causes me to weep.

»Peascod Time«
Volkstümliche Ballade

Gütige Weihnacht, nun adieu,
Denn ich muß mich von dir trennen;
Doch ach! der Abschied fällt mir schwer
Und tut meinem Herzen weh.
Du warst eine alte Haushälterin,
Hast Frohsinn und Fleisch mir gegeben;
Da du nun die Stadt verläßt,
Kommen mir die Tränen.

Die Ereignisse erstreckten sich über mehrere Jahre, doch in meiner Erinnerung ergießen sie sich über mich wie ein unaufhörlicher Regen. Mir ist, als gäbe es keine Pause zwischen den Schicksalsschlägen. Wenn ich an mich in jener Zeit zurückdenke, sehe ich einen Schwimmer unmittelbar vor dem Erreichen des Ufers, doch jedesmal, wenn er Fuß faßt, spült ihn eine Welle wieder fort. Die Reihenfolge dieser Schläge weiß ich nicht mehr genau. Ich bin nicht einmal sicher, ob ich mich an alle erinnere.

Ich beginne mit dem schmerzhaftesten Schlag.

Ich befinde mich in London. Eines Morgens stürzt Phillips in den Raum, wo ich mit meinen Schwestern Villanellen einstudiere.

»Mein Herr, ich muß Sie augenblicklich sprechen.«

Die drei Mädchen gehen wortlos hinaus.

»Mein Herr, Sie werden einen höchst unerfreulichen Besuch erhalten. Es handelt sich um Ezekiel Grosse. Vielleicht habe ich einen Tag Vorsprung vor ihm, vielleicht auch nur eine Stunde.«

»Und das Unerfreuliche daran ...?«

»Sie schulden nicht mehr Herrn Spry dreitausend Pfund, sondern Herrn Grosse; Herr Spry hat ihm sämtliche Forderungen abgetreten. Dazu hat ihn seine eigene Lage gezwungen. Herr Grosse hat die Summe bei mir für die nächste Woche eingefordert. Er hat das Recht auf seiner Seite und läßt nicht mit sich reden. Außerdem verlangt er eine Entlöhnung für seine Arbeit, denn er behauptet, er sei Ihr Verwalter. Er will sogar eine rückwirkende Rente vom Tag an, als Lady Elisabeth Carey ihn nicht mehr entlöhnte. Was auch immer Sie ihm zurückzahlen: Er wird alles daran setzen, damit Sie ihm weiterhin Geld schulden. Er will Sie an der Schafzucht hindern und will nicht, daß Sie Zinn finden. Er versucht so billig wie möglich in den Besitz Ihrer Ländereien und Schlösser zu gelangen. Und er hat zwanzig Jahre Zeit gehabt, um sich mit der Gegend vertraut zu machen. Niemand mag ihn, aber viele sind durch Schulden an ihn gebunden.«

Ich weiß nicht, wer von uns beiden bleicher ist.

Ich lasse mein Pferd satteln und suche Robert Cecil auf. Ich nehme an, er sei zu beschäftigt, um mich zu empfangen, aber dem ist nicht so.

»Eure Exzellenz, Sie haben mir versprochen, daß ich meine Ländereien wiedererlangen soll.«

Ich gebe mir Mühe, ruhig zu bleiben, und erzähle ihm, was geschehen ist. Er hört zu, ohne mit der Wimper zu zukken, während einer seiner Sekretäre sich Notizen macht.

»Ich will sehen, was ich für Sie tun kann, Herr Tregian. Herr Grosse kennt einflußreiche Leute am Hof, die er teuer bezahlt. Zudem ist er ein Schützling der Careys. Schikken Sie ihn zu mir, wenn Sie ihm begegnen.«

Grosse erscheint noch am selben Tag. Ich weigere mich, ihn zu empfangen, und schicke ihn zu Cecil. Am nächsten Tag kommt er wieder. Lady Careys dienstfertiger Verwalter hat sich in einen arroganten, unnachgiebigen Mann verwandelt.

Er hat eine Abrechnung über meine Verpflichtungen mitgebracht und meine Schulden gegenüber George Spry mit Wucherzinsen aufgebläht. Er ist von einem Büttel begleitet. Entweder unterzeichne ich das vorgewiesene Papier, oder ich werde verhaftet und auf der Stelle in der Fleet eingekerkert.

»Ich hätte noch einen anderen Vorschlag«, fügt er schamlos bei, »es geht um einen Handel. Lesen Sie.«

Ich lese.

Francis Tregian der Jüngere richtet Ezekiel Grosse eine Lebensrente von jährlich 30 Pfund aus, fällig in zwei Raten anläßlich der üblichen Feste und zahlbar ans Haus des obenerwähnten Ezekiel in Rosewarne in der Kirchgemeinde von Camborne; und so besagter Francis seine Schuld von £ 3000 gegenüber Ezekiel anerkennt, wird festgesetzt, daß, falls Ezekiel und seine Erben friedlich in den Genuß des Landsitzes von Rosmondres und der dazugehörigen Ländereien kommen, ohne Anfechtung seitens der besagten Francis oder seines Bruders Charles oder seiner Mutter Mary Tregian, selbige Schuldanerkennung außer Kraft gesetzt ist.

Unterzeichnet: Ezekiel Grosse.

In gewundener Formulierung drückt er aus, daß er mir für dreitausend Pfund einen der schönsten Familienbesitze abkauft. Cecil hat nicht gerade sein möglichstes getan für mich. Nun ja ... ich verliere Rosmondres, dafür gewinne ich meine Freiheit.

Ich weigere mich, in Gegenwart des Büttels zu unterschreiben, denn ich weiß, daß Grosse blufft. Ich schicke sie weg und sage, ich würde es mir überlegen. Ich gehe zu meiner Witwe hinunter.

Diese Witwe namens May Hutchinson ist eine junge, etwa achtundzwanzigjährige und äußerst zuvorkommende Frau. Wenn ich wieder geheiratet hätte, so wäre sie zweifellos die Auserkorene gewesen. Ich habe manche Nacht in ihrem Bett verbracht. Diese einfache Frau ist ebenso vornehm wie gütig und zudem eine ausgezeichnete Geschäftsfrau. Sie ist seit fünf Jahren verwitwet, doch in der Schneiderwerkstätte ihres verblichenen Mannes, wo elegante Kleider genäht werden, läuft alles wie am Schnürchen. Nachdem wir uns kennengelernt haben, verwendet sie Jans Stoffe und erwirbt sich damit einen ausgezeichneten Ruf. Sie beschäftigt drei Lehrlinge und fünf Schneidermeister. Sie besitzt Menschenverstand und hat mir stets kluge Ratschläge gegeben.

Ich treffe sie beim Trösten meiner in Tränen aufgelösten Schwestern an. Sie haben an der Türe gelauscht und erzählt, der Büttel habe mich festgenommen.

»Aber da ist er ja, wie Sie sehen! Unschuldige kann man nicht so einfach festnehmen.«

Elisabeth wirft sich mir an den Hals.

»Oh, mein Bruder, was werden Sie bloß tun?«

»Nun ... Ich habe im Sinn, ihm Rosmondres zu überlassen. Ich bin nicht darauf angewiesen, und so kann ich mich meiner Schuld entledigen. Doch ich will noch in Ruhe nachdenken über diesen Handel. Frau Hutchinson?«

»Ja, mein Herr?«

»Ich glaube, wir sollten uns von Rechtsanwalt Treswell beraten lassen.«

Er ist einer der Advokaten der *Inns of Court* und lebt in unserer Nähe. Im Laufe vieler Abende, die wir im Gespräch oder mit Musizieren verbracht haben, lernte ich seine Fähigkeiten schätzen.

»Ich bin ganz Ihrer Ansicht, mein Herr. Er soll die Sache überprüfen.«

»Erst begleite ich diese jungen Damen nach Hause, dann werde ich ihn aufsuchen.«

Anwalt Treswell nimmt kein Blatt vor den Mund.

»Vergessen Sie dieses Stück Land, wenn es für Sie keinen Erinnerungswert besitzt. Lassen Sie mich alles lesen, was Sie unterschreiben sollen, bevor Sie Ihren Schnörkel daruntersetzen. Ich möchte Ihnen übrigens noch einen anderen Rat geben.«

»Bitte sehr!«

»Bevor Sie einwilligen, sollten Sie zuerst einen langen Spaziergang unternehmen und ernsthaft prüfen, ob Sie wirklich für immer auf Ihrer Religion beharren wollen. Ich kenne Ihre Gründe, und gerade deshalb möchte ich Sie auffordern, ein letztes Mal darüber nachzudenken. Und wenn Sie vollkommen sicher sind, daß Sie katholisch bleiben werden, verkaufen Sie. Verkaufen Sie alles, was Sie können. Seit 1606 gibt es ein Gesetz, das es der Krone nach eigenem Ermessen freistellt, zwei Drittel der unter dem *Praemunire* beschlagnahmten Ländereien einzubehalten. Grosse ist ein ausgezeichneter Anwalt ...«

»Grosse ... ein Anwalt?«

»Wußten Sie das nicht? Ich kenne ihn gut. Er beendete sein Studium in Lyons Inn, als ich mit meinem anfing, und schon damals stand er im Ruf eines durchtriebenen Burschen. Er wird dafür schauen, daß das Gesetz von 1606 zur Anwendung gelangt. Verkaufen Sie nach Möglichkeit selbst Golden, und vergessen Sie Ihre Träume eines Schafzüchters und Minenbesitzers. Dieser Mann will Sie verdrängen. Verkaufen Sie schnell, solange Ihnen das alles noch gehört, und legen Sie den Erlös an. Ich werde Ihnen dabei helfen. Tun Sie es für Ihre Schwestern.«

Nachdenklich verlasse ich Treswell. Anstelle eines langen Spaziergangs suche ich um eine Audienz bei Robert Cecil nach. Seit einiger Zeit ist er krank, und bei jedem Besuch habe ich den Eindruck, er sei noch etwas mehr geschrumpft. Einzig sein Gesicht und sein zähes Wesen haben sich nicht verändert.

Auch wenn er von anderen Überlegungen ausgeht, gibt mir Robert Cecil denselben Rat wie Rechtsanwalt Treswell.

»Ich werde vielleicht nicht mehr lange für Sie dasein, und Grosse weiß das, sonst hätte er nicht gewagt, Ihnen einen solchen Handel vorzuschlagen. Ich habe ihn eingeschüchtert, aber es steht nicht in meiner Macht, ihn aufzuhalten. In diesem Cornwall werden Sie verloren sein. Sie sind zu allein und zu exponiert, als daß ich Ihnen helfen könnte. Sie sollten verkaufen, Herr Tregian, glauben Sie mir. Und an Ihrer Stelle würde ich nach Holland zurückkehren. Wenn mir etwas zustößt, droht Ihnen augenblicklich Gefahr.«

Ich beherzige einige seiner Ratschläge.

Ich beginne zu verkaufen, teils offen, teils unter der Hand, wobei mir Anwalt Treswell, Freunde und Vettern als Mittelsmänner dienen. Ich teile das Geld zwischen meinen Brüdern und Schwestern auf, ich lege es in ihrem Namen an, ohne ihnen etwas davon zu sagen, weil ich fürchte, sie könnten es zurückweisen. Meinen Anteil lege ich in Holland an. Ich mache nur einen Fehler – aus Schwäche: Golden verkaufe ich nicht, obwohl es gerade der Herrschaftssitz Golden ist, den Grosse um jeden Preis haben möchte. Es würde zu weit führen, die Einzelheiten dieser Transaktionen zu schildern. Tatsache ist, daß ich den

Großteil meiner Ländereien und zu meinem Bedauern auch die Mine verkauft habe und mir – dank einem meiner Vettern Arundell, der sich als Strohmann zur Verfügung stellt – nur noch das blühende Geschäft mit der Schafzucht bleibt, als die nächste Katastrophe hereinbricht.

*

Diese Katastrophe, die mich ganz persönlich trifft, ist zugleich von weltweiter Bedeutung. Der gute König Heinrich von Frankreich wird ermordet. Ich erfahre es eines Maitages an der Exchange. Eine Schweigeminute wird angeordnet; die Leute knien nieder und beten, manche mit tränenüberströmtem Gesicht. Ganz Europa trauert um diesen König, der geliebt wurde wie kaum je ein anderer.

Da ich von meinen verschiedenen Geschäften in Anspruch genommen bin, weiß ich nicht, ob ich selbst abreisen oder Marc schicken soll, um Erkundigungen einzuholen. Bevor ich einen Entscheid gefällt habe, taucht eines Morgens überraschend der junge Francis auf. Er ist in Begleitung von Denis de Montmartin, dem engsten Vertrauten von Charles de Troisville, der mir durch sie eine Botschaft überbringen läßt.

Mein Bruder, wir verlassen den Hof. Die Königin Maria von Medici ist zur Herrscherin ernannt worden, und ich habe nicht das Glück, in ihrer Gunst zu stehen. Ihre Günstlinge sind Schlangen mit gespaltener Zunge wie etwa der Herr Concini; die beiden sind unzertrennlich. Wie Sie wissen, pflege ich meine Gedanken freimütig zu äußern. Darum hat Seine Majestät, der König Heinrich, mir die Ehre erwiesen, mich zu lieben. Die Herrscherin ist verdrossen, launenhaft, kalt und hart, abergläubisch und unfähig, die Zusammenhänge zu sehen. Ihr fehlt die Gabe, die es zum Regieren braucht: die Beständigkeit im Handeln. Sie wechselt ihre Meinung je nach Laune, sie ist starrköpfig bis zur Dummheit. Sie ist so selbstsüchtig, daß sie nicht einmal ihre Kinder wirklich liebt. Mich schaudert beim Gedanken, was Frankreich erwartet. Sie hat mir zu verstehen gegeben, ich und meine Söhne hätten den Dienst beim jungen König zu quittieren. Als ich ihr sagte, ich würde es tun, wenn es dem Wunsch Seiner Majestät entspreche, entgegnete sie mir verachtungsvoll: »Seine Majestät wird sich meinen Entscheidungen fügen. Ich will die beiden jungen Trévilles nicht mehr in seinen Gemächern sehen, und ich würde es begrüßen, wenn Sie nach Aquitanien zurückkehrten.« Ich habe nicht länger insistiert. Reden Sie mit Francis. Wenn Sie sich entschließen, ihn in England zu behalten, können wir das verstehen. Als König Ludwig sich von uns verabschiedete, hat er gesagt: »Gehen Sie nicht zu weit weg, meine Herren; ich bleibe nicht ewig ein Kind«, und aus diesem Grund denke ich, daß wir uns in Bordeaux oder Tarbes niederlassen. Wir werden zwar kärglich leben müssen, aber wir wollen Seiner Majestät zur Verfügung stehen, denn wir sind ihm zugetan und ergeben.

»Ich kenne den Inhalt des Briefes«, sagt Francis zu mir. »Wenn Sie gestatten, mein Herr, möchte ich zu den Trévilles zurückkehren. Ich spreche nicht englisch, und außer Ihnen kenne ich niemanden hier.«

»Mein liebes Kind, ich bin sehr erleichtert, denn selbst wenn Sie bleiben wollten, müßte ich Sie unter den gegebenen Umständen zwingen, von hier fortzugehen. Ich selbst werde verfolgt, und es hat keinen Zweck, daß wir uns alle beide in größte Schwierigkeiten bringen.«

»Könnten Sie mir das näher erklären ...?«

Mit sechzehn Jahren ist Francis Marie Tregian de Troisville alias de Tréville, wie er am französischen Hofe genannt wird, ein Mann. Er ist ebenso groß wie ich und legt eine Ernsthaftigkeit an den Tag, die Hand in Hand geht mit seiner ungestümen Kampfeslust. Ich sehe in ihm nicht meinen Sohn, sondern einen Gefährten, einen jüngeren Bruder. In keinem Augenblick fühle ich mich als sein Vater. Ich erzähle ihm alles.

»Wenn die Last dieser riesigen Besitztümer nicht mehr auf unseren Schultern liegt«, sage ich abschließend, »wenn die Mißverständnisse ausgeräumt sind, können wir in Frieden leben. Gott hat uns nicht alles genommen; wir sind vom Glück begünstigt.«

»So sehe ich es auch, mein Herr. Führen Sie mich durch London. Es ist vielleicht das einzige Mal, daß ich die Stadt in Ihrer Begleitung besichtigen kann. Und dann gehe ich nach Bordeaux zurück.«

Ich versuche den Schmerz zu vergessen, den die Erinnerung an Bordeaux jedesmal in mir wachruft. Wir haben ein paar Tage Zeit, um London zu erforschen.

Dann reist er wieder ab. Schweren Herzens schaue ich ihm nach, wie er auf seinem Pferd in der Landschaft oberhalb von Aldersgate verschwindet. Werde ich ihn je wiedersehen?

London im Jahre 1611 unterscheidet sich erheblich von der Stadt meiner Kindheit. Der Hof ist nicht mehr der geistige Schmelztiegel von einst, und die kulturellen Anlässe, sofern sie überhaupt noch stattfinden, erschöpfen sich in Oberflächlichkeiten: Zerstreuung, so weit das Auge reicht. Ein einziger großer Komponist scheint mir in die Fußstapfen von Morley, Bull und Byrd zu treten: Orlando Gibbons. Ich kenne ihn nicht, aber ich bewundere seine Melodien.

Es ist, als würden die Charaktereigenschaften des Königs auf die ganze Stadt abfärben. Sie ist weniger hart und zugleich feindlicher. Ich weiß nicht, wie ich mein Gefühl ausdrücken soll. Die Maßnahmen gegen die Armut haben zur Folge, daß das sichtbare Elend verschwunden ist, das in meiner Kindheit so alltäglich war, daß man nicht einmal darüber sprach. Und doch ist die Armut allgegenwärtig. Man hat keine Angst mehr vor Spanien, und jene, die sich gegen den König auflehnen, werden nicht mehr so hart verfolgt wie zur Zeit, als man in ihnen Landesverräter sah.

Außerdem zeigt der Hof mit Königin Anne an der Spitze mehr Nachsicht gegenüber den Katholiken als gegenüber den Puritanern. Doch die mächtigste Instanz ist der Pöbel, und er tut seine Meinung kund. Je härter der König gegen die Puritaner vorgeht, je mehr ihrer Prediger er von der Kanzel holt, desto mehr übernimmt die Bevölkerung von London und von ganz England deren Ansichten. Und die richten sich so unduldsam gegen Katholiken wie noch nie. Ich fühle mich isolierter denn je. Viele Leute wenden sich von mir ab; es gibt nur noch wenige Freunde, auf die ich zählen kann.

Zu ihnen gehört Richard Mulcaster, den ich häufig besuche. Seit dem Tod seiner Frau vor einem oder zwei Jahren lebt er nicht mehr in London, sondern völlig allein in Standford Rivers in Essex. Ich höre ihm gerne zu, wenn er erzählt, wie er nach und nach seine Ideen über Erziehungsfragen entwickelt hat. Wir reden oft über Montaigne, dessen Werk ihm geläufig ist.

Mulcaster muß um die Achtzig sein. Er altert. Seine hohe Gestalt ist gebeugt, seine Augen werden schlecht, und mit der Zeit schätzt er es immer mehr, wenn ich ihm vorlese. Doch seine Kommentare haben nichts an Schärfe eingebüßt.

»Wissen Sie, Herr Francis, Sie sind eine neue Art von Mensch«, sagt er mir herzlich.

»Ich, mein Herr? Ich bin doch ein ganz gewöhnlicher Mensch.«

»Keineswegs. Ich mißbillige Ihre Religion, aber Ihr Gedanke, daß jeder Mensch mit seiner Überzeugung selbst ins reine kommen muß und daß der Herrscher ihm den Glauben nicht vorschreiben kann …«

»Dieser Gedanke stammt nicht von mir, mein Herr, sondern von Montaigne. Und auch Frankreichs Könige Heinrich III. und Heinrich IV. waren fest davon überzeugt.«

»Auch Herr de La Boétie, der die Tyrannen ebenso mißbilligte wie die religiösen Stimmungswechsel, hat solche Überlegungen angestellt. Ihr Katholiken lest Herrn de La Boétie nicht, weil die Calvinisten ihn für sich beansprucht und gedruckt haben. Dennoch hat er in seiner *Abhandlung über die freiwillige Knechtschaft* einen Satz geschrieben, dem Sie aufgrund Ihrer hartnäckigen Weigerung, sich dem Glauben Ihres Königs zu unterwerfen, wohl beipflichten werden: *Heben wir die Augen gen Himmel, entweder zu unserer Ehre oder aus Liebe zur Tugend, zu Gott dem Allmächtigen, dem sicheren Zeugen unserer Taten und gerechten Richter unserer Fehler. Ich für meinen Teil denke, und darin irre ich nicht, denn es gibt nichts Gegensätzlicheres zu Gottes Güte und Nachsicht als die Tyrannei, daß Er den Tyrannen und ihren Komplizen hienieden eine besondere Strafe vorbehält.*«

»Ich weiß, mein Herr«, sage ich und fahre fort: »*Wie kann einer, der Euch unterdrückt, irgendeine Macht haben über Euch, wenn nicht durch Euch selbst? Ihr könnt Euch davon befreien, nicht indem Ihr Euch zu befreien versucht, sondern indem Ihr es tun wollt. Seid entschlossen, nicht mehr zu dienen, und Ihr seid frei.* Das ist eine teuer erkaufte Freiheit.«

»Aha! Ich habe Sie ertappt! Sie lesen de La Boétie, obwohl er auf dem Index steht. Er ist gewissermaßen die Umkehrung von Machiavelli, der von allen geschmäht wird, obwohl niemand ihn liest. Ich dagegen habe ihn studiert. Schauen Sie mich nicht so entsetzt an.«

»Ich bin nicht entsetzt, mein Herr, ich bin erstaunt. Ich habe Ihre Kühnheit schon immer bewundert. Unsere Kühnheit, müßte ich eigentlich sagen, denn auch ich habe Herrn de La Boétie gelesen. Aber Sie sprachen von Machiavelli ...«

»De La Boétie und Machiavelli sind beide der Ansicht, daß die Tyrannen nur deshalb eine gewisse Macht besitzen, weil die Untertanen sie ihnen einräumen. Machiavelli jedoch lehrt den Prinzen, ihre Einwilligung zu erzwingen, während de La Boétie dem Volk die Macht der Verweigerung aufzeigt. Und Sie, mein lieber Francis, Sie und Ihr bewundernswerter Bruder sind die Verkörperung dieser Freiheitslehre.«

»Ich danke Ihnen, mein Herr, doch das ist zuviel der Ehre. Ich ...«

Er wischt meine Einwände beiseite.

»Von daher rühren all Ihre Schwierigkeiten. Es ist immer schwierig, ein Vorläufer zu sein. Die Asche des Herrn Giordano Bruno könnte Ihnen einige Geschichten darüber erzählen. Ein bemerkenswerter Mann, ich bin ihm begegnet. Er war seiner Zeit um drei Nasenlängen voraus. Allerdings war manches einfacher zur Zeit der großen Elisabeth. Sie war selbst eine bemerkenswerte Persönlichkeit. In der Politik war sie stets zögernd und vorsichtig, nicht aber auf dem Gebiet der Kunst und der Wissenschaft. Hier unterstützte sie auch die kühnsten Vorstöße.«

In diesem traurigen Jahr 1611 verliere ich den unvergleichlichen Lehrer. Eines Tages, als ich ihm vorlesen wollte, komme ich gerade rechtzeitig zu seiner Beerdigung.

Auch Robert Cecil ist dem Ende nahe. Er wird immer magerer und blasser. Man sagt, er werde von einem Geschwür zerfressen und müsse schreckliche Qualen erdulden. Er selbst spricht nie darüber. Aber er ist so oft unpäßlich, daß der König ihn allmählich von sich fernhält. Lord Howard, der Günstling des Königs, giert nach Cecils Amt und Würden.

Eines Tages empfängt mich eine seiner Schwestern in Tränen aufgelöst: Salisbury liegt im Sterben. Ich sehe ihn ein letztes Mal. Er hat nicht mehr viele Leute um sich. Bereits entgleitet ihm die mit vielerlei Ränken erworbene Macht. Mit schwacher Stimme wiederholt er seine Ratschläge.

»Und beeilen Sie sich, bevor dieses Ungeheuer Sie verschlingt.«

Zu Beginn des Sommers haucht er seine Seele aus.

Fast im selben Augenblick verliert England den Prinzen Heinrich von Wales, einen jungen Mann, dessen Einfluß auf die Regierungsgeschäfte schon spürbar war und der ein ebenso weiser Herrscher zu werden versprach wie Elisabeth. Innert weniger Tage wird er dahingerafft; sein Bruder Charles, der Nachfolger, ist ihm leider in keiner Beziehung ähnlich. Nun ist niemand mehr da, um einen mäßigenden Einfluß auf Jakob I. auszuüben. Die Willkürherrschaft beginnt. Das Recht gehört dem Meistbietenden, und ich begehe den Fehler, meine Ware nicht auf diesem Markt anzubieten.

Ich muß bald feststellen, wie recht Cecil gehabt hat.

Denn der Haftbefehl gegen mich läßt nicht auf sich warten.

*

Wieder einmal ist es Phillips, der nach London herbeieilt, wo mich ein Zufall zurückgehalten hat. Schon seit einem Monat hatte ich die Absicht, nach Cornwall zu gehen, doch wegen des Regenwetters, das die Straßen in Schlammbäche verwandelt, schob ich die Abreise von Tag zu Tag hinaus.

Von Kopf bis Fuß mit Schmutz bespritzt tritt er ein, und zu meinem Erstaunen zeigt der bald Sechzigjährige kein Zeichen der Müdigkeit.

»Mein Herr, wir müssen sofort aufbrechen.«

Ich habe schon verstanden.

»Er hat ein Mittel gefunden, um sich meiner zu entledigen.«

»Nun will er nicht mehr das Landhaus von Rosmondres, mein Herr. Er fühlt sich nicht mehr an das Versprechen gebunden, das er Lord Salisbury gegeben hat. Er will das Geld. So einfach ist es. Und da Sie nicht bezahlen können …«

Er hält mir ein Schriftstück hin.

James von Gottes Gnaden etc. etc., an den Sheriff von Cornwall. Da der Edelmann Francis Tregian am 14. November des sechsten Reichsjahres anerkannt hat, dem Edelmann Ezekiel Grosse von Trelodevas in Buryan 3000 Pfund zu schulden, und da er die Summe noch immer nicht bezahlt hat, ordnen wir an, daß besagter Francis Tregian festgenommen und bis zur Bezahlung seiner Schuld eingekerkert werden soll. Zu diesem Behuf werden seine Ländereien unter Zwangsverwaltung gestellt.

Der Sheriff Peter Edgecombe hat dem Dokument einen Zusatz angefügt: *Francis Tregian ist innerhalb meines Gerichtsbezirkes nicht gefunden worden, aber seine Ländereien wurden beschlagnahmt.*

Die Zwangsverwaltung des mir noch bleibenden Besitzes hat zur Folge, daß ich meine Einkünfte verliere. Und ohne Einkünfte fehlt mir das wichtigste Mittel, um meine Schulden zurückzuzahlen.

Consummatum est. Die Falle ist zugeschnappt.

»Wieviel Zeit bleibt mir?«

»Überhaupt keine, mein Herr. Vielleicht warten die Häscher an der Straßenecke. Nur solange Sie frei sind, können Sie etwas ausrichten. Sie müssen gehen, bevor Grosse den Sheriff dazu bringt, Ihren Steckbrief in den Häfen anzuschlagen.«

Während Phillips redet, raffe ich meine wertvollsten Partituren zusammen. Jack und Marc kümmern sich um unser Gepäck. Mein Buch mit den Stücken für Virginal befindet sich bei meiner Schwester Elisabeth, die sich mit Leib und Seele ans Erlernen des Instrumentes gemacht hat. Ich werde darauf verzichten müssen. Und ich kann mich nicht einmal von meiner Familie verabschieden.

»Nehmen wir den unterirdischen Gang«, schlage ich vor.

Dieser unterirdische Gang verbindet unter Häusern, Straßen und Gärten hindurch das Haus der Hutchinsons mit ihrem zwei Straßen entfernten Laden. Fast niemand weiß um seine Existenz. Er stammt aus grauer Vorzeit, und Frau Hutchinson benutzt ihn oft, wenn sie zu später Stunde aus der Werkstatt zurückkehrt. So muß sie sich nachts nicht den Gefahren der Straße aussetzen.

Jack und Marc gehen mit dem Gepäck voraus. Als wir in der Werkstatt ankommen, ist Frau Hutchinson bereits auf dem laufenden.

»Ich möchte ...«

Sie legt ihre Hand auf meine Lippen.

»Seien Sie still, mein Freund. Ich hoffe Sie eines Tages wiederzusehen. Seien Sie auf der Hut, und Gott schütze Sie.«

»Sollte jemand Sie fragen ...«

»Ich weiß, was ich zu sagen habe. Vertrauten Sie mir jemals eines Ihrer Vorhaben an? Es versteht sich von selbst, daß ich von nichts eine Ahnung habe.«

Wir haben beide feuchte Augen.

Wir gehen durch den Gang hinaus: So können uns die Arbeiter nicht sehen.

Noch bevor die Stadttore nachts geschlossen werden, galoppieren wir bereits auf freiem Feld der Küste zu.

Der Julihimmel ist von Sternen übersät. Wir kommen schnell voran, doch erreichen wir Folkestone erst nach der Flut in der Morgendämmerung. Unsere Pferde, die wir nur einmal gewechselt haben, sind erschöpft.

Jack macht sich auf die Suche nach einem uns bekannten Schiffseigner, der uns schon früher heimlich über den Ärmelkanal gesetzt hat.

»Ich bringe Sie bis nach Holland, aber wir müssen warten, bis heute abend die Schiffe zum Fischfang ausfahren. Sonst würde man mir lästige Fragen stellen.«

»Wie? Einen ganzen Tag lang müssen wir warten?«

Gutmütig schwenkt er seine Pfeife.

»Unter meinen Schiffsleuten fallen Sie nicht auf. Verstauen Sie Ihr Gepäck im Laderaum, und ziehen Sie eine Mütze und eine Weste an. Niemand wird auf den Gedanken kommen, Sie hier zu suchen.«

»Ich habe nicht gesagt, daß ich gesucht werde.«

»Nein, aber das sieht man. Gehen Sie an Bord, packen Sie das Tau dort, und bleiben Sie ruhig. Sie werden schon abreisen können.«

Wir fahren tatsächlich ab und gelangen wohlbehalten an einen Strand unweit von Rotterdam.

Phillips ist in England geblieben; er läuft keine Gefahr. Treu bis zuletzt wird er mir zusammen mit dem Advokaten Treswell helfen, meine Geschäftsangelegenheiten zu regeln.

Während der Überfahrt habe ich reichlich Zeit, über das Unrecht nachzudenken, das mir widerfahren ist. Treswell hatte es mir vorausgesagt:

»Wir hätten weniger Schwierigkeiten, wenn die Gesetze bezüglich der Glaubensgegner strikt und einheitlich angewandt würden. Wir könnten uns auf eine Rechtsprechung stützen. Leider ist ihre Anwendung unberechenbar und eher von der Begehrlichkeit der Nachbarn diktiert als vom Willen der Krone, die Katholiken aus dem Weg zu schaffen. Sie haben das Pech gehabt, auf einen solchen Nachbarn zu treffen, der sein Geschäft bis ins Kleinste vorbereitet und Ihnen eine Falle gestellt hat. Wenn die Aufmerksamkeit des Königs auf einen Fall wie den Ihren gelenkt wird, greift er durch. Grosse hat zweifellos jemanden geschmiert, um Seine Majestät davon zu überzeugen, daß die Beschlagnahme Ihrer Güter ihm viel Geld einbringt. So etwas läßt sich der König nicht entgehen: Im Gefühl, gerecht zu handeln, unterzeichnet er völlig willkürliche Erlasse, an denen es nichts mehr zu rütteln gibt.«

Mit zorniger Stimme hat Treswell hinzugefügt:

»Ihr sonderbarer Freund Robert Cecil hätte Sie am Hofe einführen und Seiner Majestät vorstellen können, wenn er wirklich Ihr Freund gewesen wäre. Ich habe noch nie jemanden getroffen, der von Ihrer Musik nicht hingerissen war. Und der König ist ein großer Musikliebhaber; wahrscheinlich wäre er diesem Zauber erlegen. Bei solchen Gelegenheiten zeigt er sich sehr großzügig. Sein Wohlwollen hätte Sie beschützt.«

Fast das gleiche hatte mir auch Giuliano gesagt. Tatsache ist, daß Robert Cecil sich am Hofe nicht mit einem katholischen Tregian kompromittieren wollte, wie er mir wiederholt erklärt hat.

Als wir an die Türe des Kontors am Strohmarkt klopfen, lastet das Gefühl einer schrecklichen Niederlage auf mir. Ich habe den Eindruck, mein Leben sei sinnlos geworden. Nichts und niemand mehr kann meine Existenz rechtfertigen.

»Im Gegenteil«, sagt Jan mit Nachdruck, als ich ihm davon erzähle, »nun bist du endlich frei von der Bürde der Erbschaft.«

»Aber nicht von der Vorstellung, daß Mutter und meine Schwestern von nichts leben müssen.«

»Ganz so arg ist es nicht, mein lieber Bruder. Mit den Einkünften aus den ihnen verbleibenden Besitztümern in Devon und Dorset und der hilfreichen Unterstützung der Stourtons sind diese Damen besser dran als wir. Wie viele Dienstboten haben sie?«

»Ich weiß nicht genau. Sechs oder sieben, vielleicht auch acht.«

»Und wir haben drei Bedienstete für zwei Familien.«

»Ich weiß. Aber unsere Mutter hat ihre Vorstellung von Wohlstand ...«

»... die sie behaupten läßt, sie sei arm, solange sie nicht in einem Schloß mit vierzig Lakaien lebt. Das hat mir Dorothée erzählt. Wären unsere Schwestern bereit, einen Bürgersmann zu heiraten, hätten sie eine ganz hübsche Mitgift. Freilich, wenn für sie nur ein Baron oder ein Herzog in Frage kommt ... Um solchen Unsinn brauchst du dich nicht zu kümmern. Und ich verbiete dir, je wieder einen Fuß auf englischen Boden zu setzen.«

*

Zwei oder drei Jahre lang habe ich diesen Rat befolgt. Ich habe mein Leben als Musiker wieder aufgenommen, gelegentlich auch als Händler. Ich gehe nach Antwerpen und manchmal nach Brüssel. Auch nach Italien reise ich, sooft es mir möglich ist. Ich verbringe ausgedehnte Aufenthalte in Mantua, wo Monteverde sein Genie stets aufs neue beweist: Werke wie *La Favola di Orfeo* und *L'Arianna* entzücken Auge und Ohr zugleich, nicht zu reden von den *Scherzi musicali* und natürlich den neuen Madrigalen. Seit einigen Jahren ist Monteverde der *Maestro della musica* des Herzogs. Dann wird er *Maestro di capella* von San Marco in Venedig, wo auch ich mich nun öfter aufhalte. Den Jesuiten gehe ich nach Möglichkeit aus dem Wege, weil ich annehme, daß sie von England bespitzelt werden; trotzdem erneuere ich alte Bekanntschaften etwa mit Peter Philips und den Söhnen Ruckers. Ich begegne auch Peter Paul Rubens wieder, der inzwischen eine Weltberühmtheit geworden ist. Er empfängt mich herzlich in seinem grandiosen Atelier, dem einzigen fertiggebauten Raum seines neuen Hauses am Wapperplatz, das von Handwerkern aller Gattungen ausgebaut und erneuert wird. Dort arbeitet und empfängt er scheinbar unberührt vom unglaublichen Getöse der Hämmer, Sägen, der Zurufe und trampelnden Schritte.

Durch Rubens lerne ich Jan Bruegel kennen, einen ebenso überragenden Maler, mit dem ich mich augenblicklich befreunde. Wir führen lange Gespräche. An eines erinnere ich mich besonders lebhaft: Es geht um ein allegorisches Bild, auf dem er das Gehör malen möchte. Wie kann man das Gehör bildlich darstellen?

Peter Philips, der nicht im entferntesten verwandt ist mit meinem Phillips, macht mich mit John Bull bekannt, den ich vorher nur selten und von weitem gesehen habe, da wir nicht in den gleichen Kreisen verkehrten.

Ich muß zugeben, daß ich überrascht bin, als ich vernehme, er sei vor den religiösen Verfolgungen nach Antwerpen geflohen. Niemand hatte mir je erzählt, daß er katholisch ist. Die Gerüchte, die in London, insbesondere in den Geschäften der Musikverleger, über ihn im Umlauf sind, sind anderer Art: Er gilt als brutaler, zuchtloser Mann. In einem Laden am Vorplatz von St. Paul habe ich mir sagen lassen, er habe die Gewohnheit, das Bett seiner Frau mit seinen Mägden zu teilen. Mir war das gleichgültig, solange seine Sitten die Qualität seiner Musik nicht beeinträchtigten.

Der Mann, dem ich begegne, ist mittelgroß, schwarzhaarig, von fahler Hautfarbe, einem länglichen Gesicht und einem funkelnden, beinahe dämonischen Blick. Er sieht wie ein Fünfunddreißigjähriger aus, aber es wird behauptet, er gehe auf die Fünfzig zu. Er hat nicht die Leibesfülle, die man mit seinem Alter und seinen angeblichen Ausschweifungen in Verbindung bringen würde.

Man sagt, er sei äußerst jähzornig und in solchen Fällen zu allem fähig.

»Er könnte sogar jemanden umbringen«, erklärt Philips.

Davon sollte ich nichts merken. Ich habe ihn als fröhlichen Kumpanen und unvergleichlichen Virtuosen in Erinnerung.

Ich habe ihm sehr viel zu verdanken: Manchmal spielten wir anspruchsvolle Stücke zusammen, wobei er wettete, ich könne sein Tempo nicht mithalten. Es hat tatsächlich lange gedauert, bis ich dazu in der Lage war. Dabei ging es nicht in erster Linie darum, Bulls Geläufigkeit zu erreichen, die sein Spiel manchmal zu oberflächlich erscheinen ließ. Wichtig war, daß ich meine Technik erneuern und alte Gewohnheiten ablegen mußte. Musikalisch gesehen war es für mich der heilsamste Schock seit Claudio da Correggio.

John Bull bringt die Stücke mit, die wir spielen, ich schreibe sie ab oder lasse sie abschreiben. Einige davon waren mir bereits vertraut, andere kannte ich, aber Bull hat sie mit einigen zusätzlichen und, wie er hofft, unüberwindlichen Schwierigkeiten versehen.

Es gibt viel zu lachen für uns und unsere gelegentlichen Zuhörer.

Bull lebt meistens in Brüssel, wo er unter dem Schutz des Erzherzogs Albert von Österreich steht, der die katholischen Niederlande regiert.

»Ich bin sogar Gegenstand eines diplomatischen Zwischenfalls«, sagt er mit einem Anflug von Selbstgefälligkeit. »Jakob I. würde mich liebend gern in ein Burgverlies werfen als Strafe für meine Flucht. Er erweist mir die Ehre, sich maßlos zu ärgern über meine Beziehungen zum Erzherzog.«

Mit der Zeit sollte Jakob I. die Oberhand gewinnen – jedenfalls beinahe. Denn der Erzherzog sollte auf Bulls Dienste verzichten, um den englischen König nicht herauszufordern. Allerdings sollte er ihn weiterhin bezahlen und ihm zu einer Anstellung als Organist an der Kathedrale von Antwerpen verhelfen – nicht aus reiner Gefälligkeit, sondern wegen seiner überwältigenden musikalischen Begabung.

Er hat wohl die Notwendigkeit eingesehen, ein ordentliches Leben zu führen. Sosehr er sich in England ins Gerede brachte, so unauffällig benimmt er sich in Antwerpen. Nun, da er auf seine Eskapaden verzichtet, fließt sein ganzes Ungestüm in die Musik. Es versammeln sich mehr Musikliebhaber in der Kathedrale, um ihn zu hören, als Gläubige zum Gebet.

Sein Ruf ist auch Jan Sweelinck zu Ohren gekommen, und eines Tages bittet mich der Meister, ihn zu ihm zu bringen.

Damit habe ich die unerhörte Ehre, der Begegnung dieser beiden Giganten beizuwohnen. Es ist einer der hellsten Augenblicke in dieser finsteren Zeit meines Lebens.

Noch etwas habe ich Bull zu verdanken: die Kenntnis des Orgelbaus.

Nach und nach bin ich dahintergekommen, wie man ein Virginal baut. Mehr als einmal habe ich umständehalber Reparaturen überwacht oder selbst ausgeführt. Als ich aus London fliehen mußte, war Giles Farnaby soeben dorthin zurückgekehrt, und ich hatte mir vorgenommen, mich in seiner Werkstatt gründlich in den Instrumentenbau einweihen zu lassen. In Antwerpen gehe ich gerne zu den Ruckers, die sich trotz unserer alten Freundschaft dagegen sträuben, ihre letzten Geheimnisse preiszugeben – das gehört zu einem guten Handwerker.

Man behauptet von mir, ich sei ein guter Organist. Ein Tag in der Oude Kerk, an dem die beiden Meister einander gegenseitig vorspielen, genügt, um meine Selbstsicherheit gründlich zu zerstören.

Bei einer dieser Darbietungen sagt Bull:

»Hören Sie dieses seltsame Geräusch?«

Weder Sweelinck noch ich haben etwas gehört.

»Doch, doch. Ich glaube sogar zu wissen, woran es liegt: an der Quarte des Nasat.«

Er verschwindet, als würde er vom Instrument verschluckt, und beginnt unter dem besorgten Blick von Sweelinck die Orgel auseinanderzunehmen. Der Lärm lockt den Kirchendiener herbei, den Bull gar nicht erst zu Wort kommen läßt:

»Holen Sie mir einen Hammer, mein Guter. Ich muß den Nasat ausbauen, um an die Quartpfeife zu kommen. Sie hat wohl einen Riß.«

Halb verblüfft, halb argwöhnisch bringt der Kirchendiener das gewünschte Werkzeug, während Bull pfeifend in den Registern herumstöbert. Die kleine Pfeife hat tatsächlich einen Riß.

»Ich bin gleich wieder zurück.«

Bull entfernt sich eilenden Schrittes.

»Da läßt er überall Orgelteile herumliegen!« nörgelt der Kirchendiener. »Und wenn er nun nicht mehr zurückkommt?«

»Dann laufen wir ihm hinterher. Doch inzwischen könnten wir etwas essen gehen.«

Nach einigen Stunden ist Bull zurück, der Riß in der Orgelpfeife ist behoben, und die Verdrossenheit des Kirchendieners verwandelt sich in Respekt, als er sieht, wie rasch der Musiker die Pfeife eingesetzt und das Instrument wieder in Ordnung gebracht hat. Bull spielt einige herrliche Variationen, um sich davon zu überzeugen, daß die Reparatur geglückt ist.

Später bemerke ich in der Kneipe, wo wir unseren Durst löschen:

»Sie sind wohl ein Orgelfachmann.«

»Ja, das gehört zu meinem Handwerk. Mein Lehrer John Blitheman pflegte zu sagen, ein Instrument beherrsche man erst dann, wenn man auch seine Bauweise bis in alle Einzelheiten kennt. Zweimal ließ er mich die Orgel zerlegen, an der er mich unterrichtete.«

Undeutlich erinnere ich mich an den Küster von Saint-Jacques in Reims, der mich die Orgel seiner Kirche reparieren ließ. Könnte ich es wohl noch?

»Herr Tregian, die Lust steht Ihnen ins Gesicht geschrieben«, sagt John Bull schelmisch.

»Ich habe früher einmal eine Orgel auseinandergenommen. Ich muß damals etwa Fünfzehn gewesen sein. Ich versuchte mich daran zu erinnern …«

»Falls Sie Ihr Gedächtnis auffrischen möchten: Ich werde in Kürze den Bau eines Instrumentes leiten. Wenn Sie wollen, können Sie dabei zusehen.«

»Ich nehme Sie beim Wort.«

Er weihte mich in den Orgelbau ein. Ich vertiefte mich in Handbücher, fragte die Handwerker aus, begleitete Bull und andere. Ich werde nie ein Meister sein, aber die Grundlagen habe ich begriffen. John Bull hat mir außerdem einige Kunstgriffe beigebracht, die ich noch heute anwende.

*

Der Augenblick der Ruhe sollte nicht lange dauern.

Eines Tages erreichten mich aus England schlechte Nachrichten – schlecht für mich, aber auch für unzählige Engländer.

Eine Plage Englands sind die Monopole. Ursprünglich dazu gedacht, die Geschäftstätigkeit zu beleben, sind sie schon lange zu käuflichen Sonderrechten geworden, die das Land teuer zu stehen kommen und an denen sich nur einige wenige hemmungslose Spekulanten bereichern. Dem Staatsschatz tragen sie so gut wie nichts ein.

Als nun ein gewisser Lord Cokayne dem König vorschlug, die Erträge aus dem Monopol für die Stoffausfuhr – einer der Grundpfeiler des englischen Handels – für die Krone abzuzweigen, wurde dieser Vorschlag sogleich angenommen.

Seit Jahrhunderten werden in England Stoffe gewoben. Die in den Städten für die Engländer selbst hergestellten Stoffe werden gewöhnlich an Ort und Stelle gefärbt und ausgerüstet, während die Gewebe aus den ländlichen Gebieten, die lange Zeit hindurch fast die gesamte Produktion ausmachten, im Rohzustand ausgeführt wurden. Zum Färben und Veredeln wurden sie nach Holland gebracht, beispielsweise zu Ardent und Van Gouden, und von dort aus ins Deutsche Reich und in die baltischen Provinzen weiterexportiert. Der Transport lag hauptsächlich in den Händen der »Merchant Adventurers«, der Zunft der Fuhrleute. Ich kannte diese Männer gut, hatte ich doch mit ihnen über den Transport von Schurwolle verhandelt. Sie besaßen in allen Häfen Niederlassungen, waren hervorragend organisiert und einigermaßen ehrlich.

Das Färben und Veredeln sind unbestreitbar die einträglichsten Arbeitsvorgänge bei der Stoffherstellung. Lord Cokaynes Vorschlag sah vor, künftig alle englischen Stoffe vor der Ausfuhr im eigenen Land zu färben und auszurüsten. Angesichts der in Aussicht stehenden erklecklichen Gewinne zögerte der König keine Sekunde. Die Sonderrechte der bisherigen Zunft der Fuhrleute wurden widerrufen und einer neuen königlichen Handelsgesellschaft übertragen, die als einzige berechtigt war, veredelte Gewebe auszuführen.

Wir erfuhren davon durch einen Brief von Phillips.

Man sagt, Lord Cokayne habe dem König dreihunderttausend Pfund jährlich versprochen, und er selbst, der den gesamten Handel kontrolliert, rechne mit einem mindestens gleichgroßen Gewinn. Alaun und Stoffarben sind gegenwärtig leichter aufzutreiben als früher, dank dem aus Westindien eingeführten Indigo. Unter diesem Blickwinkel sieht das Vorhaben ganz vernünftig aus. Aber wenn viel von Gewinnen die Rede ist, scheint sich dagegen niemand darum zu kümmern, wie die schönen Pläne verwirklicht werden können. Es fehlt an Einrichtungen für das Färben und Veredeln. Die ehemalige Zunft der Fuhrleute leistet passiven Widerstand. Ich fürchte das Schlimmste für unsere Weber.

»Der ganze Berufszweig wird unter der Aufsicht dieses unfähigen Königs stehen«, entrüstet sich Giuliano. »Für die Landbevölkerung ist das ein schrecklicher Schlag. Sogar wenn die Zahl der Werkstätten ausreicht, wird es nie genug Färber geben.«

Wir gehen an eine Versammlung der Gilde der Tuchmacher, und es wird nicht lange gefackelt. Nach wenigen Tagen verbietet Holland die Einfuhr englischer Stoffe, seien sie gefärbt oder im Rohzustand.

Jan, Giuliano, Wim und ich haben alle die Maßnahme unterstützt. Für uns jedoch, die wir das Land kennen, aus dem unsere Stoffe kamen, und für mich, der ich jeden unserer Wollweber persönlich kenne, ist es keine leichte Entscheidung.

Ich habe deswegen schlaflose Nächte. In dieser ländlichen Gegend, für die ich mich verantwortlich fühle, lauert die Armut an jeder Ecke. Ich hatte diesen Leuten Arbeit und ein gesichertes Einkommen versprochen, und sie hatten mir vertraut.

»Sie sehen schlecht aus, mein Bruder«, sagt mir Dorothée eines Morgens. Sie und Wim haben geheiratet, und sie ist hochschwanger.

Ich erkläre ihr meine Sorgen.

Sie seufzt.

»Unser Schicksal und besonders das Ihre ist es, ständig zwischen zwei Welten zu leben. Warum haben Sie das Einfuhrverbot unterstützt, wenn es Ihnen solchen Kummer bereitet?«

»Weil es gerechtfertigt ist. England wird von einem Dummkopf regiert. Das muß man ihm deutlich zu verstehen geben, und das Verbot ist eines der Mittel dazu. Doch es öffnet einem Elend die Schleusen, das die Leute mitreißen wird, die wir kennen. Ich bedauere nicht, daß ich in die Vergeltungsmaßnahmen der Gilde eingewilligt habe, aber ich fürchte deren Folgen.«

»Seit zehn Jahren verrottet die englische Flotte«, sagt Jan. »Die königliche Marine hat sich nahezu in Luft aufgelöst, und die Zunft der Fuhrleute mußte selbst für den Schutz ihrer Schiffe sorgen. Türkische Piraten wagen sich seit einiger Zeit ungestraft bis zum Ärmelkanal vor. Der neuen königlichen Gesellschaft wird es niemals gelingen, ihre Stoffe in die baltischen Länder zu exportieren. Dazu fehlt es ihr an Stärke, Mitteln und Erfahrung. Und die Zunft will nichts mit ihr zu schaffen haben.«

»Wissen Sie, was das heißt? Die Bauern können nichts mehr verkaufen, und vielen Familien droht der Hungertod. All die Leute, die ich dazu gedrängt habe, ihren eigenen Webstuhl zu bauen … Ich habe sie ruiniert.«

»Nein, mein Bruder! Es hat keinen Zweck, wenn Sie für alle Sünden der Welt einstehen wollen. Schuld daran ist der von allen guten Geistern verlassene König Jakob.«

Das stimmt, und trotzdem läßt mich die Sache nicht in Ruhe.

Ich schicke Jack nach Cornwall.

Was er mir nach seiner Rückkehr schildert, übersteigt meine schlimmsten Befürchtungen. Er berichtet von Aufständen und Selbstmorden. Einige Familien, die ihre Schulden wegen des ausfallenden Erwerbs nicht mehr bezahlen konnten, wurden aus ihren Häuschen verjagt. Ezekiel Grosse zeichnet sich durch besondere Härte aus.

Nach und nach reifte in mir das Vorhaben, mich selbst an Ort und Stelle umzusehen. Heute, da ich ruhig auf meiner Bank am Kreuzweg von Echallens sitze, muß mir niemand mehr sagen, daß das ein durch und durch selbstmörderisches Unterfangen war. Damals jedoch sah ich es von einer anderen Seite.

Ist es edler, seine Seele die Pfeile und Steinwürfe eines erniedrigenden Geschicks erdulden zu lassen, oder gegen ein Meer von Plagen zu den Waffen zu greifen und kämpfend unterzugehen? … So macht das Gewissen Feige aus uns allen.

Die Antwort auf Hamlets Frage scheint mir ganz klar. Ich muß zu den Waffen greifen, selbst wenn ich dabei untergehen sollte. Ich breche eines Morgens in der Dämmerung auf, nur mit dem Allernötigsten versehen und ohne mich zu verabschieden. Jack und Marc, die mich begleiten, wissen nicht, wohin es geht. Jan habe ich eine kurze Nachricht hinterlassen. Nach einigen Tagen sind wir in Frankreich. Wenigstens bin ich vorsichtig genug, auf Umwegen nach England zu reisen wie zahlreiche andere Katholiken, die das Land heimlich betreten.

Als Jack klar wird, was wir vorhaben, versucht er mich inständig davon abzuhalten, aber vergebens.

»Wenn du bleiben willst, dann bleibe doch«, entgegne ich ihm ärgerlich.

»Ich, mein Herr? Sie tun mir unrecht! Es geht nicht um mich. Ich laufe keine Gefahr, aber Sie. Auf Sie ist ein Kopfgeld ausgesetzt. Grosse hat jedem fünfzig Pfund versprochen, der Sie beim Sheriff anzeigt. In der gegenwärtigen Lage sollten Sie keinen Fuß auf englischen Boden setzen. Sie gehen einer Katastrophe entgegen, und das ist nicht der Augenblick, in dem wir Sie verlassen. Sie werden uns noch brauchen.« Ich bin taub für seine Argumente. An einem Frühlingsmorgen laufen wir in eine Bucht bei Falmouth ein.

X

I see a mouse catch the cat,
Fie, man, fie:
I see a mouse catch the cat,
Who's the foole now?
I see a mouse catch the cat,
And the cheese to eat the rat,
Thou hast well drunken man,
Who's the foole now?

»Martin said to his Man«
Volkstümliche Ballade

Ich sehe eine Maus, die die Katze fängt,
Pfui, Mann, Pfui!
Ich sehe eine Maus, die die Katze fängt,
Wer ist jetzt der Narr?
Ich sehe eine Maus, die die Katze fängt,
Und den Käse, der die Ratte frißt.
Du hast viel getrunken, Mann,
Wer ist jetzt der Narr?

In Tregarrick angekommen, schicke ich Marc zu Reverend Hitch.

»Sag ihm, der Mann, der einen Schutzengel braucht, wünscht ihn zu sehen.«

»Reisen Sie sofort wieder ab«, sagt Hitch anstelle einer Begrüßung. »Grosse erzählt überall herum, die Katholiken seien für das ganze Elend verantwortlich. Wissen Sie nicht, daß er Ihnen die Schuld am Ruin der Weber in die

Schuhe schiebt? Er behauptet, daß Sie mit Lord Cokayne unter einer Decke stecken. Sie haben Freunde, was sich von Grosse kaum sagen läßt. Doch allzu viele Leute stehen am Rande des Abgrunds, und der erste, der Sie erkennt, wird Sie festnehmen lassen, um die fünfzig Pfund einzustreichen. Sie sind in höchster Gefahr. Auch Schutzengel haben ihre Grenzen; ich bin nicht allmächtig. Am besten verlassen Sie England auf dem Weg, auf dem Sie gekommen sind.«

»Aber …«

»Kürzlich sprach ich mit einem Edelmann der Gegend über Sie. Er ist kein besonderer Freund von Ihnen, aber er denkt, daß Sie schamlos bestohlen werden. Grosse ist zu allem fähig, also gehen Sie schnell, bevor jemand ihm das Leben leichter macht, indem er dem Ihren ein Ende setzt. Können Sie Ihren Leuten vertrauen?«

Hugh, der bei unserer Unterhaltung anwesend ist, fährt hoch.

»Oh, Reverend! Wir könnten uns keinen besseren Herren denken, wie sollten wir ihn da verraten! Herr Grosse hat übrigens keine Ahnung, daß dieser Besitz Herrn Tregarrick gehört, wie wir ihn hier nennen.«

»Und was ist mit der Weberei?« frage ich Hitch.

»Es ist wie überall in England: Die Schafe sind geschoren, die Wolle ist gesponnen, die Stoffe sind gewoben, und damit hat es sich. Da es verboten ist, sie im Rohzustand zu verkaufen, und niemand sie färben kann, finden sich auch keine Abnehmer. Wir gehen dem Ruin entgegen.«

»Wie ich hörte, hat Herr Grosse erzählt, die Leute hätten keine Arbeit mehr, weil Sie sie zum Weben überredet haben«, wirft Hugh ein.

»Sie waren schon arbeitslos, als ich ihnen den Vorschlag machte.«

»Das hat einer von ihnen auch zur Antwort gegeben. Herr Grosse ist in Grampound äußerst unbeliebt. Die

Leute weigern sich, auch nur einen Finger für ihn zu rühren. Kürzlich haben sie einen seiner Männer, der lästig wurde, in einem unterirdischen Verlies eingesperrt. Leider hat Grosse den Sheriff in der Hand.«

Ich höre nicht mehr zu.

»Ich möchte«, sage ich zu Hitch, »daß Sie den Webern, die ihren Webstuhl aus der eigenen Tasche bezahlt haben, das Geld zurückgeben.«

Ich strecke ihm meine Börse hin. Meine ganze Barschaft.

»Mein Herr, niemand erwartet das von Ihnen.«

»Seit meiner Geburt hat man mir von Ehre erzählt, vom Ehrenwort eines Gentleman, das heilig sei. Meine Ehre verbietet es mir, mein Wort zu brechen, selbst wenn es mir nicht in den Kram paßt. Ich habe diesen Leuten Wohlstand versprochen, und Sie sehen ja, was nun geschieht.«

»Das ist nicht Ihr Fehler.«

»Vielleicht nicht. Aber erklären Sie das Little John in seiner Strohhütte. Ich habe ihm mein Wort gegeben, also muß ich auch für den Schaden aufkommen.«

Reverend Hitch nimmt die Börse entgegen, ohne den Blick aus seinen durchsichtigen Augen von mir abzuwenden.

»Die alten Leute in der Pfarrei haben mir viel über Ihre Familie erzählt. Ihr Großvater wurde sehr respektiert. Nur eines hat man ihm angekreidet: daß er seinen Sohn zu einem Geck erzogen hat, der sich um sein Seelenheil kümmerte statt um seine Güter und die Pächter der Willkür von Carey und Grosse preisgab. Von Ihnen sagt man, Sie seien ein würdiger Nachfolger Ihres Großvaters, anders als Ihr Vater.«

»Ich will auch anders sein als er, und ich fühle mich geehrt, wenn die Leute aus der Gegend mich mit meinem Großvater vergleichen.«

»Ich werde versuchen, Ihr Geld zu verteilen, Herr Tregian. Ich fürchte nur, daß es für viele zu spät kommt. Was übrigbleibt, behalte ich für Sie. Sie werden es brauchen.«

*

Ich glaubte noch etwas Zeit zu haben. Aber ich verweilte zu lange. Ich wurde belauert und schließlich festgenommen. Von der Verzweiflung dazu getrieben, meldete ein Landsmann, der mich erkannt hatte, meine Anwesenheit. Die Obrigkeit wurde alarmiert. Doch ich wurde nicht in Cornwall erwischt.

Bevor ich England verließ, wollte ich ein letztes Mal nach London gehen. Ich bildete mir ein, man würde mich dort nicht so leicht finden. Ich willigte sogar in die Vorsichtsmaßnahmen ein, zu denen mir geraten wurde. Reverend Hitch stellt uns den Sohn seiner Haushälterin zur Verfügung: Er kennt sämtliche versteckten Trampelpfade der Gegend, die *Pannier-lanes,* die von Dorf zu Dorf führen und meist zu Fuß, gelegentlich auch von einem Maultier begangen werden. Diese grasbewachsenen Weglein sind weniger morastig als die großen Straßen. Dort wird mich auch kaum jemand suchen; jedenfalls ist die Gefahr kleiner als auf den eigens für Reiter angelegten Wegen, den *Bridle-paths.* Auf einem *Pannier-lane* verlassen wir Cornwall in nördlicher Richtung.

Bis Clerkenwell, wo ich meine Familie warnen und Anwalt Treswell zu Rate ziehen will, brauchen wir gut zehn Tage. Was mich dort erwartet, trifft mich völlig unvorbereitet.

Mein Bruder Charles ist aus Belgien zurückgekehrt. Er hat beschlossen, die Familienangelegenheiten selbst in die Hand zu nehmen. Für ihn bin ich ein Verantwortungsloser, dem man nicht trauen kann, fast ein Verbrecher. Er hat Mutter für sich gewonnen, weil er die Sprache unseres Vaters spricht.

»Kennen Sie das Gesetz in Cornwall nicht, das es dem Erstgeborenen verbietet, Teile des Familienbesitzes ohne Zustimmung des nachgeborenen Bruders zu veräußern?«

»Das ist ein Brauch, kein Gesetz. Außerdem waren Sie abwesend.«

»Wie konnten Sie bloß auf Rosmondres verzichten, nur um dem Gefängnis zu entgehen?« Er hat seine hohlen Worte nicht verlernt. »Ein Soldat stirbt, aber er ergibt sich nicht. Das haben uns die Offiziere beigebracht, als wir Kadetten waren, und wir sagen es unseren Kadetten weiter, seit wir Offiziere sind.«

»Wir sind hier aber nicht in einer Kaserne, mein lieber Bruder, und die Dinge sind etwas komplizierter.«

Vergebliche Liebesmühe. Nur meine Schwester Elisabeth unterstützt mich. Mutter, meine Schwestern Catherine und Sibylle und vor allem die zahlreichen Stourtons stehen auf der Seite von Charles. Um ihren Rat gefragt, zeigen die Arundells ein höfliches Interesse an der Sache, mischen sich aber in keiner Weise ein – sie haben ihre eigenen Sorgen.

Ich werde nie wissen, ob mich jemand aus der eigenen Familie verraten hat oder ob mich der lange Arm von Grosse zur Strecke brachte.

Ich muß gestehen, daß mir der Gedanke manchmal durch den Kopf gegangen ist, mein Bruder und meine Mutter könnten mich als ganz gewöhnlichen Schuldner betrachtet und meine Festnahme ermöglicht haben, um »ihren« Besitz wiederzuerlangen. Ich habe weder mit ihm noch mit ihr jemals in Ruhe darüber reden können.

*

Die ersten Erinnerungen an meine Gefangenschaft sind eine Kette von bruchstückhaften Bildern. Der Zufall will es, daß ich ganz allein bin im Haus von Holborn, als ich festgenommen werde. Ich bin vollkommen überrascht und leiste nicht den geringsten Widerstand. Meine Verhaftung wird von niemandem bemerkt. Ich habe keinen Penny in der Tasche und werde deshalb in eine Gemeinschaftszelle gesperrt. Das ist immer noch ein besseres Los, als wenn man mich zu den armen Teufeln in die Zelle der Bettler – so etwas wie der sechste Kreis der Hölle – geworfen oder in einem Kerker in Eisen gelegt hätte.

Es dauert mehrere Tage, bis meine Freunde mich finden. In dieser Zeit verändert sich meine Sicht der Welt und des Lebens grundlegend.

Bis dahin hatte ich nie viel Aufhebens um meine adelige Herkunft gemacht. Ich hatte ein spartanisches Leben geführt, kam mit dem Allernotwendigsten aus, besaß nicht mehr Pferde, als ich unbedingt brauchte, und wohnte in einfachen Unterkünften. Wenn ich zwei Degen und zwei Pistolen besaß, so aus reiner Vorsicht. Doch ich hatte nie hungern müssen und war stets bedient worden.

Während dieser paar Tage mußte ich auf alles verzichten. Für einige Tage ist das nicht so schlimm, wird man vielleicht einwenden. Mir kamen sie vor wie eine Ewigkeit, denn ich hatte keine Ahnung, wie lange es so weitergehen würde. Ich sah mich schon für immer von der Welt abgeschnitten. Ich wußte damals nicht, daß die Entscheidung, welchem Gefängnis man zugeteilt wird, beim Oberaufseher liegt. In seiner Abwesenheit wurde ich in der Gemeinschaftszelle eingesperrt, weil man mich da am besten überwachen konnte.

Die englischen Schuldner sind viel schlechter dran, als die Römer es waren. In Rom wurde der Schuldner der Sklave seines Gläubigers; er mußte für ihn arbeiten, war aber vor Mißbrauch und Gewalt geschützt, und solange er für den Gläubiger arbeitete, war dieser verpflichtet, für seinen Unterhalt aufzukommen. Bei uns ist ein in der Fleet eingesperrter Schuldner ein verlorener Mann. Würde man ihn nach der Festnahme wieder auf freien Fuß setzen, würde das bedeuten, daß seine Schuld abgegolten ist. Also muß er hinter Gittern bleiben, als letzte, oft aber absurde und vergebliche Hoffnung des Gläubigers. Denn im Gefängnis haben die meisten Schuldner überhaupt keine Möglichkeit mehr, zu Geld zu kommen. Will man sich einen Mann vom Hals schaffen, ohne ihn töten zu müssen, sorgt man am besten dafür, daß er als zahlungsunfähiger Schuldner eingekerkert wird.

Der Oberaufseher ist für die einsitzenden Schuldner haftbar. Wenn einer ausreißt, könnte die geschuldete Summe vom Aufseher verlangt werden. Er ist verpflichtet, einen Schuldner auf Verlangen beizubringen, und muß dafür sorgen, daß er einer gerichtlichen Vorladung jederzeit Folge leistet.

Für die völlig Mittellosen, die man in die Zelle der Bettler gesperrt hat – manchmal bloß wegen zwei oder drei Shilling –, sind die Haftbedingungen so entsetzlich, daß die meisten ihre Schuld mit dem Leben bezahlen. Im Dreck übereinanderliegend, sterben sie in der stickigen Luft wie die Fliegen an Hunger und Kälte. In der Gemeinschaftszelle, wo ich mich befinde, ist es etwas besser, aber das hat seinen Preis: Acht Pence pro Tag beträgt das Pensionsgeld.

Wer die Mittel dazu hat, kann wie mein Vater eine Wohnung haben und seine Familie empfangen.

Die Büttel, die mich festgenommen haben, stoßen mich in den großen Raum und gehen weg.

Ich bin gut gekleidet und sehe nicht wie ein Armer aus. Man hat mir den Degen abgenommen, nicht aber die Dolche. Beim Eintreten fasse ich in meinen Taschen nach ihnen, während eine Meute Männer finsteren Blickes näher kommt und einen Kreis um mich bildet. Zum Glück bin ich stets ein eifriger Besucher der Fechtsäle gewesen.

»Eure Exzellenz ...«, krächzt mit höhnischem Grinsen

ein Individuum, lüftet einen imaginären Hut und macht einen Schritt auf mich zu.

»Laßt mich in Frieden!«

»Mein feiner Herr, der Friede kostet hier etwas.«

»Was ist nun mit dieser Börse?«

»Ja, rückst du sie heraus, oder müssen wir sie uns holen?«

In einer solchen Gesellschaft habe ich mich schon lange nicht mehr befunden. Auf meinen Reisen ist es mir ein- oder zweimal passiert. Dank meiner Statur, meiner Wendigkeit und meinem Geschick im Umgang mit Waffen habe ich immer die Oberhand behalten. Nun bin ich für einen Augenblick versucht, die Leute gewähren zu lassen. Sie werden mich plündern und töten. Aus und vorbei.

Schlafen. Sterben. Schlafen ... Vielleicht auch träumen, darin liegt's.

»Dem ersten, der mir nah genug kommt, schlitze ich den Bauch auf«, sage ich mit ruhiger Stimme, ohne eine Miene zu verziehen, und fasse jenen ins Auge, der der Anführer zu sein scheint. Ich kenne die Wirkung meiner Haltung. Sie erstarren.

»Was für eine Überheblichkeit! Vielleicht wäre eine kleine Lektion angebracht«, grölt einer hinter meinem Rükken. Mit einem Satz bin ich bei einem Pfeiler in meiner Nähe und lehne mich dagegen. Die Hände habe ich immer noch in den Taschen.

»Ich weiß nicht, wer hier überheblich ist. Wenn jemand es nötig hat, erteile ich ihm gern eine Lektion.«

Eine merkwürdige Stille folgt meiner nüchtern und ohne jede Prahlerei abgegebenen Erklärung. Ein Ausspruch des Erzherzogs Albert geht mir durch den Kopf: *»Herr Tregian, Sie sind ein geborener Menschenführer. Sie haben einen bemerkenswerten Einfluß auf die Leute. Ein Blick von Ihnen genügt, um jeden Gegner von seinem Vorhaben abzubringen.«*

Los, Francis Tregian! Nicht schlafen. Nicht träumen. Dafür ist jetzt nicht der Moment.

»Besser hat man mich zum Freund als zum Feind. Denn wenn ich schlage, treffe ich.«

»Ha, ha! Das sagen sie alle, die großen Herren. Aber ob sie es beweisen können ...«

»Komm her, wenn du es wagst.«

Er macht einen Schritt. Ich versetze ihm einen Fußtritt in den Magen, nicht allzu kräftig, denn ich will ihm nicht weh tun. Diesen Tritt muß man flink und gezielt ausführen. Wenn man es richtig anstellt, sieht der Gegner ihn nicht kommen. Manchmal hat er sogar den Eindruck, er sei aus Distanz umgestoßen worden. Die Zuschauer sind gebührend beeindruckt. Einer zückt ein Messer.

Ich nehme einen meiner Dolche hervor.

»Willst du dich wirklich mit mir messen?«

Ich setze einen Fuß vor, bleibe aber in der Deckung des Pfeilers. Ich lasse ihn nicht aus den Augen.

In tiefster Stille weichen sie alle zurück. Ich habe gewonnen. Ich werde wohl kaum in Ruhe gelassen, aber ich habe ihnen Angst eingejagt, und sie werden es sich zweimal überlegen, bevor sie einen weiteren Angriffsversuch wagen.

Gegen Abend kommen Leute hereingeströmt: Es sind Gefangene, die tagsüber die Zelle verlassen dürfen. Unter ihnen ist ein Priester, der verbotenerweise das Land betreten hat. Er hat während des Tages in London Messen gelesen. Wie er mir versichert, tut er das seit etlichen Jahren.

»Eines Tages wird man mich nach Tower Hill oder Holborn schleppen und aufhängen. Bis dann mache ich mich nützlich. Ich sehe, daß Sie sich sofort Respekt verschafft haben, das kommt nur selten vor.«

Er teilt mit mir ein Stück Brot und einen Krug Wasser. Er bietet mir die Hälfte seines Strohsacks an, aber ich lehne ab: Er ist zu klein, außerdem habe ich keine Lust zu schlafen.

Der Lärm nimmt bei Einbruch der Nacht keineswegs ab, im Gegenteil. Zwar kommt man schwer wieder heraus, wenn man einmal in der Fleet eingesperrt ist, doch die Besucher der Gefangenen gehen nach Belieben ein und aus. In einer Ecke spielt man Karten und würfelt; es kommt zu Handgreiflichkeiten und wilden Flüchen. Anderswo versuchen Dirnen in allen Stadien der Trunkenheit und des Verfalls mit diesen Unglückseligen ein paar Batzen zu verdienen. Obszöne Kopulationen enden in Beschimpfungen. Ich stelle sogar fest, daß einzelne Leute in die Fleet kommen, um sich hier zu verstecken – was für eine Paradoxie! Ab und zu versucht sich einer an mich heranzumachen. Ich mache von meinem Blick Gebrauch, jemand zupft den Unvorsichtigen am Ärmel und flüstert ihm etwas ins Ohr, worauf er verschwindet.

Ich bin überzeugt, daß man mich bis aufs Hemd ausziehen würde, wenn ich schliefe. Doch selbst wenn es still wäre wie in einem Kloster, könnte ich kaum einnicken. Ich muß aus meiner Lage herauskommen ... aber wie? Stundenlang rechne ich hin und her. Die Einkünfte von Tregarrick würden für mich ausreichen, wenn auch knapp. Aber ich kann ohnehin nicht nach Cornwall zurückkehren. Ich bin zu groß, um unerkannt zu bleiben, selbst wenn ich mich verkleide. Mein ganzes Vermögen in Holland ist angelegt. Und meine Besitztümer in Cornwall sind beschlagnahmt. Bleibt noch der Besitz in Devon ... Brechreiz steigt in mir hoch. Bin ich nicht gerade deshalb hier, weil man mich aus dem Weg haben will? Nochmals verkaufen, nochmals bezahlen – es nützt nichts mehr.

Welche Ironie des Schicksals! Ich habe mich nie mit meinem Vater vertragen, und nun ende ich wie er. Doch Vater hatte seine glühende Frömmigkeit und die völlige Gewißheit, daß sein Leiden ihm einen bevorzugten Platz im Paradies sichern würde. Ich habe nichts Vergleichbares.

»Schlafen Sie nicht?« Es ist die Stimme des Geistlichen.

»Nein. Ich denke über das Ausmaß der Katastrophe nach.«

»Kann ich Ihnen helfen?«

Hilfe hätte ich schon nötig, aber ich habe keine Lust zu beichten.

»Sie könnten vielleicht eine Dame aus meinem Bekanntenkreis aufsuchen und ihr mitteilen, daß ihr Cembalospieler hier ist.«

Ich gebe ihm die Adresse von Frau Hutchinson und hoffe, daß ich mich nicht irre.

Frühmorgens geht er weg; ich verbringe den Tag ohne Essen und Trinken, denn das kostet etwas. Man kennt mich noch zuwenig, um mir Kredit einzuräumen. Niemand kommt mich holen, niemand scheint sich um mich Sorgen zu machen. Gefängniswärter – man nennt sie *Bastons* – gehen zwischen uns auf und ab. Ich sage nichts und werde nichts gefragt.

Mit der Zeit bemerke ich neben einem vergitterten Fenster einige ruhige Menschen und gehe zu ihnen hin. Diese Ecke ist sauberer, besser in Ordnung gehalten als der Rest des riesigen Raumes. Hier befinden sich einige Händler und einige Glaubensstreiter, die sich über die religiösen Zwiste hinweg zusammengetan haben, um eine gewisse Würde zu wahren. Auf einem Strohsack starrt ein Mann mit leeren Augen zur Decke. Ich setze mich neben ihn.

»Sind Sie krank?«

»Nein. Ich stellte mir gerade vor ... nun, die Einzelheiten spielen keine Rolle. Jedenfalls war es ein schuldenfreies Leben.«

»Haben Sie große Schulden?«

»Vierzehn Pfund.«

»Und wegen vierzehn Pfund sind Sie hier?«

»Sie sind ein großer Herr. Für Sie sind vierzehn Pfund ein Pappenstiel. Ich bin ein armer Appreteur und brauche ein Jahr, um diese Summe zu verdienen, wenn ich Arbeit finde. Ich hoffe bald zu sterben, damit meine Frau wieder heiraten kann und meine Kinder genug zu essen haben, vielleicht sogar eine Lehre machen können. Sie werden den armen Peter Osborne segnen, der die gute Idee gehabt hat, sich unauffällig aus dem Staub zu machen. Und Sie, wieviel sind Sie schuldig?«

Ich schäme mich fast, es zu sagen.

»Dreitausend Pfund.«

Er sieht mich mit einem schwachen Lächeln an.

»Zehn Shilling, vierzehn Pfund, dreitausend Pfund – es macht keinen Unterschied. Sie sind in der gleichen Lage wie ich. Sterben Sie, dann ist Ihre Schuld getilgt.«

*

Der Geistliche kommt spät zurück. Ich fiebere ihm entgegen.

»Nun?«

»Ich habe Frau Hutchinson getroffen. Sie läßt Ihnen ausrichten, Sie sollen sich gedulden.«

Er entfaltet ein Tuch, und ich muß unwillkürlich lächeln: Es ist ein Wollstoff von Ardent.

»Sie schickt Ihnen das Abendessen.«

»Lassen Sie es uns teilen, Herr Pfarrer.«

»Tun wir das, Herr Tregian.«

»Sie hat Ihnen meinen Namen gesagt.«

»Nein, ich habe ihn auf andere Weise erfahren. Ich bewundere Ihre Familie, Herr Tregian.«

Ich antworte nichts. Was soll ich den Leuten sagen, die von vornherein annehmen, ich denke und handle wie mein Vater und erleide aus den gleichen Gründen dasselbe Schicksal wie er?

In den folgenden Tagen baue ich mir mit Hilfe des Pfarrers in der Ecke der Glaubensbrüder so etwas wie eine Existenz auf. Um meine Furcht zu bezwingen, bringe ich ihnen einige italienische Madrigale bei, die wir für unsere Stimmen etwas transponieren. Es tönt vielleicht nicht ganz rein, aber es lenkt uns von unseren Sorgen ab.

Eines frühen Morgens kommt endlich Frau Hutchinson. Ich weiß nicht, wie viele Tage verstrichen sind. Ich bin kaum je aus meinen Kleidern gekommen, bin unrasiert und esse fast nichts, trotz den Beschwörungen meiner Leidensgefährten. Darum bin ich auch nicht erstaunt über den entsetzten Ausdruck von Frau Hutchinson, als sie mich schließlich entdeckt. Sie stürzt auf mich zu.

»Kommen Sie mir bitte nicht zu nahe, ich bin voller Ungeziefer.«

Sie hört nicht auf meine Warnung und drückt mich fest an sich.

»Was macht das schon aus? Sie sind am Leben, alles andere läßt sich wieder in Ordnung bringen.«

»Meine lieben Kinder«, sagt der Pfarrer, »ziehen Sie sich doch hinter jenen Pfeiler zurück, dort sind Sie ungestört.«

Seine Rücksicht und Frau Hutchinsons Anwesenheit rühren mich zutiefst. Hinter dem Pfeiler vor neugierigen Blicken versteckt, weine ich wie ein Kind.

Die Beziehungen zwischen Frau Hutchinson und mir sind selbst unter vier Augen immer ein wenig distanziert gewesen. Heute gibt sie zum erstenmal ihre Zurückhaltung auf. Sie überhäuft mich mit Küssen und Liebkosungen und flüstert mir zärtliche Worte ins Ohr. Ich brauche das mehr als eine Mahlzeit. Sie weiß es. Bis da hatte ich sie nie May genannt. Seither nannte ich sie nie mehr anders.

»Warum haben Sie gesagt: ›Sie sind am Leben, alles andere läßt sich in Ordnung bringen‹?«

»Weil Jack heute morgen in gestrecktem Galopp von Cornwall angeritten kam. Reverend Hitch hat gehört, daß eine Verschwörung im Gange ist, um Sie zu töten. Der Plan sah vor, Sie festnehmen und in der Fleet einsperren zu lassen, um Sie dann in eine Prügelei zu verwickeln, bei der Sie von einem von Grosse gedungenen Mann umgebracht werden sollten.«

»Aber weshalb?«

»Weil Grosse überzeugt ist, daß der König in Wirklichkeit ein Freund der Katholiken ist. Er fürchtet, Sie könnten Ihre Güter zurückbekommen, bevor er sich endgültig in deren Besitz gebracht hat.«

»Und wo sind Jack und Marc?«

»Jack ist bei mir oder vielmehr bei Ihnen und macht Ihr Gepäck reisefertig. Marc ist auf dem Weg hierher, begleitet von Phillips, der Sie bittet, nicht mit dem Oberaufseher zu verhandeln. Er kennt sich in der Fleet aus und denkt, er könne für Sie bessere Bedingungen herausholen als Sie selbst.«

»Er hat sicher recht. Ich werde auf ihn warten.«

Kurze Zeit danach kommt er, und eines Tages werde ich aus der Gemeinschaftszelle herausgeholt. Ich lerne den verhaßten Alexander Harris kennen, den von seiner Reise zurückgekehrten Oberaufseher, lasse mich jedoch nicht auf eine Auseinandersetzung ein. Phillips kümmert sich um alles. Als ich zur Wohnung gebracht werde, die Phillips für mich ausgehandelt hat, kommt es mir vor, als würde ich mein Arbeitszimmer betreten. Jack hat gute Arbeit geleistet: Er hat einige meiner Möbel und Bücher, mein Muselaar und meine Laute hergebracht. Die Fenster gehen auf den Garten des Innenhofes; vom Boulespiel und vom Tennis ist hier fast nichts zu hören. Es gibt auch einen Raum für meine Diener.

»Ich habe dafür gesorgt, daß Sie in dem den Katholiken vorbehaltenen Gebäudeteil einquartiert werden«, sagt Phillips. »Die Räume sind komfortabler, und man wird weniger schikaniert.«

»Mein guter Phillips, was werden wir in fünfzehn Jahren hier tun?«

»Die Zeiten haben sich geändert, mein Herr, und Sie bleiben so oder so nicht lange hier. Aber vorläufig läßt sich nichts dagegen machen, und es ist besser, wenn Sie einigermaßen angenehm leben können.«

Mit einer großen Unannehmlichkeit hat Phillips allerdings nicht gerechnet. Ursache dafür ist mein unmittelbarer Nachbar Sir John Whitbrooke, der aus Starrköpfigkeit im Gefängnis ist: Er weigert sich, die den Katholiken auferlegte – zugegebenermaßen horrende – Buße zu bezahlen. Er ist von einer Schar Dienstboten umgeben, die nicht minder geräuschvoll sind als er selbst. Sir John hat an allem etwas auszusetzen.

»Master Harris soll nicht auf den Gedanken kommen, wir lebten hier wie die Fürsten. Wenn wir uns die geringste Zufriedenheit anmerken lassen, wird er die Preise erhöhen. Wir müssen uns Tag und Nacht beschweren.«

Genau das tut er unermüdlich, unterstützt von seinen Dienern und Freunden. Einige der anderen Gefangenen gesellen sich zu ihm, darunter Nicholas Rookwood, der Sohn eines alten Freundes meines Vaters. Wir nähern uns einander an – das Gefängnis ist zwar kein geeigneter Ort für Freundschaften, aber unsere Beziehungen sind besonders herzlich. Wir unterhalten uns über Musik, Literatur, Theologie und Rechtslehre; er interessiert mich um so mehr, als er das einzige nichtkatholische Mitglied einer der römischen Kirche seit eh und je treu ergebenen Familie ist. Er ist unerschütterlich von der Freiheit jedes Einzelnen überzeugt, seinen Glauben selbst zu wählen. Sein Credo ist unmißverständlich:

»Der Staat hat keine Macht über das Gewissen der Menschen und kann sie nie haben. Zu unserem Unglück haben sich die Kirchen in die Politik eingemischt und aus unserem Gewissen ein Schlachtfeld gemacht, auf dem Gefechte ausgetragen werden, die nichts Geistliches an sich haben. Ich habe mich aus dem gleichen Grund von der Religion meiner Familie abgewandt, der Sie an Ihrem Glauben festhalten läßt: um meine Unabhängigkeit kundzutun.«

Nicholas Rookwood ist ein gewandter Fechter; zwischen unseren Gesprächen verbringen wir unzählige Stunden damit, unsere Klingen zu kreuzen. Zusammen mit der Musik hat mich das Fechten immer wieder auf die Beine gebracht. Die Gefängniswärter sehen es nicht gern, aber wir haben sie mit klingender Münze davon überzeugen können, daß es sich dabei um einen harmlosen Zeitvertreib für beschäftigungslose Edelmänner handelt.

Phillips schlägt vor, daß Jack nach Cornwall zurückkehrt.

»Ich glaube, daß ich Ihnen hier nützlicher bin, mein Herr. Aber ich denke, daß dort eine zuverlässige Person über Ihre Interessen wachen sollte.«

»Ich bin bereit zu gehen«, sagt Jack, »wenn es nicht für lange ist. Fern von Ihnen fühle ich mich im Exil.«

»Fern von mir und fern von ... Wie heißt diese bezaubernde junge Dame schon wieder? Marianne?«

»Ja, mein Herr.«

Er reist ab. Phillips und Marc gehen hin und her zwischen dem Gefängnis und meiner Londoner Wohnung. Gelegentlich besucht mich meine Mutter in Begleitung ihres Bruders Lord Stourton. Sie halten mir lange Predigten, denen ich nur mit halbem Ohr zuhöre.

Elisabeth kommt fast jeden Tag zum Musizieren, und manchmal gelingt es ihr, ihre Schwestern mitzubringen, die allerdings sehr zurückhaltend sind. Zu dritt singen wir Villanellen; mit der Ankunft von Lady Amy Blunt in der Fleet, die über eine wundervolle Stimme verfügt, gehen wir zu vierstimmigen Madrigalen über.

Ich denke lieber an solche Momente zurück als an den Gefängnisalltag. Ich bin von Natur aus friedlich und vermeide es, mich in die häufigen Streitigkeiten verwickeln zu lassen, die von Alexander Harris, vom Verwalter Robert Holmes, vom besonders verabscheuenswürdigen Pförtner Henry Cooke und von den Aufsehern und Unteraufsehern angezettelt werden. Zudem ist Marc eine Art Wachhund für mich.

Ich muß mein Unglück geduldig hinnehmen. Auf Gerechtigkeit kann ich nicht hoffen. Treswell ist schlecht angeschrieben, weil er meine Interessen wahrnimmt. Dabei geht es nicht darum, daß ich katholisch bin. Am Hofe haben die Glaubensfragen an Bedeutung verloren. Die Katholiken sind nur insofern interessant, als ihre Religion sie zu Opfern gefräßiger Höflinge macht, deren Protestantismus nicht immer über jeden Zweifel erhaben ist. Grosse teilt sicher seine Beute mit einem dieser Höflinge, der sich im Gegenzug dafür einsetzt, daß ich mit unverminderter Strenge behandelt werde. Doch Treswell läßt nicht locker und hat mir versprochen, die Interessen meiner Familie bis zuletzt zu verteidigen.

»Mein Herr«, sagt Phillips eines Abends zu mir, »weshalb versuchen Sie nicht die Aufmerksamkeit des spanischen Botschafters Sir Gondomar zu erwecken? Ihr Vater hat in Lissabon den Ruf eines Heiligen. Man sagt, König Jakob schlage Spanien gegenwärtig nichts ab. Vielleicht würde er Sie nach Madrid gehen lassen.«

»Ich bin zu verschieden von meinem Vater, Phillips. Meine Religion ist die Musik, ich kann nicht eine inbrünstige Frömmigkeit vortäuschen, die ich nie empfunden habe. Damit würde ich nur in eine andere Falle geraten, die noch schlimmer ist als diese. Hier fühle ich mich wenigstens frei zu denken, was ich will.«

»Mein Herr, Sie sind viel zu aufrichtig in dieser Welt voller Täuschungen. Ich möchte Ihnen nur einen ehrenhaften Ausweg vorschlagen, um aus dem Gefängnis herauszukommen.«

»Doch dann müßte ich die Rolle spielen, die von mir erwartet wird, genau wie ein Hofschranz. Ich habe nicht die Kraft, mit einer solchen Lüge zu leben. Außerdem heiligt der Zweck nicht immer die Mittel.«

Zu meiner Überraschung glänzen Tränen in Phillips Augen.

»Ich danke Gott, daß Sie so sind, wie Sie sind, mein Herr. Verzeihen Sie mir, wenn ich Ihnen etwas sage, das Sie vielleicht nicht gerne hören. Aber in Ihrer unbeirrbaren Aufrichtigkeit sind Sie der würdige Sohn Ihres Vaters.«

Er sieht meinen Gesichtsausdruck.

»Oh, gewiß, an seiner Stelle hätten Sie Kompromisse geschlossen und Konzessionen gemacht, um für Ihre Familie zu retten, was zu retten ist, während er keinerlei Rücksicht nahm und nur an sich selbst dachte. Aber dort, wo Sie nicht kompromißbereit sind, sind Sie ebenso standhaft wie er. Gestatten Sie, daß ich Ihnen einen Rat gebe, mein Herr.«

»Reden Sie freiheraus, mein lieber Phillips.«

»Solange Sie hier ausharren müssen, sollten Sie sich eine Beschäftigung wählen. Ihr Vater hat siebzehn Sprachen gelernt. Es spielt keine Rolle, was Sie tun, aber bleiben Sie nicht untätig. Am Gefängnis zerbrechen jene Leute, die nichts mit sich anzufangen wissen.«

»Danke, Phillips. Sagen Sie mir, können wir trotz unserer Geldprobleme vierzehn Pfund beschaffen?«

»Kein Problem, mein Herr. Arm sind wir nur für den Oberaufseher. Sie sind nicht gerade vermögend, aber Sie haben genug, um bequem leben zu können.«

»Nun, sorgen Sie dafür, daß die Schuld eines gewissen Peter Osborne, der in der Gemeinschaftszelle einsitzt, beglichen wird. Und wenn er entlassen wird, geben Sie ihm noch zwanzig Pfund, damit er wieder auf eigenen Füßen stehen kann.«

Phillips hat seine Bedenken, das ist ihm anzusehen, aber er fügt sich wortlos. Osborne wird entlassen, ohne zu wissen, daß er seine Freiheit mir zu verdanken hat. Erst hinterher erzählt ihm Phillips von meiner »grenzenlosen Güte«.

»Die Freunde aus seiner Zunft waren froh, ihn wiederzusehen. Er gilt als tüchtiger Handwerker; schade, daß es um die Stoffweberei so schlecht steht. Da es an Werkstätten zur Veredelung mangelt, kann er seine Fähigkeiten nicht nutzen.«

»Es fehlt also weiterhin an solchen Werkstätten?«

»Ja, mein Herr. Bereits ist die Rede davon, zur alten Ordnung zurückzukehren. Niemand wollte sein Geld in Tätigkeiten stecken, die unter der direkten Aufsicht Seiner Majestät stehen. Solcherlei Geschäfte können Millionen verschlingen, wie schon mancher am eigenen Leib erfahren mußte. Zudem ist die neue Zunft der Fuhrleute des Königs nicht fähig, die Ausfuhr so zu organisieren, wie ihre Vorläufer es taten.«

»Selbst wenn man zur früheren Ordnung zurückkehrt, braucht es mehr als gute Absichten, damit die holländischen Tuchmacher ihr Einfuhrverbot für englische Stoffe aufheben.«

Aus meinen holländischen Quellen weiß ich sogar, daß bereits Ersatzlösungen gefunden wurden. Es wird mehr an Ort und Stelle gewoben und aus dem Norden eingeführt. Wie viele andere haben auch Ardent und Van Gouden ihre Handelsbeziehungen zu England abgebrochen.

*

Ich stürze mich mit Leib und Seele in die Musik. Ich beginne Ordnung in meine Partituren zu bringen und sie systematisch zu klassieren. Manchmal füge ich meiner Sammlung neue Kompositionen hinzu, doch ohne zu reisen ist es schwierig, sich auf dem laufenden zu halten. Ich bin sicher, daß es zum Beispiel neue Madrigale von Monteverde gibt, aber sie sind noch nicht bei uns gelandet.

Eines Tages erhält der Kasten des Virginals durch mein Ungeschick einen Spalt. Ich schicke Marc nach einem Tischler. Er ist bereits im Gang, als mir etwas einfällt.

»Marc!«

»Ja, mein Herr?«

»Versuche Herrn Giles Farnaby ausfindig zu machen. Seine Adresse findest du sicher bei der Zunft der Virginalbauer oder bei der Tischlerzunft.«

Er kommt in Begleitung eines großen Burschen von etwa zwanzig Jahren zurück.

»Guten Tag, Herr Tregian. Ich bin Richard Farnaby. Mein Vater ist verhindert und hat mich gebeten, Ihnen sein Bedauern auszudrücken. Bis er selbst kommen kann, hat er mich geschickt, um den Schaden zu begutachten.«

Von da an werde ich in die Familie Farnaby aufgenommen. Giles verbringt viele Abende in der Fleet und bringt mir erstaunliche Partituren mit. Einige davon kannte ich bereits in früheren Fassungen, aber er hat unglaubliche Fortschritte gemacht. Seine Technik stößt manchmal an ihre Grenzen. Doch aus dem Nachteil, daß er sein Leben hauptsächlich mit dem Bau von Möbeln und Instrumenten verbracht hat und nicht – wie etwa Bull oder Byrd – mit täglichen Musikstudien, hat er eine Tugend gemacht: Gerade in der Vernachlässigung sämtlicher Kompositionsregeln gelangt er zu den glanzvollsten Ergebnissen. Eigenartigerweise erinnert mich seine Musik an Monteverde. Er bringt eine meisterhafte Beherrschung der Melodien mit, wie ich sie höchst selten angetroffen habe. Er ist ein Genie der kühnen Einfälle, man spürt bei ihm eine Leichtigkeit und Großzügigkeit, um die ich ihn beneide. Da kommt er etwa an einem unserer Madrigalabende, und wenige Tage später bringt er mir eine atemberaubende

Fantasie mit, die von diesem Abend inspiriert ist. Echowirkungen, Melodiesequenzen, rhythmische Experimente, variantenreiche Figurationen, ein Finale im Stil einer Toccata und eine abschließende Kadenz mit einer wunderbaren doppelten Appoggiatura, wie ich sie nie gewagt hätte. Ein Meisterwerk, das ich sogleich in meine Partiturensammlung und in mein Repertoire aufnehme. Er besitzt die Kunst, eine Melodie in einen freien Kontrapunkt zu verwandeln, der von der linken Hand unmerklich in die rechte übergeht und das Stück beherrscht. Die Finger fliegen über die ganze Tastatur, und die Seele schwingt sich in unerforschte Gefilde empor, die einen die schmerzliche Einengung des Lebens vergessen lassen.

Ich finde Giles fesselnder als Gibbons und manchmal kühner als Meister Byrd. Auch Richard komponiert. Besonders gefällt mir seine Behandlung des Kontrapunktes. Er ist weniger inspiriert als sein Vater, aber er ist noch jung und um einiges weiter, als Giles es in seinem Alter war.

Die Farnabys sollten die letzte musikalische Entdeckung in meinem ersten Leben sein und eine der schönsten, die ich je gemacht habe.

*

Phillips umsorgt mich mit väterlicher Liebe. Seine blonden Haare sind ausgebleicht, ohne wirklich zu ergrauen, um seine Augen haben sich Falten gebildet, doch er hat ein jugendliches Gesicht wie alle Leute, deren Zähne nicht schadhaft geworden sind, und sein Körper ist immer noch schlank und rank. Manchmal bin ich gerührt, wenn ich daran denke, daß er sich schon vor vierzig Jahren um mich gekümmert hat. Ich sehe ihn noch, wie er auf unserer Flucht aus Cornwall dem kleinen Jungen, der ich damals war, beim Aussteigen aus dem Korb geholfen hat, in dem ich reiste. Ich erinnere mich an seinen schützenden Arm, als meine Mutter irgendwo in Devon oder Dorset Margaret gebar. Ich denke daran, wie ergeben er meinem Vater gewesen ist. Und er behütet mich immer noch ohne das geringste Zeichen der Müdigkeit. Im Gegenteil, er ist noch voller Energie. Er kommt und geht unermüdlich. Ich habe stets betont, daß ich ohne Jack an meiner Seite nicht leben könnte, und er fehlt mir manchmal wirklich. Aber in meiner gegenwärtigen Lage ist Phillips unentbehrlich. Ich empfinde ihm gegenüber eine echte Sohnesliebe.

Er verhandelt mit Harris über ein Ausgangsrecht. Dieses Recht ist so alt wie die Fleet selbst. Man darf das Gefängnis in Begleitung eines abkommandierten Aufsehers verlassen. Einige dürfen sogar allein weggehen, wenn sie beim Oberaufseher eine ausreichende Sicherheit hinterlegen.

Phillips gelingt es, Harris ein wertloses, aber so geschickt formuliertes Papier zu verschaffen, daß dieser überzeugt ist, den Gegenwert von dreitausend Pfund in der Hand zu halten.

»Und wenn Harris merken sollte, daß daran etwas faul ist?«

»Ich glaube nicht, mein Herr. Ich habe dafür gesorgt, daß er, wenn er Erkundigungen einzieht, eine vollkommen zufriedenstellende Auskunft erhält. Hoffentlich werden wir nicht genötigt sein, ohne Vorbereitungen zu verschwinden. Trotzdem rate ich Ihnen, nichts von dem, was Ihnen wichtig ist, in der Fleet aufzubewahren, denn wir könnten gezwungen sein, unvermittelt aufzubrechen. Die Gelegenheit kann sich irgendwann bieten …«

»Von welcher Gelegenheit reden Sie denn da, mein guter Phillips?«

»Der Herr möge mir gestatten, ihm im Augenblick nicht mehr zu verraten. Ich habe eine Idee, aber sie braucht ihre Zeit, und es müssen einige Voraussetzungen geschaffen werden … Nein, mein Herr, ich bitte Sie, keine Fragen zu stellen.«

Ich füge mich. Ich vertraue Phillips blindlings.

Nun kann ich mich also fast nach Belieben entfernen. Bedingung ist einzig, daß ich meinen Ausgangsobolus entrichte und die Stadt nicht verlasse.

Oft besuche ich die Farnabys und lerne bei ihnen, wie man Virginale baut. Gelegentlich, wenn Giles Holz für die Instrumente braucht, begleite ich ihn auf ausgedehnte Reisen. Ich verkleide mich als Diener – sonst würde man mich an Londons Stadttoren nach dem Namen fragen und festnehmen – und bleibe während ganzer Wochen weg. In tagelanger Arbeit stelle ich geduldig Register her, dann die Springer für diese Register und schließlich die Plektren für die Springer. Ich lerne Tasten zu schnitzen und sie mit Elfenbein zu überziehen. Ich schaue dem Handwerker zu, der die Saiten mit einer Art »Spinnrad« herstellt – eine komplizierte Arbeit, denn der Draht muß sehr präzis »gesponnen« werden.

Giles und Richard bringen mir nicht nur den Bau der verschiedenen Virginale bei – der Spinette mit der links angeordneten Klaviatur und den in einem Viertel ihrer Länge angerissenen Saiten und der Muselaare, bei denen die Klaviatur rechts angeordnet ist und die Saiten in der Mitte angerissen werden –, sondern anschließend auch den Bau der Cembali. Dieses weniger verbreitete Instrument erfordert eine größere und kompliziertere Arbeit. Ich schöpfe aus der Erinnerung an die vielen Stunden, in denen ich den Handwerkern bei den Ruckers zusah, ich lese eine Abhandlung und vertiefe mich in den Aufbau des Instruments. Wenn ich nicht bei den Farnabys arbeite oder mit meinen Schwestern und den Damen der Fleet singe, ordne ich meine Madrigale. Da Jack nicht da ist, der meine Handschrift perfekt nachahmen kann, kopiere ich alles selbst oder beanspruche die Hilfe eines Kopisten. Alles in allem arbeite ich gelegentlich achtzehn bis zwanzig Stunden an einem Tag.

Marc und ich haben unsere Pferde. Ich habe meine Unterkunft bei May behalten und verbringe dort mehr Nächte als in der Fleet.

Ich habe aufgehört, an mich, meine Probleme und mein Unglück zu denken. Ich denke nur noch an Musik, Instrumente und Musikaufführungen. Ich bin ein häufiger Gast in den Läden der Notendrucker. Sie verkaufen Partituren, die ich oft schon fünfzehn bis zwanzig Jahre früher in meine Sammlung aufgenommen habe. Gelegentlich finde ich eine Ergänzung.

Manchmal trete ich mit meinen Schwestern in den Salons von Katholiken auf. Man spricht über uns und unsere Gesangsaufführungen.

Ein Musiker leiht sich bei mir Partituren von Monteverde aus und läßt mich nach einer Woche wissen, sie seien unsingbar. Ich mache ihm den Vorschlag, daß ich seine Sängerinnen und Sänger dirigiere, und erkläre ihnen die einzigartige Technik der *seconda pratica.* Die Madrigale werden aufgeführt, der Musiker redet von einem Wunder. Es spricht sich herum, man kommt mich um Rat fragen und bittet mich, die Leitung eines *Consorts* zu übernehmen. Durch die Musik nehme ich wieder einigermaßen an der Welt teil, und dank ihr vergesse ich meine Schwierigkeiten. Cornwall verblaßt allmählich. Der Mensch ist so beschaffen, daß er fast nach Belieben bestimmen kann, was in seinem Kopf vorgeht.

In dieser Zeit erhalte ich die Nachricht vom Tod meiner Schwester Mary. Zuerst läßt sie mich fast gleichgültig. Erst nach und nach empfinde ich einen Schmerz, der von Erinnerungen an unsere Kindheit durchdrungen ist.

Dem bewegten Leben in der Fleet gehe ich weitgehend aus dem Weg. Aber ich erkläre mich bereit, eine in meinen Augen gerechtfertigte Aktion zu unterstützen, der sich auch viele Gefangene von Rang anschließen, Protestanten ebenso wie Katholiken. Die Sache wird mir von Edmond Chamberlayne vorgeschlagen, einem der rührigsten unter den Katholiken. Dieser Edelmann erzählt freimütig, daß er nicht wegen seines Glaubens in der Fleet ist: Die Ursache dafür ist sein Bruder, der Schulden in der Höhe von fünfzehntausend Pfund hat. In dieser aussichtslosen Lage gab es nur einen Ausweg, um es der Familie zu ermöglichen, ihre Geschäfte weiterzuführen: Einer mußte die Schulden auf sich nehmen und in die Fleet gehen, und das war er.

Er bringt dieses Opfer keineswegs mit stiller Zurückhaltung. Er ist mit Frau, Kindern und Bediensteten hergekommen. Mit seinem unwiderstehlichen Charme hat er Harris – Gott allein weiß, wie – dazu überreden können, der Familie seine eigenen Gemächer zu überlassen. Nach einiger Zeit wollte der Oberaufseher seine Wohnung wiederhaben. Chamberlayne wollte davon nichts wissen und ließ sich über ein Jahr lang nicht aus der Wohnung vertreiben. Ihr gegenseitiges Gebrüll ärgerte uns oder brachte uns zum Lächeln; jedenfalls wurde es zu einem beliebten Gesprächsgegenstand.

»Harris läßt seine Wut an Chamberlayne aus«, hieß es etwa, oder: »Heute ist Chamberlayne kampflustig, er greift Harris an.«

Wie bei einem Hahnenkampf zählte man die Punkte.

Chamberlayne hatte die Idee:

»Wenn wir Harris kein Geld mehr geben für Nahrung und Unterkunft, ist er ruiniert.«

Sir Francis Englefield, ein Neuankömmling, erklärte sogleich, er lasse sich seine Mahlzeiten aus einem Gasthaus bringen, und wir seien alle seine Gäste.

Ich war oft genug außerhalb des Gefängnisses, um ausgezeichnet speisen zu können, wenn mich danach gelüstete. Zudem hatte ich nichts gegen das Essen in der Fleet einzuwenden. Ich gebe zu, daß ich nie viel Wert auf das

Essen gelegt habe. Wenn es gut ist, um so besser; wenn nicht, achte ich nicht darauf. Doch es ist wahr, daß wir für Kost und Logis und kümmerlich bemessene Freiheiten teuer bezahlen mußten. Ohne Geld war gar nichts zu haben. Harris hatte den Unteraufsehern einige Befugnisse abgetreten, und diese bereicherten sich auf unserem Rükken, wo es nur ging.

Chamberlayne verkündete laut und deutlich, er werde nicht bezahlen. Viele von uns haben es etwas anders angepackt. Ohne Geschrei haben wir erklärt, wir würden bezahlen. Morgen, jedenfalls nächsten Monat. Wir standen immer tiefer in der Kreide. Ich war schließlich achtzehn Monate im Rückstand. Zweihundert Pfund. Harris drohte, er werde mich nicht mehr ausgehen lassen. Ich erwiderte ihm, daß er dann nie zu seinem Geld komme, was Phillips seufzend bestätigte. So ging es endlos weiter.

Die Tafelrunde von Sir Francis Englefield war Harris ein besonderer Dorn im Auge; mit den dampfenden Schüsseln wurde Katze und Maus gespielt – dürfen sie nun aufgetragen werden oder nicht? Dem Oberaufseher zufolge bestahl ihn Sir Francis, weil er sich nicht aus der zweifelhaften Küche der Fleet verpflegen ließ. Wir spielten das Spiel mit, und manchmal waren die Speisen nach einem stundenlangen, für mich höchst unterhaltsamen Hin und Her zum größten Mißvergnügen der Hungrigen längst kalt geworden. In solchen Augenblicken sprachen sie davon, Harris umzubringen, der diese Drohung äußerst ernst nahm – für Späße hatte er nie den geringsten Sinn gehabt.

Sir Francis Englefield war ebenso lautstark und großmäulig wie Chamberlayne, Sir John Whitbrooke und andere. Hätte ich das Gefängnis nicht verlassen können, hätte ich wohl nie ein Auge zugetan. Tag und Nacht wurden Türen eingerannt, unablässig wurde geschrien, gepoltert und endlos gestritten.

Es wäre völlig verfehlt anzunehmen, man hätte sich an das Leben in der Fleet gewöhnen können. Das war nicht einmal dann möglich, wenn man das Gefängnis von Zeit zu Zeit verlassen konnte. Die Engstirnigkeit, Mittelmäßigkeit und Kleinlichkeit der Leute, die verschiedenen Lager – wie in der Stadt gab es auch hier die Puritaner und die Anglikaner, die Jesuiten und die Weltlichen –, der Klatsch und das Zusammengepferchtsein: das alles machte das Gefängnisleben zu einer sanften, aber durchaus realen Tortur. Der Mief nistete sich in meinen Kleidern ein, setzte sich in jeder Hautfalte fest und ließ sich auch nicht abschütteln, wenn ich mit dem Pferd über Land galoppierte.

Daß ich davongekommen bin, habe ich Phillips, der Güte von May Hutchinson, den Farnabys und meiner Schwester Elisabeth zu verdanken, die mit größter Ausdauer auf dem Virginal übte, meist in der Fleet, und der ich alle meine Kenntnisse weitergab. Ohne meine verschiedenen Beschäftigungen wäre ich wohl verrückt geworden.

Die wenigen Male, da ich die Welt der Musik verließ und mit meinen wahren Problemen konfrontiert wurde – etwa wenn ich meinem Bruder Charles über die eine oder andere Transaktion Rechenschaft ablegen mußte oder wenn ich genötigt war, in Cornwall ein Stück Land zu verkaufen, um mir Geld zu verschaffen –, verfiel ich augenblicklich in tiefste Melancholie. Dann konnte auch keine Musik mehr helfen. Ich hatte größte Lust, alles aufzugeben, mich im Bett gegen die Wand zu drehen und nur noch auf den Tod zu warten, wie ich es bei so manchen Gefangenen gesehen hatte.

So weit ist es nie gekommen. *Ohne Hoffnung erlangt man das Unverhoffte nicht, das per definitionem unerreichbar und unergründlich ist,* sagt Heraklit. Ich hoffte, auch wenn ich nicht wußte, worauf.

Zwei, vielleicht auch drei Jahre lebte ich dahin – eine Ewigkeit, über die ich lieber den Mantel des Schweigens breite. Dafür möchte ich zu jenem Tag kommen, an dem sich endlich die von Phillips sehnlichst erwartete Gelegenheit bot.

XI

A better proof I see that you would have
How I am dead. Therefore when ye hear tell,
Believe it not although ye see my grave,
Cruel, unkind! I say, »Farewell, farewell!«

»Heaven and Earth«
THOMAS WYATT/FRANCIS TREGIAN

Einen bessern Beweis wollt Ihr haben,
Daß ich gestorben bin. Solltet Ihr davon hören,
Glaubt es nicht, selbst wenn Ihr mein Grab seht.
Grausam, herzlos! Ich sage: »Lebt wohl, lebt wohl!«

Wenn ich auf das Schreiben nie sonderlich Wert gelegt habe, bevor ich diese Erinnerungen verfaßte, so deshalb, weil ich die »Sprachmelodie« stets als zu einschichtig empfunden habe.

In der Musik kann man mehrere Stimmen zugleich reden lassen. Unter der tonangebenden Oberstimme gibt es gleichzeitig andere Melodien, die Traurigkeit, Nachdenklichkeit, Fröhlichkeit oder Frömmigkeit ausdrücken können wie bei diesen herrlichen *In Nomine* von Bull oder von Sweelinck, wo unter den überschwenglichen Variationen und Verzierungen der rechten Hand die Linke in den tieferen Registern den gemessenen Cantus planus erklingen läßt. Beim Schreiben ist es schwierig, mehrere Stimmen aufs Mal ertönen zu lassen; in der Literatur sind die vollkommenen Akkorde das Werk einiger weniger Genies, und auch bei ihnen sind sie nicht überall anzutreffen:

Herrn Shakespeare ist es bei *Hamlet* oder bei *Lear* gelungen, Herrn von Montaigne auf einigen seiner Seiten, Francesco Petrarca, Torquato Tasso oder Thomas Wyatt in einigen ihrer Gedichte. Doch solche vielschichtigen Melodien habe ich nur selten zu Gesicht bekommen. Seit ich selbst schreibe, verstehe ich die Schwierigkeiten besser.

Jedesmal, wenn ich einen Gedanken, ein Gespräch oder ein Ereignis zu Papier bringe, habe ich den Eindruck, etwas anderem untreu zu werden. So ausführlich meine Geschichte auch ist, sie bleibt bruchstückhaft und unvollständig.

Ich habe die Haupttöne dieser Pavane gesetzt. Aber daneben ereigneten sich tausenderlei andere Dinge. Neben der schlecht und recht wiedergegebenen Melodie gibt es andere Töne, die ihren Sinn vervollständigen würden, hohe und tiefe.

Ich habe nicht über meine unendliche Trauer gesprochen, als ich vom Tod des Herrn Shakespeare erfuhr, der einige Monate nach meiner Einkerkerung starb. Damals bemühte ich mich gerade um die Erlaubnis, die Fleet unbeaufsichtigt verlassen zu dürfen.

Während Chamberlayne uns mit seinen Problemen wegen der Unterkunft in den Ohren lag, während ich den Bau eines Spinettregisters erlernte, bereitete mir die Entdeckung des soeben ins Englische übersetzten *Don Quichotte de la Mancha* ein ungetrübtes Vergnügen.

Zur Zeit, als ich in den katholischen Salons Musikabende veranstaltete, machte der König Raleigh zum Werkzeug seiner schmachvollen Annäherung an Spanien. Obwohl ich in diesem großen Mann einen Feind hätte sehen können – er war erbarmungslos über die Papsttreuen hergezogen –, empfand ich Mitleid mit ihm. Der König hatte ihn ans andere Ende der Welt geschickt, um das Gold der Spanier zu erbeuten. Kaum war Raleigh unter widrigsten Bedingungen in See gestochen, als unser Herrscher Spanien ins Bild setzte und Philipp III. über alle Einzelheiten des geplanten Vorhabens unterrichtete. Die Spanier lauerten Raleigh auf, vernichteten sein Heer, töteten seinen Sohn und verteidigten natürlich erfolgreich ihr Gold. Raleigh kehrte mit leeren Händen nach England zurück, wo ihn der König, um Spanien seinen guten Willen zu beweisen, wegen Hochverrats hinrichten ließ. Eine Schandtat, die allgemeine Empörung hervorruft.

»Im Paradies wird Seine Majestät nicht den Sieg davontragen«, erklärt May Hutchinson trocken.

»Ich sehe darin das Vorzeichen einer möglichen Rückkehr Englands in den Schoß der katholischen Kirche.«

May ist anglikanisch, und wir sprechen nur selten über Religion. Aber an diesem Tag setzt sie zu einer Entgegnung an.

»Mein Freund, Sie täuschen sich in der englischen Seele. Auf dem Land mag es ganze Dörfer geben, die katholisch sind. So sagt man jedenfalls. Aber in allen Städten, den großen wie den kleinen, ist die Reformation tief verwurzelt. Die Leute glauben aus innerster Überzeugung, daß einzig die reformierte Kirche die Entwicklung des menschlichen Geistes garantieren kann …«

»Meine liebe May, gehen Sie da nicht etwas weit?«

»Nun, ich weiß, Sie haben mir von den prachtvollen Monumenten in Rom erzählt. Aber ein Gebäude ist keine Idee, es bedroht niemandes Leben, wenn es gut gebaut ist. Haben Sie je gesehen, daß die Protestanten einen Mann auf den Scheiterhaufen schicken, weil er behauptet, die Erde drehe sich, das Blut kreise im Körper oder das Universum entspreche vielleicht nicht den Beschreibungen von Aristoteles? Schauen Sie mich nicht so verdutzt an. Sie haben Hunderte von Büchern in dieses Haus gebracht. Einige davon habe ich gelesen, und sie haben mich befähigt, die Gespräche meiner Kunden während der Anprobe zu verstehen. In ihrer Anwesenheit sage ich nicht viel, aber bei Ihnen glaubte ich mir erlauben zu können …«

Ich könnte von Genf und der unerbittlichen Strenge der Calvinisten erzählen. Doch wozu? Ich begnüge mich damit, die Hand zu heben, um ihren Wortschwall einzudämmen.

»Verzeihen Sie mir. Seit dem Tag, als ich meine Schwester als meisterhafte Fechterin erlebte, müßte ich eigentlich wissen, daß die Frauen zu allem fähig sind. Warum sollten Sie sich nicht sogar auf dem Gebiet der Philosophie hervortun?«

»Spotten Sie nicht, Ihnen werden die Augen noch aufgehen!«

»Ich spotte nicht. Ich begrüße das Vergnügen, mich mit einer Dame über Philosophie unterhalten zu können. Das ist mir noch nie passiert.«

»Um auf Sir Walter Raleigh zurückzukommen: Ich hoffe, daß sein Geist und ganz besonders der Geist seines Sohnes den König bis ins Grab verfolgt.«

Das sind einige der Ereignisse, die ich musikalisch mit verschiedenen Melodielinien und mehreren Stimmen gleichzeitig hätte ausdrücken können. Beim Schreiben muß ich mich mit einem unvollständigen Bericht zufriedengeben.

Ich stelle fest, daß ich weder die Holländer noch meinen Sohn erwähnt habe. Dabei stand ich in diesen Jahren ständig mit ihnen in Verbindung. Marc und Jack, einmal sogar Phillips, sind nach Amsterdam und Tarbes gegangen. Sie haben mir Briefe, Abrechnungen, Geld und liebevolle Ermutigungen mitgebracht.

König Ludwig von Frankreich hat sich im Alter von etwa achtzehn Jahren zum Regieren entschlossen; er ließ Concini, den Günstling seiner Mutter, ermorden, verbannte Maria von Medici von der Macht und suchte die Unterstützung des Adels. Er hat die Brüder Tréville und deren Vater wieder zu sich gerufen. Charles zog es allerdings vor, in Tarbes zu bleiben. Er ist kein überzeugter Katholik und fürchtet eine bevorstehende Verfolgung der Protestanten, bei der er nicht mitmachen könnte. Lieber bleibt er auf seinen Ländereien. Arnaud ist den Musketieren beigetreten, einem Elitekorps unter dem direkten Befehl des Königs. Eine Zeitlang hat auch Francis bei den Musketieren gedient. Eines Tages jedoch äußerte er den Wunsch, nach Den Haag gesandt zu werden, und berief sich dabei auf seine holländischen Sprachkenntnisse. Die Gelegenheit dazu bot sich bald. Wenn er nicht beim französischen Botschafter wohnt, lebt er in Amsterdam im Hause der Familie.

»Weiß man, daß Sie einen Sohn haben?« flüstert mir Phillips in der Anfangszeit meiner Haft einmal zu.

»Ich habe es kaum jemandem erzählt. Meine Mutter scheint anzunehmen, daß er mit den anderen an der Pest gestorben ist. Die Tregians reden nicht darüber, und ich habe nie darauf beharrt. Weshalb fragen Sie?«

»Weil man mit ihm Streit suchen würde. Man würde befürchten, er wolle an Ihre Stelle treten und Ihre Güter mit mehr Erfolg zurückfordern als Sie.«

»Gerade deswegen habe ich ihn in England nie vorgezeigt. Ich will ihm nicht die Kugel vererben, die ich hinter mir herschleppe. Ich mußte es auf mich nehmen, aber ich will der letzte meines Geschlechts sein.«

»Der letzte wird Ihr Bruder Charles sein. Er schreit etwas zu laut heraus, daß er eines Tages wieder ebenso reich und mächtig sein wird wie seine Vorfahren. Er platzt vor Ungeduld, weil er denkt, er stelle es besser an als Sie. Aber er hat nicht das geringste diplomatische Geschick und wird in die eigene Falle treten.«

Ich kann nur seufzen. Phillips hat recht. Ich habe es meiner Familie beizubringen versucht, aber sie wollten nicht hören.

*

Ich weiß nicht mehr genau, wann mir klar wurde, daß es an der Zeit war zu verschwinden. Ich weiß auch nicht, ob viel oder wenig Zeit verstrich zwischen dem Gedanken und der Tat. Dagegen erinnere ich mich an den Tag, an dem ich Jack, der eigens hergekommen war, Marc und Phillips versammle. Wie jedesmal, wenn wir uns vor neugierigen Ohren schützen müssen, sind wir auf freiem Feld.

»Am Tag, als ich in die Fleet kam, hat Peter Osborne mir gesagt: ›Sterben Sie. Damit erlischt Ihre Schuld.‹ Ich glaube, daß für mich die Zeit gekommen ist, meine Schuld zu tilgen. Wenn jemand meinen Bruder überzeugen würde, auf unsere Forderungen nach der Rückgabe der Güter zu verzichten, wären die Tregians frei, und Charles, meine Schwestern und meine Mutter könnten ein vielleicht bescheidenes, aber ruhiges Leben führen.«

Jack und Phillips sehen einander an.

»Was ist? Seid ihr nicht einverstanden?«

»Wir sind derart einig mit Ihnen, mein Herr, daß wir seit geraumer Zeit Vorbereitungen treffen.«

»So! Ohne mir ein Sterbenswörtchen zu sagen?«

»Wir wollten alle Indiskretion und Unvorsichtigkeit vermeiden.«

Sie erheitern mich.

»Hattet ihr Angst, ich würde euch verraten?«

»Nein, es ging darum, einen Plan auszuarbeiten.« Phillips' Gesicht ist nachdenklich. »Aber es wird hart sein, mein Herr. Es ist unmöglich, die Dinge nur halb zu tun. Sie werden wirklich verschwinden müssen und Ihre Familie in England niemals wiedersehen. Allenfalls können Sie Ihren Sohn sehen, wenn niemand von seiner Existenz weiß. Antwerpen und Brüssel dürfen Sie nicht betreten, und Ihr unumgänglicher Aufenthalt in Amsterdam muß kurz und diskret sein. Dann muß ein Ort gefunden werden, wo nie jemand von Ihnen gehört hat. Städte wie Bordeaux, Rom oder Venedig kommen nicht in Frage. Ihr Wuchs und Ihre ungewöhnlichen Augen würden Sie überall verraten, wo man Sie kennt. In zehn Jahren, so Gott Sie am Leben läßt, ist es vielleicht wieder möglich. Aber jetzt …«

»Ich verstehe. Ja, ich hatte selbst daran gedacht. Doch wie kann ich sterben? Das ist viel komplizierter als eine Flucht.«

»Mein Herr, erlauben Sie uns, daß wir Stillschweigen bewahren, und versprechen Sie, unsere Ratschläge zu befolgen.«

»Eure Befehle, wollt ihr wohl sagen.«

»Mein Herr, ich würde mir niemals gestatten …«

»Jack, ich bitte dich. Nicht mit mir. Und ihr? Was werdet ihr tun, wenn ich nicht mehr da bin?«

»Ich begleite Sie, mein Herr«, sagt Marc ohne Zögern. »Ich weiß noch nicht wie, aber ich bleibe bei Ihnen.«

»Was dich betrifft, Jack, so möchte ich, daß du dich um Tregarrick kümmerst. ›Herr Tregarrick‹ kann doch wohl am Leben bleiben, wenn er sich im Ausland aufhält, nicht wahr?«

»Gewiß, mein Herr. Allerdings würde ich lieber bei Ihnen bleiben, selbst wenn es am anderen Ende der Welt ist.«

»Ich wünschte es ebenso, Jack, aber ich habe keine Ahnung, wo und wie ich leben werde; ich weiß nicht einmal, ob ich Marc behalten kann. Habe ein Auge auf Tregarrick, dort wirst du nützlich sein. Ich verspreche, dich zu benachrichtigen, wenn ich eines Tages die Möglichkeit sehe, dich kommen zu lassen. Und nun erklärt mir euren Plan.«

Er ist so einfach und undurchschaubar zugleich, daß er

alle Aussichten auf Erfolg hat unter der einzigen Bedingung, daß er streng geheim bleibt. Jedenfalls rede ich mir das ein, denn wenn das Unterfangen scheitern sollte, würde ich in Ketten gelegt, und diesmal nicht in der Fleet, sondern in der Clink, in Marshalsea oder im Tower. Wenn es aber gelingt, ist es ein voller Erfolg: Niemand mehr wird daran denken, mich zu verfolgen, denn ich werde tot sein.

*

Eines schönen Tages sah man in der Fleet Long John auftauchen, ein spindeldürres, struppiges, bärtiges Individuum unbestimmten Alters mit blödem Lächeln, flankiert von Rosy Bottom – »rosa Hintern«, einer dieser Namen, mit denen sich die Possenreißer gerne schmücken –, einem unförmigen Wesen mit schriller Stimme. Long John sagte kein Wort, Rosy Bottom redete ununterbrochen. Er erzählte in höllischem Tempo die gewöhnlichsten Dinge, denen er mit Gestik und Mimik eine komische Wirkung verlieh. Er war ein außerordentlicher Clown. Der schweigsame Long John dagegen besaß eine geradezu diabolische Geschicklichkeit. Seine Hände ließen nach Belieben Karten, Münzen, kleine und große Gegenstände auftauchen und verschwinden, ohne daß er den leisesten Ton von sich gab.

An bestimmten Tagen wurden diese beiden Gestalten von einem gewissen Spike begleitet, einem vierschrötigen Kerl mit tiefer Stimme, der ebenso groß und breit war wie der Bär, den er an der Leine hielt. Das Tier war laut seinem Meister, dessen Rufe bis zu mir schallten, von einem abgrundtiefen Haß gegen Hunde erfüllt und ein ungewöhnlich gewandter Tänzer.

Sie traten entweder im Hof neben den Plätzen für Tennis und Ballspiel auf oder im Gemeinschaftsraum. Sie sorgten für allgemeine Unterhaltung, und die *Bastons,* die Unteraufseher, blieben oft stehen, um über ihre unbeschreiblich komischen Darbietungen zu lachen.

Sie wurden bald zum festen Bestandteil der Fleet. Man kannte sie und warf ihnen einige Münzen in den Hut, den sie herumreichten. Ich bin sicher, daß sie fast nichts verdienten, aber das schien ihnen gleichgültig zu sein. Sie wurden zu vertrauten Gestalten, auf deren Kommen und Gehen niemand mehr achtete. Manchmal verbrachten sie eine Nacht zusammengerollt in einer Ecke des Gemeinschaftsraums oder bei schönem Wetter im Hof.

Ich sah sie von ferne und hörte immer wieder von ihnen, doch es dauerte Wochen, bevor einer sich mir näherte. Ich hatte mich meinerseits nicht im geringsten darum bemüht, sie kennenzulernen. Eines Morgens trat Spike mit seinem Bären direkt unter meinem wegen der Wärme offenstehenden Fenster auf. Ich saß am Virginal. Plötzlich landete der Ball, den der Bärenführer seinem Tier zuwarf, vor meinen Füßen.

Ich las ihn auf und trat ans Fenster … Dieser Ball erweckte in mir das sonderbare Gefühl, als hätte ich ihn schon einmal gesehen. Aber wo denn …? Und dann erinnerte ich mich. Er ähnelte zum Verwechseln einem Ball, den ich vor langer Zeit aus dem Fell eines erlegten Tiers für Guillaume Ardent gemacht hatte, als er noch ein kleiner Junge war. Ich betrachtete ihn eine Weile und verspürte einen jener seltenen Augenblicke des Bedauerns, die ich in meinen Jahren in der Fleet empfunden habe: Ich erinnerte mich an die sorglose Zeit, in der ich beinahe vergessen konnte, daß ich ein Tregian bin.

Da bemerkte ich auf dem Ball die Initialen, die ich selbst mit dem Eisen eingebrannt hatte: die ineinander verschlungenen Buchstaben G und A. Ich lehnte mich aus dem Fenster, und mein Blick begegnete Giulianos Augen:

»Guter Mann, seien Sie nicht böse, daß mein Ball Ihrer

Musik nicht widerstehen konnte«, sagte er, ohne mich zu Wort kommen zu lassen. »Wenn Sie die Güte hätten, eine Pavane zu spielen, würde mein Bär mit größtem Vergnügen dazu tanzen.«

»Hat er eine bestimmte Vorliebe?« Meine Stimme zittert nicht einmal.

»Er schwärmt für *The Hunt's Up,* Die Jagd ist zu Ende.«

»Gut, dann spiele ich es Ihnen.«

Ich schob das Virginal zum Fenster und begann die *Intavolatura* dieses Volkslieds zu spielen,

Zu dieser Stunde waren nur wenige Leute im Hof. Long John, Rosy Bottom und ein paar Neugierige traten näher und halfen dem armen Bären, den Takt zu behalten, indem sie in die Hände klatschten.

»Ich wette, daß der Bär nicht zum Lied tanzen kann, das ich singen werde«, sagt Rosy Bottom, kurz bevor er auf die Nase fällt, weil er vor dem Publikum eine übertriebene Verbeugung macht.

Alle lachen.

»Aber ja, Rosy Bottom, singe uns etwas vor.«

»Was wollt ihr? Tragödie, Komödie, Historiendrama, Pastorale, komisches Pastorale, dramatisches Pastorale, tragikomisch-dramatisches Pastorale oder ...«

»Singen Sie uns doch ein sentimentales Pastorale.«

»Gut. Ruhe! Ihr hört nun *Love will find a way,* Die Liebe wird einen Weg finden.«

Und er beginnt zu singen:

Over the mountains
And over the waves
Under the fountains
And under the graves;
Under floods that are deepest,
Which Neptune obey
Over the rocks that are steepest

Love will find out the way.
Where there is no place
For the glow-worm to lie
Where there is no space
For receipt of a fly
Where the midge dare not venture
Lest herself fast she lay
If Love come he will enter,
And soon find out his way.

Über Berge
Und Wellen
Unter Brunnen
Und Gräbern;
Unter den Fluten, den tiefsten
Die Neptun gehorchen
Über die Berge, die steilsten
Findet die Liebe ihren Weg.
Wo kein Platz ist
Für den Glühwurm
Wo kein Raum ist
Für eine Fliege
Wohin die Mücke sich nicht wagt
Weil sie um ihre Flügel fürchtet
Wenn da die Liebe eintritt
Findet sie bald ihren Weg.

Das Lied löst einen Reigen von Erinnerungen aus. Ich schließe die Augen, um den Bastard nicht mehr zu sehen, der dieses Lied singt, das ich in einem anderen Leben von einer anderen Person gelernt habe Von einer anderen Person? Francis, Francis, du bist doch so stolz auf dein musikalisches Gehör ... Ich halte die Augen geschlossen und lausche. Und unter dem Krächzen des Clowns vernehme ich hin und wieder die reine Stimme von ... Aber ja, wer könnte es denn sonst sein? Ich öffne die Augen, schaue hin und erkenne sie blitzartig: Rosy Bottom ist die unerschrockene Dorothée. Dann kann wohl der spindeldürre Kerl kein anderer sein als ... Es gibt nichts daran zu rütteln: Long John kann nur mein Sohn sein.

Ich wußte, daß die drei Gaukler meine Fluchthelfer sein würden. Aber Jack und Phillips hüteten sich tunlichst, das Geheimnis ihrer Identität zu lüften – sie fürchteten, ich würde der Sache einen Riegel vorschieben.

Sie haben meinem Gesicht wohl angesehen, daß ich sie erkannt habe. Sie stürzen sich in eine schwindelerregende Darbietung, und alle Blicke richten sich auf sie. Rosy Bottom singt aus voller Kehle und fürchterlich falsch:

Come live with me and be my love
Thou, in whose groves, by Dis above,
Shall live with me and be my love.

Komm leb mit mir, sei mein Geliebter
Du, der du in Dionysos' Wäldchen
als mein Geliebter mit mir leben wirst.

Ich kann das Lachen nicht unterdrücken. Warum hat mir der Schöpfer nicht die Leichtigkeit, den Schwung und all die Gaben geschenkt, die er diesem Weiblein mit vollen Händen zuteil werden ließ? Inzwischen ist sie die Mutter zweier Kinder. Doch als Clown ist sie hier ebenso am Platz, wie wenn sie am Strohmarkt einen angesehenen Mann, einen Kunden oder einen Nachbarn mit ausgesuchter Liebenswürdigkeit empfängt. Sie hat ein umwerfendes komödiantisches Talent, dem zweifellos auch Herr Shakespeare oder Meister Mulcaster ihre Bewunderung nicht hätten versagen können.

Am Abend nach dieser Offenbarung, über die wir selbstverständlich kein Wort verlieren, stellt Phillips in

Anwesenheit von einem Dutzend Häftlingen und ebenso vielen Unteraufsehern fest:

»Sie sehen schlecht aus, mein Herr. Sind Sie unpäßlich?«

»Ich weiß nicht, Phillips. Ich fühle mich nicht in meiner üblichen Verfassung.«

Und so erkranke ich nach und nach. Der einzige Mensch, den ich nicht täuschen möchte, ist meine Schwester Elisabeth, der ich sehr zugetan bin und mit der mich die gemeinsame Leidenschaft für die Musik verbindet. Aber ich bin gezwungen, sie zu belügen. In ihrer allen Listen abgeneigten Aufrichtigkeit und Lauterkeit könnte sie das Geheimnis nicht für sich behalten.

Alles, was mir am Herzen liegt, befindet sich nun bei Phillips: meine Sammlung von Madrigalen, mein Montaigne, meine paar Stücke von Shakespeare, meine Ausgaben von Gibbons, Dowland, Byrd, Morley und anderen mehr. Ich behalte nur meine Sammlung von Stücken für Virginal, die ich mir unbedingt einprägen will, bevor ich sie Elisabeth anvertraue.

Meine »Krankheit« dauert über lange, nicht enden wollende Wochen an; ich muß ständig in der Fleet bleiben und die meiste Zeit im Bett verbringen. Ich ertüchtige mich heimlich, denn ich muß mir unbedingt meine Gelenkigkeit erhalten. Außerdem würde ich das Untätigsein nicht aushalten. Doch ohne Tennis, Reiten und Fechten ist es nicht leicht.

Der Sommer geht seinem Ende entgegen, als Phillips mich eines Tages wissen läßt, er glaube, »das Mittel gefunden zu haben«. So lautet das Losungswort.

Im selben Zeitpunkt nimmt das ständige Kommen und Gehen von Rosy Bottom und Long John hektische Züge an. Zu jeder Tages- und Nachtstunde gehen sie in der Fleet ein und aus, manchmal mit, manchmal ohne Bär. Zu mir kommen sie nie.

Dafür erhalte ich eines Tages in ihrer Abwesenheit Besuch von meiner Schwester Dorothée.

Sie trägt ein herrliches Kleid aus malvenfarbener Seide, darüber einen weißen Samtmantel. Die Ärmel sind aus kostbarer flämischer Spitze, der Kragen ist reich bestickt. Sie macht einen solchen Eindruck auf Harris, daß er ihren Besuch persönlich ankündigt. Allerdings vergißt er nicht, wie Dorothée mir später erzählt, sie darauf hinzuweisen, daß ich ihm fast zweihundert Pfund Pensionsgeld schulde.

Sie bleibt nicht lange, weint viel und umschlingt mich eng, obwohl ich sie zur Vorsicht mahne.

»Mein teurer, lieber Bruder, was bedeutet mir der Tod? Nach meinem Mann und meinen Kindern sind Sie mir das Liebste, das ich habe.« Sie beugt sich über mich, um mich zu küssen. »Der Mann, auf den wir gewartet haben, ist endlich da. Es steht schlecht um ihn. Sein Tod ist nur noch eine Frage von Tagen oder gar Stunden. Sie müssen so elend aussehen wie möglich. Das nächstemal, wenn Ihre Schwester Dorothée Sie besucht, werden Sie nicht mehr da sein.«

Sie erhebt sich und beginnt wieder geräuschvoll zu schluchzen. Phillips und Jack, die sie begleitet haben, stützen sie beim Hinausgehen. Sie läßt Harris zehn Pfund überreichen.

»Das ist alles, was ich habe. Seien Sie versichert, daß ich alles tun werde, was in meiner Macht steht, damit Sie den Rest so schnell wie möglich erhalten.«

Sie reicht ihm die Hand zum Kuß, und er ergeht sich in Dankesbezeugungen. Es würde ein übernatürliches Maß an Phantasie erfordern, um sie zwei Stunden später bei ihrem Auftritt mit Long John wiederzuerkennen. Niemand hat je vermutet, daß hinter Rosy Bottom eine Frau stecken könnte, nicht einmal ich.

Auch meine Mutter kommt mich besuchen. Sie weint.

»Mein armer Sohn, ich hätte nicht gedacht, Sie eines Tages in der gleichen Lage zu finden wie Ihren Vater. Ich bin stolz, daß Sie das alles für Ihren Glauben erdulden.«

Geschickt hat Phillips das Gerücht gestreut, meine Krankheit könnte ansteckend sein. Immer seltener kommt jemand in mein Zimmer. Zu meinem größten Bedauern untersagt Phillips May Hutchinson den Zutritt. Ich werde sie nicht wiedersehen. Sir Francis Englefield oder Nicholas Rookwood kommen manchmal bis zur Schwelle, um ein paar Worte zu wechseln. Aber niemand nähert sich mehr meinem Bett außer den Dienern und meiner teuren Elisabeth. Ich hätte ahnen müssen, daß sie der Gefahr trotzen und bei mir ausharren würde.

Sie hat einen Gatten gefunden, einen reichen Gewürzhändler namens Robert Johnson, der sich in sie verliebt hat und von dem sie mir mit aufrichtiger Zuneigung erzählt. Daß sich die ganzen Familien Tregian, Arundell und Stourton gegen diese Verbindung mit einem Bürgerlichen sträuben, kümmert sie nicht. Daß sie zögert, ihn zu heiraten, liegt einzig an der fehlenden Mitgift.

»Ich will nicht aus Barmherzigkeit geheiratet werden. Das wäre auch nicht richtig, denn es ist Brauch, daß eine Frau eine Mitgift in die Ehe einbringt.«

Ich könnte von ihrer Anmut und Schönheit sprechen, aber so, wie ich sie kenne, zählt das für sie nicht. Ich beschließe ihr zu helfen.

»Phillips, wir müssen Geld für Elisabeths Mitgift auftreiben, sonst endet sie als alte Jungfrau.«

»Ich bin ganz Ihrer Meinung, mein Herr. In Dorset besitzen Sie noch ein Stück Land, das kaum etwas einbringt, weil es nicht bewässert wird. Doch es ist ziemlich ausgedehnt und gut gelegen. Wenn zum Beispiel ein Händler ein Haus errichten möchte, wäre das wohl ein geeignetes Grundstück …«

»Geben Sie mir Feder und Papier.«

Ich stelle das für die Überlassung erforderliche Dokument aus, und Anwalt Treswell läßt es mich vor Zeugen unterschreiben und eintragen. Seacombe, ein an der Grenze zu Devon gelegenes Gut, bildet Elisabeths Mitgift zusammen mit dem Geld, das ich für sie angelegt habe. Für den restlichen Besitz hinterlasse ich kein Testament. Würde ich Golden meinem Bruder vermachen, würde er auf der Stelle in die Fleet eingesperrt. Grosse würde bestimmt dafür sorgen. Golden ist verloren, es hat keinen Sinn, sich darauf zu versteifen.

*

Endlich kommt der Tag, an dem der von langer Hand vorbereitete Plan verwirklicht werden kann.

Um genau zu sein, beginnt es mitten in der Nacht in der kurzen Zeitspanne, während der es ruhig ist in der Fleet. Richard Farnaby kommt herein; er trägt einen leblosen, in einen Umhang eingehüllten Mann auf der Schulter, dessen Kopf und Arme herunterbaumeln.

»Er ist etwas kleiner als Sie, aber das wird nicht auffallen. Immerhin war er auch sehr groß, der arme Teufel.«

»Man hat ihn doch hoffentlich nicht getötet, um mir zu helfen?«

»Seien Sie unbesorgt. Wir haben ihn seit Wochen gepflegt. Er hatte keinerlei Aussicht, wieder gesund zu werden.«

Ein Schauder durchläuft mich, als er ihn auf mein Bett legt. Dieser Tote wird schon morgen meine Identität annehmen. Ein sonderbares Gefühl befällt mich, als wäre ich lebendig und tot zugleich.

»Ich verlasse Sie nun, mein Herr, fassen Sie sich in Geduld. Wenn alles gutgeht, werden Sie noch vor Mittag verschwunden sein.«

»Ist dafür gesorgt, daß Elisabeth den Leichnam nicht zu Gesicht bekommen kann?«

»Ja, mein Herr. Ihr Verlobter wird ihr das neue Haus zeigen, und sie wird dort das Cembalo finden, das Sie für sie gebaut haben. Sie wird den ganzen Tag dort verbringen, und übermorgen wird die Beerdigung schon vorüber sein.«

Er geht weg. Im Augenblick wundere ich mich nicht darüber, daß auch er an Phillips Plan beteiligt ist. Allein verbringe ich Auge in Auge mit meinem Alter ego einen schwierigen Moment. Der Mechanismus ist in Gang gesetzt, ich kann ihn nicht mehr aufhalten. Ich bin noch von vertrauten Gegenständen umgeben, doch Francis Tregian existiert nicht mehr. Ich öffne den Umhang; wie vereinbart, hat man den Kadaver bereits entkleidet.

Ich ziehe ihm meine Klamotten an. Seit einigen Wochen habe ich mein Haar vorsorglich gebleicht. Hoffentlich sieht es dem Haar dieses armen Teufels genügend ähnlich. Als ich meine Vorkehrungen beendet habe, schließe ich sorgsam den Bettvorhang. Ich stutze mir den Bart, um ihm eine andere Form zu geben. Mit der Bürste entferne ich ein wenig Puder aus meinem Haar. Dann setze ich mich und warte.

Der Morgen graut, die Kirchenglocken beginnen reihum zu läuten. Vielleicht mein letzter Morgen in London. Ohne mein Dazutun tauchen Bilder aus der Vergangenheit auf.

Unsere Ankunft in der Schule der Schneiderzunft. Herr Francis und Herr Adrian. Die Extreme berühren sich. Meister Morley und seine Laute. Können Sie mir folgen, Herr Harrington? Der kraftvolle Händedruck der Königin. Sagen Sie Ihrem Vater …

Als die Türe aufgeht, schrecke ich auf.

Es ist Rosy Bottom mit einem Paket unter dem Arm. Wortlos ziehe ich die Lumpen von Long John an und setze seinen Hut auf. Ich beschmiere mein Gesicht. In letzter Zeit habe ich seine einfachsten Zaubertricks immer wieder geübt. Hoffentlich gelingt es mir nötigenfalls, die Leute hinters Licht zu führen.

Geräuschlos gehen wir hinaus. Gerade zur rechten Zeit: Die Unteraufseher treten ihren Dienst an. Statt eines einzigen, dem man leicht ausweichen kann, werden es in wenigen Augenblicken ein halbes Dutzend sein, die im Gang auch vor meinem Zimmer auf und ab gehen. Niemand wird daran denken, die Türe aufzustoßen. Herr Tregian ist krank und schläft bis in den späten Morgen.

Wir kauern uns in der Ecke des Hofes nieder, wo sich bereits Spike mit seinem Bären befindet. Er rührt sich nicht, und wenn ich ihn nicht so gut kennen würde, hätte ich den Eindruck, daß er schläft. Nur der Bär läßt ein kurzes Brummen hören.

Lady Amy Blunt tritt ihren Morgenspaziergang an. Wie so oft bringt sie den Gauklern Kuchen mit. Rosy Bottom nimmt sie in Empfang und verteilt sie. Lady Amy würdigt uns kaum eines Blickes. Ihr fällt nichts Besonderes auf an unserem Grüpplein.

Die heikelsten Augenblicke des Vorhabens stehen uns noch bevor.

Der erste ist das Verlassen des Gefängnisses.

Die Anwesenheit des Bärenführers und der Gaukler ist so alltäglich geworden, daß der Pförtner Henry Cooke nicht einmal den Kopf hebt, als wir das Tor passieren. Der Moment wurde mit Bedacht gewählt: Er hat soeben den Dienst angetreten und ist noch benebelt vom Bier und vom Schlaf. Rosy Bottom sagt die gebräuchlichen Worte:

»Wir sind zu dritt und bitten Sie um die Erlaubnis, hinauszugehen, werter Herr Cooke.«

Er nickt und streckt die Hand aus, in die Dorothée den vorgeschriebenen Shilling legt. Selbst wenn Cooke die Augen gehoben hätte, wäre ein scharfer Blick vonnöten gewesen, um mich unter den Lumpen von Long John auszumachen: dieselbe Größe, dieselbe Nase, derselbe Bart und derselbe Schmutz – unter solchen Umständen sind mein Sohn und ich kaum auseinanderzuhalten. Einmal draußen, gehen wir zur Treppe von Blackfriars, wo Richard Farnaby in einem Kahn auf mich wartet. Im Kahn ziehe ich mich um und verwandle mich in einen biederen, altersgebeugten Händler in braunem Umhang und schwarzem Mantel. Die beiden anderen sind umgekehrt. Mir ist schwer ums Herz. Mein Sohn ist in der Fleet. Meine geliebte Schwester und Giuliano sind allen möglichen Gefahren ausgesetzt. Und wenn Phillips ...

Wir fahren den Strom hinauf bis in die Gegend von Richmond und legen am Twickenham Park an. Das Ufer ist verlassen. Wie wir es uns alle sehnlichst gewünscht haben, ist der Himmel bedeckt, und es beginnt zu regnen.

Wir warten lange in einer leeren Hütte, die Frau Farnaby gehört.

»Wie kommt es, daß Sie, mein lieber Master Richard, in diese Geschichte hineingezogen wurden?«

»Master Phillips hat meinen Vater dazu überreden können: Er brauchte einen Tischler für den Sarg, den er eines Tages benötigen würde. Nur eine Vertrauensperson kam dafür in Frage. Unsere Familien kennen sich seit langer Zeit; Master Phillips kannte meinen Großvater Thomas, und zudem sind Sie einer der größten Bewunderer von Vaters Kompositionen ...«

»Und von den Ihren, lieber Master Richard.«

»Sie sind sehr gütig, doch ich kenne meine Mittelmäßigkeit. Wie dem auch sei, mein Vater hat nicht gezögert. Er ist Ihnen zutiefst ergeben. Ich wurde damit beauftragt, mich um die ... die Person zu kümmern, die Sie ersetzen sollte, weil man mich in der Fleet kaum kannte.«

»Wer war es?«

»Ein Weber aus Lancashire, der durch die Krise alles verloren hatte. Er war nach London gekommen in der Hoffnung, sich eine neue Existenz aufbauen zu können.

Er lebte auf Kredit in einer Herberge. Als er krank wurde, wollte der Wirt ihn loswerden und ließ ihn festnehmen.«

Ein langes Schweigen folgt.

»In seinen letzten Tagen hat er mir ein wenig aus seinem Leben erzählt. Ich hatte das Gefühl, einen Freund zu verlieren. Und ich gestehe, mein Herr, daß ich ihn selbst im Wissen um Ihr Warten gesundgepflegt hätte, wenn es möglich gewesen wäre.«

»An Ihrer Stelle hätte ich dasselbe getan. Ich möchte meine Freiheit nicht einem Mord verdanken müssen.«

Es dunkelt schon, als sie kommen. Der Bär ist verschwunden. Giuliano sieht hinreißend aus als reicher holländischer Händler. Francis ist ein französischer Edelmann, Dorothée ein Knappe mit Degen und keckem Hut. Jack und Marc sind ihre Diener. Einzig Phillips befindet sich noch in Gefahr.

Im grauen Dämmerlicht schauen wir uns an. Francis stürzt auf mich zu und drückt mich an seine Brust. Wir sind so bewegt, daß niemand ein Wort über die Lippen bringt.

»Nun?« frage ich endlich in ersticktem Ton.

Dorothée erwidert mit dünner Stimme:

»Ich bin mit Giuliano in die Fleet zurückgekehrt und habe den Pförtner Cooke gefragt: ›Was haben Sie denn mit Long John gemacht?‹ – ›Was soll ich mit ihm gemacht haben? Er ist mit euch weggegangen.‹ – ›Aber nein! Sie haben ihn wohl zurückgehalten, denn er stand direkt neben mir, als ich Ihnen guten Tag gesagt habe, und als ich um die Ecke bog, war er verschwunden.‹ – ›Ich bin doch nicht der Hüter aller Narren, die in der Fleet übernachten wollen, ich habe anderes zu tun. Der Bär wird ihn wohl aufgefressen haben.‹ – ›Mein Bär frißt niemanden!‹ hat Giuliano erwidert. ›Der gnädige Herr hat sich vielleicht im letzten Augenblick anders entschieden.‹ – ›Der *gnädige Herr* Long John, wie ihr ihn nennt, treibt sich wohl in irgendeiner Ecke herum. Gebt den Eingang frei, seht ihr denn nicht, daß jemand vorbei will? Hört auf, mich zu belästigen, und sucht euren Narren selbst.‹ So einfach ist es gewesen. Als wir kurz darauf zusammen mit Francis wieder an der Pförtnerloge vorbeikamen, hat Cooke nur gesagt: ›Und diesmal gebt acht, daß keiner verlorengeht.‹ Wir waren gerettet.«

»Und Giuliano …?«

»Er ist mit seinem Bären dageblieben. Nichts ist geschehen. Ich bin etwa zwei Stunden später in meinen schönsten Kleidern zurückgekehrt, zusammen mit Phillips, nachdem wir uns von meinem Bruder verabschiedet haben. Wir sind eingetreten und haben Ihren Tod entdeckt, mein armer Freund.«

Sie bricht in ein schallendes Gelächter aus, aber das kann mich nicht aufheitern. Ich wußte es und war darauf vorbereitet, doch die Vorstellung kann mit der Wirklichkeit nicht Schritt halten: Was sie dort vorgefunden hat, ist tatsächlich ein Teil meiner selbst, den ich für immer aufgegeben habe. Und ich frage mich sogar plötzlich: wozu denn? Was erwarte ich von einem neuen Leben? Ich bin fünfundvierzig. Zahlreiche Männer und Frauen meines Alters sind schon längst gestorben. Ich weiß nicht, welche Hand mich am Nacken hält und mich dazu bringt, daß ich hoffe und lebe. Aber sie ist da. *Ohne Hoffnung erlangt man das Unverhoffte nicht, das per definitionem unerreichbar und unergründlich ist.*

»Verzeihung, mein Bruder«, sagt Dorothée mit sanfter Stimme. »Ich kann mir vorstellen, daß es für Sie schwierig ist.«

»Erzählen Sie lieber weiter. Sie sind also eingetreten und haben mich gefunden.«

»Das ganze Haus ist zusammengelaufen. Ich weinte herzzerreißend. Harris war nicht da, aber das war keine Überraschung. Wir wußten, daß er den Mittwochabend in galanter Gesellschaft zu verbringen pflegt und nur selten vor Donnerstagmittag zurückkommt. Es gab einen kleinen Auflauf. Nur Phillips ist zum Toten getreten, aber er hat allen anderen davon abgeraten. Die Ansteckungsgefahr, nicht wahr. Er hat den Körper in ein Tuch gewickelt, und wir mußten ihn dem Verwalter Robert Holmes abkaufen – wußten Sie, daß in der Fleet selbst Ihr Körper Harris gehört?«

»Ist alles gutgegangen?«

»Ohne Zwischenfall. Nur etwas Unvorhergesehenes ist geschehen: Auf Ihrem Virginal habe ich Ihre Sammlung von Stücken für Tasteninstrumente entdeckt.«

»Potztausend! Die hatten wir ganz vergessen!«

»Ich habe sie an mich genommen. Robert Holmes wollte sie mir nicht geben ohne die Einwilligung von Harris und versuchte sie mir zu entreißen. Da hat Phillips ihm gesagt: ›Pfui, mein Herr! Sie wollen doch nicht in Anwesenheit eines Toten die Hand gegen eine Dame erheben. Das würde Ihnen der Himmel nie verzeihen.‹ Sir Francis Englefield hat erklärt, ich hätte Anrecht auf dieses Buch als Erinnerung an meinen Bruder, es lägen ja sonst noch genug Bücher herum. ›Aber Herr Tregian schuldet uns über zweihundert Pfund für die Pension.‹ – ›Sie können sich am Rest schadlos halten. Ein Buch mehr oder weniger – was macht das schon für einen Unterschied?‹ Sie kennen Sir Francis' Hochnäsigkeit. Holmes hat nachgegeben. Ich habe ihm zehn Pfund bezahlt für den Leichnam. Man hat nach Herrn Farnaby geschickt, der mit zwei Handwerkern gekommen ist, um Maß zu nehmen für den Sarg, und wenig später verließ die sterbliche Hülle von Francis Tregian die Fleet.«

»Hat niemand nachgeprüft, ob es sich tatsächlich um einen Leichnam handle und ob der Tote wirklich ich sei?«

»O doch! Holmes ist vorsichtig. Phillips hat ihn gewähren lassen, nachdem er den Körper eingehüllt hat. Doch er hat sich mit einem kurzen Blick begnügt, um sich zu versichern, daß es sich wirklich um einen Leichnam handelt. Doch weder ihm noch sonst jemandem ist der Gedanke gekommen, der Tote könnte ein anderer sein als Sie.«

»Hat jemand die Tregians benachrichtigt?«

»Ja, mein Herr«, sagt Jack, »ich bin nach Clerkenwell gegangen, als alles vorüber war, und habe Ihrer Frau Mutter davon abgeraten, in die Fleet zu gehen, weil die Anstekkungsgefahr zu groß sei. Die Damen sind weinend im Haus geblieben, und Charles wollte wissen, ob Sie ein Testament hinterlassen haben. ›Ich muß sogleich eines abfassen‹, hat er gesagt. Fräulein Elisabeth war noch nicht nach Hause gekommen.«

»Ich kann es kaum fassen, Giuliano, daß Sie so lange von Amsterdam fernbleiben konnten.«

»Mein lieber Francis, als Phillips uns ins Vertrauen zog, hatte ich die allergrößte Mühe, um Wim und Jan davon abzuhalten, auf der Stelle aufzubrechen. Es kam zu einer erbitterten Auseinandersetzung darüber, wer von uns für die Durchführung des Plans am geeignetsten sei. Schließlich beugten sie sich meinen Argumenten: Wim kennt England überhaupt nicht, und Jan kennt es nicht mehr. Sie ließen mich also ziehen, aber nur unter der Bedingung, daß ich mit Ihnen zurückkomme. Wenn ich Sie nicht zurückbringe, wird meine Frau mich auf die Straße stellen, und meine Teilhaber werden nicht zögern, mir die Kehle durchzuschneiden. Anfänglich wollte ich Dorothée nicht in die Sache hineinziehen, und um Francis hatte ich Angst wegen seiner mangelnden Englischkenntnisse ...«

»Deswegen haben wir diese Nummer einstudiert, zu der uns Master Phillips geraten hat.«

»Ich habe zwar die Truppe an Ort und Stelle kommandiert«, bemerkt Giuliano, »doch der Stratege ist er. Die Idee mit den Gauklern und dem Bären, die wochenlange, sorgfältige Vorbereitung, die Organisation des Austauschs, der Einfall, die täuschende Ähnlichkeit zwischen Ihnen und Ihrem Sohn auszunutzen, das alles stammt von Phillips. Und außerhalb der Familie ist mit Ausnahme der Masters Giles und Richard niemand ins Geheimnis eingeweiht.«

»Aber der Körper meines … meines Doppelgängers hat die Fleet nicht verlassen. Hat das niemand bemerkt?«

»Wer hätte sich schon die Mühe genommen, sich darum zu kümmern? Es war ein Bettler. Herr Richard hat den Leichnam ausgelöst, und es ist fast undenkbar, daß der Unteraufseher, der die zwei Pfund kassiert hat, sich beim Pförtner erkundigt und man dabei feststellt, daß der Tote in der Fleet geblieben ist. Zwei Pfund sind keine Kleinigkeit; wir haben darauf gewettet, daß der Unteraufseher sie mit niemandem teilen will. Zur Stunde ist alles beendet. Phillips hat dafür gesorgt, daß es so rasch wie möglich geht. Wir haben seit Monaten auf einen solchen Mann gewartet: groß, mager und krank.«

»Und wenn nun die Gaukler nicht mehr auftauchen?«

»Ich halte es für unmöglich, daß man einen Zusammenhang herstellt. Es gibt keinen Grund dazu. In der Fleet sterben täglich Leute.«

»Herr Harris hätte auch alles Interesse daran, den Mund zu schließen, selbst wenn er hinter die Wahrheit kommt. Denn als lebender Flüchtling käme ich ihn teuer zu stehen: Er wäre für meine Schuld haftbar.«

*

Doch Francis Tregian wurde kommentarlos beerdigt. Mein Tod wird von allen hingenommen. Meine Familie läßt Messen lesen; einzig Elisabeth zeigt Zeichen einer wirklichen Trauer. Auf meine Bitte hin überreicht ihr Phillips meine Musikstücke:

»Ich werde sie mit gleicher Sorgfalt behandeln wie das

Cembalo, das er für mich gebaut hat, und werde sie mein Leben lang spielen. Es wird sein, als würde die Stimme meines Bruders noch in meinen Ohren klingen.«

Sie machte keinerlei Anstalten, in die Fleet zurückzukehren; sie allein hätte in ihrer Unschuld eine unserer Lügen aufdecken können – zum Beispiel wenn sie sich über die Anwesenheit ihrer Schwester gewundert hätte. Ihr Heiratsdatum ist festgelegt.

Leider hat mein Bruder Charles dieses Testament abgefaßt, dem er so viel Bedeutung beimaß. Ich hoffe für ihn, daß meine düsteren Prophezeiungen sich nicht erfüllen.

Nachdem ich das alles erfahren habe, fühle ich mich befreit. Nun gilt es London zu verlassen.

Gerührt verabschiede ich mich von den Farnabys. Ich verehre sie als Künstler, die ich bewundere, als Handwerker, denen ich alles zu verdanken habe, und als treue Freunde. Ich weiß, daß ich sie nie mehr sehen werde.

Wir begeben uns in die Grafschaft Kent ins Haus von Phillips' Familie. Hier kennt mich keiner. Zum erstenmal begegne ich Mistress Phillips, mit der die Jahre nicht so gnädig umgegangen sind wie mit ihrem Mann: Sie ist eine alte Dame. Ich bekomme bald zu spüren, daß sie ihrem Mann an Großzügigkeit in nichts nachsteht. Sie bereitet Herrn de Troisville, dem französischen Edelmann, der mit seinem Gefolge gekommen ist, um Herrn Tregian zu besuchen, einen prächtigen Empfang.

Für uns geht es nur noch darum, aus England herauszukommen. Doch darin sind Giuliano und ich bestens geübt.

Ich habe mich von Phillips verabschiedet, und dieser Abschied ist sicher endgültig.

»Meine zwei Söhne sind auf dem Meer umgekommen«, sagt er mit zitternder Stimme. »Sie haben sie mir ersetzt, mein Herr, und haben mir in den zwölf Jahren meines Dienstes bei Ihnen viele glückliche Augenblicke geschenkt.«

Ich bin sprachlos und schäme mich auch ein wenig, daß ich nichts von Phillips' Privatleben gewußt habe. Ich möchte mich bei ihm für seine väterliche Güte bedanken und für seine aufopfernde Hilfe bei meiner Flucht. Aber kein Wort kommt über meine Lippen. Ich nehme ihn fest in die Arme. Francis Tregians Stimme ist verstummt, und meine neue Stimme meldet sich noch nicht.

Jack kehrt nach Tregarrick zurück; vor seiner Abreise denken wir uns noch eine Möglichkeit aus, wie wir miteinander in Verbindung bleiben können. Ich besitze noch die Medaille der Heiligen Crida, die mich seit jenem fernen Abend meiner Kindheit begleitet, als ich von Golden verjagt wurde. Ich überreiche sie ihm.

»Ich behalte den Ring. Wenn dir jemand eines Tages eine mit diesem Ring versiegelte Botschaft bringt, kannst du ihm vertrauen, und ich werde jenem vertrauen, der die Medaille hat. Wenn es möglich ist, lasse ich dich wissen, wo ich mich aufhalte.«

»Mein Herr, ich ...« Seine Stimme klingt rauh. »Mein Herr, ohne Sie ...«

»Ohne mich wirst du in Cornwall ein beschauliches Leben führen, du wirst sehen ...«

Trotz stürmischen Herbstwetters nehmen wir an einem trüben Tag die Überfahrt in Angriff und landen in der Bretagne unweit von Concarneau.

Nun muß ich mir ein anderes Leben erfinden.

XII

Belle qui tiens ma vie
Captive dans tes yeux,
Qui m'as l'âme ravie
D'un sourire gracieux,
Viens tôt me secourir
Ou me faudra mourir.

Pourquoi fuis-tu mignarde,
Si je suis près de toi
Quand tes yeux je regarde
je me perds dedans moi,
Car tes perfections
Changent mes actions.

»Pavane«
THOINOT ARBEAU/WILLIAM BYRD

Schöne, mit deinen Augen
Hast du mich eingefangen,
Dein entzückendes Lächeln
Hat meine Seele berückt,
Komm und erlöse mich,
Sonst muß ich sterben.

Warum zierst du dich so,
Wenn ich dir nahe bin?
Wenn ich dir in die Augen sehe,
Bin ich verloren,
Denn deine Vollkommenheit
verwandelt mein Tun.

Das Leben im Gefängnis ist eine Qual, selbst wenn man in seinem Kommen und Gehen so frei ist, wie ich es war. Man muß einen Großteil der Kräfte auf Händel um Dinge verwenden, an die ein gewöhnlicher Mensch vor seiner Festnahme kaum einen Gedanken verschwenden würde. Ich habe einige Offiziere erlebt, die ihren Männern dermaßen zugesetzt haben, daß sie nichts anderes mehr im Kopf hatten als das Heer, in dem sie dienten. Harris war ein Meister in solchen Dingen, um so mehr, als er Rechtswissenschaft studiert und damit stets einen Paragraphen zur Hand hatte, den er einem an den Kopf werfen konnte. Hamlets Antwort auf den Einwurf *»Ein Wort, mein Herr, ich bitte Sie darum«* hätte durchaus sein Leitspruch sein können: *»Eine ganze Geschichte, wenn Sie es wünschen.«*

Diese ständigen Händel erstickten die Geräusche der Außenwelt. Den Jesuiten, den meine Mutter am Anfang meiner Haftzeit zu mir geschickt hatte, stellte ich schon bald höflich, aber entschieden vor die Türe und zog ihm einen weltlichen Beichtvater vor. Mit dieser Wahl beraubte ich mich einer Nachrichtenquelle, die zwar parteiisch, aber zweifellos ausgiebig gewesen wäre. Ich hatte eine leise Ahnung von dem, was sich in London ereignete, doch der Rest der Welt war sozusagen verschwunden.

In Amsterdam erwache ich auf einen Schlag.

Ich stelle fest, daß ganz Europa vom Waffenlärm widerhallt und die Vereinten Provinzen der Niederlande in Aufruhr sind. Für die Holländer war Spanien immer eine Bedrohung gewesen, und die Scharmützel, ja, die Schlachten, die Eroberungen und Rückeroberungen von Landesteilen sind stets Bestandteil unseres Lebens gewesen. Das war so alltäglich, daß kaum darüber gesprochen wurde. Ich wußte, daß der Pfalzgraf Friedrich in Böhmen als Friedrich V. zum König gekrönt worden war. In London hatte das aus gutem Grund großes Aufsehen erregt: Friedrich V. war der Gemahl »unserer« Prinzessin Elisabeth, der Tochter von König Jakob.

Doch nun, da ich wieder auf dem Kontinent bin, wird mir klar, daß diesmal die Welt auf dem Spiel steht. Die Interessen des spanischen Königs, des Kaisers, der deutschen Fürsten, der Könige von Dänemark und Schweden komplizieren den Glaubenskrieg nicht nur, sie verfälschen ihn geradezu. Und die Religionen sind auch in sich nicht geschlossen: Bei den Protestanten gibt es die gemäßigten Lutheraner und die zumeist fanatischen Calvinisten; bei den Katholiken stellen die »Politischen« – zu denen ich mich zähle – den Staat über die Religion, während die Jesuiten die Religion über alles andere setzen. Sie bekämpfen sich in den eigenen Reihen ebenso heftig, wie sie gegen die Andersgläubigen kämpfen. Und der Papst befindet sich als Oberhaupt der Kirche oft im Konflikt mit seiner Rolle als regierender Fürst.

Alle protestantischen Vereinten Provinzen Hollands sind unmittelbar von den Unruhen betroffen. Der mit Spanien für zwölf Jahre abgeschlossene Waffenstillstand nähert sich seinem Ende, und Spinola unternimmt im Dienste des Königs Philipp II. Schritte, um zurückzuerobern, was man in Madrid bereits »unsere Provinzen« nennt. Die Holländer haben in Antwerpen und später in Prag, von wo aus einige Überlebende mit ihrem König nach Amsterdam oder Den Haag entkommen konnten, nur zu gut gesehen, wie grausam die Spanier bei der Wiedereinsetzung der katholischen Religion vorgehen. Im Lande ist man zur Verteidigung entschlossen: Der Rhein muß gehalten werden.

Das Leben ist nicht mehr so unbeschwert wie früher. Zwischen dem holländischen Ratspensionär Oldenbarnevelt, der für einen dauerhaften Frieden mit Spanien plädiert, und dem Prinzen Moritz von Oranien, der zusammen mit den Calvinisten nach Ablauf des Waffenstillstands den Kampf wieder aufnehmen will, tobt eine heftige Auseinandersetzung. Daß die politische Diskussion über Spanien den Charakter eines Religionskonflikts annimmt, macht die Sache besonders kompliziert. Statt über Krieg oder Frieden zu sprechen, streitet man sich darüber, ob die Lutheraner mit ihrem Zweifel an der Prädestinationslehre recht haben oder die Calvinisten, die zutiefst daran glauben.

Die Katholiken werden schließlich ungewollt in den Streit verwickelt: Ein Werk des Kardinals Bellarmine, das sich gegen die Prädestinationslehre wendet, erscheint in Holland just im Moment, als Prinz Moritz die Oberhand gewinnt, und schleudert den Funken ins Pulverfaß. Oldenbarnevelt wird festgenommen und später hingerichtet. Prinz Moritz ordnet eine Säuberung an. Die Lutheraner sollen aus allen wichtigen Ämtern entfernt werden; beflissene Beamte werfen die Katholiken in den gleichen Topf. Doch das holländische Volk neigt von Natur aus wenig zur Intoleranz. Daß Ardent und Van Gouden von der Säuberung weitgehend verschont bleiben, haben sie auch Freunden, Nachbarn, Kunden und Lieferanten zu verdanken, die sie zum Durchhalten ermutigen und ihnen raten, den Kopf einzuziehen, bis das Gewitter vorüber ist. Seit der Reformation waren die Katholiken nie verfolgt worden, solange sie keine Verschwörung anzettelten. Es kann sich nur um eine vorübergehende Schrulle handeln.

Anfänglich verstecke ich mich im Haus am Strohmarkt. Ich verbringe dort eine Art Genesungszeit und schöpfe neue Kräfte, geistige wie körperliche, bevor ich mich in neue Taten stürze.

Doch die Gefahr einer Entdeckung, die alle Bemühungen vereiteln würde, die Probleme der Tregians durch meinen Tod zu lösen, ist zu groß. Angesichts meiner bevorstehenden Abreise ist Jane rührend um mich bemüht. Dorothée verläßt mich kaum; wir unterhalten uns stundenlang, während ihre Kinder um uns herumtollen. Wir musizieren oft. Ich interessiere mich ein letztes Mal für den Gang der Geschäfte, die Giuliano nach wie vor mit glücklicher Hand führt. Ardent und Van Gouden haben nun ein Maß an Wohlstand erreicht, daß sie auch einen schweren Schlag verkraften würden, ohne unterzugehen. Wir sind vermögende Leute. Unter anderen Umständen könnte ich ein behagliches bürgerliches Leben führen.

Manchmal steigen wir in den Keller des Hauses hinunter: Wim hat dort für seine Frau einen Fechtsaal eingerichtet, wo die ganze Familie, vom immer noch gefährlichen Giuliano bis zu Dorothées ältestem Sohn Wim dem Jüngeren, ihre Fertigkeiten unter Beweis stellt.

Der junge Thomas, das Wunderkind, studiert an der Universität von Leiden: Wie ich höre, ist er ein glänzender Rhetoriker und fühlt sich leidenschaftlich zur Naturwissenschaft hingezogen.

»Er wird nicht bloß ein Tuchhändler, sondern auch ein Gelehrter«, sagt man voller Stolz am Strohmarkt.

Ich werde ihn nicht wiedersehen.

Mit Jan unternehme ich eine Reise zu den Webern im Norden.

Das von Cokayne angeregte Vorhaben des englischen Königs ist endgültig bankrott gegangen; die königliche Zunft der Fuhrleute wurde aufgelöst, und die frühere Zunft der Fuhrleute ist wieder im Besitz ihrer Privilegien. Doch die Vereinten Provinzen haben es nicht eilig, ihr Einfuhrverbot für englische Stoffe aufzuheben. Inzwischen sind auch vier oder fünf Jahre vergangen – eine Ewigkeit für einen arbeitslosen Tuchhändler oder Weber. Die Holländer haben andere Bezugsquellen und neue Absatzmärkte gefunden, die englische Tuchindustrie ist ruiniert.

Während dieser letzten gemeinsamen Reise reden Jan und ich viel miteinander, als wollten wir einen Vorsprung gewinnen auf die unausweichliche Trennung. Zum erstenmal sprechen wir über unsere Kindheit und unterhalten uns über die tiefen Beweggründe unserer Handlungsweisen.

Ein Abend in einer Herberge in Groningen ist mir unvergeßlich geblieben. Windstöße rüttelten an den Scheiben. Jan saß am Tisch und schrieb. Er legte die Feder hin, bestreute sein Blatt mit Sand und blies darauf. Und plötzlich sah ich hinter diesem massigen, ergrauten Mann den kleinen, schmächtigen Adrian von Clerkenwell auftauchen, der mit großer Würde die Blätter meiner Lateinaufsätze trocknete.

Er hebt den Kopf.

»Was ist denn, Francis? Weinst du?«

»Ich habe mir gerade gesagt, daß ich wenige Menschen so geliebt habe wie dich.«

Ohne sich zu rühren, schaut er mich eindringlich an.

»Selbst wenn wir uns nie wiedersehen sollten, dieses Gefühl ist unzerstörbar.« Seine Stimme ist rauh.

*

Ich verlasse den Strohmarkt, bleibe aber noch in Amsterdam. Ich will nicht auf gut Glück abreisen; ich brauche ein Ziel.

Die Stadt ist ein wahrer Ameisenhaufen geworden: Das Vorhaben, von dem man seit Jahrzehnten sprach und das ihre Größe verdoppelt, wird verwirklicht. Jenseits der alten Stadtmauer wird ein neuer Ring gegraben, der aus drei großen Kanälen besteht: der Herengracht, der Keizersgracht und der Prinsengracht. Die Brouwersgracht, die auf freiem Feld endete, als ich dort wohnte, liegt inzwischen im Stadtzentrum. Entlang dieser Kanäle entstehen ganze Viertel. In einem dieser neuen Viertel, das noch nicht viel mehr ist als eine Baustelle, lasse ich mich nieder. Die Hugenotten nennen es »Le Jardin«, den »Garten«. Sie sind hier besonders zahlreich, und ihr Zustrom reißt nicht ab, weil sie fürchten, Frankreichs neuer König werde das Edikt von Nantes aufheben. Auf der Straße und in den Läden wird Französisch gesprochen; man wähnt sich in einer Stadt des Brabant oder in Poitiers. Das große Durcheinander erschwert die Kontrollen, und ich falle nicht weiter auf.

Ich habe den erstbesten Familiennamen angenommen, der sich mir angeboten hat: Roqueville. Er ist sozusagen das Vermächtnis eines alten Hugenotten, der nach Amsterdam gereist ist, um zu einer Familie zu stoßen, die in Tat und Wahrheit nie angekommen war. Er suchte vergeblich nach ihr. Wir lebten in zwei Zimmern Wand an Wand und tauschten sogar Erinnerungen aus: Er hatte an der Schlacht von Arques teilgenommen. Eines Morgens erlitt er plötzlich einen Erstickungsanfall und starb.

»Vergessen Sie mich nicht … Sagen Sie ihnen … Roqueville …« sind seine letzten Worte.

Ich sehe darin ein Zeichen, seinen Namen zu tragen, und füge ihm einen Vornamen hinzu, mit dem ich meine Offenheit für beide Religionen bekunden möchte. Mein Traum von gegenseitiger Toleranz mag ein Hirngespinst sein, aber ich kann nicht darauf verzichten. Ich weiß, daß ich damit nicht der einzige bin: Die Farnabys als fromme Puritaner, May Hutchinson, Anwalt Treswell, selbst Reverend Hitch haben mich mit ihrer Zuneigung beehrt und mir geholfen, ohne nach meiner Religion zu fragen, wie auch ich jederzeit bereit wäre, ihnen zu helfen. Wir sind alle Christen. Im Namen der Religion werden Massaker und Mißbräuche gerechtfertigt. Doch ich bin überzeugt, daß sich das ändern wird – morgen oder in einem Jahrhundert, darauf kommt es nicht an –, und da mir das Leben die Gelegenheit dazu bietet, will ich mit meinem Namen ein Zeichen setzen: Ich werde mich Chrétien Roqueville nennen.

Außerhalb des Familienhauses kennen nur zwei Menschen mein Geheimnis: Vater und Sohn Sweelinck.

Dirk Sweelinck lief mir in einem Gäßchen des *Jordaan,* wie die Holländer das Viertel in Abwandlung des französischen Wortes *jardin* nennen, über den Weg, und ich spielte den Erstaunten, was mir bis dahin stets gelungen war bei jenen, die mich zu erkennen glaubten:

»Sie müssen sich irren, mein Herr …«

Ich bin rasiert bis auf einen Schnurrbart und ein spitzes Kinnbärtchen nach französischer Art. Ich habe meinen Haarschnitt geändert und trage die Uniform eines Offiziers. Mit einem Wort, mein Äußeres hat sich genügend gewandelt, um die Leute zu täuschen, die mich nicht so gut kennen. Doch Dirk Sweelinck ist seiner Sache gewiß.

»Ein Irrtum? Ich glaube nicht, mein Herr, denn es kann keine zwei Männer geben mit diesen Händen eines Organisten.«

»Sind Sie selbst Organist, mein Herr?«

Ich belustige ihn sichtlich, aber er geht großzügig auf mein Spiel ein.

»Durchaus, mein Herr. Sie etwa nicht?«

»Mein Gott, man kann es so sagen, wenn ich auch mehr schlecht als recht spiele.«

»Würde es Ihnen Vergnügen bereiten, auf der Orgel der Oude Kerk zu spielen?«

Dieses Angebot macht vollends deutlich, daß er weiß, wer ich bin. Die Sweelincks hüten ihre Orgel wie ihren Augapfel, und ich bin einer der wenigen Auserwählten, für die sie eine Ausnahme machen.

»Ich wäre entzückt, mein lieber Herr.«

Wir machen uns auf den Weg.

»Herr Dirk?«

»Ja, Herr …?«

»Chrétien Roqueville, wenn Sie gestatten.«

»Ich bin ganz Ohr, Herr Roqueville.«

»In Amsterdam werden Sie und Ihr Herr Vater außer meiner Familie die einzigen sein, die meine Geschichte kennen. Aber ich werde nichts erzählen und nichts zugeben, solange Sie nicht vor Gott schwören, daß Sie niemandem ein Sterbenswort verraten.«

»Ich schwöre es bei meiner Ehre und meinem Seelenheil, mein Herr.«

Wir gelangen zum Haus auf dem großen Platz und treten ein. Der Meister ist weißhaarig und vom Alter gebeugt. Nur seine Finger haben ihre Gelenkigkeit behalten. Er verläßt sein Cembalo, hört wohlwollend zu und dankt mir für mein Vertrauen.

»Was werden Sie nun tun?«

»Sollten die Vereinten Provinzen wirklich in Gefahr sein, eile ich zu den Fahnen, um sie zu verteidigen.«

Nach diesem Zwischenfall, der beweist, wie unsicher meine Lage ist, suche ich eine gute Gelegenheit zu verschwinden.

Nach der langen Entwöhnung übe ich mich wieder mit Feuereifer im Fechten. Ganz wie ich gehofft habe, wirbt mich im Fechtsaal ein niederländischer Offizier an.

»Die Vereinten Provinzen brauchen Männer, die so gewandt sind mit dem Degen wie Sie.«

Ich verspreche ihm, mich bereitzuhalten für den Tag, an dem es losgeht. Und dieser Tag läßt nicht lange auf sich warten.

Die Nachricht erreicht uns, daß der protestantische König von Böhmen, Friedrich V., vom erzkatholischen Kaiser Ferdinand von Habsburg in der Schlacht am Weißen Berg bei Prag geschlagen wurde.

Bisher hatte sich der Krieg auf das weit entfernte Böhmen beschränkt. Doch Friedrich ist auch Kurfürst von der Pfalz, und der Kaiser wird todsicher seinen Sieg nutzen, um ihm das Fell über die Ohren zu ziehen. Der Krieg nähert sich den Vereinten Provinzen, die nicht tatenlos zusehen können, wie sich der Kaiser an der Grenze festsetzt.

Eine Truppe wird aufgestellt, zu der auch ich gehöre.

Ich werde als Chrétien Roqueville aufgenommen, und da ich vom Jordaan komme, hält man mich von vornherein für einen Hugenotten. Der Oberbefehlshaber, mit dem ich die Klinge gekreuzt habe, hat trotz meiner Beteuerungen gemerkt, daß ich ein Edelmann bin, und mich sogleich zum Leutnant befördert. Wie bei allen Heeren sind die religiösen Schranken verschwommen: Unter meinen Männern befinden sich etliche Katholiken. Die Söldner verpflichten sich in der Regel nicht, um einem Ideal zu dienen; ihnen geht es darum, das Überleben ihrer Familien zu sichern. In den Heeren zirkuliert eine Lebensregel, die für einen Mann mit Grundsätzen schwer zu schlucken ist: *Es kommt nicht darauf an, welchem Herrn wir dienen, solange wir ihm aufrichtig dienen*. Die Niederländer sind um so eher bereit, sich zu verpflichten, als sie als Krüppel eine Lebensrente erhalten, und sollten sie im Kampfe fallen, wird diese Rente den Hinterbliebenen ausbezahlt. Zudem gibt es einen Schlag von Männern, denen die Wahl zwischen der Entwässerung der Polder und dem Abenteuer leichtfällt.

Einige Wochen lang haben wir uns auf den Kampf vorbereitet. Die Lage wird immer drohender, und schließlich entsendet der Prinz von Oranien unsere Truppe in die Pfalz zur Verstärkung eines aus England gekommenen Kontingents, das von Sir Horace Vere befehligt wird.

Vor dem Aufbruch nehme ich Abschied von der Familie. Marc ist nach Den Haag gegangen, um meinen Sohn zu benachrichtigen, der in gestrecktem Galopp hergeritten ist. Im Louvre hat man gemerkt, daß er dank seiner Verankerung in zwei Kulturen unschätzbare Dienste leisten kann: Er hat die diplomatische Laufbahn mit Begeisterung eingeschlagen.

»Frankreich wird König Friedrich von Böhmen unterstützen«, versichert er mir. »Als überzeugter Katholik zögert König Ludwig zwar noch, aber wir werden ihn bald davon überzeugt haben, daß es nicht in seinem Interesse liegt, wenn der Kaiser zu viele Gebiete erobert. Wird das Deutsche Reich zu mächtig, ist Frankreich verloren.«

»Ich wundere mich trotzdem, daß man die Niederlage von König Friedrich einfach so hingenommen hat. Ich weiß, daß die protestantischen Fürsten geglaubt haben, mit seinem Opfer dem Krieg ein Ende zu setzen. Doch damit läßt sich der maßlose Ehrgeiz des Kaisers nicht befriedigen.«

»Das wissen wir. Wäre Friedrich katholisch, wäre Frankreich ihm zu Hilfe geeilt. Leider ist er ein Protestant, und der König Frankreichs hat einige Skrupel. Wir versuchen ihn zu bearbeiten, aber ich kenne ihn: Er muß selbst zur Überzeugung gelangen, das Richtige zu tun. Ich bin durchaus hoffnungsvoll, denn selbst der Papst sträubt sich gegen ein allzu mächtiges Deutsches Reich.«

»Demzufolge darf ich die Hoffnung hegen, Sie eines Tages auf einem Schlachtfeld anzutreffen, mein Sohn.«

»Ja, Vater, aber in einem Salon wäre es mir lieber.«

»Mir auch, glauben Sie mir. Im Kampf brauche ich keinen Vergleich zu scheuen, doch ich ziehe das Spinett der Muskete vor.«

Bevor ich mich einschiffe, verbringe ich eine letzte Nacht am Strohmarkt. Niemand legt sich schlafen. Die Augen bleiben trocken, die Herzen sind schwer und die Lippen verschlossen. Einzig Jane stößt hin und wieder einen Seufzer aus.

Ich verlasse das Haus im ersten Dämmerlicht. Nur Marc begleitet mich. Wir gehen dem Damm entlang bis zur Anlegestelle des Schiffes. Noch einmal wende ich den Kopf für einen letzten Blick, doch der Morgennebel verschleiert die Hausfassade und die an die Fenster gepreßten Gesichter.

*

Wir fahren den Rhein hinauf bis nach Worms. Hier liegt Sir Horace Vere mit dem englischen Kontingent in Garnison. Es besteht aus knapp zweitausend Mann, kampfbereit und gut bewaffnet. Doch was können sie letzten Endes ausrichten gegenüber Spinolas vierundzwanzigtausend Soldaten?

Der englische König hat wie gewöhnlich schöne Worte gemacht, denen aber keine Taten folgen. Sir Horace Vere, ein aufrechter Soldat, scheut sich nicht, dies laut zu verkünden. Ich habe mich oft gefragt, ob die Engländer unter solchen Bedingungen, angesichts des unvermeidbaren Todes, ausgeharrt hätten, wäre da nicht der von seiner Truppe verehrte, wegen seiner Heldentaten respektierte Sir Horace gewesen. Man sagte, daß er selbst Spinola Angst einflöße.

Die Lage ist so besorgniserregend, daß ich darob die Angst vergesse, erkannt zu werden. Ich diene Vere als Bote. Glücklicherweise bin ich ihm nie zuvor begegnet, obwohl er sich oft in Holland aufhielt; ich stelle mich als Lothringer vor, der lange in Plymouth gelebt hat, wo die Leute mit einem ähnlichen Akzent sprechen wie in Cornwall. Er schluckt die Geschichte, denn er hat keinen Grund, mir nicht zu glauben. Als wir einmal über Glaubensfragen sprechen, erwähnt er meinen Vater als Beispiel religiösen Starrsinns. Ich höre ihm zu, ohne mit der Wimper zu zucken; er schöpft nicht den geringsten Verdacht.

Es gibt beunruhigende Neuigkeiten. Man erzählt, daß sich die Union der protestantischen Fürsten in Auflösung befindet. Man sagt auch, daß die Vereinten Provinzen sich aus dem Konflikt heraushalten wollen. In Heidelberg, wo wir stationiert sind, wissen wir, daß Spinolas Heer im Anmarsch ist, und bereiten uns auf die Schlacht vor.

Der Kaiser will die Pfalz, und die Pfalz kann sich nur schlecht verteidigen. Wir sind zu wenige, und unsere einzige Hoffnung ist der General Ernst von Mansfeld, der als einziger in der Lage ist, den Kaiserlichen wirksamen Widerstand zu leisten. Sein mächtiges Heer lagert in Heilbronn. Doch er zögert zu kommen. Wir erwarten ihn seit mehreren Wochen mit wachsender Unruhe und bereiten uns auf die Belagerung vor.

Sir Horace Vere teilt seine Truppen in drei Teile auf, um die Schlüsselpositionen der Pfalz zu besetzen: Heidelberg, Mannheim und Frankenthal auf der anderen Seite des Rheins. Wenn wir über ausreichende Kräfte verfügten, könnten wir sogar beide Ufer halten. So aber sind wir sofort von den Engländern abgeschnitten, was unsere Aufgabe noch erschwert. Wir reiben uns bei Scharmützeln, Ausfällen und Handstreichen auf. Der Sieg wird jenem gehören, der den Gegner so einzuschüchtern vermag, daß er aufgibt.

Die Pfalz ist von Soldaten überschwemmt. Die Bevölkerung macht keinen Unterschied zwischen Freunden und Feinden, denn ihr gegenüber führen sich alle als Eroberer auf. Das riesige Heer von Mansfeld ist besonders gefräßig: Um sich zu verpflegen, wird ohne Pardon geplündert, gestohlen, getötet und niedergebrannt. Bei meiner Ankunft sah man vom Fluß aus nur selten ein abgebranntes Dorf. Einige Monate später haben sich die Ruinen vervielfacht. Ich überzeuge mich mit eigenen Augen davon, als der holländische General mich eines Tages zum Befehlshaber John Burroughs schickt, der Frankenthal hält. Acht Männer begleiten mich auf der Bootsfahrt über den Rhein.

Mit meiner kleinen Truppe gehe ich unweit von Speyer an Land. Wir reiten eine gute Meile weit. Niemand redet ein Wort, wir sind alle auf der Lauer.

»Mein Leutnant!«

Der Zuruf kommt von einem Bauern aus Südholland, dessen Beobachtungsgabe ich schon bei anderer Gelegenheit schätzengelernt habe. Er ist vom Pferd gestiegen und preßt sein Ohr auf den Boden. Wir befinden uns in der Nähe eines Hauses.

»Was ist?«

»Von Westen her nähert sich ein Trupp Reiter.«

»Wie viele?«

»Dreißig bis vierzig.«

Wir sind nur zu neunt.

»Gehen wir dort in Deckung, und ...«

Zu spät. Es sind gut dreißig Männer mit der roten Kokarde der Spanier. Sie haben uns entdeckt und galoppieren auf uns zu.

Ich kämpfe wie ein Rasender, zuerst im Sattel, dann auf dem Boden. Ich sehe meine Männer einen nach dem anderen fallen. Sie haben wahre Wunder vollbracht, doch gegenüber diesen vielen Veteranen sind sie ohne Chance. Es nützt mir nichts, einen Spanier nach dem anderen außer Gefecht zu setzen, es kommen immer neue nach. Schließlich höre ich ein Gebrüll und hoffe schon auf Entsatz. Doch bevor ich mich umsehen kann, trifft ein gewaltiger Hieb meinen Kopf. Ich falle in ein schwarzes Loch.

*

Mein Geist schwebt auf einer Wolke, ich muß wohl im Paradies sein. Der Herr hat Gnade walten lassen und mir das Fegefeuer erspart. Er hat vielleicht gedacht, die Jahre in der Fleet seien Buße genug. Lange hänge ich ermattet solchen Gedanken nach. Dann mache ich eine Bewegung und spüre meinen Körper. Bin ich denn immer noch Materie?

Ich öffne die Augen. Der Himmel zieht an mir vorüber.

Oder bin ich es, der an ihm vorbeizieht? Ich versuche mich zu erheben.

»Ruhe, Ruhe!«

Mühsam drehe ich den Kopf in die Richtung der Stimme.

Eine Bäuerin. Ein randvoll beladenes Boot. Ein Mann steht vorne, zwei Halbwüchsige sind mit dem Segel beschäftigt, ein dritter kümmert sich um zwei wiehernde Pferde.

Ich versuche etwas zu sagen, aber wir verstehen uns nicht.

Später wird mir der Familienvater in einem Gemisch aus Französisch und Deutsch erzählen, daß er sich dieses Boot besorgt hat, um mit seinen Habseligkeiten den Kampfhandlungen zu entkommen, und im Moment der Abreise zurückgekehrt ist, weil er noch etwas vergessen hat. In seiner Abwesenheit hatte in der Nähe seines Hauses unser Kampf stattgefunden, wo ich zurückgelassen wurde, weil man mich für tot hielt. Als er ankam, lagen nur noch Leichen herum. Und ich begann zu wimmern. Ich schließe daraus, daß die Neuankömmlinge wohl Freunde waren, die die Spanier in die Flucht schlugen und ihnen nachsetzten, sonst hätte man mir den Rest gegeben und mich ausgeraubt.

»Sie hatten keine sichtbare Verletzung, und ich sagte mir, sollten Sie wieder auf die Beine kommen, könnten Sie uns noch nützlich sein. Haben Sie auf der Seite der Katholiken oder der Protestanten gekämpft, mein Herr?«

»Ich kämpfte für die Rheinpfalz und die Freiheit der Vereinten Provinzen.«

»Ich danke Ihnen, mein Herr. Wenn Sie es wünschen, können Sie bei uns bleiben. So Gott will, gehen wir zu meinem Bruder nach Rheinfelden.«

»Hatte ich mein Gepäck noch bei mir, als Sie mich gefunden haben?«

»Ja. Das Scharmützel muß von kurzer Dauer gewesen sein, denn wir waren noch nicht lange weg. Bei meiner Rückkehr dampften die aufgeschlitzten Tiere noch. Hätte ich nicht mein Pferd dabeigehabt, hätten wir Sie nicht mitgenommen, denn die Plünderer konnten jeden Augenblick zurückkommen.«

»Haben Sie mich getragen?«

»Nein, mein Herr. Zuerst sind Sie zu Fuß gegangen, dann sind Sie mit mir geritten. Aber ich mußte Sie festhalten, damit Sie nicht aus dem Sattel fielen.«

»Ich bin geritten? Und wäre beinah vom Pferd gefallen?«

Er läßt ein herzhaftes Lachen hören.

»Sie waren völlig betäubt. Sie wußten nicht einmal mehr Ihren Namen. Sie haben uns mehrere zur Auswahl angeboten, so daß ich immer noch nicht weiß, ob Sie nun Franz oder Christian heißen und ob Ihr Familienname Tréville, Troisjean, Roqueville oder sonstwie lautet.«

»Mein Name ist Chrétien Roqueville. Christian, wenn Ihnen das lieber ist. Ich kann mich an nichts mehr erinnern.«

»Das habe ich auch zu meinem Sohn gesagt. Ich bin Hans Schulz. Hier sind meine Frau Frieda und unsere Söhne Hans, Karl und Joseph.« Er hebt meinen Waffenrock und das Futteral meines Degens hoch. »Hier ist Ihr Gewand; beim Degen bin ich nicht sicher, ob es der Ihre ist, ich habe den erstbesten genommen.«

Ich strecke die Hand aus und versuche aufzustehen, doch mir wird schwindlig und schlecht. Die Frau überschüttet mich mit einem Wortschwall.

»Meine Gemahlin meint, Sie sollten liegenbleiben, denn Sie haben einen üblen Schlag auf den Kopf erwischt. Sie dürfen sich eine Woche lang nicht rühren, sonst krallt sich der Teufel fest und läßt Sie nicht mehr los.«

»Ist sie sicher, daß er sich nicht schon festgekrallt hat? Der Schmerz spaltet mir den Schädel.«

»Er versucht es, der Böse. Darum müssen Sie ruhig bleiben, damit er den Eingang nicht findet.«

Solchen theologischen Erörterungen habe ich nichts entgegenzusetzen.

»Hatte ich Geld bei mir?«

»Ja, mein Herr, zehn Taler. Mit Ihrem Geld bezahlen wir unser Essen und den Brückenzoll. Das beschleunigt unsere Reise. Es tut uns ja sehr leid, wir sind keine Plünderer, aber wir haben gedacht ...«

»Ich bitte Sie, schließlich bezahlen Sie auch für mich Gebühren. Eigentlich sollte ich in den Norden gehen und nicht in den Süden, aber was soll's!«

Ich bin erschöpft und schlafe oder dämmere vor mich hin. Während der schicksalshaften Woche war es mir kaum möglich, mich zu erheben. Auf meinem Kopf vollführt der Teufel einen höllischen Tanz, und ich muß meine ganzen Kräfte aufbieten, um nicht zu glauben, er sei schon drin. Die Frau hilft mir dabei, indem sie meine Augen verbindet. Das Tageslicht verursacht mir Schmerzen, die bis in meine Fußspitzen gehen.

Mit der Krankheit ist es wie mit dem Gefängnis: Sie belagert einen. Von Zeit zu Zeit denke ich an Marc, der mich, wie ich ihn kenne, ungeachtet aller Gefahren gesucht haben muß. Zur Stunde glaubt er mich wohl endgültig tot. Für den Fall meines Verschwindens haben wir abgemacht, daß er, falls er meinen Körper nicht findet, am Strohmarkt auf mich wartet oder bei seinem Bruder in Tregarrick, wenn ihm das lieber ist. Sofern mir nichts zustößt, weiß ich also, wo ich ihn finde. Aber da gibt es eine große Ungewißheit: Vielleicht sind das holländische und das englische Kontingent vernichtet, und Marc befindet sich unter den Opfern.

Ich wundere mich übrigens, daß niemand uns belästigt

oder zu bestehlen versucht. In Basel werde ich begreifen, weshalb. Aus Furcht vor einer Besetzung haben die Vereinten Provinzen mit dem Kaiser einen Separatfrieden abgeschlossen mit der Bedingung, daß die kriegführenden Mächte ihre Neutralität anerkennen. Die deutschen Fürsten ihrerseits haben, wenigstens vorübergehend, auf die Pfalz verzichtet. Unsere Fahrt hat zu einem Zeitpunkt stattgefunden, als die Feindseligkeiten gerade ruhten. Außerdem sind wir nach Süden gereist, während die großen Heere sich im Norden zusammenzogen: Damit sind wir sowohl den Spaniern als auch Mansfelds Leuten entronnen.

In der Gegend von Straßburg gibt sich der Teufel geschlagen. Nach einem Abend, an dem er noch fröhlich auf meinem Schädel getrommelt hat, schlafe ich ein und erwache eines Morgens frisch, ausgeruht und ohne Schmerzen.

»Sie haben fast zwei Tage lang geschlafen«, sagt mir Karl in dieser singenden Sprache, die ich allmählich zu verstehen beginne, denn sie ist dem Holländischen nicht unähnlich.

»Sie können ein bißchen aufstehen, aber seien Sie vorsichtig, und führen Sie *Ihn* nicht in Versuchung!«

Ich tue ein paar unsichere Schritte. Es dauert mehrere Tage, bis ich wieder bei Kräften bin.

»Und Sie haben mich mitgenommen, damit ich Ihnen nützlich sein kann! Ohne Sie wäre ich längst tot.«

»Sie haben uns genug geholfen mit Ihrem Geld. Wir hatten Sie mitgenommen für den Fall, daß wir Soldaten in die Hände gefallen wären. Doch die Vorsehung hat uns beschützt. Sie haben uns ebenso gerettet wie wir Sie.«

»Ich bin sehr froh darüber.«

Während meiner Erholungszeit denke ich über meine Lage nach. Diesmal bin ich wirklich allein, nichts mehr verbindet mich mit meiner Vergangenheit. Es wäre viel zu gefährlich, jetzt den Rhein wieder hinunterzufahren, das hören wir bei jedem Halt. Ich habe keinen Heller mehr und werde wohl gezwungen sein, meinen prächtigen Degen zu verkaufen – gegen Geld oder indem ich mich anwerben lasse. Ich beherrsche das Kriegshandwerk, gewiß, aber ich bin kein großer Held. Mein Gebiet ist die Musik. Und wen kümmert schon die Musik?

Um mich zu zerstreuen und mein Gedächtnis zu üben, gehe ich in Gedanken meine Sammlung von Klaviaturstücken durch. Ich habe sie nach meinem ganz persönlichen System numeriert. Will ich mir ein Stück vergegenwärtigen, muß ich mir seine Nummer in Erinnerung rufen. Mit den Fingern trommle ich auf der Reling und summe dazu.

»Was tun Sie denn da, Herr Christian?«

»Ich mache Fingerübungen. Ich bin Musiker.«

»Musiker? Sind Sie denn nicht ein Edelmann? Ein Offizier?«

»Ich bin Leutnant, oder vielmehr, ich bin einer gewesen. Doch zuvor war ich Musiker.«

»Wir haben eine Leier und ein Spinett.«

»Ein Spinett? Hier? Sie träumen wohl!«

Als Antwort darauf verschwindet Hans unter das Bootsdeck und taucht kurze Zeit später mit einer länglichen, etwa ein auf zwei Fuß messenden Kiste auf. Ich brauche sie nicht zu öffnen, um den Inhalt zu kennen: Es ist ein Reisespinett, das kleinste der Virginale.

»Können Sie spielen?«

»Ein bißchen. Vor allem unser Vater spielt zur Begleitung der Lobgesänge.«

Das Instrument hat unter dem Transport und der Feuchtigkeit gelitten; es kostet mich einen guten Tag Arbeit, um es zum Klingen zu bringen. Doch dann spiele ich während der letzten Stunden unserer Reise. Die Familie Schulz schaut und hört mir wortlos zu.

Das Wunder mit dem Spinett bringt mich wieder auf die Beine. Als wir in Basel ankommen, habe ich wieder einen klaren Kopf und bin beinah genesen.

*

Wir haben keinen Heller mehr; dabei sind noch mindestens zwei Brückenzölle zu entrichten. Wir können uns auch kein Essen mehr kaufen. Ich zögere, meinen Degen zu verkaufen. Er könnte nützlich sein.

Ich gehe am Rheinufer auf und ab. Was tun?

Hinter aller Ungewißheit meldet sich ein Gedanke, leise zunächst, dann immer lauter: Gewiß, ich bin den Schulz' zu Dank verpflichtet. Doch ich könnte diese Verpflichtung auch vergessen. Ich brauche nur hinter einer Straßenecke zu verschwinden und nicht mehr zum Hafen zurückzukehren. Der strenge Geist meines Vaters, die schrille Stimme meiner Mutter, die unverschämten Blicke meines Bruders, die Seufzer meiner Schwester sind zu weit weg, um etwas ausrichten zu können.

Phillips, so sage ich mir, hat mit meinem vorgetäuschten Tod einen neuen Menschen geboren, hat mir ein Stück Freiheit geschenkt, von der ich in meinem Innersten stets geträumt habe und die ich nur in der Musik ein wenig ausleben konnte.

Meine Ungewißheit verfliegt.

Zuerst gilt es dem Dringendsten abzuhelfen.

Ich kehre zu unserem Boot zurück und bitte Mutter Schulz, meine Kleider in Ordnung zu bringen. In Begleitung des jungen Joseph klopfe ich am Pfarrhaus von Münster an.

»Ich bin ein holländischer Organist auf der Durchreise und habe mich gefragt, ob Sie vielleicht Musik von Meister Jan Sweelinck aus Amsterdam, von Meister Bull aus Antwerpen und von anderen hören möchten.« Der Pastor schaut mich an. Seine grauen, hervorquellenden Augen erwecken den Eindruck ständiger Verwunderung.

»Bei Gott, die Vorsehung hat Sie uns gesandt, mein Herr. Unser Organist hat Fieber, und wir haben den Organisten der Klarissinnen holen lassen, doch wie wir ihn kennen, wird er Schwierigkeiten machen.«

Er möchte mich spielen hören. Zwanzig Takte genügen ihm.

»Ausgezeichnet, ganz ausgezeichnet. Hier sind die Noten.«

Ich spiele einige Tage, bis wir genügend Geld zur Weiterfahrt haben.

In Rheinfelden empfängt uns die Familie Schulz ohne Begeisterung, aber dennoch freundlich. Einen Bruder in Not weist man nicht ab.

Ich verweile nicht zu lange. Die Schulz' bieten mir ein Obdach an und sprechen von meiner Musik. Ein Organist wie ich … Rheinfelden wäre geehrt … Aber ich spüre, daß ich weiter muß.

Mutter Schulz hat die sechs Taler, die ich ursprünglich besaß, zusammengekratzt. Sie will mich nicht mittellos ziehen lassen. Ich mache mich auf den Weg in der Absicht, die Atlantikküste zu erreichen. Ich will in die Neue Welt aufbrechen. Einmal in Amerika, werde ich mir meinen Anteil am holländischen Vermögen überweisen lassen und mich in einer dieser Kolonien niederlassen, in Massachusetts oder in der Bucht des Hudsons – an einem Ort, wo niemand Fragen stellt.

In Basel, von wo aus ich nach Rotterdam gelangen will, rät man mir vom Rhein ab. Die Basler sind in heller Aufregung. Seit einiger Zeit haben sie alle Hände voll zu tun, um die Heere der einen und der andern Partei am Betreten ihres Gebietes zu hindern; die Stadt gerät von allen Seiten unter Druck. Ein Wunder, daß sie nicht schon längst gestürmt wurde. Ich glaube, daß sie es einzig der Zugehörigkeit zur Konföderation der helvetischen Kantone zu verdanken hat, von der sich beide Seiten Söldner erhoffen.

Zusammen mit einem Strom von Flüchtlingen gelangt eine Nachricht in die Stadt: Der katholische Feldherr Tilly hat Heidelberg eingenommen, und eine spanische Garnison hält Frankenthal besetzt. Die Berichte der Geflohenen sind haarsträubend: Folter, Brutalität, Vergewaltigungen und schreckliche Verstümmelungen lassen einen an der Christenheit zweifeln.

»Es gibt nichts mehr zu essen. Die Leute ernähren sich von Brennesseln und anderen Pflanzen, die sie kochen. Sie verzehren sie ohne Salz, ohne Fett, sogar ohne Brot. Es geht nur darum, etwas im Magen zu haben, damit man den Hunger weniger spürt.«

Niemand scheint zu wissen, was aus den englischen und holländischen Soldaten geworden ist. Ich zweifle nicht daran, daß sie niedergemetzelt wurden, sofern sie nicht rechtzeitig entkommen konnten.

Kein Geleitzug ist bereit, die Pfalz zu durchqueren, sei es zu Wasser oder zu Lande.

»Es gibt Warentransporte, die vom Jura über die Salzstraße nach Frankreich und von dort auf irgendeine Weise an die Küste gelangen. Oft werden dabei auch Reisende mitgenommen.« Der Mann, der mir Auskunft gibt, streift meinen Degen mit einem Blick. »Vor allem, wenn sie sich aufs Kämpfen verstehen.«

Ich finde einen solchen Transport.

»Mein Ziel ist Nantes. Aber ich gehe nicht auf direktem Weg dorthin«, sagt mir der Anführer des Geleitzuges. »Ich muß in Cossonay im bernischen Waadtland Waren abliefern. Wenn Sie uns begleiten wollen und sich zu verteidigen wissen, ist es mir ein Vergnügen.«

»Mein Degen steht Ihnen zur Verfügung.«

Wir reisen ab. Etwa zwanzig Maultiere, einige Karren, vier berittene Begleiter und ich.

Wir kommen in Cossonay an. Die Begleiter liefern die Ware ab, dann machen wir uns auf den Weg nach Vallorbe.

Ich sollte nie dort ankommen.

Unser letztes Ziel vor dem Zoll von Jougne ist die auf einer Anhöhe gelegene Herberge »Zu den drei Jägern«. Mitten in der Nacht wird die Herberge im Sturm genommen. Zweifellos glaubten die Räuber, der Anführer des Geleitzuges sei für die gelieferten Waren bezahlt worden, und wollten ihn bestehlen. Sie haben ihm im Bett die Kehle durchschnitten, aber er hat so laut geschrien, daß keiner von uns überrascht wurde. Mit dem Degen in der Hand stürze ich zur Treppe. Ich bin noch geschwächt vom Hieb auf den Kopf, doch wenn ich mich nicht wehre, wird man mich töten. Einige der Angreifer haben Säbel oder Messer, andere haben Stöcke, und die sind am schwersten abzuwehren.

Ich gelange ins Freie ohne zu wissen, wie mir geschieht. Ich bin hemdsärmlig, stecke aber Gott sei Dank in meinen Stiefeln. In der nächtlichen Finsternis durchbohre ich zwei, drei Gegner – es läßt sich unmöglich ausmachen, wer sie sind. Rings um mich höre ich nur Keuchen, Stöhnen und Flüche. Dann erhebt sich ein Schrei:

»Feuer!«

Eine mächtige Flamme sticht aus dem Dach der Herberge und beleuchtet die Szene.

Einige Männer haben unsere Pferde bestiegen und treiben die Maultiere vor sich her. Sie reiten nicht sehr schnell, und ich glaube einen von ihnen zu erkennen. Die Überraschung lenkt meine Aufmerksamkeit für einen Moment ab. Mein Gegner nützt die Gelegenheit, um mir einen Schwerthieb zu versetzen.

Ich wanke und lasse mich auf meine Waffe fallen. Ich warte darauf, daß er herankommt. Wenn er versucht, mir den Gnadenstoß zu geben, spieße ich ihn auf. Diesen Trick kenne ich seit meiner frühen Jugend, und er hat mir schon gute Dienste geleistet. Doch entweder kennt mein Angreifer die List, oder er will nicht im Stich gelassen werden von seinen Kumpanen, die sich bereits entfernen.

Er rennt Hals über Kopf davon.

Mühsam rapple ich mich auf.

Ich versuche mich dem Haus zu nähern, aber es brennt wie eine Fackel; die Flammen verschlingen alles. Man hört kein Stöhnen mehr. Das ebene Gelände rund ums Haus ist verlassen. Überall liegen Leichen herum. Die Frau des Wirtes, das Küchenmädchen, einige Banditen, einer der Männer des Geleitzuges … alle tot.

Würde man mich als einzigen Überlebenden mitten in diesem Blutbad finden, wer würde nicht annehmen, daß ich der Täter sei? Ich muß fort von hier. Ganz mechanisch will ich den Degen wieder in die Scheide stecken. Er kommt aus Toledo, und ich habe ihn einst für teures Geld in einem der Läden in der Londoner Exchange gekauft.

Nein. Ich muß so weggehen, wie ich bin. Ich habe einen Dolch in meiner Tasche, ein zweiter steckt in meinem Gürtel und ein dritter im Stiefel. Das muß reichen. Ich werfe den Degen weg.

Ich dringe ins Unterholz ein und gehe auf gut Glück bis zum Anbruch der Morgendämmerung. Ich habe keine Ahnung, wo ich bin. Meine Wunde schmerzt, und ich habe das Gefühl, als würde eine Hand mich fester und fester würgen und mich am Atmen und Denken hindern. Auf meinem Schädel hebt der Teufel wieder mit seinem höllischen Tanz an. Wie lange bin ich so herumgeirrt? Tausend Sonnen schleudern brennende Strahlen nach mir, der Schüttelfrost läßt mich am ganzen Leib erzittern. Ich kann nicht mehr … Aber ich gehe noch. Stunden? Tage? Ein Bächlein in der Mittagsglut, aus dem ich in gierigen Zügen trinke, dann übergebe ich mich. Ich kann nicht mehr … Harris kommt auf mich zu, schwingt drohend den Degen aus Toledo du wolltest fliehen doch der Tod läßt seine Beute nicht los Françoise Jane ach meine Jane mit herbstbraunem Haar und seeblauen Augen ich kann nicht mehr barmherziger Gott steh mir bei …

*

»Komm schon! Du sollst trinken, sage ich! Nein, so nutzt es nichts, wenn du alles wieder ausspeist. Also nochmals!«

Eine Männerstimme, kräftig und tief. Eine sichere Hand, die meinen Kopf hält. Der Schmerz durchbohrt mich, ich schlottere unaufhörlich.

»Komm, nimm meinen Mantel.«

Mühsam versuche ich die Augen zu öffnen. Eine gewaltige Anstrengung. Das Gesicht eines Mannes um die Dreißig, graue, mitleidsvolle Augen.

»Mein armer Freund, man hat dich übel zugerichtet. Was ist geschehen?«

»Ich … ich habe mich einem Geleitzug angeschlossen. In der Herberge zu den drei Jägern …«

»Immer mit der Ruhe. Wo seid ihr hergekommen?«

»Von Basel. Wir haben in Cossonay Waren abgeliefert. Ich glaube, einer unserer Begleitleute hat den Überfall geplant. Sie wollten das Geld stehlen. Ich habe versucht …«

Unwillkürlich beginnen die Tränen zu fließen, als ich an die Magd denke, die mit klaffendem Hals im Gras lag.

»Wenn sie erfahren, daß ich nicht tot bin und sie wiedererkennen kann, werden sie mich jagen, mich umbringen …«

»Du solltest dich nicht so aufregen. Wir sind weit weg von den ›Drei Jägern‹. Hier kennen mich alle, und ich kenne alle.«

Ich höre kaum, was er sagt. Der Teufel umklammert mich, nicht nur meinen Kopf, sondern den ganzen Leib.

Ich kann keine Antwort geben. Die brennende Kerze unter meinem Schädeldach erlischt plötzlich.

Das Rütteln des Karrens weckt mich aus meiner Bewußtlosigkeit auf.

»He! Mein Freund, wo bringst du mich hin?«

»Ah, da ist einer erwacht! Hüh! Guter Gaul, stillgestanden!« Er zieht an den Zügeln; ich höre, wie er die Bremse anzieht. Er springt zu Boden und reicht mir eine Feldflasche.

»Trink. Aber langsam und in kleinen Schlucken. Gut so. Wie geht's?«

»Danke, es geht.«

»Sag mir, woher kommst du genau?«

»Von Venezien.«

»Wie heißt du?«

Ich sage den erstbesten Namen, der mir in den Sinn kommt:

»Pietro Ricordi.«

Er enthält sich eines Kommentars. Doch er muß mir angesehen haben, daß ich nicht die Wahrheit sagte. Ich bin nie ein besonders guter Lügner gewesen.

»Bist du Katholik oder Protestant?«

Ich zögere mit der Antwort. Was, wenn dieser Unbekannte ein Fanatiker aus dem anderen Lager ist? Aber er hat vertrauenerweckende Rundungen und ruhige, graue Augen. Mein Gefühl sagt mir, daß er ein besonnener Mann ist.

»Katholik«, bringe ich hervor.

»Gut, in diesem Fall nehme ich dich zu mir mit. Wir sind auch Katholiken. Bei uns auf dem Lande ist es nicht wie in Genf. Wenn du dich damit begnügst, zur Messe zu gehen und ruhig zu beten, belästigt dich niemand. Ich will nicht sagen, daß es keine Eiferer gibt. Es gibt sie, und vor zwei, drei Jahren wäre fast ein offener Krieg zwischen Bern und Freiburg ausgebrochen, aber dem Allmächtigen sei Lob und Dank, die Lage hat sich wieder beruhigt. Man drückt ein Auge zu. Ich finde es widersinnig, daß man sich um des Glaubens willen gegenseitig umbringt. Wir sind doch alle gute Christen, fromm und gläubig. Diese endlosen Streitereien, ob der Altar aus Stein oder Holz sein muß, ob er hier oder dort stehen soll ... Der Priester aus Echallens, der mitten in einer protestantischen Beerdigung der Trauergemeinde erklärt, alle Reformierten seien der Verdammnis preisgegeben ... Und der Pfarrer, der nach Bern eilt, um sich wegen einer Nichtigkeit zu beschweren ... Manchmal kommen sie einem vor wie unmündige Kinder. Wären wir Gottlose, könnte ich es ja noch verstehen ...«

Er wirft mir einen Blick zu, als ob er plötzlich fürchtete, der Unbekannte, dem er seine geheimsten Gedanken verraten hat, könnte ein Spitzel sein. Aber ich sehe wohl ebensowenig wie ein Spitzel aus, wie er den Eindruck eines Fanatikers erweckt.

»Wenn du Protestant gewesen wärst«, fügte er hinzu, »hätte ich dich einem meiner Vettern anvertraut, der reformiert ist. Von Zeit zu Zeit diskutieren wir zwei über Glaubensfragen, aber wir streiten uns nicht. Wir besuchen einander, wir begegnen uns in der Kirche ...«

»Wie kommt es, daß ihr euch in der Kirche begegnet?«

»Nun, siehst du, in den Dörfern des Amtsbezirks Echallens gibt es nur eine. Am Sonntag gehen zuerst die Katholiken zur Messe, anschließend besuchen die Protestanten die Predigt.«

Als ich diese sanfte Stimme von einer einzigen Kirche für Katholiken und Protestanten sprechen hörte, als wäre es eine Selbstverständlichkeit, schien mir, ich sei im sicheren Hafen gelandet. Ich entspanne mich und versinke in einen tiefen Schlaf. Ich bin in Sicherheit.

Wir reisen lange, bis er mir eine weitere Frage stellt:

»Was bist du von Beruf?«

»Ich war am Hofe, ich war Händler, ich war im Krieg. Und ich habe musiziert.«

»Welche Art von Musik?«

»Ich spiele Orgel und Virginal.«

»Vom Virginal habe ich noch nie gehört.«

»So nennt man in England die Tasteninstrumente, das Spinett, das Muselaar, das Cembalo. Diese Instrumente sind sehr verbreitet. Ich habe sie auch zu bauen gelernt.«

»Könntest du eine Orgel instand setzen?«

»Ich glaube schon.«

»Du kannst wohl auch lesen und schreiben?«

»Ja.«

»Nun, das ist Grund genug, dich nach Echallens mitzunehmen. Ich stelle dich an, um unsere Orgel zu reparieren. Das wird die Protestanten ärgern, ha, ha ... Kannst du auch Noten abschreiben?«

Einen Moment lang habe ich das Gefühl, daß er in meiner Vergangenheit lesen kann.

»Mit Leichtigkeit«, gab ich schließlich zu. »Ich habe stets meine Lieblingspartituren kopiert.«

»Dann gibt es in Echallens Arbeit für dich. Und bevor ich dich zu mir nach Hause bringe, um dich brüderlich unter dem Dach zu empfangen, wo meine Frau und meine Kinder leben, möchte ich wissen, wovor du Angst hast, wovor du fliehst. Und ich will die Wahrheit hören. Du heißt nicht Pietro Ricordi, du bist kein Italiener.«

Er bemerkt mein Zögern.

»Ich schwöre dir bei Gott, daß ich keinem Menschen davon erzähle. Nicht einmal meiner Familie.«

Dieser Mann hat mich aufgelesen, mir sein Vertrauen geschenkt, er kümmert sich um mich, ohne zu wissen, wer ich bin – aus reinem Großmut. Ich zögerte nicht mehr länger.

»Ich heiße Francis Tregian. Ich bin Engländer. Ich bin aus dem Gefängnis geflohen. Ich bin kein Verbrecher, ich habe weder getötet noch gestohlen. Im Gegenteil, der Bestohlene bin ich. Mein einziges Unrecht bestand darin, Sohn meines Vaters und Katholik zu sein. Man hält mich für tot, und wenn jene, denen ich zu entkommen trachtete, wüßten, daß ich noch lebe, würden sie mich vielleicht zu töten versuchen. Aber ich möchte leben. In Frieden, fern von Kriegen und Streit.«

Ich erzählte ihm alles.

Abgesehen von einem gelegentlichen Schnalzen mit der Zunge in den spannendsten Momenten enthielt er sich jeden Kommentars.

»Du sprichst perfekt Französisch«, stellte er abschließend fest.

»Ja. Es ist eine Gabe, glaube ich. Das musikalische Gehör. In den Niederlanden merkt niemand, daß ich kein Niederländer bin, die Leute in Reims halten mich ebenso für einen Einheimischen wie die Italiener.«

»Ausgezeichnet. Wir sprechen nicht mehr über England, und wenn es darum geht, bist du des Englischen nicht mächtig. Nimm einen hiesigen Namen an und behalte deinen Vornamen. Ich kenne Leute namens Tréhan in Rances. Du könntest dich François Tréhan nennen.«

»Nein, das ähnelt zu sehr meinem wirklichen Namen.«

»Das stimmt. Aber du könntest François Cousin sein, ein entfernter Verwandter, der in Italien gelebt hat. Meine Frau ist eine Cousin.«

»Cousins gibt es auch in England.«

»Sieh an! Jedenfalls findet man hierzulande sicher mehr Cousins als Leute namens Dallinges. Ein Grund mehr, daß du diesen Namen trägst. Einverstanden?«

Vorläufig bleibt mir keine andere Wahl.

»Ich bin übrigens Benoît Dallinges aus Echallens. Ich habe eine Frau namens Madeleine und drei hübsche Kinder. Ich bin Bauer und Küfer.«

»Mein Name ist François Cousin. So Gott mir die Gesundheit wiedergibt, will ich versuchen, mich nützlich zu machen.«

Ich habe keine Lust mehr zu reisen, zu fliehen, zu kämpfen. Und unvermittelt spüre ich eine Gewißheit: Ich bin nicht zufällig in diese Gegend gekommen, die mich so sehr an St. Austell und Golden erinnert. Wenn Gott mich wieder gesund werden läßt, werde ich hier bleiben. Ich werde versuchen, für mich zu leben, nicht als Bevollmächtigter meiner Familie. Ich glühe vor Fieber, die Schmerzen quälen mich, aber einmal mehr juble ich innerlich wie in Basel: Endlich bin ich meines toledanischen Degens ledig, ich bin nicht mehr dem von außen auferlegten Ehrenkodex eines Edelmannes unterworfen. Ich bin frei.

Zweimal hat der Tod mich umarmt, doch er wollte vorläufig nichts von mir wissen. Seine Botschaft ist unmißverständlich: An mir liegt es nun, mein Schicksal in die Hände zu nehmen und die Zeit zu nutzen, bis er wiederkehrt.

XIII

Yonder thou seest the sun
Shine in the sky so bright,
And when this day is done,
And cometh the dark night,
No sooner night is not
But he returns always,
And shines as bright and hot
As on this gladsome day.
He is no older now
Than when he first was born;
Age cannot make him bow,
He laughs old time to scorn.

»All in a Garden Green«
Volkstümliche Ballade

Dort drüben siehst du die Sonne
So hell am Himmel scheinen,
Und wenn der Tag vorüber ist,
Kommt die dunkle Nacht.
Doch kaum ist die Nacht nicht mehr,
Kommt die Sonne wieder,
Und scheint so hell und heiß,
Wie an diesem frohen Tag.
Sie ist nicht älter heute
Als am Tage ihrer Geburt,
Das Alter kann sie nicht beugen,
Sie lacht die alten Zeiten nur aus.

Nachdem ich meine Gesundheit wiedererlangt hatte, ging es von allein.

Aber es war eine lange Erholungszeit. Der Körper ist rasch genesen, die Narbe war bald nur noch ein roter Striemen auf der Haut. Die Dallinges haben mich mit solcher Hingabe gepflegt, daß ich gesund werden mußte. Doch mein Kopf brauchte Zeit.

Meistens war ich ein durchaus vernünftiger Mann, der vernünftig sprach und handelte. Ich selbst hatte den Eindruck, Meister meines Tuns zu sein. Aber es gab Löcher in meiner Erinnerung.

Fast immer begann es mit einem Traum. Ich stand vor dem Haus der Familie Schulz bei Speyer; da trat Ezekiel Grosse in der Kleidung einer Begleitperson auf. Er versetzte mir einen mächtigen Keulenschlag, der mir den Schädel spaltete. Mit meinen Händen schöpfte ich mein eigenes Blut, um es einer verschleierten Frau am Flußufer anzubieten. Sie stieß mich zurück, meine Hände öffneten sich, und das Blut ergoß sich in einen bodenlosen Brunnen. Beim Erwachen hatte ich vergessen, wer ich war, aber ich war mir meiner schrecklichen Unwissenheit bewußt. An solchen Tagen war ich unfähig zu musizieren. Ich kannte keine einzige Note mehr, meine Finger waren gelähmt, ich ließ mich ziellos treiben; ich ging über die Felder zum Kreuzweg, wo ich mich unter der Linde ins Gras setzte – die Bank hatte ich damals noch nicht gezimmert. Man erzählte mir, ich gestikuliere und führe laute Selbstgespräche.

»Er ist besessen, Ihr Verwandter, man sollte ihn in ein Tollhaus einweisen.«

»Aber nein«, antworteten Benoît und Madeleine Dallinges geduldig. »Er wurde im Krieg verwundet. Das wird vorübergehen, man muß ihm nur etwas Zeit lassen.«

Und es ging vorüber. Der Traum wiederholte sich immer seltener und verschwand schließlich. Mein Kopf ist wieder mit meinen Musikstücken ausgefüllt, ich spiele wieder Laute, meine Finger gehorchen mir wieder. Eines Tages lieh ich mir in Benoît Dallinges' Küferei Werkzeuge aus und begann mit viel Geduld und vielen Irrtümern mein erstes Virginal zu bauen. Ganz allein hatte ich das noch nie gemacht. Später habe ich mir in Basel, Lausanne und Genf besorgt, was für den Bau von Tasteninstrumenten unentbehrlich ist: von der Presse über das Glättwerkzeug und die verschiedenen Hämmer und Springer bis zum Stimmschlüssel.

Ich habe die bescheidene Orgel der Kirche in Echallens repariert und damit beinahe einen weiteren Religionskrieg ausgelöst: Die Reformierten wollten nichts wissen von diesem Frevel, und ich wurde ins Schloß bestellt, um mich vor dem Vogt zu rechtfertigen, der in jenem Jahr ein Berner namens Jacques Bickardt war.

»Ich habe gehört, Sie seien verrückt«, bellt er, als ich eintrete.

»In Basel, wo man ebenso calvinistisch ist wie Sie, gibt es Orgeln und Organisten in allen Gotteshäusern. Warum nicht hier? Ich bin bereit, für alle zu spielen.«

»Aha! Einer dieser Freigeister, denen die Religion gleichgültig ist!«

Die Beschuldigung wiegt schwerer als eine Anklage wegen Ketzerei.

»Nein. Ich bin katholisch und habe für meinen Glauben teuer bezahlt. Aber in diesem Marktflecken gibt es nur eine Kirche, und die ist für alle da. Also sollten sich auch alle Leute an der Orgel erfreuen können.«

»Sie bilden sich ein, mit ein bißchen Musik den Graben zwischen den Religionen zu überbrücken, mein Herr. Das ist reichlich hochmütig!«

Ich schaue ihn wortlos an. Er beruhigt sich. Und weil er eher klein ist, fordert er mich zum Sitzen auf, damit der Größenunterschied weniger ins Auge fällt.

»Man muß verrückt sein, um Orgel zu spielen.« Seine Stimme hat an Schärfe verloren. »Die Kirche schafft schon genügend Konflikte. Wissen Sie nicht, daß wir wegen der Kirche von Echallens nur um Haaresbreite an einem Krieg zwischen Konföderierten vorbeigekommen sind?«

»Eure Exzellenz, meine Verrücktheit, wie Sie es ausdrücken, entspringt der Liebe zur Musik. Ich kann den Anblick eines vernachlässigten Instrumentes nicht ertragen.« Ich nutze seine Verblüffung aus, um fortzufahren. »Sehen Sie das Spinett dort, auf dem Sie wahrscheinlich schon lange nicht mehr gespielt haben. Wenn Sie gestatten, möchte ich ihm etwas Pflege angedeihen lassen.«

Ich hoffte ihn damit zu überrumpeln, und ich täusche mich nicht. Er lacht. Damit beginnt eine verschwiegene, aber wirkliche Freundschaft, die seine Abreise überdauern sollte. Er wird mich sogar nach Bern holen lassen, damit ich ihm ein Cembalo baue. Es ist der Anfang meiner Tätigkeit als Instrumentenbauer, denn hinterher erfährt die ganze Gegend, daß ich die Orgel von Echallens restauriert habe, auf der zwar niemand spielt außer mir, und auch das geschieht höchst selten und erst nach zähen Verhandlungen. Vor allem aber flüstern sich die Leute zu, daß ich aus dem alten Spinett im Schloß ein neues Instrument gemacht habe.

Dallinges hat Bickardt von meinen Fähigkeiten als Schreiber erzählt, und in dieser Eigenschaft wurde ich bald für einen oder zwei Tage in der Woche angestellt. Die übrige Zeit verbrachte ich mit dem Unterricht von Dallinges' Kindern und mehr und mehr auch mit dem Bau von Spinetten, hin und wieder auch eines Muselaars oder eines Cembalos. Außerdem repariere ich Instrumente, die von Leuten aus einem weiten Umkreis zu mir gebracht werden. Seither verfüge ich über einen großen Raum unter dem Dach der unweit ihres Hauses gelegenen Küferei Dallinges. Für den Winter habe ich einen Ofen aufgestellt;

hier befinden sich mein Schreibpult, meine Werkbank, meine Instrumente und mein Strohsack.

Schon bald beherrschte ich den Dialekt und sprach Französisch mit dem Akzent der Einheimischen. Für die ganze Gegend bin ich François Cousin, Instrumentenbauer, Schreiber und Bürger von Grandson. So haben mich die Herren von Bern und Freiburg in ihre Register eingetragen, und unter diesem Namen hat mich Dallinges dem Priester, dem Pfarrer und den Leuten der Kirchgemeinde vorgestellt. Die Kinder von Dallinges nannten mich vom ersten Tag an Onkel François, wir waren einander sogleich vertraut. Bei meiner Ankunft war Benoît, der älteste, ungefähr zehn Jahre alt, Marguerite etwa sieben oder acht, Claude noch ein Säugling; Germain und Marie waren noch nicht auf der Welt. Sobald ich wieder im Besitz meiner geistigen Kräfte war, machte ich mir ihre natürliche Neugier zunutze, um ihnen alles beizubringen, was ich wußte. Hier auf dem Land werden die Kinder nur schlecht unterrichtet. Ich begann mit dem Latein, dann forschte ich in meinem Kopf nach allem, was Mulcaster, Morley, Byrd und viele andere mir beigebracht hatten.

Ich habe diese Wintertage noch vor Augen, an denen Benoît und Marguerite in meiner Werkstatt sitzen und mit blauen Fingern in den Halbhandschuhen die Springer mit Leder überziehen, das Plektrum schnitzen, die Saiten einziehen und mir mit verschnupfter Nase nachsprechen:

Mignonne, allons voir si la rose
Qui ce matin avait déclose
Sa robe de pourpre au soleil,
A point perdu, cette vêprée,
Les plis de sa robe pourprée
Et son teint au vôtre pareil …

Mein Liebling, laß uns schauen, ob die Rose,
die heute morgen ihr Purpurgewand
in der Sonne entfaltet hat,
bis zur Vesper die Falten ihres Purpurgewandes
und ihre Farbe, die so ist wie dein Teint,
nicht verloren hat ...

Und weiter:

»Ein Muselaar ist ein Virginal mit rechts angeordneter Klaviatur, dessen Saiten in der Mitte angerissen werden, während beim Spinett die Klaviatur links angeordnet ist und die Saiten in einem Viertel ihrer Länge angerissen werden.«

»Wie viele Akzidentien gibt es?«

»In der Musik gibt es zwölf Akzidentien, nämlich den Buchstaben, den Cantus, den Schlüssel, das C, die Stimme, den Ton, die Mutation, die Note, den Takt, die Pause, das Zeichen und den Punkt.«

»Erzählt mir etwas über ... sagen wir, über die Mutation.«

»Die Mutation ist der Übergang von einem Hexachord in den anderen.«

Eigentlich wird von den Kindern Dallinges erst David sich mit Leib und Seele der Musik widmen. David, sonst ein ganz gewöhnlicher Junge, wird auf diesem Gebiet vom ersten Tag an eine außerordentliche Begabung zeigen. Mit vier Jahren kann er eine Partitur lesen, mit acht spielt er schon wundervoll, und als er mit siebzehn Jahren seine Tischlerlehre abbricht, um sich dem Instrumentenbau zu widmen, dauert es nicht lange, bis er das Handwerk vollkommen beherrscht. Er ist so eifrig bemüht, mich in allem nachzuahmen, daß er mir schließlich ähnlich sieht. Doch außerhalb der Werkbank und der Tasten hat er zwei linke Hände; es ist ihm unmöglich, einen Degen korrekt zu halten, niemand verschluckt sich beim

Trinken und bekleckst sich die Kleider beim Essen so oft wie er. Auch wenn ich es nicht zu zeigen versuche, wird er immer mein Liebling bleiben, und meine besondere Zuneigung für Elie hat wohl damit zu tun, daß er mich an David erinnert.

Als Lehrer halte ich mich an Mulcasters Grundsätze und unterrichte die Kinder in der Umgangssprache ebenso wie in Latein und Griechisch. Ich mache keinen Unterschied zwischen Jungen und Mädchen. Das hat mir einige spitze Bemerkungen von Madeleine Dallinges eingetragen. Doch vielleicht hat Marguerite es auch ein wenig meinen Erziehungsgrundsätzen zu verdanken, daß sie die Aufmerksamkeit und dann die Liebe eines Freiburger Adeligen erwecken sollte, den sie später geheiratet hat.

All diese Jahre hindurch war mein Leben so ruhig wie ein Teich. Zuerst hatte ich Angst vor einer Wiederbegegnung mit den Banditen von den »Drei Jägern«: Es wäre ja möglich gewesen, daß sie sich eines unbequemen Zeugen entledigen wollten. Doch der Vogt ließ vergeblich nach ihnen suchen. Außerdem war nicht sicher, daß das Geheimnis um meinen Tod in England nicht doch gelüftet würde. Auch wenn es unwahrscheinlich erschien, wollte ich mich vor einem möglichen Geheimboten von Grosse schützen. Deshalb verbündete ich mich mit Aristides Bande und pflegte diese zweifelhaften, aber warmherzigen und nützlichen Beziehungen, die es mir, den Dallinges und ganz Echallens ermöglichten und heute noch ermöglichen, ohne Begleitung in völliger Sicherheit durch die Gegend reisen zu können.

Die Leute, die mir häufig in der Kirche, in der Gerichtskanzlei und bei den Dallinges begegneten, vergaßen allmählich, daß ich ursprünglich kein Ansässiger gewesen war.

Nach und nach nahm ich die Gewohnheit an, täglich um Mittag bis zur Wegkreuzung zu spazieren, um mir die Beine zu vertreten. Da diese Kreuzung, wo sich die hundertjährige Linde mit ihrem mächtigen, halb abgestorbenen Astwerk befindet, auf einer leichten Anhöhe liegt, genügt ein Blick in ihre Richtung, um zu wissen, ob ich dort bin. Nach ein oder zwei Jahren habe ich eine Bank gezimmert, wo ich seither zu lesen oder nachzudenken pflege, wenn das Wetter es erlaubt. Ich weiß nicht, wie es dazu gekommen ist, aber mit der Zeit kamen mehr und mehr Leute zur Kreuzung, um mich um Rat zu fragen oder um sich vertrauliche Briefe vorlesen oder schreiben zu lassen. Man redet mit mir, als stünde ich über den Religionen und Leidenschaften, als wäre ich allwissend. Ich fühle mich oft überfordert, wenn ich Streitigkeiten schlichten soll – Auseinandersetzungen zwischen Landeigentümern, zwischen Katholiken und Reformierten, zwischen Mann und Frau. Manchmal kommen die Leute von weit her, von Poliez-le-Grand, Goumoens-le-Jux oder Villars-le-Terroir. Vielleicht werde ich deshalb so leicht ins Vertrauen gezogen, weil man sich trotz allem noch dunkel erinnert, daß ich ein Auswärtiger bin, oder weil man spürt, daß ich in Frieden mit mir selbst lebe. Oft suche ich die Antworten auf die Fragen bei Montaigne, der besser zu raten weiß als ich. Um mich nicht mit der kirchlichen Macht anzulegen, habe ich stets danach getrachtet, Eifersüchteleien zu vermeiden, indem ich die Bittsteller je nachdem zum Priester oder zum Pfarrer schickte oder selbst bei den Geistlichen vorstellig wurde.

Seit meiner Ankunft ist mit Abbé Bécherra der zweite Priester im Amt, mit dem ich mich ebenso ausgezeichnet verstehe wie mit seinem Vorgänger François Clavin. Die Pfarrherren kenne ich weniger gut; sie werden von Bern ernannt, kommen eher unwillig in diese im Glauben gemischte Gegend und bleiben auch weniger lange. Es ist nicht sonderlich bequem, ständig Leuten der anderen Religion gegenüberzustehen und mit ihnen in gutem Einvernehmen leben zu müssen. Außerdem sehen diese Herren aus Bern die freundschaftlichen Beziehungen zwischen Pfarrern und Priestern gar nicht gern. Unter dem Vorwand, man wolle jeden Anlaß zu einem Zwist vermeiden, wird den jungen Pastoren eingeschärft, sich von Priestern fernzuhalten. In Wirklichkeit haben die Pfarrer Angst davor, daß eine zu enge Freundschaft zwischen den Predigern beider Glaubensgemeinschaften den Protestanten das Wasser abgraben könnte.

Insgeheim hofft die reformierte Kirche zweifellos, eines Tages bei der Abstimmung der Gemeindeglieder von Echallens über die Glaubenszugehörigkeit wieder den »Plus«, die Mehrheit, zu erlangen. Die letzte Abstimmung darüber hätte in der Schweiz beinahe einen Krieg ausgelöst: Die beiden Religionen waren praktisch gleichauf, doch da die Protestanten um eine Stimme in der Überzahl waren, wollte Bern die Gelegenheit ausnutzen, um die katholische Konfession in Echallens zu verbieten. Erst nach zwei Jahren und auf Drängen der Tagsatzung in Baden, ja selbst des Königs von Frankreich, wurde ein Kompromiß geschlossen. Seither setzen die Reformierten alles daran, eine katholische Mehrheit zu verhindern. Noch dreißig Jahre nach der letzten Abstimmung wird erzählt, daß Freiburg im Versuch, eine katholische Mehrheit zu erringen, zwei jesuitische Prediger hergesandt hatte. Diese waren allerdings nicht lange geblieben, nicht nur wegen der heftigen Proteste aus Bern, sondern auch, weil sie unbeliebt waren. Im Bernbiet wie in England fehlt es den Jesuiten oft an Fingerspitzengefühl im Umgang mit den gewöhnlichen Leuten.

Die Lage hatte sich dank dem Abbé Clavin entschärft, der bei allen Gemeindemitgliedern angesehen war. Die Entrüstung war um so größer, als die Berner Exzellenzen eines Tages zum Mißfallen aller den Pfarrer Samuel Thorel bestraften. Dieser gutmütige Mann hatte, um den Graben zu überbrücken, ein Festmahl mit dem Abbé geteilt. Der arme Thorel erhielt einen scharfen Verweis und mußte eine Buße von fünfundzwanzig Batzen in die Armenkasse einzahlen.

Solche Stürme im Wasserglas sind ein schwaches Echo auf den großen Krieg, der im Namen der Religion die Welt erschüttert. Der Waffenlärm, von dem der Kontinent seit bald dreißig Jahren widerhallt, ist hier nur gedämpft zu hören. Die Kriegführenden brauchen Schweizer für ihre Heere, darum halten sie sich alle ans Versprechen, sich von den Dreizehn Kantonen fernzuhalten, und sind eifrig dafür besorgt, daß sie nicht in den Krieg hineingezogen werden.

Nach zwei oder drei Jahren reiste ich nach Basel in der Hoffnung, dort Metallsaiten für die Virginale zu finden. Alles andere mache ich selbst, aber die Herstellung der Saiten übersteigt meine Möglichkeiten. Sie müssen regelmäßig sein und einen genauen Durchmesser haben, was viel Wissen und umfangreiche Installationen erfordert: Schmiede und Ofen brauchen beinahe so viel Platz wie die Küferei der Dallinges. Ich bin etwas unruhig, doch die Reise mit einem bis zu den Zähnen bewaffneten Geleitzug – seit dem berüchtigten Überfall auf die »Drei Jäger« sind die Reisenden doppelt vorsichtig geworden – verläuft ohne Zwischenfall.

In der Basler Herberge, wo ich untergebracht bin, begegne ich einem Holländer, der mir von seiner großen Sorge erzählt: Er muß nach Amsterdam, doch seit der König von Dänemark sich eingemischt hat, tobt der Krieg noch heftiger, und er fürchtet die Gefahren, die unterwegs auf ihn lauern. Er ist im Gespräch mit dem Gesandten des englischen Königs, der sich in Basel aufhält und nach Den Haag gehen sollte: Vielleicht willigt dieser ein, ihn in seinem Gefolge mitzunehmen. Bei dieser Gelegenheit erfahre ich, daß Jakob I. gestorben und sein Sohn Charles ihm nachgefolgt ist und daß sich, soweit man hört, in England nichts geändert hat.

Nachdem wir tüchtig gebechert haben, frage ich ihn: »Da Sie schon nach Amsterdam gehen, könnte ich Ihnen eine Nachricht anvertrauen?«

»Es geht hoffentlich nicht um eine Verschwörung?«

Ich lache belustigt.

»Nein, es ist eine Herzensangelegenheit.«

Ich übergebe ihm ein Blatt, das ich als Zeichen seiner Echtheit mit Jane Wolvedons Ring versiegle, als eine Art Flaschenpost. Ich habe nur einen Satz darauf geschrieben: *Jan, mein Bruder, die Extreme berühren sich.*

Ich werde nie erfahren, ob die Nachricht angekommen ist, aber ich fühle mich erleichtert. Holland liegt fortan in weiter Ferne, doch ich möchte diese vielleicht einzige Möglichkeit nutzen, um Jane, Dorothée, Jan, Giuliano und alle anderen wissen zu lassen, daß ich noch am Leben bin, um ihnen damit unnötiges Leid zu ersparen.

»Was soll ich sagen, wenn man mich fragt, woher ich diesen Brief habe?« erkundigt sich der Holländer.

»Es genügt, wenn Sie ihn der Person abgeben, die Ihnen die Türe öffnet. Aber wenn man wirklich nachfragen sollte, sagen Sie die Wahrheit: Sie sind unterwegs Herrn Chrétien begegnet, und er hat Sie gebeten, diese Botschaft mitzunehmen.«

Er schwor bei seiner Seele, den Auftrag zu erfüllen, und er sah mir nach einem ehrlichen Mann aus.

Vielleicht wird man sich wundern, daß ich die Reise nicht selbst unternehmen wollte. Gewiß, mitten im Kriegswüten nach Amsterdam zu gehen, war ein tollkühnes Unterfangen. In Wahrheit habe ich im Augenblick nicht im entferntesten daran gedacht. In Echallens war ich zum erstenmal in meinem Leben unabhängig, wie ich es stets angestrebt hatte, und in Echallens will ich bleiben. Wäre das in Golden möglich gewesen, hätte ich mir alle

Wechselfälle meines Lebens ersparen können, und es wäre noch besser gewesen. Aber Gott hat es nicht gewollt, und ich habe mich in Seinen Willen geschickt. Es wäre mir als unverzeihliche Sünde vorgekommen, den Ort zu verlassen, den Er für mich bestimmt hat.

Ich habe nur wenig bereut: Mein Sohn, die Van Goudens und die Ardents haben mir manchmal schrecklich gefehlt. Doch mit meiner Zustimmung zur Flucht aus der Fleet hatte ich auch eingewilligt, mich von ihnen zu trennen, und ich habe mich oft damit getröstet, daß sie selbst aus der Ferne und ohne zu wissen, wo ich bin, meine Zuneigung spüren würden, wie ich die ihre spürte. Trotzdem wäre ich eines Tages um ein Haar abgereist, als ich von einigen Reisenden erfuhr, daß das spanische Heer zuerst Herzogenbusch, dann das etwa fünfundzwanzig Meilen von Amsterdam entfernte Amersfoort erobert hatte. Ich weiß nicht genau, was ich getan hätte, wenn Amsterdam angegriffen worden wäre. Das Gefühl war tief verwurzelt: Wenn die Meinen um ihr Leben bangen mußten, war ich gewillt, mit ihnen in den Tod zu gehen. Doch vor meinem Aufbruch erzählten mir andere Reisende, daß die Vereinten Provinzen die Kaiserlichen vertrieben, Herzogenbusch zurückerobert und die Gefahr abgewandt hatten. Ich kehrte zu meinen Instrumenten zurück.

Inzwischen bin ich Bürger von Echallens geworden. Ich mußte einige Jahre darauf warten. Beide Parteien fürchten den Zustrom von Neuankömmlingen der anderen Konfession. Deshalb werden nur wenige Anwärter ins Bürgerrecht aufgenommen, und dabei wird peinlich darauf geachtet, daß stets ein Katholik auf einen Protestanten folgt und umgekehrt.

Vielleicht hat es mit der Musik zu tun, daß man mich als Freund betrachtet und damit einverstanden ist, daß ich als Katholik mit dem Pfarrer wie mit dem Priester verkehre und den Kindern beiden Glaubens Gesangsunterricht erteile. Vor meiner Ankunft wurde etwas Querpfeife gespielt, man sang mit wackliger Stimme einige Psalmen. Heute gibt es viele Leute, die Spinett, Cembalo, Laute oder Viola spielen. Ich mußte meinen Posten als Schreiber aufgeben, um genügend Zeit zu haben. Ich kann mit knapper Not jährlich zwei Instrumente herstellen, denn abgesehen von den Saiten mache ich alles allein. Nur die Kinder gehen mir manchmal zur Hand. Während drei bis vier Jahren hat mir David geholfen. Aber als er gehen wollte, habe ich ihn nicht zurückgehalten. Dabei könnte ich heute jedes Jahr mindestens vier Instrumente bauen.

Es ist das Wunder der Musik. Einige wenige Töne haben genügt, um die Leute auf dieser grünen Hochebene zur Ansicht zu bekehren, die Master Shakespeare im *Kaufmann von Venedig* ausgedrückt hat:

Das wildeste Auge schaut mit Sittsamkeit
Durch süße Macht der Töne …
Weil nichts so stöckisch, hart und voll von Wut,
Das nicht Musik auf eine Zeit verwandelt!
Der Mensch, der nicht Musik hat in sich selbst,
Den nicht die Eintracht süßer Töne rührt,
Taugt zu Verrat, zu Räuberei und Tücken;
Die Regung seines Sinns ist dumpf wie Nacht,
Sein Trachten düster wie der Erebus.
Trau keinem solchen! Horch auf die Musik!

Einige unversöhnliche Calvinisten würden darin beinahe eine Gotteslästerung sehen. Zum Glück hat sich nie eine wichtige Person näher für meine Tätigkeit interessiert: Solange ich nicht ohne Erlaubnis Orgel spiele, läßt man mich in Frieden. Einige Vögte waren mir freundlicher gesonnen als andere. Einer von ihnen, der Freiburger Gaspard Gady, hat mich einmal sogar gebeten, am Karnevalsdienstag bei ihm zum Tanz aufzuspielen; der Pfarrer hat jedoch so heftig protestiert, daß es wohl ein böses Ende genommen hätte. Ich habe Gady gut zugeredet, und schließlich haben wir uns auf ein Konzert geeinigt, für das ich mit einem Chor ein Repertoire einstudiert habe, das von den Psalmen von Clément Marot über Monteverdes Madrigale bis zu den Liedern von Lassus reichte.

*

Ich merke, wie schwer es mir fällt, über diese fünfundzwanzig Jahre zu sprechen. Ich habe ein ganz gewöhnliches Leben geführt. Mit niemandem hatte ich eine schwere Auseinandersetzung; Leute aller Art beehren mich mit ihrer Freundschaft und ihrem Vertrauen. Ich konnte ich selbst sein, ohne andere Verpflichtungen als die eines guten Christen und ehrlichen Mannes.

Ich habe mit den Musikern der Gegend Bekanntschaft geschlossen, insbesondere mit Jacques Yssauraud, dem Kantor von Lausanne, dann mit François Simon und Jean de Billaud, den Kantoren in Yverdon. Für einige der Musiker habe ich ein Spinett gebaut. Vor etwa fünfzehn Jahren wurde ich nach dem Tode von Jacques Yssauraud auf Empfehlung seiner Witwe sogar nach Lausanne geholt, um ihn zu ersetzen, bis ein neuer Kantor gefunden war. Ich war ein oder zwei Jahre dort, und zu meiner Belustigung gaben alle Leute vor, nicht zu wissen, daß ich kein Reformierter bin. Es ist halt nicht so leicht, nach einem Jahrhundert Bann die Musik wiederaufleben zu lassen.

Das Studium der Musik beschränkt sich in der Gegend auf die einfachsten Grundlagen. Man ist weit entfernt von England, wo selbst mein Barbier und mein Diener ein Instrument spielten, mit Leichtigkeit Partituren entzifferten und die wesentlichen Kompositionstechniken kannten. Die wenigen Publikationen, die hier erscheinen, enthalten zumeist nur Psalmen. Weltliche Musik zirkuliert unter der

Hand von Kopist zu Kopist, doch würde es äußerst ungern gesehen, wenn sie gedruckt würde. Ich habe lange nach einer musikalischen Abhandlung gesucht. Schließlich konnte ich eine in Morges erschienene Broschüre auftreiben, die *Kurze Unterweisung in Musik* eines gewissen Colonay, eines Franzosen, die ich benutzt habe, um den Akademieschülern die Grundzüge der Kunst einzutrichtern: *Die Musik ist die Lehre vom richtigen Singen,* verkündet dieses kleine Werk. *Die Musik ist aufgeteilt in Theorie und Praxis. Die Theorie ist die Kunst, verschiedene Töne mit Geschicklichkeit und Vernunft anzubringen. Die Praxis ist die sichere Art zu singen.* Morley hätte sich wohl im Grab umgedreht angesichts dieser schrecklichen Vereinfachung der Grundlagen, die er so klar und vollständig formuliert hat.

Das einzige, was mich mit Herrn Colonay versöhnt hat, ist der Schluß seines Werkes: *... anfänglich hatte ich die aus elf Linien und zwölf Zwischenräumen bestehende Tonleiter und Skala benutzt, die die dreiundzwanzig Buchstaben des Alphabets umfaßt, doch da ich fürchte, daß das keine gängige Münze war, beschränke ich erwähnte Tonleiter auf die ersten sieben Buchstaben und empfehle sie mittels des vierten Notenschlüssels zu begießen, der der Schlüssel zum Weinkeller ist, denn*

Der Schlüssel zum Keller voll Wein
Macht die Stimme sanft und rein.

Abgesehen davon habe ich einmal mehr mein gutes Gedächtnis gesegnet und mit vollen Händen aus dem geschöpft, was Byrd, Morley, Palestrina, Monteverde und viele andere mir beigebracht haben.

Seit Jacques Yssauraud ist die Stelle eines Kantors in Lausanne bis heute nur hin und wieder besetzt. Ich bin nicht geblieben, denn ich hatte keine Lust, mich auf Dauer dort niederzulassen; sicher hätte man bald Druck auf mich ausgeübt, um mich zum Glaubenswechsel zu veranlassen. Ich hätte mir einen Platz in der Lausanner Gesellschaft erobern müssen. Echallens hätte mir gefehlt. Und Lausanne ist zu weit weg für jemanden, der dort nur auf Besuch ist. Sobald es mehr als zwei oder drei Tage regnet, verwandeln sich die Straßen in Schlamm, und dann ist Echallens ebenso unerreichbar wie London.

Das Ereignis, das mich am meisten aufgewühlt hat, war vor drei oder vier Jahren der Tod von Benoît Dallinges, den ich als meinen Bruder ansah. Ein Fieber hat ihn in wenigen Tagen dahingerafft.

Gegenwärtig bin ich fünfundsiebzig oder sechsundsiebzig Jahre alt. Gott hat mir ein erfülltes Leben geschenkt; ich weiß, daß es zur Neige geht. Seit ich im letzten Winter krank war, sehe ich darin ein Zeichen, daß sich der Schnitter Tod an mich erinnert hat. Es ist, als wollte er mir sagen:

»Ich habe dir ein zweites Leben geschenkt, aber nun ist es aus.«

In letzter Zeit habe ich mich gefragt, ob ich vor meinem Tod nicht die zwei Leben vereinen sollte, die mir beide zusammen ein erfülltes Dasein beschert haben. Wäre ich hier geboren worden, hätte ich nie die unsagbaren Freuden der Musik erlebt, wäre ich niemals Françoise, Jan, Jane, Giuliano und allen anderen begegnet und hätte nie die weite Welt kennengelernt. Doch wäre ich dort geblieben, hätte ich nie das Glück gehabt, außerhalb aller auferlegten Verpflichtungen ganz ich selbst sein zu können. Ich habe viel Glück gehabt.

Ich betrachte den Papierberg auf meinem Tisch und staune:

So viel habe ich in einem Jahr geschrieben. Auf dem Nachen meines Gänsekiels habe ich die lange Fahrt von Golden nach Echallens unternommen. Immer häufiger frage ich mich, ob ich nicht die mir von Gott geschenkte Lebenskraft dazu nutzen soll, in einer Art Pilgerreise den Weg in umgekehrter Richtung anzutreten.

In einigen Tagen werde ich ein Cembalo beendet haben. Das Wetter ist schön, ein trockener Sommer kündet sich an. Vielleicht ist der Augenblick zur Abreise gekommen, der Augenblick, dem Fluß des Lebens aufwärts zu folgen bis zur Quelle.

Von Elie Dallinges
gegenwärtig in Amsterdam
an Frau Madeleine Dallinges
in Echallens im Waadtland

Ich halte mich an das Versprechen, das ich Ihnen, liebe Frau Großmutter, gegeben habe, und sende Ihnen einen ausführlichen Bericht von meiner Reise. Ich habe Ihnen viel zu erzählen. Ich weiß nicht, ob mein vorangegangener Brief mit der traurigen Nachricht Sie erreicht hat, denn ich habe ihn in Paris einem Edelmann übergeben, der mir versprochen hat, ihn einem anderen Edelmann weiterzureichen, der die Absicht hatte, sich nach Genf zu begeben.

Sie erinnern sich, daß wir Echallens am vergangenen 3. Juni mit einer durchreisenden Gruppe von Kaufleuten auf dem Rückweg nach Frankreich verlassen haben, die eine Weinlieferung nach Bern gebracht hatte.

In Echandens ist der Mann namens Petit-Claude zu uns gestoßen, von dem Großvater François Ihnen erzählt hatte. Ich möchte Sie sogleich beruhigen. Dieser Mann war ein Räuber geworden, weil er in einem Wutanfall seinen Offizier getötet hatte. Doch diese Anfälle sind ihm inzwischen vergangen. In Genf hat Großvater Petit-Claude zu einem Schneider, dann zum Barbier gebracht, und so hat uns ein schöner Ritter, der Herr Claudius des Fontaines, auf unserer ganzen Reise begleitet. Wir haben uns gelegentlich zur Wehr setzen müssen. Ich muß sagen, Herr Claudius ist schnell wie der Blitz.

Ich erzähle Ihnen nichts von der Reise von Morges nach Genf, denn dazu gibt es nichts Besonderes zu sagen. Die Orte, die wir unterwegs gesehen haben, unterscheiden sich nur in zwei Dingen von unserem Dorf: Zunächst gibt es weniger Kühe und bebaute Felder, dafür mehr Weinberge, und außerdem haben sie keine katholische Kirche. Dafür hat Großvater uns am Sonntag zu einer Familie gebracht, wo wir sehr freundlich empfangen wurden. Eine Messe wurde gelesen, und Großvater hat eine wunderbare Musik auf der von ihm selbst gebauten Orgel gespielt.

In Genf sind wir nur so lange geblieben, um Herrn des Fontaines neu einzukleiden. Wir sind nach Dijon aufgebrochen; von Dijon nach Paris sind wir mit einer Gruppe von Händlern gereist. Wir hatten die Wahl zwischen ihren Wagen und dem Pferd. Ich selber bin oft im Wagen gesessen, weil mich nach ein, zwei Tagen im Sattel Steiß und Rücken schmerzen. Aber Herr François war stets zu Pferd, er nannte das »eine alte Gewohnheit«.

Auf der Reise schlief Herr François noch weniger als sonst. Der Ritter des Fontaines behauptete, er schlafe auf der Schneide des Degens, und nachts weckte ihn das leiseste Geräusch. Anfänglich fürchtete ich mich in den Herbergen, denn im Stroh lagen wir Seite an Seite mit unbekannten Leuten. Doch nach einigen Nächten schlief ich so tief wie in unserer Scheune, denn ich glaube, es wäre unmöglich gewesen, die Herren Claudius und François zu überraschen. Die französischen Herbergen haben nur wenig Platz für die Reisenden. Die Pferde sind besser untergebracht. Meist wurden wir unter ihnen in fensterlosen Räumen einquartiert. Manchmal gab es auch Damen. Sie legten sich vor uns schlafen, und wir traten erst ein, wenn sie es sich bequem gemacht hatten. In einigen Herbergen haben wir ausgezeichnet gespeist. In anderen gab es gar nichts, und ich erinnere mich an einen Abend, an dem wir uns zu dritt einen Apfel geteilt haben.

Nachdem wir zuerst ein Weinbaugebiet und dann eine Ackerbaugegend durchquert haben, sind wir endlich nach

Paris gekommen. »Wenn ich an das letzte Mal denke, als ich vor einem halben Jahrhundert durch diese Gegend kam …«, hat Großvater gesagt. »Man hätte nie geglaubt, diese Landschaft jemals wieder so grün zu sehen, derart trostlos war es damals.« Unsere Mitreisenden lachten immer, wenn Großvater sagte: »Vor vierzig, fünfzig, sechzig Jahren habe ich dieses oder jenes getan.« Man hielt ihn für einen Lügner oder für einen Sonderling. Aber man gab es ihm nicht zu verstehen, denn wie Sie sehr wohl wissen, hat Großvater mit seiner Art den Leuten stets Respekt eingeflößt.

In Paris angelangt, haben wir zuerst eine Kneipe namens »Notre-Dame« an der Rue Saint-Denis aufgesucht. Der Schankwirt ist ein Bekannter von Herrn Claudius. Er hat uns ein Zimmer für die Nacht gegeben. Herr François ist noch früher aufgestanden als gewöhnlich, hat ein Dampfbad genommen und sich sehr sorgfältig gekleidet. Dann hat er uns aufgefordert, ihn zu begleiten. Wir näherten uns dem Durchgang des Louvre, der von einem Schweizer bewacht war. Nach seiner Uniform war er ein Berner, und so tönte auch sein Französisch.

»Ich möchte Herrn de Tréville sprechen.«

»Herr de Tréville ist nicht im Louvre. Ich weiß nicht einmal, ob er in Paris ist. Gehen Sie zu seinem Stadthaus, dort kann man Ihnen besser Auskunft geben.«

Herr François war ganz aufgeregt, so daß Herr Claudius sich den Weg erklären lassen mußte. Wir gingen zum Seine-Ufer, wo die wunderschönen Stadthäuser von Prinzen und anderen Adeligen stehen. Ein Lastträger hat uns die Richtung zum Haus der Trévilles gewiesen. Bevor wir an der Türe waren, hat Herr François mich zur Erkundigung vorausgeschickt. Seine Stimme zitterte; ich habe ihn noch nie so erlebt. Er hat mir seinen Ring gegeben, den er immer bei sich trägt, und mich gebeten, Herrn Francis Tregian de Tréville oder im Falle seiner Abwesenheit Herrn

Arnaud zu verlangen. Ich habe Herrn François noch nie so erregt gesehen wie an diesem Morgen.

Nach langem Hin und Her, das ich Ihnen erspare, wurde ich in das Zimmer eines Mannes in schmucklosem Gewand vorgelassen. Diesmal hätte ich fast zu stottern begonnen: Er glich Herrn François aufs Haar. Er erklärte in schroffem Ton, er sei soeben von einer Reise zurückgekehrt und sehr spät ins Bett gekommen, und forderte mich auf, mich kurz zu fassen. Ich habe ihm den Ring hingestreckt und gesagt, daß sein Besitzer empfangen werden möchte. Er hat den Ring wortlos angestarrt, dann hat er mich angeschaut und wieder den Ring, und er war so bleich, daß ich fürchtete, er falle in Ohnmacht.

»Wo ist er? Schnell, mein Herr, wo ist er?«

»Er wartet am Seine-Ufer, Eure Exzellenz.«

Wie der Blitz stürmte er aus dem Zimmer und erteilte schreiend Befehle, während er die Treppe hinuntereilte. Ich rannte hinter ihm her, denn er hatte den für Großvater so kostbaren Ring mitgenommen. Als Herr de Tréville am Seine-Ufer Herrn François erblickte, blieb er wie angewurzelt stehen. Dann schrie er: »Vater!« Sie lagen sich in den Armen. Wir haben immer gesagt, wir hätten nie einen so großen Mann gesehen wie Großvater, aber sein Sohn ist ebenso großgewachsen und hager wie er, mit rotem Haar. Nach ihrem Aussehen hätte man sie nicht für Vater und Sohn gehalten, sondern für Brüder. Sie sind zusammen weggegangen, und ich kann Ihnen nichts darüber berichten, was sie sich erzählt haben.

Ich habe meinerseits Herrn Marc kennengelernt, einen Engländer, der Herrn de Trévilles Leibdiener ist. Er hat mir erzählt, daß er der Diener von Herrn Francis war, wie Großvater mit richtigem Namen heißt, daß er ihn bei einem Kampf bei Speyer in der Pfalz aus den Augen verlor und daß alle ihn für tot hielten. Doch Herr Marc hatte die Gegend kreuz und quer durchstreift, ohne seinen Leichnam zu finden, und hatte sich deshalb geweigert, an seinen Tod zu glauben. Er war nach Amsterdam zu Großvaters Familie gegangen, dann nach Den Haag zu Herrn de Tréville, der zu jener Zeit dort Botschafter war. Seither wartete er.

»Einige Jahre darauf erhielt die Familie eine Botschaft. Alle waren skeptisch außer Herrn Francis' Bruder Jan, der gesagt hat: ›Er hätte das schon längst tun sollen. Wäre er tot, wüßte ich es.‹ Und darum haben er und ich seither auf ihn gewartet und Gott in unseren Gebeten angefleht, er möge uns nicht zu Sich rufen, solange der Herr nicht zurückgekommen ist.«

Am Abend hat ein Empfang stattgefunden. Viele vornehme Herren waren anwesend. Seine Majestät Ludwig XIII. ist vor einigen Jahren gestorben. Sein Sohn, König Ludwig XIV., ist noch ein Kind, seine Mutter ist Regentin, und in den Gesprächen war zu hören: »Die Macht liegt in den Händen eines ausländischen Schurken.« Dieser Herr ist Kardinal de Mazarin, ein Italiener. Ich habe ihn nur von weitem gesehen.

Herr de Tréville hat eine Botschaft nach Tarbes geschickt. Dort wohnen sein Vetter Arnaud de Tréville, der frühere Hauptmann der Musketiere von König Ludwig XIII., und seine Tante Marguerite de Tréville, die Schwester von Herrn … ach, ich weiß nicht mehr, wie ich Großvater nennen soll. Großvater Benoît sagte jedenfalls zu Recht, er sei ein Adeliger. Wenn man ihn in Paris sah, konnte man sich kaum vorstellen, daß er vor kurzem noch darauf bestanden hatte, das Vieh zu tränken.

Paris ist so groß, wie man es sich in Echallens, sogar in Lausanne oder Genf nicht vorstellen kann. Herr Marc hat mir die Stadt gezeigt bis hin zu den Vororten, die Paris als weitere Städte umgeben und es noch größer erscheinen lassen. Ich habe noch nie so viele Läden, Schenken, Wagen und Menschen gesehen. Es herrscht ein solches Gedränge, daß man den Eindruck hat, alle Einwohner seien auf der Straße. Doch gleichzeitig überquellen die Schenken und Häuser von Leuten.

Man hat mir versichert, daß in Paris Tag für Tag dreitausend Ochsen, zweitausend Schafe, mehr als tausend Kälber und, man kann es fast nicht glauben, nahezu hunderttausend Hühner und Tauben verzehrt werden. An Fastentagen werden solche Mengen an Meer- und Süßwasserfischen gegessen, daß man sie gar nicht zählen kann. Angeblich werden mehr als fünfhunderttausend Krüge Wein getrunken, ganz zu schweigen von Bier und Most. Es gibt Tausende von fliegenden Händlern, die einem ihre Ware an der Türschwelle verkaufen. Aber man findet auch Märkte für Holz, für Häute und Stoffe. Sie liegen am Ufer der Seine. Was man auswählt, wird einem von Lastträgern nach Hause gebracht. Es gibt mehr als fünftausend solche Träger. Einige davon werden sehr reich. Sie haben es so geregelt, daß sie sich gegenseitig nicht ins Gehege kommen. Sie sind auch Wasserträger, denn es gibt nicht viele Wasserstellen, und wer auf ein reinliches Haus Wert legt, läßt sich von einem dieser Männer jeden Tag zur gewünschten Stunde die benötigte Menge Trinkwasser liefern. Zu jeder Tages- und Nachtzeit sieht man die Träger an den Brunnen Wasser schöpfen. Man achtet sorgsam darauf, daß jeder soviel Wasser haben kann, wie er braucht. Ich könnte Ihnen noch tausenderlei Dinge über Paris erzählen, aber ich hebe sie mir für unser Wiedersehen auf.

Nun will ich wieder auf Großvater François zu sprechen kommen, denn ich denke, daß Sie das mehr interessiert.

Herr Marc hat mir erzählt, Herr de Tréville habe als einziges von Großvaters Kindern eine Pestepidemie überlebt, bei der auch seine Mutter, Großvaters Frau, umgekommen ist.

Herr de Tréville hat zwei Söhne und zwei Töchter. Seine Frau ist vor einem Jahr gestorben. Die Töchter sind verheiratet, wir haben sie besucht. Einer der Söhne war in Münster, wo über das Ende des »Dreißigjährigen Krieges«, wie er in Paris genannt wird, verhandelt wurde. Der andere lag irgendwo in Garnison.

Wir verließen Paris zusammen mit Herrn de Tréville, der nach Münster zurückkehrte, um an den Verhandlungen teilzunehmen. Er hat uns Pässe ausstellen lassen, damit wir unbehindert reisen konnten, denn weil der Ritter Claudius bis dahin kein solches Dokument besessen hatte, waren wir immer wieder aufgehalten worden. Wir reisten mit Herrn de Tréville bis nach Wesel, zuerst auf dem Landweg, dann auf dem Rhein. Im Vorbeifahren hat uns Großvater von weitem den Ort gezeigt, wo ihm dieser schreckliche Hieb versetzt worden war, der ihn fast getötet hätte und weswegen Sie ihn noch lange pflegen mußten, wie Sie uns oft erzählt haben. In Wesel haben Herr de Tréville und Großvater schweren Herzens voneinander Abschied genommen.

Als wir an den Ufern der verschiedenen deutschen Fürstentümer vorbeigekommen sind, habe ich unerhörte Verwüstungen gesehen. Alle Häuser waren bis auf wenige Mauerreste abgebrannt. Es gab weder bestellte Felder noch gestutzte Reben. Man sah viele ausgehungerte Leute an den Ufern, die uns anflehten, ihnen etwas zu geben. Ich verstand ihre Sprache nicht, aber ihre Gesten sagten alles. »Wenn man bedenkt, daß ich all dem entgangen bin!« sagte Herr François. »Danke dem Herrn auf beiden Knien, Elie, daß Er dich in einem Land zur Welt kommen ließ, das verschont geblieben ist. Bitte Ihn um Vergebung für diese Leute, sie haben so gelitten, daß sie nicht einmal mehr an Ihn glauben.«

Als wir in die Vereinten Provinzen kamen, die auch die Niederlande genannt werden, stach der Unterschied sofort ins Auge. Alles war grün, man sah überall Vieh, die

Flügel der Windmühlen drehten sich fröhlich. Großvater war in bester Laune und sagte wiederholt, er hätte bis dahin gar nicht gemerkt, wie sehr ihm dieses Land gefehlt habe. Wo wir auch vorbeikamen, war Großvater schon früher einmal gewesen. Er hat uns immer in vorzügliche Herbergen geführt und hat begonnen, uns die Geschichte seines Lebens zu erzählen.

Wir sind mit dem Boot in Amsterdam gelandet, und wie in Paris hat Großvater mich mit seinem Ring vorausgeschickt. Damit die Überraschung nicht zu groß sei, hat er gemeint. Ich traf auf einen weißhaarigen Mann, der fast so groß war wie Großvater, und war mir sogleich sicher, daß auch er ein Verwandter war. Er lächelte mir zu, als er den Ring sah.

»Bringen Sie mir Neuigkeiten von ihm?«

»Mein Herr, François Cousin aus Echallens hat mich hergeschickt. Er bittet Sie, ihn zu empfangen.«

Dieser vornehme Herr war fürstlich gekleidet, ich hatte noch nie einen solchen Stoff gesehen. Doch am meisten beeindruckt hat mich sein Lächeln. Er ist ein alter Herr und hat einige Backenzähne verloren, aber sein Lächeln ist von engelhafter Sanftheit. Ich habe dann erfahren, daß dieser Herr Jan oder Adrian, wie Großvater ihn nannte, sein Bruder ist, obwohl er einen anderen Familiennamen trägt.

In diesem großen Haus habe ich einen Laden gesehen, wo die schönsten Stoffe lagern, die man sich denken kann. Ich werde Ihnen später nochmals davon erzählen, auch von der Stadt Amsterdam, deren Straßen fast alle am Rand eines Kanals liegen.

Großvater François war hocherfreut über das Wiedersehen mit seinem Bruder, aber später hat er geweint, denn *Mijnheer* Jan hat ihm den Tod von Frau Jane und Herrn Giuliano mitgeteilt. Man hat mir erklärt, daß Jane Großvaters Amme und ihr Mann Giuliano sein Diener und Fechtmeister gewesen war. Es scheint, daß ich ihm meine gefährlichsten Stöße zu verdanken habe. »Ich wußte sehr wohl, daß sie gestorben sind«, hat Großvater gesagt, »aber wenn ich diese Räume sehe, in denen wir glücklich zusammen gelebt haben, kommt es mir vor, als wäre es gestern gewesen. Sie waren wie Eltern für mich, und ich bin ebenso traurig, wie du es sein würdest, wenn du vom Tod deines Vaters erfahren würdest.« Die beiden Leute haben einen Sohn namens Wim und eine Tochter Jane hinterlassen, die geheiratet hat und in der Nähe wohnt. Ihre anderen Kinder sind an derselben Pest gestorben, die Großvaters Familie dezimiert hat. Wim ist mit einer kleinen, stets fröhlichen Frau verheiratet. Zu meiner Überraschung habe ich erfahren, daß sie die Schwester von Großvater und Herrn Jan ist. Sie sieht eher wie ihre Tochter aus. Sie ist das achtzehnte Kind derselben Mutter; Großvater und Herr Jan waren die ersten.

Frau Dorothée, wie sie heißt, hat fünf Kinder, drei Söhne und zwei Töchter. Ein Sohn und eine Tochter sind in meinem Alter, die anderen sind älter. Alle haben auf irgendeine Weise mit Stoffen zu tun. Adrian, der älteste Sohn, studiert in Leiden Farbenlehre, um neue erfinden zu können. »Der Reichtum unseres Hauses beruht auf den Farben; unser Onkel Jan sagt, wir dürfen uns nicht auf seinen Lorbeeren ausruhen.« Herr Jan fragt ständig alle Leute aus. Es geht ihm darum, seine Neugier wachzuhalten. »Wir müssen darauf achten, daß unser Geist beweglich bleibt. Er darf nicht träg werden.« Herrn Jans Sohn Thomas ist Professor an der Universität von Leiden. Er soll ein berühmter Gelehrter sein. Ich habe Herrn Jan fast so lieb wie Großvater.

Die Familie hätte sich gewünscht, daß Großvater in Amsterdam bleibt, aber er hat gesagt: »Ihr wißt, daß mein Schicksal es anders will.«

Immerhin hat er versprochen, bald von sich hören zu

lassen, und Herr Wim hat eingewilligt, mich am Ende unserer Reise zu sich zu nehmen und meine Ausbildung zu vollenden. Ich werde mein Musikstudium bei Meister Dirk Sweelinck fortsetzen. Wir haben ihm in der Kirche zugehört, er spielt göttlich. Er ist ein Freund von Großvater. Sollte ich eines Tages nur halb so gut Orgel spielen können wie Meister Sweelinck oder Großvater – auch ihn habe ich in dieser Kirche gehört, und es war etwas ganz anderes als in Echallens – werde ich mich glücklich schätzen.

Von Amsterdam aus haben wir die Küste erreicht; wir haben den Ärmelkanal überquert, den die Engländer auch das Schmale Meer nennen, und sind in England gelandet. So hätte ich mir das Meer nie vorgestellt. Ich hatte einen Seesturm gesehen, als wir von Morges nach Genf gingen, aber das war nichts im Vergleich dazu. Als wir am Strand anlangten, von wo aus wir hätten abfahren sollen, waren die Wellen höher als ein Haus. Ich war halbtot vor Angst, und der Ritter des Fontaines hatte sein gewohntes Selbstvertrauen eingebüßt. Großvater dagegen lachte, seine Augen funkelten. »Wenn ihr nicht hier wärt, meine Freunde, würde ich trotzdem abreisen.« Der Sturm hat sich schließlich etwas gelegt, und wir sind an Bord eines holländischen Schiffes gegangen. Diese breiten, flachen Boote werden Fleuten genannt. Die Überfahrt hat sieben oder acht Stunden gedauert. Mir war ständig übel, dem Ritter erging es nicht besser; Großvater jedoch plauderte mit dem Kapitän, als säße er am Kreuzweg unter der Linde.

Während dieser Überfahrt habe ich seine ersten weißen Haare entdeckt, und von diesem Tag an schien mir bei jedem Hinschauen, es seien mehr geworden.

Wir haben London gemieden. Großvater hat gesagt, man dürfe den Teufel nie versuchen. Er habe es einmal getan, und das sei ihn teuer zu stehen gekommen. Wir waren zehn, vielleicht zwölf Tage unterwegs und sind durch prächtige Gegenden gekommen – Kent, Middlesex, Dorset, Devon.

Großvater hat mir gesagt, wir würden den Ort sehen, wo er geboren wurde. Ich muß gestehen, daß er mich allmählich beunruhigte. Er war glänzender Laune: »Wenn ein Einheimischer in sein Land zurückkehrt, hat Cornwall eine ganz besondere Art, ihm die Arme entgegenzustrekken.« Er erzählte uns hübsche Geschichten, manchmal selbsterlebte Abenteuer, manchmal Legenden. Wie Sie mir geraten haben, habe ich täglich davon Aufzeichnungen gemacht.

Beunruhigend war, daß Großvater kaum mehr schlief und nichts aß. Er wurde von Tag zu Tag dünner, sein Haar wurde weißer und weißer. Er wollte, daß wir so schnell wie möglich vorankommen. Um sechs Uhr morgens saß er schon im Sattel und trieb uns zum Aufbruch. Der Ritter sagte nichts, aber ich sah, daß auch er sich Gedanken machte, um so mehr, als Großvater sich nicht einmal mehr Zeit für seine morgendlichen Fechtübungen nahm.

Zudem muß ich sagen, daß mich das Reiten ziemlich zermürbte, denn in England sind die Sättel klein, nur mit Leder oder Stoff überzogen und dementsprechend hart.

Leider verstand ich die Landessprache nicht und konnte darum auch nicht verstehen, was die Leute abends in der Herberge Großvater erzählten. Die Gespräche waren äußerst lebhaft. Großvater faßte sie für uns zusammen, aber ich bin nicht sicher, ob ich sie Ihnen richtig wiedergeben kann: Das Parlament und ein Teil des Landes weigerten sich, die Macht König Karls I. weiterhin anzuerkennen. Sie hielten ihn für »unfähig, das Staatsschiff zu lenken«, sagte Großvater. Zudem beschuldigten sie ihn, er beraube die Engländer ihrer traditionellen Freiheiten. Doch der König hatte seine Anhänger, und die Parteien lagen seit Jahren im Kampf miteinander.

»Und weißt du was? Nach allem, was die Tudors und

Stuarts über die Katholiken gesagt haben, nach allen Verfolgungen, unter denen wir zu leiden hatten, sind die treuesten Untertanen dieses unseligen Königs unsere Glaubensbrüder, und Seine Majestät findet endlich die Worte für sie, die schon vor fünfzig Jahren fällig gewesen wären.« Sie hätten sehen sollen, wie Großvater das sagte: mit donnernder Stimme und einem Gesicht, daß einem angst und bange wurde. »Siehst du, mein Sohn, Montaigne hat recht. Man darf seine Seele nicht den Fürsten anvertrauen, sie spielen damit wie mit einem Federball.«

Wir sind in eine Gegend gekommen, wo die Spuren des Krieges deutlich zu sehen waren. Großvater führte uns auf versteckte Pfade. »Hier sind wir in Sicherheit«, sagte er, »denn nur die Einheimischen kennen diese Weglein.« Und so sind wir trotz dieses »Bürgerkriegs«, wie sie es nennen, recht schnell vorangekommen. In der letzten Nacht jedoch haben wir die bewohnten Gegenden vermieden. Übrigens verdienen die Unterkünfte in Cornwall den Namen Herberge kaum. Großvater hat uns gesagt, es sei besser, unter den Pferden zu schlafen, um keine Aufmerksamkeit zu erwecken. Zum Glück war schönes Wetter.

Am nächsten Tag sind wir endlich nach Grampound gekommen, wie der Name des Dorfes hier ausgesprochen wird. Eigentlich, so hat Großvater mir erklärt, heißt es Grand Pont, trägt also wirklich einen französischen Namen. Ich habe die Brücke gesehen, aber sie ist nicht sehr groß, und der Fluß darunter ist bloß ein Rinnsal. »Was soll's«, hat Großvater gesagt, »früher, als die Welt noch klein war, kamen mir Brücke und Fluß groß vor.« Wir befanden uns in der Gegend, wo König Arthur und seine Ritter gelebt haben, von deren ruhmreichen Taten Großvater uns Kindern so oft erzählt hat. Die Landschaft erinnert ein wenig an die Gegend bei uns. Wir haben uns nicht in Grampound aufgehalten, sondern sind noch einige

Stunden in Richtung des Meeres geritten. Schließlich sind wir bei einem hinter einem Wäldchen versteckten Haus angelangt, zum dem eine Allee führt.

Einmal mehr habe ich anklopfen und Großvaters Ring vorweisen müssen. Wegen der Sprache wollte ich es eigentlich nicht tun, aber er hat gesagt: »Wenn die Person, die dich verstehen kann, nicht mehr da ist, ist es nicht mehr wichtig, und ich werde selbst hingehen.« Also habe ich geklopft und in meinem kläglichen Englisch nach Herrn Jack gefragt. Dieser Herr Jack ist etwa siebzig Jahre alt, weißhaarig, klein, dürr, gerade aufgerichtet und äußerst liebenswürdig.

»Ein Reisender aus Frankreich?« hat er in unserer Sprache gefragt, die er ausgezeichnet beherrscht. »Nicht wirklich. Ich bin Schweizer, Waadtländer.« – »Das macht nichts, seien Sie trotzdem willkommen. Was kann ich für Sie tun?« – »Sie könnten meine Freunde empfangen, die draußen warten.« – »Wie, Sie lassen die Leute einfach draußen? Sie dürfen ruhig hereinkommen.« – »Nun ... es ist... ich sollte Ihnen diesen Ring zeigen, bevor ...«

Er war wie vom Blitz getroffen und fiel auf die Knie.

»Mein Herr!«

Ich war äußerst verlegen.

»Wo haben Sie diesen Ring her?«

»Von einem Edelmann, der mich vorgeschickt hat. Er wartet draußen ...«

Er erhob sich so behende wie ein junger Mann.

»Der Herr steht draußen, und Sie sagen mir nichts?«

»Aber ich habe doch ...«

Er hörte mir nicht mehr zu. Er legte den Ring auf den Tisch und stürzte aus dem Zimmer. Ich heftete mich an seine Fersen. Als er die Türe öffnete, trat Großvater näher. Der Ritter hielt unsere Pferde.

»Mein guter Jack!«

»Ach! Mein Herr!«

Dann sagten sie nichts mehr und schüttelten sich weinend die Hände.

Das Haus gehört Großvater, und Herr Jack hütet es zusammen mit einigen Bauern seit Großvaters Weggang. Herr Jack sagte, er habe beschlossen, das Zimmer des Herrn bereitzuhalten, solange er noch am Leben sei, und wirklich war der Raum tadellos sauber und das Bett frisch bezogen.

»Trotz allem habe ich nicht mehr erwartet, daß Sie eines Tages zurückkommen, mein Herr.«

»Hast du nichts von der Nachricht gehört, die ich meinem Bruder zukommen ließ?«

»O doch. Master Jan und Master Francis haben Marc ein- oder zweimal hergeschickt, um sich zu erkundigen, wie die Dinge stehen, und Marc hat mir schon gesagt … Aber er ist ein solcher Phantast …«

Später begannen sie englisch zu sprechen, sie dachten nicht mehr an uns. Der Ritter hat gefragt, wie es denn möglich sei, daß ein Mann, der ein so prächtiges Gut besitzt, sich bei einem Küfer in Echallens verkriecht. Großvater hat geantwortet, daß damals sein Leben keinen Pfifferling mehr wert gewesen sei und er getötet oder zumindest in Ketten gelegt worden wäre, wenn man ihn hier gefunden hätte.

Großvater hat uns auf einen langen Ausritt mitgenommen, um uns von ferne das Haus zu zeigen, wo er geboren wurde. Dann hat er uns auf einen Hügel geführt. »Alles, was ihr von hier aus bis zum Horizont sehen könnt, gehörte meinem Großvater. Mein Vater hat wegen seiner Religion alles verloren. Ich habe versucht, wieder an mich zu bringen, was mir von Rechts wegen zugestanden wäre, und habe alles verloren, weil ich meinen Ideen treu geblieben bin. Mein Bruder und meine Mutter wollten unbedingt einen letzten Versuch unternehmen, die Ärmsten. Sie hatten die Lektion nicht verstanden und sind schließlich im selben Gefängnis gelandet wie ich, wo sie gestorben sind. Für meinen Vater war die Rückgabe von Golden an unsere Familie eine Art Suche nach dem Gral. Es kommt nicht von ungefähr, daß der Wald des Königs Markus zu seinen Ländereien gehörte. Ich habe vernommen, daß es den Kindern meiner Schwestern gelungen ist, wenigstens einen Teil dieser ausgedehnten Ländereien wiederzubekommen. Um so besser für sie!«

Es ist zu sagen, daß der Besitz, der Großvater verbleibt, sicher das Zehnfache unserer Küferei abwirft. Großvater hat mehrmals erklärt, daß er von nun an Herrn Jack, seiner Frau Marianne und ihrem Sohn Jonathan gehöre, den wir einige Tage später kennengelernt haben. Herr Jack ist während dreißig Jahren Großvaters Leibdiener gewesen. In Tregarrick tat er alles für ihn; er war schneller mit einem Taschentuch zur Hand, als Großvater schwitzen konnte.

In der ganzen Region herrschte große Aufregung, denn in London war die Rede davon, den König wie einen gewöhnlichen Verbrecher aufzuhängen und die Monarchie aufzuheben. Jonathan ist kaum älter als ich, beteiligt sich aber schon seit zwei Jahren am Bürgerkrieg. Einen ganzen Abend lang hat er von seinen Heldentaten erzählt. Leider haben der Ritter und ich nicht viel davon verstanden, und wir wollten den Herren nicht lästig fallen mit der Bitte um Erklärungen. Der Krieg ist ihrem Haus ziemlich nahe gerückt, und es ist ein Wunder, daß es nicht vom einen oder anderen Heer besetzt und ausgeplündert wurde.

Ich begann mir größte Sorgen um Großvater zu machen. Er nahm an den Gesprächen teil, machte Besuche, spazierte allein durch die Landschaft und sprühte vor Energie; doch er wurde immer blasser und magerer, bis schließlich die Knochen unter der Haut durchschienen. Ein Arzt hat ihn untersucht und dabei den Kopf geschüttelt. Herr Jack wollte einen zweiten beiziehen, aber Großvater lehnte ab. Fast unmerklich begannen seine Kräfte zu schwinden. Er sagte immer weniger und verbrachte ganze Tage an seinem Spinett, auf dem er besser spielte denn je. »Vielleicht ist die Seele dieses Instrumentes mein Gral«, sagte er. »Ich habe sogar Instrumente zu bauen gelernt, um auf ihn zu stoßen, doch ich habe immer noch den Eindruck, die Entdeckung erwarte mich erst am Ende des nächsten Taktes.«

Gelegentlich verbrachte er ganze Tage im Bett.

Am Morgen des 14. Oktobers hat er mich holen lassen, damit ich ihm beim Ankleiden helfe. Sein Fenster stand weit offen; er blickte auf die Landschaft und auf das Meer, das in der Ferne zu ahnen war. »Ich habe in der Morgendämmerung Besuch gehabt. Ein Rotkehlchen ist hereingekommen.« – »Ein Rotkehlchen? Wie hübsch!« – »Ja, sie sind hübsch. Hierzulande ist man felsenfest davon überzeugt, daß sie den Besuch des Todesengels ankündigen. Vielleicht ist die große Verabredung für heute vorgesehen.«

Nach dem Frühstück ließ er die Pferde satteln. Er wollte, daß ich ihn begleite. Wir sind über die Felder getrabt bis zum Haus, wo er zur Welt kam. Die Sonne schaute ein wenig zwischen den Wolken hervor, ein kräftiger Wind blies. Ich glaube, ich werde diesen Tag nie vergessen.

Unterwegs hat mir Großvater einige Geschichten aus seiner Kindheit erzählt. Wir haben zum Beispiel an einer Hecke angehalten, wo er seinen ersten Fuchs sah, wie er die Schnauze hinausstreckte und alsbald wieder verschwand. Wenig später war sein Vater mit Freunden von der Jagd zurückgekehrt und brachte einen erlegten Fuchs mit. Großvater war überzeugt, daß es sein Fuchs war, und er weinte so lange, bis er geschlagen wurde. »Und all das wegen eines Fuchses, der vielleicht nicht einmal mein Freund aus der Hecke war.« Er hat mir gesagt, daß er die Falkenjagd hasse, hat mir aber nicht erklärt, weshalb. Ich erzähle Ihnen nicht von den anderen Geschichten, aber ich habe sie in meinem Heft aufgeschrieben. Wir sind den ganzen Morgen umhergeirrt. Ich habe selten so schlechte Straßen angetroffen wie in dieser Gegend, doch glücklicherweise hatte es seit Tagen nicht mehr geregnet.

Wir sind zu einer Kirche am Flußufer gekommen. Sie heißt Creed und ist aus großen, grauen Steinen erbaut. Großvater hat mir gesagt, sie stehe seit undenklichen Zeiten hier. Wir sind hineingegangen; man sieht, daß sie uralt ist, und dennoch ist es eine reformierte Kirche. Ich habe Großvater darauf hingewiesen.

»Schau, mein Sohn, siehst du diese Glasmalerei?«

»Ja, Großvater.«

»Siehst du die Wappen? Das da mit den drei goldenen Eichelhähern auf schwarzem Feld?«

»Ja, Großvater.«

»Das ist mein Familienwappen. Großvater John, der die Restauration der Kirche bezahlt und die Glocken gestiftet hat, ließ es hier anbringen. Eines Tages haben die Menschen beschlossen, daß hier anstelle der Messen reformierte Gottesdienste abgehalten werden. Glaubst du, daß der Herr sich darum gekümmert hat, auf welche Weise man Ihn für Seine Wohltaten preist? Hauptsache ist, daß man Ihm dankt.«

Das hatte mir Großvater bereits in Echallens gesagt und auch in Amsterdam, als er in der calvinistischen Oude Kerk spielte. Wir haben gebetet, und Großvater hat eine lange Rede gehalten, allerdings auf englisch. Dann haben wir uns wieder auf unsere Pferde gesetzt, wobei mir aufgefallen ist, daß Großvater sich sehr anstrengen mußte. Ich habe ihm vorgeschlagen, ein Haus aufzusuchen, aber er hat geantwortet: »Nein, ich muß weiter, um rechtzeitig zu meiner Verabredung zu kommen.«

Wir sind ein kurzes Stück den Fluß entlang geritten bis zur Brücke von Golden Mill, die wir überquert haben. Der

Fluß ist nur noch ein Rinnsal, und Großvater hat wiederholt, wie unglaublich das sei. »Als ich noch ein Kind war, gab es hier einen Hafen.« Jetzt ist kein einziges Boot mehr zu sehen. »Meine Zeit ist wirklich vorbei«, hat Großvater noch beigefügt. Neben dem Wildkaninchengehege, das er *Warren* nannte, sind wir hinaufgeritten zu einer Geländestufe, von wo aus man zwischen den Bäumen hindurch zwei Häuser sieht, die Großvater als den neuen und den alten Landsitz bezeichnete. Er war so bleich, daß ich ihm erneut eine Rast vorgeschlagen habe.

»Wir sind angekommen. Von hier aus geht es nach rechts.«

Rechterhand war nur ein fast kreisförmiges, stellenweise von einem niedrigen, zerfallenen Mäuerchen gesäumtes Feld zu sehen. Wir sind bis zum höchsten Punkt gegangen. Großvater hat sein Pferd angehalten, und ich habe es ihm gleichgetan. Von dort oben sieht man rundum bis weit in die Hügel; die Felder waren grün oder gelb, die Bäume grün, gelb oder rot, am blauen Himmel zogen große Wolken vorüber.

»Ich glaube, du mußt mir aus dem Sattel helfen, mein lieber Elie.«

Ich habe ihm geholfen, er war schwer wie Blei. Da bekam ich es wirklich mit der Angst zu tun. So hatte ich ihn noch nie gesehen. Sein Gesicht war glatt, und der Blick aus seinen hellblauen Augen war so eindringlich wie manchmal, wenn er ein Stück spielte, das ihm ganz besonders gefiel. Sein weißes, von rötlichen Fäden durchzogenes Haar umgab sein Haupt wie ein Strahlenkranz. Er sah aus wie eine Erscheinung aus dem Jenseits.

»Hörst du, mein Kleiner?«

Man hörte Vogelstimmen.

»Ja, Großvater.«

»Hörst du sie singen?«

»Singen, Großvater?«

»Ja. *We hav'et, we hav'et, we hav'et. What hav'ee, what hav'ee, what hav'ee? A neck, a neck, a neck.«*

Und er sang mit seiner schönen, vollen Stimme.

»Hörst du, sie antworten. *We yen, we yen, we yen.«*

Selbst die Vögel zwitscherten nicht mehr.

»Hörst du, Kleiner?« Er drückte meine Hand so fest, daß er sie fast zerquetschte.

»Es ist Jane, meine geliebte Jane. *Schauen Sie sich Ihr Reich gut an. Prägen Sie es Ihrem Gedächtnis ein. Die Riesen kämpfen am Himmel, doch der Wind trägt sie fort. Das Land dagegen wird immer da sein. Ihr Land, wo immer Sie sind.* Ich habe getan, was sie gesagt hat. Ich habe Jane stets mehr geliebt als alle anderen, vielleicht sogar mehr als Françoise. Mein Land, wo immer ich bin.« Er hat die Arme ausgebreitet und ist lange Zeit stumm geblieben. Plötzlich flog ein kleiner Vogel aus seinem Versteck im Feld auf, ein Rotkehlchen, wie mir schien, es umflatterte uns, ließ sich dann nieder und begann zu singen. Großvater hat es unverwandt angeschaut. »Nun bist du schließlich gekommen, um mich mitzunehmen«, hat er gesagt. Dann ist er auf den Rücken gefallen.

»Elie!«

Seine Stimme war nur noch ein Hauch.

»Ja ... Großvater.«

»Elie, reiche mir deine Hände.«

Er hat mir seinen Ring an den Finger gesteckt und unsere Hände ineinander verflochten.

»Elie, ich gehe nun auf eine Reise, die ich allein antreten muß. Hab keine Angst. Es dauert nur einen Augenblick, gerade solange, bis ich mich gelöst habe. Ich verlasse dich nicht. Ich werde bald wieder bei dir sein.« Dabei hat er meine Finger mit aller Kraft gedrückt. »Alles, wozu meine Hände fähig waren, gehört David und dir, ich schenke es euch. In euren Händen werde ich stets bei euch bleiben.«

Dann sind seine Glieder steif geworden, er hat meine

eine Hand losgelassen, hat himmelwärts geschaut und mit lauter Stimme gerufen:

»Herr, vergib mir, daß ich so oft gezweifelt habe, nimm mich in Deine Arme. Ich bin Dein Diener.« Er hat eine Pause gemacht. »Mein Bruder, die Extreme berühren sich. Die Extreme ... be ...«

Seine Verkrampfung hat sich gelöst. Ich habe nicht sofort gemerkt, daß er tot war. Er schaute zum Himmel hoch und hatte wieder dieses Aussehen eines jungen Mannes, das die Klatschbasen von Echallens zur Bemerkung verleitete, er müsse verliebt sein.

Der Abend begann zu dämmern, und ich wußte, daß ich die anderen benachrichtigen mußte, aber ich war außerstande, ihn allein liegenzulassen. Erst die Angst, mich in der Dunkelheit zu verirren, veranlaßte mich zum Aufbruch. Ich habe seine Hände und seine Stirne geküßt, und nun konnte ich die Tränen nicht länger zurückhalten. Ich habe meinen Mantel über ihn gebreitet, um ihn vor wilden Tieren zu schützen, dann sprang ich in den Sattel und ritt in vollem Galopp nach Hause. Wir sind mit Fackeln zurückgekehrt, so schnell es ging. Herr Jack weinte, der Ritter hatte eine rauhe Stimme, und der Bauer Hugh war ganz blaß.

Wir haben eine Bahre gebaut und Großvater nach Tregarrick zurückgetragen. Die Frauen haben ihn gewaschen und ihm seine schönsten Kleider angezogen. Ich habe sein wundervolles flämisches Muselaar ins Zimmer gestellt, wo er ruhte, und die ganze Nacht hindurch für ihn gespielt.

Hugh machte sich auf die Suche nach einem Priester, konnte aber erst am nächsten Morgen einen finden, weil sie sich hier verstecken müssen. Der Priester hat die Absolution post mortem erteilt. Am folgenden Tag haben wir ihn seinem Wunsch entsprechend neben einem gewissen Thomas Tregarrick bestattet, der meines Wissens sein Großvater war.

Großvater hatte einen Brief hinterlassen, in dem er Jack und seinem Sohn das Haus vermachte. Den Ritter bat er darin, mich nach Amsterdam zurückzubringen, damit ich bei Meister Dirk Sweelinck studieren könne. Einen Tag später sind wir nach Dover aufgebrochen. Die Hafenoffiziere haben uns viele Fragen gestellt, und wir mußten mehrmals die Gründe für unsere Reise erklären. Die Lage in England war äußerst gespannt. Erst hinterher habe ich erfahren, daß man König Karl I. enthauptet hatte. Man hat uns gefragt, ob wir Papisten seien, was wir mit Hinweis auf unsere Pässe, die uns als Berner auswiesen, verneinten. Da im Paß erwähnt war, daß ich Musiker sei, mußte ich vorspielen, um zu beweisen, daß es wirklich so ist. Schließlich haben wir ein englisches Schiff besteigen können, das nach Calais fuhr. Das war zwar nicht unser Ziel, aber wir waren froh, daß man uns abreisen ließ. In Frankreich war dann alles viel einfacher dank dem Siegel, mit dem Herr de Tréville unsere Pässe versehen hatte.

Wir sind nach Paris gegangen. Herr de Tréville war nicht dort, aber ich habe alles Herrn Marc erzählt. Darauf haben wir uns Reisenden angeschlossen, die nach Norden gingen, und sind nach einigen Tagen in Amsterdam angekommen. Herr Jan hat uns selbst die Türe geöffnet, als hätte er auf uns gewartet. »Er ist tot, nicht wahr? Ich habe es gespürt.« Ich wollte ihm den Ring geben, aber er hat ihn nicht angenommen.

Jetzt lebe ich bei ihm. Meine Tage sind ausgefüllt. Am Morgen gehe ich zu Meister Sweelinck und am Nachmittag von Zeit zu Zeit zu Meister Willem. Ich habe auch einen Cembalobauer gefunden, der mich einstweilen bei sich arbeiten läßt, nachdem er herausgefunden hat, daß ich mich schon auf die Fertigung von Springern und Registern verstehe. Herr Jan gibt mir Bücher zu lesen, und mit den Söhnen Ardent übe ich mich im Fechten. Ich beginne auch langsam zu begreifen, wie der Handel mit Stoffen vor sich geht. Ich spreche schon ein wenig Englisch und Holländisch. Herr Jan sagt, daß aus mir noch ein vielseitiger Mann wird.

Wie Großvater es gewünscht hatte, ist der Ritter angestellt worden, um unterwegs für die Sicherheit der Stofftransporte zu sorgen. »Es gibt nichts besseres als einen Räuber, um die Banditen in Schach zu halten«, pflegt er zu sagen. Er ist wochenlang auf Reisen, und wenn er zurückkommt, hat er immer tausend Geschichten auf Lager. Er interessiert sich sehr für meine Fortschritte auf der Orgel, und vor allem auf dem Cembalo: »Diese Stimme hat Herr François Ihnen vermacht; sorgen Sie dafür, daß sie weiterhin singt und die Schönheit seiner Seele zum Klingen bringt.« Es gibt hier eine stattliche Zahl von Partituren aus Großvaters Hand, und ich spiele sie oft.

Das ist es, sehr geehrte Frau, was ich Ihnen berichten wollte. Ich bitte Sie, meinen Eltern meine tief empfundene Zuneigung auszudrücken, und ich flehe Sie an, nicht allzu traurig zu sein. Großvater ist von uns weggegangen, aber ich werde mir alle Mühe geben, damit seine schöne Stimme nicht verstummt.

Ich küsse Sie hochachtungsvoll.

Ihr Enkel,

Elie Dallinges

Abgefaßt in Amsterdam, an Ostern 1649.

Von Frau Madeleine Dallinges
in Echallens
an Herrn David Dallinges,
in Basel

Geliebter Sohn

Das Schreiben ist nicht meine Stärke. Aber ich wollte es nicht jemand anderem überlassen, Sie vom Tod von Herrn François zu unterrichten. Die näheren Umstände finden Sie im Brief von Elie, den ich für Sie abschreiben ließ.

Ich sende Ihnen auch ein Paket mit Partituren. Herr François Cousin hat mich gebeten, sie Ihnen zuzustellen, falls ihm ein Unglück zustoßen sollte. Ich füge außerdem eine lange Denkschrift bei, auf die Herr François im letzten Jahr, das er bei uns verbrachte, den größten Teil seiner Zeit verwendet hat. In seiner Werkstatt haben wir alles belassen, wie es war; sie steht zu Ihrer Verfügung.

Ich denke, daß Ihnen alle diese Sachen aus einem besonderen Grund zustehen, den ich Ihnen nennen will. Ich bin nicht Ihre Mutter, und mein Gemahl war nicht Ihr Vater. Sie sind der Sohn von Jeanne du Moulin und Herrn François Cousin. Ihre Mutter haben Sie nie gekannt; sie ist gestorben, als Sie noch kein halbes Jahr alt waren. Sonderbarerweise hat Ihr Vater nie gewußt, daß Sie sein leiblicher Sohn waren, auch wenn er Sie wie einen solchen behandelt hat.

Als mein verblichener Mann Herrn François aufgenommen hat, hat er mir gesagt: »Mein liebes Kind, ich habe in unserem Karren einen Prinzen mitgebracht. Er ist verwundet und im Augenblick nicht ganz bei Sinnen, aber noch nie zuvor bin ich jemandem begegnet, der mich an einen Königssohn erinnert. Ich möchte, daß wir ihn pflegen können, denn es steht schlecht um ihn.«

Damals lebte meine Mutter noch, sie hat sich um ihn gekümmert und wochenlang an seinem Bett gewacht. Sein Körper erholte sich allmählich und genas. Aber seine Seele blieb krank. Wir hatten ihn alle liebgewonnen. Er war so sanft, so aufmerksam und umgänglich. Er hatte stets eine Lösung vorzuschlagen und nahm alles ernst, von den Wehwehchen der Kinder bis zu den Gewissensqualen der Großen. Er hat das ganze Dorf erobert, die Katholiken wie die Reformierten. Halb Echallens trug Trauer, als die Nachricht von seinem Tod eintraf; am Kreuzweg liegt immer eine Blume oder eine Frucht, und eine Kerze brennt zu seinem Gedenken. In der ersten Zeit, die vielleicht ein Jahr dauerte, verwirrte sich sein Geist manchmal; das kam vom schrecklichen Schlag auf den Kopf, von dem er sich nur langsam erholte. In solchen Momenten, die manchmal einen Augenblick, manchmal auch mehrere Wochen dauerten, erkannte er niemanden; er verschwand während Tagen. Einmal war er so lange abwesend, daß wir ihn tot glaubten. Doch als er zurückkam, bat er, sich über der Küferei eine Werkstatt einrichten zu dürfen. Er hat mit dem Bau seines ersten Instrumentes begonnen, und fortan kam es zu keiner Krise mehr. Er war geheilt.

Eines Morgens hat er Sie als neugeborenen Säugling auf der Türschwelle gefunden. Er hat sogleich beschlossen, Sie an Sohnes Statt anzunehmen. Um mögliche Schwierigkeiten zu vermeiden, hat Herr Pfarrer Clavin, dem wir die Sache erklärten, vorgeschlagen, Sie als unser Kind auszugeben. Ich war also Ihre Amme. Sie glichen Ihrem Vater sehr, und einige Klatschbasen behaupteten, ich sei meinem Mann untreu gewesen, doch niemand schenkte diesen Gerüchten Glauben: Die Aufrichtigkeit der Herren François und Benoît und meine Tugendhaftigkeit waren allgemein bekannt.

Jenes Mal, als wir ihn schon tot glaubten, war Ihr Vater von Ihrer Mutter Jeanne du Moulin aufgenommen worden. Jeanne war die Tochter des Müllers Perret; ihre ganze Familie war von der Pest dahingerafft worden, als sie vierzehn Jahre alt war. Sie hat die Mühle weiterhin betrieben, und mit Erfolg. Sie war eine große Rothaarige, ein hübsches Mädchen; viele Männer hätten sie gewollt. Doch eine Zigeunerin hatte ihr vorausgesagt, sie würde die Frau eines Prinzen werden, und sie hat alle abgewiesen. Sie war um die Dreißig, als sie Herrn François begegnete. Er irrte durch die Felder und wußte nicht mehr, wer er war; sie war sich auf der Stelle sicher, daß ihr Prinz gekommen war. Sie hat ihn aufgenommen und gepflegt. Eines Tages verschwand er. Er muß wohl auf freiem Feld wieder zu sich gekommen sein. Ich habe das einige Male miterlebt: Er konnte sich nie daran erinnern, was in der Zwischenzeit geschehen war. Er ist zu uns zurückgekehrt. Er wußte nichts von der Mühle, er wußte nichts von Jeanne, und vor allem konnte er sich nicht daran erinnern, daß er ihr ein Kind gemacht hatte.

Jeanne war ein einfaches Mädchen. Da sie selbst ziemlich sonderbar war, fiel ihr nicht auf, daß mit Herrn François etwas nicht stimmte. Er nannte sie Jeanne, »als würde er mich schon seit langer Zeit kennen«, sagte sie. Als er ohne ein Wort verschwand, wollte sie die Stolze spielen. Sie wußte nicht, wo sie ihn finden konnte; auch hatte er ihr gesagt, er heiße Chrétien. Erst kurz vor Ihrer Geburt hat sie entdeckt, wer er war. Sie hat das Kind allein zur Welt gebracht. Es war ihr gelungen, ihre Schwangerschaft vor allen Leuten geheimzuhalten, und sie hat bis zum letzten Tag gearbeitet. Sie hätte Sie nicht behalten können, das hätte sie entehrt. Sie hat Sie zu unserer Türe gebracht und gedacht, Herr François würde schon wissen, was es mit dem Kind für eine Bewandtnis hat. Und wirklich: Obwohl er Jeanne vergessen hatte, war er von Ihnen sogleich angetan. Jeanne hat mich später einmal besucht, und so habe ich alles erfahren. Ich habe ihr vorgeschlagen, es Herrn François zu erzählen, aber sie verbot es mir. »Ich will ihn nicht zwingen. Er muß von sich aus zu mir kommen.« – »Aber er war doch krank! Wie wollen Sie denn, daß er kommt, wenn er sich an nichts erinnert?« – »Dann ist es nicht der Wille des Herrn, und Ihn kann man nicht zwingen.« Es schmerzte mich um so tiefer, als ich mit niemandem darüber sprechen konnte, nicht einmal mit dem Herrn Pfarrer. Wenn ein Mädchen gesündigt hatte, war er unerbittlich, und ich wage mir nicht vorzustellen, was aus der armen Jeanne geworden wäre. Schließlich faßte ich den Entschluß, trotz Jeannes Verbot mit Herrn François zu reden. Er war ein ehrenhafter Mann, ich habe nie erlebt, daß er etwas Schlechtes tat. Er hätte sie auf der Stelle geheiratet. Doch dann wurde Jeanne von einem Fieber befallen und starb. Nun hatte es keinen Sinn mehr zu reden. Wozu auch? Das hätte uns allen das Leben schwerer gemacht. Ich habe geschwiegen, nicht einmal meinem Mann habe ich mich anvertraut. Aber ich möchte das Geheimnis nicht in mein Grab mitnehmen, denn es gehört Ihnen. Sie haben das Recht zu wissen, daß Sie nicht nur der Schüler, sondern auch der Sohn eines Prinzen sind.

Seien Sie stolz auf Ihre Eltern, mein Sohn, und schauen Sie – zusammen mit Elie – gut zu dieser Stimme, die er Ihnen vermacht hat. Dank Ihnen beiden, da bin ich ganz sicher, wird sie sich erheben, rein und lauter wie er, über die Grenzen von Zeit und Tod hinaus.

Empfangen Sie die innige Zuneigung jener, die Sie doppelt geliebt hat: als Sohn, den Jeanne du Moulin mir anvertraut hat, und als das Kind, das ich großgezogen habe. Gott segne Sie. Jene, die Ihre Mutter bleibt,

Madeleine Dallinges

Abgefaßt in Echallens an Pfingsten 1649.

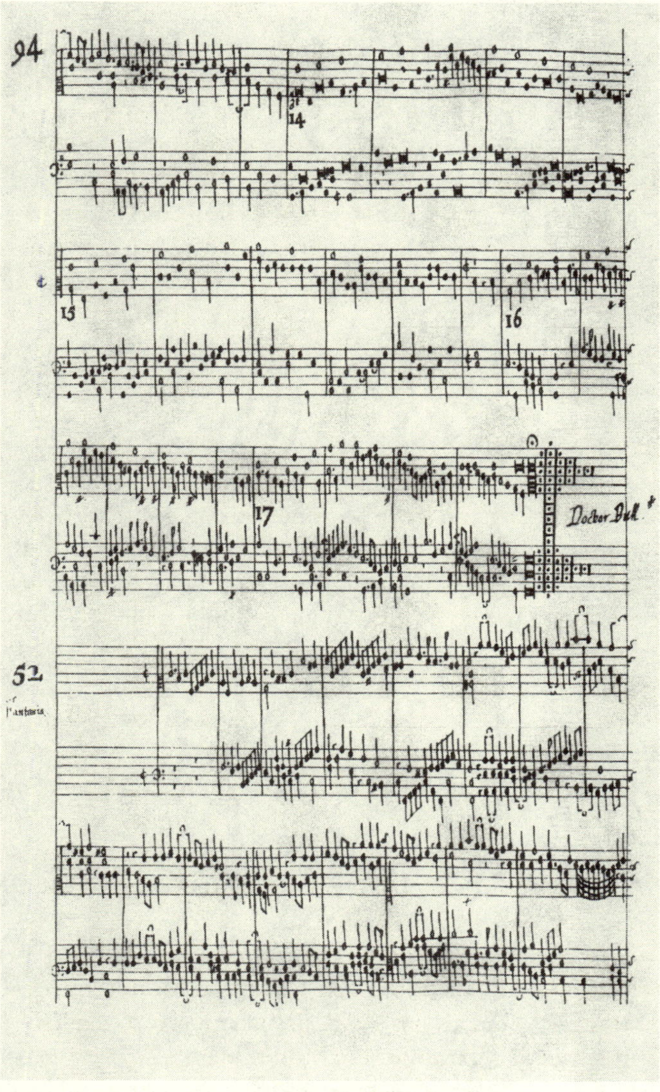

Manuskriptseite des »Virginal Book« von Francis Tregian
(Fitzwilliam Museum, Cambridge)

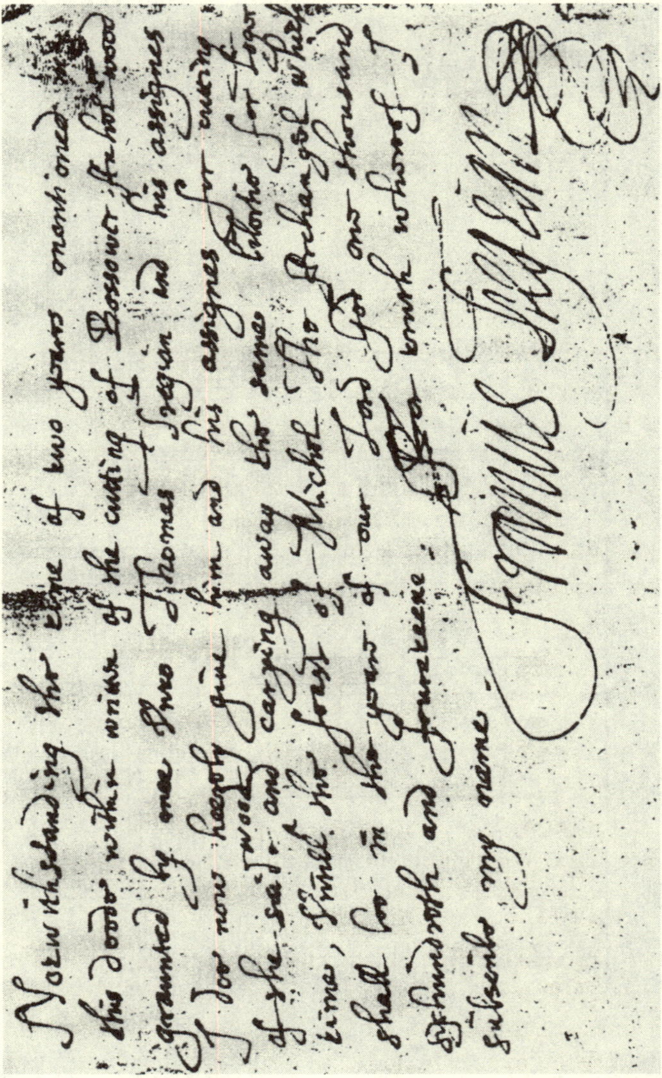
Notwithstanding the tyme of two yeares mentioned
this deede within the cutting of Bossowe for the wood
granted by me unto Thomas Tregian and his assignes
I doe now heerby give him and his assignes for every
of the said wood and carrying away the same
time, limitt the feast of St Michell the Archangell which
shall be in the yeare of our Lord God one thousand
six hundreth and tenn witnes whereof I
subscribe my name
Francis Tregian

Handschrift von Francis Tregian (Vertrag über den Verkauf eines Waldstücks, 18. März 1610)
(Henderson Archiv, Truro N° HC/2/27)

Auf den Spuren von Francis Tregian

Ich bin Francis Tregian[1] am Sonntag, dem 25. Mai 1986, in Zürich an einer Elisabethanischen Garden-Party begegnet, die in der Villa Rietberg stattfand. Dieser Tag war der Auftakt zu den Zürcher Junifestwochen. Im Jahr 1986 waren sie der Musik der Sammlung Fitzwilliam aus Cambridge gewidmet. Sie enthält handschriftliche Partituren von Purcell, Haydn, Mozart, Brahms und vielen anderen Komponisten, und in ihr findet sich das von Francis Tregian zu Beginn des 17. Jahrhunderts in Schönschrift verfaßte *Virginal Book*. An diesem sonnigen Tag im Mai 1986 sangen, spielten und tanzten Solisten und Gruppen Stücke, die hauptsächlich dem *Fitzwilliam Virginal Book* entstammten, wie ich auf dem Umweg über eine Performance erfuhr. Ich wußte nicht einmal, daß es ein Instrument namens *Virginal*[2] gibt.

Nach diesem unvergeßlichen Tag drängte sich mir eine Frage auf: Wer ist denn dieser geniale Sammler, der so viel herrliche Musik zu einer so vollendeten Collage zusammengestellt hat? Die Frage schien mir einfach zu beantworten, und ich zweifelte nicht daran, daß ich meine Neugier schon am nächsten Tag in irgendeinem Musikgeschäft würde stillen können. Ich ahnte nicht, daß mich die Art und Weise meiner Fragestellung zu einer Reise verführte, die sieben Jahre dauern sollte.

*

In meiner Illusion wurde ich zunächst bestärkt durch die Leichtigkeit, mit der ich an das *Fitzwilliam Virginal Book* selbst kam. Dieses Manuskript mit Musik für Tasteninstrumente, die etwa zwischen 1550 und 1620 komponiert wurde, war Ende des letzten Jahrhunderts erstmals gedruckt worden und hatte großes Aufsehen erregt. Sicher hat diese Veröffentlichung wesentlich dazu beigetragen, daß die englische Musik der Renaissance und ihre Komponisten (Byrd, Bull, Morley, Farnaby und andere) ins Bewußtsein der englischen und der europäischen Musikwelt des 20. Jahrhunderts traten.[3]

In den Jahren nach seiner Publikation wurde das *Virginal Book* zweimal analysiert: zuerst 1905 von Edward W. Naylor, Musikprofessor in Cambridge, in seinem Werk *An Elisabethan Virginal Book,* dann von Charles van den Borren, Musikprofessor an der Universität von Brüssel, im Jahre 1912. Die französische Originalausgabe seines Buchs *Les Origines de la Musique de Clavier en Angleterre* ist praktisch in Vergessenheit geraten zugunsten der leicht ergänzten englischen Übersetzung *The Sources of Keyboard Music in England,* erschienen 1913. Meist wird die englische Version zitiert, als handle es sich um das Original, und sie gilt nach wie vor als wichtige Referenz. Van den Borren geht über das *Fitzwilliam Virginal Book* hinaus, das er allerdings ziemlich erschöpfend analysiert, denn wie Edward W. Naylor betrachtet er es als Eckstein der Elisabethanischen Musik. *Man darf behaupten, daß es möglich wäre, selbst wenn alle anderen Manuskripte verschwänden, die Geschichte der Musik zwischen 1550 und 1620 auf der einzigen Grundlage des* Fitzwilliam Virginal Book *zu schreiben. (...) Man muß darin eher eine Bibliothek als ein einzelnes Buch sehen, denn es enthält mehr Zeugnisse aus erster Hand über das Musikleben der Tudor-Epoche, als die meisten von uns über die Musik unseres Jahrhunderts besitzen.*[4]

Diese beiden Wissenschaftler haben nicht einmal andeutungsweise versucht, hinter die Persönlichkeit des Mannes zu kommen, der einer solchen kulturellen Leistung fähig war. Sicher hielten sie das nicht für ihre Aufgabe. Die Zeit lud nicht zur Entdeckung eines Musikers ein, der zufolge der verfügbaren Handschriften offenbar so gut wie gar nichts komponiert hatte. Vor der Ära der Tonaufnahmen interessierte eine auf der Auswahl der Partituren und nicht auf Kompositionen beruhende Meisterschaft kaum. Weitere Nachforschungen wurden während langem nicht angestellt.

*

Als erster hat William Chappell zwischen 1840 und 1850 die Hypothese aufgestellt, daß die Abschriften der zweihundertsiebenundneunzig Stücke des *Fitzwilliam Virginal Book*[5] aus der Feder eines gewissen Tregian stammen: Der Name taucht in den Manuskripten mehrmals auf, entweder vollständig oder gekürzt. Für Chappell ist offenkundig, daß es sich um jemanden handeln muß, der lange in den Niederlanden gelebt hat: Dabei stützt er sich insbesondere auf die Stücke von Peter Philips (Flandern, spanische Niederlande) und Jan Sweelinck (nördliche Niederlande, protestantisch), die man nur im *Fitzwilliam Virginal Book* findet.

Der Name Tregian (eine große katholische Familie aus Cornwall) wird in England allerdings nicht mit Musik in Verbindung gebracht, sondern mit den politisch-religiösen Konflikten der Elisabethanischen Epoche, und wenn jemand schon von Francis Tregian gehört hat, handelt es sich eher um den Vater des Musikers: Ihm kommt das traurige Privileg zu, die königliche Macht in einem Augenblick herausgefordert zu haben, in dem das katholische Spanien und das Papsttum dem Protestantismus in England ein Ende setzen wollten. Rom hatte die englische Königin Elisabeth exkommuniziert und ihre katholischen Untertanen von der Gehorsamspflicht ihr gegenüber entbunden. Die englische Krone hielt es im Hinblick auf ihr eigenes Überleben für nötig, darauf zu reagieren. Zur Abschreckung mußte ein drastisches Exempel statuiert werden. Es traf Francis Tregian den Älteren (1548?–1608): Er wurde als Verbündeter des Feindes betrachtet und eingekerkert; als weitere Strafe wurde ein großer Teil seines Besitzes beschlagnahmt. Er verbrachte fast dreißig Jahre im Londoner Gefängnis der Fleet. Francis Tregian der Ältere und seine Frau Mary hatten achtzehn Kinder. Der älteste ihrer Söhne hieß Francis (1574?–1618?).

Den ersten Herausgebern, die das *Fitzwilliam Virginal Book* 1899[6] veröffentlichten, kommt auch das Verdienst zu, für die damalige Zeit erschöpfende Nachforschungen über Francis Tregian den Jüngeren angestellt zu haben. Sie gelangten zum folgenden Schluß: *Es scheint, daß Francis Tregian der Jüngere seiner religiösen Überzeugungen wegen zwischen 1608 und 1619 eingesperrt war und daß er bis zu seinem Tode um 1619 herum im Gefängnis blieb. Es ist wahrscheinlich, daß Francis Tregian seine Sammlung im Gefängnis abgeschrieben hat, um sich die Zeit zu vertreiben.*[7]

*

1986 hatte ich den Entschluß gefaßt, anstelle von Prosa dramatische Texte zu verfassen, wenn ich geeignete Themen fand.

Bei Maitland & Squire glaubte ich auf die Ingredienzen einer dramatischen Situation gestoßen zu sein, und zwar in der Aussage: *Francis Tregian hat seine Sammlung im Gefängnis abgeschrieben, um sich die Zeit zu vertreiben.*

Ich sah diesen Mann, eingekerkert in einem Burgverlies, wie er sich, allen Schwierigkeiten zum Trotz, die von den Katholiken mit dem Bannfluch belegten Musikstücke in

Erinnerung rief und sie vor dem Vergessen rettete, indem er sie aufschrieb: eine Art Elisabethanischer *Fahrenheit 451*. Ich stellte mir nur eine Frage: Wie mochte es in einem Elisabethanischen Gefängnis, insbesondere in der Fleet, zugegangen sein?

Ich machte mich auf die Suche nach Dokumenten über die Gefängnisse jener Zeit (es gibt nur wenige), und ohne es zu merken, habe ich mich auf das Abenteuer einer Erzählung eingelassen: *Der Lauf des Flusses.*

Um diese Figur im Gefängnis beschreiben zu können, mußte ich, so sagte ich mir, etwas über seine Vergangenheit in Erfahrung bringen.

Die British Library in London besitzt zwei Bücher, die ausschließlich dem Vater gewidmet sind.

Im einen, das um 1934 geschrieben wurde, ist der Sohn kaum erwähnt.[8]

Im anderen hat er Anrecht auf etwa ein Dutzend Seiten, die mich allerdings skeptisch ließen. Dieses Buch über Tregian den Älteren[9] wurde von bedingungslosen Katholiken verfaßt, für welche die Elisabethanischen Religionskriege immer noch andauerten. Es war kein historisches Buch, sondern ein Plädoyer *pro domo* im Dienste einer einzigen These: Die Verfolgung der Tregians war eine Niedertracht, denn alle Elisabethanischen Katholiken waren gut und tugendhaft, sämtliche Anglikaner dagegen waren Henker und Diebe, die Verkörperung des Schlechten.

Noch aus einem anderen Grund wurde ich mißtrauisch: Boyan & Lamb gehen in den dem Sohn gewidmeten Seiten von einer Gewißheit aus, für die sich keine entscheidenden Nachweise finden: Das Sprichwort *Wie der Vater, so der Sohn*[10] ist für sie insbesondere auf dem Gebiet der Religion eine Selbstverständlichkeit.

*

Erst zu Beginn der fünfziger Jahre hatten zwei neue Fakten die Ausgangslage verändert. Man hatte entdeckt, daß ein kürzlich von der British Library erworbenes Manuskript[11], das mehr als eintausendzweihundert Partituren enthielt (Madrigale, Villanellen, Fantasien, Motetten), aus derselben Hand stammte wie das *Fitzwilliam Virginal Book* und daß eine Sammlung von rund dreihundertfünfzig ähnlichen Partituren[12] in der Public Library New York aufbewahrt wurde. Daß es zu jener Zeit möglich wurde, die Urheberschaft Francis Tregian dem Jüngeren zuzuschreiben, ist einem zweiten Ereignis zu verdanken: der Entdeckung der Papiere der Familie Tregian, die der Historiker Charles Henderson aus Cornwall vor seinem Todesjahr 1933 zusammengetragen und in einen Schiffskoffer gelegt hatte. Dort hatte man sie entdeckt und sich daran gemacht, sie zu ordnen. Von nun an stand für die Fachleute die Identität des Kopisten des *Fitzwilliam Virginal Book* unzweifelhaft fest: Die Handschrift stimmte in vielen Punkten mit jener von Francis Tregian dem Jüngeren überein.

Mit Verblüffung stellt man fest, daß Historiker und Musikwissenschaftler seit der Entdeckung dieser Dokumente daraus zitieren, ohne Francis Tregian als Person und die Partituren, die ihm zugeschrieben werden, in einem neuen Licht zu sehen.

Dabei ändern sie ziemlich viel. Wir gelangen von einer Partiturensammlung, die vom Interesse an Musik, insbesondere englischen Ursprungs, für Tasteninstrumente zeugt, zu einem musikalischen Gesamtbild von universaler Bedeutung, nicht nur was die Komponisten und Gattungen betrifft, sondern auch den Umfang der Arbeit.

Einige Nachforschungen bestätigten den Eindruck, daß das Werk als Ganzes von großer Vorliebe und vertiefter Kenntnis der neuesten Musikrichtungen jener Zeit zeugt. Man kann nicht mehr von einem bloßen Kopisten sprechen (und Pamela Willetts'[13] Annahme, Francis Tregian habe vielleicht Partituren abgeschrieben, um seinen Lebensunterhalt zu verdienen, scheint mir absurd): In Wirklichkeit steht man der Leidenschaft und der Summe eines ganzen Lebens gegenüber.

*

Während langer Zeit habe ich keine einzige Zeile geschrieben. Ich habe die zweihundertsiebenundneunzig Stücke des *Fitzwilliam Virginal Book* entziffert und mich immer wieder gefragt, warum ein bestimmtes Stück vor oder nach einem anderen eingereiht ist und was die Musik, die Art des Stückes und der Titel wohl aussagen mochten. Ich habe mich sogar mit den *Fehlern* auseinandergesetzt, auf welche die Herausgeber hinweisen: Die wenigen Erklärungen, die ich gefunden habe, lassen eher auf andere Kriterien als auf Irrtümer schließen, obwohl es auch offenkundige Abschreibefehler gibt. Ich habe mir alle Madrigale angehört, für die sich Francis Tregian interessiert hat, soweit ich Aufnahmen davon gefunden habe.

Am Tag, als ich mich entschloß, eine Biographie für ein Theaterstück in Angriff zu nehmen, hatte ich plötzlich den Eindruck, von ferne einen Umriß wahrzunehmen.

Ich ging von der Annahme aus (die sich heute nahezu in Gewißheit verwandelt hat), daß das *Fitzwilliam Virginal Book* und die *Tregian's Anthology*[14] Sammlungen sind, die Francis Tregian der Jüngere für seinen persönlichen Gebrauch anlegte. Sie entsprechen in gewisser Weise einer heutigen Plattensammlung. Die Stücke sind weder chronologisch noch nach Komponist geordnet, trotz sichtlichem Willen, sie in ein System zu bringen. Die Stücke einiger Komponisten sind zum Beispiel unabhängig vom Ganzen numeriert, und selbst wenn ganze Abschnitte einem Komponisten wie Farnaby gewidmet sind, sind Stükke von ihm auch an anderen Stellen anzutreffen. Da und dort wird eine Partitur in einem Abstand von fünfzig, sechzig Seiten zwei verschiedenen Komponisten zugeordnet. Daher bin ich zur Ansicht gelangt, daß das vom Autor angestrebte System aufgrund äußerer Lebensumstände gelegentlich durcheinandergeriet. Mir schien, daß ich sozusagen ein Tagebuch von Francis Tregian in den Händen hielt. Ich bin auch zum Schluß gekommen, daß Francis Tregian die in seine Sammlung aufgenommenen Stücke spielen oder zur Aufführung bringen konnte. Burney[15] dagegen schreibt: *Gewisse Stücke* [im Fitzwilliam Virginal Book] *sind so schwierig, daß es in Europa kaum möglich wäre, einen Virtuosen zu finden, der sie nach einem Monat Üben spielen könnte.* Das deutet auf Francis Tregian als glänzenden Virtuosen hin, empfindsam gegenüber den musikalischen Strömungen in seinem Land und gleichzeitig ganz und gar offen für die zu seiner Zeit modernste italienische Musik.

Entgegen allen Deutungen bin ich schließlich auch zur Überzeugung gelangt, daß die Religion (die zu Francis Tregians Zeit mit der Politik gleichzusetzen ist) weder in seiner Musik noch in seinem sonstigen Leben die Hauptrolle spielte.

Es ist lächerlich, beweisen zu wollen, daß Francis Tregians Musikauswahl »katholisch« war. Wenn man wollte, würde man ebensoviele »protestantische« Gegenbeweise finden.

Es stimmt, daß in seinen Sammlungen etliche katholische Komponisten auftauchen. Doch Stücke von Byrd oder Ferrabosco beispielsweise sind in allen Sammlungen jener Zeit anzutreffen, ob von Katholiken oder Reformierten. Ihr musikalischer Gehalt übersteigt alle religiösen Schranken. Morley, Gibbons, Dowland und Tomkins, um nur sie zu erwähnen, sind reformiert. Bulls Katholizismus ist nie überzeugend nachgewiesen worden[16], und es ist schwierig, Elisabeth Cole[17] zu folgen, wenn sie beispielsweise behauptet, das Stück *Tower Hill* (übrigens eine Komposition des Puritaners Giles Farnaby) sei eine Huldigung an die Katholiken, die dort erhängt wurden, oder eine Anspielung auf den katholischen Lord Lumley, der ganz in der Nähe wohnte. Auch Anglikaner wohnten an den Hängen von Tower Hill. Abgesehen davon wurden an jenem Galgen Leute ohne Ansehen der Religion aufgehängt.[18]

Hingegen stellt man fest, daß gegen Ende des *Fitzwilliam Virginal Book* immer mehr Stücke von Farnaby auftauchen, die nur in dieser Sammlung zu finden sind, und es ist höchst wahrscheinlich, daß Francis Tregian mit dem Puritaner Giles Farnaby freundschaftliche Beziehungen unterhalten hat. Man könnte die Beispiele in beiden Richtungen erweitern: Peter Philips ist Katholik, und einige seiner Stücke sind mit Datum versehen, was auf eine Freundschaft schließen läßt[19]. Aber Jan Sweelinck (mindestens ein Stück von ihm ist auch datiert) ist der Organist der protestantischen Oude Kerk von Amsterdam.

Was die Auswahl betrifft, so lassen die hundertvierunddreißig Tänze und die sechsundvierzig Arrangements von Volksliedern im *Fitzwilliam Virginal Book*, die mehr als die Hälfte der Sammlung ausmachen, die Vermutung zu, daß der Autor der Fröhlichkeit keineswegs abgeneigt war. Seine Handschrift legt nahe, daß wir es mit einem sorgfältigen, verantwortungsvollen, aufopfernden und kultivierten Mann, mit einer verschwiegenen und leidenschaftlichen, starken und gelassenen Persönlichkeit zu tun haben. Ein Graphologe hat mir versichert, daß sein Schriftbild auf einen großgewachsenen Mann hindeutet. Das einzige Zeugnis, das die Geschichte uns von Francis Tregian dem Jüngeren hinterlassen hat, bestätigt diese Eigenschaften: *Molto nobile (...) di ingegno felicissimo, dotto in filosofia, in musica, et nella lingua latina.*[20]

Mehrere Tage lang vertiefte ich mich in das Manuskript der *Tregian's Anthology*. Die Randbemerkungen in sehr gepflegtem Italienisch, Französisch, Englisch und die sorgfältige Handschrift bestätigten meine bisherigen Eindrücke; beim Blättern kam ich mir vor wie bei einem Gespräch unter vier Augen mit Francis Tregian. Er hat mir sogar einen Einblick in seine Schwächen erlaubt: Der Mann war sicher ein großer Musikwissenschaftler und Virtuose gewesen; ein großer Komponist war er nicht. Sein *Dolcemente piangendo*[21], die Vertonung eines Gedichtes über eine unglückliche Liebe, ist mittelmäßig. Und doch ist es eines der bewegendsten Leseerlebnisse. In den Korrekturen sieht man das Ergebnis des Überdenkens, und es gibt auf der Seite Spuren von Tropfen, die ich als Tränen gedeutet habe.

Eines steht für mich nach diesen Lektüren fest: Wenn es allenfalls noch möglich ist, daß ein Mann in zehnjähriger Gefangenschaft ein *Fitzwilliam Virginal Book* zusammenstellen konnte, so ist es ausgeschlossen, daß er zur selben Zeit eine solche Menge an Madrigalen und Stücken für *Consort* (rund eintausendfünfhundertfünfzig Kompositionen) sammeln konnte. Die Entdeckung vereinzelter Partituren von Francis Tregian in anderen Musiksammlungen hat mich in meiner Meinung bestärkt[22]. Mir schien, daß nur ein Mann, der sich frei bewegen und herumreisen konnte, eine Arbeit dieses Ausmaßes bewältigen konnte, auch wenn ein Teil der Stücke in Anthologien auftauchte, die den Weg nach England gefunden hatten.

*

Um Francis Tregian hautnah begegnen zu können, ging ich nach Cornwall, nach Golden, wo er das Licht der Welt erblickt hatte und von wo seine Familie vertrieben worden war. Ich habe sein Geburtshaus und die Landschaft seiner

Kindheit gesehen, ich bin in Golden Mill ans Ufer des Flusses Fal hinuntergestiegen, wo noch die Gebäude stehen, die zur Zeit des Großvaters John Tregian als Lagerhäuser dienten. Ich bin dem Fluß bis nach Tregony und in der anderen Richtung bis nach Creed gefolgt. Auf einer der Fensterscheiben der kleinen Kirche (einer der bezauberndsten von Cornwall) habe ich auf dem unversehrten Fragment einer Glasmalerei einen der goldenen Häher entdeckt, die das Wappen der Tregians zierten. Dann ging ich weiter bis nach Probus (immer zu Fuß, um das Land zu »spüren«), wo ich den höchsten Kirchturm von Cornwall bewunderte, den der Urgroßvater John Tregian aus der eigenen Tasche bezahlt hatte. In der Kirche von Probus entdeckte ich unter einem zufällig aufgehobenen Teppich die Grabplatte von John Wolvedon und seiner Frau Cecily, deren Tochter Jane den ersten John Tregian heiraten und als Mitgift das Gut von Wolvedon (oder Golden) in die Ehe einbringen sollte.

In Truro habe ich die Courtney Library und die von Charles Henderson errichtete Sammlung entdeckt. Als junger Historiker hatte er in den dreißiger Jahren die Gegend kreuz und quer durchforscht und beim Stöbern in alten Hütten und verstaubten Truhen unter anderem die bislang unbekannten Dokumente über die Tregians gefunden. Sicher sind sie noch nicht alle zum Vorschein gekommen, aber Hendersons Archive und das Record Office (die Archive der Region) lassen das Tun und Treiben von Francis Tregian dem Jüngeren zwischen seiner Rückkehr nach England (etwa um 1606) und seinem Verschwinden (1618) in einem neuen Licht erscheinen.

Diese Dokumente bestätigen, was nur eine Intuition war, bis ich sie zu Gesicht bekam: Francis Tregian hat nicht zehn Jahre im Gefängnis verbracht und sich dort aus Mangel an Beschäftigung die Zeit mit der Abschrift von Partituren vertrieben. Zum einen war er nicht von 1609 an im Gefängnis, wie man behauptet hat. Das läßt sich schwarz auf weiß belegen. Der vom 27. Juli 1611 datierte Vorführungsbefehl besagt: *James von Gottes Gnaden etc. etc., an den Sheriff von Cornwall. Da der Edelmann Francis Tregian am 14. November des sechsten Reichsjahres anerkannt hat, dem Edelmann Ezekiel Grosse von Trelodevas in Buryan 3000 Pfund zu schulden, und da er die Summe noch immer nicht bezahlt hat, ordnen wir an, daß besagter Francis Tregian festgenommen und bis zur Bezahlung seiner Schuld eingekerkert werden soll. Zu diesem Behuf werden seine Ländereien unter Zwangsverwaltung gestellt.*

Der Sheriff Peter Edgecombe hat das Dokument abgezeichnet und ihm einen Zusatz angefügt: *Francis Tregian ist innerhalb meines Gerichtsbezirkes nicht gefunden worden, aber seine Ländereien wurden beschlagnahmt.*[23]

In Truro findet man außerdem einige von Francis Tregian dem Jüngeren in den Jahren 1613, 1614 und 1616 unterzeichnete Verträge, die seine häufige Anwesenheit belegen, während er gleichzeitig in der Fleet sein soll. Am 12. Oktober 1618 schließlich schreibt Charles Tregian, der jüngere Bruder, ein Testament, was er nur als Familienoberhaupt machen kann[24]. Das kann nur eines bedeuten: Sein Bruder ist verschwunden.

Das Bild eines Gefangenen, der im schwachen Licht eines Kellerfensters seine Noten kopiert, wie ich es mir anfänglich ausmalte, hat sich als unhaltbar erwiesen. Francis Tregian hatte mit Unterbrüchen fünf oder sechs Jahre im Gefängnis verbracht, vielleicht auch weniger. In den Tagen, die ich in der Courtney Library verbrachte, haben die Bibliothekare Angela Broome und H. Les Douch alle lesenswerten Manuskripte und Publikationen auf meinem Tisch aufgetürmt, und so habe ich erfahren, was man gegenwärtig über Wolvedon und die Tregians weiß. Aus Aufzeichnungen, die zwei Jahrhunderte nach den Ereignissen geschrieben wurden, habe ich auch Einblick in die

Familienüberlieferung erhalten: *Einmal mehr wurde* ... [Francis Tregian der Jüngere] *um den größten Teil seiner Ländereien gebracht; er hat getan, was er konnte, indem er sich nach meiner Ansicht gütlich mit der Krone einigte (die Sache bleibt dunkel), und nach 1611 ist er nach Spanien gereist. Es wird berichtet, er sei dort im Andenken an die Leiden seines Vaters sehr gut aufgenommen worden und man habe ihn in den Rang eines Granden erhoben. Seine Nachkommenschaft lebt noch dort und trägt den Titel Marquis de san Angelo; ob das stimmt, weiß ich nicht, ich habe es aus der mündlichen Überlieferung*[25]. Und der Überlieferung zufolge war er 1630 noch am Leben.

*

Nach meiner Rückkehr nach London habe ich das Glück gehabt, auf den wohl einzigen Text zu stoßen, der über das Leben in der Fleet zwischen 1615 und 1620 in allen Einzelheiten berichtet, zur selben Zeit also, als Francis Tregian der Jüngere dort war.[26] Auf diese Weise habe ich erfahren, daß die Fleet, wenn man nicht wie Francis Tregian der Ältere als gefährlicher Katholik galt, ein offenes Gefängnis war, vorausgesetzt, daß man ein Ausgangsgeld bezahlte. Zwischen 1570 und 1666 befanden sich die Katholiken unter einem Dach mit zahlungsunfähigen Schuldnern aller Religionen; oft vermischten sich die beiden Kategorien. *In der Fleet zu sein, wenn man etwas Geld besaß,* sagt A. L. Rowse[27] *, das war, als hätte man eine Wohnung in der Stadt mit Bewährungsaufsicht.* Das Besuchsrecht war uneingeschränkt (gewisse Gefangene empfingen täglich bis zu sechzig Personen[28]), und die »Zellen« jener, die sich die Miete leisten konnten, waren richtige Wohnungen, in denen die reichen Schuldner mit Gattin, Kindern und Dienstboten lebten.

Francis Tregian der Jüngere war zwar eine Zeitlang im

Gefängnis, wie das zitierte Dokument beweist, aber wegen Schulden und nicht wegen der Religion, auch wenn er sich im Gefängnis unter seine Glaubensbrüder gemischt hat.

Um seine Mittellosigkeit zu beweisen, stützten sich die Biographen auf eine Aussage in den Rechnungsbüchern des Oberaufsehers Alexander Harris, wonach Francis Tregian der Jüngere ihm bei seinem Ableben *mehr als £ 200 für Essen, Getränke und Miete*[29] schuldete. Doch es wurden höchstens zwei Drittel des Vermögens strafweise beschlagnahmt (was die katholischen Historiker stets zu erwähnen vergessen), und mehr als einer hat mit dem »verbleibenden Drittel« ein aufwendiges Leben geführt. Wenn man übrigens *The Œconomy of the Fleet* über die zwei Francis Tregian gewidmeten Seiten hinaus liest, stellt man fest, daß Harris sich mehrmals bitter beklagt, weil sich die Gefangenen aus Protest gegen das schlechte Essen und gegen Schikanen in einer abgesprochenen Aktion monatelang weigern, ihre Pension zu bezahlen. Sie streiken, ehe es diesen Begriff überhaupt gab. Ein gewisser Edmond Chamberlayne schuldet zwischen 1300 und 1400 £[30]! Francis Tregians Schuld ist folglich kein sicherer Anhaltspunkt über seine Finanzlage.

Liest man die Einzelheiten der Beschreibung des Lebens in der Fleet um 1615 bis 1620, drängt sich übrigens eine Frage auf: Müßte man die Hypothesen nicht auf den Kopf stellen? Konnte man sich überhaupt im hektischen Trubel, der damals im Gefängnis zu herrschen schien, einem gelehrten Werk solchen Umfangs widmen? Und hat sich die Hartnäckigkeit des Sammlers nicht eher *außerhalb* der Fleet abgespielt? Konkret läßt sich weder das eine noch das andere beweisen, aber wir müssen alle Hypothesen in Betracht ziehen.

*

Die letzten Pinselstriche zum Bild sind einem merkwürdigen Text zu verdanken, einer aberwitzigen Apologie, die Francis Plunket, Sohn von Philippa Plunket, geborene Tregian, 1655 über Francis Tregian den Älteren verfaßt hat. Dieser Geistliche, ein Enkel von Francis Tregian dem Älteren, hält zweifellos schriftlich fest, was man sich in seiner Familie erzählt hat. Hinter der erzkatholischen Überspitztheit der Darstellung lassen sich einige Wahrscheinlichkeiten ausmachen.

Ich glaube, daß Francis Tregian der Ältere von Anfang an keinen Sinn für die Realitäten hatte. Sein Vater John Tregian hat drei Könige, drei Religionswechsel überlebt und dabei seine Geschäfte zum Blühen gebracht. Er stirbt gegen Ende des Jahres 1575, vielleicht Anfang 1576. Achtzehn Monate darauf hat sein Sohn schon alle Unvorsichtigkeiten begangen, die dafür sorgen, daß er öffentlich angeprangert wird. Francis Plunket berichtet über angebliche »sexuelle Avancen« der Königin gegenüber Francis dem Älteren; da diese Annäherungsversuche vom Vorschlag begleitet waren, ihn in den Stand eines Vicomte zu erheben, kann man sich fragen (auch wenn an der Geschichte vielleicht ein Körnchen Wahrheit ist), ob die Königin nicht eher versucht hat, ihn im Wissen um seine bevorstehende Verfolgung durch die Verleihung eines Adelstitels zu schützen. Schließlich waren die Tregians ihre entfernten Verwandten, und Elisabeth wußte wie niemand sonst über ihre Familie zu wachen[31]. Im großen und ganzen räumen die Historiker ein, daß die Religion, sofern sie nicht mit Politik verbunden war, nicht ihre größte Sorge war: Sie hat Katholiken ebenso in Schutz genommen (zum Beispiel William Byrd oder Lord Sussex, einen ihrer berühmtesten Feldherren und bekennenden Katholiken) wie Protestanten. Am Hofe wimmelte es von Katholiken.

Francis Plunket erwähnt ein anderes erstaunliches Faktum, das nicht ganz in den Rahmen seines Berichtes paßt: [In Lissabon[32] war Francis Tregian der Ältere] ... *sehr besorgt um die Verfolgungen in Irland und fürchtete, seine Söhne und Enkel könnten vom Gift der Ketzerei angesteckt werden*[33].

Wenn er Grund hatte zu einer solchen Befürchtung, muß man wohl annehmen, daß der Glaube seiner Söhne nicht so unerschütterlich war, wie manche es wahrhaben wollen.

Und schließlich schildert Plunket wohlwollend, daß der Vater im gleichen Augenblick großzügig Geld verteilte[34], als der Sohn sich auf sein Drängen hin bis über die Ohren verschuldete, um zu versuchen, die Ländereien der Familie zurückzugewinnen.

Während der Vater sich im Gefängnis in schönen Worten und in Spanien in noblen Gesten erging, mußten seine Frau und seine Kinder gegen eine feindliche Welt ankämpfen.

*

Was tut ein Sohn unter solchen Umständen?

Wenn man das Tun und Treiben von Francis Tregian dem Jüngeren näher betrachtet, ergibt sich daraus, daß er sich einerseits bis zu einem gewissen Grad mit dem Vater (oder wenigstens mit seiner Familie) identifizierte, gleichzeitig aber nach einem Leben in Unabhängigkeit strebte.

Ein Übertritt zum anglikanischen Glauben (die einfachste Lösung, die ihn wieder in den Besitz seiner Güter gebracht hätte) scheint für ihn nicht in Frage gekommen zu sein. Er hätte untertauchen können ... und vielleicht hat er auch daran gedacht, wie die Familienlegende und die Wahl von Thomas Wyatts Gedicht *Himmel und Erde* zum Thema einer seiner wenigen Kompositionen vermuten lassen:

Einen bessern Beweis wollt Ihr haben,
Daß ich gestorben bin. Solltet Ihr davon hören,
Glaubt es nicht, selbst wenn Ihr mein Grab seht.
Grausam, herzlos! Ich sage: »Lebt wohl, lebt wohl!«[35]

Sicher ist, daß Francis Tregian im Alter von etwa fünfundvierzig Jahren genug gehabt hat: Ob er nun gestorben oder geflohen ist, jedenfalls ist er verschwunden. Beiläufig sei erwähnt, daß sein Tod nirgends registriert ist. Zu einer Zeit, als es weder die Interpol noch die elektronische Datenübermittlung gegeben hat, war es relativ leicht, sich in Luft aufzulösen: Dafür gibt es mehr als ein Beispiel in der Geschichte der damaligen Epoche.

*

Eine kürzlich verfaßte Studie der Musikwissenschaftlerin Ruby Reid Thompson versucht, gestützt auf eine mikroskopische Untersuchung aller Francis Tregian zugeschriebenen Manuskripte (Papier, Wasserzeichen, Schreibweise, Tinten, Ränder, Streichungen usw.), den Nachweis zu erbringen, daß er möglicherweise nicht der Autor dieser Sammlungen ist. Sie sollen das Werk verschiedener Komponisten sein.[36]

Das ist natürlich nicht auszuschließen, besonders was die Notenschriften betrifft, die wir nicht mit Partituren vergleichen können, die unzweifelhaft aus der Hand von Tregian stammen. Aber R. R. Thompson scheint mir etwas voreilig in ihrem Versuch, das Amalgam, auf das man sich heute gestützt hat, in sein Gegenteil zu verkehren. Während eines Jahrhunderts wurde behauptet, der Sammler und der Kopist seien zwangsläufig identisch. Sie dagegen vertritt heute den Standpunkt, sie könne beweisen, daß er nicht der einzige Kopist sei (und wir zweifeln nicht daran, daß das möglich ist) und demzufolge auch nicht der

Sammler sein könne. Mir scheint, daß es zu differenzieren gilt.

Die Schrift der Titel, der vereinzelten Randnotizen und der Worte der Madrigale im *Fitzwilliam Virginal Book* weist eine große Ähnlichkeit mit den Texten auf, die mit Gewißheit von Francis Tregian selbst geschrieben wurden.[37] Gehen wir einmal davon aus, daß es mehrerer Personen bedurfte, um diese umfangreichen Sammlungen anzulegen. Aber es bleiben die historischen Kriterien. Unabhängig von der Schrift weisen die kulturellen und musikalischen Bezüge zwischen den Sammlungen und die Einheit des Ganzen darauf hin, daß dahinter ein gelehrter Kenner steckt, ein Musikliebhaber, der bestens informiert war über das, was nicht nur in England, sondern auch in Europa geschah, und der sich ungefähr zwischen 1606 und 1612 lange in Italien und den Niederlanden aufgehalten hat. Das paßt ziemlich gut auf Francis Tregian, dessen Familienname und Initialen zu wiederholten Malen in den Bänden anzutreffen sind.

R. R. Thompson möchte ihn durch *eine Person hohen Standes* ersetzen, die *über beträchtliche Mittel verfügt haben muß, um diese vier Anthologien zusammenstellen zu können.* Für sie kann er nicht der Sammler sein, denn *der Initiator des Vorhabens ist zweifellos ein Mitglied der englischen Aristokratie.*[38] Man fragt sich zu Recht: Weshalb schließt die Autorin Francis Tregian automatisch aus? Seine Vorfahren hießen Arundell, Stanley, Grey; der Bruder seiner Mutter, Lord Stourton, war Mitglied des Oberhauses. Francis Tregians Armut war sehr relativ und wurde von den katholischen Interpreten hochgespielt, die um jeden Preis aus ihm einen Märtyrer machen wollten. In Wirklichkeit wäre er durchaus in der Lage gewesen, seine Sammlungen zu finanzieren, die Arbeiten zu überwachen und selbst Hand anzulegen. Er verfügt über sämtliche Eigenschaften, die einem hypothetischen anderen Autor zugeschrieben werden.

Das schließt nicht aus, daß es zwei oder gar mehr Kopisten gegeben hat, die zum Beispiel die Noten kopierten, während Tregian die Texte schrieb.

Unser gegenwärtiger Wissensstand erlaubt keine absolute Gewißheit über die Identität des Sammlers. Doch angesichts der Gemeinsamkeiten im Schriftbild und vor allem angesichts der zahlreichen historisch-kulturellen Übereinstimmungen kann Francis Tregian als Autor keineswegs ausgeschlossen werden. Jedenfalls habe ich sie für ausreichend gehalten, um aus dem Sammler diesen Francis zu machen, den uns die Geschichte als einen Mann *von vornehmer Geburt, außergewöhnlicher Intelligenz, gelehrt in Philosophie und Musik* überliefert …

*

Diese Tatsachen und Dokumente bildeten das Gerüst für mein Lebensbild von Francis Tregian. Ich habe ihn in ein sorgfältig rekonstruiertes Umfeld gesetzt, das seinem Lebenslauf, soweit er bekannt ist, und den Ereignissen der englischen und europäischen Geschichte folgt. Es ist nicht immer sicher, ob Francis Tregian dieses oder jenes Ereignis selbst erlebt hat, aber die erwähnten Ereignisse haben stattgefunden. Einige Beispiele: Richard Mulcaster hat tatsächlich die Erziehungstheorien vertreten, die ich ihm in den Mund lege, Thomas Morley hat über die Musik wirklich gesagt, was ich ihn sagen lasse, die Schlacht von Arques hat sich tatsächlich unter den von mir beschriebenen Umständen abgespielt. Bei der Rekonstruktion habe ich großen Wert auf die Logik gelegt, und ich habe mich von autobiographischen Aufzeichnungen aus der Zeit von Francis Tregian inspirieren lassen.

Man soll zum Beispiel nicht denken, ich hätte aus Francis Tregian ein frühreifes Kind gemacht, um ihn noch außergewöhnlicher wirken zu lassen. Im 16. Jahrhundert gab es eine Kindheit im heutigen Sinn nicht, und die Erziehung (die wir als »schulische« bezeichnen) eines Kindes aus dem Großbürgertum und dem Adel begann schon an der Wiege. Wir haben verschiedene Belege dafür, daß Kinder von vier oder fünf Jahren auf lateinisch über ihre Lektüre sprachen; Lesestoffe, mit denen manche Gymnasiasten des 20. Jahrhunderts ihre liebe Mühe hätten. Es war an der Tagesordnung, daß man schon mit vierzehn Jahren – die Kinder der Armen gar mit zehn oder noch früher – arbeitete oder in den Krieg zog. Für die Mehrheit der Bevölkerung war das Leben kurz, man mußte sich beeilen.

Im übrigen ist man vielleicht versucht zu denken, ich verleihe meiner Person ein *zu* abenteuerliches Leben oder ich lasse ihn *zu* vielen heute bekannten Leuten begegnen. Es ist zwar wahr, daß er einigen historischen Persönlichkeiten begegnet, aber es gibt noch viele mehr, denen er nicht begegnet: Nie wird er seinen angeheirateten Großonkel sehen, als Feldherr nicht minder berühmt als Drake, oder Leicester, den Günstling der Königin; ebensowenig trifft er die Careys, Ben Jonson, John Donne, Orlando Gibbons und viele andere …

Wenn er Monteverde kennenlernt, so deshalb, weil er für ihn, wie seine Manuskripte beweisen, ein außergewöhnliches Interesse zeigt. Zur damaligen Zeit war der italienische Musiker siebenundzwanzig oder achtundzwanzig Jahre alt und noch kein bedeutender Mann. Außerhalb seiner Region war er kaum bekannt und bei den zeitgenössischen Musiksachverständigen höchst umstritten. Trotzdem hat Francis Tregian (mit dem untrüglichen Gespür, das er in seiner Auswahl immer wieder beweist) Monteverdes erste vier Madrigalbücher abgeschrieben.

Daß Francis Tregian Shakespeare begegnete, nehme ich deshalb an, weil fast alle Musik, von der in den Stücken des großen Dramatikers die Rede ist, im *Fitzwilliam Virgi-*

nal Book zu finden ist. Daß im damaligen London der Theaterbesuch ein in allen Gesellschaftsschichten verbreitetes Vergnügen war, macht diese Begegnung um so wahrscheinlicher. Man darf nicht vergessen, daß Francis Tregian in einem außergewöhnlichen Augenblick der englischen und europäischen Geschichte gelebt hat: Nie mehr sollte England so viele Berühmtheiten gleichzeitig hervorbringen. Ich verweise zum Beispiel auf die Autobiographie von Robert Carey, einem von Alter und Bildung her mit Francis Tregian dem Jüngeren vergleichbaren Zeitgenossen[39]. Im Vergleich zu ihm ist Francis Tregians Leben farblos.

Man sollte auch nicht vergessen, daß der Königshof zu jener Zeit kein abgeriegelter, nur wenigen Auserwählten vorbehaltener Ort war. Thomas Platter, damals ein unbekannter Basler Medizinstudent, ist im Laufe seines zwei oder drei Wochen dauernden Aufenthalts in London Königin Elisabeth begegnet[40]. Jedermann breitete vor der Königin seine Probleme aus. Und die Königin und ihr Gefolge empfingen alle Leute, selbst Mary Tregian wurde vorgelassen, als Francis der Ältere am unerbittlichsten verfolgt wurde. Als gewiefte Politikerin hätte Elisabeth den Grafen von Derby niemals die Kränkung angetan, die Tregians, ihre Verwandten, nicht zu empfangen. Ein Mann wie Francis der Jüngere hatte fast überall Zutritt, wenn er es wollte.

Schließlich hatte London damals kaum mehr als zweihunderttausend Einwohner (etwas weniger zu Beginn und etwas mehr am Ende der Geschichte), die auf einem Gebiet lebten, das einen Bruchteil des heutigen London ausmachte. Die Leute kannten sich untereinander. Man muß die Hauptstadt zu Ende des 16. Jahrhunderts mit einer Stadt wie Lausanne oder Chartres heute vergleichen.

*

Francis Tregian der Jüngere hat bislang nur die Musikwissenschaftler und am Rande auch einige katholische Historiker beschäftigt. Niemand hat sich ausreichend für den Menschen interessiert, um seinen Spuren ernsthaft nachzugehen und die ihn betreffenden Dokumente unter verschiedenen Blickwinkeln zu prüfen: auf der musikalischen und religiösen, aber auch auf der geschichtlichen, intellektuellen, psychologischen, menschlichen Ebene. Die im letzten Jahrhundert über ihn aufgestellte Theorie blieb unbeeinflußt von der Entdeckung dessen, was das Ergebnis der hauptsächlichen Beschäftigung von Francis Tregian und seiner Kopisten ist: seine Sammlungen von Madrigalen. Niemand hat sich die Mühe genommen, die Daten seiner Gefangenschaft richtigzustellen, obwohl mindestens zwei Dokumente auf die äußersten zeitlichen Grenzen hinweisen[41].

In *Der Lauf des Flusses* habe ich mir Freiheiten erlaubt[42], doch meiner Erzählung liegen intensive, wenn auch nicht erschöpfende geschichtliche Nachforschungen zugrunde. Wie alle Kommentatoren vor mir habe ich die Tatsachen befragt. Aus vier Jahrhunderten Abstand habe ich mich sicher hin und wieder im Blickwinkel getäuscht, im Gegensatz zu den meisten von ihnen habe ich jedoch nie versucht, die Dokumente in den Dienst einer katholischen oder protestantischen Wahrheit zu stellen.

Und vor allem *sage* ich, daß ich auf der Grundlage des zusammengetragenen Materials frei interpretiere: Diese Offenheit geht Helen Trudgian, Boyan & Lamb oder Elisabeth Cole ab, die nicht davor zurückschrecken, ihrer von persönlichen Überzeugungen geleiteten Phantasie freien Lauf zu lassen, während sie vorgeben, historische Wahrheiten darzustellen.

Indem ich mein Ohr seinen musikalischen Vorlieben und seiner Auswahl öffnete, indem ich das verfügbare historische Material soweit als möglich berücksichtigte, indem ich einen Francis Tregian aus Fleisch und Blut heraufbeschwor, habe ich versucht (aus subjektiver Sicht selbstverständlich), seine Stimme wieder zum Leben zu erwecken und diesen zwischen zwei Empfindungen, zwei Kulturen, zwei Religionen und zwei Welten gefangenen Mann nachzubilden, wie man ein antikes Monument aufgrund seines Bauplans und seiner Ruinen rekonstruiert.

Der Autor einer der wichtigsten Musiksammlungen seiner Zeit, die man vielleicht eines Tages *Tregian Virginal Book* nennen wird, der leidenschaftliche Sammler, der hellsichtige Musikliebhaber hat es nach vier Jahrhunderten sehr wohl verdient, daß man ihn der Vergessenheit entreißt, auch wenn es *nur* in Form einer literarischen Figur geschieht.

Anne Cuneo

Anmerkungen zum Nachwort

1 Wird *Trädschen* ausgesprochen.

2 Der Begriff *Virginal* (englisches Wort unbekannter Herkunft) bezeichnet zwei rechteckige Tasteninstrumente: das Muselaar mit rechts angeordneter Klaviatur, dessen Saiten in der Mitte angerissen werden, und das Spinett mit links angeordneter Klaviatur, dessen Saiten in einem Viertel ihrer Länge angerissen werden. Alle Stücke für Virginal können auch auf dem Cembalo gespielt werden, das im 16. und 17. Jahrhundert ein Luxusinstrument war, während Spinett und Muselaar, heute vom Klavier abgelöst, damals weit verbreitet waren.

3 *The Fitzwilliam Virginal Book,* zwei Bände, Leipzig und London 1894 bis 1899. Ein Reprint, der noch erhältlich ist, erschien in New York 1979. Das Manuskript befindet sich im Museum Fitzwilliam, Cambridge, Sign. 32.9.29 Mus MS 168.

4 Edward W. Naylor, *An Elizabethan Virginal Book,* S. 4 und 112.

5 William Chappell, *Ballad Literature and Popular Music of the Olden Time,* London 1859.

6 John-Alexander Fuller Maitland & William Barclay Squire.

7 Maitland & Squire, Introduction, vol. 1, S. VIII. Die Formulierung ist vorsichtig.

8 Helen Trudgian, *Histoire d'une Famille anglaise en Angleterre au XVIe siècle, les Tregian,* Paris 1934. In dieser oberflächlichen Dissertation ist von Francis Tregians Beitrag zur Erhellung der gregorianischen Musik die Rede. Offensichtlich hat Helen Trudgian das *Fitzwilliam Virginal Book* nie

zur Kenntnis genommen. Im übrigen verwechselt sie Francis Tregian wiederholt mit seinem jüngeren Bruder Charles.

9 P. A. Boyan & G. R. Lamb, *Francis Tregian, Cornish Recusant,* London 1953.

10 Das Kapitel XI, S. 114–123, das dem Sohn gewidmet ist, trägt genau diesen Titel.

11 MS Egerton 3665, *Tregian's Anthology* genannt.

12 New York Public Library, coll. Drexel, N° 4302 (The Sambrooke MS).

13 *Tregians Part-Books,* in »Musical Times«, 1963.

14 Siehe Anmerkungen 3, 11 und 12.

15 *History of Music,* vol. III, S. 14, zitiert von Maitland & Squire, S. V.

16 Walker Cunningham weist in *The Keyboard Music of John Bull* (Ann Arbour 1984) auf offizielle Dokumente hin, aus denen hervorgeht, daß John Bull England nicht aus religiösen Gründen verlassen hat, sondern *um der Strafe für Unkeuschheit, Hurerei, Ehebruch und andere unwürdige Taten zu entgehen* (Trumball, Gesandter in Brüssel, in einem Brief an Jakob I.). Verschiedene weitere Quellen bestätigen John Bulls Eskapaden. John Bull selbst schreibt: ... *im Oktober 1613 war ich genötigt, hierher [nach Flandern] zu fliehen,* weil über mich verbreitet wurde, *ich sei katholisch und verweigere Seiner Majestät den Gehorsam* ... Die Hervorhebung stammt von mir. Bulls Formulierung ist vorsichtig: Er zitiert, was andere über ihn sagen, ohne dazu Stellung zu nehmen.

17 In *Seven Problems of the Fitzwilliam Virginal Book,* in »Proceedings of the Royal Musical Association«, LXXIX, 1952–53, S. 51–63.

18 John Stow beschreibt den Ort an verschiedenen Stellen in seinem *Survey of London,* 1603.

19 Charles van den Borren, *Les Origines de la Musique de Clavier en Angleterre,* Bruxelles 1912, S. 21, Anm. 1.

20 *Von vornehmer Geburt (...) außergewöhnlicher Intelligenz, gelehrt in Philosophie, Musik und der lateinischen Sprache* (in *Letters and Memorials of Cardinal Allen,* London 1882, S. 374,

Auszug aus einer Aufstellung von Personen, die 1594 im Dienst von Kardinal Allen standen).

21 N° 435 und 436 der *Tregian's Anthology,* S. 401–402, gezeichnet F. T., kann im Faksimile, erschienen 1988 in New York (Ed. Frank DAccone), überprüft werden, sowie auf dem Vorsatz dieses Buches.

22 Pamela Willetts beschreibt sie in ihrem Artikel Tregian's Part-Books, in »Musical Times«, 1963, p. 334–335, und präzisiert: *Was von Francis Tregian überlebt, sind leider nur die Seiten 97–140 eines umfassenderen Werks.* Mit großer Wahrscheinlichkeit kennen wir also noch nicht alle Tregian zugeschriebenen Partituren, und doch sind uns bereits fast zweitausend bekannt.

23 Henderson Archiv, Truro, N° HC/2/498.

24 Henderson Archiv, Truro, N° HC/2/142.

25 Davies Gilbert & Thomas Tonkin, *The Parochial History of Cornwall,* 1838, S. 361. Thomas Tonkin, Verfasser dieser Zeilen, war ein Nachkomme Tregians: *Ich selbst stamme von der Schwester des alten Francis Tregian ab, Jane Tregian, die Thomas Tonkin von Trevaunance geheiratet hat* ... (ibd. S. 358).

26 *The Œconomy of the Fleet,* der Bericht Alexander Harris', Gefängnisverwalter, geschrieben um 1620, herausgegeben mit einer Einführung und Anmerkungen von Reverend Augustus Jessopp, London 1879.

27 Gespräch mit dem Autor, 28. Mai 1991.

28 *The Œconomy of the Fleet,* S. 62.

29 *The Œconomy of the Fleet, S. 140–141.*

30 *The Œconomy of the Fleet, S.* 120–121.

31 Auch wenn die Tregians in Ungnade gefallen waren, vergaß man nicht, daß Francis Tregians Mutter eine Nichte und Cousine der Derbys war, die zu den möglichen legitimen Nachfolgern von Elisabeth zählten. Die Derbys und die Stuarts waren über einen gemeinsamen (Ur-)Großvater mit der Königin verwandt: König Heinrich VII. aus dem Hause Tudor.

32 Damals war die Stadt spanisch. Tregian der Ältere hatte sich unmittelbar nach seiner Freilassung im Jahre 1606 in Lissa-

bon niedergelassen, wo er bis zu seinem Tod im September 1608 blieb. Seine Frau und seine restliche Familie haben ihn auf dieser letzten Reise nicht begleitet.

33 Francis Plunket, *Heroum Speculum,* 1655, in »Catholic Record Society«, vol. 32, 1952, S. 30–31.

34 *Er hatte ein Herz für die Bedürftigen und stand ihnen unerschütterlich mit mildtätigen Gaben bei.* In *Heroum Speculum,* S. 30–32.

35 Thomas Wyatt, *Poems,* 1557–1578/1978 (Ed. R. A. Rebholz), und *Fitzwilliam Virginal Book,* N° CV, *Heaven and Earth,* vol. 1, S. 405.

36 Ruby Reid Thompson, *The ›Tregian‹ Manuscripts: a Study of their Compilation,* in: *»British Library Journal«* vol. 18, 1992, S. 202–204; im Artikel wird eine Dissertation zu diesem Thema angekündigt.

37 Siehe Seite 580 das Faksimile eines dieser Dokumente (N° HC/2/27, datiert vom 18. März 1610, Henderson Archiv, Truro), die 1952 zur Identifikation von Francis Tregian dienten. Im Gegensatz zu anderen Verträgen hat sich Tregian nicht mit der Unterschrift begnügt: Er stammt ganz und gar aus seiner Hand und enthält viele Charakteristiken der Musikmanuskripte.

38 Thompson, ibd. S. 203.

39 *Memoirs of Robert Cary, Earl of Monmouth,* London 1903.

40 *Platters Travels in England,* London 1937, S. 228–229.

41 Der Haftbefehl (Henderson Archiv, Truro, N° HC/2/498) und das Testament des jüngeren Bruders Charles (Henderson Archiv, Truro, N° HC/2/142).

42 Zum Beispiel werden die Waadtländer einwenden, daß es in der Kirche von Echallens keine Orgel gab. Meine hauptsächliche Geschichtsklitterung besteht darin, daß ich Francis Tregian ins Waadtland verpflanzt habe. Aber ich habe Echallens nicht willkürlich gewählt: Die dortige Kirche war zu jener Zeit eine der wenigen in Europa, die Katholiken und Reformierten zugleich offenstand.

Hinweise

Das Zustandekommen eines solchen Buches verpflichtet zu großem Dank gegenüber Menschen, Institutionen, auch gegenüber all den Büchern, deren Autoren, vielfach unbekannt und weit entfernt in Zeit und Raum, zu Freunden geworden sind und deren Recherchen, Leistungen und Wissen mir die Arbeit beträchtlich erleichtert haben. Es ist unmöglich, sie hier vollzählig anzuführen, und ich möchte mich im voraus bei jenen entschuldigen, die ich nicht erwähne.

Mündliche Quellen

Besonders danken möchte ich:
Der Historikerin Londons, Ann Saunders, London.
Den Historikern Cornwalls
– H. Les Douch, Truro, Konservator der Courtney Library;
– A. L. Rowse, St. Austell, Verfasser zahlreicher Bücher über die Geschichte Cornwalls und des Elisabethanischen Englands.
Dem Historiker von Reims Patrick De Mouy, Reims.
Dem Cembalo- und Virginalbauer Titus Crijnen, Amsterdam.
Dem Cembalisten Patrick Ayrton, Amsterdam.
Der Cembalistin Martha Cook, Professorin am Konservatorium in Metz.
Sie haben mich mit Hinweisen versehen, die ich in keinem Buch gefunden hätte, und geizten weder mit Zeit noch mit Ratschlägen.

Schriftliche Quellen

Zur Geschichte der Familien Tregian und Wolvedon
Dokumente, Verkaufsakten, Gerichtsurteile, Gutachten, Testamente, XV. bis XVII. Jahrhundert.
Courtney Library (Henderson Archiv), County Record Office, Truro

Anonym
Brief... against Francis Tregian (Vater), o. J. (Ende XVI. Jahrhundert). British Library, London

Anonym
The great and long sufferings for the catholic faith of Mr. Francis Tregian (Vater), 1593.
St. Mary's College, Oscott

Douch, H. Les
The Grosse Family in Norfolk and Cornwall, o. J.
Courtney Library, Truro

Salisbury's Manuscripts
Dokumente und Archiv von Robert Cecil, Hatfield House

Stanley, Jane
The Glory of Golden, Manuskript, um 1954
Courtney Library, Truro

State Papers
Domestic Series, Elisabeth, James I
Public Record Office, London

Tregian, Francis
– *The Fitzwilliam Virginal Book,* Originalmanuskript.
Museum Fitzwilliam, Cambridge
– *Tregian's Anthology,* Originalmanuskript.
British Library London
– *The Sambrooke MS,* Originalmanuskript.
Public Library, New York
– *Tregian's Part Books,* Originalmanuskripte, Einzelpartituren.
Christ Church, Oxford

Gedruckte Quellen und Darstellungen

Verzeichnis der wichtigsten benutzten Werke; eine vollständige Bibliographie würde zuviel Raum einnehmen und wäre nur wenig interessant. Ich habe vor allem die allgemeinen Referenzwerke weggelassen, wie zum Beispiel den *Dictionary of Music Grove* in 28 Bänden, oder die *Encyclopédie du Pays de Vaud.* Mit Ausnahme jener Aufsätze, die wichtige Fakten zu Francis Tregian enthalten, fehlen auch die Hinweise auf Zeitschriften, wie zum Beispiel *Music and Letters* oder *Recusant History.*
Die Jahresangabe nach dem Schrägstrich weist auf einen Nachdruck der Originalausgabe hin.

Ackermann, R.
The History of the Colleges of Winchester, Eton, Westminster, Charterhouse, St. Paul's, Merchand Taylors', Harrow, Rugby and Free School of Christ Hospital, 1816
Allen, William
The Letters and Memorials of William, Cardinal Allen, 1882
Arbeau, Thoinot
Orchésographie, 1589/1979
Arnold, Denis
Monteverdi, 1975
Ariès, Philippe
L'enfant et la vie familiale sous l'Ancien Régime, 1973 (dt.: *Geschichte der Kindheit,* 1992)
Babaiantz, Christophe
L'organisation bernoise des transports en pays romand, 1961
Bates, E.S.
Touring in 1600, 1911/1987
Besant, Walter
Besant's History of London (Vol. 1: *The Tudors,* Vol.2: *The Stuarts)* 1903/1990
Boussinesq, Georges & Laurent, Gustave
Histoire de Reims depuis les origines jusqu'à nos jours, 1933
Boyan, P. A. & Lamb, G. R.
Francis Tregian, Cornish Recusant, 1955

Boyce, Charles
Shakespeare A to Z, 1990
Braudel, Fernand
Les structures du quotidien : le possible et l'impossible, 1979
Burdet, Jacques
La Musique dans le Pays de Vaud sous le régime bernois, 1963
Calendars of State Papers (Domestic Series), 1545–1631
Carew, Richard
The Survey of Cornwall, 1602
Carey (oder Cary), Robert
Memoirs of Robert Cary, Earl of Monmouth, 1759/1903
Colony (Jean-François de Cecier)
Brève instruction de musique, 1617
Cecil, David
The Cecil of Hatfield House, 1973
Chappell, William
Ballad Literature and Popular Music of the Olden Time, 1859/1961
Clancy, Thomas
Papist Pamphleteers, The Allen-Parsons Party and the Political Thought of Counter-Reformation in England, 1964
Cole, Elisabeth
– *In Search of Francis Tregian* (in »Music and Letters«, vol. XXXIII), 1952
– *Seven Problems of the Fitzwilliams Virginal Book* (in *Proceedings of the Royal Musical Association,* vol. LXXIX), 1952–53
– *L'anthologie de madrigaux et de musique instrumentale pour ensembles de Francis Tregian* (in »Musique et Poésie au XVIe siècle«, travaux du CNRS), 1955
Constant, J.-M.
Les Guise, 1987
Cunningham, Walker
The Keyboard Music of John Bull, 1984
Dricot, Michel
Deux artisans rémois de la musique et du chant religieux, Jehan Pussot et Gérard de la Lobe (in *Mélanges d'histoire rémoise),* 1979
Dumas, Alexandre
Les Trois Mousquetaires (édition critique Schopp), 1991

Dupraz, E.
Introduction de la réforme par le Plus dans le bailliage d'Orbe-Echallens, 1915–1916
Echallens et ses églises, 1965 (verschiedene Autoren)
Edwards, Francis
Guy Fawkes: The Real Story of the Gunpowder Plot ?, 1969
Einstein, Alfred
The Italian Madrigal, 1949
Erlanger, Philippe
La vie quotidienne sous Henri IV, 1958
Farnaby, Giles
Keyboard Music, (in »Musica Britannica«, vol. 24), 1965 (Ed. Richard Marlow)
Febvre, Lucien
Le problème de l'incroyance au XVIe *s.,* 1942
Fellowes, Edmund H.
– *William Byrd,* 1948
– *The English Madrigal Composers,* 1950
Finlay, Roger
Population and Metropolis, The Demography of London 1580–1650, 1980
Fleay, Frederic Gard
Chronicle History of the London Stage 1559–1642, 1890
Gilbert, C.S.
Historical Survey of Cornwall, 1817/1820
Gilbert, Davies & Tonkin, Thomas
The Parochial History of Cornwall, 1838
Graham, Winston
The Spanish Armadas, 1972
Hamilton Jenkin A.K.
Cornwall and its People, 1945 /mehrere Neuauflagen
Harrison, G.B.
– *The Elizabethan Journals,* 1933
– *The Jacobean Journals,* 1934
Hauser, Henri
La prépondérance espagnole (1559–1660), 1933/1973
Hawkins, Sir John
History of Music, 1776

Haynes, Alan
– *Robert Cecil, First Earl of Salisbury*, 1989
– *Invisible Power (The Elizabethan Secret Services)*, 1992
Henderson, Charles
– *A Survey of Cornwall*, 1930
– *Essays in Cornish History*, 1935
Hill, Christopher
The Century of Revolution 1603–1714, 1961
Hugger, Paul
Rebelles et hors-la-loi en Suisse, 1977 (dt.: *Sozialrebellen und Rechtsbrecher in der Schweiz*, 1976)
Jaquemard, André
Le régime des deux Etats souverains à Echallens, (in »Revue d'Histoire vaudoise«), 1936
Jessopp, Augustus, ed.
The Œconomy of the Fleet: an apologeticall answeare of Alexander Harris, (late Warden there) …, 1879
Killiam, Tim & Tulleners, Hans
Amsterdam Canal Guide, 1978
Knox, Thomas Francis
Records of the English Catholics, 1878–1882
Kratochvil, Milos
Hollar's Journey on the Rhine (1636), 1965
La Boétie, Etienne de
Œuvres politiques, 1578/1963
Le Huray, Peter
Music and the Reformation in England (1549–1660), 1978
MacElroy, R. A.
Blessed Cuthbert Mayne, 1929
Marlot, Guillaume
Histoire de la ville, cité et université de Reims, Reims 1843
Montaigne, Michel de
– *Journal de Voyage*, 1895/1980
– *Les Essais*, 1929
Morley, Thomas
A Plain and Easy Introduction to Practical Music, 1597/1952
Mulcaster, Richard
– *Positions*, 1581/1888 (Hg. R. H. Quick)

– *First Part of the Elementaries,* 1582/1925 (Hg. E. T. Campagnac)
Naylor, Edward W.
– *Shakespeare and Music,* 1896/1931
– *An Elizabethan Virginal Book,* 1904
– *The Poets and Music,* 1928
Neighbour, Oliver
The Keyboard and Consort Music of William Byrd, 1978
Newman, Peter R.
Atlas of the English Civil War, 1985
Norden, John
Survey of Cornwall, 1728
O'Brian, Grant
The Ruckers, A Harpsicord and Virginal Building Tradition, 1987
Olivier, Eugène
MHgecine et santé dans le Pays de Vaud, des origines jusqu' à la fin du XVIIe siècle, 1962
Page, William
Tin Mining (in »The Victoria History of the County of Cornwall«), 1906
Paquier, Richard
Histoire d'un village vaudois, 1972
Parker, Geoffrey
– *The Thirty Years War,* 1984
– *The Dutch Revolt,* 1985
Pinchbeck, Ivy & Hewitt, Margaret
Children in English Society, 1969
Platter, Thomas
Tagebücher, 1984
Plunket, Francis
Heroum Speculum, 1655 (in »Catholic Record Society«, vol. 32, 1952)
Polwhele, Richard
The Civil and Military History of Cornwall, 1808
Price, David C.
Patrons and Musicians in Elizabethan England, 1982
Prockter, Adrian & Taylor, Robert
The A to Z of Elizabethan London, 1979

Pussot, Jehan
Le Journalier (1564–1625), um 1850
Reid, Thompson Ruby
The Tregians Manuscripts: a Story of their Compilation (in: »British Library Journal« vol. 18, S. 202–204)
Rowse, A. L.
– *Richard Grenville of the Revenge,* 1937
– *Tudor Cornwall,* 1941/1990
– *The England of Elizabeth,* 1950
– *William Shakespeare, A Biography,* 1963
– *The Elizabethan Renaissance,* 1971–1972
– *Court and Country,* 1972
– *Eminent Elizabethans,* 1983
– *The Little Land of Cornwall,* 1986/1993
Schama, Simon
The Embarrassment of Riches, Dutch Culture in the Golden Age, 1987
Schoenbaum, Samuel
William Shakespeare, A compact documentary life, 1978/1987
Schofield, B. & Dart, R.T.
Tregian's Anthology (in »Music and Letters«, vol. XXXII), 1951
Schofield, John
The Building of London, 1993
Shakespeare, William
Complete Works, the Alexander text, 1951
Sidney, Philip
A History of the Gunpowder Plot, 1904
Simon, Joan
Education and Society in Tudor England, 1966
Stone, Lawrence
The Family, Sex and Marriage in England 1500–1800, 1977
Stourton, C.B.J.
History of the Noble House of Stourton, 1899
Stow, John
– *The Survey of London,* 1603 /1972
– *The Chronicles of London,* 1635
Stoye, John
English Travellers Abroad, 1989

Taylor, M.T.
Francis Tregian, his family and possessions, (in »Journal of the Royal Institution of Cornwall«), 1910
Thompson, Craig R.
Schools in Tudor England, 1958
Thompson, Peter
Shakespeare's Professional Career, 1992
Tregian, Francis
– *The Fitzwilliam Virginal Book* (Hg. Maitland & Squire) 1899/1979
– *Tregian's Anthology* (Originalfaksimiles, Hg. D'Accone), 1988
Treswell, Ralph & Schofield, John
The London Surveys of Ralph Treswell (ca. 1600), 1987
Trevelyan, George M.
– *England under the Stuart,* 1904/1946
– *English Social History,* 1944/1986
Trevor-Roper, Hugh
Catholics, Anglicans and Puritans, 1987
Trudgian, Helen
Histoire d'une famille anglaise au XVIe siècle, les Tregian, 1934
Underdown, David
– *Revels, riots and Rebellion, popular politics and culture 1603–1660,* 1989
– *Fire from Heaven,* 1992
van den Borren, Charles
– *Les origines de la musique de clavier aux Pays-Bas,* 1913/1977
– *Les sources de la musique de clavier en Angleterre,* 1912
Vuilleumier, Henri
Histoire de l'Eglise réformée, 4 vol., 1927–33
Wedgwood, C. Veronica
The Thirty Years War, 1938/1992
Willetts, Pamela
Tregian's Part-Books (in »Musical Times«), 1963
Wilson, H. B.
History of the Merchant Taylors' School, 1860
Wraight, John
The Swiss and the British, 1987

Wyatt, Thomas
The Complete Poems, 1557–1578/1978 (Hg. R. A. Rebholz)
Zumthor, Paul
La vie quotidienne en Hollande au temps de Rembrandt, 1959/1990

Musikalische Umgebung

Es wäre ein vergebliches Unterfangen, eine vollständige Diskographie zu erstellen; die Aufnahmen sind unübersehbar und schnell wieder vergessen, jede Auswahl wäre willkürlich. Ich ziehe es daher vor, einige wenige Schallplatten und CDs aufzuführen, welche die Musik aus Francis Tregians Manuskripten enthalten und die ich mir während meiner Arbeit gerne anhörte.

William Byrd Consort Music
(The Consort of Musicke) LP L'Oiseau-Lyre/Decca
William Byrd: My Lady Nevelle's Book
(Vollständig, gespielt von Christopher Hogwood), 3 CDs L'Oiseau-Lyre
William Byrd/Orlando Gibbons
(Glenn Gould, Klavier) LP CBS
Dowland The First Book of Songs
(The Consort of Musicke) CD L'Oiseau-Lyre
Draw on Sweet Night, English Madrigals
(The Hillard Ensemble) CD CDC
Elisabethan Songs and Dances
(Colin Tilney) CD Radio Canada
English Harpsichord and Virginal Music
XVI. Jahrhundert, (Trevor Pinnock) LP crd
English Virginalists
(Zuzana Ruzickova) CD Orfeo
Giles Farnaby
(Pierre Hanta) CD Adda
Giles Farnaby Virginal Music
(Bradford Tracey) LP FSM Toccata

From the Fitzwilliam Virginal Book
(Ton Koopman) CD Capriccio
Gesualdo : Principe di Venosa
Madrigali (Collegium Vocale Köln) CD CBS
Lassus : chansons et moresques
(Ensemble Janequin) CD Harmonia Mundi
Claudio Monteverde: Madrigals du 2^e^ livre
(Collegium Vocale Köln) CD CBS
Claudio Monteverde: Terzo Libro dei Madrigali, 1592
(The Consort of Musicke) CD L'Oiseau-Lyre
Claudio Monteverde : Quarto Libro dei Madrigali
(The Consort of Musicke) CD L'Oiseau-Lyre
Joyne Hands, The Music of Thomas Morley
(The Musicians of Swanne Alley) CD VC
Music from the Time of Elisabeth I
(The Academy of Ancient Music, Christopher Hogwood) CD L'Oiseau-Lyre
Music for Virginals
(Bradford Tracey) LP FSM Toccata
O Mistress Mine, English Songs
(Urrey/McFarlayne) CD Dorian
Peter Philips, Consort Music
(The Parley of Instruments) CD Hyperion
Jan P. Sweelinck
Musik für Orgel (Roland Götz) CD FCD
Shakespeare Songs
(Dellert Consort) CD Harmonia Mundi
Francis Tregian's Collection
(Martha Cook) CD Vanguard Classics
Watkins Ale
(The Baltimore consort) CD Dorian

Dank

An dieser Stelle möchte ich jenen Personen danken, die mir geholfen und die mich unterstützt haben, indem sie mir Rat, Zeit, Unterkunft, materielle und moralische Hilfe angeboten haben.

In London Donald Adamson, Meg Henderson, Robert McCrum, Lady Gwen und Sir Roy Shaw, Michael Walsh, Dusty Wesker. In Birmingham der Musikwissenschaftler Nigel Fortune. In Cornwall Ruth und Norman Jefferies in St. Ewe, A. L. Rowse in St. Austell, und H. Les Douch in Truro. In Reims Patrick De Mouy. In Maintenon Martha Cook. In Amsterdam Patrick Ayrton, Titus Crijnen, Jol Katzman, Naomi Rubinstein, Wim Schut und Debra Solomon. In der Schweiz Roger Cuneo und Christiane Tornier in Genf, Marianne Küchler und Tiziana Mona in Zürich, Françoise und René Schnorf in Dommartin près d'Echallens.

Ein herzlicher Dank all jenen, die mit großer Geduld für mich oder mit mir schwer auffindbare Texte und Dokumente gesucht und entdeckt haben, ohne die dieses Buch nie möglich geworden wäre. Ich meine die Bibliothekarinnen und Bibliothekare der folgenden Einrichtungen: Bibliothèque cantonale et universitaire, Lausanne; Bibliohèque Carnegie, Reims; Zentralbibliothek, Zürich, mit n besonderen Dank an die Musik- und Kartenabteilung; British Library London (Lesesaal und Bibliothek der Manuskripte); Catholic Central Library London: Courtney Library (Henderson Archiv), Truro; Museumsgesellschaft, Zürich; und (last but not least) Gérald Donnet, Buchhandlung »La Louve«, in Lausanne, und May & May, Musikbuchhandlung in Shaftesbury (England).

Dank auch den Verantwortlichen und den Angestellten in den Museen, die sich meinen Fragen ausgesetzt sahen: Collection d'instruments de musique du Conservatoire royal de Bruxelles; Falmouth Art Gallery, Falmouth; Haus Plantin-Moretus, Antwerpen; Rubens-Haus, Antwerpen; Historisches Museum, Amsterdam; Musée historique de la ville de Paris; Musée-Hôtel du Vergeur, Reims; Musée jurassien d'art et d'histoire, Delémont; Schweizerisches Landesmuseum, Zürich; Museum Vleeshuis (Musikinstrumente), Antwerpen; The London Museum, London; Victoria and Albert Museum, London.

Dank auch an François Cuneo, Yverdon, für seine unersetzliche Computer-Unterstützung.

Ich danke der Stiftung Pro Helvetia, deren finanzielle Hilfe mir zahlreiche Reisen quer durch Europa auf den Spuren von Francis Tregian ermöglichte.

Und falls ich jemanden vergessen haben sollte? Ich bitte ergeben um Verzeihung.

Bibliographie von Anne Cuneo

Bücher

Originalausgaben

Gravé au diamant (Lausanne, L'Aire, 1967); *Mortelle Maladie* (ibd., 1969); *La Vermine* (Lausanne, cedips, 1970); *Poussière du réveil* (Lausanne, Bertil Galland, 1972); *Le Piano du pauvre* (ibd., 1975); *La Machine fantaisie* (ibd., 1976); *Passage des Panoramas* (ibd., 1978); *Une Cuillerée de bleu* (ibd., et Paris, Eric Losfeld, 1979); *Portrait de l'auteur en femme ordinaire* (ibd., 2 tomes, 1980/1982); *Hôtel Vénus* (Lausanne, Favre, 1984); *Station Victoria* (Yvonand, Bernard Campiche, 1989); *Prague aux doigts de feu* (ibd., 1990); *Le Trajet d'une Rivière* (ibd., 1993).

Übersetzungen ins Deutsche

Dinge bedeckt mit Schatten (Zürich, Benziger Verlag, 1975, Übersetzung von Pierre Imhasly); *Passage des Panoramas* (Frankfurt, Suhrkamp Verlag, 1979, Übersetzung von Erich Liebi); *Eine Messerspitze Blau* (Zürich, Limmat Verlag, 1979, Übersetzung von Erich Liebi); *Portrait der Autorin als gewöhnlicher Frau: Vor Tau und Tag* (ibd., 1980, Übersetzung von Peter Sidler); *Portrait der Autorin als gewöhnlicher Frau: Die Zeit der weißen Wölfe* (ibd., 1982, Übersetzung von Peter Sidler); *Hotel Venus* (ibd., 1984, Übersetzung von Tobias Wyss); *Station Victoria* (ibd., 1991, Übersetzung von Maria Helena Nyberg); *Der Lauf des Flusses* (ibd. 1995, Übersetzung von Peter Sidler).

Essays

Art, rupture et résistance (Moutier, Ed. de la Prévté, 1978); *Le Monde des forains: frères humains qui avec nous vivez* (Lausanne, 3

Continents, 1985); *Benno Besson et Hamlet* (Lausanne, Favre, 1987).

Theater, Radio und Fernsehen

Les Bourreaux ordinaires, 1971; *Jours du chat,* 1972; *Le Piano du pauvre,* 1975; *Cessez de m'appeler Grand-Père,* 1976; *Une fenêtre sur le 9 novembre,* 1979; *Le Grand Jeu de la vie courante,* 1980; *Le Joueur de flûte d'Argen,* 1980; *L'Aigle de la montagne noire,* 1981; *Au Sud des nuages,* 1981; *Lorelay,* 1985; *Scènes de la vie d'un pavé,* 1986; *Ophélie des bas quartiers,* 1986; *La Plainte d'Elvira,* 1987, *Madame Paradis,* 1988; *Les Enfants de Saxo,* 1990.

Filme

Cinéjournal au feminin, 1981; *Wenn die City kommt,* 1982; *Les Sept Vies,* 1983; *Signes de terre, signes de chair,* 1984; *Basta,* 1986; *Durchdringende Welten* (Le peintre Cenek Prazak), 1992.

Bitte beachten Sie
die folgenden Seiten

Literatur aus der Schweiz

S. Corinna Bille
Ländlicher Schmerz
Erzählungen
208 Seiten
Ullstein TB 24428

Maurice Chappaz
Die hohe Zeit des Frühlings
Testament der oberen Rhone
Gesang von der Grande Dixence
176 Seiten
Ullstein TB 24427

Martin R. Dean
Die Ballade von Billie und Joe
Roman
208 Seiten
Ullstein TB 24436

Silvia Gillardon
Der Zweitliebste
Roman
Originalausgabe
336 Seiten
Ullstein TB 24445

Rolf Wesbonk
Dillmann. Nein zu Eigenstein
Krimi
208 Seiten
Ullstein TB 24265

Verena Wyss
Die Untersuchungsrichterin
Roman
210 Seiten
Ullstein TB 30402

Meinrad Inglin
Schweizerspiegel
Roman
996 Seiten
Ullstein TB 24426

Rolf Wesbonk
Dillmann. Kein Katzenfall
Krimi
272 Seiten
Ullstein TB 24113

Ullstein Taschenbuch